Alexander Rudolph
Die Variationskunst im Minnesang

Deutsche Literatur
Studien und Quellen

―
Herausgegeben von
Beate Kellner und Claudia Stockinger

Band 28

Alexander Rudolph

Die Variationskunst im Minnesang

Studien am Beispiel Heinrichs von Rugge

DE GRUYTER

ISBN 978-3-11-113166-5
e-ISBN (PDF) 978-3-11-060371-2
e-ISBN (EPUB) 978-3-11-060351-4
ISSN 2198-932X

Library of Congress Control Number: 2018945658

Bibliografische Information der Deutschen Nationalbibliothek
Die Deutsche Nationalbibliothek verzeichnet diese Publikation in der Deutschen Nationalbibliografie; detaillierte bibliografische Daten sind im Internet über http://dnb.dnb.de abrufbar.

© 2022 Walter de Gruyter GmbH, Berlin/Boston
Dieser Band ist text- und seitenidentisch mit der 2018 erschienenen gebundenen Ausgabe.
Einbandabbildung: Große Heidelberger Liederhandschrift (Codex Manesse), Cod.Pal.germ. 848, Blatt 355v. Wikimedia Commons
Druck und Bindung: CPI books GmbH, Leck

www.degruyter.com

Vorwort

Die vorliegende Arbeit wurde im Sommersemester 2017 an der Fakultät für Sprach- und Literaturwissenschaften der LMU München als Dissertation angenommen; sie wurde für den Druck geringfügig überarbeitet. Mein Dank gilt an vorderster Stelle Prof. Dr. Beate Kellner für die kontinuierliche und umsichtige Betreuung. Unserem fortwährenden Gespräch über den Minnesang, das insbesondere im Rahmen zahlreicher gemeinsam geleiteter Seminare und während der Entstehung ihres Buches *Spiel der Liebe im Minnesang* stattfand, verdankt die Arbeit zahlreiche Impulse. Prof. Dr. Susanne Reichlin und Prof. Dr. Tobias Bulang danke ich für Anregungen und Hinweise, Dr. Holger Runow für die vielen kompetenten Antworten auf Einzelfragen und Jacob Ostermaier für die Unterstützung bei der Korrektur.

München, im Frühjahr 2018　　　　　　　　　　　　　　　　　　Alexander Rudolph

Inhalt

I   Einleitung —— 1
   1   Zur Einordnung und Exemplarizität des Rugge-Korpus —— 1
   2   Perspektiven und Aporien der Rugge-Forschung —— 8
        a   Die ‚Reinmar-Rugge-Vermischung'. Zur Autorfrage —— 8
        b   Einstrophigkeit und Vielstrophigkeit. Zum Text-Ton-Verhältnis —— 22
        c   Schwerpunkte der jüngeren Forschung —— 26
            Gattungsgeschichten —— 27
            Gattungsinterferenzen —— 29
            Frauenrede —— 31
        d   Programmatische Schlüsse —— 32
   3   Variation im Minnesang. Methodische Überlegungen —— 35
        a   Konvention und Variation —— 37
        b   Transformation und Variation —— 45
        c   Zur Perspektivierung von Variation im Einzeltext —— 50
            Paradigmatik —— 50
            Sprechposition —— 56
            Kohärenz —— 60
   4   Anmerkungen zur Textgestalt —— 67

II   Das Rugge-Korpus in C —— 69
   1   (Un-)Bedingte *stæte*. Stetigkeit als Argument für Veränderung —— 69
        Ton I: Überlieferung und Editionsgeschichte —— 69
        Ton Ia —— 72
            1C —— 73
            2C —— 79
            3C —— 82
   2   Aporie der Selbstbezüglichkeit. Mögliches und Unmögliches im Wortspiel —— 86
        Ton Ib —— 86
            4C —— 87
   3   Liebe zum Makellosen. Soziale Konstitution des Emotionalen —— 89
        Ton II —— 89
            5C —— 90
   4   Unabschließbarkeit als Reflexionsmodus. Funktionen dysfunktionalen Diensts —— 93
        Ton III —— 93
            6C —— 95
            7C —— 100
            8C —— 104

5 Selbstlosigkeit. Minne und Religion —— **108**
 Ton IV —— **108**
  9C —— **111**
  10C —— **115**
6 Explizite und implizite Funktionen von Gesellschaftskritik —— **121**
 Ton V —— **121**
  11C —— **123**
  12C —— **124**
7 Freude über Gutes. Möglichkeitsbedingungen positiver Thematisierung von Minne —— **129**
 Ton VI —— **129**
  13C —— **132**
  14C —— **136**
  15C —— **139**
  16C —— **144**
8 Lob des anderen. Referenzialitäten *gender*-unspezifischer Rede —— **148**
 Ton VII: Überlieferung und Editionsgeschichte —— **148**
 Ton VIIa —— **149**
  17C —— **151**
9 Zeit und Wandelbarkeit. Paradigmatisierung der Syntagmatik —— **156**
 Ton VIII —— **156**
  18C —— **159**
  19C —— **162**
  20C —— **167**
  21C —— **173**
10 Grenzen der Kohärenz. Vier Strophen, vier Sprechsituationen —— **182**
 Ton IX —— **182**
  22C —— **185**
  23C —— **189**
  24C —— **192**
  25C —— **195**
11 Gute Frauen in böser Welt. Soziale Funktionen des Singens —— **198**
 Ton X —— **198**
  26C —— **200**
  27C —— **206**
  28C —— **211**
12 Diskursivierungsstrategien. Frauenrede als Medium der Legitimierung von Leid —— **215**
 Ton Ic —— **215**
  29C —— **217**
13 Stabile Haltung, wechselnde Stimmung. Minnen unter differenten Bedingungen —— **219**
 Ton XI —— **219**

Überlieferung und Editionsgeschichte —— **219**
Die C-Version —— **222**
30C —— **224**
31C —— **228**

14 Unselbstverständliche Freude. Wege der Plausibilisierung von Minne —— **231**
Ton XII —— **231**
32C —— **232**
33C —— **235**
34C —— **238**

III Das Rugge-Korpus in B —— **242**

1 Umkodierung von Leid. Strategien der Imagination —— **243**
Ton VIIb —— **243**
5B —— **245**
6B —— **248**

2 Selbstkritik, Frauenlob, Selbstlob, Frauenkritik. Mittel und Funktionen differenter Perspektivierungen des Äquivalenten —— **249**
Ton VIIc —— **249**
15B —— **250**
16B —— **252**
17B —— **256**

IV Die Verfahren der Variation. Zusammenfassung —— **260**

Anhang: Überlieferungsübersicht —— **272**

Literaturverzeichnis —— **275**

1 Handschriften —— **275**
2 Textausgaben —— **275**
3 Nachschlagewerke —— **276**
4 Sekundärliteratur —— **276**
5 Abkürzungsverzeichnis —— **288**

Register zentraler Begriffe —— **290**

I Einleitung

1 Zur Einordnung und Exemplarizität des Rugge-Korpus

Die vorliegende Arbeit hat grundsätzliche Fragen und Problematiken einer literaturwissenschaftlichen Auseinandersetzung mit dem Minnesang zum Gegenstand und entwickelt diese exemplarisch am Korpus Heinrichs von Rugge. Dies mag, überblickt man die aktuelle Forschungslage zum Minnesang, zunächst überraschen. Nicht nur wird dem Rugge-Korpus überlieferungsgeschichtlich ein Sonderstatus zugewiesen, auch spielt es in älteren wie jüngeren Beiträgen zur Gattung kaum eine Rolle. Erklären lässt sich dieser Umstand zum einen dadurch, dass den Texten in qualitativer Hinsicht mitnichten jene herausgehobene Stellung beigemessen wurde, die eine wesentliche Grundlage der umfangreichen Sekundärliteratur etwa zu Heinrich von Morungen und Walther von der Vogelweide darstellt. Im Gegenteil: Dem Minnesang Heinrichs von Rugge attestierte man vielfach mangelnde Originalität. Zum anderen stellt das Korpus in seiner erhaltenen Form nicht geringe Herausforderungen an die Kategorien Autor, Werk und Texteinheit, die bei der Einzeltextanalyse gesonderte Beachtung verlangen. Dass die Texte somit deutlich zu modernen Vorstellungen von Originalität und Textualität in Spannung stehen, verleiht ihnen mit Blick auf den überlieferten Minnesang jedoch nachgerade keinen gesonderten Status. Ausgangspunkt der folgenden Überlegungen ist dementsprechend die Hypothese, dass dem Rugge-Korpus weniger vernachlässigbarer als vielmehr exemplarischer Charakter für wesentliche Fragen der Minnesang-Forschung zugesprochen werden kann. Auszuführen gilt es dies ausgehend von einer Kritik der bisherigen Einordnung Heinrichs von Rugge in literaturgeschichtlicher und gattungstheoretischer Hinsicht.

Was unter dem Namen Rugges überliefert ist, lässt sich sowohl überlieferungsgeschichtlich als auch formal in zwei Bereiche gliedern.[1] Der erste Bereich besteht aus dem heutzutage bekanntesten Werk, das seiner Autorschaft zugewiesen wurde, dem sogenannten Kreuzleich. Er ist unikal überliefert und steht als Nachtrag in einer auf das dritte Viertel des 12. Jahrhunderts zu datierenden Handschrift, die den *Canon decretorum* des Bischofs Burkhard von Worms enthält.[2] Auch dieser Nachtrag, der zu Beginn des letzten Versikels die Selbstnennung *Der tumbe man von ruge* enthält,

---

[1] Neben der Zuschreibung von Textkorpora zu seinem Namen wird Heinrich von Rugge auch mehrfach in Texten anderer Autoren genannt: in einer Totenklage, die bei Reinmar von Brennenberg überliefert ist, beim Marner, im dritten Leich Des von Gliers sowie in der *Crône* Heinrichs von dem Türlin. Vgl. die Belegstellen in der Textausgabe „Dichter über Dichter in mittelhochdeutscher Literatur": Schweikle 1970, S. 4, 14, 22, 36.

[2] München, Staatsbibliothek, clm 4570. Der Nachtrag befindet sich auf Bl. 239^v–240^v. Zur Datierung Glauche 1994, S. 111 f. Vgl. auch MF(MT), S. 14, und Reichlin 2012, S. 288, Anm. 7.

gehört noch ins 12. Jahrhundert.[3] Der Kreuzleich ist damit nach heutigem Kenntnisstand der am frühesten überlieferte mittelhochdeutsche Leich und zugleich die früheste erhaltene Niederschrift mittelhochdeutscher höfischer Lyrik.[4] Zum zweiten Bereich sind jene Töne zu zählen, die dem Namen Heinrich von Rugge in den Liederhandschriften zugewiesen wurden.[5] Sie sind überliefert in der kleinen Heidelberger Liederhandschrift (A), der Weingartner Liederhandschrift (B) und der großen Heidelberger Liederhandschrift (C) und weisen darüber hinaus eine Parallelüberlieferung mit differenter Autorzuschreibung in der Würzburger Liederhandschrift (E) auf.[6] Ihre uns erhaltene Tradierung setzt somit nahezu ein Jahrhundert nach der Niederschrift des Leichs ein.[7]

Lange Zeit herrschte in der Forschung Einigkeit darüber, dass es sich bei Heinrich von Rugge um den zwischen 1175 und 1178 in einer Urkunde des Abts Eberhard von Blaubeuren genannten *Henricus miles de Rugge* handelt,[8] einen Angehörigen eines Ministerialengeschlechts der Pfalzgrafen von Tübingen, das sich nach der Burg Ruck bei Blaubeuren benannt hat.[9] Im Verfasserlexikon[10] und den Regesten deutscher Minnesänger[11] erscheint diese Zuschreibung nach wie vor. In seinen Studien zu „Ministerialität und Ritterdichtung" hat Joachim Bumke hingegen darauf hingewiesen, dass sich gemäß den Urkunden mehrere Familien nach der Burg nannten und der Vorname Heinrich nicht über die Familienzugehörigkeit entscheiden könne.[12] Ingrid Kasten hält die „historische Identität des Minnesängers" in ihrer Ausgabe deutscher Lyrik des frühen und hohen Mittelalters dementsprechend für „ungewiß".[13]

Angesichts der gegebenen Unsicherheit in der urkundlichen Identifizierung Heinrichs von Rugge muss die bis heute weiterhin wirksame literaturgeschichtliche

---

3 Vgl. MF(MT), S. 14; Glauche 1994, S. 111f., 114. Im Leich wird im vierten Versikel auf den Tod Kaiser Friedrichs Bezug genommen, der auf das Jahr 1190 datiert wird. Die Entstehung des Leichs und seine uns überlieferte Niederschrift fallen somit wahrscheinlich ins selbe Jahrzehnt.
4 Vgl. Meves (Hg.) 2005, S. 659; Apfelböck 1991, S. 135; Bumke 2004⁵, S. 118.
5 Die variierenden Schreibweisen sind *Heinrich von Rucche* (A), *Hainrich von Ruche* (B) und *Heinrich von Rugge* (C).
6 Im von MF(MT) gänzlich Rugge zugeschriebenen Ton XI liegt zudem eine Parallelüberlieferung mit ebenfalls differenter Autorzuschreibung im Budapester Fragment (Bu) vor (Rudolf von Rotenburg). Sie betrifft jedoch nur Strophen, die in keiner Handschrift unter dem Namen Rugges überliefert sind. Vgl. die Überlieferungsübersicht im Anhang, S. 272–274, sowie die Besprechung der Überlieferung von Ton XI im folgenden Kapitel, S. 219–222.
7 A wird auf ca. 1275 datiert, B und C auf den Beginn des 14. Jhs., E auf Mitte des 14. Jhs. und Bu auf Ende des 13. Jhs.; vgl. MF(MT), S. 12f. und 460.
8 Vgl. den Beleg bei Meves (Hg.) 2005, S. 664.
9 Zuerst Pfeiffer 1862. Vgl. die umfassende Übersicht über die zustimmenden Forschungsbeiträge bei Bumke 1976, S. 112, Anm. 349.
10 Schweikle 2010² [1981].
11 Meves (Hg.) 2005, S. 659–664. Vgl., darauf Bezug nehmend, in der Folge etwa auch Schnell 2012, S. 160.
12 Vgl. Bumke 1976, S. 61 sowie S. 112f., Anm. 350.
13 Kasten 2005 [1995], S. 700. Vgl. zuvor bereits Kasten 1986, S. 242. So auch Bumke 2004⁵, S. 117f.

Einordnung Rugges als eines Vertreter des sogenannten Rheinischen Minnesangs und damit eines Vorläufers in chronologischer wie inhaltlicher Hinsicht etwa Heinrichs von Morungen, Reinmars des Alten[14] oder insbesondere auch Walthers von der Vogelweide[15] mit einem Fragezeichen versehen werden.[16] Die anzunehmende Datierung von Entstehung und Niederschrift des Leichs auf das letzte Jahrzehnt des 12. Jahrhunderts macht eine teilweise oder gänzlich gleichzeitige Entstehungszeit seiner Töne und der diesen Autoren zugewiesenen Texte ebenso wahrscheinlich. Dem ohnehin problematischen Unterfangen einer linearisierenden Entwicklungsgeschichte des Minnesangs,[17] das neben seiner Durchführung in allgemeinen Literaturgeschichten auch im immer wieder unternommenen Versuch spezifischer Gattungsgeschichten begegnet,[18] fehlt im Falle einer Bestimmung seiner Schaffenszeit auch vor 1190 dezidiert die gesicherte Grundlage. Die literarhistorischen Einordnungen, die Rugge „zum bescheidenen Nachbarn Hartmanns von Aue und zum Vorläufer Reinmars und Walthers"[19] erklären und in der Forschung bis anhin keinen Widerspruch erfahren haben,[20] sind folglich als spekulativ zurückzuweisen und können für die Analyse der unter seinem Namen überlieferten Texte nicht handlungsleitend sein.

---

[14] Sie werden gezählt zur sog. „zweite[n] Hochphase", angesetzt auf 1190–1210/20; vgl. Schweikle 1995², S. 87. Dem Jahr 1190 kommt dabei eine kaum zu unterschätzende Bedeutung zu, setzt man hier doch in der Regel den Beginn der „Blütezeit der höfischen Literatur" an, während Rugge zur „frühe[n] höfischen Literatur" gezählt wird (so die Terminologie bei Brunner 2010).
[15] „Höhepunkt und Überwindung", 1190–1230; vgl. Schweikle 1995², S. 89. Immer wieder ist Rugge in der Forschung als Vorläufer Walthers bezeichnet worden; vgl. etwa die diesbezüglich ausführlichen Überlegungen bei Stamer 1976, S. 184–188; Brem 2003, S. 141f., 145, 150–152, 251–254. Ashcroft 1996 sieht in seiner Diskussion von Ton X hingegen intertextuelle Bezüge zu Walther und schreibt ihn deswegen Reinmar zu (vgl. dazu ausführlicher Anm. 398 im folgenden Kapitel).
[16] Eine solche Einordnung findet sich u. a. bei Ehrismann 1966 [1918], S. 234–236; de Boor 1964⁶, S. 262–265 (die elfte, von Ursula Hennig bearbeitete Auflage enthält keine Veränderung der Passagen zu Heinrich von Rugge); Schweikle 2010² [1981], Sp. 872f.; Schweikle 1995², S. 85–87; Johnson 1999, S. 144–146; Bumke 2004⁵, S. 110, 117f.; Brunner 2010, S. 108–123. Vgl. zu Beginn der (Reinmar-)Rugge-Forschung bereits Schmidt 1874, S. 29: „Fassen wir das Urtheil über Heinrich von Rugge zusammen, so steht er mit einem Fusse noch auf dem Boden der alten Tradition, während er mit dem andern unter Reinmarschem Einfluss schon die Stufen der höfischen Minnedichtung betritt, welche ihren Hauptvertreter eben in Reinmar von Hagenau findet." Diese Einschätzung ist nie grundlegend revidiert worden.
[17] Vgl. konzeptionell dazu zuletzt Kellner 2018, S. 65, sowie das Teilkapitel *Transformation und Variation* unten auf S. 45–50.
[18] Im Hinblick auf Heinrich von Rugge sind hier in jüngerer Zeit insb. die Arbeiten von Köhler 1997 zum Wechsel sowie von Brem 2003 zu Gattungsinterferenzen zu nennen. Vgl. im folgenden Forschungsbericht S. 27–31.
[19] De Boor 1964⁶, S. 265.
[20] Auch neuere Einführungen in die mittelhochdeutsche Literatur halten an der traditionellen Datierung fest; vgl. etwa Brunner 2010, S. 108–123. Klein 2006, S. 164, zählt Rugge zwar gemeinsam mit etwa Reinmar, Hartmann und Walther zum „klassischen Minnesang", nennt für ihn aber die Datierung „um 1180/nach 1190". Bumke 2004⁵, S. 117f., bemerkt, dass die Datierung auf 1175/78 unsicher sei, reiht Rugge aber in seiner chronologisch geordneten Auflistung an Minnesängern nach Friedrich von

Die vorliegende, korpusbasierte Untersuchung gilt dem zweiten Bereich der Rugge-Überlieferung:[21] den Teilkorpora der Liederhandschriften, die mit dem Namen Heinrich von Rugge überschrieben sind und im Folgenden zusammenfassend als ‚Rugge-Korpus' bezeichnet werden. Mit ihm hat sich die Forschung inhaltlich bisher nur zurückhaltend auseinandergesetzt. Zwar hält Susanne Reichlin fest, dass auch der Leich Rugges, obwohl er in keiner Übersicht der mittelhochdeutschen Kreuzzugslyrik fehle, nur wenig Aufmerksamkeit von der Forschung erhalten habe.[22] Doch ist die Quantität der vornehmlich inhaltlichen Auseinandersetzungen mit dem Leich nicht erst seit Reichlins ausführlicher Studie zur Kreuzzugslyrik, die dem Leich ein eigenes Kapitel widmet,[23] weitaus höher als jene mit den einzelnen Tönen des Rugge-Korpus in den Liederhandschriften.[24] Während sich nahezu die gesamte ältere Forschung ausschließlich mit deren komplexer Überlieferungslage und/oder formalen Aspekten beschäftigt hat, ist in der jüngeren Forschung das ohnehin überschaubare Maß an Beiträgen zu den Tönen proportional noch zurückgegangen. Dabei geschieht ihre zwar vermehrt inhaltliche, jedoch häufig nur skizzenhafte Untersuchung zumeist aus Anlass einer nicht am Rugge-Korpus entwickelten, allgemeinen Fragestellung (Kreuzzugslyrik[25], Frauenpreis[26], Wechsel[27], Mouvance[28], Gattungsinterferenz[29],

---

Hausen und noch vor Albrecht von Johansdorf ein und damit nicht anders als jene, die sich auf diese Datierung beziehen.

21 Da in der vorliegenden Studie korpusorientiert vorgegangen wird und der Fokus auf dem Minnesang liegt, bleibt ein intertextueller Abgleich mit dem Leich bewusst aus. Wie in der Folge noch ausführlich thematisiert wird (siehe S. 8–22), ist das Rugge-Korpus in den Liederhandschriften durch Zuweisungen des späten 13. und frühen 14. Jhs. konstituiert, die im Einzelfall eine Gewissheit darüber, welche seiner Bestandteile ein Autor mit dem Namen Heinrich von Rugge im ungefähren Zeitraum der Niederschrift des Leichs tatsächlich verfasst hat, weder möglich, noch – in einer nicht dezidiert literarhistorischen Vorgehensweise – zwingend nötig macht (vgl. dazu die Überlegungen unten auf S. 45–50). Diese Ungewissheit lässt sich auch nicht dadurch beheben, die Authentizität einzelner Töne anhand von formalen oder inhaltlichen Parallelen zum Leich zu ermitteln (vgl. konzeptuell Paus 1965), denn diesem Unterfangen liegt, wie in der Folge ebenfalls diskutiert wird, ein tendenziell ahistorischer Autorbegriff zugrunde, der primär nach der Innovations- statt der Variationsleistung einzelner Texte und Textkorpora fragt. Festzustellen gilt es vielmehr, dass insbesondere die Selbstnennung im Leich als *Der tumbe man von ruge* in der älteren Forschung auf eine unzulässig vereinheitlichende und zugleich wertende Weise zur Charakterisierung aller für authentisch befundenen Rugge-Texte als Werke eines moralisierenden Didaktikers beigetragen hat, die Komplexität vermissen lassen (vgl. dazu unten S. 6–8). Anstelle solcher Pauschalisierungen ist es das Anliegen der vorliegenden Arbeit, sich dem Rugge-Korpus in den Liederhandschriften induktiv zu nähern und von den für die eigentliche Textarbeit ohnehin wenig ertragreichen Spekulationen über die originäre Autorschaft abzusehen.

22 Reichlin 2012, S. 288.

23 Reichlin 2012, S. 288–318.

24 Vgl. zum Leich seit 1950 insb. de Boor 1964^6, S. 262–264; Wentzlaff-Eggebert 1960, S. 204–209; Spiewok 1963, S. 677f.; Paus 1965, S. 17–32; Kuhn 1967^2, S. 129–131; Theiss 1974, S. 141–179; Hölzle 1980, S. 528–555; Wisniewski 1984, S. 89–91; Apfelböck 1991, S. 135f.; Kasten 2005 [1995], S. 707–709; Braun 2005, S. 6–8; Reichlin 2012, S. 288–318; Tomasek 2016.

25 Wentzlaff-Eggebert 1960, S. 204f.; Ingebrand 1966, S. 132–143; Theiss 1974, S. 179–189; Hölzle 1980, S. 555–562.

Frauenrede[30]). Bis heute liegt nur ein einziger Aufsatz vor, der sich gesondert eines einzelnen Tons aus dem Rugge-Korpus annimmt.[31]

Vier Gründe lassen sich für diese zurückhaltende inhaltliche Auseinandersetzung mit den von den Handschriften Rugge zugewiesenen Tönen nennen:

1. Die sogenannte ‚Reinmar-Rugge-Vermischung'. Wie bei zahlreichen anderen Minnesängern findet sich im Rugge-Korpus eine größere Anzahl an Strophen, die in den Liederhandschriften auch unter anderen Namen erscheinen: Bei einzelnen Strophen und Tönen, die in mindestens einer Handschrift Heinrich von Rugge zugewiesen werden, gibt es Überschneidungen mit den Korpora Leutholds von Seven und Heinrichs des Rîchen[32] (jeweils in A) sowie Reinmars des Alten (in A und E).[33] Einzigartig ist jedoch die umfassende Parallelüberlieferung im Reinmar-Korpus in C: Von den insgesamt 38 verschiedenen Strophen, die in A, B oder C Rugge zugewiesen werden, sind dort 25, also rund zwei Drittel, ebenfalls niedergeschrieben. Nur fünf Töne (III–V, X, XII), und damit weniger als die Hälfte, weisen keine Parallelüberlieferung im Reinmar-Korpus in C auf. Bemerkenswert ist dabei insbesondere die Varianz innerhalb des Codex Manesse selbst: 22 der 34 Strophen des Rugge-Korpus finden sich ebenfalls bei Reinmar. Diesem stets als ‚Vermischung' begriffenen Phänomen galt der Hauptfokus der älteren Forschung. In der jüngeren Forschung hat sich Albrecht Hausmann erneut des Themas angenommen, auch er aus Anlass einer Diskussion der Reinmar-Überlieferung.[34] Die Unklarheiten in der Autor-Zuschreibung, von denen Helmut de Boor bereits in den 50er-Jahren sagte, Forschung habe sie „eher vermehrt als geklärt"[35], standen einer inhaltlichen Auseinandersetzung mit den Tönen, die nicht nur dazu diente, die Autorenfrage zu klären, lange im Wege.

2. In einer Vielzahl an Tönen, die unter dem Namen Rugges überliefert sind, steht die inhaltliche Zusammengehörigkeit der Strophen in Frage. Betroffen sind die Töne I, IV, VII, VIII, IX und XI und damit die Hälfte des Korpus. In all diesen Tönen hat Moriz Haupt in der ersten Ausgabe von *Des Minnesangs Frühling* Strophen voneinander getrennt und entweder als Einzelstrophen markiert oder in mehrstrophigen Subeinheiten gruppiert und damit die Existenz mehrerer eigenständiger Lieder desselben

---

26 Hübner 1996, S. 91–93. Sowie zum Gebrauch der Begriffe *wîp* und *frouwe* Salem 1980, S. 100–109.
27 Köhler 1997, S. 131–153.
28 Cramer 1997, S. 158–161.
29 Brem 2003, S. 138–156, 249–255, 279f.
30 Cramer 2000, S. 24–26; Boll 2007, S. 310–334.
31 Ashcroft 1996.
32 Im Fall der Zuweisung zum Namen Heinrich der Rîche ist vermutet worden, dass es sich um einen Verschreiber handelt; vgl. Schweikle 1977, S. 15f.
33 Vgl. die Überlieferungsübersicht im Anhang, S. 272–274. Bei den nach MF ersten drei Strophen von Ton XI liegen zudem Parallelüberlieferungen bei Friedrich von Hausen in A und Rudolf von Rotenburg in Bu vor; sie sind jedoch in keiner Handschrift Heinrich von Rugge zugewiesen, sondern erscheinen ebenfalls in Rei C und E.
34 Hausmann 1999, S. 339–342.
35 De Boor 1964[6], S. 262.

Tons postuliert. Seither hat es in Edition und Forschung immer wieder neue Vorschläge gegeben, Strophen zu trennen oder zu verbinden.[36] Das aktuelle Druckbild in MF(MT) lässt sich nur vor dem Hintergrund dieser Forschungsgeschichte verstehen. Dort sind im Kapitel zu Heinrich von Rugge proportional so viele Strophen mit Sternchen[37] voneinander abgetrennt wie bei keinem anderen Autor. Zudem begegnet in zwei Fällen mehr als eine Abtrennung (in Ton VII vier, in Ton IX zwei), was in keinem weiteren Abschnitt der Edition eine Parallele hat. Daraus resultiert, dass der Strophenbestand im Rugge-Korpus immer wieder konfligiert mit der den Kapiteln überschriebenen Kategorie des Liedes, die neben formaler auch von inhaltlicher Zusammengehörigkeit ausgeht.[38] Für diese Problematik wurde bis heute keine konsensfähige Lösung gefunden, und es gilt insbesondere für die jüngere Forschung festzuhalten, dass sie es vermieden hat, sich ihr zu widmen.[39]

3. Häufiger wurde betont, dass Rugge-Korpus das Charakteristikum habe, eine auffällige Dichte an ‚Spruchstrophen' oder ‚Spruchhaftem' zu enthalten.[40] Diesem Umstand ist wiederum die dominierende Stilisierung Rugges geschuldet als eines „Moralist[en]"[41], eines „Lehrmeister[s] und Mahner[s]"[42], der „altväterlich"[43] sei und eine „Neigung zum Didaktischen"[44] sowie „Freude an ethischer Betrachtung"[45] habe. Es liegt auf der Hand, dass diese Stigmatisierung zur Folge hatte, dass das Rugge-Korpus dort, wo in allgemeiner Hinsicht Funktionsweisen und Funktionalität des Minnesangs zur Diskussion standen, kaum je Berücksichtigung fand. Zwar ist in der jüngeren Forschung davon Abstand genommen worden, Charakteristika Rugges zu ermitteln und zu bewerten. Doch scheint es kein Zufall zu sein, dass etwa in der 2010 erschienenen Minnesang-Anthologie von Dorothea Klein, die auf gewinnbringende Weise nicht chronologisch, sondern thematisch konzipiert ist, Heinrich von Rugge als einer der wenigen in MF(MT) aufgeführten Autoren gänzlich fehlt, während Minnesänger, von denen deutlich weniger überliefert ist, enthalten sind.[46] Geht es um Minnesang, so suggeriert die Forschung, ist das Rugge-Korpus wenig repräsentativ.

---

36 Auf sie wird in der Besprechung der Töne jeweils einzeln eingegangen.
37 MF(MT) verwendet das Zeichen, um zu markieren, dass „sich nicht alle Strophen des gleichen Tons einem Lied zuweisen" lassen (S. 11).
38 Vgl. dazu das Teilkapitel *Kohärenz*, S. 60–67.
39 Vgl. dazu die Ausführungen im folgenden Teilkapitel *Einstrophigkeit und Vielstrophigkeit. Zum Text-Ton-Verhältnis* auf S. 22–26.
40 Vgl. etwa Paus 1965, S. 1; Stamer 1976, S. 184; Kasten 2005 [1995], S. 704; Johnson 1999, S. 146; Schnell 2012, S. 161; sowie Brem 2003 mit der Unterscheidung von „Registerkonstituenten der Sangspruchdichtung in Texten des Minnesangs" (vgl. im Hinblick auf Rugge S. 138–156), „‚Sangsprüche' in minnelyrischen Tönen" (S. 249–255), „Spruchstrophen und Spruchtöne" (S. 279f.).
41 Hölzle 1980, S. 558.
42 Ingebrand 1966, S. 143.
43 Paus 1965, S. 124.
44 Burdach 1928² [1880], S. 43.
45 De Boor 1964⁶, S. 264.
46 So etwa Ulrich von Gutenburg, von dem neben einem Leich nur ein einzelner Ton überliefert ist; vgl. Klein 2010, S. 149–152, 423–427.

4. Mit der spekulativen chronologischen Einordnung Heinrichs von Rugge als eines „Vorläufers" ging schließlich nicht selten das Postulat einher, sein Minnesang lasse Originalität vermissen.[47] In der älteren Forschung wurde ihm etwa attestiert, er bewege sich „auf einem ausgetretenen Geleise, ohne eigene individuelle Züge hinzuzuthun"[48] beziehungsweise „in dem gewöhnlichen Geleise mit dem herkömmlichen Apparat"[49], denn Rugge sei „bieder"[50], „keine ursprüngliche Dichternatur"[51], „zum Dichter" fehle „ihm die Phantasie"[52], und stellenweise gelte gar „die Abwesenheit jeglichen originellen Ausdrucks oder Gedankens"[53]. Noch in den 80er-Jahren spricht Oliver Sayce davon, was man seiner Ansicht nach sicher Rugge zuschreiben könne, sei „of much inferior quality"[54]. Dass solche Einschätzungen eine qualitative Abwertung des Rugge-Korpus darstellen, die einer inhaltlichen Auseinandersetzung mit ihm nicht förderlich waren, dürfte evident sein.[55] In ihnen ist auch der Hauptgrund zu sehen, weshalb dem Leich von der Forschung die größere Aufmerksamkeit widerfahren ist,[56] handelt es sich doch nach heutigem Kenntnisstand nicht nur um den frühesten Vertreter dieser Form in der mittelhochdeutschen Literatur, sondern gleichsam um den einzigen überlieferten Leich mit Kreuzzugsthematik.[57]

Nimmt man die Punkte zusammen, scheint man es bei Heinrich von Rugge mit dem besonders ungünstigen Fall eines Korpus zu tun zu haben, bei dem nicht nur die Überlieferung größere Schwierigkeiten bereitet, sondern auch darüber hinaus wenig Anlass besteht, sich eingehender mit ihm zu beschäftigen. Es ist das Anliegen der vorliegenden Arbeit, dieser Einordnung mit einer umfassenden Untersuchung des Rugge-Korpus zu begegnen. Ihr liegt die These zugrunde, dass komplexe Überlieferung, instabile strophenübergreifende Kohärenz, das Nebeneinander und die Ver-

---

47 Die folgenden Forschungszitate beziehen sich auf inhaltliche Aspekte. Formal fiel die Bewertung different aus, hier wurde eine höhere Diversität festgehalten; vgl. etwa Johnson 1999, S. 145: „Es zeichnen sich bei Rugge ohne sklavische Abhängigkeit eine Vertrautheit und ein gelassener Umgang mit den Formen der romanischen Lyrik ab. [...] In Rugges Händen geht aber die formale Fortschrittlichkeit eine altmodische Verbindung mit dem Stoff ein, der häufig zum Biederen, Sentenziösen neigt." Vgl. des Weiteren Sayce 1982, S. 136 f.; Ashcroft 1996, S. 138–140. Vgl. zum Versuch, formale Aspekte zum Unterscheidungskriterium in der Autorfrage zu verwenden, insb. Paus 1965.
48 Schmidt 1874, S. 20, im Hinblick auf 2 C.
49 Ehrismann 1966 [1918], S. 235.
50 Paus 1965, S. 122.
51 Burdach 1928², S. 43.
52 Ehrismann 1966 [1918], S. 234.
53 MFU, S. 244, im Hinblick auf Ton VII.
54 Sayce 1982, S. 134.
55 Vgl. auch Beins Beobachtungen zur Minnesang-Forschung und ihre Tendenz zur Kanonisierung, etwa im Hinblick auf die Anzahl an Beiträgen zu den einzelnen Autoren in der Nachkriegszeit: Bein 1998, S. 297–302.
56 Vgl. etwa Ingebrand 1966, S. 132: „Streng und herb wirkt [...] Heinrich von Rugge, dessen Lieder ganz im Schatten seines Kreuzleichs stehen."
57 Vgl. dazu Reichlin 2012, S. 289: „Es ist jedoch zu bedenken, dass die den Text prägenden sangspruchhaften und religiösen Sprechgesten auch in anderen Leichen zu finden sind."

knüpfung von Minnethematik und gesellschaftskritischen, ‚spruchhaften' Aspekten sowie die geringe Relevanz des Faktors ‚Originalität' nicht untypisch, sondern kennzeichnend für weite Teile des Minnesangs sind. Dementsprechend geht sie davon aus, dass das Rugge-Korpus mitnichten einen Ausnahmefall der mittelhochdeutschen Liebeslyrik in ihrer uns erhaltenen Form darstellt. Vielmehr hat man es in seiner Analyse in zugespitzter und deshalb exemplarischer Weise mit Problematiken zu tun, die für die Gattung grundsätzlich von hoher Relevanz sind. Um dies genauer zu bestimmen und darauf aufbauend darlegen zu können, welche Vorgehensweisen in der Textarbeit am Korpus zur Anwendung kommen sollen, sind die bisherigen Fragestellungen, Argumente und Ergebnisse der Sekundärliteratur zu Rugge forschungsgeschichtlich *en détail* aufzuarbeiten – was auch deshalb nottut, da bis anhin kein Forschungsbericht zum Minnesang Heinrichs von Rugge vorliegt.

2 Perspektiven und Aporien der Rugge-Forschung

a Die ‚Reinmar-Rugge-Vermischung'. Zur Autorfrage

Im Mittelpunkt der Forschung, die sich mit den Tönen Rugges auseinandergesetzt hat, stand von den ersten wissenschaftlichen Minnesang-Editionen im 19. Jahrhundert bis in die 60er-Jahre des vergangenen Jahrhunderts die Bestimmung des Œuvres selbst. Das prinzipielle Anliegen der älteren Minnesang-Forschung, ausgehend von den Handschriften-Korpora Œuvres und Vitae der Minnesänger zu rekonstruieren, führte im Falle Heinrichs von Rugge von Beginn an zu grundsätzlich differierenden Einschätzungen, welche Teile der unter seinem Namen überlieferten Töne und ihrer Parallelüberlieferungen man als sein Werk aufzufassen habe. Friedrich Heinrich von der Hagen präsentierte in seiner vierbändigen „Minnesinger"-Ausgabe von 1838 lediglich jene fünf Töne im Abschnitt zu Rugge, die keine Parallelüberlieferung im Reinmar-Korpus in C aufweisen (insg. 13 Strophen).[58] Schon er sprach begrifflich von einer „Vermischung der Lieder Rugge's und Reinmars"[59]. Demgegenüber wies Moriz Haupt – über die Vorarbeiten Karl Lachmanns, der nur die unter Rugge überlieferten Strophen bearbeitet hatte,[60] hinausgehend – in der 1857 erschienenen ersten Auflage von *Des Minnesangs Frühling* alle Strophen sämtlicher Töne, die in mindestens einer Handschrift unter dem Namen Rugges tradiert sind, seiner Autorschaft zu. Seine Edition enthält somit neben dem Leich zwölf Töne als Werk Rugges (insg. 48 Stro-

---

[58] Von der Hagen, Bd. I, S. 220–222. Töne III–V, X und XII nach MF. Töne III–V und XII sind in den Handschriften nur unter Heinrich von Rugge überliefert, Ton X in B und C, in A jedoch unter Reinmar dem Alten. Vgl. die Überlieferungsübersicht im Anhang, S. 272–274.
[59] Von der Hagen, Bd. IV, S. 159. Die wenigen Wiedergaben und Übersetzungen einzelner Rugge-Strophen vor 1838 sind ebd. aufgeführt.
[60] Vgl. MF(V), S. 365.

phen).⁶¹ Hauptargument ist hier, dass die mehrfach begegnenden unreinen Reime „lehren dass nicht Reinmar der dichter ist"⁶².

Mit diesen quantitativ stark abweichenden Bestimmungen des Rugge-Œuvres war der Grundstein dafür gelegt, sich in der Sekundärliteratur um detailliertere Argumente in der Zuschreibungsfrage zu bemühen. In einer Randbemerkung in einem Aufsatz zum Kürenberger vermutete Wilhelm Scherer 1873, dass „unter den Reinmarschen noch manche Ruggesche gedichte stecken"⁶³, und lieferte damit Anregung und Hypothese für die erste ausführliche Arbeit zu „Reinmar von Hagenau und Heinrich von Rugge"⁶⁴, die sein Schüler Erich Schmidt 1874 vorlegte. In ihr werden nicht nur wie in MF(LH) sämtliche von der ‚Vermischung' betroffenen Töne Rugge zugeordnet, sondern darüber hinaus über 40 Strophen, die im Reinmar-, nicht aber im Rugge-Korpus in C überliefert sind, für Rugges Werke erklärt.⁶⁵ Schmidt geht dafür von der schon für Haupt handlungsleitenden Vorannahme der qualitativen Überlegenheit Reinmars aus, denn „wenn die folgenden Blätter der Sammlung Reinmarscher Lyrik manche schöne Strophe entziehen wollen [...], ist zu erwägen, dass wir dem Dichter nur sein Recht thun, indem wir sein Bild aller fremden Zuthaten entkleiden"⁶⁶. Fremd erscheinen Schmidt im Hinblick auf Reinmar in inhaltlicher Hinsicht insbesondere jene Strophen, die sich einem „frische[n], lebenslustige[n]" Temperament⁶⁷ zu verdanken hätten, während in formaler Hinsicht diverse Aspekte, die sich unter dem Kriterium der Schlichtheit und mangelnden Komplexität subsumieren lassen,⁶⁸ typisch für Rugge seien.⁶⁹ Entscheidend ist hier, dass Schmidt im Gegensatz zu von der Hagen, Lachmann und Haupt die hypothetische urkundliche Zuordnung Rugges in die 70er-

---

61 MF(LH), S. 96–111.
62 MF(LH), S. 272.
63 Scherer 1873, S. 574, Anm. 1.
64 So der Titel von Schmidt 1874. Die längst widerlegte Ansicht, dass Reinmar der Alte „von Hagenau" sei (vgl. dazu Schweikle 2010² [1989], Sp. 1183f.), geht auf Docen 1809, S. 167, zurück; vgl. Schmidt 1874, S. 1–4.
65 Rei 122–154, 184–185 und 207–213 C. Auch bei 225–226 C vermutet er Rugge als Autor. Vgl. Schmidt 1874, S. 29–77.
66 Schmidt 1874, S. 4.
67 So die Charakterisierung Rugges als eines „Sanguiniker[s]" (Schmidt 1874, S. 29) gegenüber der „marklosen Melancholie Reinmars" (S. 62). Dem entspricht das Postulat, Rugge habe im Gegensatz zu Reinmar ein „glückliches Liebesverhältniss" geführt (S. 29). Hinzu kommt in inhaltlicher Hinsicht, dass Rugge „traditionelle[r] Naturempfindung [...] treu" bleibe (ebd.), während Reinmar „dem volksthümlichen Naturgefühl den Zugang in seine Lyrik versperrt" (S. 96).
68 Schon im Hinblick auf den Leich spricht Schmidt 1874, S. 13, von einer „ergreifende[n] Simplicität der Sprache". Des Weiteren beobachtet er bei Rugge eine Neigung zur Einstrophigkeit, Parataxe, unreinen Reimen und Responsion, verstanden als lexikalisch äquivalente Wiederaufnahme von zuvor verwendeten Formulierungen. Zudem sei seine Metrik zwar eine Weiterentwicklung jener Heinrichs von Veldeke und Friedrichs von Hausen, stünde aber noch gänzlich unter romanischem Einfluss. Vgl. S. 14–28, zusammenfassend S. 29.
69 Vgl. dazu auch Schweikle 1965, S. 315–320.

Jahre des 12. Jahrhunderts bereits vorlag,[70] so dass sein abschließendes Urteil, Heinrich von Rugge stehe „mit einem Fusse noch auf dem Boden der alten Tradition, während er mit dem andern unter Reinmarschem Einflusse schon die Stufen der höfischen Minnedichtung betritt"[71], als erste Formulierung der lange Zeit dominanten These gelten kann, die postulierte qualitative Inferiorität Rugges lasse sich mit seinem literaturhistorischen Status als ‚Vorläufer' der sogenannten Blütezeit erklären.

Harsche Kritik widerfuhr der Dissertation Schmidts insbesondere von Hermann Paul. In seinem umfangreichen Aufsatz „Kritische beiträge zu den minnesingern", der 1876 erschien, zeigt Paul in beachtenswerter Weise, dass sämtlichen Kriterien Schmidts der argumentative Zirkelschluss zugrunde liegt, aufgrund vorgefasster Autorbilder über die Zuschreibungsfrage zu entscheiden.[72] Anhand von teils aufwändigen Belegketten weist er nach, dass die von Schmidt für Reinmar-untypisch befundenen Aspekte in zahlreichen Reinmar-Texten zu finden seien und folglich mitnichten zur Klärung der Autorfrage beitrügen.[73] Demgegenüber sei eine kritische Prüfung der Überlieferung zu präferieren,[74] die überhaupt erst dort, wo sich keine eindeutigen Zuweisungen in den Handschriften finden, um eine sekundäre Autorzuschreibung zu bemühen und diese zunächst anhand der Ermittlung möglicher Vorlagen und dann

---

70 Pfeiffer 1862; vgl. Schmidt 1874, S. 6.
71 Schmidt 1874, S. 29.
72 „Er beurteilt das zweifelhafte nach der vorstellung, die er sich von der eigentümlichkeit beider dichter gebildet hat" (Paul 1876, S. 497). Vgl. diesbezüglich etwa zu Schmidts Einschätzung von Rugge als Sanguiniker und Reinmar als Melancholiker: „Auch bei Rugge finden sich traurige lieder und überwiegen sogar, wenn wir uns auf sein gesichertes eigentum beschränken, über die fröhlichen. Da soll der dichter wider seine angeborene natur der mode des trauerns nachgegeben haben. Was in aller welt hindert uns bei Reinmar dasselbe anzunehmen? Und warum soll nicht auch er so gut wie Rugge und unzählige andere dichter neben traurigen auch mitunter fröhliche lieder gedichtet haben?" (S. 502).
73 Zur Kritik der Autorbilder vgl. Paul 1876, S. 501–504; zur Kritik der differenten „liebesverhältnis[se]" S. 504–508; zur Kritik der differenten „naturempfindung[en]" S. 508f.; zu „einstrophigkeit und vielstrophigkeit" S. 509f.; zu „stilistische[n] unterschiede[n]" S. 510; zu den „ungenauigkeiten des reimes" S. 510–513; zur Metrik S. 513–516; zur „responsion" S. 516; zur „liederbüchertheorie" S. 516–518.
74 Paul 1876, S. 487–501. Dieses Verfahren wendet sich explizit gegen Schmidts These, dass man, weil es in den Handschriften „bekanntlich oft misslich um die Autorschaft überlieferter Strophen bestellt" sei (Schmidt 1874, S. 4), ihren Autorzuschreibungen nicht trauen könne und deshalb die „dichterischen Persönlichkeiten fixiren" müsse, „um dann, auf die Kenntniss ihrer Eigenart gestützt, über die strittigen Strophen urtheilen zu können" (S. 5). Zustimmung fand dieses Verfahren in der zeitgleich zu Pauls Aufsatz erschienenen Rezension von Wilmanns, der ebenfalls postuliert, „je mehr man wahrnimmt, wie mannigfache schicksale die kleinen sammlungen, die ihnen [den Hs., Anm. d. Vf.] zu grunde liegen, gehabt haben, wie oft diese alten liederbücher verstümmelt oder verkürzt, wie oft durch zusätze vermehrt sind, wie kritiklos bei diesen zusätzen verfahren wurde, um so unsicherer wird man sich in seinem urteil fühlen, um so dringender nach anderen mitteln der entscheidung verlangen" (Wilmanns 1876, S. 150). Gleichzeitig sieht auch Wilmanns Schmidts Arbeit nicht unkritisch und äußert ebenfalls „bedenken gegen die auffassung der Reinmarschen poesie" (S. 153).

erst anhand „innere[r] Gründe"⁷⁵ zu vollziehen habe. Paul kommt bei diesem Vorgehen zum Resultat, „dass die meisten der von ihm [Schmidt, Anm. d. Vf.] Rugge zugeschriebenen lieder Reinmar angehören"⁷⁶.

Kritisch gegenüber Schmidts Thesen zeigten sich auch die wenig später erschienenen Beiträge von Konrad Burdach und Reinhold Becker, die ihrerseits jeweils neue Zuteilungsvorschläge präsentierten.⁷⁷ In die nunmehr verfahrene Diskussion, welche von der ‚Vermischung' betroffenen Töne welcher Autor verfasst habe,⁷⁸ die 1911 in der Neubearbeitung von *Des Minnesangs Frühling* von Friedrich Vogt noch um einen weiteren Vorschlag ergänzt wurde,⁷⁹ kam erst 1919 mit den von Carl von Kraus' vorgelegten Reinmar-Studien neue Bewegung.⁸⁰ Seine hochspekulative, folgenschwere und viel diskutierte Zyklus-These,⁸¹ die den Großteil der unter dem Namen Reinmars überlieferten Töne für unecht erklärt, den Rest zu einem „Liebesroman"⁸² anordnet und der derselbe argumentative Zirkelschluss zugrunde liegt, den Paul bereits bei Schmidt ausgemacht hatte, muss im vorliegenden Zusammenhang nicht noch einmal wiederholt werden.⁸³ Entscheidend für die Bewertung des Rugge-Korpus sind lediglich zwei Punkte: Zum einen ist mit von Kraus' Reinmar-Studien das Qualitätskriterium

---

75 Paul 1876, S. 497.
76 Paul 1876, S. 519. Neben allen nur unter Reinmar überlieferten Tönen spricht er auch die in MF(LH) unter Rugge geführten, mehrheitlich jedoch unter Reinmar überlieferten Töne VII und XI Rugge ab und postuliert, dass bei den Tönen I, IX und X die Autorenfrage nicht zu klären sei (S. 527–531). Des Weiteren argumentiert Paul, dass sich unter den von Haupt Reinmar abgesprochenen Tönen mehrere fänden, deren „echtheit" sich nachweisen lasse (S. 523–525). Vgl. dazu auch Schweikle 1965, S. 322f., der kritisch anmerkt, dass Paul jedoch offen lasse, wie die ‚Vermischung' zu erklären sei.
77 Burdach 1928² [zuerst 1880], S. 43, folgt dem Prinzip nach MF(LH) und spricht abweichend nur Rugges Ton I Reinmar zu. Becker 1882, S. 13–40, spricht aufgrund von neuen Spekulationen über die Handschriftenvorlagen, formaler Kriterien und Beobachtungen zur Wortwahl Rugge noch mehr Töne ab, als dies Paul 1876 getan hatte. Vgl. zu beiden Beiträgen auch ausführlich Schweikle 1965, S. 323–329.
78 Sie wurde um die Jahrhundertwende für ca. drei Jahrzehnte *ad acta* gelegt. Der einzige sich eingehender mit Rugge beschäftigende Beitrag von Schönbach 1899, S. 92–97, enthält einzelne Stellenkommentare und verzichtet auf den Versuch einer Klärung der Autorfrage, denn „meistens schien mir das Material zu dürftig, um Versuche zu wagen. Aber auch unsere heutigen Mittel der Kritik dünkten mich nicht sicher genug, selbst die neuesten" (S. 3).
79 Vogt folgt im Rugge-Kapitel seinem Vorgänger Haupt prinzipiell und schreibt lediglich Ton XI Rugge ab und Reinmar zu, denn „die Strophen keines Tones sind schlechter für Rugge bezeugt als diese" (MF[V], S. 368).
80 Kurz zuvor war Gustav Ehrismanns Literaturgeschichte erschienen, in der er sich jedoch ebenfalls nicht zur Autorfrage äußert, sondern sich ausschließlich um eine Charakterisierung Rugges auf Basis der Texte in MF(V) bemüht. Er beschreibt ihn als „klare[n] Kopf", „tüchtige[n] Mann" und „geschickte[n] Werber", dem es, wie im vorangegangenen Teilkapitel bereits zitiert, „zum Dichter" an „Phantasie" fehlt (Ehrismann 1966 [1918], S. 234 f.).
81 Vgl. insb. von Kraus 1919, Bd. II, S. 3–6, 39–42.
82 Vgl. zum Begriff von Kraus 1919, Bd. II, S. 4.
83 Die These ist sowohl hinsichtlich der Autorfrage als auch hinsichtlich der chronologischen Anordnung eingehend von der späteren Reinmar-Forschung kritisiert worden; vgl. die Forschungshinweise in Anm. 100.

zum meist gewichteten Echtheitskriterium avanciert.[84] Er schreibt Reinmar u. a. „klassisches Vermögen"[85] und „Ehrentitel"[86] zu und zieht demgegenüber bei der Beobachtung von „Einfachheit" nicht selten den Vergleich zu „Rugges Art"[87]. Zum anderen war mit von Kraus' Ermittlung einer Vielzahl an ‚Unechtem' in der Folge das Postulat der nirgends historisch belegbaren ‚Reinmarschüler' beziehungsweise ‚Pseudo-Reinmare' gewonnen,[88] das es schließlich ermöglichte, auch von der ‚Reinmar-Rugge-Vermischung' betroffene Töne als deren Werke auszuweisen.

Erster Vertreter dieser These war 1928 Kurt Herbert Halbach. Anhand von Spekulationen über eine „ursammlung"[89], Blatt- und Überschriftverlust bei deren Kopien, Nachträge am Rand und auf Rückseiten sowie sekundäre Blatteinschübe, die „durch irgend eine höhere macht" erneut „weggerissen"[90] wurden – was von der späteren Forschung zurecht als „wildwuchernde[] Phantasie"[91] bezeichnet wurde –, erklärt er die Hälfte der unter Rugges Namen überlieferten Töne für „Ps.-Reimare".[92] Carl von Kraus folgte Halbachs Zuordnung in seinen *Untersuchungen* zu *Des Minnesangs Frühling*, begründete sie weiter[93] und druckte das Rugge-Korpus in seiner kurz darauf erschienenen Neubearbeitung von MF (1940) dementsprechend ab.[94] Dort gelten nur noch die Töne II–V und IX–X als „echt",[95] und diese Einschätzung blieb für die folgenden Jahrzehnte maßgebend.[96]

Überblickt man die ersten hundert Jahre der (Reinmar-)Rugge-Forschung,[97] in der erst 13 (von der Hagen), dann über 90 (Schmidt) und schließlich wieder nur 15 Strophen (Halbach, von Kraus) als gesichertes Œuvre Rugges galten, lässt sich festhalten,

---

84 Vgl. hierzu stellvertretend die einschlägige Kritik in MFE, S. 10–15, und bei Bein 1998, S. 295–297.
85 Von Kraus 1919, Bd. I, S. 80.
86 Von Kraus 1919, Bd. I, S. 83.
87 Von Kraus 1919, Bd. I, S. 79.
88 Vgl. als Kritik dazu insb. Schweikle 1965, S. 342–344.
89 Halbach 1928, S. 154.
90 Halbach 1928, S. 161.
91 Paus 1965, S. 4. Vgl. auch die Kritik (im Hinblick auf Ton VII) bei Schweikle 1965, S. 332f.
92 Halbach 1928, S. 176. Betroffen sind die Töne I, VI–VIII sowie XI–XII. Auffällig ist, dass Halbach, der Paul 1876 eine „gleichgültigkeit gegenüber der überlieferung" vorwirft (S. 155), nicht nur von der ‚Reinmar-Rugge-Vermischung' betroffene Töne für Werke von Reinmarschülern hält, sondern darüber hinaus gegen die Überlieferung auch Ton XII, der nur unter Rugges Namen tradiert ist, und umgekehrt Ton IX, der Teil der ‚Vermischung' ist, zu einem Werk Rugges erklärt.
93 Vgl. MFU, S. 239–250.
94 Vgl. dazu auch die ausführliche Kritik bei Schweikle 1965, S. 329–340.
95 Vgl. MF(K), S. 130–145.
96 Auch de Boor 1964[6], S. 262, folgt in seiner erstmals 1953 erschienenen Literaturgeschichte der „radikalen Kritik" Halbachs und von Kraus', bemerkt aber gleichsam, dass „die auf stilkritische Beobachtungen gegründete Scheidung nicht überall so einleuchtend" ist. Auch er arbeitet indes dem pejorativen Autorbild Rugges zu, dessen Denken und Sprache er im Hinblick auf den Leich als „altertümlich und vorhöfisch" bezeichnet (S. 263) und im Hinblick auf seine Töne, wie im vorangegangenen Teilkapitel bereits zitiert, als „bescheidenen Nachbarn Hartmanns von Aue und […] Vorläufer Reinmars und Walthers" (S. 265).
97 Vgl. auch den kritischen Forschungsbericht bei Schweikle 1965, S. 314–345.

dass die letztlich ungelöste Verfasserfrage allem voran einer inhaltlichen Auseinandersetzung mit den Tönen des Rugge-Korpus unzuträglich war. Sämtliche, nie mehr als skizzenhafte Bemerkungen zum Inhalt der Texte zielten auf eine Charakterisierung der Autorpersona, die die Selbstnennung des Leichs als *tumbe[r] man von ruge* im Dienste der Verfasserfrage so sehr verallgemeinerte, dass Hennig Brinkmann in einem Aufsatz *Zur geistesgeschichtlichen Stellung des deutschen Minnesangs* 1925 gar urteilen konnte, Rugge habe „ein inneres Verhältnis zum Minnesang [...] nie besessen"[98]. Unabhängig davon, was man für das Werk Rugges hielt, wurde dies auf unterschiedlichen Ebenen stets mit dem Kriterium der ‚Einfachheit' ermittelt. Dem entsprach die für sicher geltende Entstehungszeit seiner Strophen vor 1190, auf die nach allgemeiner Auffassung der Abschied vom Minnesang aufgrund der im Leich angekündigten Kreuzfahrt folgte,[99] und damit einher ging die Bewertung dieser Zeit als einer Phase, in der die den ‚klassischen' Minnesang prägende Komplexität noch nicht zur Entfaltung gekommen war. Geleitet war die philologische Echtheitskritik folglich nicht von einem literaturwissenschaftlichen Interesse, sondern von einer literaturgeschichtlichen Prämisse, die einer inhaltlichen Auseinandersetzung mit dem Rugge-Korpus bis zur Mitte des 20. Jahrhunderts so viel an Attraktivität nahm, dass sie gänzlich ausblieb. Fragt man aus heutiger Sicht, warum das Rugge-Korpus nach wie vor kaum Aufmerksamkeit von der Forschung erhält, wird man die Antwort nicht zuletzt in diesem Verdikt der älteren Forschung suchen müssen, dessen Prämissen zwar längst widerlegt sind, dessen Inhalt aber nie – wie etwa im Falle Reinmars[100] – eigens revidiert wurde.

Eine der ersten und grundlegendsten Revisionen des von Kraus'schen Reinmar-Bildes legte 1965 Günther Schweikle in seiner Habilitationsschrift vor. Sie betraf zentral auch eine Neueinschätzung der ‚Reinmar-Rugge-Vermischung'. In eingehender Kritik älterer Minnesang-Editionen weist Schweikle als deren größte Problematik die Prämisse aus, die Überlieferung als einen fortwährenden Prozess der Zerstörung ursprünglich einwandfreier Originale aufzufassen.[101] Überlieferte Textvarianten seien durchgehend dem Unvermögen von Schreibern angelastet,[102] den Dichtern selbst hingegen in ahistorischer Weise das Verfassen stabiler Texte mit klarem Gedanken-

---

[98] Brinkmann 1925, S. 630. Brinkmann widmet sich in einem Aufsatz von 1948 erneut Rugge, folgt darin von Kraus' Theorie eines „Reimarschülers" (S. 498) und sucht lediglich eine einzelne Strophe des siebten Tons für Rugge zu retten (S. 498–503). Des Weiteren postuliert er eine Entstehungsreihenfolge der von ihm für echt befundenen Ruggetöne (S. 503) und rekonstruiert daraus, äquivalent zum „Liebesroman", den von Kraus 1919 Reinmar zuschreibt, „eine kurze Darstellung der Entwicklung Rugges" (S. 510–523, Zitat S. 510). Vgl. kritisch dazu auch Schweikle 1965, S. 340.
[99] Vgl. Brinkmann 1948, S. 510–523, sowie de Boor 1964⁶, S. 262, und Paus 1965, S. 127.
[100] Verwiesen sei hier insbesondere auf die Arbeiten Maurers (1966), Schweikles (1965, 1994), Stanges (1977), Tervoorens (1991) und Hausmanns (1999). Tervoorens Reinmar-Studien klammern Rugge bewusst aus, da sie „einen Komplex für sich" bilden und „eines eigenen Zugriffs" bedürfen (S. 33).
[101] Vgl. die Zusammenfassung „fragwürdiger Prämissen" älterer Minnesang-Editionen: Schweikle 1965, S. 356–366.
[102] Schweikle 1965, S. 113.

gang zugestanden worden.[103] Er formuliert damit, was heute mit Blick auf die Editionsphilologie der älteren Forschung – um ein Diktum Jan-Dirk Müllers zu zitieren – „Proseminarwissen"[104] geworden ist. Schweikles kontrastiv dazu angelegte These ist bekanntlich die der Autorvarianz:[105] Die variierenden Zusammenstellungen und Zuschreibungen in den Handschriften seien Zeugnis für einen lebhaften literarischen Austausch;[106] die Minnesänger und insbesondere Reinmar hätten während ihres „Wanderleben[s]" die „Variationspraxis"[107] betrieben, ihr Repertoire beständig zu verändern und dabei sowohl Eigen- als auch Fremdgut zu verwenden. Das wiederum erkläre die Varianz der Überlieferung.[108]

Von diesen Überlegungen ausgehend, widmet Schweikle sich der ‚Reinmar-Rugge-Vermischung' als dem „schwierigste[n] Überlieferungsproblem"[109]. Ausgangspunkt ist dabei zum einen das Postulat, dass die nur unter Rugge überlieferten Töne zwar durchaus Eigenheiten aufweisen, dies aber nicht implizieren könne, ihm die von der Vermischung betroffenen pauschal abzusprechen.[110] Zum anderen sei eine „bloße Verwechslung oder willkürlich falsche Zuordnung durch Sammler nicht gerade sehr wahrscheinlich"[111]. Zu vermuten sei vielmehr eine „zeitweilige Gemeinschaft der beiden Sänger"[112], in der sie gemeinsam zu einer Strophensammlung beigetragen haben, die dann wiederum bei beiden gesondert Weiterverwendung gefunden habe.[113] Und Schweikle geht noch weiter: Leiste man „der Identifikation Rugges als Ministeriale" Folge, könnte „der Burgherr von Rugge den jungen Reinmar an seinen Hof gefesselt haben"[114] und ein Lehrer-Schüler-Verhältnis entstanden sein, bei dem „Reinmar vielleicht bei Rugge singen und sagen lernte, ehe er weiter auf Wanderschaft zog"[115]. Die von der ‚Vermischung' betroffenen Töne seien somit Ko-Produktionen.[116] So wegweisend und fundiert seine sich auch an diese Überlegungen anschließende Kritik der älteren Minnesang-Philologie ist,[117] so kritisch gilt es, seine Hypothesen zu Rugge zu betrachten, denn Schweikle ersetzt die eine Spekulation durch eine andere.

---

103 Schweikle 1965, S. 357–360.
104 J.-D. Müller 2010 [2004], S. 65.
105 Den Gegenentwurf dazu hat Hausmann 1999 vorgelegt; vgl. in direkter Auseinandersetzung mit Schweikle insb. S. 18–20 sowie die folgende Diskussion seines Ansatzes auf S. 19–22 unten.
106 Schweikle 1965, S. 184.
107 Schweikle 1965, S. 120.
108 Ebd.
109 Schweikle 1965, S. 264.
110 Schweikle 1965, S. 303 f. Argument ist hierbei auch, dass das Rugge-Korpus angesichts der Resonanz, die Rugge bei späteren Autoren hatte (vgl. Anm. 1 oben), dann zu schmal wäre.
111 Schweikle 1965, S. 304.
112 Schweikle 1965, S. 305.
113 Schweikle spekuliert ebd. zudem, der Sammler von C könnte das gewusst haben.
114 Ebd.
115 Schweikle 1965, S. 308.
116 Lediglich die mehrheitlich unter Reinmar überlieferten Töne VII und XI sucht Schweikle 1965, S. 309 f., vornehmlich ihm zuzusprechen.
117 Vgl. den Forschungsbericht zur ‚Reinmar-Rugge-Vermischung': Schweikle 1965, S. 314–345.

Dabei weisen seine Annahmen über den Wohnsitz Rugges, seinen sozialen Status, das Alter der Dichter und ihr kollektives Schaffen kaum mehr Plausibilität auf als Halbachs Rekonstruktionen der Überlieferungsgeschichte. Auch wenn die These der Autorvarianz unbedingt bedenkenswert ist,[118] führt sie hier mit Blick auf die Parallelüberlieferungen des Rugge-Korpus zu mitnichten gesicherteren Begründungsansätzen.

Zeitgleich mit Schweikles Habilitation erschien die ausschließlich dem Rugge-Korpus gewidmete Dissertation von Franz Josef Paus (1965), die einen gänzlich differenten Versuch der konzeptionellen Neueinordnung der ‚Reinmar-Rugge-Vermischung' beinhaltet. Ausgangspunkt von Paus' Überlegungen, die erneut „bewußt auf die Frage der Autorentrennung beschränkt"[119] bleiben, ist die These, dass die Parallelüberlieferung bei Rugge und Reinmar eine so „grundsätzliche Verwirrung" sei, dass „deren Ursachen für uns kaum mit genügender Wahrscheinlichkeit faßbar sind"[120]. Dementsprechend müsse man damit rechnen, dass „im Liedbestand Rugges auch die einzig unter Rugges Namen stehenden Strophen fälschlicherweise unter diesen geraten sind"[121]. Paus schließt daraus, dass „überhaupt nicht von den Handschriften her" argumentiert werden dürfe,[122] und bemüht sich stattdessen bei seinem „neuen Versuch, das Autorenproblem im Corpus Rugge zu lösen" um „objektivere[] Methoden"[123]: Auszugehen sei von einer induktiven Textarbeit, die alle Töne des Rugge-Korpus „als gleichermaßen ungesichert" betrachtet, um auf deren Ergebnisse Unterscheidungskriterien anzuwenden, die wiederum „ganz aus dem vorliegenden Liedmaterial gewonnen werden"[124] – wobei im Falle Reinmars die „unzweifelhaft echten Lieder"[125] und im Falle Rugges der Leich als gesichert anzusehende Referenzen fungieren. Ein besonderes Augenmerk habe dabei der musikalischen Formstruktur zu gelten, da sich hier die „Individualität" der Autoren deutlicher zeige als im Inhalt, der „stets potentiell Allgemeingut der Gesellschaft" sei.[126]

---

118 Verwiesen sei hier nur darauf, dass Schweikles Autorvarianz-These als wegweisend für die durch die poststrukturalistische Kritik am Autor- und Werkbegriff initiierte Diskussion über die *variance* handschriftlich überlieferter Texte gelten kann; vgl. hierfür stellvertretend den Forschungsüberblick bei Bein 1998, S. 76–106.
119 Paus 1965, S. 12.
120 Paus 1965, S. 1.
121 Paus 1965, S. 4.
122 Paus 1965, S. 5. Überzeugend ist in diesem Zusammenhang Paus' Kritik an von Kraus, Halbach und ihren Vorgängern, denen er „Zirkelschlüsse" vorwirft, „die als unzulässig abzulehnen sind", „denn die Gefahr einer Autosuggestion ist allzu groß, wenn man sich gewissermaßen im gleichen Denkakt Vorstellungen von der Eigenart eines zu untersuchenden Gedichtes und seinem mutmaßlichen Autor machen will" (Paus 1965, S. 6).
123 Paus 1965, S. 12.
124 Paus 1965, S. 13.
125 Paus 1965, S. 16.
126 Vgl. Paus 1965, S. 14f., Zitate S. 15.

Auf der Basis einer Textarbeit, die sich pro Ton aus Anmerkungen zu „Text", „Form" und „Gehalt" zusammensetzt, kommt Paus in der „funktionalen Formanalyse" zum Ergebnis, dass im Rugge-Korpus eine neue musikalische Form begegne: „zwei durch Zeilenlänge, Kadenz und Reim einander zugeordnete Zeilen"[127] zwischen Auf- und Abgesang. Sie sei „eine der beliebtesten des großen Formkünstlers Reinmar"[128] gewesen, und sie ermittelt zu haben, ermögliche, „die Größe und Bedeutung dieses Musikers" nun erkennen zu können, „der man aufgrund des Verlustes aller seiner Weisen bis heute noch ziemlich verlegen gegenüberstand"[129]. Demgegenüber zeichne eine „Meisterschaft in der Ausgestaltung schlichter Formen"[130] Rugge aus, der „im Alter [...] jedoch die neue Kunst Reinmars kennengelernt haben und ihrem Einfluß sicher nicht ganz verschlossen gewesen sein"[131] dürfte.

Was sich anhand dieser Formanalyse nicht eindeutig einem der beiden Autoren zuweise lasse, befragt Paus schließlich inhaltlich auf „die Vorstellungswelt und Denkweise des Autors"[132]. Ausgehend vom Leich schreibt er Rugge „biederen Charakter"[133], „altväterliche[] Art"[134] und „naive[] Gläubigkeit"[135] zu, während man Reinmar „in jedem Falle nur als Künstler und subtilen Psychologen"[136] finde. Sein abschließendes Urteil lautet vor diesem Hintergrund, Reinmar seien vier, Rugge selbst sieben Töne des Rugge-Korpus zuzuschreiben.[137]

Drei Punkte gilt es im Hinblick auf Paus' Thesen zur ‚Reinmar-Rugge-Vermischung' kritisch anzumerken:

1. Argumentativ liegt ihr ein ebensolcher Zirkelschluss zugrunde, wie Paus ihn bei seinen Vorgängern kritisch herausstellt.[138] Im Anschluss an seine Ausführungen lässt er einen textkritischen Abdruck der Töne des Rugge-Korpus folgen, dem eine „relative Chronologie"[139] zugrunde liegt, in der der Leich auf 1190 datiert,[140] als letzter der

---

127 Paus 1965, S. 99.
128 Ebd. Paus ermittelt sie am Beispiel von Ton XI und sieht sie ebenfalls gegeben in den Tönen I und VII (S. 101–113).
129 Ebd.
130 Paus 1965, S. 117.
131 Paus 1965, S. 116.
132 Paus 1965, S. 119.
133 Paus 1965, S. 122.
134 Paus 1965, S. 124.
135 Paus 1965, S. 120.
136 Ebd.
137 Reinmar: Töne I (wobei er Rug 4 C/Rei 191 C [MF 100,34] als gesonderten Ton aufgreift), VII und XI. Rugge: Töne III–VI, X, XII sowie II und IX, bei denen er allerdings postuliert, sie seien im selben Ton verfasst (vgl. dazu Anm. 66 im folgenden Kapitel). Vgl. Paus 1965, S. 97–127. Bei Ton VIII ist Paus sich unsicher, ob es sich um den späten Rugge oder einen Epigonen Rugges oder Reinmar handelt, der möglicherweise den Namen Heinrich der Rîche getragen hat, dem der Ton in A zugewiesen ist (S. 117 f., 149 f.; vgl. dazu auch Anm. 282 im folgenden Kapitel).
138 Paus 1965, S. 6. Vgl. Anm. 122 oben.
139 Paus 1965, S. 127.
140 Vgl. ebd.

Heinrich von Rugge zugewiesenen Texte erscheint[141] und chronologisch „als vorletztes Lied einzuordnen wäre"[142]. Die Schlichtheit der Form sowie die Biederkeit und Naivität des Inhalts, die Paus als Unterscheidungskriterien gelten, die auf eine Autorschaft Rugges schließen lassen, entsprechen somit auch bei ihm einer literaturgeschichtlichen Einordnung, die erst dem späten Rugge zugesteht, in Berührung mit dem Minnesang Reinmars gekommen zu sein, der für komplexer befunden wird. Auch wenn Paus angibt, bei seiner Autorentrennung gänzlich induktiv vorzugehen, liegt dem letztlich ausschlaggebenden Kriterium, der formalen wie auch inhaltlichen Avanciertheit, mit der Datierung eine korpusexterne Vorannahme zugrunde. Dass auch dann, wenn man ihr Folge leisten würde, mitnichten ausgeschlossen werden könnte, dass Formen und Gedankenfiguren, die bei Reinmar begegnen, gleichwohl schon zuvor Anwendung beziehungsweise Ausdruck gefunden haben können, thematisiert Paus nicht.

2. Überzeugend stellt Paus hinsichtlich der Frage, welche inhaltlichen Kriterien sich zur Autorentrennung heranziehen lassen, fest, dass die „Untersuchung des Sprachstils" kein Kriterium sein kann, da „Rugges Liedercorpus von vornherein zu schmal [ist], um zu einigermaßen gesicherten Ergebnissen gelangen zu können"[143]. Darüber hinaus postuliert er in seiner Kritik der bisherigen Rugge-Forschung ebenfalls zurecht, dass „das Sammeln von Parallelen für die Autorenfrage kaum von Nutzen sein" kann. Vielmehr gelte, „daß die Übernahme des tradierten Stoffes bis in die einzelne sprachliche Wendung für die Minnesänger offenbar eine Selbstverständlichkeit war. Überhaupt dürfte es verfehlt sein, Originalität im Bereich des Stofflichen oder gar des ‚echt Erlebten' bei den mittelhochdeutschen Dichtern zu suchen"[144]. Umso fraglicher ist es, dass ihm als Kriterium schließlich die „Vorstellungswelt und Denkweise des Autors"[145] gilt. Nicht nur stellen dafür die zu schmale Textbasis und das zu relativierende Originalitätspostulat gleichermaßen gewichtige Gegenargumente dar. Auch scheint der Leich als Basis für die Ermittlung von Rugges ‚Vorstellungswelt'[146] noch in einem weiteren Punkt ungeeignet: Insbesondere die namentliche Nennung Kaiser Friedrichs und die Selbstnennung Rugges verleihen dem ca. hundert Jahre vor dem Rugge-Korpus und nicht im Zusammenhang mit Minnesang überlieferten Text eine Referenzialität, die sich von den variierenden Ich-Positionen der Töne kategorial unterscheidet. Selbst wenn man davon absähe, dass das Verhältnis von Ich und Autor vielschichtig zu differenzieren wäre, entbehrt hinsichtlich der Frage, welche „Vorstellungswelt und Denkweise" in den Tönen jeweils zum Ausdruck kommt, ein Abgleich mit dem Leich intertextuell an Plausibilität.

---

141 Vgl. Paus 1965, S. 129–138.
142 Paus 1965, S. 127. Paus hält den nach MF vierten Ton, der bei ihm als Lied VII erscheint, aufgrund seiner religiösen Thematik für noch später als den Leich.
143 Paus 1965, S. 119.
144 Paus 1965, S. 10.
145 Paus 1965, S. 119.
146 Vgl. etwa Paus 1965, S. 120.

3. Kritisch zu sehen ist auch Paus' formanalytische These, im Rugge-Korpus lasse sich erstmals ein ‚Mittelteil' zwischen Auf- und Abgesang nachweisen, der inhaltlich wie rhythmisch die im Aufgesang „gewonnene Höhe inne[hält]"[147] und eine Innovation von Reinmars „musikalische[m] Schaffen"[148] sei. Neben der schon kritisierten Autorzuschreibung ist insbesondere das Postulat, es mit einer „musikalischen Form" zu tun zu haben, die als „Entwicklungs- oder Durchführungsform" bezeichnet werden könne,[149] angesichts der Tatsache, dass eine Notenüberlieferung bei Rugge und Reinmar gänzlich fehlt, hochspekulativ. Feststellen lässt sich demgegenüber, dass paargereimte Verse von äquivalenter Länge, die in Kanzonen auf den Aufgesang folgen und denen wiederum metrisch und reimtechnisch eine eigenständige Versgruppe folgt, auch bei anderen Minnesängern begegnen, die gemäß der traditionellen Literaturgeschichtsschreibung ebenfalls vor Reinmar anzusetzen sind.[150] Paus' inhaltliches Argument schließlich, dass ein solcher ‚Mittelteil' stets „nicht schon mit einer ganz neuen Aussage den Gedankengang des Aufgesangs gleich an sein Ziel führt und beendet, sondern ihn nur steigernd zusammenfasst", lässt sich bereits in dem Ton, an dem er die These entwickelt, widerlegen.[151]

Der konzeptionelle Ansatz von Paus, sich für eine Klärung der Autorenfrage über die handschriftliche Überlieferung hinwegzusetzen, vermochte die Problematiken, die er durch die Überlieferung verursacht sah, nicht zu lösen. Resonanz fand er nur in einer Studie zu Reinmars „unechten" Liedern, die Friedrich Maurer, Paus' Lehrer, 1966 vorlegte.[152] In der von Hugo Moser und Helmut Tervooren vorgelegten Neubearbeitung von *Des Minnesangs Frühling*, die 1977 erschien, werden Paus' Vorschläge hingegen bereits nicht mehr berücksichtigt. Grund dafür ist, dass die Herausgeber aus einer konzisen Kritik an Carl von Kraus' Editionsprinzipien und seinen immer wieder stark subjektiven Wertungen im Gegensatz zu Paus schließen,[153] „größte Zurückhaltung bei der Echtheitskritik" walten zu lassen. Gemäß dem Leithandschriftenprinzip werden

---

147 Paus 1965, S. 107.
148 Paus 1965, S. 103.
149 Paus 1965, S. 106.
150 Vgl. etwa Heinrich von Veldeke 8–9 BC (MF 58,11).
151 Und zwar in der nach MF fünften Strophe des elften Tons, denn Verse 5 und 6 von Rei 193 C/283 E (MF 110,8) sind qua Enjambement syntaktisch direkt an die Folgeverse des Abgesangs angeschlossen. Von einem ‚Innehalten' kann keine Rede sein. Aberwitzig ist – das nur am Rande – Paus' Beobachtung einer „eigenartige[n] geschichtliche[n] Parallele", die darin bestehe, dass „die Sonate Beethovens [...] eine verblüffende Ähnlichkeit mit der Kanzone Reinmars" aufweise (Paus 1965, S. 110). Diese frappierend ahistorische und Kategorien verwechselnde Aussage macht einmal mehr deutlich, dass auch Paus' Studie, deren erklärtes methodisches Vorgehen induktive Textarbeit ist, ein verklärendes Reinmar-Bild reproduziert, das den Blick auf das Rugge-Korpus maßgeblich beeinträchtigt.
152 Ihr Anliegen ist eine Revision der „Pseudo-Reimar"-These, und Maurer weicht in seinen stichwortartigen Besprechungen der von der ‚Reinmar-Rugge-Vermischung' betroffenen Töne kaum von Paus' Resultaten ab. Lediglich Rug 6 B/17 C/Rei 170 C, eine Strophe von Ton VII, markiert Maurer anders als Paus als Frauenstrophe (Maurer 1966, S. 120; vgl. dazu im folgenden Kapitel S. 150); zudem variiert die Strophenfolge teilweise.
153 Vgl. MFE, S. 15–19.

„Lieder und Strophen, deren Zuschreibung an einen Autor bedenklich sind, grundsätzlich im überlieferten Zusammenhang, in dem Zusammenhang also, in welchem sie gewirkt haben, belassen"[154]. Zugewiesen werden Heinrich von Rugge in MF(MT) – in Übereinstimmung mit der ersten MF-Ausgabe von Lachmann und Haupt – sämtliche Töne, die in mindestens einer Handschrift auch unter Rugges Namen überliefert sind. Die bis heute kanonische Ausgabe des Rugge-Korpus enthält somit erneut zwölf Töne mit insgesamt 48 Strophen.

Doch ist auch diese Revision der vorausgegangenen MF-Ausgaben im Hinblick auf das Rugge-Korpus nicht unbedenklich. Die Entscheidung nämlich, Strophen in jenem Zusammenhang zu belassen, in dem sie gewirkt haben, stellt nachgerade keine Lösung für die ‚Reinmar-Rugge-Vermischung' dar. Der überlieferte Zusammenhang lässt hier keinen eindeutigen Schluss zu. Vielmehr würde er implizieren, die betroffenen Töne unter beiden Autoren zu führen. Moser und Tervooren verzichten jedoch wie ihre Vorgänger auf Mehrfachzuweisungen. Dementsprechend bedauerlich ist es, dass die Herausgeber die Zuschreibungsfrage im Falle Rugges in ihren Erläuterungen zu MF (MT) nicht noch einmal gesondert thematisieren. Sie drucken lediglich eine tabellarische Abbildung der „verwickelten Überlieferung"[155] ab, die nicht weiter kommentiert wird.[156] Problematisch bleibt die Edition der Töne in ihrer pauschalen Zuweisung zu Heinrich von Rugge somit insbesondere hinsichtlich der Töne VII und XI, da sich hier mehrere Strophen finden, die in keiner Handschrift unter Rugges Namen überliefert sind.[157] Stattdessen liegt in beiden Tönen ein quantitatives Übergewicht an Strophen vor, die von den Handschriften Reinmar zugeschrieben werden. Die Entscheidung Mosers und Tervoorens, ihm auch diese Töne nicht zuzuweisen, konfligiert sichtlich mit ihren Editionsprinzipien.

Trotz dieser Uneinheitlichkeit markiert MF(MT) forschungsgeschichtlich das offene Ende der Diskussion um die Autorfrage, die das Postulat der ‚Reinmar-Rugge-Vermischung' evoziert hatte.[158] So konstatiert Albrecht Hausmann in seinem 1999 erschienenen Reinmar-Buch, sie habe keine „konsensfähige[] Antwort"[159] gefunden und es ließe sich „heute nicht mehr rekonstruieren, welche Texte [...] von Reinmar stammen, welche von Heinrich von Rugge"[160]. Hausmann, dessen Studie im Anhang den einzigen Forschungsbeitrag zur ‚Reinmar-Rugge-Vermischung' nach MF(MT)

---

154 MFE, S. 17.
155 MFE, S. 91.
156 Vgl. MFE, S. 92.
157 In Ton VII 6 von 11, in Ton XI 4 von 6 Strophen; vgl. die Überlieferungsübersicht im Anhang, S. 272–274.
158 Begründet ist dies bekanntlich durch die von MF(MT) maßgeblich mitinitiierte Kritik und Diskussion der Echtheitskritik. Vgl. dazu den Forschungsbericht bei Bein 1998, S. 46–69.
159 Hausmann 1999, S. 62.
160 Hausmann 1999, S. 63.

enthält,[161] folgert daraus, es gelte stattdessen nachzuvollziehen, wer im Laufe der Überlieferung welche Strophen und Töne zu welchem Zeitpunkt Reinmar oder Heinrich von Rugge zugeschrieben habe.[162] Dies entspricht seiner prinzipiell auf die Reinmar-Überlieferung angewandten Methodik, einerseits am Œuvre-Begriff festzuhalten, ihn andererseits aber von der Produktions- auf die Rezeptionsseite zu verschieben.[163] In seinen Ausführungen zum Rugge-Korpus kommt Hausmann dabei zum Ergebnis, die Vermischung resultiere aus dem „Vollständigkeitsanspruch der C-Sammler"[164] und gehe „nahezu ausschließlich auf eine Unsicherheit des C-Schreibers zurück"[165]. Zu konkretisieren sucht er diese Unsicherheit[166] durch die Ermittlung einer „relative[n] Chronologie der Einträge"[167] des Rugge-Korpus in C sowie seiner Parallelüberlieferung im Reinmar-Korpus in C, und postuliert eine Zuschreibungsmutanz: Der C-Schreiber habe die meisten von der ‚Vermischung' betroffenen Töne „zunächst für Rugge-Texte gehalten, später jedoch [...] Reinmar zugeschrieben"[168].

Obgleich Hausmanns Überlegungen, die insbesondere im Hinblick auf die Frage der konkreten chronologischen Reihenfolge der Korpus-Entstehung teils spekulativen Charakter haben,[169] einiges an Plausibilität haben, gilt es festzuhalten, dass sie nur eines von mehreren möglichen Szenarien darstellen. Ihnen liegt die Vorannahme zugrunde, Strophen eines Tones seien nicht nur von einem spezifischen Autor verfasst

---

161 Vgl. Hausmann 1999, S. 339–342 sowie die vorausgehenden Bemerkungen auf S. 62–64 und 310f. Diskutiert wird die Überlieferung des Rugge-Korpus auch bei Henkes-Zin 2004, S. 138–145, die aber keinen konzeptionell neuen Ansatz präsentiert.
162 Hausmann 1999, S. 63.
163 Für die Reinmar-Forschung stellt dieser Ansatz einen entscheidenden Paradigmenwechsel dar; vgl. in diesem Sinne die Rezensionen von Kellner 2002 und Young 2003.
164 Hausmann 1999, S. 310.
165 Hausmann 1999, S. 341.
166 Hausmanns Vermutung, die beschriebene Unsicherheit sei wiederum verursacht durch einzelne ältere Zuschreibungsdivergenzen (vgl. Hausmann 1999, S. 341), ist aufgrund der Parallelüberlieferungen zwischen den Tönen VII und X und dem Reinmar-Korpus in A nicht unplausibel. Gleichwohl lässt sich auf Grundlage der erhaltenen Handschriften nicht spekulationsfrei klären, ob diese Parallelüberlieferungen tatsächlich in einem kausalen Bezug zur ‚Reinmar-Rugge-Vermischung' in C stehen oder unabhängig voneinander entstanden sind.
167 Hausmann 1999, S. 340.
168 Hausmann 1999, S. 340f. Unsicher ist Hausmann jedoch, was die Niederschrift der Töne XI und XII anbelangt. Seine Vermutung, der C-Schreiber habe Ton XI in einem „nochmaligen Wechsel der Abschreibrichtung" erst für Reinmars, dann für Rugges Werk gehalten, deklariert er selbst als spekulativ (S. 341). Vernachlässigt werden kann hier, dass Hausmann im Hinblick auf Ton XI des Rugge-Korpus argumentiert, jener sei schon „früh und dann kontinuierlich als Reinmarsches Lied rezipiert worden" (S. 338), da seine Überlegungen die ersten drei Strophen des Tones betreffen, die in keiner Handschrift Rugge zugeschrieben wurden.
169 Vgl. in diesem Sinne allgemein zu Hausmanns Verfahren auch Kellner 2002, S. 519, die festhält, dass es „vielfach zu überzeugen vermag und doch ganz im Sinne der Stemmatologie der Lachmannschen Textphilologie nicht frei von Spekulationen oder, positiv gesagt, Intuitionen sein kann".

worden,[170] sondern, obzwar in potenziell mutierender Weise, stets auch ausschließlich als Werke eines spezifischen Autors aufgefasst worden.[171] Da diese Hypothese,[172] die im Hinblick auf die Varianz zwischen verschiedenen Überlieferungsträgern entwickelt wird, aber in harter Fügung zum Faktum einer Parallelüberlieferung innerhalb derselben Handschrift steht,[173] scheint ein weiteres Szenario, das von der Rugge-Forschung bis anhin keine Berücksichtigung gefunden hat, nicht weniger plausibel: Geht man methodisch von der gegebenen Parallelität aus, lässt sich postulieren, dass die Parallelen zwischen dem Rugge- und dem Reinmar-Korpus in C Ausdruck einer Unklarheit sind, die darin besteht, nicht wechselnd, sondern *gleichzeitig* Rugge und Reinmar als Autoren in Betracht gezogen zu haben.[174] Auch sie ließe sich zwar durchaus als Unsicherheit bezeichnen. Doch scheint sie für die Redaktoren des Codex Manesse weniger problematisch gewesen zu sein als für die Forschung, deren Œuvre-Begriff im konservativen Sinne unabhängig davon, ob er produktions- oder rezeptionsästhetisch gefasst wird, Überschneidungen mit anderen Œuvres ausschließt.[175] Da man es hier jedoch mit dem Spezialfall einer Varianz innerhalb derselben Handschrift zu tun hat,[176] lässt sich das bestehende Nebeneinander differenter Zuschreibungen nicht von vornherein gleichrangig mit dem sehr viel häufigeren Phänomen einer Varianz behandeln, die erst im Abgleich verschiedener Handschriften beobachtbar ist.[177] Vielmehr lässt das handschrifteninterne Nebeneinander den hypothetischen Schluss

---

170 Anders Schweikle 1965, S. 305–308, der Spekulationen über eine zeitweilige Arbeitsgemeinschaft Rugge und Reinmars anstellt. Auch Boll 2007, S. 312 vermutet, „die auffälligen Doppelüberlieferungen könnten [...] durchaus auf eine sängerische Interaktion zurückgeführt werden". Johnson 1999, S. 144, postuliert, Reinmar hätte Rugge-Strophen im Repertoire gehabt. Vgl. kritisch zur Annahme eines Nacheinanders beider Dichter S. 32f. unten.
171 Vgl. dafür insb. Punkt 6b bei Hausmann 1999, S. 341f.
172 Vgl. Hausmann 1999, insb. S. 13–51.
173 Diese Tatsache lässt sich durch Hausmanns zentrale These, dass Varianz erst „aus späterer, letztlich ahistorischer Perspektive" beobachtet werden könne und man deshalb nicht behaupten könne, dass sie „bewußt oder willkürlich herbeigeführt wurde" (Hausmann 1999, S. 15), nicht entkräften. Im vorliegenden Fall, und das stellt das entscheidende Kriterium dar, liegt die Autorvarianz in ein und derselben Handschrift vor und kann deshalb nicht mit denselben Argumenten bewertet werden wie abweichende Autorzuschreibungen in unterschiedlichen Handschriften.
174 Dieses Szenario hat den Vorteil, auf das nicht spekulationsfrei zu habende Chronologie-Postulat der Niederschrift-Reihenfolge verzichten zu können. Ausgeschlossen ist dabei keineswegs, dass die von der Parallelüberlieferung betroffenen Strophen vom einen Korpus in das andere übertragen worden sind und sich ihre geringfügigen lexikalischen Abweichungen fallweise als Korrekturen oder Fehler verstehen lassen (vgl. dazu Hausmann 1999, S. 339f.). Doch muss einer Übertragung nicht eine Umentscheidung in der Autorzuweisung zugrunde liegen. Vielmehr kann sie auch als additives Verfahren verstanden werden, dass eine zweite Zuschreibung optional hinzufügt, ohne der vorausgehenden ihre Gültigkeit zu nehmen, denn darauf fehlt in der Handschrift jeglicher Hinweis.
175 Rezeptionsästhetisch im Hinblick auf einen bestimmten Zeitpunkt.
176 Derselbe Fall liegt bekanntlich auch zwischen dem Walther- und dem Reinmar-Korpus in C vor.
177 Vgl. Hausmann 1999, S. 15, der postuliert, dass die Varianten erst im Handschriftenabgleich als Rezeptionsoptionen aufgefasst werden können, während die einzelne Handschrift eine bestimmte von mehreren verschiedenen Rezeptionsmöglichkeiten aktualisiert.

zu, dass die variierenden Zuschreibungen bereits beim Verfassen der Handschrift selbst als gleichwertig und somit im Sinne von Optionen aufgefasst worden sind.[178]

Folgt man diesem Szenario, hat man es beim Rugge-Korpus in C mit jenen 34 Strophen zu tun, die die C-Sammler als den ihnen verfügbaren Teil dessen ansahen, was sie als Œuvre Heinrichs von Rugge anzuerkennen bereit waren. 22 dieser Strophen stellen dabei insofern einen optionalen Bestandteil dar, als dass sie diese gleichermaßen für einen potenziellen Bestandteil des Reinmar-Œuvres hielten.[179] Die Parallelüberlieferung wäre in diesem Sinne schließlich nicht als eine ‚Vermischung' zu bezeichnen, sondern als eine Überschneidung. Dementsprechend wären auf der Ebene der Handschrift auch die dort präsentierten Œuvres nicht als in sich geschlossene Größen begriffen, sondern als Mengen, die potenziell Schnittmengen aufweisen können. Rückschlüsse darauf jedoch, was in produktionsästhetischer Sicht das Werk Rugges gewesen ist, ließe ein so verstandenes Vorgehen der Zürcher Sammler, das es als ernst zu nehmende Möglichkeit in Betracht zu ziehen gilt, erst recht nicht zu. Diese Frage wird auf der Basis der uns erhaltenen Handschriften – darin lässt sich Hausmann nachdrücklich zustimmen – ungeklärt bleiben müssen.

b Einstrophigkeit und Vielstrophigkeit. Zum Text-Ton-Verhältnis

Deutlich zurückhaltender als mit der Problematik der Autorzuschreibung hat sich die Forschung mit der nicht selten in Frage stehenden inhaltlichen Zusammengehörigkeit tongleicher Strophen im Rugge-Korpus auseinandergesetzt. Sie war insbesondere für die Editionen von Relevanz. Wie eingangs bereits skizziert, hatte Moriz Haupt in der ersten MF-Ausgabe in der Hälfte der Töne Strophen voneinander abgetrennt[180] und das Kriterium fehlender strophenübergreifender inhaltlicher Bezugnahme zum Ausschlusskriterium dafür erklärt, eine Strophengruppe als Liedeinheit begreifen zu können.[181] Mehrfach erscheinen dabei sämtliche Strophen eines Tons abgesetzt voneinander[182] – bemerkenswert insbesondere im Fall von Ton VII, wo Haupt elf Einzelstrophen annimmt. Erich Schmidt, der Haupts Einschätzung folgt, erklärte in

---

178 Zentral ist, dass sich diese These auch dann aufstellen lässt, wenn man wie Hausmann den Schlussfolgerungen der Forschung aus der Beobachtung von Varianz insofern kritisch gegenübersteht, als dass sich diese erst aus heutiger Sicht anstellen lassen, wo ein Handschriftenabgleich möglich ist (vgl. dazu Anm. 173 oben). Vgl. kritisch zu diesem Postulat Hausmanns Young 2003, S. 41: „Nur weil stemmatologische Untersuchungen „zu erheblichen Bedenken gegen die Autorvarianz-These" (S. 20) führen, ist die Möglichkeit, daß ein Autor verschiedene Fassungen eines Liedes komponierte [...], noch längst nicht vom Tisch."
179 Rug 1–5, 13–25 und 29–31 C, die Rei 170, 186–192 und 194–206 C entsprechen. Vgl. die Überlieferungsübersicht im Anhang, S. 272–274.
180 Vgl. S. 12 oben, betroffen sind die Töne I, IV, VII–IX und XI.
181 In der Ausgabe selbst erklärt sich dies allerdings nur implizit; eine explizite Erläuterung des Verfahrens fehlt.
182 Bei den Tönen IV, VII und IX; vgl. MF(LH), S. 102–108.

der Folge das Phänomen der Einstrophigkeit für eine typische Form Rugges[183] und bezog dies darauf, dass „er nicht grübelt und lange reflectirt"[184]. Kenntlich wird hier, dass auch der fragliche inhaltliche Zusammenhang tongleicher Strophen zum Argument für die postulierte Einfachheit Rugges gemacht wurde, was zudem damit korrespondierte, dass die Einstrophigkeit gleichsam zum Beweis diente, ihn mit früherem Minnesang in Verbindung zu bringen.[185]

Umso bemerkenswerter ist es aus heutiger Sicht, dass Hermann Paul in seiner Kritik an Schmidts Unterscheidungskriterien für die Autorzuschreibung die Differenzierbarkeit von Einstrophigkeit und Vielstrophigkeit im Minnesang an sich zu relativieren suchte:

> Die lieder Reinmars wie die der meisten minnesinger haben in der regel keine durchgeführte gedankenentwickelung. Ein logischer zusammenhang zwischen den einzelnen strophen ist sehr oft kaum oder gar nicht zu bemerken, jede strophe könnte für sich ein ganzes bilden, woher es auch kommt, dass die hss. in der strophenordnung so oft von einander abweichen. Wenn wir überall da, wo der zusammenhang fehlt, teilen wollten, so würden wir noch eine menge einstrophiger lieder bekommen. Aber schwerlich würde dies verfahren richtig sein. Wir müssen vielmehr annehmen, dass auch solche eines inneren zusammenhang entbehrende strophen doch äusserlich zu einem liede aneinandergereiht waren d. h. zusammen vorgetragen wurden. Ueber den umfang und die grenzen eines solchen liedes in jedem einzelnen falle zu entscheiden, haben wir kein mittel mehr. Es ist sehr wol möglich, dass manches zu trennen ist, was in MF zusammengefasst ist, manches zusammenzufassen, was in MF getrennt ist.[186]

Pauls hier dezidiert im Hinblick auf die ‚Reinmar-Rugge-Vermischung' entwickeltes Argument, dass das Kriterium der Kohärenz als notwendige Bedingung für Liedhaftigkeit zu entkräften sei, ist die einzige Forschungsposition, die das häufig fragliche Text-Ton-Verhältnis im Rugge-Korpus für weniger problematisch, als vielmehr typisch für den Minnesang erklärt. Kritisiert ist hier nicht nur der Ansatz Schmidts, sondern auch die gängige Editionspraxis der Lachmann-Schule, indem sich die systematische Trennung von formal einander Zugeordnetem aus inhaltlichen Gründen einem Kontingenzverdacht ausgesetzt sieht. Leistete man dieser Kritik Folge, wäre sowohl interpretatorisch als auch editorisch auf die Vorannahme zu verzichten, vielstrophig Überliefertes sei im Falle mangelnder Kohärenz zu untergliedern und darin getrennt zu betrachten. Sowohl im Fortgang der (Reinmar-)Rugge-Forschung als auch in den Neuauflagen von *Des Minnesangs Frühling* geschah dies jedoch mitnichten. Pauls

---

183 Vgl. Schmidt 1874, S. 21, 29. Neuerliche Verwendung findet diese These bei Brem 2003, S. 159, die bei Rugge „eine Tendenz zu Einzelstrophen" feststellt. Vgl. kritisch zu ihrem Ansatz die folgenden Bemerkungen auf S. 25 mit Anm. 199.
184 Schmidt 1874, S. 29.
185 So argumentiert Schmidt 1874, S. 21, u. a. aufgrund der Einstrophigkeit, dass Rugge „mit Veldeke mehrere Berührungspuncte" habe.
186 Paul 1876, S. 510.

Ansatz wurde weder affirmiert noch im Einzelnen kritisiert, sondern schlichtweg übergangen. Es wird an späterer Stelle auf ihn zurückzukommen sein.[187]

Aufgegriffen wurden von der Forschung lediglich zwei konkrete Beobachtungen Pauls zum Zusammenhang einzelner Strophen des siebten Tons.[188] Sie entsprachen der grundsätzlichen Tendenz der MF-Neubearbeitungen, in Einzelfällen bisher übersehene inhaltliche Zusammengehörigkeit zu konstatieren. So verbanden sowohl Vogt[189] als auch von Kraus[190] eine zunehmende Anzahl an Strophen, wobei jedoch auch in ihren Ausgaben das Faktum, dass im Rugge-Kapitel proportional so viel Töne in sich unterteilt erscheinen wie in keinem anderen, bestehen blieb. Dass dabei vorwiegend Argumente zum Tragen kamen, die einen konsekutiven Gedankengang der zu verbindenden Strophen postulierten,[191] verdeutlicht, dass eine zu dementierende inhaltliche Zusammengehörigkeit tongleicher Strophen von den Editoren weiterhin für nicht kongruent mit der Kategorie des Liedes und dementsprechend für problematisch befunden wurde.

Dieser Einschätzung Folge leistend, blieb das Bestreben, Einheitlichkeit nachzuweisen, auch für die wenigen Beiträge in der Sekundärliteratur, die sich mit der Zusammengehörigkeit der Strophen des Rugge-Korpus beschäftigten, handlungsleitend. Friedrich-Wilhelm Wentzlaff-Eggebert suchte die inhaltliche Konsekution der zwei Strophen des vierten Tons zu erweisen, die in allen MF-Ausgaben getrennt erscheinen, konnte sich mit seinem Vorschlag jedoch nicht durchsetzen.[192] Auch Paus' radikaler Vorschlag, in mehreren Tönen gegen die handschriftliche Überlieferung durch Strophenumstellung einen Zusammenhang herzustellen, der zumeist auf eine chronologische Abfolge des Ausgesagten abhob,[193] fand keine Berücksichtigung.[194]

Die MF-Neubearbeitung von Moser und Tervooren folgte, wie in der Autorfrage, auch im Hinblick auf Anzahl und Reihenfolge von sowohl Tönen als auch Strophen durchgängig der handschriftennäheren, ersten MF-Ausgabe.[195] Gleichzeitig erscheinen in MF(MT) aufbauend auf MF(K) zwei weitere Töne als Einheit und zwei zusätz-

---

187 Vgl. im folgenden Teilkapitel *Kohärenz*, S. 62.
188 Vgl. Paul 1876, S. 533.
189 Vogt folgt Pauls Vorschlägen und verbindet die zweite und dritte sowie neunte und zehnte Strophe des siebten Tons; vgl. MF(V), S. 367.
190 In MF(K) erscheinen in den von von Kraus für unecht erklärten Tönen I, VII und XI weitere Strophen im Verbund, die von Haupt und Vogt noch abgesetzt wurden. Vgl. dazu MFU, S. 239–241, 245–247, 251–254, sowie im folgenden Kapitel Anm. 9 und 461.
191 So behauptet von Kraus etwa im Hinblick auf Ton XI, dass sich die Einheitlichkeit „aus dem Gedankengang wie aus den Responsionen ergibt" (MFU, S. 251).
192 Vgl. dazu im folgenden Kapitel S. 109 f.
193 So bei Ton VI, VII, VIII, IX+II und XII; vgl. Paus 1965, S. 45–58, 60–69. Paus' Methodik ist nicht zuletzt deshalb kritisch zu sehen, da sie in evidentem Widerspruch zu den variierenden Strophenfolgen des überlieferten Minnesangs steht.
194 Selbst Maurer 1966, der Paus größtenteils Folge leistet, übernimmt bei den Tönen VI und VIII Paus' geänderte Strophenreihenfolge nicht (S. 114 f., 122 f.). In MF(MT) fanden Paus' Vorschläge durchweg keine Berücksichtigung.
195 Vgl. MF(MT), S. 201–223, und MF(LH), S. 99–111.

liche Strophen im Verbund, die auch dort noch getrennt sind.[196] Da diese Entscheidungen, die im Erläuterungsband der Herausgeber nicht gesondert begründet werden, wiederum Einzelfälle betreffen und keine grundsätzliche Lösung darstellen, bleibt in der aktuellen Edition des Rugge-Korpus ein kaum vereinbares Nebeneinander von Verbindungen und Trennungen bestehen: Während einerseits formale Äquivalenz zum Argument gemacht wird, Strophen zu verbinden, die in den Handschriften nicht im Verbund überliefert sind (Töne I und XI), werden andererseits weiterhin formal äquivalente Strophen, die von den Handschriften als zusammengehörig markiert werden, getrennt (Töne IV, VII und IX).

Auch wenn indes in der Minnesang-Forschung im Zuge der Kritik an der Editionspraxis Lachmann'scher Prägung Argumente wie die zitierten Hermann Pauls an Wichtigkeit gewonnen haben und sich ein auf inhaltlicher Konsekution aufbauender Liedbegriff vermehrt der Kritik ausgesetzt sieht,[197] lässt sich auch für die jüngeren Forschungsbeiträge zum Rugge-Korpus nachweisen, dass die in MF(MT) verbleibende Trennung von drei der zwölf Töne weiterhin als problematisches Kennzeichen des Korpus angesehen wird. So wurde beispielsweise in der Identifizierung einzelner Strophen als Frauenrede der positive Nebeneffekt gesehen, dass innerhalb der Töne VII und IX bisher unerkannte Zusammenhänge unter den einzelnen Strophen kenntlich würden.[198] Umgekehrt wurde der allgemeine Umstand, dass im Rugge-Korpus die Zusammengehörigkeit tongleicher Strophen wiederholt in Frage gestellt wurde, explizit als Lizenz genutzt, auch Strophen isoliert zu betrachten, die in MF(MT) als zusammengehörig mit anderen tongleichen Strophen markiert sind.[199] Das konfligiert damit, dass die in MF(MT) beibehaltenen Trennungen in Spannung dazu stehen, dass die betroffenen Strophen auch dort, wo sie mehrfach überliefert sind, stets im Verbund und zudem ohne variierende Strophenfolge niedergeschrieben sind.[200]

Im Gesamten betrachtet, machen die Forschungsbeiträge zum Text-Ton-Verhältnis im Rugge-Korpus kenntlich, dass das, was in den Handschriften aufgrund formaler Äquivalenz stabil einander zugeordnet ist, unvereinbar ist mit einer Lieddefinition, die einen inhaltlichen Zusammenhang beinhaltet, der über konkrete strophenübergreifende Bezugnahmen konstituiert ist. Will man die bestehenden Herausforderungen für

---

196 Töne I und VIII sowie die ersten beiden Strophen des neunten Tones; vgl. MF(MT), S. 201f., 213–216.
197 Als wegweisend zu nennen sind etwa Stackmann 1997 [1964] und Schweikle 1965. Kellner 2018, S. 63, hält aber gleichsam kritisch fest, dass „bis heute in der Forschung die mangelnde Kohärenz der Minnesangtexte kritisiert" wird. Vgl. dazu insb. die folgenden Ausführungen im Teilkapitel *Kohärenz und Variation*.
198 Vgl. Cramer 2000, S. 24–26; Boll 2007, S. 323–326.
199 Vgl. im Hinblick auf die ersten drei Strophen von Ton VII Brem 2003, S. 152f., sowie im Hinblick auf Ton IX Brem 2003, S. 139–141.
200 So trennt MF(MT) die siebte und achte Strophe von Ton VII, die Rug B und Rei C aufeinanderfolgen, und setzt die vier Strophen von Ton IX zwei Mal voneinander ab, die in Rug A, B und C sowie Rei C stets in derselben Anzahl und Folge niedergeschrieben sind. Vgl. die Überlieferungsübersicht im Anhang, S. 272–274.

Kohärenzerwartungen innerhalb der fraglichen Töne des Rugge-Korpus nicht von vornherein für Überlieferungsunglücke erklären, scheint es deshalb geboten, nicht mit einem vorgefassten Liedbegriff auf das Korpus zu schauen. Ertragreicher scheint es, vom Korpus ausgehend noch einmal induktiv zu fragen, welche Funktionen das Phänomen der Kohärenz in welchen Formen innerhalb der verschiedenen Töne einnimmt, um graduell differenzieren zu können, welche Arten des Text-Ton-Verhältnisses beschrieben werden können – nicht aber den Tönen dichotomisch Liedcharakter ab- oder zusprechen zu müssen.[201] Letzteres hat im Verlauf der Forschungsgeschichte zum Rugge-Korpus mehr Probleme generiert als gelöst.

c Schwerpunkte der jüngeren Forschung

Den allgemeinen Tendenzen der Minnesang-Forschung entsprechend, haben in der Sekundärliteratur zum Rugge-Korpus seit den 1960er-Jahren inhaltliche Fragestellungen gegenüber den philologischen Paradigmen der Echtheitskritik und der textkritischen Formanalyse an Relevanz gewonnen. Auffällig ist dabei, dass – anders als aus philologischer Perspektive – aufgrund der ungeklärten Verfasserfrage nie das Rugge-Korpus als solches, sondern stets nur einzelne Strophen und Töne im Fokus standen.[202] Sie wurden zumeist im Zusammenhang mit Fragestellungen verhandelt, die den Minnesang des späten 12. und frühen 13. Jahrhunderts allgemein betrafen, insbesondere im Hinblick auf spezifische Subgattungen.[203]

---

[201] Vgl. insb. die allgemeinen Bemerkungen bei Kellner 2018, S. 63: „Eine Reihe von Editoren und Interpreten überspringen die historische Distanz, vernachlässigen die Alterität der Texte und gehen mit modernen Erwartungen von argumentativer Stimmigkeit an die Texte heran. Sie verfehlen damit deren literarische Eigenart und postulieren Unstimmigkeiten und Inkohärenzen, wo es angebracht wäre, die minnesangtypischen Kohärenzmuster allererst zu erschließen."
[202] Auf die Einzelbeobachtungen wird dementsprechend im Laufe der Textarbeit in den Anmerkungen eingegangen. Kaplowitt 1986 stellt eine Ausnahme dar; vgl. dazu die folgende Anm. Ausgenommen sind ebenso literaturgeschichtliche Gesamtdarstellungen; vgl. insb. Johnson 1999; Bumke 2004[5]; Brunner 2010. In ihnen begegnet keine neue literaturgeschichtliche Einordnung, vielmehr wird Rugge etwa als „Vorgeschmack auf Walther" verstanden (Johnson 1999, S. 146). Vgl. zur Literaturgeschichte von Sayce 1982 ebenfalls die folgende Anm.
[203] Eine Ausnahme stellt Ashcroft 1996 dar, der sich gesondert Ton X widmet und dort intertextuelle Bezüge zu Walther nachzuweisen sucht; vgl. dazu im folgenden Kapitel Anm. 398. Neben den im Weiteren diskutierten Forschungsbeiträgen sind folgende zu erwähnen: Stamer 1976, S. 184–188, sucht in einer Arbeit „zum Einfluß der Tradition" auf Walther von der Vogelweide zu zeigen, dass Walther auf Ton IX und X aufgrund der „Ähnlichkeit und [...] Anordnung der Motive" (S. 185) Bezug genommen hat. Auch er ordnet Rugge in „die Zeit zwischen der „Archaik" und der „dichterischen Hochblüte um die Jahrhundertwende" (S. 184) ein und schreibt ihm das „Profil des mahnenden Ethikers" (S. 187) zu. Die Studie von Salem 1980 zur „Frau in den Liedern des „Hohen Minnesangs"" weist deskriptiv nach, dass im Rugge-Korpus nach MF(MT) der Begriff *wîp* gegenüber dem Begriff *vrouwe* bevorzugt wird (S. 100–109), was als Argument dafür dient, dass die Begriffe „inhaltlich austauschbar sind" (S. 109; vgl. dazu im folgenden Kapitel Anm. 352). Die knappen Anmerkungen bei Sayce 1982, S. 133–137, konzentrieren

Gattungsgeschichten

Einen ersten Schwerpunkt in den inhaltlichen Auseinandersetzungen mit dem Rugge-Korpus, die nicht mehr primär von philologischen Fragen geleitet war, bildete die Sekundärliteratur zur Kreuzzugslyrik.[204] In der vornehmlich literarhistorisch motivierten Auseinandersetzung mit ihr galt Heinrich von Rugge zwar vor allem aufgrund seines Leichs Beachtung,[205] doch stand darüber hinaus stets auch eine allgemein religiöse Thematik verhandelnde Strophe des vierten Tons zur Diskussion. In Analogiebildung zum Leich wurde sie ebenfalls als Aufforderung zur Kreuznahme gelesen, und das obgleich sie „im Gegensatz zum Leich nicht direkt zum Kreuzzug aufruft"[206]. Da dies zudem mit einer von beiden Texten abgeleiteten Charakterisierung Rugges als Didaktiker[207], „Moralist"[208] beziehungsweise „Lehrmeister und Mahner"[209] einherging, der keine Gegenüberstellung, sondern nur ein Nebeneinander von Gottes- und Frauenminne kenne,[210] arbeiteten diese Forschungsbeiträge dem Bild Rugges als eines Autors zu, dem die Komplexität des ‚Hohen Sangs' noch nicht eigen ist, und manifestierten seinen Status als ‚Vorläufer'.

In Jens Köhlers Monographie zum Wechsel[211] wird Rugge ebenfalls im „Übergang zum hochhöfischen Minnesang"[212] eingeordnet. In seinem Bestreben, eine Entwicklungsgeschichte des Wechsels nachzuvollziehen,[213] folgt Köhler der traditionellen Literaturgeschichte und zählt Rugge gemeinsam mit Kaiser Heinrich, Friedrich von

---

sich darauf, auf formaler Ebene „a strong element of Romance influence" (S. 136) aufzuzeigen. Die Arbeit von Kaplowitt 1986 zur „Ennobling Power of Love" legt im kurzen Abschnitt zu Rugge MF(K) zugrunde und sucht mit knappen, deskriptiven Anmerkungen nachzuweisen, dass dieses Konzept, dessen begriffliche Unschärfe kritisch festzuhalten ist, sich insbesondere in den von MF(K) für „unecht" befundenen Tönen formuliert sehen lasse (S. 41–48). Die Monographien von Scheer 1990 zur „Wahrnehmung durch Sehen" und von Hübner 1996 zum „Frauenpreis" behandeln nur eine Strophe bzw. einen Ton des Rugge-Korpus (1 C bzw. Ton VI). Zu den Anmerkungen von Lieb 2001 zu 18 C vgl. S. 159–162.

204 Vgl. die Monographien von Wentzlaff-Eggebert 1960, Ingebrand 1966, Theiss 1974 und Hölzle 1980.
205 Einzig bei Ingebrand 1966 findet sich keine Auseinandersetzung mit dem Leich.
206 Hölzle 1980, S. 555. Vgl. dazu in der Diskussion von 10 C insb. S. 116 f.
207 Vgl. Wentzlaff-Eggebert 1960, S. 204.
208 Hölzle 1980, S. 558.
209 Ingebrand 1966, S. 143.
210 Vgl. für Letzteres insb. Ingebrand 1966, S. 139–143; Theiss 1974, S. 187–189.
211 Vgl. zur Definition des Wechsels bei Köhler 1997 S. 61 f.
212 Köhler 1997, S. 288.
213 Man wird gegenüber diesem literaturgeschichtlichen Ansatz aus literaturwissenschaftlicher Perspektive kritisch fragen müssen, welchen Mehrwert für die Textarbeit das Verständnis des Wechsels als Gattung angesichts der historischen Unschärfe des Gattungsbegriffs bietet. Zu beachten gilt es vielmehr die Gefahr, die betroffenen Töne, die sich im Gegensatz zum Tage- oder Kreuzlied thematisch in keinerlei Hinsicht (sub-)gattungsspezifisch von durchgängiger Männer- oder Frauenrede unterscheiden, zu isoliert zu betrachten. Vgl. auch die Anmerkungen von Eikelmann 1999 dazu, dass der Wechsel ein Liedgenre sei, „dem mit einem klassifikatorisch-ahistorischen Gattungsverständnis nicht beizukommen ist" (S. 86).

Hausen und Heinrich von Veldeke zum sogenannten Rheinischen Minnesang.[214] Obgleich Bumke die quellenkundliche Absicherung dieser Einordnung bereits revidiert hatte,[215] liegt sie Köhlers Ausführungen maßgeblich zugrunde.[216] So beobachtet er bei Rugge „eine frühe Rezeptionsphase des Frauendienstkonzeptes" und sieht etwa im Hinblick auf Ton VII die Bewahrung „alte[r] Rollenelemente" gegeben, deren Integration „in einen hochhöfischen Liedkontext als Teil einer evolutionären Entwicklung zu werten" sei.[217] Da die von Köhler besprochenen Strophen von Ton VII jedoch ausschließlich unter Reinmar überliefert sind,[218] stehen seine Aussagen in offensichtlichem Widerspruch dazu, „von der Überlieferung auszugehen"[219].

Exemplarisch lassen sich hier die Aporien der vielfach zur Bewertung der Rugge-Töne angewandten Hypothese aufzeigen, die Geschichte des Minnesangs und seiner Subgattungen bis und mit Walther lasse sich als eine „evolutionäre Entwicklung" zunehmender Komplexität begreifen.[220] Was sich mit Köhlers Studie bis in die jüngere Rugge-Forschung fortsetzt, ist ein Verfahren, das von der spekulativen Einordnung von Rugges Schaffenszeit vor 1190 deduziert, das Nebeneinander verschiedener Komplexitäten in der formalen wie inhaltlichen Ausgestaltung der Töne im Sinne eines Nacheinanders deuten zu können. Je nach Fragestellung wurde dementsprechend postuliert, dass sich im Sinne eines Übergangs von frühem zu Hohem Sang bestimmte Phänomene in den ihm zugewiesenen Tönen ‚noch' oder ‚schon' beobachten ließen.[221] Verzichtet man jedoch auf diese hypothetische chronologische Einordnung, lässt sich demgegenüber aus rezeptionsästhetischer Sicht festhalten, dass die flächendeckende Überschneidung der Rugge- und Reinmar-Korpora im Codex Manesse nahelegt, dass sie als vornehmlich gleichzeitige rezipiert wurden. Statt in

---

214 Unter dem Stichwort „Adaptation des romanischen Vorbilds"; vgl. Köhler 1997, S. 116. Köhler analysiert die Töne I, VI–VIII, XI und XII (S. 131–153).
215 Vgl. Bumke 1976, S. 61 und S. 112f., Anm. 350, sowie die einleitenden Bemerkungen oben auf S. 2.
216 Köhlers Ergebnisse zu Rugge bestehen v. a. darin, dass er ausschließlich die Zahl der Männerstrophen im Wechsel vermehre (Köhler 1997, S. 288), bei ihm die pronominale Identifizierung von Frauen- und Männerrolle an Bedeutung gewinne (S. 292) und die Frauenrede auch zur Reflexion tendiere, „was ihnen die Spontanität der Frühzeit nimmt" (S. 295). Verstanden wird das jeweils als Entwicklung hin zu einem Minnesang, für den „der zunehmende Umfang und die inhaltliche und formale Komplexität" (S. 302) kennzeichnend sind.
217 Köhler 1997, S. 140.
218 Vgl. dazu auch die Kritik bei Boll 2007, S. 324f., Anm. 57.
219 Köhler 1997, S. 136. Die Bemerkung bezieht sich ebenfalls auf Ton VII.
220 So schreibt Köhler 1997, S. 313, dem Wechsel etwa „in seinem Beitrag zur Entwicklung der Mehrstrophigkeit [...] einen nicht zu unterschätzenden Anteil an der literarischen Evolution des Minnesangs überhaupt" zu.
221 Vgl. zuletzt Schnell 2012, S. 160 f. Schnell bietet eine knappe und konzise Zusammenfassung zum in der vorliegenden Arbeit nicht gesondert thematisierten romanischen Einfluss auf die Töne des Rugge-Korpus, der einzig formaler Natur sei. Seine Ausführungen basieren jedoch ebenfalls auf der Annahme einer Schaffenszeit auch vor 1190 und enden dementsprechend mit der Bemerkung, dass Heinrich von Rugge ein Exempel sei „für die Verzahnung von romanischem Einfluß und deutscher Literaturtradition, die um 1180/90 diesen Einfluß z. T. schon ‚verinnerlicht' hatte" (S. 161).

den Tönen des Rugge-Korpus aufgrund spekulativer Prämissen verschiedene Entwicklungsgrade des Minnesangs versammelt zu sehen, scheint es in mehrfacher Hinsicht für die Textarbeit plausibler und produktiver, sie als unterschiedliche Aktualisierungen synchron gegebener Möglichkeiten aufzufassen, wie Minnesang gestaltet sein kann. Dem literaturgeschichtlichen Bemühen, im Rugge-Korpus Eigenheiten zu ermitteln, die einer hypothetischen chronologischen Einordnung entsprechen, ist ein literaturwissenschaftliches Verfahren vorzuziehen, das das in seinen Strophen Verhandelte sowie die Modi des Verhandelns als spezifische Variationen im Minnesang allgemein zur Verhandlung stehender Thematiken begreift. Sucht man wie Köhler das Verhältnis des Rugge-Korpus zu den Korpora anderer Minnesänger zu bestimmen, die ungefähr auf das Ende des 12. Jahrhunderts zu datieren sind, ist folglich nicht in einem syntagmatischen Sinne vom Postulat einer linearen Entwicklung des Minnesangs auszugehen, sondern in einem paradigmatischen Sinne von einem pluralen Nebeneinander, dessen Elemente nicht konsekutiv aufeinander bezogen sein müssen, um komparativ aufeinander beziehbar zu sein. Vermieden wird dadurch nicht zuletzt auch der Kurzschluss zwischen chronologischer und inhaltlicher ‚Entwicklung'.

Gattungsinterferenzen
Uneindeutig hinsichtlich der Chronologie-Frage bleibt die Monographie von Karin Brem zu „Gattungsinterferenzen im Bereich von Minnesang und Sangspruchdichtung", in der Töne des Rugge-Korpus in allen Teilbereichen der Textarbeit besprochen werden.[222] Brem beobachtet im Rugge-Korpus eine hohe Dichte an „Interferenztexten" – Texten also, in denen ein „gegenseitige[r] Einfluss[] von Minnesang und Sangspruchdichtung"[223] kenntlich wird – und erklärt es dabei aufgrund der ungeklärten Verfasserfrage für „*per se* bedeutsam", dass sich solche Texte auch schon „vor und neben Walther" nachweisen lassen.[224] Dennoch versteht sie bei Rugge, den auch sie zum sogenannten Rheinischen Minnesang zählt, etwa das formale Kriterium der Mehrstrophigkeit als „beginnende Partizipation am Ensemble von interferenztragenden Gattungsmerkmalen"[225]. Auch ihrem Unterfangen, eine Entwicklung des Phänomens der Gattungsinterferenzen nachzuvollziehen, liegt hier der argumentative Zirkelschluss zugrunde, aufgrund der Zuordnung Rugges zum Rheinischen Minne-

---

[222] Vgl. Brem 2003, im Kapitel „Registerkonstituenten der Sangspruchdichtung in Texten des Minnesangs": S. 138–156, im Kapitel „‚Sangsprüche' in minnelyrischen Tönen": S. 249–255, im Kapitel „Spruchstrophen und Spruchtöne": S. 279 f.
[223] Brem 2003, S. 89. Besprochen werden neben Walther die in MF(MT) versammelten Minnesänger, also nicht Herger und Spervogel, die hingegen als „Einflußfaktoren [...] in Betracht kommen" (Brem 2003, S. 89). Im Hinblick auf „Registerkonstituenten des Minnesangs in der Sangspruchdichtung" bespricht Brem Walther und Reinmar von Zweter.
[224] Brem 2003, S. 139.
[225] Brem 2003, S. 159.

sang die diskutierten Töne nachdrücklich im Sinne einer beginnenden Emanzipation von Formen und Figuren des frühen Sangs zu deuten.[226]

Gewinnbringend ist es hingegen, dass Brems Studie eine Differenzierung der bis anhin häufig pauschalen und nicht eingehend ausgeführten Beobachtung vornimmt, vieles im Rugge-Korpus sei geprägt von einer „der Spruchdichtung ähnlichen Diktion"[227]. So definiert Brem die nicht seltenen gesellschaftskritischen Äußerungen in den Tönen als „Registerkonstituenten der Sangspruchdichtung" und versteht jene Strophen, in denen zudem keine Minnethematik explizit und das Ich dementsprechend nicht als das Ich eines Liebenden markiert wird, als „Spruchstrophen". Ersteres beobachtet sie im Sinne einer Interferenz von Minnethematik und Gesellschaftskritik in einem Ton und drei Strophen des Korpus;[228] Letzteres bei zwei Strophen eines Tons, in dem in anderen Strophen Minnethematik verhandelt wird,[229] und schließlich in einem Ton durchgehend, den sie dementsprechend als „Spruchton" bezeichnet.[230]

Zeigen lässt sich hiermit in erster Linie, dass im Rugge-Korpus ein breites Variationsspektrum davon vorliegt, Minne und gesellschaftskritische Aspekte – mal gesondert, mal verschränkt – zu verhandeln. Es scheint angesichts dessen kaum plausibel, die beiden Bereiche systematisch zu trennen.[231] Vielmehr wird sich in der folgenden Textarbeit zeigen, dass auch dort, wo keine Minnethematik explizit wird, im Zuge der Gesellschaftskritik genau jene Aspekte zur Diskussion stehen, die andernorts im Zusammenhang mit Minne von Relevanz sind. Über die dadurch gegebene paradigmatische Bezüglichkeit wird somit eine Spezifizierung ihrer jeweiligen Semantik möglich.[232] Nachvollziehen lassen sich variierende Sprechpositionen und -weisen, die es ermöglichen, Ähnliches unter anderen Gesichtspunkten zu diskutieren. Nicht nachvollziehen lässt sich hingegen, dass die Gegenstände und Modi der Gesellschaftskritik sich in inhaltlicher und insbesondere auch formaler Hinsicht[233] solcherart von der Verhandlung von Minnethematik abhöben, dass systematisch unterschiedliche Gattungen literarischer Rede voneinander zu unterscheiden wären. Stattdessen ist Brems Terminologie insofern Folge zu leisten, als dass im Rugge-Korpus die Interferenz thematischer Schwerpunkte und modaler Sprechweisen vorliegt, die in den Korpora anderer Autoren – etwa Walthers von der Vogelweide – in einem gattungstheoretischen Sinne zu differenzieren sind. Ob man die Präsenz ‚spruchhafter' Elemente im Rugge-Korpus jedoch im Sinne einer intendierten Integration von

---

226 Vgl. Brem 2003, S. 158–171.
227 Stamer 1976, S. 184. Vgl. dazu die Belege oben in Anm. 40.
228 Ton X sowie die Strophen IX,1; VII,3 und VII,4 (letztere ist jedoch nur unter Reinmar überliefert); vgl. Brem 2003, S. 138–156.
229 VII, 8–9, wobei nur erstere auch unter Rugge überliefert ist. Vgl. Brem 2003, S. 249–255.
230 Ton V; vgl. Brem 2003, S. 279f.
231 Vgl. etwa Paus 1965, S. 1.
232 Diesen Aspekt vernachlässigt Brem 2003, S. 279f., in ihrer Analyse von Ton V.
233 Vgl. etwa auch Tervoorens Hinweis, dass Ton V, insofern als Experiment aufzufassen sei, als dass er zwar „einen spruchgemäßen Inhalt" habe, aber „auch die Kanzonenform und Mehrstrophigkeit" (Tervooren 2001², S. 62).

„Registerkonstituenten der Sangspruchdichtung" deuten können wird, gilt es mit einem Fragezeichen zu versehen. Nicht weniger plausibel erscheint es, dass zwischen solchen Registerkonstituenten und den gesellschaftskritischen Aspekten im Rugge-Korpus ein Äquivalenzverhältnis besteht, das sie zwar durchaus vergleichbar macht, nicht aber zwingend impliziert, dass es sich dabei produktionsästhetisch um Adaptionen des Sangspruchs als ‚Gattungssystem' handelt.[234] Folgt man etwa Margreth Egidis differenziertem Katalog an möglichen Unterscheidungsmerkmalen zwischen Sangspruchdichtung und Minnesang,[235] so lassen sich diese im Rugge-Korpus nachgerade nicht nachweisen: *Texteinheit* und *Text-Ton-Verhältnis* stehen insbesondere bei Tönen in Frage, die dezidiert Minne zum Gegenstand haben (Töne IV, VII, IX, XI). Das *Themenrepertoire* der ‚spruchhaften' Elemente im Rugge-Korpus ist mitnichten vielfältiger als das thematische Spektrum der Minne-Verhandlung;[236] vielmehr überschneidet es sich damit. *Sprechhaltung und Sprecherrolle* changieren nicht nur zwischen liebendem und ‚spruchhaftem' Ich, sondern mehrfach auch innerhalb von sowie zwischen Minne-Verhandlung und Gesellschaftskritik (Töne IV, V, VII, IX, X, XI).[237] Die beiden Bereiche im Sinne einer vorausgesetzten Gattungssystematik primär getrennt voneinander zu betrachten, wäre folglich deduktiv und kaum gewinnbringend für die Textarbeit. Ob man es im Rugge-Korpus ‚schon' mit einer komplexen Interferenz zweier Gattungen oder ‚noch' mit einer nicht gänzlich vollzogenen Differenzierung der Gattungen zu tun hat, wird sich nicht beantworten lassen. Im Hinblick auf seine spruchhaften Elemente erweist sich das Rugge-Korpus somit weniger ertragreich für literaturgeschichtliche Fragestellungen als für die literaturwissenschaftliche Differenzierung verschiedener Praktiken von Variation, die insbesondere die Aspekte der Sprechposition und -haltung betreffen.

Frauenrede
Den jüngsten ausführlicheren Forschungsbeitrag zum Rugge-Korpus hat Katharina Boll in ihrer Studie zur Frauenrede im Minnesang vorgelegt.[238] In ihren Einzelanalysen von sechs Tönen, also der Hälfte des Korpus, weist sie nach, dass sich mehr Rugge-Strophen als Frauenrede auffassen lassen, als dies in MF(MT) markiert ist.[239] Über-

---

234 Vgl. zu diesem Begriff als handlungsleitendes Konzept für ihre Textarbeit Brem 2003, S. 14–25.
235 Vgl. Egidi 2006, S. 254.
236 Vgl. zur besonderen Relevanz dieses Differenzmerkmals auch Runow 2014, insb. S. 268.
237 Dass diese Faktoren auch andernorts als Unterscheidungskriterien immer wieder an ihre Grenzen geraten, hat zuletzt Kellner 2018, S. 66f., nachdrücklich betont.
238 Vgl. Boll 2007, S. 310–334. Boll analysiert dabei nur die unter Rugge überlieferten Strophen im Rugge-Kapitel, die nur unter Reinmar überlieferte Frauenstrophen von Ton VII und XI hingegen im Reinmar–Kapitel (S. 362–374).
239 Töne I, V–VIII und XII. Die nach MF achte Strophe von Ton VII hatte bisher nur Maurer 1966 als Frauenrede markiert, in Ton V war vor Bolls Studie noch nicht Frauenrede gesehen worden (vgl. dazu im folgenden Kapitel, S. 122 mit Anm. 171). Auffällig ist jedoch, dass Ton V Bolls methodischer Maßgabe widerspricht, ausschließlich diejenigen Strophen zu analysieren, „die aufgrund externer oder interner

blickt man sie, lässt sich mit Boll festhalten, dass in den Tönen des Rugge-Korpus die Frauenrede immer wieder als Möglichkeit fungiert, das in den zumeist quantitativ überwiegenden tongleichen Männerstrophen Verhandelte aus differenter Sprechposition, häufig konfirmativ,[240] zu reperspektivieren. Bedingt ist dies insbesondere dadurch, dass die Frauenstrophen zumeist am Ende tongleicher Strophengruppen überliefert sind.[241] Ähnlich, wie in der Thematisierung gesellschaftskritischer Aspekte die Sprechweisen und -positionen im Rugge-Korpus variieren, zeigt sich in der Thematisierung von Minne auch das nicht seltene Changieren der *gender* des Ich als eine variierende Perspektivierung von Gleichem.[242]

d Programmatische Schlüsse

Die in der älteren Forschung kontrovers geführte und von der jüngeren Forschung ungelöst *ad acta* gelegte Diskussion um eine eindeutige Autorzuschreibung der einzelnen Töne des Rugge-Korpus hat in erster Linie deutlich gemacht, dass es angesichts der komplexen Überlieferungslage nicht möglich ist, vom Rugge-Korpus gesicherte Rückschlüsse darauf zu ziehen, welche Töne ein Autor namens Heinrich von Rugge verfasst haben könnte – was also aus produktionsästhetischer Sicht gesichert als sein überliefertes Œuvre bezeichnet werden kann. Die Ordnungsfunktion, die die Kategorien Autor und Werk zu leisten vermögen, kommt der Zuweisung von Strophen und Tönen zu seinem Namen stattdessen bereits zum Zeitpunkt ihrer Niederschrift nicht zu.[243] Insbesondere die umfassende Überschneidung der Rugge- und Reinmar-Kor-

---

Markierungen eindeutig als Strophen mit weiblichem Sprecher-Ich ausgewiesen sind" (S. 144). Eine eindeutige Markierung liegt in Ton V mitnichten vor, und auch Bolls nur die zweite Strophe betreffende Beobachtung, dass der thematisierte *vriunt* grammatikalisch eindeutig männlich ist, lässt insb. angesichts des gesellschaftskritischen Gestus und des Fehlens von Minnethematik keinen eindeutigen Schluss auf das Geschlecht des Sprecher-Ich der zweiten und noch weniger der ersten Strophe zu (vgl. S. 318 f.). Selbiges gilt für die nach MF achte Strophe von Ton VII (vgl. dazu im folgenden Kapitel S. 154–156). Was Boll aufgrund ihrer Frauenrede-Definition hingegen nicht übernimmt, ist der Vorschlag von Cramer 2000, der in seinem grundlegenden Aufsatz zu ‚geschlechtneutralen' Strophen im Minnesang in Ton IX die Rezeption der nach MF ersten und letzten Strophe als Frauenrede zu plausibilisieren sucht. Vgl. ebenfalls kritisch zu seinen Überlegungen zu Ton IX Anm. 349 und 376 im folgenden Kapitel.
240 Auf diesen Aspekt weist auch Köhler 1997, S. 60 f., hin; er spricht von „konfirmativer Funktion". Vgl. dazu Boll 2007, S. 332–334.
241 In den Tönen VI, VIII und XII. Vgl. kritisch zu Bolls Vorschlag, das durch Strophenumstellung auch bei Ton I anzunehmen (Boll 2007, S. 312–317), die Überlegungen im folgenden Kapitel, S. 71 mit Anm. 19.
242 Vgl. auch die äquivalenten Überlegungen bei Braun 2010, S. 412, zu Ulrich von Liechtenstein, der argumentiert, dass es sich in dessen Korpus bei der Tatsache, dass das „Werbelied [...] von anderen Gattungen flankiert" wird, um einen „Mechanismus der Variation" handelt.
243 Zu betonen ist, dass diese Beobachtung unabhängig davon Gültigkeit hat, welchen Wert man der ‚Autorfunktion' zumisst. Vgl. zur prominenten Kritik Cerquiglinis an der Autorfunktion und der davon ausgehenden Forschungsdebatte in der germanistischen Mediävistik stellvertretend Stackmann 1994;

pora innerhalb des Codex Manesse macht eine uneindeutige Zuordnung kenntlich, die nicht rekonstruierend vereindeutigt werden kann. Was die Handschriften-Redaktoren bereit waren, potenziell als Œuvre Rugges aufzufassen, waren sie in großen Teilen gleichsam bereit, potenziell als Œuvre Reinmars anzusehen. Die Gründe hierfür sind, auch rezeptionsästhetisch betrachtet, nicht eindeutig zu bestimmen. Sie können sowohl in einer vorgängigen Autorvarianz liegen als auch zum Zeitpunkt der Niederschrift der Handschrift in einer Zuschreibungsmutanz oder aber einer Gleichzeitigkeit der Zuschreibungen als jeweils optionaler.

Was sich aus der Überschneidung jedoch mit Sicherheit schließen lässt, ist, dass das Rugge-Korpus eine Sammlung von Tönen darstellt, die am Ende des 13. Jahrhunderts in direktem Zusammenhang mit jenem Minnesang gesehen worden sind, dessen Entstehungszeit ab dem Ende des 12. Jahrhunderts anzusetzen ist und den die Forschung unter dem Begriff des ‚Hohen Sangs' subsumiert. Das steht chronologisch im Einklang mit der gesicherten Entstehungszeit von Rugges Leich im letzten Jahrzehnt des 12. Jahrhunderts. Die urkundlich nicht gesicherte Einordnung seiner Schaffenszeit auch deutlich vor 1190 hingegen, die für die literaturgeschichtliche Einordnung Rugges bis heute wirkmächtig ist, ist ebenso als spekulativ zurückzuweisen wie die in der Forschung davon abgeleitete Hypothese, die Töne des Rugge-Korpus seien repräsentativ für einen Minnesang am Übergang zum ‚Hohen Sang' und hätten den Status des ‚Vorläufigen'. Aufzufassen ist das Rugge-Korpus nicht als der uns überlieferte Teil eines Œuvres, das Aspekte des ‚Hohen Sangs' ‚noch nicht' oder ‚bereits' aufweist, sondern als spezifisches Rezeptionszeugnis einer literarischen Praxis am Ende des 12. Jahrhunderts. Da auf der Basis des heutigen Überlieferungsstands eine genauere chronologische Festlegung nicht möglich ist, verspricht eine Analyse des Korpus im Hinblick auf seine Stellung innerhalb einer etwaigen ‚Evolution' des Minnesangs wenig ertragreich zu sein.

Diese Tatsache, die nicht zu klärende Autorfrage sowie der von der Forschung vielfach bemängelte Umstand, dass die Töne auf eine kennzeichnende Weise inhaltlich Originalität vermissen lassen, prädestinieren das Rugge-Korpus hingegen umso mehr für eine Perspektivierung, die in der Minnesang-Forschung zwar prominent in allgemeiner Hinsicht eingenommen wird, seltener aber den methodischen Schwerpunkt der konkreten Textarbeit bildet. Gemeint ist das Diktum vom Minnesang als ‚Variationskunst'. Wie in der Folge *en détail* auszuführen ist, sucht diese Perspektivierung weniger auf einer syntagmatischen Ebene die Entwicklung des Minnesangs zu bestimmen, sondern fragt primär auf einer paradigmatischen Ebene nach den autor- und korpusübergreifend beobachtbaren Strategien, Verfahren und Funktionen der als gattungskonstitutiv zu verstehenden Praxis des Variierens. Diese für die Textarbeit zu systematisieren und am Beispiel des Rugge-Korpus zu differenzieren, ist deshalb vielversprechend, da sich die Aspekte, die sowohl im Hinblick auf die Inhalte als auch

---

Bein 1998, S. 86–97; Hausmann 1999, S. 14–17; sowie zuletzt die resümierenden Bemerkungen bei Kellner 2018 zu *Mouvance* und *Variance* in der Einleitung.

die Modi der Rede beobachtet werden können, weniger als Spezifika des Rugge-Korpus zu beschreiben sind, sondern vielmehr als nuancierende Modifizierungen des auch in anderen Minnesang-Korpora Verhandelten. Spruchhaftes findet sich unter den Namen zahlreicher anderer Minnesänger überliefert; Ausdruck und Verhandlung von Minnethematik sind im Rugge-Korpus in ihren Variationen und durch ihr Variiert-Sein weniger spezifisch als vielmehr ‚typisch' für den Minnesang. Was die Forschung zum Verdikt verleitet hat, Rugge mangele es an Originalität, lässt sich, so die These, nachgerade als exemplarische Partizipation an der Variationskunst des Minnesangs beschreiben.

Zu beobachten und analysieren gilt es dabei, wie im Ausdruck und der Reflexion von Minne und den dabei zur Verhandlung stehenden höfischen Werten Gleiches anders zur Sprache kommt und Anderes gleich, wie etwas Verhandeltes gleichermaßen Bezugspunkt und Bezugnahme für und auf andernorts Verhandeltes wird, und das korpusintern wie -extern. Sowohl die unterschiedlichen thematischen Schwerpunkte (Minne, Gesellschaftskritik, Religion etc.) sind unter diesem Gesichtspunkt zu betrachten als auch die differierenden Sprechweisen und -positionen (liebendes Ich, spruchhaftes Ich, Frauenrede etc.). Die zu bestimmenden Variationen bilden dabei Bestandteile eines Paradigmas an Variiertem, was ihren Nachvollzug in den Tönen des Rugge-Korpus wiederum paradigmatisch macht im Hinblick auf allgemeine Aspekte der Funktionsweisen und Funktionalitäten des Minnesangs am Ende des 12. Jahrhunderts und darüber hinaus, und zwar nachgerade dort, wo man ihn nicht als exzeptionell, sondern – in einem dezidiert nicht wertenden Sinne – als ‚konventionell' zu beschreiben hat. Die Konzentration auf die Töne des Rugge-Korpus versteht sich somit nicht als Beschränkung auf einen kleinen Ausschnitt des Minnesangs, sondern als repräsentative Auseinandersetzung mit spezifischen Beispielen für seine Variationskunst.

Das gilt, wenngleich in zugespitzter Weise, auch hinsichtlich des problematischen Text-Ton-Verhältnisses. In der Diskussion der ebenfalls ungelösten Frage, welche der Töne des Korpus anhand welcher Kriterien als Texteinheit – und damit auf performativer Ebene als ‚Lied' – aufzufassen sind und welche nicht, wurde deutlich, dass auch bei großem interpretatorischem Aufwand tongleiche Strophen immer wieder inhaltlich kaum als kohärent beschrieben werden können. Wie der Blick in die Editionen verdeutlicht, erweist sich die Kategorie des Liedes in Applikation auf das Rugge-Korpus wiederholt als inadäquat, sobald man es für die Liedeinheit als notwendige Bedingung erklärt, dass neben der formalen auch eine inhaltlich kohärente Zusammengehörigkeit festzustellen ist. Wie beschrieben, stellt das Rugge-Korpus damit jedoch keine Ausnahme in der Minnesang-Überlieferung dar. Schon Hermann Paul hatte mit Blick auf das Rugge-Korpus darauf verwiesen, dass auch bei vielen anderen Minnesängern „ein logischer zusammenhang zwischen den einzelnen strophen [...] sehr oft kaum oder gar nicht zu bemerken"[244] sei.

---

[244] Paul 1876, S. 510.

Statt von vornherein von einer mehr als formalen Einheit auszugehen, scheint es in der Analyse des Korpus deshalb geboten, sich von den Kategorisierungen der bestehenden Editionen zu lösen und die Handschriften selbst, mit ihrer Tonunterteilung durch wechselnde Initialenfarbe als primäres Ordnungsprinzip, zugrunde zu legen. Im Hinblick auf jene Strophen, die von den Handschriften als zusammengehörig markiert sind, ist dann jeweils zweierlei zu fragen: erstens, ob und wodurch sich eine strophenübergreifende inhaltliche Zusammengehörigkeit überhaupt nachvollziehen lässt (und auf Basis welcher, auch historisch zu differenzierenden Vorannahmen); zweitens, wo und inwiefern eine solche tonimmanente Bezüglichkeit differenziert werden kann von tonübergreifenden Bezüglichkeiten. Zu eruieren sind verschiedene Grade und Formen gegebener beziehungsweise nicht gegebener Kohärenz, deren Spektrum im Rugge-Korpus gerade deshalb als exemplarisch bezeichnet werden kann, weil es besonders breit ist. Zu beschreiben ist ein umfangreiches Variationsspektrum strophenübergreifender Bezugnahmen und ihrer Auswirkungen auf das Verständnis der Einzelstrophen.

Ziel eines solchen Vorgehens kann und soll es jedoch nicht sein, an der Diskussion zu partizipieren, welches Maß und welche Art an strophenübergreifender Kohärenz ein Ton im Minnesang aufweisen muss, um hinsichtlich einer Performanz als Liedeinheit gelten zu können. Sie wäre gesondert zu führen. Statt das Phänomen variierender strophenübergreifender Kohärenz als Kriterium für Textualität zu diskutieren, scheint es für die Arbeit am Rugge-Korpus erforderlich zu fragen, welche Effekte die unterschiedlichen Grade und Formen von Kohärenz auf das in den Einzelstrophen Variierte haben, welche Rolle Kohärenz also für die im Weiteren zu konzeptualisierende Variationspraxis im Minnesang spielen kann. Nachzuvollziehen ist, ob und inwiefern die zu beobachtenden variierenden Kohärenzen in Bezug zu setzen sind zum Verfahren des Variierens innerhalb der Strophen selbst.

3 Variation im Minnesang. Methodische Überlegungen

Ausgehend von der Hypothese, dass sich Töne des Rugge-Korpus als exemplarische Partizipationen an der Variationskunst des Minnesangs perspektivieren lassen, ist das Anliegen der folgenden Ausführungen ein doppeltes. Zum einen gilt es, Vorannahmen und Tragweite der Auffassung des Minnesangs als Variationskunst zu benennen. Diese Auffassung begegnet bekanntlich – schwerpunktmäßig im Zuge einleitender Bemerkungen – in zahlreichen Forschungsbeiträgen.[245] An sie lässt sich vielfach anschließen. Dabei gilt es, kritisch zu hinterfragen, wie die weithin geteilte literatur-

---

[245] Vgl. die umfassenden Belege bei Eikelmann 1988, S. 9, Anm. 1, und S. 10, Anm. 2; sowie in den letzten 30 Jahren etwa Eikelmann 1988, S. 1–35; Wolf 1989 (hier allerdings anhand der Begrifflichkeit von ‚Umkreisen' und ‚Überbieten'); Schweikle 1995², S. 196, 218; Hübner 1996, S. 25; Cramer 1998, S. 7 und 17 f.; Irler 2001, S. 46; Egidi 2002, S. 15–17, 28–32; J.-D. Müller 2010 [2004], S. 65; Fuchs-Jolie 2007, S. 26; Braun 2010; Hübner 2013; Kellner 2013, S. 184–188; Kellner 2018, S. 58–67.

theoretische Einschätzung, „dass es sich beim Minnesang um eine Kunstform handelt, die in erster Linie durch den Mechanismus spielerischer Variation bestimmt wird"[246], sich zur nach wie vor gängigen literaturgeschichtlichen Einteilung des Minnesangs in verschiedene Phasen verhält.[247] Das tut vor allem deshalb not, da auch die jüngere Sekundärliteratur den unterschiedlichen Phasen wiederum je einzeln attestiert hat, dass für sie Variationskunst prägend sei.[248] Des Weiteren ist das nicht abreißende Interesse, Eigenheiten bestimmter Autoren zu eruieren, in seiner Spannung zum Konzept einer autorübergreifenden Variationskunst zu befragen. Schließlich wird die benannte Problematik strophenübergreifender Kohärenz tongleicher Strophen aus dem Blickpunkt der Variationskunst zu reperspektivieren sein.

Diese theoretischen Überlegungen sind zum anderen mit Blick auf die Textarbeit am Rugge-Korpus zu konzeptualisieren. Zwar lässt sich festhalten, dass zahlreiche Studien auf der konsensfähigen Prämisse basieren, „daß der mittelhochdeutsche Minnesang durch feste Gattungskonventionen und die Variation eines Bestandes vorgegebener Aufbauelemente gekennzeichnet ist"[249]. Einer Herangehensweise jedoch, die die Variation methodisch nicht nur zur Voraussetzung, sondern gleichsam zum Gegenstand der inhaltlichen Auseinandersetzung mit bestimmten Korpora macht, ist in der Sekundärliteratur nicht im selben Maße Aufmerksamkeit geschenkt worden.[250] Dies mag nicht zuletzt damit zu tun haben, dass sich die Minnesang-Forschung den als ‚konventionell' und tendenziell ‚unoriginell' eingestuften Autoren, bei denen eine solche Herangehensweise aus genau diesem Grund nahe liegt, nach wie vor merklich zurückhaltender widmet als jenen, deren Texte als exzeptionell aufgefasst werden (insb. Morungen, Walther, Neidhart und Oswald). Zu betonen gilt es deshalb vorab, dass dem Bestreben, am Einzeltext Ebenen, Funktionsweisen und Funktionalitäten der Variation zu bestimmen, in der vorliegenden Arbeit konstitutiv ein Verdacht zugrunde liegt: die Annahme nämlich, dass das ‚stumme Wissen'[251] weiter Teile der Literaturwissenschaft, es lasse sich über Texte, die als weniger ‚exzeptionell' beziehungsweise ‚originell' zu gelten haben, dementsprechend auch we-

---

246 Braun 2010, S. 398.
247 Vgl. dazu insb. Kellner 2018, S. 65.
248 Vgl. für den ‚frühen Minnesang' zuletzt Benz 2014, S. 598; für den Hohen Sang zuletzt Kellner 2018, deren Studie auf Überlegungen zum Minnesang als Variationskunst fußen und sich hauptsächlich auf Reinmar, Morungen und Walther konzentrieren; für den Minnesang im 13. Jahrhundert insb. Hübner 2008 und 2013 und für den ‚späten Sang' im Allgemeinen etwa de Boor 1964^2, S. 298. Vgl. auch den entsprechenden kritischen Hinweis bei Eikelmann 1988, S. 2, Anm. 5.
249 Eikelmann 1988, S. 9.
250 Anknüpfen lässt sich insb. an Manuel Brauns Studie „Typus und Variation im Minnesang des 13. Jahrhunderts" (Braun 2010), die für die Beschreibung des Liedkorpus Ulrichs von Lichtenstein eine differenzierte Unterteilung verschiedener Ebenen der Variation vornimmt.
251 Gebraucht ist der Begriff hier in dem Sinne, wie ihn Iser 1993, S. 18, definiert hat: „[...] mit dieser von der Wissenssoziologie geprägten Bezeichnung ist jener Vorrat Gewißheit gemeint, der so gesichert erscheint, daß er als selbstverständlich gelten darf."

niger sagen, mit Blick auf den Minnesang entschieden zu revidieren ist.[252] Gerade die Konventionalität des Variierens erlaubt es, das literarische Verfahren von Iteration und Variation, Wiederholung und Abweichung am Einzeltext ausführlich zu differenzieren, da in den Spezifitäten der einzelnen Variation überhaupt erst das Allgemeine der Variationskunst kenntlich wird.

a Konvention und Variation

Voraussetzung jeder Rede davon, dass Variation als ein den Minnesang kennzeichnendes Textverfahren zu gelten hat, ist die Feststellung, dass die mittelalterliche Liebeslyrik im Allgemeinen und der deutschsprachige Minnesang im Besonderen in hohem Maße durch die Konventionalität sowohl der sprachlichen Elemente, die sie konstituieren, als auch ihres Arrangements geprägt sind.[253] Ersteres betrifft die Topik einzelner Bestandteile des Ausgesagten, Letzteres vorgeprägte Muster des Aussagens. Die Tatsache, dass solche Aufbauelemente im Minnesang in der Regel nicht ‚bloß' wiederholt werden, sondern in ihrer jeweiligen Aktualisierung durch die Art und Weise, sie auszudrücken, und ihre textuelle Einbettung modifiziert und nuanciert, ja gegebenenfalls auch verkehrt oder parodiert werden, bezeichnet das Textverfahren der Variation. Es zielt auf der allgemeinen Basis der Wiederholung von Vorgeprägtem auf spezifische Modifizierung im einzelnen Vorgang des Wiederholens. Insofern, als dass man diesem Textverfahren für den Minnesang gattungskonstitutiven Charakter zuschreibt, hat man Variation folglich zunächst ganz allgemein als etwas aufzufassen, dass den konventionalisierten Umgang mit Konventionalisiertem im Text bezeichnet. Denn konventionalisiert sind in wechselseitiger Bedingtheit sowohl das Variierte als auch das Variieren selbst.

Die genauere Bestimmung der in diesem Sinne als Gattungskonvention verstandenen Variationspraxis hängt zentral davon ab, welche Funktionsweisen und welche Funktionalität man dem Textverfahren der Variation beimisst. Dies hat im Verlauf der Forschungsgeschichte unterschiedliche Akzentuierungen erfahren. Maßgeblich für die Perspektivierung der Konventionalität von Variation und gleichsam wegweisend für die Auffassung des Minnesangs als Variationskunst war die von Robert Guiette Ende der 40er-Jahre vorgetragene These, man habe die Trobadorlyrik als „poésie formelle" zu beschreiben.[254] Guiette befand eine strikt formal verstandene Artistik als

---

[252] Eindringlich gefordert hat eine solche Perspektivierung Hübner 2013. An seine Überlegungen wird in der Folge anzuschließen sein.
[253] Vgl. stellvertretend zu diesem Gemeinplatz der Minnesang-Forschung Eikelmann 1988, S. 10, sowie die dort aufgeführten Belege. Warning 1997 [1979] hat diesbezüglich bekanntlich die viel zitierten Wendungen von der ‚lexikalischen Armut' und dem überschaubaren Bestand an ‚semantischen Isotopien' geprägt.
[254] Guiette 1978 [1949]. Guiettes Ansatz gingen äquivalente Konzeptualisierungen in der Minnesangphilologie voraus; vgl. Hübner 1996, S. 19 f., der zeigt, dass „die deutsche Minnesangphilologie,

für sie kennzeichnend: „La chanson courtoise [...] est une création artistique, une création rhétorique. [...] Le jeu [...] est celui de la „composition": mise en place des éléments connus, élaboration d'un emsemble verbal définitif, d'un texte à chanter, d'un texte chanté."[255] Zur Bestimmung der Funktionalität dieses ‚Spiels' schloss Guiette an den *variatio*-Begriff der antiken Rhetorik an.[256] So, wie dort Variation als Stilmittel definiert ist, das „auf Sympathie und Erfreuung (‚variatio delectat' bzw. ‚varietas delectat') des Publikums"[257] abzielt, interpretiert er die Trobadorlyrik – mit den Worten Hans-Robert Jauß' – als „bewußten Genuß der unendlichen Variation"[258]. Als Dichtung, „die Originalität nicht auf der Ebene des „énoncé" anstrebt, sondern allein auf der der „énonciation"", konstituiere sie sich „in der je neuen und überbietenden Aktualisierung eines überschaubaren Arsenals topischer Argumente"[259]. Dementsprechend seien die Ich-Aussagen der Texte im Rahmen spielerischer Artistik aufzufassen und nicht als Ausdruck der Befindlichkeit spezifischer Subjekte. Im Gegenteil: „C'est l'œuvre, elle-même, qui est le sujet."[260]

Insofern, als dass Guiette mit diesem Ansatz einen radikalen Gegenentwurf zum Konzept einer auf Authentizitäts- und Originalitätsbehauptungen fußenden ‚Erlebnislyrik' formulierte, das auch für den Minnesang lange Zeit dominant war, und damit die Alterität der mittelalterlichen Liebeslyrik konzeptuell in den Fokus rückte,[261] ist er für die Auffassung des Minnesangs als Variationskunst in der germanistischen Mediävistik bis heute prägend. Kritisch betrachtet wird hingegen seine Tendenz zur Verabsolutierung der Formseite der literarischen Praxis. Aufbauend auf Überlegungen Hugo Kuhns,[262] geht dies bekanntlich in erster Linie auf Rainer Warning zurück. Warnings von der Minnesang-Forschung rege aufgegriffene Forderung, dass „dem Verhältnis von Pragmatik und Semantik unsere zentrale Aufmerksamkeit zu gelten hat"[263], fußt einerseits ebenfalls auf einer „Absage an biographistische Kurzschlüssigkeit"[264]. Andererseits betont Warning, dass es ebenso unangemessen wäre,

---

schon avant la lettre und oft ohne deutlich reflektierten theoretischen Anspruch, das Konzept der *poésie formelle* zumindest de facto gern angewandt" hat. Er belegt dies auf S. 370, Anm. 22.
255 Guiette 1978 [1949], S. 13.
256 Guiette 1978 [1949], S. 16 f.
257 Pulte 2001, Sp. 550. Vgl. dort auch die Belege zur antiken Rhetorik.
258 Jauß 1984⁴, S. 689.
259 Warning 1997 [1979], S. 58.
260 Guiette 1978 [1949], S. 15.
261 Vgl. Guiette 1978 [1949], S. 18. Zur „Forschungsrenaissance", die Guiette damit einleitete und die insb. durch die Arbeiten Paul Zumthors geprägt ist, vgl. Warning 1997 [1979], S. 58 f.
262 Kuhn 1980 [1977] sowie Kuhn 1980 [1978]. Vgl. Warning 1997 [1979], S. 52 f., sowie dazu auch Egidi 2002, S. 15–17.
263 Warning 1997 [1979], S. 47. Stellvertretend genannt für die nachhaltige Diskussion der ‚Pragmatik' des Minnesangs sei Abschnitt I. des wegweisenden Sammelbands „‚Aufführung' und ‚Schrift' in Mittelalter und Früher Neuzeit", J.-D. Müller (Hg.) 1996: „Vortrag – Abbildung – Handschrift am Beispiel der höfischen Lied- und Sangspruchdichtung".
264 Warning 1997 [1979], S. 51.

die Rezeptionsdisposition des hochhöfischen Publikums selbst auf den puren Genuß spielerisch-formaler Variation festzulegen [...]. Der Genuß der formalen Variation schließt das spielerische Eingehen auf das Identifikationsangebot der inszenierten Fiktion nicht aus, sondern er ist die Sozialisationsform der lyrisch vermittelten Erfahrung selbst. Eine Analyse der semantischen Ebene hat dem Rechnung zu tragen. Sie wird gegen den Ästhetizismus eines bloß formalen Spiels die Pragmatik dieses Spiels zu betonen haben [...].[265]

Die Differenzierungsleistung Warnings im Hinblick auf den Variations-Begriff besteht darin, nach dem Bezugsrahmen des Variierens zu fragen. Beschränkt man sich darauf, die Semantik der Texte frei von jedwedem Umgang mit außerliterarischen Diskursen und somit als in sich geschlossenes Universum zu bestimmen,[266] bezeichnet die Variation ein rein formales Verfahren mit primär selbstreferenziellem Charakter. Geht man hingegen von der „Dominanz der pragmatischen Konstitutionsebene über die semantische"[267] aus und erklärt die sozio-kulturelle Kontextualisierung der literarischen Praxis für konstitutiv, wird man das literarische Moment des Variierens auch als ein gesellschaftliches aufzufassen haben.[268] Hat das Variierte einerseits innerhalb des lyrischen Diskurses topischen Charakter und ist andererseits aber auch in einem für seine Semantik konstitutiven Bezug zur Gültigkeit zu sehen, die es darüber hinaus hat, stellt die Variation demnach nicht nur ein rein innerliterarisches Spiel dar, sondern auch einen spielerischen Umgang mit der außerliterarischen Diskursivität des Variierten.

Entscheidend für eine solch komplexere Auffassung des Variationsbegriffes ist es, dass Warning der mittelalterlichen Liebeslyrik das Wesen einer „poésie formelle" mitnichten absprach, sondern dieses aus der „pragmatisch-institutionellen Fundierung der Iterativität" heraus zu erklären suchte.[269] Seine Forderung, dass das Textverfahren der Variation in Relation zu setzen ist zur Kontextualisierung des Sprechakts, affirmiert dessen konventionalisierten Charakter, zielt aber gleichwohl auf eine Bestimmung seiner Funktionalität auch jenseits rhetorischer Effekte.[270]

---

265 Warning 1997 [1979], S. 57.
266 Vgl. Warning 1997 [1979], S. 81.
267 Ebd.
268 Vgl. Warning 1997 [1979], S. 82. Vgl. in diesem Sinne auch Lotman 1993⁴, S. 404: „Jeder künstlerische Text kann seine soziale Funktion nur erfüllen, wenn in seinem zeitgenössischen Kollektiv eine ästhetische Kommunikation vorhanden ist. Da eine Zeichenkommunikation nicht nur einen Text, sondern auch eine Sprache erfordert, ist ein Kunstwerk für sich allein, ohne einen bestimmten Kultur-Kontext, ohne ein bestimmtes System von Kultur-Kodes vergleichbar, „einer Grabinschrift in einer unbekannten Sprache" (Puškin)."
269 Vgl. Warning 1997 [1979], S. 82. Seine These ist hierbei die nicht spekulationsfreie Annahme, dass das Formale der Texte nicht zufällig an die Strenge eines Ritus gemahne, selbst also von vornherein sozialer Prägung sei. Vgl. dazu, dass auch Kuhn mehrfach festgehalten hat, dass „artistische Dimension" und „Diskussionscharakter des Minnesangs" einander bedingen und nicht ausschließen, Egidi 2002, S. 29.
270 Vgl. Warning 1997 [1979], S. 82: „Diese Variation überführt das rituelle Moment in ein spielerisches, wobei indes dieses Spiel multipler Beziehbarkeiten den Text nicht öffnet, sondern immer wieder

Wenn es dementsprechend im Rahmen literaturtheoretischer Überlegungen zum Minnesang indes seinerseits zum Topos geworden ist zu betonen, dass eine perspektivische Einengung auf die formale wie rhetorische Virtuosität der Texte konzeptuell reduktionistisch sei, so stand dies jedoch zumeist im Dienste des grundsätzlichen Anliegens, den normativen Anspruch des Minnesangs in seiner Darstellung und Verhandlung ‚höfischer Liebe' herauszustellen.[271] Zu erweisen galt es, dass der Minnesang sowohl auf einen allgemeinen höfischen Diskurs über Liebe rekurriert als auch eine spezifische Ausdrucksform dieses Diskurses ist, dass der Minnesang deshalb „eine gewisse gesellschaftliche Verbindlichkeit besitzt"[272] (Schnell), weil „die Ästhetik des Minneliedes eingelassen [ist] in eine Ästhetik des Lebens"[273] (J.-D. Müller). Festzustellen, dass für den Minnesang die Konventionalität der Variationspraxis prägend ist, bildete im Zuge solcher Überlegungen primär den Ausgangs- und nicht den Zielpunkt des Erkenntnisinteresses.[274] In diesem Sinne hat Jan-Dirk Müller als Forschungskonsens festgehalten:

> Minnesang ist einerseits Variationskunst; am einzelnen Lied wird die formale Vollendung des Ganzen und die kleine überraschende Nuance im Besonderen genossen (*poésie formelle*). Doch schließt das andererseits nicht aus, dass es in einen höfischen Diskurs über eine edlere Form von Liebe (*minne*) eingelassen ist und mannigfache Konzepte von Rollenkonstellationen, Haltungen und Verlaufsformen dieser *minne* entwirft, die für eine höfische Gesellschaft Maßgeblichkeit beanspruchen.[275]

Stoßrichtung dieser Argumentation, dass das textinterne Verfahren der Variation eingelassen ist in einen über die literarische Rede hinausreichenden höfischen Diskurs, ist das Postulat der „Verklammerung von ästhetischer und ethisch-sozialer Verbindlichkeit"[276] im Minnesang. Im Blick steht Variation dabei als Konstituens der formalen Ästhetik; der Fokus der Analyse richtet sich auf die jenseits davon liegenden Konstituenten der Ästhetik.[277] Dreht man die hier von Müller eingenommene Perspektivierung jedoch um, setzt also voraus, dass sich in Ausdruck und Verhandlung von Minne Entwürfe von ihr nachvollziehen lassen, die in ihrer Bezogenheit auf gesellschaftliche Werte selbst zum gesellschaftlichen Wert werden, und fragt primär nach der textuellen Verfasstheit solcher Entwürfe,[278] ergibt sich eine andere Akzen-

---

funktionalisiert in Hinsicht auf das Handlungsprogramm des Liebesdienstes, das gleichsam eingeübt wird im Medium eben dieses Spiels."
271 Vgl. dazu die Forschungsübersicht bei Egidi 2002, S. 15–36; sowie insb. Schnell 1985; Wachinger 2011 [1989]; Schnell 1990; J.-D. Müller 2010 [2004]; J.-D. Müller 2007; Huber 2012.
272 Schnell 1985, S. 109.
273 J.-D. Müller 2007, S. 296.
274 Vgl. Eikelmann 1988, S. 2.
275 J.-D. Müller 2010 [2004], S. 65. Vgl. in diesem Sinne auch J.-D. Müller 2007, S. 288–291.
276 J.-D. Müller 2010 [2004], S. 65.
277 Vgl. exemplarisch dafür J.-D. Müller 2007, insb. S. 288–291.
278 Die Notwendigkeit, dies zu tun, betonen etwa Eikelmann 1988, S. 2f., sowie Egidi 2002, S. 31: „Höfische Liebe ist [...] nicht als feste Größe *ante rem* zu begreifen, als mehr oder weniger vollständig

tuierung. Insofern nämlich, als dass – mit Müllers Begrifflichkeit gesagt – die ‚Ästhetik des Lebens' aus diesem Blickwinkel eingelassen ist in die ‚Ästhetik des Minneliedes', gerät auf der textimmanenten Ebene die Variation nachgerade als der Modus davon in den Fokus, wie sich dies vollzieht. Variation ist, so betrachtet, aufzufassen als das konventionalisierte textuelle Verfahren, wie Minne ausgedrückt und verhandelt wird, und somit weit mehr als ein rhetorisches Mittel, das auf „Sympathie und Erfreuung" der Rezipientinnen und Rezipienten abzielt.

Zwei Implikationen beinhaltet dieses Postulat. Geht man zum einen, wie diskutiert, davon aus, dass die Semantizität der einzelnen Bestandteile davon, wie Minne ausgedrückt und verhandelt wird, sich jenseits rein innerliterarischer Topik konstituiert und in Bezug zu setzen ist zur sozio-kulturellen Kontextualisierung des Sprechakts, vollzieht sich im Akt des Variierens gleichsam eine Variation der Semantik selbst. Die Variation betrifft somit nicht nur die formale, sondern, in wechselseitiger Bedingtheit, wesentlich auch die inhaltliche Konstitution der Texte.[279] Wird etwa – um das zu exemplifizieren – die Bedeutung der *stæte* als zentraler Eigenschaft eines Liebenden variiert, muss die Bestimmung der Variation in dem Moment über die Beschreibung eines spielerischen Umgangs mit der Topik rein formaler Natur hinausgehen, wenn man *stæte* als höfischen Wert nicht nur statisch benannt, sondern auch dynamisch der Verhandlung ausgesetzt sieht.[280]

Zum anderen impliziert die Beobachtung, dass Ausdruck und Verhandlung von Minne im Modus der Variation kenntlich werden, auch, dass der spezifische Entwurf von Minne im Einzeltext selbst als Variation anderer erscheint.[281] Diese womöglich trivial anmutende Feststellung zu machen, ist vor allem deshalb wichtig, um daran zu erinnern, dass die Spezifizität des Entworfen-Seins von Minne im einzelnen Text nahezu ausnahmslos *innerhalb* der Praxis der Wiederholung und Abweichung von Vorgeprägtem zu sehen ist und kaum je *jenseits davon*.[282]

---

vorab definiertes Konzept, welches die Texte gleichsam generiert, oder als ein der literarischen Gestaltung vorausliegender ‚Erfahrungsinhalt', der in den Texten ‚bewältigt' würde. Als genuin literarisches Phänomen wird sie in ihren spezifischen Sinnakzentuierungen vielmehr in den Einzeltexten jeweils neu entworfen und erhält ihre spezifische Kontur erst mit deren konkreter Sprachgestalt. (Daß ein solcher Textzugang nur die Konkretisierung eines altgedienten literaturwissenschaftlichen Common place zum propositionalen Gehalt literarischer Texte als Effekt der Gestaltung von Sprachmaterial darstellt, heißt nicht, daß er nicht im Gegensatz zu einer verbreiteten mediävistischen Praxis stünde)."
279 Vgl. Eikelmann 1988, S. 4f.
280 Vgl. dafür im Folgenden bspw. die Analyse von Ton Ia des Rugge-Korpus (insb. 2–3 C).
281 Vgl. dazu auch Kellner 2018, S. 50: „Bezogen auf den Minnesang fiele es nachgerade schwer festzulegen, welcher Text als *das* paradigmatische Minnelied zu betrachten sei. Im Kontext des Hohen Minnesangs als Variationskunst ist es vielmehr so, dass jedes Lied, das von der Hohen Minne ausgeht, eine eigene Position im höfischen Liebesdiskurs entwickelt, sich in einer bestimmten Weise zu den damit verbundenen Fiktionen verhält und in Nuancen von anderen Liedern abweicht. Diese Dynamik ist systemisch und könnte gar nicht erfasst werden, wenn man ein bestimmtes Lied zum Prototyp erklären würde, auf den die anderen Lieder sich dann gewissermaßen sekundär bezögen."
282 Vgl. Eikelmann 1988, S. 10. Hingewiesen sei hier nur kurz darauf, dass dies auch für Autoren wie Neidhart gelten kann, die von der Forschung nicht selten als „Sonderfälle" bezeichnet wurden (vgl.

Um diese Aspekte genauer zu erläutern, ist von der Minnesang-Forschung wiederholt Jurij M. Lotmans Konzept einer ‚Ästhetik der Identität' fruchtbar gemacht worden.[283] In einer polaren Setzung, die jedoch für strukturelle Differenzierung offen ist, unterscheidet Lotman zum Zwecke einer allgemeinen „Einteilung der Kunstwerke"[284] eine ‚Ästhetik der Differenz'[285] und eine ‚Ästhetik der Identität'. Während erstere auf Regelverletzung basiert und ihr verpflichtete „Künstler [...] eigene, originäre" Ansätze entwickeln,[286] ordnet er, unter anderem mit Blick auf „die mittelalterliche Kunst", letzterer „künstlerisch[e] Systeme" zu, „die den Wert eines Werkes nicht an der Verletzung, sondern an der Einhaltung bestimmter Regeln"[287] messen. Verpflichtet seien diesem Prinzip „künstlerische Erscheinungen, deren Strukturen vorher gegeben sind und bei denen die Erwartung der Zuhörer durch den ganzen Bau des Werkes bestätigt wird"[288]. Als wesentlich dafür hält Lotman zwei Aspekte fest. Erstens habe das Verfahren der Wiederholung in solchen Kunstwerken absoluten Charakter und nicht den „einer dialektisch-komplexen Analogie", da dadurch überhaupt erst die Identifizierung der einzelnen Erscheinung mit anderen, demselben Prinzip getreuen, möglich werde.[289] Zweitens sei aber, damit „eine Identifizierung stattfinden kann, [...] auch Vielfalt vonnöten"[290]. Da sonst „jedes neue Werk nur eine genaue Kopie des vorigen" wäre und „seinen Informationswert ein[büßte]"[291], müsse Einförmiges kompensiert werden durch Mannigfaltiges, müssen „die unverrückbaren Begriffsschablonen" kombiniert werden „mit der Vielfalt des auf sie bezogenen lebendigen Materials"[292].

---

etwa Eikelmann 1988, S. 13). So hat J.-D. Müller 2001b gezeigt, dass Neidharts ‚Gegenentwürfe' ihren Reiz überhaupt erst im Bezug zu konventionalisierten Entwürfen entfalten, „da die Lieder trotz ihrer Evasionsphantasmen die kulturellen Normen des Hofs weniger untergraben als sie durch ihre probeweise Suspension bestätigen" (S. 236). Denn, so ebenfalls J.-D. Müller (2010 [2004], S. 65): „Die Variation schließt die Möglichkeit der Verkehrung ein und der Entwurf edlen Verhaltens den Gegenentwurf: kritisch und polemisch etwa bei Walther von der Vogelweide, grotesk verzerrt bei Neidhart [...]."

283 Lotman 1993⁴, S. 404–419. Vgl. dazu insb. Eikelmann 1988, S. 13–15; Strohschneider 1997, S. 84, Anm. 82; Egidi 2002, S. 28 f. Produktiv in Bezug setzen lassen sich die folgenden Überlegungen auch zu Beate Kellners Applikation von Gilles Deleuzes Begriff der ‚bekleideten Wiederholung' auf die Variationskunst des Minnesangs; vgl. Kellner 2018, S. 62 f.
284 Lotman 1993⁴, S. 413.
285 Ich folge entgegen der UTB-Ausgabe, die „Ästhetik der Gegenüberstellung" übersetzt, dem bei Egidi 2002, S. 28, Anm. 83, festgehaltenen Übersetzungsvorschlag Renate Lachmanns.
286 Lotman 1993⁴, S. 412 f.
287 Lotman 1993⁴, S. 409. Kritisch zu hinterfragen ist hier gleichwohl der Regel-Begriff, insofern er eine Instanz impliziert, die Regeln aufstellt. Angebrachter ist der hier ansonsten verwendete Begriff der Konventionen bzw. des Konventionalisierten.
288 Lotman 1993⁴, S. 408.
289 Vgl. Lotman 1993⁴, S. 410, Zitat ebd.
290 Ebd.
291 Lotman 1993⁴, S. 411.
292 Ebd.

Diese, der allgemeinen Anschlussfähigkeit geschuldet, sicherlich zu schematische, weil polare Unterteilung in die einander bedingenden Aspekte der Einförmigkeit und Vielfalt, die die ‚Ästhetik der Identität' eines Kunstwerks ausmachen,[293] ist mit Blick auf den jeweiligen Anwendungsbereich zu differenzieren. Appliziert man das Modell auf den Minnesang, wie dies insbesondere Manfred Eikelmann und Margreth Egidi vorgeschlagen haben,[294] ist mit ihm in erster Linie die Einsicht gewonnen, dass es die Konventionalität seiner Aufbauelemente selbst ist, die es nicht nur ermöglicht, sondern gleichsam bedingt, dass ihre jeweiligen Aktualisierungen in den einzelnen Texten vielfältiger Natur sind:

> Die Tatsache der Konventionalität der Sprachelemente (seien dies nun einzelne Topoi und Motive, rhetorische Figuren, Verknüpfungsmuster oder Aussagetypen) zeigt die Verbindlichkeit des Vorgeprägten an, die für das Gelingen der Kommunikation unter fragilen Rahmenbedingungen besondere Bedeutung hat, und ist *zugleich* Voraussetzung der Offenheit für potentiell je neue Sinngebungen, die vor dem Hintergrund der im Text präsent gehaltenen Anwendungsgeschichte der Sprachmittel sichtbar werden.[295]

Es dürfte auf der Hand liegen, dass dieser Umstand gleichsam impliziert, dass die Variationspraxis im Minnesang, wie bereits ausgeführt, wesentlich auch Variationen der Semantik betrifft. Wird Vorgeprägtes im Text variiert, macht einerseits seine Aktualisierung den Text identifizierbar mit der, so Eikelmann, „verbindliche[n] Modellvorstellung"[296] des Minnesangs, indem er an ihr partizipiert. Andererseits bedingt die Tatsache, dass dies im Modus der Variation und eben nicht der ‚bloßen' Wiederholung passiert, Nuancierung und Abweichung, „schließt die Möglichkeit der Verkehrung ein"[297] und damit auch insofern ‚neue Sinngebungen', als dass das ‚Neue' in der Variation von ‚Altem' besteht, dieses in der Abweichung also nachgerade präsent hält.[298]

---

[293] Vgl. Egidi 2002, S. 28 f.
[294] Vgl. Eikelmann 1988, S. 13–15; Egidi 2002, S. 28 f.
[295] Egidi 2002, S. 29. Egidi referiert hier Eikelmann; vgl. Eikelmann 1988, S. 3 und 10.
[296] Eikelmann 1988, S. 15.
[297] J.-D. Müller 2010 [2004], S. 65.
[298] Vgl. dazu auch Egidi 2002, S. 30. Eikelmann 1988, S. 14, spricht in seiner Referenz auf Lotman im Hinblick darauf von einem „Kunstanspruch", „der die überraschende Anwendung bestimmter Regeln verlangt" (vgl. ebenso Egidi 2002, S. 28). Es scheint mir mit Blick auf den Minnesang jedoch angebracht zu fragen, ob die Variation von Vorgeprägtem tatsächlich primär auf ‚Überraschung' zielt. Denn zum einen ist damit eine letztlich unverfügbare Rezeptionsdisposition angesprochen. Zum anderen ist der Hinweis von Hübner 2013, insb. S. 399–402, höchst bedenkenswert, dass für die Variationskunst des Minnesangs mit Blick auf das 13. Jahrhundert in weiten Teilen eine ‚Überraschendes' eher ausklammernde Tendenz zur Schematisierung zu beobachten ist, ein „Prozess der zunehmenden Reduktion von Unordnung, der inventive, dispositionelle und elokutionäre Kontingenzen immer weiter ausschloss und deshalb einen immer entschiedener auf Repetition angelegten Eindruck macht" (S. 402). Und schließlich impliziert dies m. E. auch im Umkehrschluss nicht, dass der Umstand, dass Texte des früheren Minnesangs womöglich graduell weniger einen auf Repetition angelegten Eindruck machen, dadurch zu erklären wäre, dass hier vermehrt eine „überraschende Anwendung der Regeln" vorläge. Vielmehr scheint es mir fraglich – ohne ausschließen zu wollen, dass dies in Einzelfällen durchaus

Interessiert man sich auf der Basis dieser Feststellung für Eigenheit und Anwendungsgeschichte einzelner Aufbaueinheiten des Minnesangs, wie dies Eikelmann mit Blick auf konditionale Strukturmuster tut,[299] ist eine korpusübergreifende Perspektive einzunehmen, die neben „der allgemeinen gedanklichen Struktur des Sprachelements die Modifizierung der Denkform im einzelnen Exemplar [...] genau zu fassen"[300] sucht. Fragt man jedoch, wie dies im Folgenden am Beispiel des Rugge-Korpus geschehen soll, konkret nach Funktionsweisen und Funktionalität der Variation für die Semantizität einzelner Texte eines Korpus, hat der Fokus der Analyse weniger auf der einzelnen Aufbaueinheit zu liegen, die durch das Textverfahren der Variation je spezifische Anwendungen erfährt, als vielmehr auf der je spezifischen Anwendung des Verfahrens selbst. Zu fragen gilt es, inwiefern sich die Sinnangebote einer Texteinheit dadurch konstituieren, dass ihre Bestandteile in variierender Weise gleichermaßen qua Wiederholung und Abweichung von Vorgeprägtem kenntlich werden. Zu fragen gilt es also, allgemeiner gesagt, welche Implikationen eine so verstandene ‚Kunst der Variation' in formaler wie inhaltlicher Hinsicht für das spezifische Textverständnis darstellen kann.

Was durch eine solche Perspektivierung der Texte gewonnen ist, ist nicht nur eine induktive Herangehensweise, die das Erkenntnisinteresse ihrer Analyse nicht schon vorab auf einen gesonderten inhaltlichen und/oder formalen Aspekt festlegt. Gewonnen ist auch, dass eine Unterscheidung von Texten in ‚exzeptionelle' und ‚konventionelle', in – zugespitzt formuliert – ‚Höhenkamm' und ‚flaches Land', im Hinblick darauf, wie aussagekräftig sie zu sein scheinen beziehungsweise wie viel sich über sie sagen lässt, obsolet wird. Denn zum einen ist Außergewöhnlichkeit, sofern sie im Rahmen von Variationskunst kenntlich wird, zuallererst durch Konventionalität bedingt. Zum anderen schließt Konventionalität den Variantenreichtum des Konventionalisierten in seinen jeweiligen Aktualisierungen und damit auch seine Modifizierungen, Abwandlungen, Umkehrungen und sogar Parodien konstitutiv ein. Hat man es also wie im Falle des Rugge-Korpus mit Texten zu tun, die immer wieder als konventionell etwa hinsichtlich der Frage zu beschreiben sind, auf welche Weise in ihnen Minne ausgedrückt und verhandelt wird, bedeutet dies mitnichten, dass ihre detaillierte Analyse wenig ertragreich zu sein verspräche, da in ihnen nichts ‚Neues' über den Minnesang zu erfahren wäre. Im Gegenteil: Gerade ihre Konventionalität impliziert, dass Bekanntes variiert wird und auf je andere Weise in den Blick gerät; und sie mit Blick auf das Textverfahren der Variation hin zu perspektivieren, ver-

---

angebracht ist –, ob man der Modifikation von Vorgeprägtem qua Variation pauschal überraschenden Charakter zuschreiben kann, da man es mit einem konventionalisierten Textverfahren zu tun hat. Vgl. auch Wolf 1989, der postuliert, dass neben dem „Überbieten" auch „beharrliches, ja hartnäckiges Umkreisen" (S. 4) kennzeichnend für den Minnesang sei. Vgl. dazu zudem das folgende Teilkapitel *Transformation und Variation*.
299 Vgl. Eikelmann 1988, S. 61–316. Kritisch zu betrachten ist dabei jedoch vor allem die Rolle, die Eikelmann dem Ich zuschreibt; vgl. dazu S. 56–59 unten.
300 Eikelmann 1988, S. 22.

spricht einerseits, das Textverfahren selbst in seinen Funktionsweisen und Funktionalitäten weiter differenzieren, und andererseits, Spezifitäten ihrer Semantizität gerade dadurch kenntlich machen zu können.

Um im Folgenden das Augenmerk darauf legen zu können, diese Perspektivierung für die Untersuchung einzelner Texte methodisch zu konkretisieren, sind wesentliche Implikationen, die das beschriebene Verständnis von Variation im Minnesang hat, zu benennen. Sie stellen basale Voraussetzungen und Bestandteile der konzeptionellen Ausrichtung der Textarbeit dar und betreffen die in der Auseinandersetzung mit der Rugge-Forschung zentral zur Sprache gekommenen Aspekte der Gattungsgeschichte, thematischer Paradigmen, der textinternen Sprechinstanz(en) sowie des Text-Ton-Verhältnisses.

b Transformation und Variation

Das literaturtheoretische Postulat, dass ‚Neues' im Rahmen von Variationspraxis weniger den Charakter der Ablösung als vielmehr den Charakter modifizierender Aktualisierung von ‚Altem' hat, stellt weitreichende Konsequenzen für die literaturgeschichtliche Konzeption des Minnesangs dar. Darauf haben in jüngerer Zeit insbesondere Gert Hübner und Beate Kellner hingewiesen.[301] Ihre Argumente seien hier im Hinblick darauf in Erinnerung gerufen, dass sich aufbauend auf ihnen ein zumindest partieller Ausweg aus den bereits aufgezeigten Aporien einer spezifischen gattungsgeschichtlichen Einordnung des Rugge-Korpus aufzeigen lässt.

Sowohl Hübner als auch Kellner argumentieren – Hübner mit Blick auf den Minnesang im 13. Jahrhundert, Kellner mit Blick auf den ‚Hohen Sang' an der Wende vom 12. zum 13. Jahrhundert – gegen ein Modell, das die Geschichte des Minnesangs insofern als ‚Geschichte' zu erzählen sucht, als dass ihr in einem syntagmatischen Sinne der Charakter einer mehr oder minder linearen ‚Entwicklung' innewohne. Was sich konzeptuell in die poststrukturalistische Kritik an einem narrativisierenden Geschichtsverständnis einordnen lässt,[302] geschieht bei beiden aus Anlass der Feststellung, der Minnesang sei „als Kunst im Spannungsfeld von Wiederholung und Variation"[303] zu verstehen. Für Kellner stellt dies insbesondere das Konzept aufeinander folgender Phasen des Minnesangs[304] in Frage, anstelle dessen sie vorschlägt: „Statt von einer linearen Entwicklung in Phasen auszugehen, die historisch und systematisch nur sehr schwer voneinander abzugrenzen sind und die Geschichte des

---

301 Vgl. Hübner 2008, insb. S. 7–13, sowie Hübner 2013; Kellner 2018, S. 65.
302 Vgl. dazu Hübner 2013, S. 389f.
303 Kellner 2018, S. 65.
304 Das gängigste Phasen-Modell hat bekanntlich Schweikle 1995², S. 84–102, entworfen. Es liegt mit geringfügigen Modifikationen auch in der jüngeren Forschung zahlreichen Studien zugrunde; vgl. etwa die im Forschungsbericht in den obigen Abschnitten *Gattungsgeschichten* und *Gattungsinterferenzen* besprochenen Titel.

Minnesangs in ein eher künstliches Korsett pressen, könnte man von verschiedenen historischen, lokalen und konzeptionellen Ausprägungen dieser Variationskunst sprechen [...]."[305] Dies tut – das kann ergänzend angeführt werden – auch deshalb not, da die kategoriale Einteilung des Minnesangs in Phasen in harter Fügung dazu steht, dass in älterer wie neuerer Forschung mit Blick auf unterschiedliche zeitliche Abschnitte des Minnesangs gleichermaßen postuliert wurde, dass für sie Variationskunst prägend sei.[306] So attestiert etwa Maximilian Benz dem frühen Minnesang, sich als „kollektiv vollzogene Variationskunst" vollzogen zu haben,[307] während Kellner in ihrer Studie den ‚Hohen Sang' fokussiert,[308] Tomas Tomasek Neidharts Lyrik als eine „Kunst der Variation" bezeichnet[309] und Helmut de Boor in seiner Literaturgeschichte wiederum davon spricht, der späte Minnesang sei „als Typus eine Kunst der Variation, nicht der Erfindung"[310]. Wenngleich dabei freilich differente Akzentuierungen vorliegen und unbestritten sein soll, dass etwa zwischen Texten Mitte des 12. Jahrhunderts und Texten am Ende des 13. Jahrhunderts durchaus markante Unterschiede zu verzeichnen sind, so scheint die Feststellung doch grundlegend, dass sich etwaige Veränderungen im Laufe der Gattungsgeschichte *innerhalb* einer fortdauernden Praxis der Variation abgespielt haben. Die bemerkenswerten Stabilitäten in der Auseinandersetzung mit Minne und im Gebrauch ihrer einzelnen Aufbauelemente lassen sich nicht zuletzt auch dadurch begründen.

Gert Hübner hat im Hinblick darauf auf die zentrale konzeptuelle Differenz hingewiesen, Veränderungen im Verlauf der Gattungsgeschichte ausgehend von Variation oder ausgehend von Transformation, was Grundlage der traditionellen Literaturgeschichtsschreibung der Minnesang-Forschung sei, zu modellieren.[311] Beiden Begriffen sei die Vorstellung eigen, „dass Veränderungen auf der Basis von Konstanten stattfinden", doch impliziere Transformation, „dass etwas von einem Ausgangszustand in einen Ergebniszustand verändert" werde, „und dass dieser Ergebniszustand nicht flüchtig bleibt, sondern von einiger Dauer ist". Variation hingegen bezeichne „eher Veränderungen ohne Kontinuitätseffekte".[312] Hübners Hauptargument für seine Kritik

---

305 Kellner 2018, S. 65. Vgl. zum Aspekt der dringend zu bedenkenden lokalen Diversität Hübner 2008, S. 13.
306 Vgl. die Belege in Anm. 248 oben.
307 Benz 2014, hier S. 596.
308 Vgl. in allgemeiner Hinsicht mit allerdings unscharfer Begrifflichkeit auch Wolf 1989, S. 4: „Darum sollte man vielleicht auch grundsätzlich das Tun der frühen deutschen Minnesänger als e i n grosses Dichten an d e r Minnekanzone bezeichnen und ihre zahlreichen Minnekanzonen als Bausteine am grossen Minnegesang schlechthin betrachten, der ihnen als Ziel vorschwebte, an das sich jeder auf seine Weise heranzudichten versuchte."
309 Tomasek 2000².
310 De Boor 1964², S. 298. Gleichzeitig spricht de Boor auch allgemein vom Minnesang als „Kunst der Variation" (de Boor 1964⁶, S. 229f.); vgl. dazu Eikelmann 1988, S. 2, Anm. 5.
311 Hübner 2013, S. 387–390. So auch der Titel des Tagungsbandes, in dem sein Beitrag erschienen ist: *Transformationen der Lyrik im 13. Jahrhundert*.
312 Hübner 2013, S. 388.

daran, die Gattungsgeschichte als Transformationsprozess zu beschreiben, ist die kaum bestreitbare Tatsache, dass im späteren Minnesang häufig noch musterhafter auf vorgeprägte Aufbauelemente zurückgegriffen werde als zuvor, etwaige Neuerungen im Verlauf der Gattungsgeschichte also gerade nicht transformatorisch Teil davon geworden seien:

> Beim Minnesang verhält es sich meinem Eindruck nach [...] nicht so, dass sich das Hervorstechende zu Ketten gattungsgeschichtlicher Transformationen reihen würde. Von all dem, was wir heute als besonders profiliert wahrnehmen, hat nur Weniges Schule gemacht; am spätesten Minnesang kann man das besonders gut erkennen. Gerade die Besonderheiten riefen in der Gattungsgeschichte in vielen Fällen recht überschaubare, oft auch gar keine Bemühungen um Weiterführung hervor.[313]

Was für den Minnesang demnach als kennzeichnend zu gelten habe, sei im Gegenteil zu einem Prozess spezifischer Transformationen eine allgemeine „Transformationsresistenz"[314]. Diese lasse, so Hübner, darauf schließen, dass die „poetische Ambition [...] eine fakultative Zusatzoption, aber nicht das Kerngeschäft der Minnesänger"[315] gewesen sei. Neben einzelnen, solcherart als Ausnahmen in den Blick geratenden, Autoren, die sich um neue Profilierungen des Minnesangs bemüht hätten,[316] habe man es im Verlauf des 13. Jahrhunderts (und in gewichtigen Teilen auch davor schon) quantitativ überwiegend mit einem „Durchschnittsminnesang" zu tun, dessen Geschichte „einen immer entschiedener auf Repetition angelegten Eindruck" mache.[317] Gerade die jüngsten Korpora im Codex Manesse ließen erkennen, dass hier „übrig blieb, was von Anfang an das Kerngeschäft war"; und folglich habe man sie nicht als das Resultat einer ‚Transformations-', sondern eben maßgeblich einer ‚Variationsgeschichte' zu begreifen.[318]

Die entscheidende Leistung von Hübners Ansatz ist sicherlich darin zu sehen, in die Konzeptualisierung einer Gattungsgeschichte die quantitativ bei weitem überwiegenden Korpora, die von der Minnesang-Forschung in einem nicht selten abwertenden Sinne als ‚konventionell' beschrieben und deshalb vernachlässigt wurden, konstitutiv einzubeziehen. Er bietet einen Gegenentwurf dazu, den Gattungsverlauf in narrativer Anordnung der für ‚exzeptionell' befundenen Autoren – traditionell mit Walther von der Vogelweide als ‚Höhepunkt' einer Geschichte von ‚Blütezeit' und

---

313 Hübner 2013, S. 399.
314 Hübner 2013, S. 406.
315 Hübner 2013, S. 405.
316 Hübner 2013, S. 399, nennt für das 13. Jahrhundert „allen voran Neidhart, daneben auch Burkhard von Hohenfels, Gottfried von Neifen, den Tannhäuser, Konrad von Würzburg, Frauenlob oder Hadlaub".
317 Hübner 2013, S. 399–402, Zitat S. 402.
318 Hübner 2013, S. 405.

‚Verfall' – zu modellieren.³¹⁹ Gerade weil dies argumentativ aber auf der Kontinuität der Variationspraxis basiert, ist Hübners Unterteilung in einen nur partikular auftretenden ‚ambitionierten' gegenüber einem breit belegten ‚durchschnittlichen' Minnesang auch kritisch zu betrachten. Da mit Ambitioniertheit und Durchschnittlichkeit tendenziell exzeptionellere und tendenziell konventionellere Texte konzeptionell unterschieden werden, droht dies den zentralen Vorteil davon, dass im Rahmen von Variationspraxis Wiederholung und Vielfalt als zwei Seiten einer Medaille zu beschreiben sind, zu übersehen. Fasst man auch jene Texte als Partizipationen an der Variationskunst des Minnesangs auf, denen man tendenziell expzeptionelleren Charakter zumessen kann³²⁰ – was m. E. nahezu ausnahmslos nicht nur möglich, sondern auch nötig ist –, ist eine kategoriale Abtrennung ihrer Besonderheiten von den dominanten Konventionalitäten des Minnesangs unzulässig. Vielmehr erlangen sie ihre Exzeptionalität durch Spezifizität und Ausmaß der Variation, durch bestimmte, durchaus als ‚besonders' beschreibbare Modifizierungen oder Abweichungen von Vorgeprägtem, das sie gleichsam präsent halten müssen, um überhaupt exzeptionellen Charakter annehmen zu können. Ihre Besonderheit wird hingegen nicht dadurch kenntlich, dass sie von der Variationspraxis selbst abwichen.³²¹ Denn was als Kunst der Variation im Minnesang zu beschreiben ist, inkludiert sowohl die nur im Kleinen beobachtbare Nuancierung (etwa im Rahmen der zahllosen Töne mit Natureingang und anschließender Minneklage)³²² als auch Reflexionen, Inversionen und Transgressionen von Vorgeprägtem. Auch letztere haben in aller Regel nicht den Effekt einer Ablösung davon, sondern stellen eine modifizierende und wiederum modifizierbare Aktualisierung von ihm dar. Statt ‚poetische Ambition' und ‚Durchschnittsminnesang' kategorial zu unterscheiden, scheint daher ein graduelles Modell angebrachter, dass verschiedene Ausprägungen und Schwerpunkte von Variationskunst differenziert, die einerseits – im Sinne Kellners³²³ – lokal und historisch, andererseits aber auch zeitgleich und nicht zuletzt korpusintern beobachtet werden können. Ordnungsprinzip dieses Modells hat nicht eine syntagmatische Anordnung spezifischer Entwicklungsstufen des Minnesangs zu sein, sondern eine paradigmatische Anordnung der in ihrer Spezifizität aufeinander zu beziehenden Praktiken der Variation.³²⁴

---

319 Besonders bezeichnend dafür ist die Tatsache, dass Schweikle 1995², S. 94–102, nachdem er zuvor einzelnen Phasen nur einen einzigen Autor zugeordnet hat (5. Phase = Neidhart; vgl. S. 91–94), den gesamten späteren Minnesang unter eine Phase subsumiert.
320 Dies macht im Übrigen auch Hübner 2013 selbst; vgl. S. 405 f.
321 Beispielhaft dafür sei hier einerseits noch einmal auf Arbeiten J.-D. Müllers zu Neidhart (vgl. Anm. 282 oben) und insb. auf die Untersuchungen von Kellner 2018 zahlreicher Walther-Texte verwiesen, denen von der Forschung dezidiert ‚innovativer' Charakter zugeschrieben wurde, die jedoch ihre Semantizität nachgerade im Rahmen von Variationspraxis entfalten.
322 Vgl. dazu im folgenden Kapitel S. 74 f.
323 Vgl. S. 45 f. oben.
324 Vgl. zur Begrifflichkeit das folgende Teilkapitel *Paradigmatik und Variation*.

Eine solche ‚Variationsgeschichte' des Minnesangs mit gleichwertigem Blick auf sämtliche überlieferten Korpora zu schreiben und sich damit auch von der perspektivischen Einengung auf das Ende des 12. und den Anfang des 13. Jahrhunderts zu lösen, stellt ein dringendes und mit nicht geringem Aufwand verbundenes Forschungsdesiderat dar. Worauf es im gegebenen Zusammenhang ankommt, ist die Feststellung, dass im Rahmen ihrer konzeptionellen Anlage die Problematik, dass, wie im Falle des Rugge-Korpus, bei zahlreichen Minnesang-Korpora eine chronologische Einordnung ihrer Entstehungszeit nur ungefähr möglich ist, gattungsgeschichtlich an Virulenz verliert. Zwei Gründe sind hierfür zu nennen:

Erstens ist dem Verdacht, dass diese Korpora im Zuge der Untersuchung bestimmter Aspekte der Gattungsgeschichte wenig aussagekräftig zu sein scheinen, das Postulat zu entgegnen, dass solche Untersuchungen selbst an Aussagekraft einbüßen, wo sie, wie dies für die Rugge-Forschung mehrfach beobachtet werden konnte,[325] nach der „evolutionären Entwicklung"[326] etwa bestimmter Subgattungen fragen. Konzipiert man den zeitlichen Verlauf des Minnesangs als Transformationsprozess, ist es zwar unverzichtbar, genau zu bestimmen, welche Transformationen den zur Verhandlung stehenden Texten schon vorausgegangen sind, welche noch bevorstehen und an welchen sie partizipieren,[327] um etwa darüber urteilen zu können, ob sie als progressiv oder rückständig zu gelten haben. Doch ist dies nicht nur aufgrund der chronologischen Unabwägbarkeiten in der Fixierung einzelner Korpora ein nicht selten spekulatives Unterfangen. Es riskiert auch, zentrale Eigenheiten des Minnesangs – allem voran seinen Variationscharakter sowie seine Pluralität und lokale Diversität[328] – schlichtweg zu verfehlen. Fragt man stattdessen nach den verschiedenen Ausprägungen und Schwerpunkten der Variationspraxis, stellt die Unmöglichkeit einer exakten zeitlichen Fixierung zwar nach wie vor einen Mangel dar. Dennoch lässt sich eine Ausprägung A1 gewinnbringend in Relation zu einer Ausprägung A2 setzen, wenn es nicht darum geht, die eine als Weiterentwicklung der anderen, sondern beide als spezifische Variationen eines Strukturelements A zu verstehen, das – und dies ist zwingend zu implizieren – gleichsam erst in seinen Aktualisierungen als A1, A2, Ax kenntlich wird.[329] Die zeitliche oder auch lokale Fixierung von A1 beziehungsweise A2

---

325 Vgl. oben das Teilkapitel *Gattungsgeschichten*.
326 Köhler 1997, S. 140.
327 So etwa die Zuordnung Rugges zum sogenannten Rheinischen Minnesang; vgl. S. 2f. und 28f.
328 Vgl. dazu insb. Hübner 2008, S. 13: „Jede Vorstellung von der einen Geschichte des Minnesangs, die alle Lieder in den Zusammenhang eines großen Entwicklungsgangs stellt, geht an den historischen Verhältnissen ohnedies vorbei. [...] Es war nicht so, dass, wer Minnesang produzierte, sämtliche Werke sämtlicher Vorgänger im Regal stehen hatte und sich dann überlegte, wie er die Gattungsgeschichte voranbringen konnte. Minnesang hatte überall, wo er betrieben wurde, eine spezifische Vorgeschichte, die heute bestenfalls noch zu erahnen ist. Erst mit der Anlage größerer schriftlicher Sammlungen [...], in wirklich umfassenden Sinn erst in Zürich, fügten sich die verschiedenen Minnesanggeschichten zu dem einen Zusammenhang, den uns die Manessische Liederhandschrift präsentiert [...]. Vorher und andernorts war die Lage der Dinge erheblich unübersichtlicher, lokaler und deshalb auch pluraler."
329 Vgl. Lotman 1993^4, S. 410; sowie dazu Eikelmann 1988, S. 14f.

sind zwar, sofern sie verfügbar sind, als durchaus relevante Faktoren einer gattungsgeschichtlichen Einordnung ihrer Spezifizität zu begreifen. Sie stellen jedoch keine zwingende Voraussetzung für die Möglichkeit ihrer Relationierung dar. Dass diese wiederum an sich bereits einen nicht zu unterschätzenden Aussagewert für eine differenzierende Beschreibung einzelner Konstituenten und Dynamiken des Minnesangs hat, ist in der folgenden Textarbeit zu zeigen.

Zum zweiten Grund: Fragt man auf der Basis des Beschriebenen nach Funktionsweise und Funktionalität der Variation in einem einzelnen Text, ist eine deduktive Vorannahme bestimmter Erwartbarkeiten ihrer Eigenheiten aufgrund seiner chronologischen Verortung ohnehin irreführend. Sie birgt die nicht zu unterschätzende Gefahr interpretatorischer Zirkelschlüsse. Die Tatsache, dass im Falle des Rugge-Korpus weder die Frage der Autorschaft zu klären noch die Frage seiner chronologischen Einordnung mehr als nur ungefähr zu beantworten ist, ist dementsprechend nur bedingt problematisch. Vielmehr erzwingt wie ermöglicht der Umstand, die Töne des Korpus keinem bestimmten Verfasser und keiner bestimmten Entstehungszeit zuordnen zu können, ein vorurteilfreies Vorgehen in der Textarbeit, das sich auf die Eigenheiten der zu beobachtenden Variationspraxis selbst konzentrieren kann, ohne der in der Minnesang-Forschung zwar nicht selten kritisierten, aber dennoch weiterhin praktizierten Verführung zu erliegen, diese als spezifische Leistung eines bestimmten Autors aufzufassen.[330] Die Frage hat – nachgerade aufgrund des Anliegens einer historisch adäquaten Herangehensweise – nicht zu lauten: Welchen Beitrag hat der Autor Heinrich von Rugge zum Minnesang geleistet? Sondern: Welche Ausprägungen und Schwerpunkte der Variationskunst lassen sich in den verschiedenen Tönen des Rugge-Korpus differenzieren, und welche Auswirkungen hat das Verfahren der Variation für ihre jeweilige Semantizität? Um sie beantworten zu können, sind die bisher allgemeinen Überlegungen zur Variationskunst im Folgenden auf die Ebene des Einzeltextes zu übertragen.

c Zur Perspektivierung von Variation im Einzeltext

Paradigmatik
Die Feststellung, dass die Variationskunst des Minnesangs eine Perspektivierung der Anordnung seiner Einzelphänomene in primär paradigmatischer und nicht syntagmatischer Hinsicht evoziert, ist grundsätzlicher Natur. Sie betrifft, wie soeben nachvollzogen, die gattungsgeschichtliche Perspektive. Sie betrifft aber maßgeblich auch die Analyse der einzelnen Texte selbst. So hat Beate Kellner jüngst im Zuge einer umfassenden Sichtung aktueller Lyriktheorien postuliert,[331] dass „im Minnesang auf

---

330 Vgl. dazu im folgenden Teilkapitel S. 56–59.
331 Vgl. Kellner 2018, S. 42–58, hier S. 53–58.

die Spitze getrieben"[332] ist, was im Strukturalismus mit dem Prinzip der ‚Paradigmatik' bezeichnet wurde[333] und ihm als ein Hauptmerkmal der Lyrik galt aufgrund ihrer allgemeinen „Tendenz zur Wiederholbarkeit".[334] Dabei lässt sich die grundlegende Beobachtung, dass die Texte im Minnesang formal und inhaltlich vornehmlich über paradigmatische Bezüge organisiert sind, zum einen wesentlich auch als Resultat ihrer Variationskunst beschreiben. Sie erfordert zum anderen aber eine konzeptuelle Ausweitung dessen, was im Strukturalismus mit Paradigmatik bezeichnet wurde.

In diesem Sinne – und im Anschluss an die erzähltheoretischen Adaptionen strukturalistischer Ansätze in der Mediävistik[335] – argumentiert Kellner für die Differenzierung und Ergänzung des Paradigma-Begriffs im Hinblick darauf, dass in seiner formalistischen Anwendung häufig eine „Ausklammerung der historischen Kontexte und mit ihr des gesamten Bereichs der Pragmatik sowie die eingeschränkte Bedeutung der Semantik [primär im Sinne von Semiotik; Anm. d. Vf.]"[336] festzuhalten sei. Zwar sei die Feststellung, dass in der Lyrik das Prinzip von Wiederholung und Äquivalenz[337] (auf der paradigmatischen Achse) gegenüber dem Prinzip von Sequenzialität und Kontiguität (auf der syntagmatischen Achse) eine dominante Funktion einnehme, für den Minnesang hochgradig anschlussfähig. Doch greife die im Strukturalismus vorherrschende Ermittlung von Wiederholungsstrukturen durch die statische Unterscheidung von Äquivalenzen und Oppositionen auf rein textimmanenten Ebenen[338] ebenso zu kurz wie die dabei zugrunde liegende formalistische Reduktion der Semantik auf innersprachliche Sachverhalte.[339] Stattdessen habe man, postuliert Kellner, einerseits „semantische Verweisungszusammenhänge auf Kontexte"[340] zentral zu berücksichtigen. Andererseits sei anstelle eines „Konzepts von starren Oppositionen und Äquivalenzen" ein dynamischeres Verständnis von Wiederholung anzustreben, das insbesondere auch „die Instabilität der gleitenden Semantiken, die Ambivalenzen, Widersprüche und Gegenstrebigkeiten"[341] einbeziehe. Sucht man den Begriff der

---

332 Kellner 2018, S. 60. Vgl. in diesem Sinne etwa auch Strohschneider 2001, S. 63.
333 Vgl. bekanntlich insb. Jakobson 1979 [1960] und Lotman 1993⁴ [1972]. Ihre Überlegungen für die mediävistische Lyrik-Forschung fruchtbar gemacht hat bekanntlich insb. Warning 1997 [1979]. Vgl. auch die systematischen Überlegungen bei Warning 1997.
334 Vgl. Lotman 1993⁴ [1972], S. 123.
335 Vgl. bspw. Warning 2003, Bulang/Kellner 2009, Haferland/Schulz 2010, Schulz 2012, Richter 2015.
336 Kellner 2018, S. 57. Vgl. dazu, dass dies zentral auch den Aspekt der Alterität betrifft, ebd. Vgl. zur mangelhaften Berücksichtigung der Semantik im Strukturalismus bereits Barthes 1966 sowie Warning 1997, S. 12.
337 Bei Lotman 1993⁴ [1972], S. 125, sind die beiden Begriffe gleichgesetzt.
338 Vgl. stellvertretend dafür Lotman 1993⁴ [1972], S. 125–131 und S. 141 f. Charakteristisch ist hierfür auch die bei Jakobson 1979 [1960] und Lotman 1993⁴ [1972] gleichermaßen dominante Konzentration auf Vers und Reim.
339 Vgl. Kellner 2018, S. 57f. und 61f.
340 Kellner 2018, S. 62.
341 Kellner 2018, S. 63. Kellner schlägt hierfür eine Adaption von Gilles Deleuzes Konzept ‚nackter' vs. ‚bekleideter' Wiederholung vor, das Rainer Warning im Zuge einer Reperspektivierung von Wolfgang Isers Fiktionalitäts-Konzept in die mediävistische Debatte eingeführt hat; vgl. Warning 2009.

Paradigmatik für eine Analyse von Minnesang fruchtbar zu machen, die sich nicht auf Textimmanenz beschränkt, bedarf es gegenüber seiner formalistischen Konzeptualisierung folglich einer doppelten Differenzierung. Sie betrifft zum einen den stärkeren Einbezug von Kontextualisierung, zum anderen eine Analyse von ‚Wiederholbarkeit', die über die textimmanente und bipolare Gegenüberstellung von Äquivalenzen und Oppositionen hinauszugehen vermag.

Zum ersten: Jurij M. Lotman definiert Wiederholung als „Äquivalenz, die aufgrund einer Relation nicht vollständiger Gleichheit zustandekommt"[342] und somit konstitutiv Unähnlichkeit, sprich: Differenz, einschließt. Dieser Bestimmung lässt sich deshalb Folge leisten, da sie für eine konzeptionelle Ausdehnung der formalistischen Analyse offen ist, die Äquivalenzen und Differenzen in Wiederholungsstrukturen primär auf den textinternen Ebenen von Morphologie, Syntax, Phonologie, Metrik, Reimstruktur etc. zu eruieren sucht.[343] Einzubeziehen gilt es darüber hinaus die text- und korpusübergreifend beobachtbaren Gattungskonventionen hinsichtlich der thematischen Komponenten sowie der Verhandlung von Minne – also konventionalisierte Aufbaueinheiten und Aussagemuster. Einzubeziehen sind aber auch Verortung und Verwendung der Strukturelemente jenseits des Minnesangs in sowohl anderen literarischen als auch nicht-literarischen Diskurszusammenhängen.[344] Nur dann öffnet sich der Blick für ihren Konnotationsreichtum; nur dann können die für die literarische Rede kennzeichnenden Mehrdeutigkeiten in ihrer Komplexität in den Fokus geraten.[345] Das gilt für die Kontextualisierung von Äquivalenzverhältnissen (z. B. *dienst*-Thematik, Jahreszeitentopos); es gilt aber ebenso dafür, die der einzelnen Wiederholung inhärente Unähnlichkeit, die durch den Modus des Ausdrucks und die textuelle Einbettung des Wiederholten nachzuvollziehen ist, in nicht nur formaler und semiotischer, sondern auch semantischer Hinsicht zu bestimmen zu suchen.[346] Beides impliziert gleichermaßen, dass die im Akt der Wiederholung eruierbaren Äquivalenzen und Differenzen nicht in einem abschließenden Sinne zu bestimmen sind, da ihre Kontextualisierung und damit gleichsam ihre Semantizität maßgeblich durch die jeweilige Rezeptionssituation bedingt und dadurch als dynamisch zu verstehen sind.[347]

---

342 Lotman 1993⁴ [1972], S. 125.
343 Lotman 1993⁴ [1972], S. 143–286.
344 Insb. für Lotman muss jedoch festgehalten werden, dass er diese Aspekte in Teilen durchaus bedacht hat; vgl. v. a. am Schluss seiner Studie *Die Struktur literarischer Texte* das Kapitel „Text und textexterne künstlerische Strukturen", worin auch die oben diskutierten Konzepte der ‚Ästhetik der Identität' und ‚Ästhetik der Differenz' entwickelt werden: Lotman 1993⁴ [1972], S. 402–425. Doch spielen diese Aspekte auch bei ihm eine merklich untergeordnete – kritisch formuliert: marginalisierte – Rolle.
345 Vgl. dazu Kellner 2018, S. 62.
346 Hier ist zu bedenken, was Kellner 2018, S. 62f., als poststrukturalistische Kritik am strukturalistischen Wiederholungs-Begriff ausführt.
347 Zu verweisen ist hier auf die Differenzierung zwischen dem statischen Begriff des Kontexts und dem dynamischen Begriff der Kontextualisierung, die insb. der linguistischen Gesprächs- bzw. Interaktionsanalyse zu verdanken ist. Vgl. dazu grundlegend, aufbauend auf Cook-Gumperz/Gumperz 1976,

Je nachdem, welche Kontextualisierung man ansetzt beziehungsweise aus der heutigen Rücksicht glaubhaft zu machen sucht, erweitert sich entsprechend der Paradigma-Begriff. Zu bezeichnen vermag er sowohl, in formalistischer Hinsicht, beispielsweise ‚Wörter, die sich in einem Text reimen' als auch, mit Blick auf die Kontextualisierung der literarischen Rede als einer höfischen Repräsentationskunst, beispielsweise ‚Aktualisierungen des höfischen *staete*-Verständnisses'. Zentral ist, dass sich erst anhand eines solch dynamischen und breit gefassten Paradigma-Begriffs formulieren lässt, dass sich die für den Minnesang kennzeichnende Organisation seiner einzelnen textuellen Elemente durch paradigmatische Bezüge nicht nur in textinternen Bezugnahmen formaler und inhaltlicher Natur durch Äquivalenzverhältnisse äußert, sondern auch in der Relationierbarkeit eines einzelnen Textelements oder auch einer umfassenderen Gedankenfigur zu anderen Formulierungen davon außerhalb seiner selbst kenntlich wird.

Zum zweiten: Ein wesentlicher Bestandteil der zahlreichen paradigmatischen Bezüglichkeiten in und zwischen den Texten im Minnesang lässt sich als Resultat ihrer Variationskunst beschreiben. Indem die Spezifizität der Texte sich zumeist durch Modifikationen, Nuancierungen und Abweichungen von vorgeprägten Elementen konstituiert, die in einem Ähnlichkeitsverhältnis zu ihren Modifikationen in anderen Texten stehen, werden komparativ Paradigmen des im Minnesang ‚Konventionalisierten' kenntlich. Dadurch dass dieses im Einzeltext der Variation ausgesetzt ist, verdeutlicht sich, dass die Wiederholung vorgeprägter Elemente sich mitnichten in der polaren Gegenüberstellung von Äquivalenzen und Oppositionen auf unterschiedlichen textinternen Ebenen erschöpfend nachvollziehen lässt. Vielmehr stellt sie ihre vielschichtige graduelle Nuancierung und Modifikation dar, die als Aktualisierung von Konventionalisiertem gerade keinen fixen Bezugspunkt haben und dementsprechend auch nur relativ und nicht absolut bestimmt werden können. Da die einzelne Wiederholung eines Elements somit nie nur textimmanent in konkreter Relation zu bestimmten anderen Wiederholungen desselben steht, sondern stets auch in einer allgemeinen und gleichsam rezeptionsbedingten Relation zu seinen Verwendungen außerhalb des Einzeltextes selbst, ist ihre Differenzleistung, die ihr eigene

---

Auer 1986, der postuliert: Begreife man Kontext „als ein Aggregat material gegebener Entitäten" (S. 23), gestalte sich die Beeinflussung monodirektional: „Was Kontext ist, läßt sich zu jedem beliebigen Zeitpunkt der Interaktion angeben, ohne daß zu berücksichtigen wäre, was zu diesem Zeitpunkt *an* Interaktion vor sich geht" (ebd.). Demgegenüber ziele ‚Kontextualisierung' auf einen dynamischen Kontextbegriff, und man habe als Kontext zu begreifen, was von den Interaktionsteilnehmerinnen und -teilnehmern an möglichem Kontextuellem für die Kommunikation als relevant präsupponiert oder realisiert werde. Der Kontext sei somit kein materiell gegebener, sondern ein interaktiv produzierter: „Seine Realität ist nicht die einer physikalischen Präsenz, sondern die eines (Ethno-)Konstrukts, das dazu dient, in einer zwar revidierbaren, aber für alle praktischen Zwecke ausreichenden Weise die Situation zu definieren" (ebd.). Im Prozess der Kontextualisierung, in dem durch Kontextualisierungshinweise Schemata aus dem Hintergrundwissen aktualisiert würden, die dann Relevanz für die Kommunikation gewännen, bilde der Kontext somit nicht mehr nur die Rahmenbedingungen der Interaktion, sondern sei auch und vor allem ein ihr inhärentes Phänomen.

Modifikation des Wiederholten,[348] keineswegs statisch und lässt sich durch eine formalistische Herangehensweise nachgerade nicht einholen.

Nimmt man beide Punkte zusammen, erfordert eine Analyse von Variationen im Einzeltext anhand ihrer Paradigmatik, dass man die etwaige Differenzleistung einer Variation und ihren Wiederholungscharakter im Sinne einer allgemeinen Bezüglichkeit gleichermaßen und als einander bedingend in den Blick nimmt. Das heißt in erster Linie, die Relationierung zwischen Variation und Variiertem nicht monodirektional zu begreifen. Da ‚das Variierte' im Minnesang stets nur in anderen Variationen seiner selbst vorliegt, lässt sich die einzelne Variation analytisch gleichzeitig als Bezugnahme auf solche *und* als Bezugspunkt für solche beschreiben. Sie schreibt sich ebenso in ein Paradigma ein wie sie es gleichsam mit konstituiert. Dementsprechend lässt sie sich auch nur in den seltensten Fällen als konkrete Bezugnahme auf eine bestimmte Verwendung des Variierten, etwa bei einem anderen Autor, bezeichnen.[349] Als Partizipation an einem konventionalisierten Verfahren ist vielmehr eine multidirektionale und polyvalente Beziehbarkeit primär für sie kennzeichnend.

In den lokal divergierenden, pluralen Produktions- und Rezeptionsbedingungen des Minnesangs, unter denen, wer Minnesang betrieb, wie es Gert Hübner treffend formuliert hat, mitnichten „sämtliche Werke sämtlicher Vorgänger im Regal stehen hatte"[350], ermöglicht die variierende Aktualisierung konventionalisierter Paradigmen somit ebenso die allgemeine Identifizierbarkeit der literarischen Praxis (Ästhetik der Identität)[351] wie die Spezifizität ihrer Ausübung.[352] Zwingend zu bedenken gilt es

---

348 Hier ist zur begrifflichen Differenzierung noch einmal anzumerken, dass ‚das Wiederholte' *in nuce* gerade nicht zu ermitteln ist, sondern stets nur das plurale Nebeneinander differierender Wiederholungen, die Unähnlichkeit der Ähnlichkeit also immer schon inhärent ist. Vgl. dazu auch Kellner 2018, S. 63.
349 Folglich gilt es, eine Ermittlung etwaiger intertextueller Bezüge im Minnesang unter nicht geringem Vorbehalt zu betrachten, wenn sie von spezifischer Bezugnahme ausgeht, wo zunächst von allgemeiner Variationspraxis auszugehen wäre. Die zahllosen äquivalenten Formulierungen im Minnesang zeugen von der dominanten Konventionalität der Variationskunst; einzelne Äquivalenzen als konkrete intertextuelle Bezüge zu bezeichnen, bedarf weitestgehend – wie etwa im Falle von Walthers Reinmar-Parodie (L 111,22) – des Nachweises expliziten Zitatcharakters. Vgl. exemplarisch dazu die Kritik an Ashcroft 1996 im folgenden Kapitel, Anm. 398.
350 Hübner 2008, S. 13.
351 Diesen Aspekt gilt es insb. zu betonen, da der Wiederholungsaspekt der Variation, wie diskutiert, gleichwertig zu gewichten ist wie der Abweichungsaspekt; vgl. dazu auch Eikelmann 1993, S. 30: „Die Leistung einer Reihe von Texten, die betont Wiederholungen einsetzen, wäre nicht allein in Detailakzenten, sondern auch in Einführung und Bestätigung, in konnotativen Besetzungen, in routinierter Beherrschung oder nur vordergründigem Zitieren vorgegebener Regeln und Verhaltensweisen zu suchen." Entgegen Eikelmanns Kritik, dass der Variationsbegriff Letzteres nicht einschließe, ist dies konstitutiver Bestandteil des hier konzeptualisierten Verständnisses der Variationskunst des Minnesangs.
352 Vgl. dazu mit Blick auf etwaige Performanz auch Haferland 2000, S. 202. Anders Bein 1998, S. 202, dessen Argument, im Augenblick der Performanz habe die Dichtung „den Charakter einer geschlossenen Textwelt" gehabt und sei eben nicht Variation, die durchaus gegebene Möglichkeit des Wissens

dabei, dass eine solche Spezifizität, wie schon betont, erst komparativ beobachtbar ist. Sie zu ermitteln, setzt historisch gesehen ein Vorwissen um Gattungskonventionen auf Produktions- wie Rezeptionsseite voraus, das seinerseits als variierend zu begreifen und dynamisch zu modellieren ist. Es muss grundlegend differenziert werden von einer Forschungsperspektive, deren Vergleichsgrundlage für die Eruierung paradigmatischer Bezüglichkeiten ungleich größer ist. Sucht man dies zu berücksichtigen, muss für den Einzeltext auch damit gerechnet werden, dass die variierende Aktualisierung eines konventionalisierten Paradigmas nur potenziell als modifizierende Wiederholung von gattungsintern Konventionalisiertem, im Sinne eines innerliterarischen Spiels, rezipiert worden ist. Aufgrund der sozio-kulturellen Prägung zahlreicher Paradigmen des Minnesangs, lässt sich ebenso annehmen, dass eine solche Aktualisierung primär als Wiederholung von Elementen im Modus der literarischen Rede aufgefasst wurde, deren Verweiszusammenhang über sie hinausweist.[353] Da die Variation in dieser Hinsicht ihre Semantizität nicht zuletzt daraus bezieht, die außerliterarisch konstituierte Semantik des Variierten innerliterarisch einerseits zu aktualisieren und andererseits zu modifizieren,[354] unterstreicht dies noch einmal die Relevanz der Kontextualisierung von Akten der Wiederholung für eine historisch adäquate Deskription von Paradigmatik im Hinblick auf ihre semantische wie pragmatische Dimension. Die paradigmatische Bezüglichkeit, anhand derer sich die Variationskunst des Minnesangs analytisch nachvollziehen lässt, ist also nicht nur zu begreifen als Möglichkeit der vielschichtigen Relationierbarkeit einzelner Variationen im Einzeltext zu den zahlreichen äquivalenten Formulierungen des Variierten in anderen Zeugnissen des Minnesangs. Sie ist auch zu begreifen als Ausdruck einer literarischen Praxis, in der die Konventionalität, Äquivalentes kontinuierlich zu reformulieren, zum einen im Dienste der Identifizierbarkeit der Praxis selbst steht, und deren konventionalisierte Paradigmen zum anderen vielfach in Bezug zu sehen sind zur sozio-kulturellen Praxis, in die die literarische eingebettet ist. Dadurch partizipiert sie an dieser, und das macht ihren Geltungsanspruch jenseits des reinen Unterhaltungswerts von *variatio* kenntlich.[355]

Worauf die folgende Textarbeit folglich nicht primär abzuzielen sucht, ist die Analyse der paradigmatischen Bezüglichkeit von Variationen im Sinne einer korpusübergreifenden Ermittlung intertextueller Verweise. Neben dem ohnehin zu konzedierenden Umstand, dass dafür im Falle des Rugge-Korpus gattungsgeschichtlich die gesicherte Grundlage fehlt, droht dies die Eigenheit der Äquivalenzverhältnisse, die komparativ nachvollziehbar sind, im Rahmen einer Variationskunst nachgerade

---

um Gattungskonventionen im Sinne eines Vorwissens auf Rezipientenseite jedoch unzulässig ausblendet.
353 Vgl. konzeptionell zur intrikaten und in der Mediävistik breit diskutierten Frage der Relationierung von Text und Kontext die Forschungsberichte bei Müller 1986; Peters 1992; Kiening 1996; Peters 2007.
354 Vgl. oben S. 37–45. Angesprochen ist damit freilich auch eine Facette der Literarizität der Texte.
355 Vgl. grundsätzlich zu Letzterem noch einmal J.-D. Müller 2010 [2004].

zu verfehlen. Zwar lässt sich die Modifikation von Vorgeprägtem in Einzelfällen etwa durchaus auch als ‚Überbieten' beziehungsweise als ein mögliches Konkurrieren mit Rivalen deuten.[356] Doch geschieht auch dies nur in Ausnahme- und von der Forschung hinreichend untersuchten Fällen qua expliziter Bezugnahme auf konkret ermittelbare Vorlagen.[357] Häufiger äußert es sich grundsätzlich als ein Überbietungsgestus rhetorischer Natur. Zu beschreiben ist dieser als ein Spezifikum des allgemeinen Umstands, dass der einzelnen Variation eine multiple Bezüglichkeit eigen ist, die je nach angesetzter, potenzieller Referenz differierende Qualität hat (von der feinen Nuance bis hin zur Parodie). Ertragreicher als die Suche nach etwaigen konkreten Relationen der fraglichen Variation scheint für das Rugge-Korpus daher die Ermittlung ihrer *Relationierbarkeit*, inner- wie außerliterarisch, als Konstituens ihrer Semantizität zu sein: eine Analyse ihrer Elemente mit Schwerpunkt darauf, *auf welche Weise* sie – je nach Rezeption – als Bezugnahme beziehungsweise Bezugspunkt auf und für Äquivalentes fungieren können.

Dies betrifft zuallererst die Frage, anhand welcher Operationen innerhalb des Einzeltextes inner- wie außerliterarisch Vorgeprägtes reformuliert und modifiziert wird, welches also die konkreten textuellen Verfahren sind, die Aktualisierung konventionalisierter Paradigmen überhaupt erst als Variation kenntlich werden zu lassen. Ihre Ermittlung auf den unterschiedlichen Ebenen des Textes ist die Aufgabe der Textarbeit selbst. Vorausschickend gilt es, konzeptionelle Vorbemerkungen zu zwei basalen Aspekten zu machen, die einerseits Fragestellungen der Minnesang-Forschung betreffen, die den Forschungsdiskurs der letzten Jahrzehnte maßgeblich bestimmt haben, und andererseits die bereits benannten zentralen Problemstellungen des Rugge-Korpus in seiner überlieferten Form: erstens die im Rugge-Korpus nicht selten changierende Sprechposition und ihre gattungstheoretischen Implikationen; zweitens die vielfach fragliche Zusammengehörigkeit tongleicher und im Verbund überlieferter Strophen und damit die Frage nach Ausprägungen und Funktionen strophenübergreifender Kohärenz.

Sprechposition

Der Instanz des Ich, die im Minnesang nahezu ausnahmslos die Sprechposition markiert,[358] galt in der Minnesang-Forschung der vergangenen drei Jahrzehnte vornehmlich hinsichtlich der intrikaten Frage ihrer Referenzialität und dabei schwerpunktmäßig als Gegenstand der breit geführten Diskussion um die Fiktionalität des

---

356 Vgl. dazu insb. Wolf 1989 und Kellner 2018, S. 60.
357 Die Beispiele sind bekannt, zu nennen wären neben den prominenten Bezugnahmen zwischen Reinmar und Walther (vgl. dazu stellvertretend Bauschke-Hartung 1999) etwa die Repliken Rudolfs des Schreibers (KLD I) und Ulrichs von Singenberg (SM 27) auf Walthers L 75,25 oder auch die Neifen-Parodie Des Talers (SM 3).
358 Die einzige Ausnahme im Rugge-Korpus stellt 22 C dar.

Minnesangs Aufmerksamkeit.³⁵⁹ Differenziert wurde dabei der etablierte Rollenbegriff hinsichtlich einer ‚Situationsspaltung' zwischen textinternem und textexternem, liebendem und Sänger-Ich;³⁶⁰ kritisiert die irreführende Applikation von Begrifflichkeit aus dem Bereich des Theaters („Rolle", „Aufführung" etc.).³⁶¹ Kaum diskutiert wurde hingegen die Tatsache, dass die Auffassung des Minnesangs als Variationskunst wesentlich auch die Ich-Position(en) der Texte tangiert.³⁶² Das hat in der Hauptsache zwei Gründe:

1. Auch in der jüngeren Forschung steht der weitestgehende Konsens, dass die konventionalisierten Paradigmen des Minnesangs konstitutiv autorübergreifender Natur sind, in nicht selten harter Fügung dazu, dass nach wie vor ein nicht geringes Interesse daran vorliegt, den einzelnen Autoren spezifische Eigenheiten im Sinne von ‚Stilzügen' zuzusprechen.³⁶³ Obwohl es zweifelsohne der Fall ist, dass bei einzelnen – jedoch längst nicht allen und auch nicht den meisten³⁶⁴ – Autorenkorpora für eine repräsentative Anzahl an Tönen charakteristische Ausprägungen und Schwerpunkte der Variationskunst auszumachen sind, sind doch ebenso gewichtig die Risiken eines solchen Erkenntnisinteresses zu bedenken. Zum einen – das hat insbesondere die Reinmar-Forschung eindrücklich demonstriert³⁶⁵ – besteht die Gefahr argumentativer Zirkelschlüsse, wo zwischen ‚typischen' und ‚untypischen' Tönen für einen Autor unterschieden wird – nachgerade, wenn es um die Problematik vermeintlicher Echtheit des Überlieferten geht.³⁶⁶ Zum anderen darf bei der Ermittlung einzelner Autorenprofile nicht aus dem Blick geraten, dass auch in den Korpora von so profilierten Autoren wie Walther von der Vogelweide gewichtige Teile hochgradig ‚konventio-

---

359 Vgl. als initiale Bezugspunkte Kuhn 1969 [1968] und Warning 1997 [1979] sowie insb. Warning 1983; Grubmüller 1986; J.-D. Müller 2001 [1994]; Strohschneider 1996; Tervooren 1996; Haferland 2000; Obermaier 2000; Kellner 2004; J.-D. Müller 2010 [2004]; Grubmüller 2009; Reuvekamp-Felber 2013, S. 437–442.
360 Vgl. Schnyder 2008, S. 121 mit S. 133, Anm. 1–3.
361 Vgl. zusammenfassend Kellner 2018, S. 18f. und S. 25f.
362 Eine Ausnahme stellt Braun 2010, S. 422–425, dar.
363 Vgl. exemplarisch für zahlreiche Beiträge Eikelmann 1988, S. 30, der „im Spannungsfeld von Ich und Gesellschaft […] Ansätze zu individuelleren Formen des Sprechens" bei unterschiedlichen Autoren festzumachen sucht; Hausmann 2004, der im Hinblick auf Gattungsinterferenzen eine charakteristische Differenz der ‚Ich-Figur' bei Reinmar und Walther postuliert; Braun 2010, S. 398, der annimmt, „dass es trotz aller Uniformität im Minnesang so etwas wie Stilzüge gibt, durch welche sich verschiedene Autoren voneinander abheben", aber nicht thematisiert, dass das jenseits des Kanons auch vielfach kaum möglich ist; sowie Schnell 2013, S. 298–305, der „mögliche Transformationen des Ich vom 12. zum 13. Jahrhundert zu fassen" (S. 298f.) sucht und dabei zwischen „Reinmars Text-Ich" und „Neifens Text-Ich" (S. 299) unterscheidet, dafür jedoch quantitativ nicht unerhebliche Teile der überlieferten Korpora beider Autoren außen vor lassen muss.
364 Vgl. dafür noch einmal die Argumente bei Hübner 2013 sowie S. 46–48 oben.
365 Vgl. die Belege oben in Anm. 100.
366 Dies lässt sich nicht zuletzt an der Forschung zum Rugge-Korpus selbst zeigen; vgl. ausführlich dazu S. 8–22 oben.

neller' Natur sind,³⁶⁷ und es für sie folglich ebenso charakteristisch ist, nicht-‚exzeptionelle', nicht-profilierte Texte zu enthalten.³⁶⁸ Und schließlich lässt sich trotz der generellen Kritik an biographistischen Deutungen von Ich-Aussagen³⁶⁹ sowie der daraus folgenden Konsequenz, diese auch als Inszenierungen changierender Sprechhaltungen zu begreifen, immer wieder die Tendenz beobachten, die Charakterisierung von Autoren in unzulässig homogenisierender Weise maßgeblich an die Ich-Instanz der Texte zu koppeln (z. B. „Reinmars Text-Ich", „Neifens Text-Ich"³⁷⁰), der beispielsweise spezifische Formen der Emotionalität³⁷¹, des Reflexionsgrades³⁷² oder der Ironie³⁷³ eigen seien. Demgegenüber gilt es, dezidiert zu betonen, dass eine Analyse von Einzeltexten mit Blick auf ihre Variationspraxis vielfach zu zeigen vermag, dass das Changieren von Sprechhaltungen ein zentrales Mittel dafür darstellt, konventionalisierte Aufbaueinheiten modulierend zu reformulieren, dass die Sprechposition selbst also Teil der Variationspraxis ist. Dies betrifft die differierenden Sprechhaltungen und Kontextualisierungen eines männlichen Sprecher-Ich (z. B. ein Minne thematisierendes Ich; ein gesellschaftskritisches, Minne nicht explizit thematisierendes Ich; ein religiös ausgerichtetes Ich); es betrifft in besonderem Maße aber auch die unterschiedlichen Formen von Frauenrede, die im Rugge-Korpus in mehreren Tönen am Schluss einer Strophenfolge überliefert ist³⁷⁴ und dadurch in modaler wie rhetorischer Hinsicht variierende Reperspektivierungen zentraler Inhalte der Männerrede beinhaltet. Auch wo – anders als beim Rugge-Korpus – mit Recht die Rede von charakteristischen Stilzügen einzelner Autorenkorpora sein kann, gilt es zwingend,

---

367 In der Reclam-Ausgabe von Bauschke-Hartung/Schweikle 2011 ist diesen Texten im Kapitel „Traditionelle Minnelieder" (S. 51–83) ein eigener Abschnitt gewidmet; es wären aber durchaus noch weitere dazuzuzählen, die etwa in den Kapiteln „Minnelieder mit Spruchthematik", „Preislieder" und „Spezifische Gattungen" aufgeführt sind. – Dass, wie im Falle Neidharts, spezifische Formen der Modifikation von Vorgeprägtem so musterhaft zur Anwendung kommen, dass deren Stilzüge für nahezu alle Texte eines Korpus nur einem singulären Autorprofil zuschreibbar zu sein scheinen (was freilich insbesondere im Falle Neidharts auch als Rezeptionsphänomen, wie die ‚Neidhart-Tradition' zeigt, zu deuten ist; vgl. als Überblick Wachinger 2010 [2006], S. 635–639), ist bekanntlich die Ausnahme.
368 Dass dies gerne ausgeblendet wird, äußert sich etwa darin, dass bei Reinmar und Walther ein Großteil der Forschung jeweils einem kleinen Teil der Korpora gewidmet ist. Für Walther moniert dies insb. Bauschke 2004, für Reinmar insb. Tervooren 1991; Kellner 2018 stellt einen konzeptionellen Gegenentwurf dar.
369 Obgleich diese partiell weiterhin vertreten wird; vgl. U. Müller 2002.
370 Schnell 2013, S. 299; vgl. auch die weiteren Bsp. in Anm. 363 oben.
371 So etwa viel zitierte Formel, dass das *trûren* und dabei insb. seine Ethisierung und Ästhetisierung für Reinmar charakteristisch sei; vgl. stellvertretend Kasten 1986, S. 310–319; Kellner 2015, S. 163f.
372 Schnell 2013, S. 299, attestiert z. B. Reinmars Text-Ich selbstreflexiv zu sein, während Neifens Text-Ich Selbstreflexion fehle; Schweikle 1995², S. 90, formuliert die gängige Einschätzung Walthers, dass dessen primäres Kennzeichen eine „Überwindung durch kritische Reflexion" sei – um nur zwei Beispiele zu nennen.
373 So postuliert bspw. Eikelmann 1988, S. 30, für Hartmann eine individuelle Form des Sprechens „in den Formen des ironischen Kommentars".
374 Vgl. die Töne VI, VIII und XII.

den Aussagewert der Heterogenität von Sprechpositionen und -haltungen nicht zu übersehen. Sie ist ebenso als kausale Folge wie zentrales Mittel der Variationskunst aufzufassen und deshalb gleichsam autorübergreifender Natur. Gerade wegen der gebotenen Vorsicht, die Ich-Aussagen der Texte aufgrund ihrer Pragmatizität nicht allein als rein literarisches Spiel ohne jede Referenzialität zu missdeuten,[375] erweisen sich die vielfach zu beobachtenden Modulationen von Sprechweisen und -haltungen, die den Effekt der Modifikation äquivalenter Inhalte haben, als Argument, für die Pragmatik der Texte weniger die Homogenität der Sprechhaltung als vielmehr die Verbindlichkeit der Variationspraxis für entscheidend zu erklären.

2. Insbesondere das Nebeneinander von einem liebenden und einem ‚spruchhaften' Ich innerhalb einzelner Töne oder Korpora ist von der Forschung zumeist im Sinne von Gattungsinterferenz gedeutet worden,[376] stellt der Aspekt der ‚Sprecherrolle' doch ein zentrales Unterscheidungskriterium der beiden – allerdings vielfach nur graduell – zu unterscheidenden Gattungen dar.[377] Zwar hat dieses Forschungsparadigma gewinnbringend dazu beigetragen, es nicht als Ausnahmeerscheinung aufzufassen, dass im Zuge des Ausdrucks und der Verhandlung von Minne in den Korpora zahlreicher Autoren Ich-Positionen begegnen, die merklich von der eines liebenden Ich abweichen. Doch gilt es – wie in der Sichtung der Rugge-Forschung bereits postuliert[378] – im Einzelfall kritisch zu überprüfen, ob es sich dabei tatsächlich um die Integration von Registerkonstituenten der Sangspruchdichtung als gattungsexternes Element handelt oder ob die Einnahme etwa einer gesellschaftskritischen Ich-Position nicht vielmehr eine gattungsinterne Funktion darstellt, konventionalisierte Inhalte in modifizierter Perspektivierung zu reformulieren.[379] Sie wäre in einem Äquivalenzverhältnis zu konventionalisierten Sprechpositionen im Sangspruch zu sehen und deshalb zwar durchaus auch als spruch*haft* zu bezeichnen, nicht aber immer schon als etwas dem Minnesang Uneigentliches zu deuten, indem etwa ‚Spruchhaftes' implizit in Opposition zu ‚Minnesanghaftem' verstanden würde. Vielmehr stellt die Einnahme einer spruchhaften Sprechhaltung ein dem Minnesang ge-

---

375 Vgl. in Diskussion von Haferland 2000 die zusammengefassten Argumente bei J.-D. Müller 2010 [2004], insb. S. 80f.
376 Vgl. für die Rugge-Forschung S. 29–31 oben. Vgl. zur Untersuchung religiös ausgerichteter Ich-Instanzen im Minnesang als „Interferenzen zwischen einem religiösen Diskurs und dem des Minnesangs", mit Blick auf Hartmann und Reinmar, Reichlin 2014, hier S. 194.
377 Vgl. Egidi 2006, S. 254.
378 Vgl. S. 30f. oben.
379 Auch das lässt sich freilich als Gattungsinterferenz konzeptualisieren, beinhaltet aber die m. E. wesentliche Differenzierung, eine etwa gesellschaftskritische, Minne nicht explizit thematisierende Sprechhaltung nicht von vornherein als Registerkonstituente der Sangspruchdichtung zu deuten. Es böte auch die Grundlage, die Anwendung einer solchen Sprechhaltung als in den Gattungen unterschiedlich ausgeformt zu beschreiben. D. h. vor allem, ihre Anwendung im Minnesang nicht als monodirektionalen Import aus dem Sangspruch zu begreifen, sondern die zweifelsohne bestehende paradigmatische Bezüglichkeit zwischen ihren jeweiligen Anwendungen im Sangspruch und im Minnesang in komplexerer Relationierung in den Blick zu nehmen.

nuin eigenes, konventionalisiertes Mittel des Variierens dar.[380] Es kommt bei zahlreichen Autoren nicht zufällig so zur Anwendung, dass aus der differierenden Sprechposition äquivalente thematische Paradigmen wie aus der Position eines liebenden Ich aktualisiert werden. So hat etwa Manuel Braun in seiner Studie zu den Ausprägungen und Schwerpunkten der Variationskunst im Korpus Ulrichs von Liechtenstein in C festgehalten,[381] dass die Einnahme der Position eines Ratgebers, die sich äquivalent zu der eines Spruchdichters verhält, als Autorisierungsstrategie einer Aufforderung zum Frauendienst fungieren kann.[382] Festzuhalten ist also, dass in solchen Fällen – die im Rugge-Korpus mehrfach anzutreffen sind[383] –, das Changieren der Sprechhaltung mitnichten eine thematische Abweichung von den konventionalisierten Paradigmen der Verhandlung von Minne zur Folge hat, sondern genau diese Paradigmen aus differierender Sprechposition variierend zum Ausdruck kommen können.

Eine Perspektivierung des Minnesangs hinsichtlich der Textverfahren des Variierens vermag folglich zu verdeutlichen, dass das Ich der Texte nicht nur die Instanz der Formulierung von Inhalten im Modus der Variation ist, sondern die Sprechinstanz ihrerseits der Variation unterworfen ist. Das häufig bereits innerhalb einzelner Töne beobachtbare Changieren von Sprechweisen und -haltungen gebietet, die Ich-Aussagen erst sekundär auf spezifische Stilzüge des Autors oder etwaige Gattungsinterferenzen hin zu befragen, und hat primär als Effekt wie Mittel der Variationskunst im Allgemeinen zu gelten.

Kohärenz
Die nicht minder intrikate Fragestellung nach der Bezüglichkeit tongleicher und im Verbund überlieferter Strophen hat in der Minnesang-Forschung bemerkenswert dif-

---

380 Und das nicht erst, wie dies mit Bezug auf mehrere Forschungsbeiträge etwa Egidi 2006, S. 254 (mit Anm. 5), postuliert, „insbesondere in späthöfischer Zeit", sondern neben Rugge auch in zahlreichen anderen, früher anzusetzenden Korpora; vgl. zur Übersicht Brem 2003 sowie insb. Huber 2012 und am Beispiel Heinrichs von Veldeke Lieb 2000.
381 Braun 2010. Brauns Studie enthält als einer von wenigen Beiträgen der Minnesang-Forschung nicht nur allgemeine Ausführungen zur Variationskunst, sondern auch eine systematische Differenzierung ihrer Ebenen in den einzelnen Texten. Sie unterscheidet sechs Aspekte, anhand derer sich verschiedene Ausprägungen und Schwerpunkte des Variierens analytisch ermitteln lassen: Forminventar, Gattungsspektrum, Semantik, Sprechhaltung, Rhetorizität, Pragmatik. Dem Aspekt des Forminventars gilt in der vorliegenden Arbeit zum Rugge-Korpus die geringste Aufmerksamkeit; auf ihn wird nur stellenweise zurückzukommen sein. Er ist von der Rugge-Forschung im Zuge der Autorschafts-Diskussion, insbesondere von Paus 1965, breit diskutiert und analysiert worden. Vgl. als Kritik zu Paus' Postulat, es lasse sich ein innovativer „Mittelteil" in den Kanzonen des Rugge-Korpus nachweisen, S. 18. Einen Aspekt, den Braun nicht berücksichtigt, der im Folgenden aber von hoher Relevanz ist, ist jener der strophenübergreifenden Bezüglichkeit bzw. der Kohärenz; vgl. dazu das folgende Teilkapitel.
382 Braun 2010, S. 424f.
383 Vgl. insb. die Töne V und X sowie 22 C (die erste Strophe von Ton IX).

ferierende Akzentuierungen erfahren. Einschätzungen, dass Kohärenz[384] im Sinne inhaltlicher Stringenz als gattungskonstituierende Eigenheit des Minnesangs zu bezeichnen ist, stehen neben solchen, die im Gegensatz dazu die Variabilität von Strophenanzahl und -folge innerhalb eines Tones als Charakteristikum der Gattung auffassen. Dabei begegnet auch die Auffasung, dass das Faktum eines ‚inneren Zusammenhangs' als notwendige Implikation von Tongleichheit gänzlich in Frage zu stellen ist. Dass die Behauptung, es bestehe im Minnesang zwischen im Verbund überlieferten tongleichen Strophen regelhaft eine bestimmte Bezüglichkeit, die ausschlaggebend für seine Textualität sei, ebenso häufig aufgestellt wie relativiert wurde, liegt darin begründet, dass Fragen der Strophenbindung und Texteinheit im Rahmen unterschiedlicher Forschungsparadigmen diskutiert wurden. An vorderster Stelle zu nennen sind dabei die mitunter intensiv geführten Debatten um Unterscheidungskriterien zwischen den Gattungen Minnesang und Sangspruch – einer der langlebigsten der germanistischen Mediävistik überhaupt[385] – sowie um die Varianz und Mouvance handschriftlich überlieferter Dichtung.[386]

Wie Relevanz und Eigenheiten strophenübergreifender Bezüglichkeit innerhalb eines Tons im Minnesang beurteilt wurden, ist folglich zentral mit Blick auf das zugrunde liegende Erkenntnisinteresse einzuordnen. Wurde betont, dass die Kohärenz tongleicher Strophen nicht nur nachzuweisen, sondern auch zwingende Implikation von Tongleichheit im Minnesang sei, deren Abweichungen zumeist überlieferungsgeschichtlich zu begründen seien,[387] so hatte dies seinen forschungsgeschichtlichen Ursprung in erster Linie in den Bemühungen, brauchbare Kriterien zur systematischen wie historischen Unterscheidung von Minnesang und Sangspruch zu ermitteln. Im Zuge der Differenzierung ihrer jeweiligen Textgrößen ‚Lied' und ‚Spruch', die trotz vehementer Kritik bis heute Gültigkeit haben,[388] wurde die tendenzielle Mehrstrophigkeit des Minnesangs dadurch zu bestimmen gesucht, dass sich das Phänomen einer Strophenbindung – einer nicht-kontigenten strophenübergreifenden Kohärenz also – im Vergleich zum Sangspruch in zwar nur gradueller, aber gleichsam signifi-

---

384 Vgl. konzeptionell zum Begriff der Kohärenz Schulz 2012, S. 322–366, insb. S. 325f.
385 Vgl. gleichsam als Fortsetzung, aber auch immer wieder gewinnbringende Differenzierung der seit dem 19. Jh. geführten ‚Spruch-Lied-Debatte' (zusammenfassend dazu Moser [Hg.] 1972) in der jüngeren Forschung u. a. Tervooren 1993; Grubmüller 1999; Lieb 2000; Tervooren 2001², S. 1–5; Egidi 2002, S. 37–70; Brem 2003, S. 9–46; Hausmann 2006; Egidi 2006; Huber 2012; Schnell 2013.
386 In editionsphilologischer Hinsicht insb. Stackmann 1994; des Weiteren Cramer 1997; Strohschneider 1997; Bein 1998, S. 76–106; Cramer 1998, S. 50–124; Hausmann 1999, S. 13–26; J.-D. Müller 2012; Kellner 2018, S. 29–31.
387 So bekanntlich die maßgebliche Prämisse jeder Editionspraxis, die in Strophenanzahl und -folge im begründeten Einzelfall Abweichungen gegenüber den Handschriften vornimmt und damit annimmt, dass in den etwaigen Ursprungsversionen der Texte eine Kohärenz vorlag, die im Zuge ihrer Überlieferungsgeschichte verschüttet gegangen ist. Vgl. die prominenten Gegenargumente dazu bereits bei Schweikle 1965 sowie die Diskussion auf S. 13–15 oben.
388 Vgl. zusammenfassend Tervooren 1972 [1970]; Egidi 2002, S. 37–50. Vgl. als Kritik zuletzt Kellner 2018, S. 66f.

kanter Weise häufiger zwischen Minnesang-Strophen beobachten lasse.[389] Gegenüber der Offenheit der Spruchtöne wurde dementsprechend die Regelhaftigkeit des Verhältnisses ‚ein Text/ein Ton' festgestellt[390] und damit letztlich postuliert, dass im Minnesang formale Gleichheit inhaltliche Zusammengehörigkeit impliziere.

Während die graduelle und historisch freilich zu differenzierende[391] Unterscheidung von Minnesang und Sangspruch hinsichtlich der Kriterien von Texteinheit und Text-Ton-Verhältnis durchaus Plausibilität für sich beanspruchen kann, ist insbesondere der letztgenannte Aspekt in der Minnesang-Forschung immer wieder kritisch beurteilt worden. So hat – wie in den Bemerkungen zur Rugge-Forschung bereits erwähnt – schon Hermann Paul darauf hingewiesen, dass bei den meisten Minnesängern nachgerade kein kausaler Zusammenhang zwischen der Texteinheit des Liedes und einer inhaltlichen Kohärenz seiner einzelnen Strophen zu beobachten sei. Diese wiesen ganz im Gegenteil „in der regel keine durchgeführte gedankenentwickelung" und würden einen „inneren zusammenhang" entbehren.[392] Was Paul als Argument galt, die Unzulässigkeit einer editorischen Trennung im Verbund überlieferter Strophen aufgrund inhaltlicher Kriterien nachzuweisen, lässt sich aus heutiger Sicht vor allem als Hinweis darauf verstehen, dass es für Ermittlung und Beurteilung strophenübergreifender Bezüglichkeit im Minnesang zuallererst einer Differenzierung des Kohärenz-Begriffs bedarf. Sein bemerkenswertes Postulat, man müsse annehmen, dass „auch eines inneren zusammenhangs entbehrende strophen doch äusserlich zu einem liede aneinandergereiht waren d. h. zusammen vorgetragen wurden"[393], indiziert dabei nicht nur, dass ein Kohärenz-Begriff, der von inhaltlicher Stringenz ausgeht, kaum systematisch auf den Minnesang appliziert werden kann. Es impliziert auch, dass die Notwendigkeit der Differenzierung formaler und inhaltlicher Zusammengehörigkeit gleichsam eine Differenzierung der Zusammengehörigkeit in pragmatischer und semantischer Hinsicht bedeutet und der Lied-Begriff als Kategorie der Performanz in letzter Konsequenz nichts mehr als eine Einheit in der Pragmatik bezeichnet.

Was den Eindruck einer kategorialen Antithese zur benannten Forschungsposition einer Unterscheidung von Minnesang und Sangspruch zu vermitteln mag, lässt sich jedoch durchaus in produktiven Bezug zu ihr setzen: Wenn mit Blick auf den Minnesang selbst nämlich zurecht die Vorsicht geboten scheint, dem Phänomen der Tongleichheit von vornherein semantische Qualität zuzuschreiben, verdeutlicht ein Abgleich mit der Sangspruchdichtung, dass es die im Minnesang dennoch graduell häufiger zu beobachtende inhaltliche Bezüglichkeit tongleicher Strophen gleichwohl ernst zu nehmen gilt. Das gebietet, weder eine spezifische Kohärenzerwartung – etwa

---

389 Vgl. die konzise Zusammenfassung bei Egidi 2006, S. 254.
390 Vgl. ebd.
391 Vgl. dafür etwa die Hinweise ebd. und bei Kellner 2018, S. 66f.
392 Paul 1876, S. 510. Vgl. das ganze Zitat oben auf S. 23.
393 Paul 1876, S. 510.

hinsichtlich inhaltlicher Stringenz – anzusetzen, noch die Nachvollziehbarkeit von Kohärenz zwischen tongleichen Strophen grundsätzlich für kontingent zu erklären.

Wurde in der jüngeren Forschung vermehrt hervorgehoben, dass einzelne Strophen im Minnesang, auch weil sie in der Regel zunächst semantisch in sich geschlossen rezipierbar seien, vielfach eine variable Bezüglichkeit zu anderen tongleichen Strophen aufweisen, so geschah dies zumeist mit Blick auf die überlieferte Varianz einer Vielzahl an mehrfach bezeugten Tönen. Insbesondere aufbauend auf der Rezeption und kritischen Reflexion[394] von Paul Zumthors[395] und Bernard Cerquiglinis[396] Konzepten der *Mouvance* und *Variance* mittelalterlicher Textualität wurde dabei postuliert, dass die Überlieferungsvarianz im Minnesang auf Textebene ihre Möglichkeitsbedingung darin habe, dass die Strophen eines Tons in den meisten Fällen nicht in einem syntagmatischen Sinne kontiguitär aufeinander bezogen seien, sondern ihnen in einem paradigmatischen Sinne eine multiple Relationierbarkeit eigen sei.[397] Sie erlaube variable Strophenkombinationen mit variabler Semantizität, die dennoch gleichermaßen strophenübergreifende Bezüglichkeiten kenntlich werden ließen. So hat Beate Kellner jüngst festgehalten: „Der Kosmos von Wiederholungen, in dem es um die Dynamik der Nuance geht, macht das Wandern und die Umstellung von Strophen möglich, ohne die Kohärenzen der Lieder zu zerstören."[398] Das wiederum bedeute – so lautet, was in der jüngeren Forschung indes weitestgehend *opinio communis* geworden ist[399] –, dass unterschiedliche überlieferte Versionen eines Texts vielfach als Fassungen eigenen Rechts gelten können.[400] Statt vom Verhältnis ‚ein Text/ein Ton' ließe sich vielmehr vom Verhältnis ‚viele Fassungen/ein Ton' sprechen.

Gerade weil dabei in kritischer Entschärfung von Cerquiglinis *Variance*-Begriff aber auch betont wurde, dass dies nicht gleichermaßen implizieren dürfe, alle überlieferten Varianten eines Tones als gleichwertig aufzufassen,[401] stellen die benannten Forschungspositionen zur Varianz jedoch nur teilweise eine Reperspektivierung der Frage strophenübergreifender Bezüglichkeit dar. Ihr Verdienst ist es, systematisch nachgewiesen zu haben, dass die Kohärenzen zwischen tongleichen Strophen im

---

394 Vgl. die Belege in Anm. 386.
395 Zumthor 1972.
396 Cerquiglini 1989.
397 Ähnliche Positionen finden sich gleichwohl auch schon in der älteren Forschung; vgl. etwa erneut Paul 1876, S. 510.
398 Kellner 2018, S. 64.
399 Vgl. zusammenfassend und differenzierend Kellner 2018, S. 30f.
400 Die Ursache dafür lässt sich bekanntlich mit einer möglichen Autorvarianz (so das Konzept von Schweikle 1965) sowie der Mündlichkeit der Texte in Verbindung bringen, und zwar insofern, als dass in unterschiedlichen Performanzsituationen unterschiedliche Versionen eines Textes zum Vortrag gekommen sein könnten. Es lässt sich aber dem Überlieferungsprozess zurechnen, „in dem Strophen auf der Stufe der Schriftlichkeit umgestellt oder im Sammlungsvorgang zu Liedern hinzukombiniert wurden" (Kellner 2018, S. 29).
401 Kellner 2018, S. 31.

Minnesang, in äquivalenter Weise zur formalen und inhaltlichen Konstituiertheit der einzelnen Strophen, primär paradigmatischer Natur sind – also ihrerseits durch Äquivalenzrelationen[402] entstehen, die in unterschiedlichen Fassungen eines Textes changieren können.[403] Woran sie aber festhalten und darin wiederum den Forschungspositionen zur Unterscheidung von Minnesang und Sangspruch entsprechen, ist der Umstand, *dass* eine Fassung eine spezifische Form paradigmatischer Kohärenz[404] aufzuweisen hat, um als ‚gleichwertig' gelten zu dürfen. Was dabei offen bleibt, ist zweierlei:

1. Da paradigmatische Bezüglichkeit grundsätzlich als Eigenheit von Minnesang-Strophen zu gelten hat, stellt sich die Frage, ob und inwiefern sich eine paradigmatische Kohärenz zwischen tongleichen und im Verbund überlieferten Strophen unterscheiden lässt von tonübergreifenden Äquivalenzverhältnissen. Kritisch zu überprüfen gilt es also, ob sich die Relationen zwischen Strophen, die auf Basis ihrer formalen Äquivalenz in den Handschriften in einer bestimmten Anzahl und Reihenfolge als einander zugehörig zugeordnet sind, als okkasioneller Effekt ihrer prinzipiellen paradigmatischen Bezüglichkeit einzustellen scheinen oder ob sie als nichtkontingente, die Texteinheit konstitutiv bedingende Kohärenz auch in semantischer Hinsicht bezeichnet werden können. Nur dann nämlich wäre es möglich zu behaupten, dass die Mehrstrophigkeit im Minnesang in prinzipieller Weise mehr impliziert als eine formale Äquivalenz, die primär die Möglichkeitsbedingung dafür darstellt, dass tongleiche Strophen in einer Performanzsituation als Liedeinheit erscheinen können.

2. Da Letzteres bei einer Vielzahl an Tönen in zahlreichen Autorenkorpora trotz der paradigmatischen Bezüglichkeit der einzelnen Strophen in Frage steht, ist ebenfalls kritisch zu hinterfragen, ob die grundsätzliche *Erwartung* einer mehr als nur formalen Zusammengehörigkeit als Voraussetzung von Texteinheit tatsächlich induktiv aus dem überlieferten Bestand an Minnesang heraus zu begründen ist oder vielmehr die historische Differenz zwischen dem Gegenstand und seiner Betrachtung indiziert. Zu bedenken gilt es zum einen, dass mit Blick auf die Alterität mittelalterlicher Literatur[405] nicht auszuschließen ist, dass zeitgenössische Rezipientinnen und Rezipienten für nicht inkohärent oder womöglich sogar kohärent empfunden haben können, was aus heutiger Sicht inkohärent zu erscheinen vermag (das Fehlen einer spezifischen semantischen Bezüglichkeit im Rahmen formaler Äquivalenz). Zum anderen wird man im simplen Umkehrschluss nicht in sämtlichen Herausforderungen

---

402 Dies ist, so die textlinguistische Definition, neben einer Oppositionsrelation und thematischer Verknüpfung eine von drei Möglichkeiten, wie sich Kohärenz einzustellen vermag; vgl. Schulz 2012, S. 325.
403 Vgl. dafür insb. Kellner 2018, S. 64.
404 Vgl. zur Konzeptualisierung dieses Begriffs im Hinblick auf narrative Strukturen in Erzähltexten Schulz 2012, S. 326 f.
405 Vgl. für eine zusammenfassende Differenzierung dieser Forschungsperspektive Becker/Mohr 2012, insb. S. 38–46.

für ein modernes Kohärenzverständnis vormoderne Spezifika sehen können. Sucht man zu berücksichtigen, dass die Rezeption inhaltlich scheinbar inkohärenter Strophen als textuelle Einheit für die moderne Forschungsperspektive offensichtlich ein größeres Problem darstellt als für die Redaktoren der Sammelhandschriften, lässt sich zwar weiterhin auf Gegenstandsebene die ‚ursprüngliche' Zusammengehörigkeit der Strophen in Frage stellen, und dies wiederum hinsichtlich der historischen Distanz zwischen ihrer etwaigen Entstehung und Niederschrift. Doch ist auf Ebene der Gegenstandsbetrachtung ebenso die Vorannahme spezifischer inhaltlicher Kohärenz als systematisch notwendige Bedingung für Zusammengehörigkeit kritisch zu hinterfragen.

Wie sehr dies nottut, erweist sich bei einem genaueren Blick auf das Rugge-Korpus. Neben mehreren einzeln überlieferten Strophen (Töne Ib, II, VIIa, Ic) und einer Reihe an Tönen – hier verstanden als einzelne handschriftliche Versionen einer bestimmten Folge tongleicher Strophen –, in denen unterschiedliche Formen paradigmatischer Kohärenz nachvollzogen werden können (Ia, III, V, VI, XII, VIIc), gibt es einen Ton, in dem ein syntagmatischer Zusammenhang gleichsam suggeriert und unterlaufen wird (VIII), einen Ton, in dem tatsächlich ein syntagmatischer Zusammenhang vorzuliegen scheint (X), zwei Töne, in denen zwar die inhaltliche Kohärenz der Strophen hochgradig fraglich ist, bei denen aber in bestimmter Hinsicht gleichwohl eine paradigmatische Bezüglichkeit beobachtet werden kann (IV, XI), und schließlich zwei Töne, bei denen selbst das nicht möglich zu sein scheint (IX, VIIb). Während dabei in den Tönen VII und XI im Handschriftenabgleich eine bemerkenswerte Varianz zu beobachten ist (Ton VII vereint fünf Versionen, die zwischen einer und elf Strophen umfassen; Ton XI liegt in fünf Versionen vor, die vier Autoren zugeschrieben wurden und ebenfalls markant voneinander abweichen), ist Ton IV nur einfach überliefert und Ton IX, in dem *alle* vier Strophen unterschiedliche Sprechpositionen bieten, zwar vierfach, aber stets in gleicher Strophenanzahl und -folge. Dieses breite Spektrum an strophenübergreifenden Bezüglichkeiten bei gleichzeitig gegebener wie nicht gegebener Varianz[406] lässt sich durch einen spezifischen Kohärenzbegriff inhaltlicher Ausrichtung (sei er syntagmatischer oder paradigmatischer Natur), anhand dessen sich systematisch unterscheiden ließe, welche Versionen eines überlieferten Verbunds tongleicher Strophen als Texteinheit und damit als ‚Fassungen eigenen Rechts' zu gelten haben und welche nicht, nachgerade nicht adäquat einholen.

Sieht man von einer spezifischen Kohärenzerwartung ab, legt die induktive Sichtung des Korpus vielmehr folgende Schlüsse nahe: Erstens scheint auf der Basis davon, dass die einzelnen Strophen im Regelfall syntaktisch wie semantisch zunächst in sich geschlossen rezipierbar sind, keine systematische Notwendigkeit einer wie

---

[406] Neben den Tönen VII und XI liegt lediglich in Ton VI eine Varianz bei gleichfalls differenter Autorzuschreibung vor sowie bei Ton XII, wo beide Versionen Rugge zugeschrieben werden, die B-Version die auch in C nur fragmentarisch überlieferte letzte von drei Strophen jedoch nicht enthält. Vgl. die Überlieferungsübersicht im Anhang, S. 272–274.

auch immer gearteten inhaltlichen strophenübergreifenden Kohärenz zu bestehen. Sie stellt offenbar eine mögliche, nicht aber zwingende Implikation von Tongleichheit dar.[407] Bei den gleichwohl quantitativ überwiegenden Tönen, in denen sich auch auf semantischer Ebene strophenübergreifende Bezüglichkeiten erkennen lassen, sind zweitens höchst unterschiedliche Formen und Grade an Kohärenz zu beobachten, die von einer Relationierbarkeit, die sich nur aufgrund der prinzipiellen paradigmatischen Bezüglichkeit der Strophen einzustellen scheint, bis hin zu einer inhaltlichen Stringenz reichen, bei der Anzahl und Reihenfolge der Strophen kaum variabel erscheinen. Da zudem alle Strophen des Rugge-Korpus, wie sich in der folgenden Textarbeit zeigen wird, in sich Partizipationen an der Variationskunst des Minnesang darstellen, liegt es deshalb drittens nahe, heuristisch anzunehmen, dass auch die strophenübergreifende Bezüglichkeit selbst dem Prinzip der Variation unterworfen ist. Folgt man dieser Annahme, ist, was sich auf Grundlage dessen, was in den Handschriften aufgrund formaler Äquivalenz einander zugeordnet ist, eine dynamische und nicht statische Größe. Sie kann sich nicht nur in unterschiedlichen Fassungen mit variierender Strophenanzahl und -folge manifestieren, sondern auch variierende Grade und Formen der jeweiligen Bezüglichkeit beziehungsweise ‚Bindung' der Strophen untereinander aufweisen. Beides ist als Eigenheit wie Effekt der Variationskunst im Minnesang aufzufassen und konzeptionell nicht getrennt voneinander zu betrachten. Reperspektiviert man in diesem Sinne die benannten Forschungspositionen zur strophenübergreifenden Bezüglichkeit im Minnesang, scheint im Überblick nachgerade die Differenz ihrer – vom Standpunkt des jeweiligen Erkenntnisinteresses aus je durchaus berechtigten – Akzentuierungen die Vielfalt möglicher Formen von Kohärenz im Minnesang aufzuzeigen. Diese Vielfalt ist nicht zum Zwecke eines möglichst konsistenten Textbegriffs zu homogenisieren, indem etwa bestimmte Formen von Kohärenz zum Regelfall und andere zur erklärungsbedürftigen Ausnahme erklärt werden, sondern in ihrer Heterogenität ernst zu nehmen.

Für die nun folgende Textarbeit am Rugge-Korpus gilt es dementsprechend, auf vorgefasste Kohärenzerwartungen an die Textualität der Töne zu verzichten. Da von der spekulativen Annahme der traditionellen Editionsphilologie, inhaltlich inkohärente Texte seien als Resultat eines verunglückten Überlieferungsprozesses zu betrachten, abgesehen werden soll, ist weniger eine als mangelhaft empfundene inhaltliche Zusammengehörigkeit tongleicher Strophen zu hinterfragen als vielmehr, auf Basis welcher Vorannahmen inhaltliche Zusammengehörigkeit überhaupt postuliert oder dementiert werden kann. Die verschiedenen Grade und Formen gegebener und nicht gegebener Kohärenz sind dabei aufzufassen als komplexitätssteigerndes Verfahren einer variierenden strophenübergreifenden Relationierung von zunächst strophenintern nachvollziehbaren Variationen.

---

[407] Insofern steht diese Feststellung auch nicht im Widerspruch zu den thematisierten Forschungspositionen zur Unterscheidung von Minnesang und Sangspruch. Sie differenziert vielmehr, dass, was für den Minnesang im Gattungsabgleich als charakteristisch gelten kann, nicht als notwendige Bedingung sondern als vielfach wahrgenommene Option seiner Textualität zu gelten hat.

Vorgegangen wird dafür in sukzessiver Lektüre des handschriftlich überlieferten Bestands an Strophen, die Heinrich von Rugge zugeschrieben wurden. Da sich aufgrund der wiederum variierenden Autorzuschreibung einer Vielzahl an Tönen in ihren Parallelüberlieferungen, wie bereits *en détail* diskutiert wurde,[408] jegliche Rückschlüsse auf eine ursprüngliche Autorschaft und jegliche Spekulationen über etwaige Ursprungsversionen der handschriftlich überlieferten Textfassungen sowie ihre etwaige Gestalt in einer der Schriftlichkeit vorgängigen Mündlichkeit verbieten, wird der stets auf die Performanz zielende Lied-Begriff vermieden. Bezeichnet werden die von den Handschriften, etwa qua wechselnder Initialenfarbe, als zusammengehörig markierten Strophenverbünde entsprechend ihrer formalen Äquivalenz als Töne, was gleichermaßen ihre Performativität präsent halten wie die Unverfügbarkeit der Performanz selbst indizieren soll.

Im Mittelpunkt der Textarbeit steht die umfangreichste Strophensammlung, die dem Namen Heinrich von Rugge zugeschrieben wurde, das 34 Strophen umfassende Rugge-Korpus in C. Anschließend sind die vier Strophen des siebten Tons, die sich im Rugge-Korpus in B (insg. 23 Strophen), nicht aber in C finden, zu besprechen. Da innerhalb der Korpora, die in den Sammelhandschriften Rugge zugeschrieben wurden, im Vergleich der Parallelüberlieferungen von Strophen nur selten signifikante Unterschiede in ihrer Textgestalt auffallen, werden diese in den jeweiligen Einzelfällen diskutiert. Das bedeutet auch, dass dem Rugge-Korpus in A, das nur einen vierstrophigen Ton umfasst,[409] keine gesonderte Aufmerksamkeit zukommt, da dieser Ton mit derselben Strophenanzahl und -folge sowohl in C als auch in B ebenfalls überliefert ist.

4 Anmerkungen zur Textgestalt

Die Wiedergabe der Primärtexte folgt im Konsonantismus der jeweiligen Handschrift, der sie entnommen sind;[410] der Vokalismus wird der besseren Lesbarkeit halber behutsam normalisiert.[411] Des Weiteren werden Supraskripta und Kürzel, zumeist in

---

408 Vgl. oben S. 8–22 und 32f.
409 Ton IX; vgl. die Überlieferungsübersicht im Anhang, S. 272–274.
410 Die Strophen aus C folgen dem Digitalisat unter http://digi.ub.uni-heidelberg.de/diglit/cpg848, die Strophen aus B dem Digitalisat unter http://digital.wlb-stuttgart.de/purl/bsz319421317 (eingesehen während des gesamten Arbeitszeitraums).
411 So wird zwischen Kurz- und Langvokalen unterschieden. Wo dies optional ist und MF(MT) sich an der Metrik orientiert (z. B. *nû/nu*), steht der Kurzvokal, da die Metrik nicht als Kriterium der Normalisierung fungiert. Des Weiteren wird hss. *e* auch als *æ* gelesen (z. B. bei *stæte*), hss. v/u einheitlich vokalisch als *u* und konsonantisch als *v* gelesen. *i* in halbvokalischer Stellung erscheint vor *a*, *o* und *u* als *j*, vor *e* als *i*, sofern der Diphthong *ie* zu erkennen ist, d. h. bspw. nicht bei *jehen*.

Entsprechung zur Schreibweise in MF(MT), aufgelöst.[412] Texteingriffe finden nur statt, wo ansonsten von grammatikalischer Inkorrektheit ausgegangen werden müsste.[413] Die Interpunktion versteht sich als Vorschlag und wird, wo dies analytischen Mehrwert verspricht, auch in mehreren Versionen diskutiert. Die Übersetzungsvorschläge stammen allesamt von mir. Sie verfolgen keinen literarischen Anspruch und dienen einzig der Transparenz des Textverständnisses.

---

[412] Vgl. dazu MFE, S. 24. Da die Metrik in den folgenden Primärtexten kein Kriterium der Normalisierung ist, wird hss. *uñ* einheitlich als *und* aufgelöst. Hss. *-c* wird gemäß der Konvention der Handschrift bei nicht abgekürzter Schreibweise aufgelöst, in C also als *-as*.

[413] Ersetzte Buchstaben sind kursiv gedruckt. Hinzugefügte Buchstaben oder Wörter stehen in spitzen Klammern: 〈 〉. Auf Lücken, die aufgrund einer Verletzung des Reimschemas vermutet werden und die in beiden Fällen (21 C, 34 C) ganze Verse betreffen, wird wie folgt durch eckige Klammern hingewiesen: 〈...〉; auf weggelassene Wörter durch eckige Klammern: [ ].

II Das Rugge-Korpus in C

1 (Un-)Bedingte *stæte*. Stetigkeit als Argument für Veränderung

Ton I: Überlieferung und Editionsgeschichte

Bereits zu Beginn des Korpus, das im Codex Manesse mit *Her Heinrich von Rugge* überschrieben ist,[1] wird die Problematik, anhand welcher Kriterien sich einzelne Strophen als textuelle Einheit auffassen lassen, virulent. Die ersten drei Strophen auf Bl. 122^v der Handschrift, die über die blaue Initialenfarbe als zusammengehörig markiert sind, sind in einem Ton verfasst, der in der 29. Strophe des Korpus, einer Frauenstrophe, wiederbegegnet und zudem identisch ist mit Walthers von der Vogelweide L 71,35.[2] Auch die vierte Strophe des Rugge-Korpus in C gehört nahezu dem selben Ton an; sie differiert im Bereich der Metrik im Abgesang[3] und durch eine Reimumstellung im zweiten Stollen.[4] In der Handschrift wird sie durch wechselnde Initialenfarbe als Einzelstrophe ausgewiesen. Alle vier Strophen begegnen im Reinmar-Korpus in C in derselben Reihenfolge (Rei 188 – 191 C), wiederum mit wechselnder Initialenfarbe. Die Frauenstrophe, die ebenfalls bei Reinmar überliefert ist, steht auch dort nicht im Verbund mit diesen Strophen. Sie ist zudem als Einzelstrophe im Rugge-Korpus in B überliefert.

Die Forschung hat aus diesem Befund höchst unterschiedliche Schlüsse gezogen. Gemäß ihrer Prämisse, die formale Äquivalenz von Strophen als Indiz einer ursprünglichen Zusammengehörigkeit im Liedvortrag aufzufassen, haben sämtliche Herausgeber von *Des Minnesangs Frühling* die Frauenstrophe 29 C im Verbund mit den ersten Strophen des Korpus ediert und nach 3 C positioniert. Sie sind dabei jedoch unterschiedlich vorgegangen: Haupt präsentiert in der ersten MF-Ausgabe den Ton in drei Subeinheiten. 1 und 2 C sowie 3 und 29 C werden je als zusammengehörig markiert, ihre Aufteilung dadurch begründet, dass bei 3 und 29 C ein Binnenreim im ersten und vierten Vers auftritt, der in den ersten beiden Strophen fehlt.[5] 4 C steht gesondert, Haupt spricht von einer „andere[n] Variation des Tones"[6]. Diese streng formale Vor-

---

[1] Auf der Miniatur, die dem Korpus Heinrichs von Rugge vorangeht, führt der Abgebildete eine unbeschriftete Pergamentrolle als Banner. Vgl. dazu mit Diskussion über Deutung und Bedeutung des „Streifens", der auch in mehreren anderen Miniaturen begegnet, und insb. im Hinblick auf die Frage von Mündlichkeit und Schriftlichkeit Cramer 1998, S. 26 – 29.
[2] Zuerst festgestellt von Becker 1882, S. 28. Für von Kraus eines der Hauptargumente, den Ton Rugge abzusprechen; vgl. MFU, S. 240.
[3] Sie weist in den Versen 7 und 8 klingende statt der zu erwartenden männlichen Kadenzen auf. Vgl. dazu auch MFE, S. 91, sowie Köhler 1997, S. 35 und S. 132f., Anm. 256.
[4] Dadurch differieren erster und zweiter Stollen, dies jedoch nur im Rugge-Korpus in C, nicht im Reinmar-Korpus in C, wo die Reimstruktur den tonverwandten Vorstrophen entspricht.
[5] Vgl. dazu auch Angermann 1910, S. 19.
[6] MF(LH), S. 271.

gehensweise sieht sich Vogt aufgrund eines inhaltlichen Arguments veranlasst zu revidieren. Er betont die evidente semantische Bezugnahme am Strophenbeginn von 3 C auf 2 C und präsentiert 1–3 und 29 C neu als Einheit.[7] Die diskutable Frage, inwiefern ein solcher inhaltlicher Bezug zwischen den Männerstrophe und der Frauenstrophe besteht, diskutiert er nicht.[8]

4 C ist erst von Moser und Tervooren im Verbund mit den anderen vier Strophen als Lied I ediert worden und steht in MF(MT) ohne Abtrennung an fünfter Stelle.[9] Die in der älteren Forschung einhellig vorgebrachten Argumente gegen eine solche Zusammenstellung betreffen insbesondere die Tatsache, dass sie als groß angelegtes Wortspiel neben der metrischen Abweichung auch inhaltlich deutlich von den anderen Strophen differiert. Schon Schmidt bezeichnet sie als „einstrophige[s] Gedicht"[10], dem zudem durch seine „abgeschmackte Häufung des Wortes *minne*"[11] im Verbund der sonst „grösstentheils ernste[n] Lieder" am Beginn des Rugge-Korpus in C ein Sonderstatus zukomme.[12] Paus kommt in seinen Analysen zum Schluss, die Strophe „dürfte kaum zu einem mehrstrophigen Lied mit individuellen Gedankengang gehört haben, sondern einen selbstständigen Ton bilden"[13]. Demgegenüber ist in jüngerer Zeit im Hinblick auf 1–4 C wieder von einem „vierstrophige[n] Lied", das „in der Hs. C [...] überliefert [ist]", gesprochen worden.[14] Der Umstand, dass die Handschrift die Strophen mitnichten als Einheit präsentiert, wird dabei übersehen.

Unterschiedlich ist in der Forschung auch der Umgang mit der tongleichen Frauenstrophe. Während Schmidt in strenger Orientierung am Handschriftenbefund 29 C nicht im Verbund mit den Männerstrophen diskutiert, sucht Paus ihre Zugehörigkeit zu den Strophen 1–3 C über die formale Äquivalenz hinaus mit inhaltlichen

---

7 Allerdings noch nicht in seiner ersten Neubearbeitung der Edition von 1911, sondern erst in seiner dritten, nochmals erweiterten Ausgabe von 1920; vgl. MF(V³), S. 372: „Die Strophen habe ich gegen Lachmann und trotz ihrer Binnenreime mit den vorhergehenden verbunden, weil 100, 1 in 12 wie 13 in 23 aufgenommen wird [...]." Vgl. bereits Schmidt 1874, S. 7, und zustimmend MFU, S. 240.
8 Vgl. kritisch zur fraglichen inhaltlichen Korrespondenz von 3 und 29 C Köhler 1997, S. 36 f., sowie in der Diskussion von 29 C, Anm. 442.
9 Von Kraus hat alle fünf Strophen, basierend auf Argumenten von Paul 1876, S. 514 und 529 f. und Halbach 1928, S. 156–158, für unecht erklärt; vgl. MFU, S. 239–241. Auch zuvor war die Verfasserschaft schon umstritten. MF(H), Schmidt 1874 (S. 7, 20 f.) und MF(V) haben sie Rugge zugeschrieben, Plenio 1919, S. 90, Reinmar, so wie dann auch wieder Paus 1965, S. 113 f., und Maurer 1966, S. 110–112. Vgl. zur Entscheidung von Moser und Tervooren, in MF(MT) wie in MF(LH) alle Töne, die in mindestens einer Handschrift unter Rugges Namen überliefert sind, ihm wieder gesammelt zuzuschreiben, die Bemerkungen in der Einleitung auf S. 18 f.
10 Schmidt 1874, S. 21.
11 Schmidt 1874, S. 8.
12 Schmidt 1874, S. 16.
13 Paus 1965, S. 87.
14 Boll 2007, S. 312. Köhler 1997, S. 131, bezeichnet 4 C als „relativ selbständige[n] Anhang im Vortrag". Henkes-Zin 2004, S. 142, spricht von einer Einzelstrophe.

Argumenten zu stützen.[15] In der jüngeren Forschung ist vermehrt Skepsis am Einheitspostulat von MF(MT) angemeldet worden. Köhler folgt zwar MF(MT) und hält dabei insbesondere das formale Argument für gewichtig, betont aber, „daß jede Interpretation auf der Grundlage, des in MF angedruckten Textes nur unter Vorbehalt geschehen kann"[16] und davon ausgegangen werden muss, „daß zur Zeit der Niederschrift der beiden Hss. BC die Frauenstrophe als selbständiges einstrophiges Lied existierte"[17]. Boll bezeichnet 29 C als „eine Einzelstrophe, die aus Gründen der Tonidentität zu Rugge-Reinmar $1C^1$–$4C^1$/$188C^2$–$191C^2$ gestellt werden kann. Es besteht jedoch dazu keine Notwendigkeit"[18]. Sie postuliert zudem, dass ihre Positionierung in MF(MT) zwischen 3 und 4 C kontingent ist.[19]

Angesichts dieser Forschungsbeiträge wird deutlich, dass die Annahme, korpusinterne Tonidentität impliziere textuelle Zusammengehörigkeit, im Hinblick auf die ersten Strophen im Rugge-Korpus in C Probleme evoziert, die auf der Ebene der handschriftlichen Überlieferung nicht existieren. Nimmt man den Wechsel der Initialenfarbe als strukturierendes Element ernst, hat man es im Falle von 1–3, 4 und 29 C mit drei gesondert zu betrachtenden Einheiten zu tun, deren Unterteilung ihrer strukturellen Differenz (Sprechinstanzen, Wortspielaspekt) entspricht. Dies sowie der Umstand, dass der vorliegende Ton ohne ersichtliche intertextuelle Bezüge auch im Walther-Korpus Verwendung findet, der sich in C unmittelbar an Heinrich von Rugge anschließt, geben Anlass dazu, der formalen Äquivalenz der disparat überlieferten Strophen nicht jene Bedeutung beizumessen, die für Moser und Tervooren ausschlaggebend war. Was hier vorliegt, sind differente Verwendungen oder, wie im Falle von 4 C, leichte Abwandlungen derselben Form,[20] die im Laufe der Überlieferungsgeschichte unterschiedliche Zuweisungen erfahren haben. Sie sind als solche primär getrennt zu betrachten und nicht schon vornherein in direktem Bezug zueinander zu sehen. Die hier vorgenommene Bezeichnung von 1–3, 4 und 29 C als Ton Ia, Ib und Ic soll dem Umstand Rechnung tragen, dass die Strophen formal in einem, inhaltlich aber in drei Zusammenhängen zu sehen sind.

---

15 Vgl. Paus 1965, S. 85f. Sein Argument ist das in beiden Strophen thematisierte *komen* des Liebenden zur Geliebten. Dasselbe Argument findet sich bei Köhler 1997, S. 132. Vgl. dazu auch Anm. 442.
16 Vgl. Köhler 1997, S. 35–37, Zitat S. 37.
17 Köhler 1997, S. 131.
18 Boll 2007, S. 312f.
19 Vgl. Boll 2007, S. 313, Anm. 13. Boll geht allerdings nicht darauf ein, dass der Positionierung der Strophe an vierter Stelle ein formales Argument, der Binnenreim im Aufgesang, zugrunde liegt.
20 Solche Wiederverwendungen derselben Form sind bekanntlich auch korpusübergreifend häufiger. Vgl. neben dem vorliegenden Ton bspw. Rugges Töne VI und VII, die auch bei anderen Minnesängern begegnen (siehe die Nachweise in Anm. 186 und 237), ohne dass es sich um eine Parallelüberlieferung handelt.

Ton Ia

Die ersten drei Strophen des Rugge-Korpus in C sind durch ein dichtes Netz an paradigmatischen Bezugnahmen eng miteinander verknüpft. Konstituiert ist es zum einen dadurch, dass *triuwe* und *stæte* als Leitbegriffe einer je different akzentuierten Verhandlung der durchgängig zweistelligen Relationierung zwischen liebendem Ich und Geliebter fungieren. Zum anderen stehen die Begriffe im Zuge dessen selbst zur Verhandlung und werden damit vom Deskriptionsmittel einer Situation zum Reflexionsgegenstand eines Zustands. All dies ist im Allgemeinen in Begrifflichkeit wie Gedankenfiguren als hoch konventionalisiert zu beschreiben.[21] Doch gewinnt es im Besonderen dadurch merklich an Komplexität, dass sich die Strophen zwei zentrale Implikationen der Begrifflichkeit zu ihrer Reformulierung zunutze machen: Einerseits wird die Zeitlichkeit von ‚Beständigkeit' und ‚Treue'[22] in variierender Funktionalisierung kontrastiv zur Jahreszeitenzyklik in positiver Hinsicht und komplementär zur zeitlichen Indifferenz des Liebesleids in negativer Hinsicht in Szene gesetzt. Andererseits wird die aus der Kontrastierung mit der Jahreszeitenzyklik gewonnene Konturierung von *stæte* und *triuwe* als höfischer Werte zum Argument gemacht, eine Veränderung des Liebesleids herbeizuführen, die in evidenter Spannung zu ihrer Eigenheit als Konstanten steht.[23] Ihre Funktionalität als höfische Werte wird dabei in überraschender Deutlichkeit ebenso eingefordert wie ihre Dysfunktionalität als topische Eigenschaften eines Liebenden performativ vorgeführt. In einer Reflexion ihrer Bedingtheit entfaltet Ton Ia seine Variationspraxis darin, beide Aspekte in eins zu setzen und gleichsam systematisch zu differenzieren, indem am Schluss eine minnespezifische, unbedingte *stæte* behauptet wird, die zum Resultat hat, dass der Wunsch, das alles anders werden möge, mit der Versicherung einhergeht, alles werde beim Alten bleiben. Beständigkeit erscheint somit in gleichzeitiger Differenz und Äquivalenz zu ihrer Zeitlichkeit sowohl als Argument für Veränderung als auch als Ausdruck von Stagnation. Das Progredieren der Argumentation erweist sich in der variierenden Umspielung der Begrifflichkeit, bei der Naturerscheinungen genauso Eingang finden

---

21 Vgl. zur Illustration dessen die systematische Aufführung und Diskussion der Belegstellen bereits bei Vollmer 1914, deren gesamte Studie dieser Begrifflichkeit gewidmet ist. Vgl. konzeptionell Schnell 1990, S. 244–250, mit Belegen aus Minnesang wie Trobadorlyrik.
22 Vgl. dazu, dass sich maßgeblich anhand der Begriffe *triuwe* und *stæte* die „longue durée der Minnebindung manifestiert", insb. Baumgartner/Kellner 2013, S. 201 f., hier S. 201; Kellner 2018, Kap. *Zeit und Zeitlichkeit im Hohen Sang*. Im selben Kapitel differenziert Kellner, dass der *stæte* vermehrt eine zeitliche Bedeutung zukommt. Im vorliegenden Rugge-Ton ist zudem auch die zeitliche Dimension des *triuwe*-Begriffs explizit gemacht durch die Wendung in 1 C, V. 8 f.: *ie noh stêt aller mîn gedanc | mit triuwen an ein schœne wîb*.
23 Schnell 1990, S. 244–250, trennt die Aspekte der „Beständigkeit" und „Aufrichtigkeit" in seiner Differenzierung grundlegender Merkmale ‚höfischer Liebe'. Dass *stæte* und *triuwe* im Minnesang aber häufig auch tendenziell synonym Verwendung finden, illustrieren die folgenden Strophen von Ton Ia, die sich ihre paradigmatische Bezüglichkeit sichtlich zunutze machen und die Begriffe gerade nicht differenzierend verwenden. Vgl. dazu auch Baumgartner/Kellner 2013, S. 203.

wie religiöse Moral, letztlich als ebenso zyklisch wie der Wandel der Jahreszeiten selbst.[24] So deutlich das Bestreben zum Ausdruck kommt, das Konventionalisierte als Exzeptionelles vor Augen zu führen, so wirkmächtig zeigt sich die Inszenierung der Aporie dieses Unterfangens. Das Singen als Weitersingen, wie es in der ersten Strophe poetologisch markiert wird, spiegelt das als Sprechakt, der Neuansatz und Kontinuitätsbehauptung zugleich ist, auf performativer Ebene. Die Variationskunst von Ton Ia besteht somit darin, dass auf der Ebene der Verhandlung *und* auf der Ebene des Verhandelten die Strategie, das Altbekannte, Bisherige modifiziert wissen zu wollen, den Effekt zeitigt, seine Gültigkeit und Unhintergehbarkeit umso deutlicher kenntlich gemacht zu haben.

1 C

    Ich sach vil liehte varwe hân
    die heide und al den grüenen walt.
    die sint nu beide worden val
    und müessen gar betwungen stân
5   die bluomen von dem winter kalt.
    ouch hât diu liebe nahtegal
    vergessen, das si schône sanc.
    ie noh stêt aller mîn gedanc
    mit triuwen an ein schœne wîb.
10 ich enweis, ob ichs iht geniessen muge.
    si ist mir lieb alsam der lîp.

4 müſſen   9 ſchone

(Ich sah eine sehr helle Farbe haben | die Heide[25] und den ganzen grünen Wald. | Beide sind jetzt fahl geworden, | und die Blumen müssen bedrängt stehen | vom kalten Winter. | Auch hat die liebe Nachtigall | vergessen, dass sie schön sang. | Trotzdem richtet sich mein ganzes Denken | mit Treue

---

24 Während die Position der ersten Strophe aufgrund ihres Natureingangs einen stabilen Charakter hat, scheint es, um zu dieser Feststellung zu gelangen, nicht entscheidend, ob – wie in den Überlieferungsträgern einhellig – die dritte auf die zweite Strophe folgt oder umgekehrt. Das ist deshalb festzuhalten, da es den paradigmatischen Charakter der Bezugnahmen, obgleich des Anscheins eines Progredierens der Argumentation, anzeigt.

25 Obwohl der mhd. Begriff *heide* semantisch nicht deckungsgleich mit seiner nhd. Entsprechung ist, wird hier und im Folgenden mit „Heide" übersetzt, um längere Wendungen zu vermeiden (vgl. etwa die Formulierung im BMZ, Bd. I, Sp. 647b: „ebenes, unbebautes land, worauf gras und wilde blumen, auch wol einzelne bäume wachsen"). Auf die präzisere Übersetzung „Blumenwiese" wiederum wird verzichtet, da sie insb. im vorliegenden Fall die in V. 5 noch folgende Nennung der Blumen im Gegensatz zum Mittelhochdeutschen vorwegnehmen würde.

weiterhin auf eine schöne Frau. | Ich weiß nicht, ob ich irgendetwas davon[26] profitieren kann. | Sie ist mir so wichtig wie mein Leben.)

Wie zahlreiche andere Teilkorpora der Manessischen Liederhandschrift[27] beginnt die Strophensammlung unter dem Namen Heinrichs von Rugge mit einem Natureingang[28]. Seine Omnipräsenz im deutschsprachigen Minnesang, in dem er von Beginn an Verwendung fand,[29] verdankt der Natureingang dem ihm genuin innewohnenden Potenzial einer Kontrastierung von Allgemeinem und Besonderem: Der Sommer- oder Winterbeginn, der anhand eines schmalen topischen Inventars an Naturerscheinungen geschildert wird, impliziert durch die Figur der Äquivalenz einen überindividuellen, gesellschaftlichen Gemütszustand der Freude oder des Leids,[30] wozu sich ein

---

26 Mit Boll 2007, S. 314, Anm. 19, ist die Genitivergänzung von *geniessen* hier als ein allgemeines *es* verstanden, das auf die *triuwe*-Bekundung referiert (grammatikalisch bezogen auf *gedanc*). Anders MF (MT), S. 203, wo die Frau als Bezug verstanden wird, im Sinne von „an ihr Freude haben" und somit ein unkonventionellerer Gebrauch des Verbs angesetzt wird. Für das Textverständnis stellen die Übersetzungsvarianten nur Nuancen dar; beides ist Feststellung der Unsicherheit, ob auf die *actio* der Orientierung auf die Frau eine *reactio* folgen wird.

27 Von den Autoren in MF(MT) neben Rugge: Heinrich von Veldeke, Ulrich von Gutenburg, Hartmann von Aue, Gottfried von Straßburg; von den Autoren im KLD: Der Herzog von Anhalt, Bruno von Hornberg, Brunwart von Augheim, Von Buchheim, Burkhard von Hohenfels, Der Dürner, Friedrich der Knecht, Gœsli von Ehenhein, Gottfried von Neifen, Hug von Werbenwag, Kristan von Luppin, König Konrad der Junge, Konrad von Kirchberg, Der Schenk von Limpurg, Leuthold von Seven, Niune, Von Obernburg, Otto von Brandenburg, Der Püller, Der von Sachsendorf, Von Scharpfenberg, Von Stadegge, Von Stamheim, Von Suonegge, Wachsmut von Künzingen, Alram von Gresten, Der von Wildonie; von den Autoren in SM: Graf Kraft von Toggenburg, Jakob von Warte, Der von Gliers (Leich), Wernher von Teufen, Albrecht Marschall von Rapperswil, Schenk Konrad von Landeck, Der von Trostberg, Gœli, Rost, Kirchherr zu Sarnen, Der Taler (Leich), Ulrich von Baumburg; des Weiteren Neidhart und Tannhäuser (Leich).

28 Vgl. zum Natureingang zuletzt Eder 2016 mit ausführlicher Darstellung der Forschungsgeschichte auf S. 15–95 und einer Zusammenstellung der Natureingänge bis einschließlich Neidhart auf S. 407–410.

29 Vgl. bereits die Natureingänge bei Meinloh von Sevelingen 12 C (MF 14,1); Der Burggraf von Regensburg 1 A/3 C (MF 16,15); Der Burggraf von Rietenburg 2 B/3 C (MF 18,17); Dietmar von Aist 7 BC (MF 33,15), 13 C (MF 37,18), 25 C (MF 37,30), 35 C (MF 39,30). Vgl. zur „sozusagen (gesamteuropäischen) Beliebtheit dieser Topik" zuletzt Eder 2016 (Zitat S. 28 f.), bspw. exemplarisch im Hinblick auf mittellateinische Liebeslyrik S. 264–310.

30 Vgl. J.-D. Müller 2001 [1995], insb. S. 129–134 und S. 149 f.; Lieb 2001, S. 186. Vgl. in aufwändiger und differenzierender Kritik von Müllers Saisonalitätskonzept Eder 2016, S. 341–360. Formulierungen der Äquivalenz zwischen Sommer- bzw. Winterbeginn und den durch sie bewirkten Gemütslagen der Freude bzw. des Leids beim Ich im Natureingang finden sich von den in MF vertretenen Autoren bei Dietmar von Aist (7 BC, MF 33,15; in Frauenrede: 13 C, MF 37,18), Heinrich von Veldeke (u. a. 32 BC, MF 64,17) und Reinmar dem Alten (u. a. 140–142 C, MF 183,33). Auch für die Minnesänger des 13. Jhs. und darüber hinaus ließen sich zahlreiche Beispiele einer Äquivalenz zwischen Jahreszeit und emotionaler Disposition des Sänger-Ichs anführen. Im Verhältnis zu Formulierungen, in denen eine Differenz postuliert und zum Argument gemacht wird, sind sie jedoch auch dort proportional deutlich

Sprecher, dessen Gemütslage weniger von außen durch Jahreszeiten als vielmehr von innen durch *minne* bestimmt ist, bekanntlich häufig in mindestens einem zentralen Aspekt different verhält:[31] Im Falle von Winter steht etwa wie hier seine Beständigkeit und die Präsenz seines Singens im Kontrast zum Wandel der Jahreszeiten und der Absenz schöner Naturerscheinungen;[32] im Falle von Sommer konfligiert bspw. das fortdauernde Leiden des Liebenden mit dem *fröide*-generierenden Nicht-Fortdauern des Winters.[33] Solche Differenzen ermöglichen es, das Liebesleid, das als situationsübergreifendes für ein liebendes Ich gerade nicht besonders ist, paradigmatisch zu exzeptionalisieren. Die Kontextualisierung des Sprechakts in einem spezifischen jahreszeitlichen Setting dient der Spezifikation des Minnens, das als sich nicht Wandelndes im Kontext von Wandel jenen besonderen Status verliehen bekommt, der es zum Movens des Sprechens macht. Im Natureingang begegnet die Minne als das Stetige, das stets exzeptionell ist.

Diese Figur, die schon im 12. Jahrhundert regelmäßig und im Verlauf des 13. Jahrhunderts musterhaft Verwendung findet,[34] lässt sich in der ersten Strophe des

---

seltener anzutreffen; vgl. exemplarisch die Korpora, in denen der Natureingang musterhaft Anwendung findet, etwa Gottfried von Neifen und Ulrich von Winterstetten.

31 Vgl. Kellner 2018, S. 337 f.; sowie mit äquivalenten Ergebnissen auch im Hinblick auf Trouvères und entsprechenden Belegen Schnell 1985, S. 320 f. Eder 2016, S. 169–196, schlägt für den Natureingang die überzeugende Basisunterscheidung „komplementär vs. kontrastiv" vor, wobei – wie bereits betont und worauf im vorliegenden Zusammenhang argumentativ aufgebaut wird – auffällt, dass die kontrastiven Fälle proportional deutlich häufiger sind. Eder bemerkt kritisch, dass „die in einführenden Darstellungen und Lexikonartikeln zur Spezifizierung des Topos genutzte, aber auch in der interpretatorischen Praxis oft begegnende Dichotomie von kontrastiver vs. komplementärer Einbindung" in den Vorschlägen der Minnesangphilologie zur typologischen Einteilung des Natureingangs „überraschenderweise keine prominente Rolle gespielt hat" (S. 269).

32 Vgl. von den in MF vertretenen Autoren Dietmar von Aist 25 C (MF 37,30), Heinrich von Veldeke 33 BC (MF 64,26), Rudolf von Fenis 13–14 BC (MF 82,26), Heinrich von Morungen 80 C (MF 140,32), bei Reinmar dem Alten u. a. 208–209 C (MF 191,25) sowie Wolfram von Eschenbach 24 C (MF IX,1). Eine weitere Differenz, die begegnet, ist jene, dass der Winter bei Präsenz des oder der Geliebten nicht unangenehm wäre, vgl. etwa Dietmar von Aist 15 B/17 C (MF 35,16), Walther von der Vogelweide 40 B/126 C/195 E (L 39,1), Niune 46 A (MF 6,5). Vgl. im Hinblick auf die Vagantendichtung Marold 1891, S. 9–26. Hier wie auch im Weiteren konzentrieren sich die Belegstellen zur Verwendung häufiger Begriffe, Wendungen und Figuren auf die Korpora jener Autoren, deren Schaffenszeit im 12. und zur Wende zum 13. Jahrhundert angesetzt wird – und somit auf die in MF(MT) geführten Autoren und Walther von der Vogelweide –, da diese den Minnesang vor und während der ungefähren Entstehung der Texte des Rugge-Korpus dokumentieren. Belegstellen aus späteren Korpora werden nur dort aufgeführt, wo auf die weitere Anwendungsgeschichte verwiesen wird.

33 Vgl. Meinloh von Sevelingen 12 C (MF 14,1), Der Burggraf von Rietenburg 5 B/6 C (MF 19,17), Heinrich von Veldeke 1 BC (MF 56,1), Ulrich von Gutenburg 1 BC (MF 77,36), Albrecht von Johansdorf 14–15 B/15–16 C (MF 90,32), Reinmar der Alte 25 b/68 C (MF 167,31, Frauenrede), Gottfried von Straßburg 1 AC (MF II,1), Wolfram von Eschenbach 9–13 C (MF VI). Die Belege aus dieser und der vorangehenden Anm. zeigen, dass diese Gedankenfiguren, die im Minnesang des 13. Jhs. ubiquitär zur Anwendung kommen, bereits im 12. und zur Wende zum 13. Jh. konventionalisierten Charakter hatten.

34 Vgl. für den Hohen Sang zuletzt Kellner 2018, S. 314–338. Festzuhalten ist jedoch auch, dass der Natureingang im Hohen Sang deutlich seltener begegnet als davor und danach; vgl. dazu Lieb 2001,

Rugge-Korpus in paradigmatischer Weise als Mobilisierung von Gegensätzen beschreiben. Von vornherein bezogen auf die Wahrnehmung des Sprechers (*Ich sach*, V. 1),[35] beschreibt der mit sieben von elf Versen den Großteil der Strophe füllende Natureingang in antithetischer Setzung, wie das Ich den Wechsel von Sommer zu Winter als einen Verlust von Farbenintensität bei Wald und Heide und ein Verschwinden von Vogelgesang zugunsten von Farblosigkeit, Kälte und Stille beobachtet.[36] Auffällig in dieser Reihung von Topoi ist einzig die Wendung in V. 6 f., dass die Nachtigall *vergessen* hat, dass sie auf schöne Weise sang. Diese kleine, aber prägnante Variation des topischen Verstummens der Vögel bei Winterbeginn[37] lässt sich zum einen als Hyperbolik beschreiben, die zur Illustration der Drastik des Winterbeginns dient.[38] Als letztes Glied der aufgezählten Naturphänomene vor der erneuten Selbstthematisierung des Sprechers verweist sie zum anderen aber auch bereits auf die differente Zeitlichkeit der Ich-Position. Insofern sich das Vergessen kontrastiv verhält zur Zyklik der Jahreszeiten, mündet der Natureingang von der Beschreibung des Wandels in eine so verabsolutierte Absenz des Positiven, dass die im Anschluss fo-

---

S. 189–194. Im 13. Jh. kann die Verwendung insb. bei jenen Autoren als musterhaft gelten, bei denen nahezu jeder Ton mit einem Natureingang beginnt; vgl. etwa die prominenten Beispiele Neidhart, Gottfried von Neifen und Ulrich von Winterstetten. Hübner 2013, S. 400 f., spricht – ohne allerdings spezifisch auf den Natureingang zu referieren – Gottfried von Neifen eine wichtige Rolle dabei zu, was im 13. Jh. „zur gattungspoetischen Normaloption" wurde, da seine Töne „gewissermaßen der zur Perfektion getriebene Durchschnittsminnesang sind" (S. 401). Vgl. kritisch zum Begriff des Durchschnittsminnesangs die Anmerkungen in der Einleitung auf S. 47 f.

35 Auch das findet sich häufiger; vgl. bspw. Meinloh von Sevelingen 12 C (MF 14,1), Ulrich von Gutenburg 1 BC (MF 77,36), Rudolf von Fenis 13 BC (MF 82,26), Reinmar der Alte 141 C (MF 183,33), 386 e (MF 203,24), Walther von der Vogelweide 395 C/6 E/12 U^x (L 114,23).

36 Wenn L. Schneider 1938, S. 53, hierzu postuliert, Rugge „sucht […] keine neuen Motive, versucht aber, das Herkömmliche neu auszudrücken", ist damit gerade kein spezifisches Verfahren Rugges bestimmt („zugleich gebunden und selbständig", ebd.), sondern das dem Natureingang korpusübergreifend eigene Prinzip des Variierens beschrieben.

37 Dass die Nachtigall oder überhaupt Vögel *vergessen*, dass sie sangen, hat keine überlieferte Parallele im deutschsprachigen Minnesang. Das Schweigen konkret der Nachtigall im Natureingang begegnet bspw. beim Burggraf von Rietenberg 2 B/3 C (MF 18,17), Dietmar von Aist 25 C (MF 37,30), Heinrich von Morungen 24 CC^a (MF 127,34); das Schweigen der Vögel im Allgemeinen bspw. bei Dietmar von Aist 11 BC (MF 34,11), 13 C (MF 37,18), Heinrich von Veldeke 2 A/11 BC (MF 59,11), 28 B/26 C (MF 62,25), Rudolf von Fenis 13 BC (MF 82,26), Walther von der Vogelweide 40 B/126 C/195 E (L 39,1), 147 A/265 C (L 75,25).

38 Dass sich das Ich „durch die Nennung der *nahtegal* indirekt auch von den anderen Sängern, deren Haltung durch das *vergezzen* charakterisiert wird", abgrenzt (Scheer 1990, S. 51), hat spekulativen Charakter. Zwar hat die Strophe, wie im Folgenden ausgeführt wird, durchaus auch poetologischen Charakter; ein konkreter Hinweis auf Sängerkonkurrenz bleibt jedoch aus. Jede Thematisierung einer Nachtigall in diesem Sinne zu interpretieren, hat angesichts der Topik des Natureingangs deduktiven Charakter und lässt sich durch ihre lediglich sieben Nennungen bei den in MF(MT) aufgeführten Autoren mitnichten belegen; vgl. neben der vorliegenden Strophe und den Belegen in der vorangehenden Anm. Heinrich von Morungen 13 A/24 B/43 C (MF 132,35) sowie Reinmar der Alte 141 C (MF 183,33) und 208 C (MF 191,25). Auch wenn man hier Sängerkonkurrenz angezeigt sähe, gälte es zu konstatieren, dass der Aspekt im weiteren Verlauf von Ton Ia keine Rolle spielt. Vgl. dazu auch Anm. 43.

kussierte und pointiert zeitindifferente (*ie noh*, V. 8) Präsenz der *triuwe* des Liebenden von vornherein als exzeptionell erscheinen kann. Als Verhaltensnorm, die positiv zu bewerten ist, gewinnt sie dort, wo die Natur das Positive ‚vergisst', genauso zusätzlich an Wert wie durch den abschließend akzentuierten Umstand, dass die Funktionalität der treuevollen Ausrichtung auf das *schœne wîb* (V. 9) fraglich ist (V. 10).

Die makrostrukturelle antithetische Struktur, die ausgehend vom drastischen Kontrast zwischen Sommer und Winter in der Gegensätzlichkeit von Vergangenem und Aktuellem, Positivem und Negativem, Absenz und Präsenz sowie Wandel und Dauer ausdifferenziert wird, korrespondiert auf mikrostruktureller Ebene mit weiteren Kontrastierungen:

1. In der Gegenüberstellung von Vogelgesang und Minnesang birgt der Topos vom Verstummen der Vögel bei Winterbeginn[39] bekanntlich stets ein poetologisches Moment:[40] Da sich die höfische Sangeskunst im Gegensatz zum Singen der Vögel als kontinuierlich erweist und somit bei Winteranbruch gewissermaßen dessen Leerstelle füllt, vollzieht sich eine Selbstbehauptung des Sangs.[41] Sie lässt sich als eine Demonstration der Überlegenheit kultureller Praxis gegenüber dem ‚natürlichen' Verhalten der Vögel beschreiben,[42] und zwar insofern, als dass das Singen des Sängers in keinem Dependenz-Verhältnis zur Jahreszeitenzyklik steht. Wo der Vogelgesang als Zeichen fungiert für einen spezifischen Zustand der Natur, wird der Sang selbst zum Zeichen für die überzeitliche Relevanz der Thematisierung von Minne. Die in 1 C vorliegende Variation, dass die Nachtigall als *pars pro toto* der Singvögel[43] nicht nur

---

39 Vgl. zur Nützlichkeit des Topos-Begriffs „aus vor allem pragmatischen" Gründen und dezidiert im Hinblick auf Natureingänge Lieb 2001, S. 184 f., Zitat S. 184.

40 Vgl. dazu ausführlich Hochkirchen 2015, S. 191–237, und siehe in expliziter Reflexion dieser Figur insb. Heinrich von Morungen 24 C (erste Strophe des sog. ‚Nachtigallenliedes'; MF 127,34); 13 A/24 B/ 43 C (MF 132,35).

41 Vgl. dazu auch Scheer 1990, S. 50 f. Ihre These, dass die *nahtegal* im Gegensatz (!) zu nicht spezifizierten Vögeln einen Vergleich mit dem Sänger erlaubt, die sie von Bolduan 1982, S. 27 f., übernimmt, ist m. E. nicht haltbar. Gerade weil sie diesen Vergleich zurecht in der Kontrastierung vom Wechsel der Jahreszeit gegenüber der *stæte* des Sängers sieht, muss konstatiert werden, dass diese Figur in Natureingängen unabhängig davon, ob von der *nahtegal* im Besonderen oder Vögeln im Allgemeinen die Rede ist, topisch ist.

42 Vgl. allgemein zum Verhältnis von ‚Natur' und ‚Kultur' als Interpretament im Natureingang Eder 2016, S. 360–379, mit dem wichtigen Hinweis, dass ‚Natur' im Natureingang nicht im Sinne „azivilisatorischer Naturhaftigkeit" als simpler Gegenpol „zum kulturalen Bereich (höfischer) Leistungsethik" verstanden werden darf (S. 368).

43 Zwar ist festzuhalten, dass die Nachtigall als der häufigste Vogel im Minnesang immer wieder auch als Metapher für den Minnesänger steht; vgl. Obermaier 1995; Luff 2002; Hochkirchen 2015, S. 146. Dennoch scheint es geboten, am Einzeltext zu prüfen, ob ihre metonymische (als *pars pro toto* für Vögel) oder metaphorische Funktion dominiert, da beide in variierender Gewichtung Verwendung finden und die Nachtigall dementsprechend auch „häufig bloß ein Synonym für ‚Singvogel'" ist (Hochkirchen 2015, S. 147, Anm. 186; vgl. auch ihren Hinweis auf Riecken 1967, S. 8 f., der im Hinblick auf Walther von der Vogelweide zum Ergebnis kommt, dass *nahtegal* zumeist synonym verwendet wird mit *vogel* oder *vogellîn*). Vgl. zur Geschichte des Nachtigall-Motivs Hochkirchen 2015, S. 147–151.

verstummt, sondern ihr Singen gänzlich vergisst, ist folglich auch eine Überbietung dieser Figur. Sie arbeitet darauf zu, dass die in sich konventionelle Aussage des Liebenden, sein Denken sei *ie noh* (V. 8) auf eine Frau ausgerichtet, im Sinne eines Nicht-Vergessens an Virulenz gewinnt. Wo auf die Kontinuität des Schönen in der Natur qua Vogelgesang kein Verlass ist, exponiert der singende Liebende sein gutes Verhalten als verlässlich: Seine *triuwe* findet in der poetologischen Markierung des Singens als Weitersingens zu einer Zeit, in der die Zeichen auf Schweigen stehen, performativ Rückhalt.

2. Indem der Liebende *triuwe* und damit Kontinuität zum Konstituens seines Handelns erklärt, zeigt sich seine Orientierung auf die Frau nicht nur in Differenz zur Norm des Zyklischen in der Natur, sondern gleichsam als Orientierung an den davon zu differenzierenden höfischen Werten. Unterschieden wird hier die Zeitlichkeit von ‚Natur' und ‚Kultur', die Vergänglichkeit ersterer mit der Beständigkeit letzterer überboten. Die sich darin vollziehende Exzeptionalisierung der *triuwe* fokussiert Minne, deren Vorhandensein *triuwe* überhaupt erst hervorruft, im Sinne einer Proliferation des Höfischen, dessen Ordo seine Gültigkeit nicht verliert, wenn in der entworfenen und dadurch als rein funktional kenntlich werdenden Kontextualisierung die Absenz des Schönen vorherrscht. Vielmehr wird er dadurch als solcher erst recht kenntlich.

3. Der im vergangenen Sommer verorteten Tatsache, dass die Nachtigall *schône sanc* (V. 7), steht die Formulierung, das Ich habe seine Gedanken ausgerichtet *an ein schœne wîb* (V. 9), gegenüber. Diese unscheinbare grammatikalische Variation des Schönen in Adverb und Adjektiv impliziert eine weitere konstitutive Differenz: Während die Präsenz des Schönen in der Natur dem zyklischen Verlauf der Jahreszeiten unterworfen ist, erscheint die Kalokagathie der Geliebten als ihre wesenhafte Eigenschaft ebenso von Kontinuität geprägt wie die Beständigkeit des Liebenden. Sie fungiert somit auch auf dieser Ebene als Konstituente des Höfischen.

4. Schließlich gilt es, den Kontrast zwischen der Äußerlichkeit der Naturerscheinungen und der Innerlichkeit der Orientierung des Liebenden festzuhalten. Während er die nun absente Schönheit von Wald und Heide *sach* (V. 1), sind es *aller mîn gedanc* (V. 8), die auf die Frau gerichtet sind. In der Hinwendung zu ihr vollzieht sich eine Ausklammerung des Äußeren; das Gesehene rückt gegenüber dem Denken in den Hintergrund. Die Kontextualisierung des Sprechakts zu Winterbeginn lässt sich als Spezifikation *ex negativo* verstehen: Die Situation, in der sich das Ich über den Großteil der Strophe verortet, erweist sich gerade nicht als relevant für seine Disposition. Der ausführlich beobachtete Kontrast von Sommer und Winter dient als Folie für den Kontrast zwischen allgemeiner Lage und dem spezifischen Zustand des Ich, der seine Funktion in der Exzeptionalisierung von Minne erfüllt.

Nimmt man diese Aspekte zusammen, nivelliert das liebende Ich die Relevanz naturgegebener Umstände für seine innere Disposition, um über vielschichtige Kontrastierungen seine Dependenz von der Geliebten zu akzentuieren. Seine Zuwendung ist, wie es im vorletzten Vers in einer im Minnesang ebenfalls häufigen Wendung heißt,[44] ungewissen Ausgangs: *ich enweis, ob ichs iht geniessen muge* (V. 10). Indem hier die Funktionalität des Minnens in Frage gestellt wird, konstituiert sich der Sang nicht nur in Unabhängigkeit von den Implikationen des Jahreszeitenwandels, sondern ebenso in Unabhängigkeit von einer möglichen Responsion auf ihn: Gesungen wird, obwohl die Zeichen der Zeit auf Schweigen stehen. Gesungen wird aber auch, obwohl eine auf diese *actio* folgende *reactio* ungewiss ist. Wenn das Ich am Schluss der Strophe die Formel bemüht, die Geliebte sei ihm *lieb alsam der lîp* (V. 11),[45] so lässt es sich als literarische Strategie des Textes begreifen, dass die Konventionalität der Aussage und die postulierte Exzeptionalität des Ausgesagten final zugleich zum Ausdruck kommen.

2 C

Wurd ich ein alsô sælic man,
das ich si lônes dûhte wert,
in der gewalt mîn fröide stât,
sô erwurbe ich, das ich nie gewan,
5   und habe es doch an si gegert
vil wol âne alle valsche missetât.
nu geschiht mir leide, in weis dur was.
ze guote ich ir noch nie vergas.
wil si mich des geniessen lân,
10 si ist und muos sîn,
an der ich stæte wil bestân.

(Würde ich ein so glücklicher Mann, | dass ich es ihr wert bin, belohnt zu werden, | in deren Gewalt meine Freude steht, | dann erwürbe ich, was ich nie erreichte | und doch sehr von ihr begehrt habe | ohne jede falsche Handlung. | Jetzt geschieht mir Leid, ich weiß nicht, warum. | In guter Absicht habe ich sie nie vergessen. | Will sie mich davon profitieren lassen, | ist sie es und muss es sein, | an die ich mich beständig halten will.)

---

44 Die Wendung ist insofern häufig, als dass der Bestimmtheit des Diensts bei vielen Sängern die Unbestimmtheit seines Gelingens gegenüber gesetzt wird; vgl. dazu etwa die in diesem Punkte semantisch äquivalenten Formulierungen beim Kürenberger 14 C (MF 10,9), Rudolf von Fenis 1 BC (MF 80,1), Bligger von Steinach 4 BC (MF 118,26), Heinrich von Morungen 28 C[a] (MF 128,35), Reinmar der Alte 262 E (= Walther von der Vogelweide m bl. 3^v, MF 202,7), Hartmann von Aue 41 C (MF 214,23).
45 Vgl. bspw. Meinloh von Sevelingen 3 BC (MF 11,14), V. 1: *Dir enbiutet sînen dienst, dem du bist, frowe, als der lîp* (Text nach C; die Primärtext-Zitate folgen hier und im Folgenden denselben Transkriptionsmaximen wie die Wiedergabe der Rugge-Strophen; vgl. dazu die Anmerkungen auf S. 67 f. oben); 7 BC (MF 12,27), V. 3: *es tuo ein edeliu frowe, diu mir ist als der lîb* (Text nach C); Friedrich von Hausen 5 C (MF 43,28), V. 4: *und das si mir ist lieb alsam mîn selbes lîp*. Vgl. dazu auch Schmidt 1874, S. 20.

In grammatikalisch komplexer Weise greift der aus nur einem Satz bestehende Aufgesang die in der Vorstrophe bereits formulierte und hier im dritten Vers reformulierte Dependenz von der Geliebten auf und differenziert sie. Während 1 C noch durchgängig indikativisch formuliert war, findet sich nun ein Konjunktiv, für den das Oszillieren zwischen Irrealis und Potentialis bezeichnend ist. Zur Diskussion steht die zuvor in Frage gestellte Gegenleistung der Minnedame, der *lôn*, seine Bedingungen und sein Effekt.

Der erste Stollen des Aufgesangs ist als erstes Glied des Konditionalsatzes gleichsam eine syntaktische Einheit, in der in dreifacher Hypotaxe ausgeführt wird, was die Bedingungen dafür sind, dass der Liebende sich in einem Zustand befinden könnte, in dem er sich noch nie befand, wie es zu Beginn des zweiten Stollens heißt (V. 4). Dieser Zustand ist, wie der Text nur indirekt zum Ausdruck bringt, jene Freude, die in der Macht der Geliebten liegt (V. 3). Als konkrete Bedingung für die Präsenz des Positiven wird benannt, dass die Frau ihn für würdig hält, ihm Lohn entgegenzubringen. Wie häufig im Minnesang bleibt der Inhalt des *lônes* (V. 2) dabei unbestimmt[46] und lässt sich bereits darin referenzialisiert sehen, dass die Geliebte überhaupt eine Reaktion zeigen würde: Der Lohn im Sinne von etwas, das beim Liebenden *fröide* auslösen würde, hat sein Äquivalent darin, dass die Relationierung von Liebendem und Geliebter nicht monodirektional verlaufen würde. Indem das Ich hier nun besagt, der nie erlangte Zustand träte schon dann ein, wenn sie ihn für eine solche Relationierung würdig erachtete, spitzt es das noch zu: Bedingung der fokussierten Freude ist nicht die Gegebenheit einer *reactio*, sondern die erhoffte Anerkennung davon, dass der Liebende seinerseits die Bedingungen dafür erfüllt. Für den konjunktivisch optierten Fall, ein *sælic man* werden zu können (V. 1), erscheint allein konstitutiv, dass eine Gegenleistung im Bereich des Möglichen liegt. Glück ist schon, so die Variation der Strophe dessen, was Minne impliziert, wo Liebe denkbar wird, und nicht erst, wo sie stattfindet.[47]

Im zweiten Stollen kommt der Liebende auf seine gegenwärtige Situation zu sprechen. Die schon benannte Aussage, der erwünschte Zustand der *fröide* sei noch nie eingetreten, wird dahingehend differenziert, dass der Liebende hinzufügt, stets danach gestrebt (V. 5) und dabei nie verwerflich gehandelt zu haben (V. 6). Letzteres lässt die Hoffnung auf eine Veränderung seiner Situation – auch wegen des verab-

---

46 Vgl. für den konventionalisierten Gebrauch des *lôn*-Begriffs, auch als Verb, im Rahmen der Verhandlung von Minne (in Männerrede) bspw. Friedrich von Hausen 9 B/23 C (MF 46,29), 33 B/35 C (MF 49,21), Rudolf von Fenis 6 BC (MF 81,14), Albrecht von Johansdorf 7 B/8 C (MF 89,9), Heinrich von Morungen 48 C (= Dietmar von Aist 18 B, MF 133,29), bei Reinmar dem Alten u. a. 17 b/52 C/316 E (MF 164,3), 56 b/99 C (MF 173,34), 64 b/107 C/225 E (MF 175,15), Hartmann von Aue 8 A/6 B/9 C–9 A/9 B/10 C (MF 207,23), 41 C (MF 214,23); Walther von der Vogelweide 180 E (L 185,21).
47 Andernorts wird dafür, *sælig* werden zu können, etwa *trôst* bzw. anderes Entgegenkommen angegeben (vgl. bspw. Dietmar von Aist 15 B/17 C [MF 35,16]; Reinmar der Alte 29 A/9 B/11 C/285 E [MF 153,14], 35 A/34 B/58 C/308 E [MF 165,28]; Hartmann von Aue 40 C [MF 214,12]) oder in Inversion gar die Aufgabe der Werbung optiert (vgl. bspw. Hartmann von Aue 6 A/10 B/16 C [MF 207,1]).

solutierenden Charakters der Beteuerung (*vil wol âne alle valsche missetât*, V. 6) – irreal erscheinen: Was aktuell ist, ist keine spezifische Situation, sondern die allgemeine Lage des Liebenden. Zugleich lässt sich in dieser Beteuerung, dem Postulat einer maximalen eigenen Makellosigkeit, genau das formuliert sehen, was als ein entscheidender Faktor dafür aufgefasst werden muss, dass der Liebende *si lônes duhte wert*. Es besagt, dass die Möglichkeitsbedingungen für eine Gegenleistung seinerseits zweifelsfrei gegeben sind. Der Aufgesang endet somit mit einer Wendung, die den potenziellen und irrealen Charakter einer Situationsveränderung gleichermaßen perspektiviert.

In starkem Kontrast dazu steht der nun folgende Satz am Beginn des Abgesangs: *nu geschiht mir leide, in weis dur was* (V. 7). Das aktuelle, indikativisch formulierte Leid ist das Gegenteil des zuvor Ausgeführten, und dass der Liebende angibt, die Begründung dafür nicht zu kennen, formuliert die Leerstelle, die seine Rede in Bewegung setzt. Es ist nicht ohne Pointe, dass sein Zustand, der in der ersten Strophe in Abgrenzung von den naturgegebenen Umständen formuliert worden war, nun gleichsam äquivalent zur Negativität des Winters ist. Hatte er dort die Indifferenz seiner gedanklichen Orientierung gegenüber dem Wandel der Jahreszeiten anhand von positiv zu bewertenden Eigenschaften zum Ausdruck gebracht (1 C, V. 8 f.), wird nun ein Wandel seines eigenen Zustands als das Positive bestimmt.

Im folgenden, achten Vers setzt sich die Relationierung zum in der Vorstrophe Besagten in doppelter Hinsicht fort: Indem der Liebende beteuert, er habe die Geliebte „in guter Absicht noch nie vergessen", hebt er sein Verhalten zum einen mit direktem lexikalischen Bezug noch einmal vom schönen Gesang ab, den die Nachtigall *vergessen* hat (1 C, V. 7). Er insistiert auf der Verlässlichkeit seines tadellosen Handelns. Da er dadurch zum anderen seine in der Vorstrophe benannte *triuwe* (1 C, V. 9) reformuliert, stellt sich die Frage nach ihrer Funktionalität umso forcierter. Auf sie kommt der Schlusssatz der Strophe zu sprechen: *wil si mich des geniessen lân, / si ist und muos sîn, / an der ich stæte wil bestân* (2 C, V. 9–11). Dadurch dass die zentrale Kategorie der *stæte*[48] und der erneut verwendete Begriff *geniessen* in ein konditionales Verhältnis zueinander gesetzt werden, postuliert die *actio* des Liebenden die Notwendigkeit der *reactio*. Die in Frage stehende Funktionalität seines Handelns wird eingefordert,[49] was eine nicht unwesentliche Variation davon darstellt, dass *stæte* im Minnesang zumeist als jene Kategorie begegnet, die konstitutiv in einem indifferenten Verhältnis zum *lôn* steht.[50]

---

[48] Vgl. konzeptionell ausführlich zu anderen Variationen des Begriffs Kellner 2018, S. 301–313.
[49] Vergleichbar ist diese Argumentation mit Friedrich von Hausen 9 B/23 C (MF 46,29); Reinmar der Alte 241 E (MF 201,26).
[50] Vgl. exemplarisch für die vielen Formulierungen von *stæte* bzw. *stætekeit*, in denen sie trotz ausstehender Gegenleistung postuliert wird, etwa Friedrich von Hausen 46 B/48 C (MF 52,7), Rudolf von Fenis 6 BC (MF 81,14), Bernger von Horheim 2 B/6 C (MF 112,10), Heinrich von Morungen 2 A/58 C (MF 136,9), Reinmar der Alte 51 b/94 C (MF 172,37), 180 C (MF 189,23), Hartmann von Aue 41 C (MF 214,23) sowie in ausführlicher Reflexion des Begriffs Walther von der Vogelweide 87–90 C (L 96,29). Vgl. für

Was hier kenntlich wird, ist die für den Minnesang zentrale paradoxale Struktur. Hatte der Liebende im dritten Vers festgestellt, dass seine *fröide* ganz und gar in der Gewalt der Dame steht, deutet er hier nun an, dass seine *stæte* im Falle keiner Gegenleistung ihre Gültigkeit verliert: Er will beständig bleiben, wenn er ‚profitieren' kann. Dieses paradoxe Verhältnis zwischen dem Insistieren auf seiner Dependenz von der Geliebten einerseits und der implizierten Drohung ihrer Aufkündigung andererseits hat für die eingeforderte Funktionalität der *stæte* weitreichende Konsequenzen. Zwingend erscheint gemäß dem Aufgesang das Bestreben des Sängers, dass er ihr *lônes dûhte wert*, da nur das ihn zu einem *sælic man* machen kann. Formuliert wird über den Verlauf der Strophe der Kreislauf, dass das Ausbleiben des Lohns ein indikativisches Leid generiert, dessen Korrespondenz die konjunktivische Freude ist, deren Ausbleiben wiederum die Leerstelle ist, die das Singen initiiert. So sehr der Schlusssatz auf dem relationalen Wert der *stæte* zu bestehen scheint, so sehr wird ihre Funktionalität in diesem Vorgang gleichsam subvertiert, da sie einzufordern unter paradoxen Vorzeichen steht. Aus der finalen Selbstbehauptung des Liebenden, das *geniessen* als erstrebte Folge seiner Treue präsent zu halten, resultiert in erster Linie, dass *stæte* offensiv der Reflexion ausgesetzt wird: Als Begriff, der eine situationsübergreifende Haltung des Liebenden zum Ausdruck bringt, die Konstituens seines Minnens ist, steht sie hier in harter Fügung zur Hoffnung auf eine Veränderung seiner Lage. Der Versuch, das Leid als ein aktuelles greifbar zu machen (*nu geschicht mir leide*, V. 7) und sein Ende als ein mögliches zu perspektivieren, folgt dem Anliegen, die Beständigkeit seines Handelns nicht mit einer Beständigkeit seines Leidens zu parallelisieren, sondern postulieren zu können, dass *stæte* als positiver Wert auch positive Folgen zeitigen sollte. Das aber heißt: Beständigkeit zielt auf Veränderung, und in genau dieser prägnanten Gedankenfigur erscheint die Lage, in der sich der Liebende befindet, aporetisch.

3 C

Sô sælig man enwart ich nie,
das ir mîn komen tæte wol
und ouch dar nâch das scheiden wê,
sît ich began, das sich verlie
5   mîn herze, als es belîben sol,
an ir mit triuwen iemer mê.
diu wunnekliche sündet sich.
doch denke ich, si versuoche mich,

---

eine statistische Übersicht des Gebrauchs von *stæte* im Minnesang Vollmer 1914, S. 95, wo auch ersichtlich ist, dass der Begriff bei Rugge – im Kontrast etwa zu Heinrich von Morungen – proportional häufiger Verwendung findet. Vollmer orientiert sich in der Strophenzuordnung an MF(V).

ob ich iht stæte kunne sîn.
10 solt ichs bî dem eide sagen,
sô was es ie der wille mîn.

(Ich wurde nie ein so glücklicher Mann, | dass ihr mein Kommen gut täte | und das Scheiden danach auch weh, | seit ich begonnen habe, was auch | so bleiben soll: ihr mein Herz | mit Treue immer mehr zuzuwenden. | Die Wunderbare versündigt sich. | Aber ich glaube, sie versucht mich, | ob ich in jedem Fall beständig sein kann. | Wenn ich es schwören sollte: | Ebendies war immer mein Wille.)

Kaum dichter ließe sich das Netz der Bezüge spannen, die die dritte Strophe zum zuvor Beschriebenen aufweist. Im Aufgesang, der wieder aus nur einem Satz besteht, ist erneut im ersten Vers vom Sänger als *sælig man* die Rede, diesmal allerdings indikativisch und in Negation. Mit der *triuwe* in Vers 6 ist die zentrale Kategorie der ersten Strophe aufgegriffen, mit der *stæte* in Vers 9 ihr Pendant in der zweiten. Gleichsam zeichnet sich eine Zuspitzung des Paradoxes ab. Zum einen insistiert der Sprecher auf seiner treuen und beständigen Haltung. Zum anderen kennzeichnet es seinen Zustand in forcierter Weise als Missstand. Diese Aporie verweist sowohl auf die Notwendigkeit als auch die Unabschließbarkeit der Reformulierung der Problematik und rückt die Deskription seiner Lage mehr und mehr in den Bereich der Reflexion ihrer Bedingtheit.

Die Eingangsverse beschreiben – möglicherweise in Anleihe an Topoi des Tagelieds[51] – in variierender Weise die Dependenz von der Minnedame, indem sie in scharfer Kontrastierung erneut den Fokus auf die Einseitigkeit der Relation legen: Während die emotionale Disposition des Liebenden von der Geliebten abhängt (V. 4 f.), schätzt er ihr Verhalten ihm gegenüber als gleichgültig ein (V. 2 f.). Seine Hypothese, dass seine Ankunft und sein Abschied bei ihr nie die im Tagelied damit korrespondierenden Emotionen von Freude und Leid zur Folge haben würden, relativiert den im Minnesang häufig umspielten Gegensatz von Nähe und Distanz in bemerkenswerter Weise: Er erscheint im gegebenen Zusammenhang nicht aussagekräftig für die Relationierung von Liebendem und Geliebter. Das lässt sich in struktureller Analogie zur ersten Strophe verstehen: Ließ sich dort ihre Schönheit und seine Hinwendung zur ihr als etwas Indifferentes gegenüber dem Kommen und Gehen der Jahreszeiten fassen, zeigt sich hier ihr Wohlbefinden indifferent gegenüber dem imaginierten Kommen und Gehen des Liebenden. Seine Präsenz bedeutet keine Dif-

---

51 Das ist hier deshalb vorsichtig formuliert, da auf der Basis des Überlieferten im 12. Jh. bekanntlich noch nicht mit derselben Sicherheit wie ab Beginn des 13. Jahrhunderts (Wolfram von Eschenbach, Otto von Botenlauben u. a.) davon ausgegangen werden kann, dass die Situation des Tagelieds zum festen Motivbestand des Minnesangs gehört, da – „wenn man nicht mit bedeutenden Verlusten im 12. und beginnenden 13. Jh. rechnet" (Schweikle 1995², S. 138) – nur das Tagelied Dietmars von Aist (MF 39,18), der ‚Tageliedwechsel' Heinrichs von Morungen (MF 143,22) sowie das ‚Antitagelied' Reinmars des Alten (MF 154,32) tradiert sind.

ferenz für ihr Befinden und folglich kann sein Verhalten auch nicht die Leerstelle füllen, die die Absenz des Sommers hinterlässt. Die Problematik wird hier in ihrem Stagnieren statt ihrem Progredieren geschildert.

Äquivalent dazu wird im zweiten Stollen des Aufgesangs die Art und Weise der Orientierung des Liebenden auf die Geliebte variiert. Die Aussage der ersten Strophe, dass *triuwe* die Eigenheit seiner Orientierung ist, wird in Vers 6 um den Aspekt bereichert, dass *triuwe*, an der dezidiert festgehalten werden soll (V. 5), sich im Verlauf des Dienstes intensiviert (*iemer mê*, V. 6). Dieses Nebeneinander von Gleichgültigkeit der Frau und gesteigerter *triuwe* des Mannes relativiert die zuvor noch postulierte Bedingtheit seiner Beständigkeit durch die Möglichkeit, davon profitieren zu können (2 C, V. 9–11), rekursiv in hohem Maße. Eingeforderte Funktionalität und aktuelle Dysfunktionalität des Dienstes stehen in starkem Kontrast zueinander.

Aus dieser Intensivierung der Problematik speist sich die Drastik der Aussage am Beginn des Abgesangs: *diu wunnekliche sündet sich* (V. 7). Nachdem die Relevanz der naturgegebenen Umstände für die Relationierung von Liebendem und Geliebter marginalisiert worden war und der sich an höfischen Werten orientierende Minnedienst keine Wirkung zeitigt, zieht der Satz religiöse Moral als letztgültige Ordnung hinzu. Dass auch dies auswegslos ist, macht bereits seine Formulierung in der Figur eines Oxymorons deutlich. Da die ‚sich Versündigende' vorab als *wunnekliche* bezeichnet wird, erscheint das Postulat schon im Moment seiner Äußerung eher Ausdruck von Resignation zu sein als substanzielle Anklage oder gar Anzeichen für eine Abwendung. Statt die Behauptung argumentativ zu unterfüttern, wird das rhetorische Bemühen kenntlich, selbst das Nicht-Handeln der Geliebten als Handlung zu interpretieren, um der Selbstbezüglichkeit der Reflexion zu entgehen. Genutzt wird das eröffnete religiöse Begriffsfeld dafür, die ausbleibende *reactio* der Geliebten im Sinne einer Versuchung denken zu können (V. 8).[52] Das zielt darauf ab, dass die selbstgestellte indirekte Frage, *ob ich iht stæte kunne sîn* (V. 9), nicht nur den Charakter spezifischer Selbstthematisierung, sondern gleichsam grundsätzlicher Versicherung der eigenen Makellosigkeit und damit maximale Relevanz erhält.[53]

---

52 Diese Wendung begegnet im Minnesang auch andernorts; vgl. bspw. Der Burggraf von Rietenburg 5 B/6 C (MF 19,17), V. 1 f.: *Sît si wil versuochen mich, / das nim ich für alles guot* (Text nach C); Reinmar der Alte, 22 A/9 B/43 C/324 E (MF 161,15), V. 16: *daz si mich noch wil versuochen baz* (Text nach A); Von Sachsendorf 11 C (KLD III,3). Vgl. dazu auch Schmidt 1874, S. 21. Im gegebenen Zusammenhang lässt sie sich als prägnantes Beispiel dafür verstehen, dass, wie es Kasten 1986, S. 285, formuliert hat, im Minnesang die Tendenz vorherrschend ist, „das aus frustrierten Liebeswünschen entstehende Leid rational-zergliedernd zu analysieren".

53 Köhler 1997, S. 36, interpretiert die Versuchung als eine Wendung der „abweisende[n] Haltung der Frau ins Positive", versteht dies aber zurecht als rhetorische Strategie des Ich. Wichtig scheint allerdings zu betonen, dass diese Wendung keinen Selbstzweck erfüllt – etwa im Sinne „gewissermaßen eine[r] *revocatio*", wie Köhler dies vorschlägt (ebd.). Sie steht syntaktisch wie semantisch im Dienste davon, die *stæte*-Frage zu reperspektivieren.

In ihrer finalen Bejahung, der topischen *stæte*-Versicherung,⁵⁴ lässt sich gleichsam ein Definitionsversuch dessen sehen, was *stæte* im Hinblick auf Minne impliziert: Als *stæte* wird nicht bestimmt, wer beständig ist, sondern, wer beständig bleibt. Man könnte von einer *stæte* zweiten Grades sprechen: Wenn der Sänger postuliert, er würde auch unter Eid versichern, es sei stets sein Wille gewesen, beständig zu sein, erscheint diese hier dadurch konstituiert, dass der Dienst auch dann fortgesetzt wird, wenn er seiner Funktionalität entbehrt. *stæte* wird, nachdem sie in der Vorstrophe noch in konditionalem Verhältnis zum *geniessen* gesetzt worden ist, im Sinne einer unhintergehbaren Eigenschaft des Liebenden verabsolutiert. Wie die Ausrichtung auf die Geliebte in der ersten Strophe in Unabhängigkeit von den Jahreszeiten zum Ausdruck gekommen war, konstituiert sie sich hier in Unabhängigkeit einer *reactio* der Dame. Dadurch aber wird sie auch zur Chiffre für die Dysfunktionalität des Dienst-Verhältnisses. In einer Strophe, in der zu Beginn in prägnanter Weise die Indifferenz der Frau gegenüber dem Verhalten des Mannes festgehalten wird, erscheint die Versicherung, dass sein Verhalten bedingungslos auf Dauer gestellt ist, nicht zuletzt auch als Konsolidierung einer Gegenwart, die von Leid geprägt ist.

Im Gesamten lässt sich in den ersten drei Strophen des Rugge-Korpus in C folglich ein vielschichtiges Bemühen beobachten, den Ist-Zustand des Sprechers, dessen Selbstsituierung über ihren Verlauf gleich bleibt, argumentativ zu dynamisieren und dabei zugleich die Aporien dieses Unterfangens zu veranschaulichen. Indem das Ich darauf insistiert, Anerkennung zu verdienen aufgrund seiner Beständigkeit, sucht es eine Veränderung seiner Lage mittels seiner eigenen Unveränderlichkeit argumentativ zu plausibilisieren. Genauso, wie der Liebende in paradigmatischer Reihung begründet und illustriert, dass seinerseits die Möglichkeitsbedingungen dafür gegeben sind, erscheint die dabei veranschlagte Kontinuität seines Verhaltens als Gegenstück zu einer Veränderung, die durch etwaigen *lôn* herbeigeführt würde. Die variierende Fortschreibung dieser Problematik verläuft pointiert ateleologisch: Was *ie der wille* war (V. 11), steht am Schluss von drei Strophen, die mit dem Wandel der Jahreszeiten eingesetzt hatten.⁵⁵ So sehr *stæte* und *triuwe* dabei als Konstituenten des Minnens affirmiert werden, so sehr erscheinen sie ihrer Funktionalität entkleidet und der Verhandlung ausgesetzt.

---

54 Vgl. dazu auch unten die Diskussionen von 15, 18 und 30 C.
55 Vgl. strukturell zu diesem Aspekt Baumgartner/Kellner 2013, S. 205: „Es sind diese zyklischen Strukturierungen der Zeit, welche die Erstreckung der Minnebindung in einer Reihe von Liedern gliedern, aber gerade deren Anfangs- und Endlosigkeit suggerieren."

2 Aporie der Selbstbezüglichkeit. Mögliches und Unmögliches im Wortspiel

Ton Ib

Strophe 4 C, die eine Tonvariante zu den drei Vorstrophen darstellt,[56] weicht stilistisch merklich von diesen ab. Sie hat den Charakter eines groß angelegten Wortspiels, das den Begriff der *minne* durch lexikalische Häufung auf durchaus auch humorvolle Weise[57] in Selbstbezüglichkeit überführt.[58] Anders, als es ihre teils drastischen Abwertungen in der Forschung nahelegen,[59] lässt sich die Strophe dabei als eindrucksvoller Beleg dafür sehen, dass für den Minnesang nicht erst im Verlauf des 13. Jahrhunderts Artifizialität und Formspiele prägend waren.[60] Obgleich es evident ist, dass der Hauptfokus der Variation hier formal-rhetorischer Natur ist, indem die klangliche Dimension des Wortes *minne* gegenüber der semantischen Überhand gewinnt, hat dies auch eine inhaltliche Seite: Wenn gesagt wird, dass die Liebe den Liebenden liebt, weil der Liebende die Liebe liebt, erweist sich die Möglichkeit des Wortspiels, Reziprozitäten, die in der topischen Unerfülltheit der Liebe Leerstelle sind, lexikalisch zu füllen, gleichsam als Variation der Unmöglichkeit eines nicht-selbstbezüglichen Umgangs mit Liebe. Wurde in Ton Ia die monodirektionale Relationierung zwischen Liebendem und Geliebter beklagt, bewirkt die wechselseitige Relationierung zwischen Liebendem und Liebe in Ton Ib kaum mehr als rhetorische und klangliche Effekte.

---

56 Vgl. zu den Abweichungen die Anmerkungen auf S. 69 oben.
57 Vgl. Tomasek 1999, S. 17.
58 Johnsons These, „das Spiel mit *minne*" sei „eher nachdrücklich als spielerisch", fehlt das Argument, da er den Unterschied nicht weiter erläutert; vgl. Johnson 1999, S. 146. Der lexikalischen Häufung den Charakter des Wortspiels beizumessen, ist ansonsten Forschungskonsens.
59 Vgl. insb. Schmidt 1874, S. 8, 16. Paus 1965, S. 87, sieht hingegen eine „Verherrlichung der Minne in Form eines Wortspiels" vorliegen.
60 Andere prägnante Beispiele dafür, die lange vor den an Virtuosität kaum zu überbietenden Formspielen etwa beim Düring (insb. 1 C [KLD I] und 8–10 C [KLD IV]) oder Konrad von Würzburg (insb. 31–33 C [Schröder 1959², Lied 13], 73–74 C [Lied 26] und 83 C [Lied 30]) verfasst worden sind, stellen insb. Bernger von Horheim 4 C (MF 115,27) und Reinmar der Alte 27 A/Walther von der Vogelweide 71 B/160 C (L 47,16) dar. Vgl. auch den entsprechenden Hinweis bei Köhler 1997, S. 36. Diese Belege relativieren die Argumentation, dass sich eine etwaige ‚Transformation' der Lyrik im 13. Jahrhundert in einer „Aufmerksamkeitsverschiebung" hin zur Form- und Klangkunst äußere, wie sie Braun 2013 vertritt. Besonders deutlich zeigt sich dies an seinem Beipiel einer Strophe Ulrichs von Singenberg (7 A; SM 3,4), deren Eigenheit, „möglichst oft *minne* zusagen", er als Beleg dafür anführt, dass im Minnesang des 13. Jahrhunderts die Tendenz bestehe, dass die rhetorische Gestaltung nicht mehr die Semantik zur Geltung bringe, sondern „den Text jetzt selbst [bestimmt]" (S. 219). Dabei lässt er die vorliegende Rugge-Strophe, in der der Begriff *minne* noch deutlich häufiger fällt als bei Ulrich von Singenberg, unthematisiert.

2 Aporie der Selbstbezüglichkeit. Mögliches und Unmögliches im Wortspiel — 87

4 C

    Minne minnet stæten man,
    ob er ûf minne minnen wil,
    sô sol im minnen lôn geschehen.
    ich minne minne, als ichs began.
5   der minne minne ich hân verjehen,
    die minne ich gerne minne vil.
    die minne erzeige ich mit der minne,
    das ich ûf minne minne minne.
    die minne meine ich an ein wîb.
10 ich minne, wan ich minnen sol,
    dur minne ir minneklichen lîb.

    (Die Liebe liebt den beständigen Mann, | wenn er im Sinne der Liebe lieben will, | so soll er den Lohn der Liebe erhalten. | Ich liebe die Liebe, wie ich es von Anfang an tat. | Der Liebe habe ich Liebe versprochen, | die Liebe liebe ich gerne sehr. | Die Liebe zeige ich mit der Liebe, | so dass ich im Sinne der Liebe die Liebe liebe. | Meine Liebe ist auf eine Frau hin ausgerichtet. | Ich liebe, weil ich lieben soll, | mit Liebe ihr liebevolles Wesen.)

21 Mal fällt der Begriff der *minne* in diesen elf Versen in seinen lexikalischen Varianten. Ausgehend von der Figura etymologica *Minne minnet*[61] gipfelt die lexikalische Häufung des Begriffs im dreifachen *das ich ûf minne minne minne* (V. 8), für das selbst die klassische Rhetorik keinen Begriff mehr bereitstellt.[62] Erst im Vers darauf erfährt die *minne* im Hinblick auf *ein wîb* eine Referenzialisierung, doch auch diese wird am Strophenende sogleich in Selbstbezüglichkeit gewendet: Der Liebende liebt sie, weil er ihre Lieblichkeit der Liebe wegen zu lieben hat (V. 10 f.). Die einzigen weiteren Begriffe, die im Verlauf der Strophe ebenfalls eine Rolle spielen, sind jene, die auch in Ton Ia bereits zur Verhandlung standen: die *stæte* (V. 1) und der *lôn* (V. 3). Doch geschieht dies unter gänzlich anderen Vorzeichen.[63] Die zweistellige Relation zwischen

---

61 Vgl. auch Schenk Konrad von Landeck, 8 C (SM 2,3), V. 1: *Diu süesse Minne minnet mich triuwen*. Die inverse Formulierung, die *minne* zu *minnen*, findet sich bei Sängern im 13 Jh. auch vereinzelt; vgl. bspw. Von Hohenburg 3 A (KLD VI,4; in A allerdings *Der Marcgrave von Rotenburg*), V. 1–3: *Swer sich sô sêre an die minne verlât, | daz er die minne sô rehte sol minnen, | hât danne diu minne gedâht*; Ulrich von Winterstetten 28 C (KLD VIII,1), V. 7 f.: *Minne, swer dich minnet und dich minnen muos, | der ist unversinnet* [...]; sowie die bereits angesprochene Strophe bei Ulrich von Singenberg (7 A; SM 3,4).
62 Diese Formulierung ist ohne überlieferte Parallele. Vergleichbar sind Schenk Konrad von Landeck 92 C (SM 20,4), V. 8–10: *das ir sinne | durh die minne | minneklîchen minne[n]t mich*; Walther von Metze 21 C (KLD VI,3), V. 7: *wie minne widerminne minnet* (die Strophe ist auch bei Reinmar dem Alten in 30 B überliefert, dort hat der entsprechende Vers aber einen gänzlich anderen Wortlaut).
63 Vgl. in diesem Sinne auch Köhler 1997, S. 36. Einen möglichen paradigmatischen Bezug zu den tonverwandten Vorstrophen zu sehen, wie es MF(MT) dadurch suggeriert, dass die Strophe nicht getrennt von diesen abgedruckt ist, erscheint dadurch kontingent.

Liebendem und Geliebter ist zugunsten einer Interaktion zwischen Liebendem und Liebe verschoben. Die *minne minnet* den *man* aufgrund seiner *stæte*, realisiert sich also. Zudem garantiert sie *lôn*, wenn er *ûf minne minnen wil*, also wiederum sie realisieren will. Dadurch ist die zentrale Leerstelle, die auf die *actio* folgende *reactio*, gefüllt. Dies geschieht zum Preis der Selbstbezüglichkeit: Wenn das Ich im Folgenden in beständiger Variation aussagt, *minne* zu *minnen* (V. 4, 6 und 8), und das in reziproker Weise als Folge und Bedingung dafür gelten muss, dass die *minne* den Beständigen *minnet* (V. 1), wird die *reactio* letztlich ununterscheidbar von der *actio*. In radikaler Ausblendung jener Faktoren, die andernorts das Leid des Liebenden generieren, wird der Vollzug der *minne* ein tautologischer,[64] was man wohl als ebenso resignative wie humorvolle Wendung ansehen darf. Auffällig ist eine Analogie zur Vorstrophe, die deren differenten Charakter umso deutlicher macht: Wieder ist im vierten Vers vom Beginn des Minnens die Rede, nur dass sich das selbstredend auf die Minne statt die Geliebte richtet, sodass die Handlung und ihr Objekt in eins fallen. Ähnlich verfährt die Aussage, der *minne* die *minne* versprochen zu haben (V. 5), in der Adressat und Inhalt des Versprochenen dieselben sind.

Inhaltliche Pointe der Strophe ist die Tatsache, dass im neunten Vers nach insgesamt zehn Nennungen des Substantivs *minne* besagt wird, das Ich *meine* sie im Hinblick auf *ein wîb*. Der explikative Gestus der Aussage ist jedoch kaum mehr als eine Variation der Tautologie, eine rhetorische Hülse, die mitnichten ‚neuen' Inhalt bietet. Statt dass es rekursiv geboten scheint, eine intakte Interaktion zwischen Liebendem und Geliebter geschildert zu sehen, vollzieht sich hier ein Explizit-Werden des Impliziten. Seine weitere Ausführung in den beiden Schlussversen ist ununterscheidbar von den Tautologien der ersten acht Verse und lässt gerade dadurch auch die Orientierung auf die Frau als einen Akt zirkulärer Selbstbezüglichkeit erscheinen: Geliebt wird, weil wegen Liebe geliebt werden soll (V. 10 f.). Wenn schließlich in der letzten der 21 lexikalisch variierenden Nennungen von *minne* die ‚Lieblichkeit' der Frau als Referenz des Liebens benannt wird, so ist das hier kaum als final expliziertes Movens der Rede aufzufassen, sondern als Effekt der lexikalischen Häufung.

Fokussiert man neben der wortspielerischen Virtuosität der Strophe ihre semantischen Aspekte, lässt sich ihre inhaltliche Variationsleistung folglich darin beschreiben, dass sie die Bedingungen und Konsequenzen dessen vor Augen führt, dass die Leerstelle des Minnens, die fehlende Gegenleistung, gefüllt wird. Das Resultat ist Artifizialität und eine Selbstreferenzialität, die gerade keinen Ausweg aus der paradoxalen Struktur der Minne weist.

---

64 Schönbach 1899, S. 92, versucht diesem Befund interpretatorisch zu entgehen, indem er vorschlägt, *minne* stellenweise als „Gegenliebe" zu verstehen (V. 2, 8, vielleicht 9, 11), damit den Sprachwitz aber gleichsam unterschlägt.

3 Liebe zum Makellosen. Soziale Konstitution des Emotionalen

Ton II

Die fünfte Strophe in C, die als erste eindeutig einem anderen Ton zugeordnet werden kann, ist zugleich die einzige Strophe im Rugge-Korpus, deren Ton nur einfach belegt ist.[65] Formal gesehen ist sie deshalb wie 4 C als Einzelstrophe aufzufassen.[66] Inhaltlich vollzieht sich in ihr eine komplexe Relationierung von Liebendem und Geliebter, die im Rahmen äußerst allgemein gehaltener sozialer Pflichten kontextualisiert ist. Sie finden in der Begrifflichkeit der Ehre, Makellosigkeit und Güte ihren Ausdruck. Diesen sozialen Werten kommt im Minnesang wesentlich die Funktion zu, als Konstituenten der weiblichen Position sowohl ihren Status als Geliebte als auch ihre Unverfügbarkeit zu indizieren.[67] So auch hier: Die *güete*, die, wie es am Strophenschluss heißt, Movens der Emotionalität des Ich ist, besteht gerade nicht darin, sich ihm gegenüber gütig zu zeigen, sondern bezeichnet den allgemeine ‚Lebenswandel'[68] der Geliebten. Bemerkenswert ist es, dass der Sprecher gleich zu Strophenbeginn deutlich macht, dass die Makellosigkeit der Geliebten nicht nur der Anlass, sondern auch das Ziel seiner Orientierung auf sie ist: Ihr wird ein Wert zugeschrieben, der jegliche Form weltlichen Besitzes umstandslos zu nivellieren vermag.[69] Hier erweist sich die persönliche Relationierung als Exempel für den Geltungsanspruch sozialer Werte. Was beim Ich

---

65 Sie ist ebenfalls überliefert im Reinmar-Korpus in C, an äquivalenter Position nach den vier Vorstrophen. Ihr folgt eine Strophe des elften Tons, die im Rugge-Korpus in C nicht belegt ist. Vgl. die Überlieferungsübersicht im Anhang, S. 272–274.
66 Sie weicht allerdings nur geringfügig ab von Ton IX. Das hat Aarburg (in einer Anmerkung bei Spanke 1972⁵ [1961/1929], S. 309, Anm. a) entgegen der handschriftlichen Überlieferung dazu bewogen, sie zu diesem Ton zu zählen. Paus 1965, S. 65, folgt dem. Der Vorschlag findet in MF(MT) keine Beachtung.
67 Die Strophe entspricht somit der Tendenz der mittelhochdeutschen Liebesdichtung zu einer „Ethisierung", die für sie insbesondere im Abgleich mit der Trobadorlyrik prägend ist, wie es Kasten 1986, insb. S. 261–267, herausgestellt hat: „[...] um die ungewohnte Forderung nach dienender Unterwerfung des Mannes zu begründen, wurde daher die ethische Vollkommenheit der Frau umso nachdrücklicher betont" (S. 266). Vgl. in diesem Sinne auch Schnell 1990, S. 301. Sein Fazit, dass „der ‚höfische' Diskurs über die Liebe zur Vorstufe gewaltfreier Auseinandersetzungen" werde, tendiert jedoch dazu, der literarischen Rede ein Maß an unmittelbarer Pragmatizität zuzuschreiben, das kritisch zu relativieren wäre (was Schnells Konzeption von der höfischen Liebe als höfischem Diskurs über Liebe überdies einen deutlich anderen Charakter verleiht als derjenigen Jan-Dirk Müllers, der er in einem späteren Aufsatz unterstellt, lediglich Neuentdeckung seiner, also Schnells, längst formulierten Einsichten zu sein; vgl. Schnell 2013, S. 298, Anm. 28, mit Verweis auf J.-D. Müller 2010 [2004]). Zu relationieren wäre Schnells Überlegung ebenfalls dazu, dass der Aspekt der Gewalt dem Minnesang konstitutiv eigen ist; vgl. zu Aspekten der Gewalt im Minnesang Kellner 1997.
68 Dies wird hier in V. 7 eigens betont, während in anderen Strophen die Makellosigkeit weniger im Hinblick auf einen Lebenswandel als vielmehr im Hinblick auf das ‚Wesen' der Dame im Vordergrund steht; vgl. exemplarisch dafür die Diskussion der Folgestrophe 6 C.
69 Insofern erweist sich hier in besonderem Maße „der Aspekt der Erfüllbarkeit der Liebe als sekundär", wie es Schnell 1985, S. 134, im Hinblick darauf formuliert hat, dass im Minnesang der „Glaube an die veredelnde Kraft der Liebe" vorherrsche. Vgl. dazu auch Schnell 1979, S. 25–29.

Emotionen auslöst, wird zum Anschauungsgegenstand sozialer Verbindlichkeit. Während sich Rainer Warnings Diktum, dass „der Dienst an der Dame als höchstem gesellschaftlichen Wert" ein „Dienst an der Gesellschaft selbst"[70] sei, auf zahlreiche Minnesang-Strophen primär in abstrahierender Deutung von Formulierungen applizieren lässt, die im Einzelfall zu differenzieren sind, kommt dies in der vorliegenden Strophe *eo ipso* zum Ausdruck. Die Position, die sich das Ich zuschreibt, ist nicht die eines klagenden Liebenden. Es inszeniert sich als jemand, dessen emotionale Konstitution der Beweggrund dafür ist, sich zur Instanz der Formulierung wie Überprüfung moralischer Konstituiertheit anderer aufzuschwingen.

5 C

Mir ist noch lieber, das si müesse leben
nâch êren, als ich ir des gan,
danne mîn diu werlt wære sunder streben,
sô wære ich doch ein rîcher man.
5   ine kunde an ir erkennen nie
enkein das dinc, das(s) ie begie,
das wandelbære möhte sîn.
ir güete gêt mir an das herze mîn.

(Mir ist es noch lieber, dass sie in Ehre | leben muss, so wie ich ihr das zuerkenne, | als dass die Welt ohne Mühe mein wäre, | auch wenn ich dann ein reicher Mann wäre. | Ich konnte an ihr nie etwas erkennen, | das sie begangen hätte, | das fehlerhaft sein könnte. | Ihre Güte geht mir an mein Herz.)

In aller Deutlichkeit zeigt sich zu Strophenbeginn das für die Variationspraxis prägende Verfahren einer Nuancierung von Vorgeprägtem. Zum einen wird durch die Setzung der *êre* des weiblichen Gegenüber, die das thematische Zentrum des nur vier Verse umfassenden Aufgesangs bildet, sogleich die Konventionalität der Relationierung von Ich und Geliebter angezeigt. Zum anderen avanciert der Geltungsanspruch dieses höfischen Werts durch den Umstand, dass die *êre* weniger einfach festgestellt als vielmehr in komplexer syntaktischer Fügung eingefordert wird, sogleich selbst zum Diskussionsgegenstand. Das geschieht anhand eines Vergleichs, der in der Formulierung *lieber [...] danne* einem ersten Satzglied gegenüber einem zweiten den Vorzug gibt. Im ersten kommt – prägnant hervorgehoben durch die Anfangsstellung des *Mir* – eine Willensbekundung des Sprechers zum Ausdruck, die sich konstitutiv auf den höfische Wertekanon bezieht. *êre* ist dessen zentrale Kategorie, und zentral ist dafür auch, dass die Dame danach *müesse leben* (V. 1). Diese Verpflichtung scheint jedoch keine zu sein, die sich auf das Ich allein zurückführen ließe. Vielmehr arti-

---

70 Warning 1997 [1979], S. 84.

kuliert es einen allgemeinen Grundsatz, partizipiert also qua eigener Willensbekundung am Diskurs höfischer Selbstdefinition. Gerade weil darauf in der nachgeschobenen Formulierung *als ich ir des gan* noch einmal insistiert wird (V. 2), birgt dies eine doppelte Pointe. Erstens ist die Forderung des Sprechers offenbar alles andere als subjektiv. Wenn – so die soziologische Konzeptualisierung von Cornelia Bohn und Alois Hahn, deren Applikation auf Ich-Aussagen im Minnesang Jan-Dirk Müller plausibel gemacht hat[71] – „das vormoderne Individuum [...] keineswegs an einer individuellen Besonderheit, sondern an einem Allgemeinen orientiert [war]"[72], so vermag dies den Geltungsanspruch der literarischen Ich-Aussage in der vorliegenden Stelle zu verdeutlichen: So sehr der Sänger artikuliert, was er selbst der Dame zugesteht, so sehr ist dies nichts anderes, als sie als Mitglied des Hofes ohnehin zu leisten hat. Was im Rahmen dieses Satzgefüges noch Option zu sein scheint, ist als Bestandteil der höfischen Ordnung Obligation. Insofern es gilt, „die gesellschaftlich vorgeschriebenen Muster möglichst vollkommen zu verkörpern[, und] jede Besonderheit [...] eine eher negativ konnotierte Besonderheit"[73] darstellt, ist dies hier sowohl für die Dame als auch für den Sänger der Fall. Was er von ihr fordert, ist Normativität und als solches selbstredend normativ. Sich selbst thematisierend, minimiert der Sänger seine individuelle Besonderheit und wird zum Sprachrohr des Allgemeinen. Zu verstehen ist dies jedoch weniger als simple Spiegelung allgemeiner gesellschaftlicher Zustände, sondern vielmehr eine spezifische Variation davon, dass sich das Ich als leidendes im Minnesang zumeist differierend von einem Allgemeinen abgrenzt,[74] während hier die topische Klage des Liebenden ausgeklammert bleibt. So ist es zweitens ebenso wichtig festzuhalten, dass es die Willensbekundung des Ich selbst ist, die die Artikulation der Tugendeinforderung mobilisiert. Auch wenn sein persönlicher Anspruch sich in einem kollektiven auflöst, gilt umgekehrt, dass die Eigenheit seiner Position dadurch an Kontur gewinnt, dass es als singendes die Instanz der Formulierung dieses Anspruchs ist: Sein Sang ist für das ‚zur Sprache Kommen' der Obligation verantwortlich. Der Liebende wertet sich dadurch als Sänger als Teil eines Kollektiven in einer Weise auf, die ihn nicht davon abgrenzt, sondern in es einschreibt. Indem er somit gleichzeitig von sich selbst und nicht von sich selbst spricht,[75] verortet er seine Relation zur Dame einerseits konstitutiv im sozialen

---

71 J.-D. Müller 2010 [2004], S. 67.
72 Bohn/Hahn 1999, S. 40. Kritisch zu differenzieren wäre jedoch der Begriff der Vormoderne, da er bekanntlich nicht nur *ex negativo* von der Moderne aus gedacht ist, sondern auch unzulässig vereinheitlichend zu umfassen vorgibt, was jenseits des Erkenntnisinteresses einer Differenz zur Moderne mitnichten als äquivalent zu beschreiben wäre (‚Mittelalter'). Nicht zufällig untersuchen auch Bohn und Hahn „Facetten der Identität in der modernen Gesellschaft" (so der Untertitel des Aufsatzes) in einem Band zu „Identität und Moderne".
73 Bohn/Hahn 1999, S. 40
74 Vgl. konzeptionell dazu und mit zahlreichen Belegen Eikelmann 1988, S. 22–34.
75 Vgl. die zusammenfassende Passage bei J.-D. Müller 2010 [2004], S. 80: „Entworfen wird ein Selbst, das sich weder als radikal besonderes, in totaler Opposition zu den anderen versteht (‚ich aber') noch als bloßer Repräsentant dessen, was kollektiv gilt (‚ich' = ‚wir alle'), sondern das beide Pole ‚höfisch' zu

Normgefüge und verleiht ihr andererseits genau dafür exemplarischen Charakter. Was implizit Liebe ist, ist explizit Moral.

Ins Verhältnis gesetzt wird die Aussage, dass für den Liebenden die Makellosigkeit der Geliebten wesentlich ist, im zweiten Stollen zunächst dazu, dass dies ihm noch lieber ist als ein aufwandsloser Erwerb der ganzen Welt (V. 3). Statt dass also ausgesagt wird, ihm wäre dies noch lieber als die Geliebte selbst aufwandslos zu ‚erwerben‘, rückt an die Stelle dieses erwartbaren Konkreten in variierender Setzung das maximal Allgemeine. Angezeigt sehen lässt sich hier einerseits, dass in einem metonymischen Verhältnis zwischen Geliebter und Welt die Totalität der Orientierung auf die Dame zum Ausdruck gebracht wird. Hervorgehoben ist andererseits, dass die Wertigkeit des höfischen Werts der êre, auf deren Einforderung sich das zweite Satzglied syntaktisch bezieht, dadurch ihrerseits maximalisiert wird. Der Liebende setzt sich in einer Weise zur Geliebten in Bezug, die Ehre nicht nur affirmiert, sondern als *conditio sine qua non* dafür erklärt, sich überhaupt zu ihr in Bezug zu setzen. Genauso wie sie solcherart als Möglichkeitsbedingung der Relationierung zu ihr erscheint, genauso ist sie topisch jedoch auch der Grund der Verunmöglichung dafür, dass der Relationierung der Charakter eines ‚Erwerbens‘, einer Realisierung von Minne, innewohnen kann.[76] Das Feststellen der Normativität von Makellosigkeit hat folglich auch die Formulierung des Minneparadoxes zur Folge.[77]

Ergänzt wird dies im vierten Vers durch den zunächst tautologisch anmutenden Nachsatz, dass der Sprecher, wäre ihm die ganze Welt eigen, ein reicher Mann wäre. Er zeigt an, dass der Liebende weltlichen Reichtum indikativisch nicht nur nicht sein eigen nennt, sondern auch nicht anstrebt. Indem somit in einer zur religiösen Moral äquivalenten Formulierung[78] der ‚äußere‘ Reichtum weltlichen Besitzes – in der hyperbolischen Figur des ‚Besitzes der Welt‘ – gegenüber dem ‚inneren‘ Reichtum moralischer Integrität offensiv abgewertet wird,[79] variiert der Aufgesang abschließend die Figur der Selbstlosigkeit des Liebenden.[80]

---

integrieren weiß. Katalysator dafür ist die Liebe zu einer Frau. Diese Liebe ‚betrifft nur mich‘ und gilt zugleich einem gesellschaftlichen Wert, in dem sich ‚alle‘ wiederfinden sollen." Genau dies wird hier insofern variiert, als dass der Aspekt „betrifft nur mich" minimal und der Aspekt des allgemeinen Geltungsanspruchs maximal hervorgehoben wird. Das „ich aber" ist also nicht eines, das sich über die Position als Liebender konstituiert, sondern über die Position desjenigen, der den Geltungsanspruch formuliert, also die des Singenden.

76 So stellt die êre als Konstituens einer „Idolisierung der Frau bis zur Kultidee" einen zentralen Bestandteil der „Sublimierung und damit Idealisierung, auch Abstrahierung, sexueller Liebe dar" im Zuge des Verfahrens, eine ‚höfische Liebe‘ gegenüber dem „Gegenbild der verdächtigen sexuellen Liebe" zu differenzieren; vgl. Schnell 1985, S. 137f.
77 Dies hat in performativer Hinsicht hier auch ganz explizit sein ebenso konventionalisiertes Pendant darin, dass, wie es J.-D. Müller 2007, S. 298, als Eigenheit des Minnesangs beschrieben hat, ‚öffentlich‘ ‚Intimes‘ verhandelt wird.
78 Vgl. dazu auch die Diskussion von 10 C, insb. S. 117f.
79 Vgl. ebenso die ausführlichere Diskussion dieses Aspekts in 27 C; insb. S. 208f.
80 Vgl. dazu konzeptionell Schnell 1990, S. 250–253.

Im Abgesang wird die zuvor nur eingeforderte *êre* nun als bereits realisierte kenntlich. Instanz, das zu vergegenwärtigen, ist das *erkennen* des Sängers (V. 5). War im Aufgesang die Ehrenhaftigkeit der Dame als Bedingung seines Diensts beschrieben worden, erscheint diese im Abgesang wiederum durch seine eigene Wahrnehmung bezeugt. Er ist es, dessen *streben* von *êre* abhängt. Er ist es aber auch, der deren Vorhandensein akzentuiert. In dieser neuerlichen Aufwertung seiner eigenen Position wird ihre Selbstbehauptung explizit. Während die Aussage, dass er der *rîche man* gerade nicht ist, einen impliziten Mangel zum Ausdruck bringt, wird dieser hier durch die Funktion des Sänger-Ich gefüllt, *êre* und damit höfischen Ordo nicht nur einzufordern, sondern auch zu überprüfen. Gegenstand dieser Überprüfung ist in Vers 6 ein *dinc, dass begie* – also Handlung. Ihr spezifisches Ausbleiben garantiert, dass die Dame nicht *wandelbære* ist, verweist aber ebenso auf das grundsätzliche Ausbleiben von Handlung. Hier begegnet das Minneparadox erneut: Dass die Dame nichts begehrt, dass *wandelbære* ist, ermöglicht gleichsam die Annahme, dass auch eine Interaktion mit dem Liebenden ausgeschlossen ist. Die einzige Zuwendung, die dann noch möglich scheint, ist jene, die im letzten Vers zum Ausdruck kommt: Ihre *güete gêt* dem Sänger-Ich *an das herze*, und folglich rezipiert es die Makellosigkeit der Geliebten, ohne das jene agiert. So verinnerlicht es, was sein Lieben mobilisiert, und die Handlung, sich auf die Geliebte hin zu orientieren, erscheint als Aktion, deren in dieser Strophe entfaltete Bedingtheit eine Reaktion nachgerade verunmöglicht.

Überblickt man die Strophe, erweist sich die im letzten Vers explizit werdende Liebe als Movens dafür, ethisch-moralische Verbindlichkeit zum Ausdruck zu bringen. Dabei gewinnt das liebende Ich durch deren Formulierung und Überprüfung ein Profil, das insbesondere als Variation davon zu deuten ist, dass sich ein Ich, das durch Liebe determiniert ist, in der Regel als leidendes thematisiert. Dass die Klage hier ausgeklammert wird, ermöglicht, dass die Liebe nicht die emotionale Exklusion des Liebenden zur Folge hat, sondern dem Emotionalen die soziale Funktion verliehen wird, den Geltungsanspruch der höfischen Werte herauszustellen – und damit in letzter Konsequenz auch den Geltungsanspruch der Liebe selbst.

4 Unabschließbarkeit als Reflexionsmodus. Funktionen dysfunktionalen Diensts

Ton III

Nachdem in den Tönen Ia und II die für die Minne grundlegenden Paradigmen der *stæte/triuwe* und *êre* als höfische Werte zur Verhandlung standen, umkreist der dritte Ton in dichter lexikalischer Variation[81] von Ausdrücken des ‚zu viel' und ‚zu sehr' das

---

81 „Eine sehr kunstvolle Responsion" hat bereits Schmidt 1874, S. 7, festgestellt und ebd. detailliert beschrieben.

Konzept der *mâsse*. Es oszilliert im Minnesang dazwischen, einerseits ebenfalls grundlegend für höfische Normvorstellungen zu sein[82] und andererseits in einem potenziell konfliktuösen Verhältnis zu den Eigenheiten der Liebe zu stehen.[83] Als Prinzip rationaler ‚Mäßigung' steht es in potenzieller Spannung zur Emotionalität. Das machen sich die Texte besonders dort zur Mobilisierung ihrer Argumentation zunutze, wo das Minnen weniger als Realisationsort ethischer Normativität – als Medium der Affirmation von höfischer Moral also – im Fokus steht, sondern mit Blick auf seine Eigendynamik in seiner Intensität und seinen physischen Auswirkungen diskutiert wird. Die Thematisierung und Problematisierung von *mâsse* birgt somit bereits in sich das Potenzial einer Variation davon, wie Minne entworfen wird. Die vollzieht sich primär im Hinblick darauf, dass *minne mâsse* im Sinne einer Maßlosigkeit suspendiert und an die Stelle rationaler Ordnung eine emotional induzierte Normverletzung tritt, die das Ich in seiner Eigenschaft als Liebender in prekärer Spannung zum sozialen Verhaltenskodex inszeniert.[84]

Die drei Strophen des dritten Tons treiben diese Dynamik anhand zahlloser lexikalischer Responsionen und einer permanenten paradigmatischen Bezüglichkeit der Strophen auf die Spitze: Liebe erscheint hier durchgängig als transgressives Moment, das den Liebenden in einem beständigen *ze verre*, *ze vil* und *ze vaste* in eine Lage versetzt, die auf offensive und insistierende Weise als nicht nur negativ, sondern auch unumkehrbar gekennzeichnet wird. Die Werbung um die Geliebte erweist sich als hochgradig dysfunktional, und die variierende Ursachenbestimmung dieser Misslage – mal durch den maximalen Bezugsrahmen göttlicher Schöpfung, mal durch den minimalen Bezugsrahmen der eigenen Disposition – trägt weniger zu ihrer Bewältigung als vielmehr zur Exposition ihrer Unbewältigbarkeit bei. Diese rein negative Perspektivierung von Liebe führt nachdrücklich ihre Unentrinnbarkeit vor Augen, inszeniert offensiv die Unabschließbarkeit ihrer Reflexion und indiziert schließlich auch mögliche Funktionen davon, die Dysfunktionalität des Liebesdiensts solcherart zu betonen: Die Wirkmacht der Liebe dient als Movens einer Verhandlung von einerseits persönlichen Zuständen und andererseits sozialen Werten. Da diese stets mehr als ein einzelnes Ich betreffen, gewinnt seine Selbstthematisierung zudem repräsentativen Charakter.

---

82 Vgl. bspw. Reinmar der Alte 209 C (MF 191,16); Walther von der Vogelweide 89 B/221 C (L 61,32).
83 Vgl. konzeptionell insb. Rücker 1975, S. 371–382; Schnell 1990, S. 263–273 (mit komparativem Blick auf die Trobadorlyrik); Scholz 2009 sowie Kellner 2018, S. 469–485.
84 Vgl. dafür folgende Beispiele, wo von der *mâsse/mâze* bzw. *unmâsse/unmâze* als Prinzip die Rede ist: Bernger von Horheim 1 B/5 C (MF 112,1), Heinrich von Morungen 67 C (MF 138,3), Reinmar der Alte 243 C/253 E (= Walther von der Vogelweide m bl. 3^v, MF 197,3) sowie die prominente Auseinandersetzung mit der personifizierten *Mâsse/Mâze* bei Walther von der Vogelweide L 45,37/46,32. Vgl. auch die Verwendungen von *âne mâsse/mâze*, *unmâssen/unmâzen* und *ûz der mâssen/mâzen* etwa bei Dietmar von Aist 4 BC (MF 32,13), Heinich von Veltkirchen 7 A (MF 35,23), Heinrich von Veldeke 4 BC (MF 57,1), Reinmar der Alte 31 A/16 C (MF 154,5), 11 b/45 C/331 E (MF 163,14).

6 C

Got hât mir armen ze leide getân,
das er ein wîb ie geschuof als guote.
solt ich in erbarmen, sô het ers gelân.
si ist mir vor liebe ze verre in dem muote.
5   das tuot diu minne, diu benimt mir die sinne,
wand ich mich kêre nâch ir lêre ze vil,
diu mich der nôt niht erlâssen wil,
sît ich nih⟨t⟩ mâsse begunde noch enkunde.

(Gott hat es mir Armem zuleide so eingerichtet, | dass er je eine Frau geschaffen hat, die gut ist. | Hätte er Erbarmen mit mir, dann hätte er es gelassen. | Sie beschäftigt mein Gemüt vor [lauter] Liebe zu sehr. | Das bewirkt die Minne, die nimmt mir den Verstand, | weil ich mich zu sehr nach ihrer Lehre richte, | die sie mich nicht aus der Notlage entlassen will, | weil ich das richtige Maß weder erreicht noch erlernt habe.)

Kontrastiv zur Ich-Position des zweiten Tons, wo der Aspekt der Klage ausgeklammert blieb, steht zu Beginn des dritten Tons die topische Selbstthematisierung des Liebenden als leidender, die mit der ebenso topischen Perspektivierung der Geliebten als einer, die in einem grundsätzlichen Sinne *guote* ist, einhergeht. Modifiziert ist, dass ihre Makellosigkeit hier im Unterschied zum zweiten Ton nicht als soziale Obligation, sondern als Resultat göttlicher Schöpfung in den Blick gerät.[85] Sie wird in ihrer Ursächlichkeit folglich anhand einer Variation des ‚Deus-Artifex-Topos'[86] ihrerseits variiert. In Äquivalenz zum zweiten Ton fällt auf, dass sich das Ich demgegenüber als ‚Armer' inszeniert, während es dort die Option, *rîcher man* sein zu können (5 C, V. 4), ausgeschlagen hatte. Als different erweist sich die Begründung dieses Mangels im Rahmen göttlicher Schöpfung. Zwei Aspekte verdienen an dieser intrikaten Aussage des ersten Stollens, in der religiöse Semantik, höfische Ethik und der literarische Topos des Liebesleids gleichermaßen der Variation ausgesetzt werden, gesonderte Aufmerksamkeit:

1. Gottes Schöpfung der Welt ebenso als gute zu begreifen wie das menschliche Dasein in ihr als defizitär, sind Grundfesten der Weltordnung, die die Genesis entwirft. Die spezifische literarische Variation des religiösen Allgemeinwissens besteht hier darin, dass das liebende Ich die universelle Ordnung im Sinne einer subjektiv empfundenen Unordnung wiederholt. Das ist jedoch keinesfalls als blasphemisch zu verstehen. Was zum Ausdruck kommt, ist nicht etwa ein Hadern mit der göttlichen Ordnung, sondern die verallgemeinernde Formulierung der Alternativlosigkeit des

---

85 Die Perspektivierung der Exzeptionalität der Geliebten hin auf göttliche Schöpfung findet sich auch andernorts; vgl. bspw. Heinrich von Morungen 49 C (MF 133,37), 82 C (MF 141,8), Walther von der Vogelweide 106 A/65 B/153 C (L 45,17).
86 Vgl. Kasten 2005 [1995], S. 701. Vgl. auch die Parallelbelege bei Schnell 1985, S. 163, Anm. 735a.

Leidens als Liebender.[87] Indem die Ursache des Leids nicht wie etwa in Ton Ia in einer mangelnden Interaktion mit Geliebten gesucht wird, sondern bei Gott, erscheint es im Rahmen sozialer Interaktion als unbewältigbar. Das Defizitäre des Liebenden speist sich aus der Qualität der Geliebten, und folglich erweist sich nicht ihr Handeln beziehungsweise Nicht-Handeln als Ursache dafür, sondern ihr Wesen. Da der Sprecher zudem ebenfalls nicht als agierender, sondern als ‚erleidender' thematisiert wird, steht zu Beginn der Strophe weniger die Aktion des Minnens beziehungsweise die Werbung um die Geliebte als vielmehr die Passion des Liebenden.

2. In der Bezugnahme des Liebesleids auf den größtmöglichen Zusammenhang, die göttliche Schöpfung, lässt sich das Bemühen erkennen, die konkrete Leidens-Situation zu entspezifizieren und zu dekontextualisieren. Dadurch zeigt sich Minne unabhängig von spezifischen Bedingtheiten als aporetisches Unterfangen. Die Kausallogik: *wîb* [...] *als guote* (V. 2) führt zu Leid, gilt, in göttliche Ordnung eingebettet, universell. Sich selbst als *arm* zu thematisieren, ist in diesem Zusammenhang keine Konkretisierung der Sprecherposition, sondern deren Gegenteil: Wenn nichts Geringeres als Gott für die *güete* der weiblichen Position verantwortlich ist, wird unwahrscheinlich, dass das daraus resultierende Leid nur ein einzelnes, spezifisches Subjekt betrifft. Inszeniert wird die Ich-Instanz als Position des ‚Liebenden an sich', gewinnt in variierender Weise also wiederum exemplarischen Charakter.[88] Dafür spricht auch, dass die weibliche Position in der Formulierung, dass Gott *ein wîb ie geschuof* (V. 2), durch den indefiniten Artikel und die indefinite Zeitpartikel doppelt unspezifisch besetzt wird.

Schon im ersten Stollen vollzieht sich somit eine Variation der Minne durch religiöse Semantik auf der einen und eine Variation der religiösen Semantik durch die Minne auf der anderen Seite. Ersteres hat zum Effekt, dass die Paradoxie der Minne und die Aporie des Minnens weniger modifiziert, als vielmehr verabsolutiert werden. Letzteres äußert sich darin, dass der Umstand, dass die *güete* einer Frau Leid verursacht, zwar konventionalisierte Eigenheit der Minne ist, es aber selbstredend nicht als Eigenheit der göttlichen Schöpfung gelten kann, dass die Frau, weil sie gut ist, Leid hervorruft. Doch scheint es hierbei gerade nicht um eine Modifikation des Schöpfungsverständnisses zu gehen. Die Schöpfung ist Ausgangs-, nicht Zielpunkt der Leidreflexion. Sie wird in dieser Strophe nicht um ihrer selbst willen wiederholt, sondern um der im Minnesang stets aufs Neue wiederholten Frage nach dem Leiden des Liebenden eine universelle Antwort entgegenzustellen. Zwar führt das Einlassen der religiösen Semantik in die literarische Rede zur wechselseitigen Überschreitung der jeweiligen Diskursordnungen. Doch führt dies nicht dazu, dass ihre jeweilige

---

87 Auch Hundt 1970, S. 62, der „eine gewisse Ähnlichkeit mit alttestamentlichen Klagepsalmen und mittelalterlichen Sündeklagen" postuliert – bedauerlicherweise, ohne sie genauer nachzuweisen –, versteht die Stelle in diesem Sinne. Vgl. auch Kasten 2005 [1995], S. 701, die einen „christliche[n] Legitimationsrahmen [...] für eine Liebesklage" gesetzt sieht.
88 In Ton II war dies etwa insofern zu beobachten, dass das Ich sich als Sprachrohr des Allgemeinen inszeniert hatte; vgl. dazu insb. S. 90–92 oben.

Gültigkeit in Frage gestellt wäre.[89] Im Gegenteil: Die göttliche Schöpfung wird als Ordnungsprinzip bestätigt, die Virulenz der Problematik von Minne untermauert.[90]

Diese Verschränkung von religiöser und der Minne-Thematik spitzt sich im dritten Vers der Strophe noch zu, wenn es heißt, Gott hätte dem Sprecher Erbarmen erwiesen, wenn er die Schöpfung der Frau unterlassen hätte. Hierin lässt sich einerseits eine Abwandlung der bspw. in 3 C beobachteten Position erkennen, auf die *actio* des Liebenden eine *reactio* der Geliebten einzufordern. Statt dass sich der Liebende eine Interaktion mit der Geliebten im Sinne einer Realisierung von Minne wünscht, postuliert er, das Ausbleiben des Schöpfungsaktes und damit das Ausbleiben jeder Möglichkeit von Minne vorzuziehen. Andererseits wird das Prinzip von Gottes Barmherzigkeit invertiert. Die Aussage, seine Schöpfung und insbesondere deren Qualität unterlassen zu haben, hätte einen Akt des Erbarmens dargestellt, verknüpft zwei zentrale Elemente, deren Verknüpfung vom religiösen Diskurs selbst mitnichten gewährleistet ist. Er wird dadurch auf eine noch forciertere Weise überschritten, als dies in den ersten beiden Versen der Fall war. Der Liebende nutzt mit der Qualität der Schöpfung und der Barmherzigkeit Gottes zwei maximal positiv besetzte Aspekte, nicht um sie umzubesetzen, sondern um in seiner Ausgrenzung davon die Negativität seiner Position zu profilieren. Liebe wird als ein Potenzial kenntlich, das den Liebenden von bestehender Ordnung ausnimmt.

So sehr sich die folgenden Verse von religiöser Thematik abwenden, indem sie nun exklusiv die Liebe und ihr Potenzial, den Verstand zu rauben, zum Gegenstand haben, so sehr bleiben sie im Hinblick auf den Aspekt gestörter Ordnung paradigmatisch eng mit dem Strophenbeginn verbunden. Der vierte und fünfte Vers machen anhand der Begrifflichkeit von *liebe* (V. 4) und *minne* (V. 5) das Zwischenglied explizit, das von der *güete* der Frau als Ursache zum *leit* des Liebenden als Resultat führt. Während die Begriffe *liebe* und *minne* im Minnesang mitunter auch synonym verwendet werden können, liegt hier eine Differenzierung vor: *liebe* beschreibt ein Phänomen, das die emotionale Disposition des Sprechers maßgeblich beeinträchtigt,

---

89 Vgl. für zwar gänzlich different eingebettete, strukturell aber durchaus vergleichbare „Interferenzen zwischen einem religiösen Diskurs und dem des Minnesangs" in Hartmanns Kreuzliedstrophe 33 C (MF 210,35) Reichlin 2014. Sie hält fest, dass dort ebenfalls nicht „die Ersetzung einer Bedeutung durch eine andere" zu beobachten ist, sondern „die religiöse Aussage [...] an der Semantik des Minnesangs" partizipiert (S. 194).

90 Das spezifische literarische Moment dieser Wendung scheint also gerade nicht darin zu liegen, die diskursiven Beschränkungen religiöser Semantik zu überwinden, sondern vielmehr anhand der Integration des Religiösen die Gültigkeit des literarischen Topos zu steigern. Was Küpper 2001 als Konstituens für Literarizität beschrieben hat – die Eigenheit des literarischen Diskurses, anders als andere nicht auf Gegenstandsebene, sondern im Hinblick auf den Modus der Rede konstituiert zu sein und mit der ihr eigenen Möglichkeit, andere Diskurse zu integrieren, inszenieren und transgredieren –, wäre hier insofern zu modifizieren, als dass die Gültigkeit des Religiösen, obwohl die religiöse Semantik überschritten wird, nicht suspendiert, sondern genutzt wird, um den Geltungsanspruch der literarischen Rede zu markieren.

minne ist das dem zugrunde liegende Prinzip.[91] Gleichsam werden beide hier anhand der Figur des Überschusses perspektiviert: Die Geliebte ist dem Liebenden *vor liebe ze verre* in seinem Gemüt (V. 4), und die *minne* ist eine *lêre*, an der er sich *ze vil* orientiert (V. 5 f.). Beiden wird somit ein transgressives[92] Potenzial zugeschrieben. Waren in den ersten drei Versen religiöse Semantik und literarische Topik je als Überschreitungen voneinander kenntlich geworden, erweist sich die den Verstand raubende Liebe hier nun dadurch als eigentliches Movens dafür, dass sie konstitutiv eine Überschreitung des Normalzustands darstellt. Dabei besteht die Pointe der Bestimmung der Minne als eines Prinzips, das Unordnung stiftet, daraus, sie noch im selben Satz als *lêre* zu bezeichnen und somit als etwas, das den gegenteiligen Effekt dessen impliziert, was beschrieben wird. Zwar ließe sich die Problematik oberflächlich darin sehen, dass der Liebende sich *ze vil* an ihrer Lehre orientiert, das Problem also nicht sie, sondern er ist. Genauer betrachtet liegt es jedoch näher, davon auszugehen, dass das *ze vil* Eigenheit der Lehre selbst ist. Zwei Dinge sprechen dafür: Zum einen ist die Aussage des vierten Verses, die Geliebte sei dem Liebenden *vor liebe ze verre in dem muote*, im fünften unmittelbar als Effekt der Minne ausgewiesen. Dass jene ihm die Sinne nimmt, weil er sich *ze vil* an ihrer Lehre orientiert, ist die Beschreibung derselben Tatsache auf einer anderen Ebene: Was im vierten Vers als emotionale Disposition gefasst wird, wird hier in Abstraktion variiert. Auch weil in den ersten drei Versen festgehalten worden war,

---

91 Die Unterscheidung, dass *minne* in Abstraktion als Prinzip kenntlich wird, das positive wie negative Implikationen umfassen kann, während *liebe* eine Liebesempfindung bezeichnet, in der die positive Grundbedeutung des Wortes im Sinne von ‚Freude' bzw. ‚Wohlgefallen an etw.' noch deutlich zu erkennen ist, ist für den Minnesang zwar konstitutiv, schließt im Rahmen der Variationskunst aber nicht partielle Überschneidungen im Bedeutungsspektrum aus. Dies gilt v. a. dort, wo von Minne/Liebe als Emotion die Rede ist; vgl. bspw. Dietmar von Aist 12 B/14 C (MF 34,19), V. 5: *ein rehtiu liebe mich betwanc* (Text nach C), hingegen Heinrich von Veldeke 48 BC (MF 67,25), V. 6 f.: *des die tumben nien beginnen, | wan si diu minne noch nie betwang* (Text nach C). Wo, wie in der vorliegenden Strophe Heinrichs von Rugge, beide Begriffe gemeinsam auftreten, wird das Abstrahierende des Begriffs *minne* zumeist besonders deutlich; vgl. bspw. auch Albrecht von Johansdorf 37 C (MF 94,25), V. 1 f.: *Minne, lâ mich vrî! | du solt mich eine wîle sunder liebe lân*; Bernger von Horheim 5 B/9 C (MF 113,9), V. 2: *mir ist von minne sô liebe geschehen* (Text nach C).

92 Im Anschluss an die richtungsweisenden literaturtheoretischen Sammelbände von Neumann/ Warning (Hg.) 2003 und Audehm/Velten (Hg.) 2007 verwende ich den Begriff der Transgression zur Bezeichnung im literarischen Text inszenierter Überschreitungen eines normativ gesetzten Rahmens. Gerhard Neumann und Rainer Warning schlagen die Differenzierung zwischen einer ‚äußeren' von einer ‚inneren' Ausprägung von transgressiven Vorgängen vor: „Nicht nur äußere – gewissermaßen explizite oder expositorische, ‚symbolische' – Transgressionen wären in Anschlag zu bringen, wie der Umgang mit jenen *First-contact-* oder *Encounter*-Situationen, die sich zwischen Kulturen abspielen; wie die Beschreibung fremdkultureller Rituale, die ein besseres Verständnis der eigenen Zivilisation ermöglichen; wie das Fetisch-Werden der Zeichen zwischen einander unbegreiflichen Ethnien und Kulturmustern; sondern auch innere – gewissermaßen implizite, ‚performative', ‚imaginäre' – Transgressionen wären in den Blick zu nehmen, mit denen eine Überschreitung des legalisierten oder ritualisierten Geschehens, das innerhalb einer Kultur im Gange ist, ins Werk gesetzt wird" (Neumann/ Warning 2003, S. 10). Den literarischen Text betreffen ‚innere' Transgressionen und jene stehen hier im Fokus.

dass das Wesen der Frau genügt, um den Liebenden leiden zu lassen, ist die Folgerung ausgeschlossen, es sei sein eigenes Verschulden, dass sie ihm zu sehr zu Herzen geht. Zum anderen besagt der siebte Vers, dass die Minne ihn aus *der nôt niht erlâssen wil.* Statt dass sie also eine übermäßige Orientierung an ihr verunmöglicht, verhindert sie einen Ausweg aus dieser Lage. Einmal mehr kommt hier in aller Deutlichkeit die Aporie des Umgangs mit Minne zum Ausdruck. Zusammen genommen verdeutlicht dies, dass die Verwendung des Begriffs *lêre* in Vers 6 eine ironisierte ist. Gegenstand der Verse ist nicht die Orientierungsleistung der Minne, sondern ihr transgressives Potenzial. Dabei ist es nicht der Liebende, der die Grenzen der Minne überschreitet, sondern die Minne, die die Grenzen der Norm transgrediert und den Liebenden von Ordnung ausnimmt.

Der topische Gegenbegriff zu diesem Vorgang, dessen Reflexion im Zentrum der tongleichen Folgestrophen steht, ist der höfische Wert der *mâsse*,[93] der im letzten Vers benannt wird. Die Tatsache, dass der Liebende diesen weder verinnerlicht hat, noch in der Lage dazu ist (V. 8), dient nicht nur zur Spezifikation seiner Disposition, sondern setzt diese gleichsam als kausallogische Folge davon in Szene, sich der ‚Liebeslehre' zugewendet zu haben. *minne* und *mâsse* geraten, lexikalisch unterfüttert durch die Wendungen des *ze verre* (V. 4) und *ze vil* (V. 6),[94] als einander ausschließend in den Blick.[95] In Verkehrung der Aussage von Ton II, wo die Liebe als Movens der Einforderung eines höfischen Werts erschien, mobilisiert sie hier die Transgression eines anderen höfischen Werts. Doch weist sie als Normüberschreitung – und das ist der entscheidende Punkt – gleichermaßen auf dessen Normativität hin, indem im Überschreiten zugleich die Eigenheit des Überschrittenen konturiert wird:[96] *mâsse* nicht sein eigen zu nennen, bringt Ordnung aus den Fugen, was auch als pointierter paradigmatischer Bezug zum Strophenanfang aufzufassen ist, die universelle Ordnung göttlicher Schöpfung als Unordnung perspektiviert zu haben. Das Gute, die Qualität

---

93 Der Begriff wird hier in seiner weniger gebräuchlichen Schreibweise wie die restlichen Primärtextzitate nach C wiedergegeben. Vgl. zur äquivalenten Bedeutung von *mezura* in der Trobadorlyrik Schnell 1990, S. 263–273.
94 Darauf weist auch Scholz 2009, S. 98, hin. Sein Übernehmen des Postulats von Schmidt 1875, S. 24, dass dies den Sprecher „als leidenschaftlichen, unruhigen Sanguiniker" zeige, steht jedoch merklich in Spannung dazu, dass die Ich-Instanz eine solche ‚Leidenschaft' weniger performativ zum Ausdruck bringt, als vielmehr differenzierend der Reflexion aussetzt.
95 Vgl. auch dazu als prominente Entsprechung Walther von der Vogelweide L 45,37 sowie die ausführliche Diskussion des Textes im Hinblick auf diesen Aspekt bei Kellner 2018, S. 469–479; vgl. dort auch die Hinweise auf die weitere Forschung.
96 Benannt ist mit dem beschriebenen Vorgang nicht der subversive, sondern der affirmative Charakter von Transgression (vgl. zu dieser Unterscheidung Audehm/Velten [Hg.] 2003, S. 24–30), im Sinne davon, wie ihn Foucault 2001 [1963] konzeptualisiert hat. Ihm zufolge wird in der Transgression „das begrenzte Sein" „bejaht" (S. 327); in einer Wechselwirkung von Konstruktion und Destruktion wird die Grenze gerade durch ihre Überschreitung kenntlich. Daraus lässt sich schließen: Stellt eine Transgression einen Normverstoß dar, wird dadurch, dass die Grenzen der Norm überhaupt erst kenntlich werden, das Normative reflektierbar. Die Transgression als Affirmation der Grenze ermöglicht es im Akt des Überschreitens zuallererst, die Bedingtheit des Überschrittenen zu perspektivieren.

der Dame, einzig als leidgenerierend wahrnehmen zu können, impliziert, dass in der Nicht-Beachtung des höfischen Werts der *mâsse* eine Verkehrung des Normativen vonstattengeht, die sich – rekursiv gesehen – äquivalent zur Verkehrung der Wahrnehmung verhält, die gute Schöpfung mit Blick auf ihr ‚schlechtes', Leid evozierendes Resultat für das Ich hin zu schildern. Solcherart stellt die Strophe an ihrem Schluss auch eine Variation der Artikulation und Reflexion höfischer Werte im Rahmen der Verhandlung von Minne dar.

7 C

> Kunde ich die mâsse, sô liesse ich den strît,
> der mich dâ müeget und lüzel vervâhet,
> der mich verleit ze vaste in den nît.
> swer sich vor liebe ze verre vergâhet,
> 5 der wirt gebunden von stunden ze stunden
> als ich vil arme. nu erbarme ich si niet,
> diu mich nu lange alsô trûrigen siet,
> sît ich ir dienen begunde, als ich kunde.

(Würde ich das richtige Maß kennen, ließe ich die Bemühung, | die mich quält und mir wenig nützt | und die mich zu sehr zu Eifer[97] verleitet. | Wer sich aus Liebe zu sehr übereilt, | der wird nach und nach gebunden | wie ich sehr Armer. Sie hat jetzt kein Erbarmen mit mir, | die mich schon lange so traurig sieht, | seit ich ihr zu dienen begann, so gut ich konnte.)

Der erste Vers von 7 C greift den im letzten von 6 C eingeführten Begriff der *mâsse* unmittelbar auf. War dort indikativisch festgehalten worden, dass der Liebende die *mâsse* [...] *enkunde*, wird hier hypothetisch formuliert, was der Fall wäre, wenn er sie *kunde*.[98] Diese kunstvolle lexikalische Variation suggeriert auf inhaltlicher Ebene ganz im Gegenteil dazu Konsekution und dadurch eine Progression der Argumentation. Dieser Effekt jedoch wird, kaum evoziert, sogleich dadurch unterlaufen, dass die Strophe, statt dem Thema-Rhema-Schema entsprechend etwas im ersten Satz neu Eingeführtes im zweiten fortzuführen usw., auch im Folgenden bemerkenswert nah am Wortlaut ihrer Vorstrophe verbleibt. Die Wendung *vor liebe ze verre* wird nicht nur wiederholt, sondern steht auch an identischer Stelle wie in 6 C, der Mitte von Vers 4. Die doppelte Nennung davon, dass etwas ‚zu sehr' passiert, tritt ebenso wieder auf wie die Thematisierung des Liebenden als *arme* (V. 6) sowie des Erbarmens (ebd.).

---

[97] Das ist an dieser Stelle m. E. die plausiblere Übersetzung als das häufigere ‚Hass' oder ‚Missgunst' und hat auch vergleichbare Belegstellen; vgl. Lexer, Bd. 2, Sp. 86. Schönbach 1899, S. 93, sucht die Stelle zu glätten, indem er *nît* hier als „heisses, leidenschaftliches Begehren" versteht.
[98] Bei Walther von der Vogelweide L 43,19 findet sich in der zweiten Strophe derselbe Beginn; vgl. dazu die knappe Bemerkung bei Rücker 1975, S. 376, Anm. 145.

Schließlich besteht der Schlussvers aus einem Nebensatz, dessen Einleitungspartikel, Subjekt und Verben allesamt gleich lauten wie in der Strophe zuvor: *sît ich ir dienen begunde, als ich kunde* (7 C) entspricht *sît ich niht mâsse begunde noch enkunde* (6 C). Was zuvor primär inhaltlich der Fall war, hat nun seine Entsprechung auf lexikalischer Ebene: Gleiches wird in differenter Einbettung reformuliert; die Variation wird durch lexikalische Wiederaufnahmen ostentativ. Die anfangs suggerierte Konsekution aber als ein Verfahren, Inhalt zu progredieren, wird nachgerade nicht eingelöst. Stilistische Finesse ist es dabei, dass das Wort *kunde* als erstes und letztes den Rahmen von 7 C bildet. Während es am Anfang einen direkten Anschluss an die Vorstrophe darstellt, schließt es am Ende eine Kette von Wiederholungen ab, sodass es in seiner jeweiligen Nennung gänzlich anders ‚funktioniert'. Konsekution wird in Repetition überführt.

Äquivalent zu dieser lexikalischen Klammer besteht eine inhaltliche Rahmung der Strophe in der Betonung von Dysfunktionalität. Sie kommt zu Beginn der Strophe explizit zum Ausdruck, indem das Ich angibt, würde es über *mâsse* verfügen, ließe es von den Bemühungen ab, die es belasten und ihm kaum etwas bringen (V. 1f.). Inhalt dieser Bemühungen – das ist die spezifische Konnotation des *strît*-Begriffs im Minnesang[99] – ist die Werbung um die Geliebte. Diese Handlung hat den Liebenden *ze vaste* zum Eifer angetrieben (V. 3). Was hier in lexikalischer Variation zum Ausdruck kommt, ist gleichzeitig eine inhaltliche Nuancierung der Aussage aus der Vorstrophe, sich zu sehr nach der Lehre der Liebe gerichtet zu haben (6 C, V. 6). Der Aufgesang macht explizit, was am Ende der Vorstrophe impliziert wurde: dass das Einhalten des rechten Maßes, die Mäßigung, sich nicht nur kontrastiv zu den Eigenheiten der Liebe verhält, sondern sie gleichsam zu verunmöglichen scheint. Während dieser maximal negativen Stigmatisierung von Liebe in der Folge der tongleichen Strophen kaum mehr als der Charakter einer Wiederholung innewohnt, lässt sich ihre spezifische Semantizität, insbesondere durch die nun konkrete Benennung der Werbung, im Kontrast zu anderen konventionalisierten Entwürfen von Liebe im Minnesang, auf die sie gleichsam paradigmatisch beziehbar ist, aufzeigen: Anders als etwa in den Tönen Ia und II, wo eine dezidiert höfische Liebe formuliert wurde, scheint der höfische Aspekt der Liebe hier offensiv in Frage zu stehen. Durch die Fokussetzung auf den disparaten Zustand des Ich erscheint sein Status als Liebender nicht dadurch reprä-

---

99 Der Begriff *strît*, der im Allgemeinen zunächst ‚Kampf' bedeutet (vgl. Lexer, Bd. 2, Sp. 1239), indiziert im Minnesang bekanntlich im Besonderen Intensität und Aufwand der Werbung im Sinne eines ‚sich Abmühens', das in der Regel keinen Erfolg zeitigt (vgl. etwa Friedrich von Hausen 7 B/21 C [MF 46,9]; Bernger von Horheim 10 B/14 C [MF 114,12]). Vgl. auch die äquivalente Verwendung des Begriffs im Rugge-Korpus in 19 C (Ton VIII). Eine differente Akzentuierung in der Wendung *der sol man den strît [...] lân*, „der soll man das Feld überlassen", findet sich in 14 C. Verwendungen, in denen der Kampf-Aspekt gegenüber dem Werbungs-Aspekt in durchaus spielerischer Variation der Konnotationen zu dominieren scheint, finden sich etwa bei Friedrich von Hausen 10 B/25 C (MF 47,9) und Albrecht von Johansdorf 4 B/5 C (MF 87, 29), V. 1: *Ich und ein wîb haben gestritten*, V. 4: *noch haltet si den strît* (Text nach C).

sentativ, Instanz der Affirmation allgemeiner Werte zu sein, sondern das Leid als allgemeine Konsequenz von Liebesbemühungen zu stilisieren. Erscheint die Liebe also nicht als Movens des Höfischen, sondern wird hinsichtlich ihrer Intensität und resultativ hinsichtlich ihrer Responsionslosigkeit perspektiviert, wird vielmehr ihre Spannung zum Höfischen kenntlich. Die Lage des Liebenden steht im Konflikt zu einer sozialen Normativität, für die er mitnichten Sprachrohr sein kann, weil er von ihr ausgenommen zu sein scheint. Da die Dysfunktionalität der Bemühungen dabei gleichsam eine Werbung bezeichnen, die etwa in Ton Ia anhand der höfischen Werte *stæte* und *triuwe* charakterisiert worden war, lässt sich auch hier implizit deren Funktionalität in Frage gestellt sehen. Dadurch dass die Werbung den Liebenden zu sehr zu Eifer verleitet (V. 3), steht ihr Resultat, das mit dem negativ konnotierten Begriff *nît* bezeichnet wird, in scharfem Kontrast zu den andernorts hehren Stilisierungen der Werbung. Solcherart mobilisiert die Dysfunktionalität der Werbung eine Infragestellung der ihr inhärenten höfischen Wertigkeit und damit nachgerade ihre Reflexion.

Im zweiten Satz, der von Vers 4 bis 6 reicht, wird die neuerliche lexikalische Variation, sich in der Liebe zu sehr zu übereilen, kontrastiert mit der Nachhaltigkeit einer ‚Bindung' im Sinne einer ‚Fesselung' durch die Liebe. Dem beschleunigten, unkontrollierten *sich vor liebe ze verre vergâhen* (V. 4) steht das iterative Gebunden-Werden *von stunden ze stunden* gegenüber (V. 5). Im Folgenden wird dies noch dadurch bekräftigt, dass die Dame ihn schon *lange* als Traurigen sieht (V. 7). Dabei wiederholt sich in intensivierender Variation[100] die Bezeichnung des Liebenden als ‚Armer', der nun als *vil arme* bezeichnet wird (V. 6). Während auf lexikalischer Ebene folglich durch eine Kette an Wiederholungen und Wiederaufnahmen von Formulierungen aus der Vorstrophe die anfangs suggerierte Konsekution der Argumentation in Stagnation übergegangen ist, wird auf inhaltlicher Ebene genau dieser Zustand durch das kontinuierliche Gebunden-Werden illustriert. Die Dynamik des ‚zu viel' resultiert in Immobilität, unkontrollierte Aktivität in Passivität.

Die rhetorische Pointe der Strophe besteht darin, dass aus der mehrfach zum Ausdruck gebrachten Unfähigkeit des Liebenden, eine Progression seiner Situation herbeizuführen, die resignative Feststellung resultiert: *nu erbarme ich si niet* (V. 6). Obwohl auch dies zunächst nichts anderes ist als eine lexikalische Variation einer Formulierung aus der Vorstrophe (vgl. 6 C, V. 3), stellt es in inhaltlicher Hinsicht eine prägnante Modifikation dar: War in 6 C konjunktivisch geäußert worden, hätte Gott mit dem Liebenden Erbarmen, hätte er die Schöpfung der Frau unterlassen, steht hier nun in indikativischer Setzung, sie selbst habe kein Erbarmen mit ihm, und das, wie es im Folgevers heißt, obgleich sie seine defizitäre Lage seit langem beobachten könne

---

[100] Vgl. dazu, dass Intensivierung bzw. Steigerung immer wieder den Charakter von Variationen ausmacht, die sich primär paradigmatisch auf Elemente desselben Textes beziehen, etwa die Beobachtungen von Braun 2010, S. 418, zu mehreren Liedern Ulrichs von Liechtenstein sowie von Kellner 2013, S. 193, zum ‚Kranzlied' Walthers von der Vogelweide.

(V. 7).[101] Dass die Instanz, Gnade zu erweisen, sich in der Folge der Strophen von Gott auf die Geliebte verschiebt, verhält sich einerseits äquivalent dazu, dass die Dame im Minnesang vielfach als potenziell Gnade spendendes Prinzip stilisiert wird, was eine spielerische Anverwandlung religiöser Semantik darstellt.[102] Andererseits vermag die Exzeptionalisierung der Geliebten an dieser Stelle rekursiv noch einmal zu verdeutlichen, dass Gott in der Vorstrophe nicht um seiner selbst willen und als heilsvermittelnde Instanz benannt wurde, sondern in funktionaler Verabsolutierung der Idealisierung der Frau. Das lässt in offensiver Weise die Hierarchie zwischen Liebendem und Geliebter, die sich in der Werbung konstituiert, kenntlich werden.

Auch im Schlussvers, der den Charakter eines Kehrverses hat, wird dieser Hierarchie durch den hier erstmals im Rugge-Korpus in C fallenden *dienst*-Begriff nachdrücklich Ausdruck verliehen: *sît ich ir dienen begunde, als ich kunde.* Die nur geringfügige Variation des lexikalischen Materials verleiht den Abweichungen gegenüber dem Schlussvers der Vorstrophe, *sît ich niht mâsse begunde noch enkunde,* umso größere Bedeutung: Dass der Dienst – die Formulierung der Werbung als Ausdruck eines hierarchischen Verhältnisses also – parallelisiert wird mit dem Umstand, vor lauter Liebe das rechte Maß nicht zu beherrschen, wird noch dadurch zugespitzt, dass dies in den beiden Strophen jeweils explizit als Spezifikation der defizitären Lage des Liebenden fungiert (der *nôt* in 6 C, V. 7; der Trauer in 7 C, V. 7). Variiert wird dabei zudem die Verwendung der Partikel *sît* in einmal kausaler (6 C) und einmal temporaler Bedeutung (7 C), wodurch die Maßlosigkeit als Begründung des negativen Zustands des Liebenden und der Dienst als dessen Ursprung gekennzeichnet wird. Gerade weil das eine das andere impliziert, schwingt bei der einen Verwendung von *sît* gleichwohl die andere Bedeutung mit. Dienst und Maßlosigkeit erhalten somit über den paradigmatischen Bezug annähernd synonymen Charakter.

Da das, wie es in Vers 6 hieß, einen kontinuierlich traurigen Zustand des Liebenden zum Resultat hat, folgt auf die Verabsolutierung der *güete* der Geliebten in der Vorstrophe hier nun die Verabsolutierung der Aporie des Liebens. Dies reformuliert die Dysfunktionalität der Werbung, die zu Strophenbeginn explizit gemacht wurde, und macht als Fluchtpunkt der wiederholten Betonung, kein Erbarmen zu erfahren, deutlich, dass eine Lösung der Problematik außerhalb der Kompetenzen des Liebenden liegt. Indem er im abschließenden Halbsatz – der Wendung, so gut zu dienen, *als ich kunde* (V. 8) – aussagt, alles zu tun, was in seiner Macht steht, akzentuiert dies umso mehr seine Ohnmacht. Die im Minnesang konventionalisierte Variation des höfischen *dienst*-Begriffs, ihn des Aspekts der Funktionalität – im Sinne des Ausdrucks und der Legitimation hierarchischer Verhältnisse[103] – zu entkleiden, wird so-

---

101 Dass der Liebende sich hier als einer inszeniert, der gesehen wird (V. 7), unterstreicht ein weiteres Mal die Passivität seiner Situation.
102 Vgl. konzeptionell dazu zuletzt Kellner 2018, S. 75–77.
103 Vorsicht scheint jedoch geboten, einen vorschnellen Bezug zu Frondienst und Lehenswesen zu sehen, wie dies in der Minnesang-Forschung lange Usus war (vgl. stellvertretend Kasten 1986, S. 64–76; Schweikle 1995⁵, S. 123). Vgl. zur Kritik daran insb. Peters 2015.

mit auf die Spitze getrieben: Zu *dienen* wird ebenso in seinem Funktionalitätsanspruch kenntlich wie es zum Inbegriff dysfunktionalen Handelns wird. Gerade weil das die Frage aufwirft, wozu die Liebe dann überhaupt gut sein soll, führt es performativ ihre Unentrinnbarkeit vor.

8 C

> Mir hât das herze verrâten den lîp,
> des was ie flîssig der muot und die sinne,
> das si mich bâten ze verre umb ein wîb,
> diu mir nu zeiget das leit für ir minne.
> 5 dâst an mir gar ein wunder besunder,
> das ich mich hân verlân ze verre ûf den wân,
> der mich ie troug und mir freislîchen loug,
> sît ich ir dienen begunde, als ich kunde.

(Mein Herz hat mich in die Irre geführt, | denn mein Gemüt und mein Verstand waren schon immer darum bemüht, | mich zu sehr um eine Frau zu bitten, | die mir jetzt Leid anstelle ihrer Minne zeigt. | Es ist gerade bei mir eine wunderliche Sache, | dass ich mich zu sehr auf die Hoffnung verlegt habe, | die mich immer getrogen hat und schrecklich belogen, | seit/weil ich ihr zu dienen begann, so gut ich konnte.)

Die letzte Strophe des dritten Tons weist auffällige formale Abweichungen zu ihren beiden Vorstrophen auf.[104] Mit dem fünften bis siebten Vers hat der Großteil des Abgesangs eine andere metrische und Reimstruktur.[105] Das hat die MF-Editoren von Kraus sowie Moser und Tervooren zu aufwändigen Umstellungen bewogen,[106] denen die handschriftliche Überlieferung zwar vorzuziehen ist, die aber in sich plausibel

---

[104] Vgl. dazu ausführlich Paus 1965, S. 33–35.
[105] MF nimmt auch eine Umstellung im ersten Vers vor, die allerdings keinen metrischen Anlass hat, sondern dazu dient, einen Binnenreim zwischen dem ersten und dritten Vers herzustellen; vgl. MF (LH), S. 271. Der Binnenreim liegt in 6 C vor, in 7 C nicht. Von Kraus konjiziert deshalb auch dort (*verlâzet*, V. 3), vgl. MFU, S. 241 f., was jedoch, wie Moser und Tervooren zurecht betonen, als unreiner Reim das Problem nicht löst; vgl. MFE, S. 91. Ihre Umstellung, die dem Vorschlag von Brinkmann 1948, S. 526, folgt und zumindest Assonanz herstellen soll (vgl. ebd.), ist angesichts der zahlreichen Umstellungen, die es bedarf, um eine äquivalente Binnenreimstruktur herzustellen, jedoch kaum weniger zweifelhaft.
[106] Moser und Tervooren folgen in den Umstellungen MF(K), sehen sie aber als Variante an; vgl. MFE, S. 91: „Angleichung an Strr. 1 u. 2 ist durch bloße Umstellung möglich. Andererseits ist die hs. Überlieferung in sich stimmig (an sie halten sich weitgehend auch LV!), so daß eine Variante nicht auszuschließen ist [...]. Die Gestaltung der Str. durch K ist in ihrer Art ein Meisterstück [...]." Die ältere Forschung hatte unterschiedliche Konjekturen in V. 6 vorgeschlagen, um das Fehlen des Reimworts zu beheben; vgl. Schönbach 1899, S. 93; Ehrismann 1901, S. 405.

dem Umstand Rechnung tragen, dass 8 C nicht gelöst von 6 und 7 C betrachtet werden kann. So sehr der metrische Zusammenhalt nämlich gelockert zu sein scheint, so deutlich bleiben die inhaltlichen Bezugnahmen konstant. Der letzte Vers der Strophe ist nicht nur wie zuvor an den letzten Vers der Vorstrophe angelehnt, sondern wiederholt ihn in Gänze. Zudem finden sich erneut zwei Formulierungen davon, dass etwas ‚zu sehr' der Fall ist. Struktur und Verfahren der Strophe sind die gleichen wie im Vorigen, angereichert wird das Variationsspektrum mit emotionalen wie rationalen Konstituenten des Liebenden (*herze, muot, sinne*) und darüber hinaus mit einer weiteren zentralen Kategorie der Minne, dem *wân*. Zwar bleibt die explizite Nennung der *mâsse* hier aus, doch steht es ebenfalls im Zentrum von 8 C, das Ausgenommen-Sein von Ordnung als Folge des transgressiven Charakters von Minne zu inszenieren.

Ausgangspunkt der Strophe ist in der Benennung des Herzens als Urheber der eigenen Misslage eine pointierte Variation davon, zwei Strophen zuvor noch Gott dafür verantwortlich gemacht zu haben. Statt dem maximalen Bezugsrahmen universeller Ordnung wird nun der minimale Bezugsrahmen der eigenen Disposition fruchtbar gemacht, was das Anliegen deutlich macht, die Problematik des Liebens möglichst umfassend und facettenreich herauszustellen. Die *pars* Herz, physische Lokalisierung der Minne, hat das *totum lîp* ‚verraten', das hier zwischen der allgemeinen Bedeutung ‚Leben' und der selteneren, spezifischen Verwendung ‚Körper' zu oszillieren scheint. Der Zustand des Herzens steht metonymisch für den Zustand des Körpers und metaphorisch für den grundsätzlichen Zustand des Liebenden, was Selbstbezüglichkeit zur Folge hat: Die *actio* des Minnens ist nicht extrinsisch herbeigeführt, sondern intrinsisch motiviert; ihre negativen Folgen werden der eigenen Konstituiertheit attribuiert.[107] Auch die Verwendung des prägnanten Verbs *verrâten* ist polyvalent: Entsprechend seiner neuhochdeutschen Verwendung bezeichnet es eine Preisgabe, eine Veränderung des Zustands mit negativen Folgen. Gleichermaßen scheint auch die im Mittelhochdeutschen ebenfalls mögliche, wörtlichere Bedeutung „durch falschen Rat irreleiten" angelegt,[108] bei der als Referenz des trügerischen Ratschlags selbstredend einzig die Minne in Frage kommt. Als Mittler des Verrats werden mit *muot* und *sinne*[*n*] (V. 2) die emotionale wie rationale Disposition des Liebenden bezeichnet. Dabei ist der *muot* einerseits *flîssig*, ihm einer allgemein schlechten Lage preiszugeben, und tut das andererseits immer schon (*ie*, V. 2). Ihn solchermaßen als destruktiv und dadurch aktiv darzustellen, stellt eine bemerkenswerte Variation des im Minnesang so zentralen Begriffs *muot* dar, der für gewöhnlich Ausdruck, nicht aber Auslöser von etwas ist.[109] Dass *der muot* hier ebenso Akteur ist

---

107 Vgl. auch Hundt 1970, S. 63.
108 Vgl. Lexer, Bd. 3, Sp. 196 sowie die dort aufgeführten Belegstellen.
109 Als Bezeichnung für das ‚Gemüt' bzw. die ‚Stimmung' steht der *muot*, häufig versehen mit einem Adjektiv, nahezu ausnahmslos für eine allgemeine oder besondere ‚Gestimmtheit', die positiv wie negativ sein kann. Dabei ist bekanntlich die dezidiert positive Wendung *hôher muot* topisch, eine zumeist durch Minne induzierte Gestimmtheit, die in prägnantem Gegensatz zur ebenfalls durch Minne induzierten Destruktivität des *muotes* in dieser Strophe steht; vgl. im Rugge-Korpus 24 und 25 C sowie

wie *die sinne*, steht zudem im Gegensatz zu ihrer jeweiligen Nennung in 6 C, der ersten Strophe des Tons. Dort hatte der *muot* seiner gewöhnlichen Verwendung entsprechend eine Gestimmtheit bezeichnet (6 C, V. 4), und über die *sinne* hatte der Liebende ausgesagt, die Minne habe sie ihm genommen (6 C, V. 5). Grund für diese Differenz ist eine unterschiedliche zeitliche Verortung. Während die ersten drei Verse des vorliegenden Aufgesangs im Präteritum formuliert sind, fallen die Begriffe in der ersten Strophe in präsentischem Zusammenhang. Bezieht man beides aufeinander und setzt das hier Geschilderte zeitlich folglich vor dem in 6 C Ausgesagten an, zeigt sich, dass der *muot* ursächlich bemüht darum ist, Minne zu realisieren (8 C), und es die bereits realisierte Minne zum Resultat hat, dass er gänzlich von der Geliebten eingenommen ist (6 C). Er wird vom Ort der Aktion zum Ort der Passion. Noch pointierter verhält es sich mit dem Verstand: Er hat den Sprecher um eine Frau und somit um Minne gebeten (8 C), was in der Umsetzung dazu geführt hat, dass er ihm abhandengekommen ist (6 C). Die über den strophenübergreifenden Bezug generierbare Kausalkette – *sinne* führen zu *minne* führt zu keinen *sinnen* – macht auf prägnante Weise deutlich, wie die Minne die Orientierungsleistung der geistigen Konstitution invertiert.

Gerahmt wird dieser Vorgang von der ebenfalls wiederholten Formulierung, *muot* und *sinne* hätten den Liebenden *ze verre* um eine Frau gebeten. Hier lohnt eine synoptische Gegenüberstellung der Verse von 6 und 8 C. Sie verdeutlicht, wie die jeweiligen Glieder der Aussage ihre Reihenfolge vertauschen:

> si ist mir vor liebe <u>ze verre</u> in <u>dem muote</u>.
> das tuot die minne, diu benimt mir <u>die sinne</u> (6 C, V. 4 f.)
>
> des was ie flîssig <u>der muot</u> und <u>die sinne</u>,
> das si mich bâten <u>ze verre</u> umb <u>ein wîb</u> (8 C, V. 2 f.)

Im ersten, gegenwärtigen Fall führt die Orientierung an der Frau im Übermaß dazu, dass der *muot* des Liebenden überfordert ist und die *sinne* außer Kraft gesetzt sind. Im zweiten, vergangenen Fall setzen *der muot und die sinne* im Übermaß die Orientierung an der Frau in Gang. Dass die emotionale wie rationale Disposition des Liebenden sich solchermaßen selbst aushebelt, untermauert, dass nur das richtige Maß garantiert, dass Ordnung gewahrt bleibt, und die Liebe als etwas, dem das richtige Maß nicht eigen ist, Ordnung destabilisiert. Resultat ist (*nu*, V. 4), wie es im Weiteren in variierender Wiederholung von in den Vorstrophen Formuliertem heißt, sein *leit vür ir minne*, und zwar ein Leid, das sie ihm *zeiget* – das also im Wortsinn ostentativ ist.

---

stellvertretend für die vielen weiteren Nennungen der Wendung Reinmar der Alte 130 C (MF 182,18), in dessen Korpus sie besonders häufig auftritt. Die Signifikanz der Aktivität des *muotes* in der vorliegenden Strophe wird besonders deutlich im Abgleich mit der auch zu Rug 7 C sehr ähnlichen Formulierung bei Bernger von Horheim 9 B/13 C (MF 114,3), V. 1 f.: *Mich hât das herze und ein unwîser rât | ze verre verleitet an tumplichen muot* (Text nach C), wo der *muot* gerade nicht Auslöser, sondern Resultat der Maßlosigkeit ist.

Der folgende erste Vers des Abgesangs (*dâst an mir gar ein wunder besunder*, V. 5) lässt sich, besonders im performativen Vollzug, sowohl auf den vorausgehenden vierten als auch auf die sich anschließenden drei Schlussverse beziehen.[110] Bezieht man ihn auf das Vorige, folgt der Exposition des Leids eine Strategie seiner Exzeptionalisierung in doppelter Hinsicht: Einerseits wird die Tatsache, dass die *actio* des Minnens ohne *reactio* bleibt, als Wunder bezeichnet. Andererseits gilt das Wunder in besonderer Weise für den Liebenden. Nimmt man die Stelle für sich, läge es nahe, von einer Personalisierung des Leids zu sprechen. Im Kontext des bisher Besprochenen ist jedoch davon auszugehen, dass die Spezifität des Leids nicht den einzelnen Sprecher, sondern den ‚Liebenden an sich' betrifft, für den er paradigmatisch steht. Exzeptionell ist nicht die Lage des Einzelnen, sondern die Minne selbst, die einen von der Ordnung, dem Nicht-Exzeptionellen, ausnimmt. Das Gleiche gilt, wenn man die Aussage auf die nun folgende Formulierung im sechsten Vers bezieht, das Ich habe sich *verlân ze verre ûf den wân*. Die Exzeptionalität der Lage erhält hier eine Referenz im ihr äquivalenten Geisteszustand. Der *wân* – wiederum gekennzeichnet durch das fehlende Maß und dadurch paradigmatisch bezogen auf die vorherigen Schilderungen durch Minne ausgelöster und Minne auslösender Vorgänge – wird unmittelbar definiert als etwas, das trügt und „auf Verderben bringende Weise"[111] lügt (V. 7). Er bezeichnet die falsche Vorstellung, überhaupt auf einen *lôn* hin zu dienen, und kennzeichnet die Aporie dessen, worum sich *der muot und die sinne* bemüht haben. Er ist hier der Gegenbegriff zur *mâsse*. Ihr Fehlen impliziert sein Vorhanden-Sein.[112]

Wenn sich daran die Wiederholung des Schlussverses (*sît ich ir dienen begunde, als ich kunde*) anschließt, ist die einleitende Partikel *sît* in ihrer Doppeldeutigkeit ernst zu nehmen: Den *wân* gibt es, *seit* der Dienst begonnen hat, und *weil* gedient wird. Die Dysfunktionalität, unter deren Vorzeichen der Begriff *dienen* in der Vorstrophe eingeführt worden war, wird final zugespitzt: Der Dienst erfüllt nicht nur keinen Zweck, es unterliegt schon einer trügerischen Hoffnung, sich überhaupt auf ihn einzulassen. Der

---

110 In der obigen Wiedergabe der Strophe wurde die *constructio apokoinu* zugunsten der grammatikalischen Korrektheit nicht einbezogen; zu setzen wäre ein Komma statt des Punktes nach V. 4.
111 So der prägnante Übersetzungsvorschlag in MF(MT), S. 204.
112 Von Kraus hat den Sinn hier entscheidend geändert, er konjiziert mehrfach: *daz ist besunder an mir gar ein wunder, / deich niht verlân hân den wân der mich trouc / und mir vil armen ie freislîchen louc* (V. 5–7); vgl. MF(K), S. 131. Paus 1965, S. 37 f., sucht dies argumentativ zu stützen. Nur so ergebe sich „eine schöne Entsprechung zur Einleitung: Indem der Dichter trotz aller Klagen eine Fortsetzung seines Bemühens um das „also guote wîp" andeutet, wird die Absolutheit des Leiderlebnisses aufgehoben und in den Aspekt eines umfassenderen positiven Faktums einbezogen, welches die Einleitung schon ausgesprochen hatte. Auf diese Weise runden sich die drei Strophen also sehr gut zu einem geschlossenen Lied" (S. 38). Abgesehen davon, dass von einem umfassenderen positiven Faktum zu Beginn des Liedes keine Rede sein kann, ist insb. das Runden „zu einem geschlossenen Lied" sehr viel deutlicher Paus' Anliegen als das des handschriftlich überlieferten Textes, der die Unabschließbarkeit der Leidverhandlung inhaltlich und formal (qua Kehrvers) exponiert. Auch die just von diesem Texteingriff abgeleitete ironische Haltung des Texts, die Paus postuliert, wird somit deduktiv an den Text herangetragen, um eine Korrespondenz mit dem „heitere[n] Fortströmen der Daktylen" festmachen zu können (Zitate S. 38). Vgl. auch Paus 1967, S. 28 f.

Abgesang verabsolutiert die negative Stigmatisierung des Minnens in den Vorstrophen erneut, indem es als ‚Lug und Trug' bestimmt wird, eine Täuschung, die sich genauso zwingend herausstellen muss, wie es keinen Ausweg aus ihr gibt.[113]

Um ein Fazit zu ziehen: So sehr die drei Strophen dieses Tons die negativen Implikationen des Liebens herausarbeiten, so deutlich steht an ihrem Ende die Frage nach der Zweckhaftigkeit der Werbung. Anders als andernorts im Minnesang, wo das responsionslose Werben in seiner Reflexion beispielsweise qua Ethisierung oder Ästhetisierung überhöht wird, wie es prominent etwa in zahlreichen Reinmar-Strophen der Fall ist,[114] steht die Negativität hier für sich. Die drei Strophen arbeiten einzig ihrer Exposition zu, nicht einer wie auch immer gearteten Verarbeitung. Doch wäre es falsch, ihre reflexive Leistung im Sinne einer Herausstellung des Negativen zu verstehen, deren Funktionalität bestenfalls eine Affirmation von Ordnung *ex negativo* wäre. Dies würde zum einen ignorieren, dass die Verhandlung der Minne hier nicht ihre Verabschiedung zum Ziel hat, sondern ganz im Gegenteil ihre universelle Begründbarkeit als Produkt göttlicher Schöpfung zum Anlass. Zum anderen liefe das der argumentativen Struktur zuwider. Movens des Sprechens ist mit dem *leit* und der *nôt* ein Mangel, der gerade nicht behoben werden kann. Die Strophen sind weder teleologisch angelegt (etwa im Sinne eines ‚Abgesangs'), noch progredieren sie inhaltlich. Ihr Modus ist lexikalisch wie semantisch eine Variation, die man als das Gegenteil von Narration verstehen kann. Sie reichert das bereits Bekannte rekursiv an und steht für eine Reflexion, deren Inhalt nicht ist, Optionen zu eruieren, die negative Situation zu verbessern, sondern zu differenzieren, warum sie so schlecht ist. Dabei läuft die Reflexion mitnichten auf etwas hinaus, sondern muss immer wieder neu ansetzen. Der Dienst des Ich auf der Ebene des Bezeichneten und seine in Variation verfahrende Reflexion auf der Ebene des Bezeichnens entsprechen einander: Sie sind ebenso unabding- wie unabschließbar. Auch hierfür steht der Kehrvers und genau deshalb steht er am Schluss: Der Text endet in Wiederholung seiner selbst.

5 Selbstlosigkeit. Minne und Religion

Ton IV

Bereits in der Diskussion der bisherigen Töne des Rugge-Korpus ist deutlich geworden, dass sich die Variationskunst des Minnesangs auf unterschiedlichen Ebenen gleichermaßen produktiv nachvollziehen lässt. Schwerpunkte bildeten dabei bisher

---

[113] Anders Ingebrand 1966, S. 134 f., der aus seiner kurzen und deskriptiven Besprechung von Ton III den Schluss zieht, „der Liebende ist gewillt […], sich der Minnefesseln […] endgültig zu entledigen" (S. 135). Das Gegenteil ist der Fall, führt Ton III doch nachgerade die Unmöglichkeit dessen vor.
[114] Vgl. stellvertretend Reinmar 60 C/330 E (MF 163,5), V. 7 f.: *nu hân eht ich sô senften muot, / das ich ir has ze vröiden nime* (Text nach C); für weitere Belege siehe Kasten 1986, S. 310–319; sowie Kellner 2018, S. 104–127.

die textimmanenten Verfahren erstens einer lexikalischen Variation, wie sie in Ton III eindrücklich zu beobachten war, sowie zweitens einer variierenden Perspektivierung von Gleichem, etwa anhand differenter Bezugsrahmen. Drittens wurde in textübergreifender Perspektive das Verfahren kenntlich, eine in entscheidenden Aspekten modifizierte Verhandlung von Äquivalentem dadurch herbeizuführen, dass einzelne konventionalisierte Paradigmen dezidiert ausgeblendet werden, um in der Konzentration auf andere eine nuancierte Sicht auf Minne entwickeln zu können.[115] So wurde in Ton IIa das Liebesleid ausgeklammert, um den ethisierenden Aspekt der Minne affirmativ hervorzuheben, wohingegen in Ton III der transgressive Aspekt von Minne dadurch unterstrichen wurde, dass sie in einem konfliktuösen Verhältnis zu spezifischen höfischen Normvorstellungen inszeniert wurde. Was hier im Tonabgleich kenntlich wird, sind somit zwar modifizierte, nicht jedoch differente Entwürfe von Minne. Die „*prima vista* gleiche[] Konstellation der Hohen Minne mit ihrer Zuspitzung im Paradox einer Werbung, deren Ziel die Erfüllung einer Liebe ist, die gerade nicht erreicht werden darf"[116], kommt in diesen Tönen mit je unterschiedlicher Akzentuierung gleichwohl jeweils zum Ausdruck. Was das Verfahren modifizierender Perspektivierung vielmehr deutlich macht, sind sowohl eine Komplexisierung des Gegenstands, die die Dringlichkeit seiner Verhandlung exponiert, als auch, wie zuletzt betont, deren Unabschließbarkeit.

Während dies in den vorausgehenden mehrstrophigen Tönen anhand dichter paradigmatischer Bezugnahmen der Strophen untereinander geschah, steht im vierten Ton nun die Zusammengehörigkeit der Strophen erstmals in Frage.[117] Sie weichen sowohl thematisch als auch in ihrer Sprechhaltung beträchtlich voneinander ab. Während 9 C eine problematische Interaktion zwischen Liebendem und Geliebter zum Gegenstand hat, die sich nach ursprünglich überraschend positiven Signalen ins erwartbare Gegenteil *verkêrt* hat, thematisiert das sprechende Ich in 10 C seine Orientierung auf Gott und begründet sie im Zuge einer allgemeinen Kritik an Diesseitsbezogenheit. Liebe kommt nicht zur Sprache, und statt der Kontinuität von Minne wird die Vergänglichkeit hiesiger Existenz akzentuiert.

Da die beiden Strophen des vierten Tons somit jeweils exklusiv einmal Minne und einmal religiöse Thematik verhandeln, wurden sie von sämtlichen MF-Ausgaben als getrennt voneinander markiert.[118] Ihre Einheit hat zuerst Friedrich-Wilhelm Wentzlaff-Eggebert postuliert.[119] Seiner Ansicht nach resultiert die Zuwendung zu Gott in 10 C aus einer Abwendung von der Geliebten, die wiederum durch die in 9 C geschilderte

---

115 Vgl. Lieb 2001, S. 190: „Doch muß Ausblendung immer als ein Prozeß gedacht werden, nicht als ein Faktum, d. h., Ausblendung meint nicht ‚Nicht-Existenz', sondern den Prozeß des Zurücktretens, des Verdrängens. Zur Ausblendung gehören somit Strategien der Distanzierung und Neutralisierung."
116 Kellner 2018, S. 59.
117 Die Strophen sind ausschließlich im Rugge-Korpus in C überliefert.
118 MF(MT) verwendet hier Sternchen, die ausweisen, dass „sich nicht alle Strophen des gleichen Tons einem Lied zuweisen" lassen (S. 11).
119 Wentzlaff-Eggebert 1960, S. 204 f.

Misslage motiviert sei. Dieses Postulat eines syntagmatischen Zusammenhangs findet jedoch auf Textebene wenig Rückhalt: In der Zuwendung zu Gott wird keinerlei explizite Bezugnahme auf die Vorstrophe kenntlich und damit bleibt das entscheidende Argument für die Annahme eines Syntagmas – Liebesleid als Ursache von Jenseitsorientiertheit – eine Leerstelle.[120]

Weiterführender als die Behauptung eines kontiguitären Zusammenhangs der Strophen scheint es, wie Ingrid Kasten die trotz aller Differenzen dennoch beobachtbare paradigmatische Bezüglichkeit zwischen den Strophen herauszustellen.[121] In einer zu diskutierenden, potenziellen Lesart des Strophenbeginns von 9 C besteht sie womöglich im Besonderen darin, dass „die Grundsituation der Trennung mit dem Thema der Absage"[122], so Kasten, beiden Strophen zugrunde liegt. Sie lässt sich aber auch in allgemeiner Hinsicht mit Blick auf die jeweils verwendete Begrifflichkeit postulieren. Zum einen wird in beiden Strophen unter gänzlich unterschiedlichen Bedingungen die Vernachlässigbarkeit des eigenen *lîbes* festgehalten: einmal als Ausdruck von Liebe, einmal als Abwendung von Diesseitigem – was eine bemerkenswerte, im Minnesang aber auch andernorts angelegte Parallelisierung der Geliebten und Gott zur Folge hat. Sie stellen gleichermaßen Instanzen dar, das ‚Eigene' als vernachlässigbar erscheinen zu lassen.[123] Zum anderen kommt in der Strophe, die Minne nicht explizit thematisiert (10 C), mit dem *lôn* und dem *wân* Begriffen eine entscheidende Bedeutung zu, die wesentliche Paradigmen der Verhandlung von Minne darstellen. Ihre Verwendung lässt Unterschiede gegenüber ihrer Verwendung im Zusammenhang mit Minne kenntlich werden, die entscheidend zu deren differenzierterem Verständnis beizutragen vermögen. Die Variation der Sprechposition hat hier folglich auch den Effekt, Äquivalentes in differentem Zusammenhang zu artikulieren. Sie geht zulasten einer spezifischen Bezüglichkeit der Strophen und zugunsten der Tatsache, die Semantizität der Elemente, die strophenübergreifend eine paradigmatische Bezüglichkeit aufweisen, in ihrer unterschiedlichen Einbettung umso spezifischer fassen zu können. Indem Minne in der zweiten Strophe komplett ausgeblendet wird, lässt sich die Aktualisierung von Paradigmen, die andernorts zentrale Funktionen in der Formulierung und Verhandlung von Minne erfüllen, als Folie und Differenzierungsmöglichkeit genau dafür begreifen. Die Strophe ist nicht

---

120 Paus 1965, S. 72, wiederum besagt, die komplexe Form des Tons gebiete es von vornherein, dass „man die Zusammengehörigkeit als gegeben ansieht"; vgl. Anm. 155 unten. Theiss 1974, S. 185 f., folgt dieser Einschätzung. Explizit keine Liedeinheit sehen Brinkmann 1948, S. 521 f., de Boor 1964[6], S. 264; Spiewok 1963, S. 677; Ingebrand 1966, S. 132–139; Hölzl 1980, S. 561 f.
121 Vgl. Kasten 2005 [1995], S. 702 f.
122 Kasten 2005 [1995], S. 702.
123 Neben dem prominenten Beispiel von Kreuzliedern, in denen eine konfliktuöse Spannung von Gottes- und Frauendienst besteht, liegt Selbiges auch vor, wo qua ‚konnotativer Ausbeutung' eine Sakralisierung der Geliebten kenntlich wird. Vgl. dazu aber auch den Hinweis von Huber 2012, S. 380 f., der in Rückgriff auf diese viel zitierte Wendung von Warning 1997 [1979] differenzierend festhält, dass im Minnesang – anders als hier – andere Semantiken auch zitiert werden „mit dem Ziel, sie fernzuhalten, zu zeigen, dass sie in ihren Konsequenzen gerade nicht greifen" (S. 381).

jenseits, sondern diesseits der Diskussion von Minnethematik anzusiedeln. Sie stellt einen Bezugsrahmen für sie bereit, und lässt sich solcherart ebenfalls gewinnbringend als Partizipation an der Variationskunst des Minnesangs beschreiben.

9 C

> Ich was des vil ungewon,
> des ich nu wonen muos:
> das mich der minne bant
> von sorgen liesse iht frî.
> 5 nu scheidet mich dâ von
> ein ungemacher gruos,
> der was mir unbekant,
> nu ist er mir als bî.
> vil gerne wære ichs vrî.
> 10 mir enwart diu sêle noch der lîp
> dêswâr nie lieber, danne mir ie was ein wîb,
> diu eteswenne sprach, das selbe wære ich ir.
> nu hât sis gar verkêrt her ze mir.[124]

(Ich war gar nicht daran gewöhnt, | woran ich mich jetzt gewöhnen muss: | dass die Fessel der Minne mich [nicht] | frei von Sorgen lässt. | Davon trennt mich jetzt | ein unfreundlicher Gruß; | er war mir unbekannt, | jetzt ist er bei mir. | Sehr gerne wäre ich frei von ihm. | Nie wurden mir Körper und Seele, | wahrlich, lieber als eine Frau, | die einst sagte, das wäre ich auch ihr. | Jetzt hat sie es mir ins Gegenteil verkehrt.)

In hochkomplexer Weise formuliert der Aufgesang der ersten Strophe des vierten Tons eine Aussage, die polyvalenten Charakter hat und unterschiedliche Deutungsmöglichkeiten zulässt.[125] Entscheidend für ihr Verständnis ist einerseits die in der Forschung umstrittene Frage, ob das *iht* in Vers 4 positiv oder negativ aufzufassen ist, und andererseits die Entscheidung, worauf man die Formulierung in Vers 5, *dâ von* getrennt zu sein, bezieht.

Zum ersten: Die grammatikalisch zunächst näher liegende Annahme, das *iht* positiv zu bestimmen,[126] steht semantisch merklich in Spannung zum weiteren Strophenverlauf. Sie hätte zur Folge, dass das Ich angibt, sich jetzt daran gewöhnen zu müssen, dass die Bande der Liebe ihn frei von Sorgen lassen, es nun folglich in un-

---

124 Die Wiedergabe der Strophen entspricht in den Versbrüchen MF(LH), MF(V) und Kasten 2005 [1995], S. 186. MF(MT) und MF(K) nehmen im Aufgesang Binnenreime an.
125 Das betont auch Kasten 2005 [1995], S. 703, hat dabei aber vornehmlich V. 4 im Blick.
126 Sie wird vertreten von Ingebrand 1966, S. 133.

gewohnter Weise sorglos leben könnte.¹²⁷ Das steht in scharfem Kontrast dazu, dass alles, was im Weiteren über den aktuellen Zustand des Ich – in prägnanter Wiederholung des *nu* (V. 5, 8, 13) – gesagt wird, eindeutig negativ bestimmt ist.¹²⁸ Es ist deshalb, insbesondere rekursiv betrachtet, weitaus wahrscheinlicher, dass die gegenwärtige Situation des Ich insgesamt negativ zu bewerten ist, es also gerade nicht sorgenfrei ist. Gleichwohl scheint es nicht unplausibel zu sein, im Aufgesang ein Spiel mit der Semantizität des *iht* angelegt zu sehen. Es suggeriert zunächst – positiv – eine im Minnesang überraschende Sorgenfreiheit, bevor im Strophenverlauf – negativ – die erwartbare und somit in ihrer Unhintergehbarkeit inszenierte Tatsache in den Vordergrund rückt, dass das Ich als liebendes mitnichten sorglos ist.

Zum zweiten: Subjekt des zweiten Stollens ist *ein ungemacher gruos*,¹²⁹ der das Ich von etwas *scheidet*. Grammatikalisch möglich erscheint es einerseits, diese Trennung auf *der minne bant* in Vers 3 zu beziehen, den Inhalt des Grußes also im wörtlichen Sinne als Auflösung einer Liebesbeziehung zu begreifen. Beschrieben wäre eine Situation des Abschieds, die einen paradigmatischen Bezug zur am Beginn der Folgestrophe beschriebenen Abwendung von Diesseitigem erkennen ließe. Für diese von Kasten favorisierte Lesart¹³⁰ spricht, dass im Abgesang tatsächlich die Rede davon ist, dass Mann und Frau einst einander ihre Zuneigung artikuliert haben. Gegen sie spricht der erste Stollen. Bei positiver Auffassung des *iht* steht die Annahme einer Trennung von der Geliebten im Kontrast zur Aussage, *nu* sorgenfrei zu sein.¹³¹ Bei negativer

---

127 So die Übersetzung von Margherita Kuhn; vgl. Kasten 2005 [1995], S. 187.
128 Dementsprechend merkt schon Paul 1876, S. 532, an, man habe das *iht* im Prinzip negativ aufzufassen, da nur so die ersten beiden Verse, wenn man sie als ein Satz versteht, Sinn ergeben würden. Paul hält allerdings das Verständnis von *iht* = nicht für „sprachwidrig" und schlägt stattdessen einen Punkt nach dem ersten Satz vor, um V. 2 als Wunsch lesen zu können. Schönbach 1899, S. 94, und Vogt argumentieren dagegen; vgl. MF(V), S. 367: „Durch den Ausdruck des Sollens [...] wird es möglich, *iht* [...] negativ zu fassen."
129 Mehrere Lesarten der Strophe in der Forschung basieren auf der Konjektur dieser Stelle in MF(K) zu *ungemaches gruoz*, die von Kraus gegen Haupt und Vogt eingeführt hat. Schon Paul 1876, S. 533, hatte für diese Lesart aufgrund seiner Behauptung plädiert, dass ein solches Adjektiv im Mittelhochdeutschen nicht existiere. Von Kraus widerlegt das zwar, konjiziert aber dennoch, da er in der handschriftlich überlieferten Fassung einen Widerspruch zum Strophenschluss angezeigt sieht; vgl. MFU, S. 242 f. Der Konjektur folgend, spricht Wentzlaff-Eggebert 1960, S. 204, von einer „Aussage des Schmerzes". Vgl. in diesem Sinne auch Ingebrand 1966, S. 133 f., und Theiss 1974, S. 180. MF(MT) macht die Konjektur rückgängig, Kasten 2005 [1995] folgt dem.
130 Vgl. Kasten 2005 [1995], S. 703.
131 Der Übersetzungsvorschlag bei Kasten 2005 [1995], S. 187, ist deshalb m. E. in sich widersprüchlich. Die Annahme, dass bereits die Liebesbindung selbst in der Vergangenheit mit Leid verbunden gewesen sei und deshalb ihre Trennung das Potenzial birgt, dieses Leid zukünftig zu verabschieden (so die der Übersetzung zugrunde liegende Deutung, die Kasten 2005 [1995], S. 703, knapp ausführt), ist vom Text in doppelter Hinsicht nicht gedeckt: Erstens wird die vergangene Interaktion mit der Geliebten ausschließlich positiv bestimmt; zweitens verheißt die aktuelle Situation – wie oben ausgeführt – alles andere als Sorgenfreiheit. Die von Kasten vorgeschlagene Deutung von 9 C steht zu deutlich im Interesse einer Parallelisierung der Aufgesänge von 9 und 10 C, um jeweils „die Grundsituation der Trennung mit dem Thema der Absage" (ebd.) postulieren zu können. Die Interpretation

Auffassung des *iht* wären die Bande der Liebe nachgerade der Auslöser davon, *nicht* sorgenfrei zu sein und somit mitnichten ‚aufgelöst', sondern für das Ich – entsprechend seiner konventionalisierten Position als Liebender – weiterhin aktuell, während die Dame anhand einer ‚unfreundlichen' Aussage anders als einst kundgetan hat, ihm nicht mehr zugetan zu sein.[132] Es scheint deshalb auch plausibel, das *scheiden* allgemein auf ‚Sorgenfreiheit' zu beziehen. Wovon der *gruos* das Ich aktuell trennt, ist in dieser Lesart ein Zustand der Sorglosigkeit. Das ist zwar eine durchaus überraschende Behauptung einer einstigen Interaktion mit der Geliebten, die gar in einer habitualisierten Weise positiv war. Doch hat genau dies im Abgesang seine Entsprechung darin, dass von einer vergangenen, einander zugetanen Kommunikation von Mann und Frau die Rede ist. Dementsprechend soll diese Lesart im Folgenden weiter ausgeführt werden.

Was im Aufgesang über seine polyvalente Semantizität hinaus auffällt, ist die Strategie einer wiederholten Gegenüberstellung von Gegensatzpaaren.[133] Bemerkenswert ist dies bereits in den ersten Versen, wo die Kontrastierung von einstigem (V. 1) und aktuellem Zustand (V. 2) mit der stilistischen Finesse einhergeht, die Wendung *ungewon* (V. 1) durch die Wendung *nu wonen* (V. 2) buchstäblich zu invertieren. In den folgenden Versen steht *der minne bant* (V. 3) kontrastiv zum vergangenen Zustand, *frî* von Sorgen zu sein (V. 4), was durch die Wiederholung des Reimworts in Vers 8 noch an Wirkung gewinnt.[134] Was im ersten Stollen als Verfahren etabliert wird, mündet am Beginn des zweiten in die semantisch aussagekräftigste und gleichsam pointierteste Kontrastierung, dass ein *gruos* (V. 6) *scheidet* (V. 5). Dabei ist Pointe der Aussage eine doppelte: Zum einen läuft es der primären Konnotation von *gruos* als „das freundliche ansprechen, entgegenkommen, begrüßung"[135] selbstredend zuwider, dass das Entgegenkommen nicht nur – was es ebenfalls bereits an sich bedeuten kann[136] – feindlicher Gesinnung ist, sondern gerade kein Entgegenkommen darstellt und Trennung indiziert. Zum anderen stellt dies eine prägnante Variation der konventi-

---

von Ingebrand 1966, S. 133f., der die Trennung ebenfalls auf *der minne bant* bezieht, basiert auf der Konjektur, einen ‚Gruß des Leids' zu lesen (vgl. dazu Anm. 129 oben): „Dieses Leid befreite ihn von der Minnefessel, hinwiederum wäre er selbst dessen gern wieder ledig [...]." Das steht in evidenter Spannung zu seiner positiven Lesart des *iht*, die besagt, dass die „Minnefessel" das Ich von Sorgen befreit hat.
132 Gerade dann kann der *gruos* das Ich – denn nur auf den Sprecher selbst bezieht sich die Formulierung *nu scheidet mich* (V. 4) – eben nicht von *der minne bant* geschieden haben.
133 Vgl. auch Brinkmann 1948, S. 521: „So läuft der Aufgesang wie eine Kreisbewegung ab, die auf jeder Stufe Gegensätze vergegenwärtigt." Seine knappe Lektüre von 9 C (S. 520f.) ist deutlich weniger biographistischer als die restlichen (die nichts Geringeres als „eine kurze Darstellung der Entwicklung Rugges" [S. 510] – und zwar seines Lebenslaufs – zum Ziel haben) und dadurch insb. in diesem Punkt die anschlussfähigste.
134 Eine ähnliche lexikalische Kontrastierung liegt schließlich auch in V. 7f. vor durch die Gegenüberstellung von ‚unbekannt' (V. 7) und ‚anwesend' (V. 8).
135 Lexer, Bd. 1, Sp. 1105. Im BMZ, Bd. 1, Sp. 582b, wird der Begriff als „wohl jedes entgegenkommen" zunächst neutral gefasst, es folgen aber deutlich mehr Belege für seine positive Konnotation.
136 Vgl. BMZ, Bd. 1, Sp. 582b.

onalisierten Verwendung im Minnesang dar, dass, wenn vom *gruos* der Dame geredet wird, entweder seine Abwesenheit bedauert oder seine Anwesenheit erhofft wird, das Entgegenkommen also – ob freundlich oder unfreundlich – zumeist nicht realisiert ist.[137] Demgegenüber stellt der *ungemache gruos* hier durchaus eine Aktion dar, die jedoch in einer bemerkenswerten Inversion der primären Implikationen des Sprechakts künftige Interaktion verhindert. So wird die Erwartbarkeit der topischen Aktionslosigkeit der Geliebten erst unterlaufen, um sie sogleich wieder einzuholen. Dementsprechend postuliert das Ich am Beginn des Abgesangs, sich einer solchen Aktion lieber entledigt zu wissen, was durch die Wiederholung des Reimworts *vrî* (V. 9) *sorgen* und *gruos* auch strukturell parallelisiert. Konventionell ist die aktuelle Situation des Liebenden folglich dadurch, von Leid geprägt zu sein; modifiziert und damit variiert ist der Umstand, dass dies als außergewöhnliche Veränderung eines bisherigen Zustandes inszeniert wird. Was letztlich kenntlich wird, ist das wiederum konventionalisierte Verfahren, die erwartbare Leidensposition des liebenden Ich als exzeptionelle zu exponieren.

Verstärkt wird dies in den folgenden Versen noch dadurch, dass der positive Charakter des bisherigen Zustands beschrieben wird. Der Liebende definiert seine Liebe, indem er angibt, Körper und Seele – seine Existenz *in toto* also – seien ihm nie lieber gewesen als eine Frau (V. 10f.),[138] die einst Selbiges zum Ausdruck gebracht habe (V. 12). Hier wiederholt sich die strukturelle Logik des Aufgesangs: Formuliert wird eine einstige Gegenseitigkeit in der Liebe, die sich merklich different zur topischen Zeitlichkeit der Liebe als kontinuierlich unerfüllter verhält. Aktuell jedoch – wie der Text durch die vierte Nennung der Partikel *nu* am Beginn des Schlussverses pointiert markiert – liegt dadurch, dass die Dame dies *verkêrt* hat (V. 13), eine Situation des Leids vor, die äquivalent zum topischen Leiden eines Liebenden ist.[139] Durch den Begriff *verkêren* ist schließlich auch textimmanent das Prinzip der Inversion benannt, das der Strophe strukturell zugrunde liegt: Die Dame invertiert qua unfreundlichem Entgegenkommen einstige Zuneigung in aktuelle Sorgen, was für das Ich eine ge-

---

137 Vgl. dafür exemplarisch Friedrich von Hausen 16 C (MF 53,7), Albrecht von Johansdorf 2 A/3 B/4 C (MF 86,17), Heinrich von Morungen 9 CCᵃ (MF 124,20), Walther von der Vogelweide 20 C/30 p (L 14,30), 28 A/252 C (L 71,35). Anders Reinmar der Alte 32 A/17 C (MF 154,14). Strophen, wo wie in der vorliegenden Strophe von einem vorhandenen Gruß mit negativen Folgen die Rede ist, finden sich bei Heinrich von Morungen (34 C [MF 130,20]) und Reinmar dem Alten (52 A/174 C [MF 187,31]). Wird der Gruß auf den Liebenden selbst bezogen, wird seine positive Konnotation aktualisiert; vgl. bspw. Kaiser Heinrich 1 BC (MF 5,16), V. 1; Albrecht von Johansdorf 18 B/19 C (MF 91,36), V. 1f.
138 Dies stellt wiederum durch die zusätzliche Benennung der Seele eine intensivierende Variation der topischen Wendung *lieb alsam der lîp* dar, die bereits in 1 C formuliert wurde. Vgl. für weitere Belege Anm. 45; vgl. zur intensivierenden Variation Anm. 100.
139 Deshalb lässt sich hier auch nicht grundsätzlich von der „Vorstellung von der Gegenseitigkeit der Liebe" sprechen, wie dies Stamer 1976, S. 187, tut. Die „gegenseitige, aufrichtige Liebe zwischen Mann und Frau" liegt hier mitnichten vor. Wenn Stamer hier einen Bezug zu „Denkbildern der donauländischen Liebeslyrik" angezeigt sieht (ebd.), isoliert er V. 12 aus dem Gesamtzusammenhang der Strophe. Vgl. auch Ingebrand 1966, S. 134.

wohnte in eine ungewohnte Situation ‚verkehrt'. Auf Rezeptionsebene bedeutet diese Variation der Schilderung von Minne wiederum eine Inversion des Unerwarteten (vergangene Gegenseitigkeit) in Erwartbares (gegenwärtiges Leid). Was im Resultat nichts anderes ist als die konventionelle Misslage des Liebenden, sucht der Text offensiv zu exzeptionalisieren, indem er es als ‚verkehrt' darstellt. Die Variation der Ursachen des Leids bezweckt eine Darstellung seiner Auswirkungen, die als ungewohnte (V. 1) und unbekannte (V. 7) Situation, in der sich der Liebende lieber nicht befinden würde (V. 9), unbewältigbaren Charakter haben. Es erscheint als außergewöhnlich, was im Minnesang gewöhnlicher nicht sein könnte.

10 C

Des lîbes[140] habe ich mich
dur got vil gar bewegen,
es wær ein tumber wân,
dûhte mich des ze vil.[141]
5 ja lies er wunden sich,
dô er unser wolte pflegen.
der im des lônen kan,
wie sæliclîch er tuot!
wir toben umbe guot.
10 nu lânt mih tûsent lande hân:
ê ich sie danne wisse, sô müeste ich sie lân,
und enwirt mir dar nâch niht wan siben füesse lanc.
ûf besser lôn stêt aller mîn gedanc.

(Auf mein Leben habe ich | wegen Gott gänzlich verzichtet. | Es wäre eine unverständige Ansicht, | wenn ich das für zu viel hielte. | Ja, er ließ sich verwunden, | als er sich unser annehmen wollte. | Wer ihm das lohnen kann – | wie heilverheißend der handelt! | Wir toben um Besitz. | Lasst mich jetzt tausend Länder besitzen: | Ehe ich sie kennen würde, müsste ich sie schon wieder verlassen, |

---

140 Anders als MF(MT) und Kasten 2005 [1995] es kennzeichnen, ist die Lesart lîbes keine Konjektur, sondern der Text der Handschrift, wo zwar liebes steht, das erste E aber unterpunktet ist und somit gestrichen. Das ist auch der Grund, warum MF(LH) es nicht im Apparat führt. MF(K) gibt es mit Unterpunktung im Apparat an. Die falsche bzw. unvollständige Angabe im Apparat von MF(MT) hat zu Fehlinterpretationen in der Sekundärliteratur geführt. So behauptet Hölzle 1980, S. 555, Anm. 2, mit liebes die Lesart der Handschrift beizubehalten und sieht eine „Abkehr von der Freude" angezeigt (S. 557).
141 Zur Herstellung des Reims ersetzt MF(MT) das hss. vil durch guot, ebenso Kasten 2005 [1995], S. 186; die Konjektur geht auf MF(K) zurück. Vgl. zur zusätzlichen Ergänzung eines ich in MF(MT) und MF(K) die kritische Bemerkung bei Kasten 2005 [1995], S. 703 f.

und mir steht danach nichts zu außer etwas, das sieben Fuß lang ist.¹⁴² | All meine Gedanken richten sich auf einen besseren Lohn.)

Mit der expliziten Formulierung von *humilitas* in den ersten beiden Versen dieser zweiten Strophe des vierten Tons benennt das Ich, dessen Selbstthematisierung durch die Artikulation des religiösen Grundsatzes maximal integrativen Charakter gewinnt, zu Strophenbeginn seine Haltung. Sie wird am Strophenende reformuliert und über den Strophenverlauf in variierender Argumentation begründet. Dass diese höchst allgemein gehaltene Aktualisierung religiöser Thematik in der Forschung einhellig als Kreuzzugsrhetorik bewertet und die Strophe folglich als Kreuzliedstrophe eingeordnet wurde,¹⁴³ entspricht der Tendenz der Minnesang-Forschung einer vorschnellen Zuweisung von Strophen in den Kreuzzugskontext, die Susanne Reichlin festgestellt hat.¹⁴⁴ Beobachten lässt sich demgegenüber, dass in 10 C konkrete Anzeichen auf einen Kreuzzug in Form von deutlich markierten Signalwörtern¹⁴⁵ ausbleiben:¹⁴⁶ Weder ist von einem Aufbruch die Rede noch von Kreuzzeichen noch von Heiden oder umgekehrt zumindest von einem Kollektiv, das sich Gott zuwendet. Das Personal des Gedichts besteht vielmehr aus einem Ich und einem kritisierten Wir, zu dem es sich genauso zählt, wie es sich davon abgrenzt. Das steht sichtlich in Differenz zur personalen Konstellation in den Kreuzliedern etwa Friedrichs von Hausen oder Hartmanns von Aue.¹⁴⁷ Statt eines eindeutigen Kreuzzugsbezugs ist der Strophe deshalb vielmehr ein allgemeinerer Geltungsanspruch zuzusprechen, der so offen gehalten ist, dass er sich je nach Rezeptionshaltung auch auf Kreuzzugsthematik beziehen lässt –

---

142 Vgl. MF(MT), S. 205: „gemeint ist der Sarg bzw. das Grab". Vgl. dazu auch Hölzle 1980, S. 559.
143 Vgl. Dietze 1873, S. 4 f.; Schmidt 1874, S. 24 f.; Paul 1876, S. 526; Henrici 1876, S. 48; Schindler 1889, S. 2, 49; Colleville 1936, S. 13; Brinkmann 1948, S. 521 f.; Paus 1965, S. 120; Ingebrand 1966, S. 132–139; Theiss 1974, S. 179–187; Hölzle 1980, S. 166 f., 555–560; Sayce 1982, S. 134 f.; Wisniewski 1984, S. 90; Schweikle 1995², S. 144. Grund für diese so vereindeutigende Zuschreibung ist auch die Tatsache, dass Rugge Autor eines Kreuzleichs ist; vgl. die Argumentation bei Brinkmann 1948, S. 521 f.; de Boor 1964⁶, S. 264; Paus 1965, S. 120; Hölzle 1980, S. 556–560. Skeptischer ist Vogt 1974, S. 286, Anm. 414, der anmerkt, die Strophe befinde sich „im Zwielicht", sie dann aber doch zum Kreuzlied zählt (S. 193). Auch Moser 1984 [1956], S. 58, bemerkt in einer Aufzählung von Kreuzzugslyrik, man könne sie aufgrund der Tongleichheit mit der Vorstrophe, nur „unter Umständen" dazu zählen, nennt sie in einem späteren Aufsatz aber gleichsam „Kreuzzugsstrophe"; vgl. Moser 1984 [1961], S. 96. Eine explizite Begründung der Zuschreibung findet sich bei Theiss 1974, S. 187, die beide Strophen als Kreuzlied versteht: „MF 102,3 ist ein Kreuzlied, obwohl die spezifischen Kreuzzugstermini „crûce", „varn" usw. nicht verwandt werden. Der Kreuzzugsgedanke ist vielmehr mit Hilfe der für das Kreuzlied typischen Themen zum Ausdruck gebracht." Vgl. zur Kritik dieser Position Anm. 148 unten.
144 Reichlin 2012, S. 15, zeigt, dass dies insbesondere bei Liedern der Fall ist, „die den Abschied oder die räumliche Trennung von der Geliebten thematisieren".
145 So die Bestimmung Reichlins für Kreuzzugslyrik; vgl. Reichlin 2012, S. 17.
146 Vgl. zur Begriffsdiskussion von Kreuzzug und Kreuzfahrt, dem Unterschied zwischen einer engen und einer weiten Definition Reichlin 2012, S. 14, Anm. 31.
147 Vgl. die Auflistung der Kreuzlieder bei Schweikle 1995², S. 144.

was im Rahmen einer Gattung, die die Subgattung des Kreuzliedes kennt, gleichwohl zwingend als Möglichkeit einzubeziehen ist.[148]

Bevor auf die eingangs bereits thematisierte paradigmatische Bezüglichkeit der Strophe auf die Verhandlung von Minne in der Vorstrophe sowie auf allgemeine Konstituenten von Minne eingegangen werden soll, gilt es zunächst, in einer textimmanenten Lektüre ihre Eigendynamik nachzuvollziehen. Mit der rhetorisch hervorgehobenen Benennung des *lîbes* am Strophenbeginn ist im Rahmen einer Formulierung von *humilitas* die hiesige Existenz des sprechenden Ich im Ganzen bezeichnet.[149] Anhand der Aussage, auf sie für Gott ganz und gar verzichtet zu haben (V. 2), artikuliert es eine Jenseitsorientierung, von der im Folgenden gesagt wird, es wäre eine falsche Einschätzung (V. 3), diese totale Selbstentsagung für *ze vil* zu halten (V. 4). Dadurch ist gleichsam die normative Geltung des Glaubensgrundsatzes formuliert, und sie wird im weiteren Verlauf der Strophe auf zweierlei Weise zu plausibilisieren gesucht. Erstes Argument ist die Selbstaufopferung Christi, der sich – wie es in gezielt kontrastiver Setzung heißt – *wunden* ließ (V. 5), um uns, die Menschheit, zu *pflegen* (V. 6). Akzentuiert ist die Äquivalenz zwischen der Hingabe Gottes und der aus ihr hervorgehenden Verpflichtung zu einer ‚eigenen' Hingabe der Gläubigen. Sie wird im siebten Vers als ein *lônen* bezeichnet, das wiederum ein Heilsversprechen birgt (V. 8). Die *imitatio Christi*[150] erscheint im Sinne einer Reziprozität göttlichen und menschlichen Handelns: Dass Gott sich hingab, um sich der Menschen im Allgemeinen anzunehmen, impliziert, dass sich der Mensch im Einzelnen gänzlich Gott hingeben muss, um die Heilsverheißung für seine Seele zu aktualisieren.

Das zweite Argument, das im Abgesang formuliert wird, ist die Verurteilung der Habsucht als eines Bestrebens, das aufgrund der menschlichen Vergänglichkeit ohnehin vergeblich ist. Nachdem die Todsünde in Vers 9 anhand der Nennung eines kollektiven *wir*, das den integrativen Charakter der Ich-Position markiert, zunächst als

---

148 Das betrifft die grundsätzliche Problematik, wann von einem Kreuzlied die Rede sein kann, denn explizite Bezugnahmen auf eine Kreuzfahrt gibt es im Minnesang seltener, als es die traditionelle Bezeichnung des Kreuzlieds als eine seiner Subgattungen vermuten lässt (vgl. Reichlin 2012, S. 15). Entscheidend ist, die Gefahr der Deduktion zu vermeiden, und die Interpretation von Strophen, die einen solchen Bezug möglich, nicht aber notwendig machen, von vornherein auf die Kreuzzugsthematik zu verengen. Die Bezüglichkeit ist hier als eine polyvalente zu begreifen, die Konkretisierung der Bezugnahme nicht zuletzt Frage der Rezeptionseinstellung. Mit der Diskussion der (Sub-)Gattungsfrage hat sich die Minnesang-Forschung ihre eigene Problematik geschaffen, die dezidiert keine der Texte selbst ist. In ihren variierenden Thematisierungen von Diesseits- und Jenseitsorientiertheit ist die Kreuzfahrt eines von mehreren Bezugsfeldern. Vgl. für die Diskussion der Kreuzlied-Definition insb. den Forschungsüberblick bei Hölzle 1980, S. 53–103, seinen eigenen, eng gefassten Kreuzlied-Begriff, S. 623f.; dessen Kritik bei Ranawake 1996, S. 68; Braun 2005, S. 2, Anm. 6; Klein 2007, S. 30–32; sowie den Überblick bei Reichlin 2012, S. 14–19.
149 Vgl. auch Theiss 1974, S. 182: „Der Dichter hat sich des „lîbes", des amor mundi, „dur got", um des amor Dei willen, „freiwillig" entäußert."
150 Vgl. dazu Theiss 1974, S. 183.

toben umbe guot deskriptiv festgehalten wird,¹⁵¹ exemplifiziert das Ich, indem es sich zugleich davon abhebt, die Hinfälligkeit der Diesseitsorientiertheit. In einer Publikumsansprache, die den exemplarischen und belehrenden Charakter seiner Selbstthematisierung anzeigt, formuliert es folgende hyperbolische Hypothese: Wenn man ihm *tûsent lande* zugestünde (V. 10), müsse es sie, noch bevor es überhaupt die Gelegenheit gehabt habe, sie kennengelernt zu haben und somit wertschätzen zu können, wieder ‚verlassen' (V. 11). Grund dafür ist selbstredend der Tod, und nach ihm bleibe einem nicht mehr ‚Besitz' als die Todesstätte.¹⁵² Was hier in durchaus aufwändiger Bildlichkeit vorgeführt wird, ist die variierende Begründung der eingangs formulierten Selbstlosigkeit in diesseitiger Hinsicht. Auf das ‚Eigene' im Sinne des Diesseitigen zu verzichten, birgt, so wird postuliert, nicht nur ein Heilsversprechen, Besitz erweist sich vom Tod aus gedacht auch grundsätzlich als vernachlässigbar. Dementsprechend richtet sich alles Denken des Ich, wie es am Schluss der Strophe heißt, *ûf besser lôn* (V. 13). Was inhaltlich die Reformulierung der Eingangsthese darstellt, enthält durch die Wiederaufnahme des *lôn*-Begriffs schließlich eine finale Pointe: Da die Selbstaufgabe eine Handlung ist, die einerseits einem *lônen* für die Hingabe Gottes gleichkommt (V. 7) und anderseits auf ‚besseren Lohn' ausgerichtet ist, erweist sich die Jenseitsorientierung als Akt maximaler Funktionalität.¹⁵³ Sich dem Diesseitigen abzuwenden, erfüllt die Funktion eines Heilsversprechens im Jenseitigen, es ist nicht Verlust, sondern Gewinn.

Dass sich das Beobachtete trotz seiner gänzlich differenten Thematik in einzelnen Aspekten auf die Verhandlung von Minne im Allgemeinen und auf das in der Vorstrophe Formulierte im Besonderen beziehen lässt, ist in erster Linie durch Gebrauch und Verwendung der Begriffe *lîp* (V. 1), *wân* (V. 3) und *lôn* (V. 7 und 13) bedingt.¹⁵⁴ Ihre paradigmatische Bezüglichkeit lässt eine bemerkenswerte Äquivalenz und eine grundlegende Differenz erkennen. Äquivalent gegenüber 9 C verhält sich, dass das

---

151 Hölzle 1980, S. 558 f., sieht in der Positionierung dieser Aussage am Beginn des Abgesangs eine „formale Sonderstellung", die ihr Gewicht verleihe.
152 Kasten 2005 [1995], S. 704, postuliert hier eine Anspielung „auf die Besitzgier und den Eroberungsdrang Alexanders des Großen" anhand einer Parallele zu V. 8 in Lamprechts *Alexander*. Eine solche Bezugnahme erscheint möglich, aber nicht zwingend. Der Vergleich hat m. E. weniger konkreten intertextuellen, als vielmehr allgemeingültigen Charakter.
153 So auch Theiss 1974, S. 185.
154 Auch Theiss 1974, S. 182, sieht deshalb eine Gegenüberstellung von „Weltminne" und „Gottesminne" gegeben, parallelisiert 9 und 10 C dabei aber zu sehr, da in 10 C weder eine ‚Liebe' zu Gott explizit, noch „die Unzulänglichkeit der Weltminne" benannt wird. Anders Ehrismann 1966 [1918], S. 234, der postuliert, „Gottesdienst und Frauenminne greifen nicht ineinander" bei Rugge, und somit wie die gesamte ältere Forschung, ausgehend von biographisierenden Lektüren der Strophen, die Reflexion von Minne nur dort angezeigt sieht, wo sie explizit ist. Auch Ingebrand 1966, S. 136–139, der die moralischen Aussagen der Strophe im Zusammenhang mit Ton X und Rugges Leich sieht, sucht hier eine allgemeine Haltung Rugges als Dichters zu eruieren, der „den festen Entschluß zur Kreuzfahrt aus der Gottesminne heraus [...] gefaßt hat" (S. 139). Die unzulässige Vereindeutigung der verhandelten religiösen Thematik in 10 C geht hier mit einer spekulativen Zuordnung bestimmter Texte zu einer bestimmten Lebensphase des Autors einher.

sprechende Ich auch in dieser Strophe seine Haltung zentral darüber bestimmt, den *lîp* im Sinne des ‚Eigenen' zugunsten der Orientierung auf eine andere Instanz für vernachlässigbar zu befinden.[155] Hatte das Ich in der Vorstrophe angegeben, Körper und Seele – seine Existenz im Ganzen also – für weniger wichtig als die Geliebte zu halten (9 C, V. 10 f.), scheint dies durch die begrifflich hervorgehobene Ähnlichkeit zur Selbstlosigkeit, die für die Haltung der *humilitas* konstitutiv ist und am Beginn von 10 C zum Ausdruck gebracht wird, rekursiv zumindest partiell nobilitiert.[156] Kenntlich wird nämlich, dass Minne nicht mit jener habsüchtigen Diesseitsbezogenheit gleichgesetzt werden kann, die verurteilt wird. Folglich unterscheidet sie sich – so womöglich das diskursive Bestreben dieser paradigmatischen Bezugnahme – auch gegenüber „dem Gegenbild der verdächtigen sexuellen Liebe"[157], die selbstredend als Ausdruck von Diesseitsbezogenheit zu gelten hätte. Die Variation der Selbstlosigkeit als Haltung des Ich, die ein konventionalisiertes Kennzeichen des Liebenden im Minnesang darstellt,[158] bewirkt im Abgleich somit nicht nur eine Ab-, sondern auch eine Aufwertung von Minne in ihrer selbstlosen Form. Dementsprechend ist es auch kein Zufall, dass die Aussage von 10 C, ‚tausend Länder' zu haben, sei verzichtbar, in augenfälliger Äquivalenz zur Aussage in Ton II steht, lieber um die Ehre der Geliebten zu wissen als ‚die ganze Welt' aufwandslos zu besitzen (vgl. 5 C, V. 3).

Zu beachten gilt es jedoch, dass die Formulierung in 9 C, die Frau sei ihm lieber als der Körper *und* die Seele, zugleich die konfliktuöse Spannung von Minne und Religion indiziert, wie sie prominent etwa in mehreren Kreuzliedern zum Ausdruck kommt.[159] Da die Seele hier im Dienste der Geliebten steht, tritt jene auf pointierte Weise explizit in Konkurrenz zu Gott als primärer Orientierungsinstanz. Was sich im Rahmen von Minnethematik als harmlose Zuneigungsbekundung verstehen lässt, macht im para-

---

155 Diesen Bezug stellt auch Paus 1965, S. 72, heraus und betont, dass er insb. in einer aufeinander folgenden Rezeption der beiden Strophen des vierten Tons evident sei. Er sieht darüber hinaus noch eine Beziehung zwischen dem letzten Vers der ersten und dem ersten der zweiten Strophe angezeigt: „In beiden wird der verschiedenartige Vorgang, der anders sogar direkter hätte bezeichnet werden können, durch ein verbum movendi ausgedrückt, so daß auf die eine, unfreiwillige „Wendung" unmittelbar der Entschluß zu einer viel weiter gehenden freiwilligen „Wendung" folgt" (S. 74). So reizvoll man diese Beobachtung finden mag, so gilt es dennoch festzuhalten, dass hier sichtlich Paus' allgemeiner Impetus zugrunde liegt, die Strophen eines Tons in einen syntagmatischen und dabei v. a. chronologischen Zusammenhang zu bringen. Das simple Schema ‚Abwendung der Dame' – ‚Hinwendung zu Gott' wird, wie eingangs der Tonbesprechung begründet, der Komplexität der Strophen nicht gerecht.
156 Vgl. dazu auch Schnell 1985, S. 184, der betont, dass in der Selbstlosigkeit der Liebe eine „konzeptionelle Übereinstimmung zwischen theologischer und ‚höfischer' Liebesauffassung" bestehe. Ihre Spezifizität sucht Schnell darin zu begründen, dass das Höfische auf ‚Innennormen' abziele, während es der Moraltheologie um ‚Außennormen' gehe; vgl. dazu auch Schnell 1990, insb. S. 293.
157 Schnell 1985, S. 138.
158 Vgl. dazu konzeptionell und mit Vergleich zur Trobadorlyrik, wo Äquivalentes zu beobachten ist, Schnell 1990, S. 250–258.
159 Vgl. etwa ebenfalls in prägnanter Variation des Begriffs *lîp* Friedrich von Hausen 10 B/25 C (MF 47,9). Vgl. dazu in Differenzierung zur Trobadorlyrik auch Kasten 1986, S. 287–293.

digmatischen Bezug die konnotative Ausbeutung kenntlich,[160] der Geliebten einen heilsverheißenden Charakter zugeschrieben zu haben. Dass sich dieser, so das Thema von 9 C, *verkêrt* hat (V. 13), impliziert zudem eine zentrale Differenz zwischen Minne und Religion: das Ausbleiben von *lôn* und den *wân*, ihn dennoch zu erhoffen und dementsprechend am Minnen festzuhalten. Beides erscheint im Rahmen der religiösen Ausrichtung des Ich in 10 C invertiert: Einem *wân* anheim zu fallen, wird als *tump* bezeichnet (V. 3), und der *lôn* erweist sich im Sinne einer Gegenleistung für die Hingabe Gottes (V. 7) als funktionale Handlung, die *ûf besser lôn* ausgerichtet ist (V. 13). Als Aussage, die innerhalb eines Minnesangkorpus überliefert ist, stellt dies sicherlich auch eine pointierte Markierung der Differenz zur Dysfunktionalität des Minnens dar.[161]

Nimmt man die Aspekte zusammen, ermöglicht die variierende Formulierung von Selbstlosigkeit im vierten Ton – einmal als frustrierte im Rahmen von Minne, einmal als verheißungsvolle im Rahmen von Religion – nachgerade durch ihre jeweilige Spezifizierung eine nicht unerhebliche Differenzierung der Konzeptualisierung von Minne. Zum einen erweist sich die Position eines liebenden Ich als defizitär gegenüber der eines Ich, das aus religiöser Motivation *ûf besser lôn* ausgerichtet ist. Das unterstreicht die Deutungshoheit des religiösen Diskurses ebenso, wie es das im Minnesang vielfach beobachtbare Verfahren erkennen lässt, die spezifische Semantizität seiner Begrifflichkeit in gleichzeitiger Applikation und Modifikation religiöser Semantik kenntlich werden zu lassen. Zum anderen erscheint die Selbstlosigkeit des Liebenden, deren Dysfunktionalität die erste Strophe einmal mehr vor Augen führt, durch ihre relative Äquivalenz zum Selbstverzicht des Gläubigen, die im Zentrum der zweiten Strophe steht, rekursiv in ambivalenter Weise sowohl auf- als auch abgewertet. Zwar haben für den Liebenden die Vorwürfe, die gegenüber Diesseitsorientierten erhoben werden, keine Gültigkeit, doch wird der „relativ[e] Heilswert der Liebe zur Frau" ebenso betont wie sein „beschränkte[r] Geltungsbereich"[162]. Anhand der Variation einer gleichermaßen selbstlosen Ich-Position werden im vierten Ton somit Ähnlichkeiten und Spannungen zwischen Minne und Religion deutlich. Dabei wird der Minne im direkten Vergleich zwar negativer Charakter verliehen, doch werden auch mögliche

---

160 Vgl. dazu Warning 1997 [1979].
161 Ausgeführt ist dieser Gegensatz in einer Strophe Friedrichs von Hausen (9 B/23 C; MF 46,29): *Mîner frowen was ich undertân, / diu âne lôn mînen dienst nan. / [...] / nu wil dienen dem, der lônen kan* (V. 1 f. und 10, Text nach C). Vgl. des Weiteren für den Gebrauch des *lôn*-Begriffs im Kontext von Minne im Rugge-Korpus die Diskussionen zu 2 C und 19 C (anders 4 C) sowie des Weiteren die Belege in Anm. 46. Zu kurz greift daher die These von Ingebrand 1966, S. 140, *besser lôn* finde hier „den Gegensatz nicht im ungelohnten Dienst an der Frau, sondern im schnöden Lohn, den die Welt, das heißt ein ausschließlich diesseitsbezogenes Sinnen und Trachten letzten Endes spenden wird". Hier einen impliziten Aufruf zum Kreuzzug und „indirekt Kreuzzugspropaganda" zu sehen (so Hölzle 1980, S. 558), ist, wie bereits begründet, möglich, nicht aber zwingend notwendig.
162 Kasten 1986, S. 288. Vgl. dort auch die weiteren Primärtextbelege für eine solche Betonung in Anm. 220. Die Strophe aus Ton VII, auf die entsprechend der MF-Angabe als Rugge-Strophe verwiesen wird, ist einzig im Reinmar-Korpus in C belegt.

Strategien ihrer Nobilitierung qua Abgrenzung von Habsucht kenntlich, wie sie etwa im noch zu diskutierenden zehnten Ton explizit Verwendung finden.

6 Explizite und implizite Funktionen von Gesellschaftskritik

Ton V

Der fünfte Ton, der wie der vierte ausschließlich im Rugge-Korpus in C überliefert ist, hat spruchhaften Charakter.[163] In einer kontrastiven Gegenüberstellung von Ich und anderen[164] entfaltet die erste Strophe eine Kritik am *valschen muot* als einer Gesinnung, die gestörte soziale Interaktion zur Folge hat: ein Grüßen, das so missgünstig ist, dass es mit einem Hund verglichen werden kann, der den beißt, der ihm nichts getan hat. Auch in der zweiten Strophe steht der *valsche muot*, der an identischer Position genannt wird, im Zentrum. Er wird einerseits abgegrenzt von *stæte*, die als Erkennungsmerkmal für Freunde bezeichnet wird. Andererseits wird er variierend darin bestimmt, dass Schein von Sein unterschieden werden muss, denn böse Leute, so heißt es, tragen unter schöner Kleidung falsche Gesinnung, und ihr Lachen kann nicht positiv bewertet werden.

Diese so pauschale wie harsche Gesellschaftskritik macht das Ich in ihrer Formulierung als souveränes kenntlich.[165] Es spricht nicht von persönlichen Erfahrungen, sondern verleiht seiner Missstandsbestimmung dadurch Geltung,[166] dass die Kritisierten maximal allgemein benannt werden und das Kritisierte in evidentem Widerspruch zu höfischen Werten steht. Die Benennung ihrer Überschreitung dient ihrer Affirmation, und folglich gewinnt die Ich-Position Souveränität, indem sie Allgemeingültiges artikuliert. Liebe wird dabei nicht thematisiert. Zudem unterscheidet sich die Sprechhaltung des gesellschaftskritischen, spruchhaften Ich auch dadurch von der eines liebenden, dass die ‚anderen' nicht nur als Kontrastfolie zur Spezifikation der Disposition des Ich dienen, sondern auch als Kontrastfolie zur Wertorientiertheit im Allgemeinen.

In der Forschung ist der fünfte Ton dementsprechend als Spruchton bezeichnet worden.[167] Während er inhaltlich zweifelsohne spruchhaft ist, hat seine Form jedoch – darauf hat Helmut Tervooren in seinem Handbuch zum Sangspruch nachdrücklich

---

163 Vgl. dafür, dass „Minnesänger [...] von Anfang an gelegentlich „Spruchstrophen" in ihre Lieder eingestellt bzw. Sangspruchthemen in einem ihnen gemäßen „minnesängerischen" Stil bearbeitet" haben, Tervooren 2001², S. 33.
164 Eikelmann 1988, S. 22, bezeichnet diesen Gegensatz, der auch in zahlreichen Strophen mit einem liebenden Ich begegnet, als ein ‚Denkschema' im Minnesang; vgl. dafür auch seine Belegreihe, S. 22–34.
165 Vgl. auch Eikelmann 1988, S. 24.
166 Vgl. auch Kasten 2005 [1995], S. 704 f.
167 Vgl. etwa Eikelmann 1988, S. 23; Kasten 2005 [1995], S. 704; Brem 2003, S. 279 f.

verwiesen[168] – eigenen Charakter. Sie stellt eine Nachahmung romanischer *coblas unissonans* dar und ist deshalb, so Tervooren, auch weil Ton V mehrstrophig sei, als „Experiment" zu deuten.[169] Das lässt den Schluss zu, dass die Strophen nicht einfach Sangspruch *sind*, sondern primär eine formale Variation konventionalisierter Sangspruchkonstituenten darstellen. Darüber hinaus beinhaltet insbesondere die zweite Strophe erneut eine durch die Variation der Sprechposition ermöglichte, modifizierte Verhandlung von Werten – *stæte, triuwe* –, die andernorts in der Thematisierung von Minne nicht nur von hoher Relevanz sind, sondern von höherer als in der Sangspruchdichtung selbst. Dies komparativ gegenüberzustellen, scheint noch in gesteigerter Weise legitimiert, wenn man berücksichtigt, dass sich die Strophen, wie es Katharina Boll vorgeschlagen hat,[170] auch als Frauenrede auffassen lassen.[171] Plausibel ist dies vor allem im Falle der zweiten Strophe, wo zu Beginn von einem grammatikalisch männlich bestimmten *friunt* die Rede ist, der sich von den Kritisierten in positiver Weise abhebt. Sieht man ein weibliches Ich angezeigt, werden Minne und *valscher muot* somit auch explizit abgeglichen. Dabei machen beide Lesarten, die es gleichwertig zu bedenken gilt, eine Kontrastierung innerer Werte und äußeren Auftretens kenntlich. Sie betrifft in der wiederholten Einforderung davon, Wort und Tat mögen einander entsprechen, im Sinne einer Perspektivierung des Sprechens als Sprechakt nicht zuletzt auch die Referenzialität der literarischen Rede selbst.

---

168 Tervooren 2001², S. 62.
169 Ebd.
170 Vgl. Boll 2007, S. 318–320.
171 Es verdankt sich den Überlegungen von Cramer 2000, dass ein vermehrtes Bewusstsein dafür entstanden ist, bei Strophen, in denen der Sprecher nicht eindeutig geschlechtlich markiert ist, kritisch zu prüfen, ob nicht fallweise verschiedene Zuweisungen möglich sind. Im Rugge-Korpus nennt er diesbezüglich die Strophen V,1–2; VII,4; VII,8–9; IX,1,4; X,2–3; XI,1 (S. 32). Die Strophen VII,4, VII,9 und XI,1 sind hier nicht von Belang, da sie nicht unter dem Namen Heinrichs von Rugge überliefert sind. Im Fall von V,1 wird im Folgenden argumentiert, dass eine weibliche Sprecherin unplausibel ist. Ähnliches gilt für die Töne IX und X (vgl. Anm. 349, 376 und 423). Für die mögliche Zuweisung des Ich zu verschiedenen Geschlechtern in Strophe VII,8 vgl. unten S. 149 f. Prinzipiell gilt es anzumerken, dass Cramer die Performanzsituation bei seinen zweifelsohne gewinnbringenden Überlegungen zu sehr ausblendet. Bei Strophen, die aufgrund einer fehlenden geschlechtlichen Markierung oder gar des grundsätzlichen Fehlens eines Ich auf der Ebene des Textes zurecht als geschlechtsneutral bezeichnet werden können, relativiert eine Performanzsituation das Postulat der Neutralität. Da aller Wahrscheinlichkeit nach die Sänger männlich waren, ist eine männliche Konnotation des Ich zwar nach wie vor nicht zwingend und bleibt rezeptionsbedingt, liegt aber gleichwohl näher. Deshalb bedarf es m. E. zumindest eines textuellen Signals, das im Hinblick auf den *gender*-Aspekt als polyvalent verstanden werden kann, wie es in der vorliegenden Strophe im Begriff *friunt* vorliegt und dementsprechend im Folgenden diskutiert wird. Die ältere Forschung hat Ton V einhellig als Männerrede aufgefasst, in der jüngeren Forschung hat einzig Boll 2007 die Option der Frauenrede in Betracht gezogen. In der Textausgabe von Kasten 2005 [1995] ist Ton V wie in MF als Männerrede gekennzeichnet.

11 C

> Mich grüesset menger mit dem munde,
> den ich doch wol gemelden kunde,
> das er mir ze keiner stunde
> rehter fröide nie niht gunde.
> 5 den gelîche ich einem hunde,
> der dur valschen muot
> sich des vlîsset, das er bîsset den, der im niht entuot.

(Mich grüßen viele mit dem Mund, | von denen ich jedoch durchaus berichten könnte, | dass sie mir zu keinem Zeitpunkt | rechte Freude gegönnt haben. | Ich vergleiche den mit einem Hund, | der sich aus falscher Gesinnung | darum bemüht, den zu beißen, der ihm nichts antut.)

In bemerkenswerter Äquivalenz zur ersten Strophe des vierten Tons steht in der ersten Strophe des fünften erneut eine kontraintuitive Ausübung von ‚Grüßen' zur Diskussion. Hatte in 9 C ein *ungemacher gruos* der Dame (V. 6) im Gegensatz zur gewöhnlichen Implikation eines kommunikativen Entgegenkommens eine Interaktion beendet, statt initiiert, heißt es hier nun, viele Leute würden den Sprecher zwar grüßen (V. 1), ihm jedoch keineswegs *fröide* gönnen (V. 3 f.). Dabei indiziert die Formulierung, dies geschehe *mit dem munde* (V. 1), dass ein solches Grüßen nicht mehr involviert als das Vorbringen des propositionalen Gehalts. Was ausbleibt, ist die illokutionäre Funktion des Sprechakts,[172] Freundlichkeit und somit Nähe zum Ausdruck zu bringen. Sie scheint vielmehr *ze keiner stunde* gegeben (V. 3); statt Freundlichkeit herrscht Missgunst.

Diese pauschale Kritik daran, im Rahmen sozialer Interaktion Zeichen zu geben, die ihrer Referenzialität entbehren, macht eine Definition ethischen und damit gleichsam höfischen Handelns kenntlich, die darin besteht, dass Verhalten und Haltung äquivalent zu sein und einander zu bedingen haben. Dieses zum Zwecke einer Markierung von *hövescheit* vielfach angewandte Postulat einer Entsprechung von Innen und Außen wird im zweiten Satz der Strophe auf drastische Weise zu untermauern gesucht. Die Aussage, ein solches Verhalten sei vergleichbar *einem hunde* (V. 5), der den attackiert, der ihm nichts zuleide getan hat (V. 7),[173] stellt eine prägnante Inversion der Ausgangsbeobachtung heuchlerischen Grüßens dar, indem die implizite Missgunst explizit als Angriff auf Unschuldige stilisiert wird.[174] Die Verletzung höfischer Normen wird somit quasi wörtlich genommen, bildstark als Verwundung (*bîs*-

---

172 Vgl. zur Begrifflichkeit Searle 1983 [1969].
173 Vgl. Schönbach 1899, S. 94: „Der Hund ist ein altes Bild des Neides (auch in Fabeln und Sprichwörtern)", sowie die dort aufgeführten Belege. Vgl. auch die Belegstellen zum Stichwort „Neid" bei Kasten 2005 [1995], S. 1091. Brem 2003, S. 280, sieht in der „Veranschaulichung mittels Bild und Vergleich" ein „sangspruchhaftes Registerkonstituens" gegeben.
174 Eikelmann 1988, S. 24, spricht dementsprechend von „negative[n] Kontrastfiguren".

set, V. 7) inszeniert und durch den Vergleich mit dem Hund offensiv als unzivilisiert markiert.

Die Pointe der Aussage dürfte dabei im performativen Vollzug des Vorwurfs liegen: Da grundlose Gewalt eine Handlung ist, deren Diskreditierung unschwer affirmiert werden kann, lässt sich in der Vergleichsformulierung die Strategie des Sprechers erkennen, eine Solidarisierung mit seiner Position auf Rezipientenseite zu bewirken. Sie hat zur Folge, dass der unspezifische Plural an Grüßenden als ein Drittes gegenüber dem Sänger und seinem Publikum erscheint. In der Performanz scheint nicht das Ich negativ beeinträchtigt von konventionalisierter sozialer Praxis zu sein, sondern *menger* Missgünstiger exkludiert vom Konsens des Produzenten sowie der Rezipientinnen und Rezipienten des Sangs, da jener die höfischen Normen bricht. Was auf Ebene des Bezeichneten als Handlung der vielen gegenüber dem Einzelnen erscheint, kann auf Ebene des Bezeichnens als Verhalten einiger Dritter gewertet werden, deren Normbruch eine konsensuelle Abwertung durch die Rezipientengruppe als Wertegemeinschaft impliziert.[175]

12 C

(‚)Ich erkenne mînen friunt sô stæte,
das er niemer missetæte
wan dur bœser liute ræte,
der die ungetriuwen bæte.
5   das si niht in schœner wæte
trüegen valschen muot,
das stüende in wol. ir lachen sol mich selten dunken guot.(')

5 fchoner

(Ich erkenne meinen Freund/Geliebten daran, dass er so zuverlässig ist, | dass er nie falsch handeln würde | außer auf Ratschläge schlechter Leute, | um die er[176] die[se] Untreuen bäte. | Trügen sie unter schöner Kleidung | keine falsche Gesinnung, | stünde ihnen das gut. Ihr Lachen kann mir selten gut vorkommen.)

In ihrer Verhandlung korrekten sozialen Verhaltens schließt die zweite Strophe des fünften Tons in Thematik und Sprechhaltung an ihre Vorstrophe an. Nach der Diskreditierung der Grüßenden in 11 C beginnt die Strophe mit dem Entwurf eines Ge-

---

[175] Eine paradigmatische Bezüglichkeit zur Verhandlung von Minnethematik liegt in dieser Strophe höchstens in lockerer Form vor, indem sich die Affirmation eines dezidiert höfischen Verhaltens selbstredend äquivalent verhält zur konstitutiven Orientierung eines Liebenden an höfischen Werten, wie sie etwa in Ton II zum Ausdruck kam.
[176] Vgl. dazu, dass hier eine Ellipse des Pronomens *er* angenommen werden muss, MFE, S. 91. Dort auch der entsprechende Übersetzungsvorschlag. Vgl. auch Kasten 2005 [1995], S. 705.

genmodells, indem Kriterien für das *erkennen* eines *friundes* genannt werden. Dass dies erneut in die Kritik an einer Gruppe unspezifischer Dritter übergeht, findet im zweiten Satz darin seine Fortsetzung, dass für diese *liute* nun auch explizit eine fehlende Korrespondenz von Innen und Außen postuliert wird. Dem daraus gewonnenen Gegensatz entspricht am Schluss der Strophe die Gegenüberstellung des Lachens als einer positiven emotionalen Regung mit der Tatsache, dass es im Falle der Kritisierten in der Regel negativ zu bewerten ist.

Wie bereits angesprochen, lässt sich diese Strophe sowohl als Männer- als auch als Frauenrede auffassen. Bedingt ist dies dadurch, dass das sprechende Ich wie schon in der Vorstrophe weder geschlechtlich markiert ist, noch ein weibliches Gegenüber genannt wird. Im Hinblick auf 11 C jedoch gibt es gewichtige, wenngleich nicht zwingende Argumente, keine Frauenrede angezeigt zu sehen. Versteht man die dort artikulierte Gesellschaftskritik allgemein, gibt es insbesondere in der jeweiligen Performanz des Textes, in der der vortragende Sänger aller Wahrscheinlichkeit nach männlich gewesen sein wird, kaum einen konkreten Anlass, das Ich als weibliches zu identifizieren. Katharina Boll sieht einen solchen Anlass dadurch gegeben, dass sie die Kritisierten spezifisch als etwaige Liebende beziehungsweise Werber versteht. Zu begründen sucht sie dies über das eingangs thematisierte *grüessen* (11 C, V. 1).[177] In dieser Lesart würde die Strophe als Frauenrede eine radikale Diskreditierung der Werbenden darstellen, die im zweiten Stollen mit der Aussage, *das er mir ze keiner stunde / rehter fröide nie niht gunde* (11 C, V. 4f.), einen Vorwurf beinhaltete, der in keiner anderen Frauenstrophe im Minnesang eine Parallele hätte.[178] Begründen ließe sich dies wiederum dadurch, dass in 12 C ein einzelner Geliebter gegenüber dem Plural *bœser liute* hervorgehoben wird, diese also als ebenjene lästigen Werbenden auffassbar wären. 11 C würde folglich in Gänze eine argumentative Vorbereitung dafür darstellen, den Geliebten gegenüber den Kritisierten zu exzeptionalisieren.[179] Doch hat diese Lesart, gerade weil es für Frauenrede aufgrund der Dominanz der männlichen Sprechposition[180] konkreter Signale bedarf und diese in 11 C selbst ausbleiben, auch deduktiven Charakter. Bezieht man demgegenüber die diskursive Prägung und Performativität der Ich-Position ein, macht es auch die Tatsache, dass sich das sprechende Ich evident äquivalent zu einem Spruch-Ich verhält, das seinerseits primär männlich konnotiert ist, plausibler, sie als Männerrede aufzufassen.[181] In der vorlie-

---

177 Boll 2007, S. 318–320.
178 Bei Reinmar findet sich das exakte Gegenteil der Aussage; vgl. 251 C (MF 198,16), V. 8: *vil mêre vröiden ich ir gan, danne ich mir selben gunne*. Eine Umkehrung – explizite Missgunst in Frauenrede, die etwaigen Werbenden ein Recht auf Freude abspricht – ist hingegen nicht belegt.
179 Vgl. dafür Boll 2007, S. 319f.
180 Vgl. dazu, „daß in der Lyrik der verschiedenen Literaturen [des Mittelalters, Anm. d. Vf.] die männliche Stimme dominant ist", auch Kasten 2000, S. 8f., Zitat S. 8.
181 Das ist auch der Grund, warum Boll 2007, S. 319, gleichsam eine „quasi ‚männlich' sprechende Frau" ansetzt und ebenfalls feststellt: „Stünde die erste Strophe für sich, wäre das Geschlecht der Sprecherrolle nicht zu klären" (S. 320).

genden Strophe, 12 C, hingegen ist eine Frauenrede nicht nur von vornherein nicht auszuschließen, sondern wird auch dadurch wahrscheinlich, dass sich der im ersten Vers genannte und im zweiten Vers männlich determinierte *friunt* konkret auf einen potenziellen Liebenden beziehen lässt und somit ein konkretes Signal für ein potenzielles weibliches Ich vorliegt. Deshalb gilt es, hier beide Rezeptionsweisen als gleichermaßen plausible auszuführen.

Versteht man das Ich als männliches, wird die Affirmation des Höfischen, die in der Vorstrophe *ex negativo* formuliert wurde, zu Strophenbeginn nun auch in positiver Wendung explizit. Als Kriterium zum ‚Erkennen' eines Freundes wird ein Verhalten, das *stæte* ist, benannt (V. 1). Es wird im Folgenden in erneuter Kontrastierung zu einer wieder unspezifischen Gruppe an Dritten näher erläutert: *stæte* äußert sich ganz allgemein darin, niemals etwas Falsches zu tun (V. 2), es sei denn man bittet Leute um Ratschlag, die deshalb als boshaft zu bezeichnen sind (V. 3), weil sie *ungetriuwe* sind (V. 4). Dass sie somit die genau gegenteilige Eigenschaft des Freundes aufweisen, hat seine Entsprechung darin, dass die *ræte* der Leute das Gegenteil dessen bewirken, was ein *rât* impliziert: Sie bezwecken Negatives, statt positiv und somit ‚freundschaftlich' motiviert zu sein. Dabei scheint es nicht so sehr darum zu gehen, die Qualitäten eines Freundes zu betonen (man könnte ihm ja auch Immunität gegenüber falschen Ratschlägen attestieren), als vielmehr das negative Potenzial externer Einflussnahme herauszustellen.[182] Davor zu warnen, stellt seinerseits einen Ratschlag dar, und folglich steht der Sprecher in Konkurrenz zu anderen Ratgeber-Instanzen. Die Affirmation von *stæte* und *triuwe* als höfische Werte geht einher mit der Selbstbehauptung einer moralisch integren Sprechposition, deren Souveränität erneut dezidiert spruchhaften Charakter hat.

Der zweite Satz stellt eine Variation der schon in der Vorstrophe angeprangerten Scheinheiligkeit dar. Er bedient sich des Topos von Innen und Außen, um in der Wiederholung davon, den Kritisierten *valschen muot* zuzuschreiben, die schöne Kleidung, die sie höfisch markiert, als falsches Zeichen zu entlarven. Schönheit verweist in ihrem Fall nicht, wie es sein sollte, auf Tugend.[183] Bemerkenswert ist diese Wendung vor allem stilistisch: Indem gesagt wird, unter schöner Kleidung falsche Gesinnung zu *tragen* (V. 6), *stüende* den Kritisierten *wol* (V. 7), wird das Bildfeld der Kleidung auf die Gesinnung transferiert. Der *muot* erscheint als etwas, das man sich ‚anlegen' kann. Was einem ‚gut steht', ist nicht modischer, sondern moralischer Natur. Damit wird weitergedacht, was bereits zuvor angelegt war: Bei der Bewertung einer Person als Freund oder *bœse* geht es um ein *erkennen*, das nun ambivalent zu denken ist. Indem die Innerlichkeit mit den Metaphern der Äußerlichkeit beschrieben wird, changiert es zwischen optischer Wahrnehmung und rationaler Erkenntnis. Deutlich

---

182 Insofern liegt hier auch kein „Schwenk von der öffentlichen hin zur privaten Ebene" vor, wie dies Boll 2007, S. 318, postuliert, sondern erstere wird durch letztere reperspektiviert.
183 Vgl. dazu auch Ingebrand 1966, S. 141.

wird, dass Erstere ohne Letztere genauso trügen kann wie die Ratschläge falscher Provenienz.

Auch der dritte und letzte Satz reformuliert den Aspekt der Scheinheiligkeit. Er hat insistierenden Charakter. Das Lachen, das in der Regel als Ausdruck von *fröide* fungiert,[184] gilt es, bei den Kritisierten in der Regel negativ zu bewerten (V. 7). Es ist nicht Ausdruck von *fröide*, sondern Häme. So, wie die Gruppe Dritter in der Vorstrophe die potenzielle *fröide* des Sprechers nicht anerkennen will, kann es hier keine *fröide* erkennen, wo sie für gewöhnlich zu vermuten wäre. Die Kritisierten verkehren die Zeichen des Höfischen; die Kritik selbst hingegen markiert an ihrem Ende, dass das, was dem Ich ‚gut vorkommt' (V. 7), allgemein als gut zu gelten hat. Es setzt auf einen Konsens, der in einer Performanzsituation die Affirmation seiner Position mit einer Affirmation des Höfischen gleichsetzt.

Bereits in dieser Lesart der Strophe als Männerrede erweist sich die Verhandlung von Treue und Verlässlichkeit als Kontrastfolie zum Topos ihrer Thematisierung als konstitutiver Eigenschaften eines Liebenden, wie sie etwa in Ton Ia ausführlich nachzuvollziehen war. Ihre Funktionalität als höfische Werte, die dort zwar oft eingefordert wird, nie aber realisiert scheint, wird hier explizit: *stæte* und *triuwe* sind die Indikatoren dafür, unter höfisch Gesinnten Allianzen zu bilden; *friunt* zu sein, impliziert, als *stæte* erkannt werden zu können. Die Variation der Sprechposition ermöglicht es, als spruchhaftes Ich das von anderen zu fordern, was ein liebendes Ich von sich selbst behauptet. Die dort exponierte Dysfunktionalität einer beständigen Haltung erweist sich im Abgleich erst recht als Spezifikum der Minne, während der Wert an sich pragmatische Geltung beanspruchen kann. Ihm wird von der Geliebten jene Anerkennung verwehrt, die das spruchhafte Ich hier zum Ausdruck bringt. Die außerliterarische Semantizität des Werts, die es bei seiner spezifischen Verwendung im Rahmen der Verhandlung von Minne mitzubedenken gilt, wird hier innerliterarisch wiederholt und somit in ihrer Gültigkeit unterstrichen.

Eindeutiger als in dieser äußerst allgemeinen paradigmatischen Bezüglichkeit zeigt sich die Kontrastierung der diskutierten Werte mit Minne, wenn man das Ich der Strophe als weibliches auffasst. In dieser Lesart stellt der *friunt* als männlicher Ge-

---

184 Zur Verwendung von *lachen* im Minnesang: In der Großzahl der Fälle ist es positiv konnotiert und steht dementsprechend zumeist in direktem Zusammenhang mit *fröide* und/oder der Geliebten, häufig auch als ihr Charakteristikum (Letzteres begegnet proportional besonders häufig bei Heinrich von Morungen, vgl. exemplarisch 16 B/27 CC^a [MF 128,21]). *lachen* wird gebraucht in Perspektivierung oder als direkter Ausdruck von positiver Gestimmtheit oder freudiger Zuneigung (vgl. stellvertretend Rudolf von Fenis 19 BC [MF 83,36], Heinrich von Morungen 77 C [MF 140,11]), bei Selbstthematisierungen des liebenden Ich selbstredend auch in Negation (vgl. etwa Reinmar der Alte 7 B/9 C/335 E [MF 151,33]). Hämisches oder auch trügerisches Lachen wird hingegen zumeist nicht mit Bezugnahme auf Minne verwendet; vgl. im Rugge-Korpus 28 C sowie Hartmann von Aue 15 B/19 C (MF 210,11; Kreuzlied) und Walther von der Vogelweide 115 C (L 65,17), 103 A/105 B/237 C/6 w^x (L 67,8). Ein negativ konnotiertes ‚Anlachen' findet sich bei Walther von der Vogelweide 178 C (L 51,37), ebenso ein ‚Auslachen' der Freudlosigkeit des Liebenden in 178 E/17 O (L 185,1). Vgl. auch Schweikle 1994, S. 111, Anm. 56; sowie Müller 2001 [1984]; Müller 2007, S. 298.

liebter selbst das Gegenbild zu den Kritisierten dar. In der Relationierung zu ihm erweist sich Minne als Hort des Höfischen gegenüber der Omnipräsenz unhöfischen Verhaltens. Dabei ist, was über ihn gesagt wird, kompatibel mit topischen Aussagen eines Liebenden über sich selbst:[185] Wen die Dame als Liebenden zu *erkennen* bereit ist, hat eine *stæte* aufzuweisen, die vor Fehltritten bewahrt. Als Reaktion auf die Aussagen der Vorstrophe lässt sich diese *stæte* nicht nur als allgemeine Beständigkeit, sondern insbesondere auch als jene Korrespondenz von Wort und Tat verstehen, die den Missgünstigen in 11 C abgesprochen wird. Da dieses Postulat in Form eines Kriteriums formuliert ist, ist nicht nur von einem Verhältnis zu einem spezifischen *friunt* auszugehen, dem Sprecher der Vorstrophe etwa, sondern auch und vor allem davon, dass hier die Bedingung der Möglichkeit zur Akzeptanz eines *friunt* benannt wird, und folglich ein Liebender, der *stæte* für sich beansprucht, sie erfüllt. Die etwa in Ton Ia formulierte Einforderung der Funktionalität einer beständigen und verlässlichen Haltung (2 C, V. 9 – 11) erscheint somit in der Frauenrede noch expliziter als in der Männerrede legitimiert.

Die folgende Thematisierung *bœser liute* und ihre Einschätzung unterscheiden sich als Frauenrede inhaltlich kaum von dem, was bereits beobachtet werden konnte. Einzig ihre Funktion ist anders einzuordnen. Begreift man den *friunt* als potenziellen Liebenden, erweist sich die potenzielle Minne als Allianz des Guten nach Innen gegenüber den negativen Einflüssen von außen, steht also in Kontrast zur mangelnden Innen-Außen-Korrespondenz bei den Kritisierten. Die dabei ersichtliche Äquivalenz von weiblichem Ich und männlichem Geliebten in ihrer jeweiligen Orientierung an höfischen Werten entspricht zwar ihrer konventionalisierten Konstituiertheit in Strophen mit einem männlichen liebenden Ich. Sie weist jedoch auch eine Einvernehmlichkeit der Relationierung auf, die erst durch die Frauenrede ermöglicht wird. In der Betonung pragmatischer Geltung von Verlässlichkeit vermag sie zu formulieren, was in Männerrede nachgerade in Frage steht.

Die polyvalente Variation der Sprechposition erweist sich im fünften Ton somit als Strategie, die allgemeine moralische Geltung höfischen Verhaltens in differierender Perspektivierung zum Ausdruck zu bringen. Was inhaltlich zunächst den Eindruck einer wenig komplexen, weil pauschalen Gesellschaftskritik zu vermitteln mag, ist aufgrund der Allgemeingültigkeit ihrer Inhalte insbesondere in der zweiten Strophe vielschichtig beziehbar: Die Formulierung von Notwendigkeit und Funktionalität der Orientierung an höfischen Werten erscheint in der Lesart als Männerrede ebenso als möglicher Bezugsrahmen für eine Legitimation der Konstituiertheit des Minnens, wie die Minne in der Lesart als Frauenrede selbst die Funktion einnimmt, unhöfisches Verhalten negativ stigmatisieren zu können. Dass die vielfach variierte Figur zu kritisierender Scheinheiligkeit in der ersten Strophe insbesondere durch die Differenz von Wort und Tat bestimmt wird, impliziert auf performativer Ebene zudem, dass der

---

185 Ihr kommt deshalb, wie auch Boll 2007, S. 320, festhält, konfirmative Funktion zu; vgl. zur konfirmativen Funktion von Frauenstrophen in Wechseln Köhler 1997, S. 60.

Sprechakt, dies zu kritisieren, sich als verbale Handlung seinerseits davon wesentlich unterscheidet. Die allgemeine moralische Geltung höfischen Verhaltens zu formulieren, markiert somit in spezifischer Weise letztlich auch den Geltungsanspruch der literarischen Rede selbst.

7 Freude über Gutes. Möglichkeitsbedingungen positiver Thematisierung von Minne

Ton VI

Nachdem in den Tönen IV und V eine jeweils auch tonimmanente Variation der Sprechpositionen nachzuvollziehen war, die maßgeblich eine Mobilisierung der Verhandlung anderer Thematiken als Minne darstellte, aber auch mögliche Funktionen als reflexive Bezugsrahmen für sie erkennen ließ, sind die vier Strophen des sechsten Tons[186] wieder gänzlich der Minne gewidmet. In einem Wechsel, in dem auf drei Männerstrophen eine – nun eindeutige – Frauenstrophe folgt, kommt sie in dezidert positiver Hinsicht zum Ausdruck.[187] Die Männerstrophen stilisieren die Dame als Freude spendendes Prinzip, und das insbesondere auf der Basis davon, dass ihre Reputation als Allgemeinwissen erscheint, das durch mehrere Instanzen konstituiert ist (Freunde, ‚hörbares' Lob) und sich aufgrund ihrer Makellosigkeit als konstant und

---

[186] Strophen des Tons finden sich in vier Handschriftenkorpora unter drei Namen: im Rugge- und Reinmar- Korpus in C sowie im Rugge-Korpus in B mit jeweils gleicher Strophenanzahl und -folge, während im Korpus Leutholds von Seven in A die Frauenstrophe fehlt und die Männerstrophen in anderer Reihenfolge überliefert sind (2, 3, 1). Das verleiht ihnen aufgrund der Äquivalenz ihrer Aussagen jedoch kaum differierenden Charakter. Hübner 1996, S. 91, vermutet, dass der Ton sich angesichts dieser Überlieferungslage „anscheinend einiger Beliebtheit erfreute". Derselbe Ton findet sich zudem auch bei Dietmar von Aist MF 35,16 und Heinrich von Veldeke MF 67,9. Zu den Uneinigkeiten in der Autorenzuschreibung in der älteren Forschung vgl. MFU, S. 243f.; zu ergänzen sind Becker 1882, S. 19–21, 27f., und Schönbach 1899, S. 94. Von Kraus spricht, Halbach 1928, S. 162, folgend, den ganzen Ton Rugge ab. Brinkmann 1948, S. 498–503, behauptet hingegen, die letzte Strophe (16 C) sei aufgrund der Tatsache, dass sie in der Parallelüberlieferung bei Leuthold von Seven fehlt, und aufgrund ihrer Eingangsverse, die er als typisch für Rugge bezeichnet, Rugge zuzuordnen. Paus 1965, S. 63f., und Maurer 1966, S. 113–115, schreiben den Ton wieder Rugge zu. Paus schlägt eine andere Strophenordnung vor (1, 3, 4, 2), wobei er inhaltlich ein Syntagma herzustellen sucht, dessen Abwesenheit er zuvor nicht nur erklärt, sondern auch begründet hatte (S. 62); vgl. dazu auch Anm. 205 unten. Da er selbst anmerkt, es „würde auch wohl eine andere Strophenzusammenstellung dem Lied als reiner Variationsfolge keinen Abbruch tun" (S. 63), erscheint sein Vorschlag umso fraglicher. Maurer 1966, S. 113, erwägt weitere Strophenfolgen, druckt den Ton dann aber wie MF. Vgl. zu den Textabweichungen der A- und C- Fassung, die hier aufgrund der differenten Autorenzuschreibung nicht im Fokus stehen, Cramer 1997, S. 159–161. Vgl. zur Zuweisung zu Leuthold von Seven in A Boll 2007, S. 321, Anm. 41.
[187] Vgl. zur Schwierigkeit der Applikation des Gattungsbegriffs auf den Wechsel, da „er sich als Problemfall jeder Gattungsklassifikation erweist", Eikelmann 1999, S. 85–87, Zitat S. 85.

ungefährdet erweist.[188] Die darauf folgende Frauenstrophe formuliert eine Interaktion zwischen weiblichem Ich und einem *ritter*. Sie kommt dadurch zustande, dass sein Dienst ihren Sorgen Abhilfe leistet, was *beiden guot gewin* ist und folglich eine so funktionierende wie funktionale Gegenseitigkeit zum Ausdruck bringt.

Diese bemerkenswerte Fokussierung von Liebe als einer reziproken Relationierung zweier Liebender, die für beide ausschließlich positive Effekte zeitigt, steht in evidenter Spannung zur topischen Unerfüllbarkeit der Minne. Doch griffe es zu kurz, hier vorschnell einen Entwurf von Minne aktualisiert zu sehen, der sich, wie dies in der Forschung wiederholt postuliert wurde, als Reflex eines eigentlich schon ‚überwundenen' Modells gegenseitiger Liebe aus dem frühen Minnesang bezeichnen ließe.[189] Festzustellen ist vielmehr, dass in der Männerrede nicht von einer bestehenden Interaktion mit der Geliebten die Rede ist und die Gegebenheit von Nähe zu ihr im Modus der Imagination formuliert wird, was zahlreiche Parallelen im Minnesang hat.[190] Tatsächliche Interaktion kommt hingegen einzig in der Frauenstrophe zum Ausdruck. Das entspricht der wiederum konventionalisierten Praxis, anhand von Frauenrede zentrale Paradigmen der Verhandlung von Minne in variierender Weise zu reperspektivieren.[191] So kann in Frauenstrophen eine dem Mann gegenüber abweisende Haltung artikuliert werden, die etwa über den Verweis auf die eigene *êre* begründet wird.[192] Ebenso kann, wie dies in zahlreichen Tönen der Fall ist, eine Zuneigung kenntlich werden, die sich zumeist in Sehnsucht äußert,[193] der aber auch wie hier ein Kontakt zwischen Mann und Frau zugrunde liegen kann.[194] Dies ist im Rah-

---

188 Vgl. konzeptionell zur Freude im Minnesang – und dabei zentral auch mit Blick auf Texte, die „vor allem von der Freude sprechen und von der Freude ausgehen" und dementsprechend „als eine weitere Variation der intrikaten Verbindung von Freude und Leid" aufzufassen sind – Kellner 2015, Zitat S. 166.
189 So wurde insbesondere die Frauenstrophe als Beispiel für „früheste Lyrik" gesehen, „die noch die Gemeinsamkeit von zwei Partnern sucht"; vgl. Brinkmann 1972⁵ [1952], S. 105 f. Vgl. auch Mergell 1940, S. 35 f. Kasten 1986, S. 275, hält in ihrer knappen Anmerkung zur Strophe ebenfalls fest, die Dame äußere sich hier „wie im frühen Minnesang".
190 Vgl. ausführlich zur Imagination im Minnesang Kellner 2018, S. 187–299.
191 Vgl. dazu jüngst in kritischer Bewertung bisheriger Forschungspositionen Kellner 2018, S. 129–132. Vgl. konzeptionell auch Kasten 2000, S. 9, die anmerkt, die weibliche Stimme sei „inhaltlich kaum determiniert und deshalb vielseitig semantisierbar".
192 Vgl. etwa die in MF(MT) Rugge zugeschriebene (Ton XI, 5), aber einzig unter Reinmar überlieferte Strophe 193 C/283 E, V. 1–4: *Dem ich alsolher êren sol | getrûwen, als ich her behalden hân, | den muos ich ê bekennen wol: | sîn wille mac sô lîhte niht ergân* (Text nach C); sowie des Weiteren etwa Heinrich von Veldeke 14–17 A/5–7 BC (MF 57,18), 47 BC (MF 67,17). Vgl. mit prägnantem Verweis auf *stæte* etwa auch Reinmar der Alte 74 b/117 C (MF 177,34).
193 Exemplarisch dafür sind die Verwendungen von *senen, senelich* etc. als Komponente der Selbstthematisierung in Frauenstrophen; vgl. stellvertretend Der Burggraf von Regensburg 2 A/4 C (MF 16,23), Heinrich von Morungen 13 B/35 C (MF 131,1), Reinmar der Alte 257 C/273 E (MF 199,25). Vgl. des Weiteren auch Reinmar der Alte 2 B/4 C (MF 151,1) und im Rugge-Korpus 21 C.
194 Das ist selbstredend im Tagelied der Fall; vgl. darüber hinaus aber auch für den Minnesang des 12. Jhs. Heinrich von Veldeke 55–57 C (MF XXXVII, 3–5), Albrecht von Johansdorf 21–22 C und 16 B/17 C (MF 91,22), Reinmar der Alte 216 C (MF 193,1; in den weiteren Strophen dieses Frauenliedes wird die Problematik thematisiert, durch den bestehenden Kontakt die *êre* aufs Spiel zu setzen), 360–361 e

men von Texten, die ausschließlich von Männern verfasst wurden, wie es Beate Kellner jüngst noch einmal betont hat, insofern auch als Projektion männlichen Wunschdenkens aufzufassen, als dass in der Frauenrede oft die „Entäußerung des Inneren korrespondiert mit der Reflexion der eigenen Gedanken und Begierden in den Kanzonen der männlichen Sänger" und sie sich somit komplementär zu diesen verhält.[195]

Was im sechsten Ton zum Ausdruck kommt, ist nicht ein Entwurf von Liebe, der etwa im Gegensatz zur ‚Hohen Minne' stünde, weil aus Sicht des Liebenden selbst hier ‚erfüllt' wäre, was bei Problematisierung seines Leids explizit Leerstelle bleibt: eine von ihm konstatierte Interaktion mit der Geliebten. Vielmehr führen die vier Strophen die Möglichkeitsbedingungen davon vor, Minne positiv zu thematisieren. Zur Anwendung kommt erneut ein Verfahren von Variation, das im Dienste der Akzentuierung spezifischer Aspekte von Minne andere Aspekte, die in anderen Tönen im Fokus stehen, ausklammert. So ist in der Männerrede die nachdrückliche Betonung davon, dass die Geliebte die *fröide* des Liebenden steigert, einerseits dadurch motiviert, dass ihr vielfach Tugendhaftigkeit und *güete* attribuiert werden. Sie ist andererseits aber auch dadurch bedingt, dass die Güte – wie es der Text selbst am Ende der ersten Strophe festhält – situativ nicht die Unerreichbarkeit der Geliebten impliziert (was etwa in Ton III der Fall war), und die Freude nicht – wie etwa in Ton Ia – ins Verhältnis zu einem *lôn* gesetzt wird. Dass in der Folge die Variation der Sprechposition dazu genutzt werden kann, jene Nähe, die aus dem Munde des männlichen Liebenden nur qua Imagination artikulierbar ist, in der Frauenrede als Interaktion zu formulieren, ist wiederum dadurch bedingt, dass das weibliche Ich ihre *êre* ebenfalls dezidiert nicht thematisiert. Wo sie dies tut – das zeigt der Blick auf andere Frauenstrophen –, wird

---

(MF 203,10), Hartmann von Aue 48–51 C (MF 216,1; hier oszillierend zwischen erhofftem und bestehendem Kontakt). Vgl. auch die Klage über den Verlust bzw. Abschied von der Geliebten, in der gleichsam ein bisheriger Kontakt artikuliert wird, bei Heinrich von Morungen 13 B/35 C (MF 131,1) und Hartmann von Aue 55–57 C (MF 217,14). Für Selbiges in hypothetischer Form vgl. im Rugge-Korpus 29 C.
195 Vgl. Kellner 2018, S. 129–132 (Zitat S. 130), sowie J.-D. Müller 2001b, S. 233. Dies zu betonen, ist insb. deshalb wichtig, da in der Forschung auch prominent die Ansicht vertreten wurde, Frauenstrophen hätten Verwendung gefunden, „um die Frau in das Liebesgeschehen zu integrieren, ihre aktive Teilnahme zu verdeutlichen und um die in den Männerliedern vertretene Liebesauffassung zu ergänzen und sie „realistisch" zu perspektivieren" (Kasten 1986, S. 275). Was dieses Postulat vernachlässigt, ist der Umstand, dass Frauenrede insb. im Wechsel häufig konfirmative Funktion zukommt (vgl. konzeptionell dazu Köhler 1997, S. 60), was deutlich macht, dass sie in diesem Fall argumentativ für die Anliegen der Männerrede funktionalisiert wird. Schnell 1999 sucht gegen die Annahme von „Wunschbilder[n]" zu argumentieren. Seine Hauptargument, dass Frauenrede sich durch unterschiedliche Kontextualisierungen auszeichnet, stellt eine wichtige Beobachtung dar, die sich, wie die folgenden Frauenstrophen-Besprechungen zu zeigen suchen, m. E. jedoch nachgerade als Teil des Projektionscharakters begreifen lässt. Ermöglicht werden Perspektivierungen, die anderes als in der Männerrede sagbar werden lassen. Des Weiteren ist seine These, dass „beim Vortrag eines Mannesliedes [...] die Positionen von Frauenliedern ständig präsent" waren und mitgehört werden sollten (S. 184), nicht nur spekulativ, sondern steht auch im Widerspruch zur von Schnell selbst herausgestellten Variabilität dieser Positionen (sprich: Welche der verschiedenen Positionen sollten mitgehört werden?). Vgl. zu Schnell 1999 auch Anm. 236 in diesem Kapitel.

das Werben des Mannes entweder zurückgewiesen[196] oder aber die akute Gefahr der Interaktion für ihre Reputation hervorgehoben.[197] Dass die Instanzen der Sozialaufsicht, die insbesondere im frühen Sang, aber auch darüber hinaus topisch die Begegnung der Liebenden verhindern,[198] ebenso nicht benannt werden wie überhaupt jegliche Form von Dritten, die eine soziale Kontextualisierung der Kommunikation anzeigen würden, führt vor Augen, dass die Formulierung der Interaktion auch in der Frauenrede, wo sie möglich ist, durch Ausklammerungen ermöglicht wird.

Die Perspektivierung von Liebe anhand ihrer äquivalenten Aufwertung in Männer- und Frauenrede stellt im sechsten Ton somit eine Variation, nicht aber eine Suspension des konventionalisierten Minnekonzepts dar. Affirmiert ist die Exzeptionalität der Geliebten als Movens der Orientierung auf sie, modifiziert ihr Leid generierender Charakter. Indem jene Paradigmen, die zur Begründung und Reflexion des Leids andernorts aktualisiert werden, hier ausgeblendet sind, ohne aufgehoben zu werden, und umgekehrt jene, die auch andernorts zur Artikulation und Legitimation von Freude dienen, im Zentrum stehen, wird es möglich, die Liebe zur allerbesten Dame in der Männerrede ausschließlich positiv zu perspektivieren. Dass im Anschluss daran eine Frauenrede konfirmativen Charakters steht, die, was in der Männerrede Leerstelle blieb, füllt, unterstreicht diese Argumentationsstrategie nachdrücklich. Der Ton bedient sich konventionalisierter Mittel der Verhandlung von Minne, um den unkonventionellen Umstand ihrer tatsächlichen Gegebenheit suggerieren zu können.

13 C

> Habe ich friunt, die wünschen ir,
> das si iemer sælig müesse sîn,
> dur die ich elliu wîb verbir.
> diu mêret vil der fröide mîn
> 5 und kan mit güete sich erwern,
> das man ir valsches niht engiht.
> ich entrûwe von leide den lîp ernern,
> swenne si mîn ouge niht ensiht.

5 gůte

---

[196] Vgl. die Belege in Anm. 192.
[197] So im Tagelied sowie etwa bei Friedrich von Hausen 51–53 C/F bl. 106^(r–v) (MF 54,1) und Reinmar dem Alten 214–218 C (MF 192,25).
[198] Im frühen Sang dominiert die Benennung der Sozialaufsicht als *merker/merkære* (vgl. etwa die Frauenreden beim Kürenberger 3 C [MF 7,19] und Meinloh von Sevelingen 10 BC [MF 13,14]), der aber auch bis in den späten Minnesang regelmäßig Verwendung findet. Vgl. zur Verwendung von *huote* in Frauenrede Dietmar von Aist 1 BC (MF 32,1); vgl. auch die prägnante Formulierung bei Albrecht von Johansdorf 29 C (MF 93,12), V. 1: *Ich vant si âne huote.*

7 Freude über Gutes. Möglichkeitsbedingungen positiver Thematisierung von Minne — 133

(Wenn ich Freunde habe, dann wünschen sie ihr, | dass sie immer glücklich sein möge, | wegen der ich auf alle anderen Frauen verzichte. | Sie vergrößert meine Freude sehr | und kann sich mit Güte dagegen wehren, | dass man Falsches über sie sagt. | Ich vertraue nicht darauf, mich vor Leid zu bewahren, | wenn sie mein Auge nicht sieht.)

Um die Exzeptionalität der Geliebten, die im Zentrum der ersten Strophe des sechsten Tons steht, herauszustellen, bedient der Text sich zunächst der externen Instanz einer nicht näher definierten Gruppe von Freunden.[199] Sie wünschen jener Dame, *sælig* zu sein, für die der Liebende, wie er in der Folge angibt, auf alle anderen Frauen verzichtet. Die Relationierung der Dreierkonstellation Liebender-Freunde-Geliebte, im Rahmen derer die Exzeptionalisierung der Dame formuliert wird, vollzieht sich syntaktisch polyvalent. Hier lohnt es sich, die Bezugnahmen einzeln nachzuvollziehen:

1. Ich und Freunde stehen innerhalb eines konditionalen Nebensatzes in Bezug zueinander. Das Bestehen ihrer Relation ist syntaktisch Voraussetzung dafür, weitere Relationen zu formulieren. Dabei lässt sich die Wendung, „wenn ich Freunde habe, dann...", auf zwei Weisen deuten. Zum einen kann man eine hypothetische Annahme veranschlagen, im Sinne von: „Ist die Tatsache gegeben, dass ich Freunde habe, dann..." Diesem Verständnis nach hat die Aussage theoretischen Charakter. Sie geht nicht von einer realen Gegebenheit aus, sondern überlegt im eigentlichen Sinne konjunktivisch, was der Fall wäre, wenn das Ich Freunde hätte. Ein anderes Verständnis ergibt sich, wenn man die Aussage rhetorisch aufgreift und den Gebrauch des Konjunktivs insofern als ‚uneigentlich', als dass im Modus der Annahme formuliert wird, was eigentlich der Fall ist. Setzt man voraus, dass der Sprecher tatsächlich Freunde hat, ist es vielmehr die Kategorie ‚Freund' an sich, die als entscheidende Voraussetzung für das Folgende fungiert. Die Wendung ist dann zu verstehen im Sinne von: „Wenn es welche gibt, die ich als Freunde bezeichnen kann (und die gibt es), dann..." In diesem Fall hat die Aussage empirischen Charakter.

2. Freunde und Dame sind Subjekt und Objekt eines Wunsches, dessen Inhalt ihre Glücklichkeit ist. Bezieht man dies auf den vorausgehenden Teilsatz, bedeutet das: Wenn es Leute gibt, die dem Liebenden nahe stehen, artikulieren sie mit dem Wunsch etwas, das ihnen nahe steht – woraus logisch folgt, dass es auch dem Liebenden selbst nahe steht. *Wer* ihm nahe steht, formuliert folglich, *was* ihm nahe steht. Die Freunde stehen als Drittes zwischen Liebendem und Wunsch; sie sind Medium seiner

---

199 Vgl. zur Freundeshilfe als Topos Eder 2016, S. 148, mit Belegen in Anm. 140. Auffällig ist, dass sich hier gleich zu Beginn des sechsten Tons die Thematisierung der Kategorie *friunt* wiederholt, die in der unmittelbar vorausgegangenen zweiten Strophe des fünften Tons ebenfalls im ersten Vers thematisiert worden war. Es ließe sich deshalb überlegen, ob die Töne aufgrund dieser Äquivalenz von den Handschriften-Redaktoren nacheinander angeordnet worden sein könnten. Doch gilt es zu beachten, dass solche Beispiele augenfällig wiederholter Begrifflichkeit in direkt aufeinander folgenden Tönen insgesamt zu unsystematisch auftreten, als dass von einem Prinzip die Rede sein könnte. Ein Abgleich ihrer jeweiligen Verwendung sollte deshalb nur mit Vorsicht als von der Handschrift ‚nahegelegt' verstanden werden.

Artikulation.²⁰⁰ Performativ besteht die Pointe darin, dass das Ich dies wiederum selbst formuliert. Es redet von sich, ohne über sich selbst zu reden. Resultat ist die Objektivierung des Wunschs. Je nachdem, ob man die Aussage theoretisch oder empirisch versteht, ist das entweder Behauptung oder Beschreibung der Tatsachen.

3. Dass das Verhältnis von Ich und Dame erst nach dieser Relationierung im dritten Vers zur Sprache kommt, kompliziert auch die im Prinzip eindeutige Aussage, dass es für sie auf alle anderen Frauen verzichtet. Eingebunden in das beschriebene syntaktische Gefüge, ist diese Aussage gleichsam Bestätigung und Rechtfertigung des Wunschs der Freunde. Dabei ist es entscheidend, dass hier syntaktisch vorangestellt wird, was inhaltlich Folge ist. Welche Handlung welche bedingt, wird dadurch verschränkt: Einerseits ist der konkrete Vorzug der Geliebten vor allen anderen Frauen Voraussetzung dafür, dass die Freunde ihr Glück wünschen. Andererseits ist die Tatsache, dass sie prinzipiell eine Person ist, der dem Liebenden nahe stehende Personen Glück wünschen würden, wiederum syntaktische Voraussetzung davon, dass über sie gesagt werden kann, dass sie außergewöhnlich ist. Das bedeutet, dass die Selektion des Liebenden nicht nur den Wunsch der Freunde bestätigt und rechtfertigt, sondern gleichsam durch ihn bestätigt und rechtfertigt wird.²⁰¹ Der Akt, für eine Frau andere zu entbehren und sie zur Geliebten zu erklären, ist somit eingebunden in die Relationierung, sowohl Bedingung für das Wohlwollen Dritter als auch bedingt durch ebenjenes zu sein. Hier wird, allgemein gesprochen, die Eingebundenheit der Minne in ein soziales Gefüge kenntlich, auf das sie bezogen bleibt, das sie diskutiert und von dem sie diskutiert wird. Dass das genauso als theoretisch angenommen wie praktisch erwiesen verstanden werden kann, verdankt die Aussage ihrer Polyvalenz.

Auch der darauf folgende vierte Vers, in dem der Sprecher postuliert, die Dame mehre seine *fröide*, ist syntaktisch doppeldeutig. Entweder sieht man in ihm, wie die Herausgeber von MF(MT), den Beginn eines neuen Satzes oder man schließt ihn syntaktisch an den vorausgehenden dritten Vers an, der im Zentrum einer *constructio apokoinu* steht. Dass grammatikalisch beides möglich ist, potenziert die Polyvalenz um einen weiteren Grad. Geht man vom Beginn eines neuen Satzes in Vers 4 aus, beinhaltet dieser die Konsequenzen des zuvor Geschilderten. Es entsteht der Eindruck einer zeitlichen Abfolge: Nachdem die Frau den Vorzug vor allen anderen erhalten hat, bewirkt sie beim Liebenden einen Zustand der *fröide*. Der Akt des Exzeptionalisierens scheint durch die hervorgerufene positive Gestimmtheit rekursiv legitimiert. Versteht man demgegenüber den dritten und vierten Vers als Teil des gleichen Satzes, gewinnen Selektion und Freude an Gleichzeitigkeit. In diesem Verständnis scheint es

---

200 Eine Inversion dieser Funktionalisierung von ‚Freunden' liegt bei Albrecht von Johansdorf 4 A (MF 87,5) vor, wo ausgesagt wird, wer dem Liebenden die Geliebte leidig machen wolle, könne nicht als sein Freund gelten. Vgl. auch die Beispiele zum *rât* der Freunde in Anm. 208. Anders Reinmar der Alte 34 A/32 B/56 C/306 E (MF 165, 10) und 241 C (MF 196, 29, Frauenrede), wo die Freunde eine kontrastive Haltung zum Ich einnehmen.
201 So auch die knappe Anmerkung bei Boll 2007, S. 321, Anm. 44.

ebenso naheliegend, dass die Dame gerade deshalb den Vorzug erhält, weil sie seine *fröide* potenziert. Umgekehrt ließe sich auch argumentieren, dass der Liebende überhaupt erst freudig werden kann, weil er für die Frau auf alle anderen verzichtet, und somit nicht nur die Dame, sondern auch er selbst durch die Bevorzugung von gerade ihr für das Mehr an Freude verantwortlich ist.

Diese erstaunliche Vielfalt an Verständnisangeboten hat zum Resultat, dass die im Zentrum des Aufgesangs stehende Aussage, die Geliebte allen anderen vorzuziehen, vielschichtig legitimiert werden kann. Das Verhältnis zwischen Ich und Dame ist eingebunden in ein Netz wechselseitiger Bedingtheiten, die der Artikulation davon, dass sie die *fröide* des Liebenden mehrt, ebenso Plausibilität verleihen wie der Tatsache, dass das topische Leid – das etwa in Ton Ia dadurch ausgedrückt wurde, dass die Geliebte, *in der gewalt mîn fröide stât* (2 C, V. 3), keinen *lôn* spendet – aktuell ausgeblendet werden kann.[202] Dementsprechend geht der Satz am Beginn des Abgesangs in das Lob ihrer *güete* über, die sie vor übler Nachrede beschützt (V. 5f.). Die postulierte Haltung der Freunde ihr gegenüber erscheint rekursiv legitimiert, indem mit ihrer Makellosigkeit gleichsam die Möglichkeitsbedingung für Ursprung und Kontinuität ihrer Reputation benannt ist.

Während die Exzeptionalität und der gute Ruf der Geliebten folglich als grundlegende Implikation ihres Wesens erscheinen, unterliegt die Freude des Liebenden, wie am Strophenschluss kenntlich gemacht wird, ganz im Gegenteil dazu situationsspezifischen Bedingungen. Indem das Ich aussagt, es könne sich vor Leid nicht bewahren, wenn es die Dame nicht sehen könne und somit nicht in seiner Nähe wisse (V. 7f.), wird der Umstand, dass sein aktueller Zustand der Freude maßgeblich eine Ausklammerung von Leid darstellt, explizit. Während die Geliebte *iemer sælig müesse sîn* (V. 2), birgt genau dies für den Liebenden das Potenzial, nicht glücklich zu sein. Zwar ist das zunächst nichts anderes, als *ex negativo* zu unterstreichen, dass die Präsenz der Dame positiv ist, während sich ihre Absenz negativ auswirkt.[203] Doch

---

[202] Dem entspricht der Umstand, dass, wenn im Minnesang die positiven Aspekte des Minnens im Fokus stehen, prinzipiell die Dame für diese *fröide* verantwortlich ist; vgl. stellvertretend für die zahlreichen Beispiele der Dame als Freude spendendes Prinzip Bernger von Horheim 3 C (MF 115,19), Hartwig von Raute 6 BC (MF 117,14), Heinrich von Morungen 4 BCC[a] (MF 123,1) sowie die prägnante Minne-Didaxe bei Walther von der Vogelweide 65–68 C (L 91,17). Bei Kritik hingegen ist die Instanz der Minne sehr viel häufiger Zielpunkt als die Dame selbst. Diese im Minnesang mit wenigen Ausnahmen (z. B. Reinmar der Alte 365 E [MF 145,9]) durchgehaltene Trennung ist ein Grundmoment des Minneparadoxes. Da nämlich umgekehrt der topische Zustand des Liebenden in zahlreichen Strophen in direkter Abgrenzung zum Begriff der *fröide* artikuliert wird (vgl. stellvertretend Albrecht von Johansdorf 1 AB/2 C [MF 86,1], Hartmann von Aue 1 BC [MF 205,1]), lässt sich am Gebrauch des Begriffs die ambivalente Stellung der Geliebten, die Freude spendet und Leid generiert, gut nachvollziehen. In einigen Fällen bezeichnet *fröide* auch einen überindividuellen Zustand, zumeist im Zusammenhang mit Jahreszeitentopik; vgl. stellvertretend Ulrich von Gutenburg 1 BC (MF 77,36) und Heinrich von Morungen 6 B/14 CC[a] (MF 125,26).
[203] Wenn Hübner 1996, S. 92, feststellt, der Liebende habe „also verhältnismäßig wenig zu klagen", ist dem mit Blick auf das in 13 C explizit Gemachte genauso zuzustimmen, wie es zu differenzieren gilt,

erscheint dabei, was andernorts die *klage* des liebenden Ich generiert, ebenfalls präsent gehalten. Deutlich wird, dass die Auserkorene gleichzeitig Quell von *fröide* (V. 4) und *leide* (V. 7) sein kann, je nachdem, ob ihre Qualität oder ihre Verfügbarkeit im Fokus steht. Was dem Prinzip nach Freude auslöst, kann situativ Leid herbeiführen. Folglich werden die Möglichkeitsbedingungen davon, dass Minne positiv thematisiert wird, nicht nur im paradigmatischen Abgleich mit variierenden Entwürfen von Minne kenntlich, sondern auch textimmanent benannt.

14 C

> Mir gab ein sinnic herze rât,
> dô ich si ûs al der werlte erkôs:
> ein wîb, diu manige tugende begât
> und lop mit valsche nie verlôs.
> 5 das was ein sæliklichiu zît.
> von ir ich grôsse fröide hân,
> der schœnen muos ich den strît
> vil gar an guoten dingen lân.

7 fchonen

(Mir gab ein kluges Herz Ratschläge, | als ich aus der ganzen Welt sie erwählte: | eine Frau, die viel Vortreffliches macht | und ihre Anerkennung nie durch Falschheit verloren hat. | Das war eine glückliche Zeit. | Derjenigen, die mir große Freude bereitet, | der Schönen, muss ich gänzlich das Feld überlassen | bei guten Dingen.)

Die zweite Strophe des sechsten Tons schließt in Thematik, Sprechhaltung und Begrifflichkeit unmittelbar an ihre Vorstrophe an. Im Zuge einer steigernden Variation[204] davon, die Exzeptionalität der Geliebten herauszustellen,[205] wird das Leidpotenzial

---

dass die Exzeptionalisierung der Geliebten sich hier nicht anders vollzieht als in Strophen, wo genau das die *klage* des Liebenden zur Folge hat. Das heißt m. E. nicht, dass man es hier mit einem anderen „Stand der Beziehung" (ebd.) zu tun hat, sondern mit einer anderen Perspektivierung dieses Stands. Die Ursachen für das in der vorliegenden Strophe als potenziell beschriebene Leid erscheinen nicht als bewältigbar, sondern sind ausgeblendet.

204 Vgl. dazu Anm. 100 oben.
205 Auch Paus 1965, S. 62f., dessen Lektüren sonst primär auf syntagmatische Zusammenhänge ausgerichtet sind, sieht in Ton VI vorrangig „Variationen" am Werk (vgl. zustimmend Köhler 1997, S. 133), beurteilt dies aber genau deshalb kritisch: „Geben sich somit die Strophen unzweifelhaft als verwandt zu erkennen, so bilden sie doch kein Lied als ein Kunstwerk, dessen besondere Gestaltung auf innerer Notwendigkeit zu beruhen scheint. Es sind vielmehr Variationen eines bestimmten lyrischen Gedankens in loser Strophenreihung" (S. 63). Auffällig ist erneut, dass Paus bei seinen Inhaltsanalysen im Gegensatz zu seinen Beobachtungen zur Form zu unklarer Kategorienbildung neigt.

nun gänzlich ausgeblendet. Nachdem in der Vorstrophe gesagt worden war, für die Geliebte auf alle anderen Frauen zu verzichten, wird dies zu Strophenbeginn um die Feststellung ergänzt, dass die exklusive Wahl der Dame auf Ratschlag eines klugen Herzens hin geschah.[206] Postuliert wird eine Vernunft des Gefühls, der Impuls, Liebender zu werden, damit doppelt begründet. Dabei stellt die Form des *râtes* an sich selbst[207] eine signifikante Variation der Thematisierung von Ratschlägen dar: Waren in der zweiten Strophe des fünften Tons die externen *ræte*, wie dies im Minnesang häufig der Fall ist,[208] bösartiger Provenienz, folgt der Rat des Internen einer Instanz, die *sinnic* ist.[209] Beides bewirkt eine Verschiebung in der Semantik von *râten*, jemand anderem mit positiver Intention Handlungshinweise zu geben. Während bei den externen Ratschlägen die Intentionalität differiert, fehlt in der Selbstthematisierung das Gegenüber. Dem wird begegnet durch die Verwendung des indefiniten Artikels *ein* vor *sinnic herze*. Er indiziert die Vermeidung des zu erwartenden Possessivpronomens *mîn*, was es ermöglicht, *mir* und *herze* als Nehmer und Geber des Ratschlags in zwei

---

Was „lyrischer Gedanke" bezeichnen soll, bleibt in seinen Ausführungen zu Ton VI ebenso unerklärt wie der Umstand, worin dessen Bestimmtheit hier seiner Ansicht nach besteht.
206 Diese Wendung ist das exakte Gegenstück zur Formulierung in 8 C, wo es heißt, das *herze* habe den Liebenden *verrâten* (vgl. die Diskussion dazu auf S. 105 f. oben). Wichtig ist der differente Fokus: In der vorliegenden Strophe liegt er auf der Qualität der Dame, weshalb der Rat positiv gewertet wird. In 8 C liegt er auf ihrer Aktionslosigkeit, was zur gegenteiligen Bewertung führt.
207 Zurecht betont Boll 2007, S. 322, Anm. 46, dass der in der Folge noch ausführlicher thematisierte indefinite Artikel vor *herze* – zumal er auch deiktische Funktion haben kann – es theoretisch ermöglicht, dass der Rat auch von jemand anderem stammen könnte. Da dessen Referenz aber fraglich bliebe und keine weitere Relevanz für den Textverlauf hätte, scheint die selbstbezügliche Lesart plausibler. Denn zudem gilt: Wird das *herze* im Minnesang, wo es in der Großzahl seiner zahlreichen Verwendungen das Herz des Liebenden bezeichnet, metonymisch zur Beschreibung von anderen verwendet, geschieht dies im Hinblick auf deren emotionale Disposition (vgl. stellvertretend den Natureingang bei Dietmar von Aist 7 BC [MF 33,15], V. 4: *des wirt vil manig herze frô* [Text nach C]). Für ein Rat gebendes Herz, das nicht das des Sprechers wäre, gibt es keine Parallele. Demgegenüber begegnet die Figur der Selbstberatung durch das Herzen auch bei Dietmar von Aist 41 C (MF XVI, 1); Albrecht von Johansdorf 1 AB/2 C (MF 86,1) und Reinmar dem Alten 53 A/175 C (MF 188,16). Die Formulierung *sinnic herze* findet sich bei den Autoren des 12. und beginnenden 13. Jhs. einzig bei Reinmar noch einmal (und auch im 13. Jh. nur in einer namenlos überlieferten Strophe), dort in Rechtfertigung der eigenen Position gegenüber anderen; vgl. 211–212 C (MF 192,4).
208 Werden externe *ræte* thematisiert, werden diese in der Regel negativ bewertet oder in ihrer Abwesenheit beklagt; vgl. Albrecht von Johansdorf 6 B/7 C (MF 88,19), Reinmar der Alte 24 B/65 C/295 E/m bl. 3ᵛ (MF 167,22), Hartmann von Aue 28 B/32 C (MF 212,29), 36 C (MF 213,9). Gegenstücke dazu sind zum einen der *rât* der *friunde* (vgl. Friedrich von Hausen 5 C [MF 43,28], Reinmar der Alte 39 A/21 b/63 C/293 E [MF 166,25], Hartmann von Aue 50 C [MF 216,15]), zum anderen die Suche nach dem Rat *wîser liute*; vgl. im Rugge-Korpus 32 C sowie Reinmar der Alte 31 b/74 C/249 E (MF 169, 15).
209 Geht man von einer Selbstberatung aus, hat ihre positive Bewertung keine Parallelen im Minnesang. Die Beratung durch Instanzen des Eigenen (z. B. *herze*, *muot*) verläuft zumeist ohne Wertung. In einigen Fällen wird sie negativ bewertet; vgl. dafür Bernger von Horheim 9 B/13 C (MF 114,3), Reinmar der Alte 8 A/2 b/36 C/299 E (MF 159,19), 39 b/82 C (MF 170,36). Eine prägnante Variation der Thematik findet sich bei Reinmar dem Alten 207 C (MF 191,7), V. 1–4: *Ich welte ûf guoter liute sage / und ouch durh mînes herzen rât / ein wîb, von der ich dike trage / vil manige nôt, diu nâhe gât.*

geschiedene Instanzen zu differenzieren. Das Ich ist Nehmer des Rates und derjenige, der die Geliebte, wie es im zweiten Vers heißt, daraufhin ausgewählt hat. Das Herz, Teil des Ganzen, ist Geber des Rates und die Instanz seiner Disposition. Die Pointe des ersten Stollens besteht in dieser Lesart folglich darin, dass die eigentliche Handlung, eine Dame auszuwählen, überhaupt erst dadurch ausgelöst wird, dass die Disposition im *râten* selbst handelt. Das Ich ist Mittler zwischen Herz und Tat, und damit artikuliert sich auf physiologischer Ebene eine ausdifferenzierte Form intrinsischer Motivation, die sich gleichsam als Spiegelung der Aussagen externer Instanzen in der Vorstrophe verstehen lässt.

Im zweiten Vers wird die bereits benannte Selektion der Geliebten variiert: Zum einen ist die Handlung, sie zu ‚erwählen', eine Inversion der Bezeichnung in der Vorstrophe, auf alle anderen zu ‚verzichten'.[210] Zum anderen wird der Selektionsgestus noch einmal überboten, wenn statt *elliu wîb* (13 C, V. 3) *al der welte* steht, und somit für die Exzeptionalität ein nunmehr universeller Anspruch formuliert ist. Dieser Modus variierender Zuspitzung des schon Gesagten setzt sich im zweiten Stollen fort: Hatte es in der Vorstrophe geheißen, die Dame könne sich qua *güete* vor übler Nachrede bewahren (13 C, V. 5 f.), steht anstelle Letzterer nun erneut in Inversion ein allgemeines *lop*, das nie gefährdet war (V. 4). Grund dafür ist das *begân* von vielfach Tugendhaftem. Es bezeichnet nicht eine konkrete Interaktion mit dem Liebenden, sondern – wie dies auch in Ton II in äquivalenter Weise zum Ausdruck gekommen war[211] – ihren allgemeinen Lebenswandel.[212]

Am Beginn des Abgesangs wird der im Aufgesang festgehaltene Moment des ‚Auswählens' der Geliebten in der Aussage, dass das *was ein sæliklîchiu zît* (V. 5), sowohl legitimiert als auch zeitlich ausgedehnt. Die Tatsache und die Umstände davon, sich in Anbetracht aller verfügbaren Optionen auf *ein wîb* zu konzentrieren, werden nicht nur als geglückter Ausgangspunkt des Minnens begriffen, sondern auch als in sich geschlossener Zeitabschnitt eigenen Charakters. Dies und die Akzentuierung davon, dass sich über ihn nur Positives sagen lässt,[213] suchen der Feststellung am Schluss der Vorstrophe, dass die aktuelle Freude ein potenziell gefährdeter und somit endlicher Zustand ist (13 C, V. 7 f.), eine Entzeitlichung des Positiven entgegenzusetzen und ihr grundsätzlichen Charakter zu verleihen.

---

210 Köhler 1997, S. 134, postuliert, dass die Formulierung auch betonen soll, dass die Zuwendung zur Dame keine zufällige war. Das ist ebenso zutreffend wie unspezifisch für diese Strophe, denn dass „die Wahl der Dame [...] das Ergebnis einer bewußten Entscheidung" ist, entspricht dem konventionellen Gebrauch des Verbs *erkiesen* im Hinblick auf die Dame. Vgl. Eder 2016, S. 140, Anm. 113, sowie bspw. Friedrich von Hausen 4 B/18 C (MF 43,10), 38 B/40 C (MF 50,27), Heinrich von Morungen 12 B (MF 130,31), Walther von der Vogelweide 89 A/186 C/251 D/1 N (L 53,25).
211 Vgl. 5 C, V. 5–7, sowie die Diskussion der Verse auf S. 93 oben.
212 Hübner 1996, S. 92, spricht dementsprechend von einem „tatsächlich realisierte[n] Verhaltensmuster".
213 Der inverse Fall liegt in 8 C vor, wo über die Initiation der Orientierung auf die Geliebte negativ gesprochen wird; vgl. S. 105 f. oben.

Der folgende sechste Vers stellt erneut eine *constructio apokoinu* dar. Insbesondere im performativen Vollzug wird man ihn aufgrund der direkten syntaktischen Anschließbarkeit zunächst auf den vorausgehenden Beginn des Abgesangs beziehen: *das was ein sæliklichiu zît, von ir ich grôsse fröide hân* (V. 5f.). So verstanden, ist der Zeitabschnitt selbst Quell der Freude. Er wird zur Metonymie für den Akt der Selektion, dessen Vollzug eine große Freude produziert, die in die Gegenwart hineinreicht. Den Fokus auf diese Zeit zu setzen, erscheint somit selbst Movens der *fröide*, die Formulierung als Erinnerung Ausdruck davon. Mit dem Progredieren der Strophe ändert sich der syntaktische Bezug des sechsten Verses jedoch auf das Folgende: Der Liebende wiederholt, dass die Geliebte Quell seiner Freude ist, die als *grôsse* ebenso in gesteigerter Form gegenüber der Vorstrophe erscheint[214] wie die Aussage am Strophenende, dass die *schœne* [...] *an guoten dingen* konkurrenzlos ist (V. 7f.).[215] Hatte die *güete* in 13 C die Exzeptionalisierung der Geliebten rekursiv legitimiert (V. 5), wird diese Qualität nun ihrerseits exzeptionalisiert.

Insgesamt lässt sich in dieser Strophe somit die Strategie nachvollziehen, das in der Vorstrophe noch im Rahmen sozialer Interaktion und einer Situationsdifferenzierung vollzogene Frauenlob vermehrt zu dekontextualisieren und dadurch gleichsam zu prinzipialisieren. Dabei spiegelt die textuelle Konzentration auf die Frau die Ausrichtung des Liebenden auf sie, was ihrer Plausibilisierung zuarbeitet und die zuvor noch explizite Ausklammerung von Leid in eine nun vollständige Ausblendung münden lassen kann.

15 C

    Mîn lîp von liebe mag ertoben,
    swenne ich das aller beste wîb
    sô gar ze guote hœre loben,
    diu nâhe in mînem herzen lît
5   verholne nu vil manigen tac.
    si tiuret gar die sinne mîn.
    ich bin noh stæte, als ich ie pflag,
    und wil das iemer gerne sîn.

(Ich kann vor Liebe anfangen zu rasen, | wenn ich höre, dass die allerbeste Frau | so sehr zum Guten gelobt wird, | die fest eingeschlossen in meinem Herzen liegt, | [und zwar] verborgen jetzt

---

214 Vgl. 13 C, V. 5f.
215 Die im Rugge-Korpus in B überlieferte Variante der Strophe differiert an dieser Stelle minimal, dort heißt es in V. 7f.: *der muos man ie den strît* [...] *lân*. Da in C nicht *man*, sondern *ich* steht, und das *ie* – wie auch in allen anderen Parallelüberlieferungen der Strophe – fehlt, erscheint die Aussage in B im doppelter Weise verallgemeinert, was mit dem Beginn der Vorstrophe korrespondiert. Vgl. dazu auch Boll 2007, S. 321, Anm. 43.

an vielen Tagen. | Sie macht meine Sinne wertvoll. | Ich bin noch so beständig, wie ich es immer war, | und will das auch gerne weiter so halten.)

Die dritte Strophe steigert die Formulierung positiver Aspekte der Minne um einen weiteren Grad. Er bedeutet die Überschreitung zweier Punkte, die in den Vorstrophen zum Ausdruck kamen. Einerseits steht die Formulierung von *ertoben* in offensivem Gegensatz zum ‚klugen Herzen' in 14 C, das dort ebenfalls am Strophenanfang stand. Andererseits wird die am Ende von 13 C angedeutete, potenzielle Unverfügbarkeit der Dame invertiert, wenn der Liebende ein solches Aufscheinen von Distanz in die Vorstellung größtmöglicher Nähe überführt: Die Dame ist, zeitlich entfristet, tief in seinem Herzen eingeschlossen.

Dass nun von *mînem herzen* die Rede ist, zeigt einen Fokuswechsel an: War *ein sinnic herze* in 14 C selbst als Handlungsinitiant aufgetreten, wird hier das Herz zum Ort der Passion.[216] Es beinhaltet die Geliebte und macht sie zur Referenz der Disposition des Liebenden. Dass eine Nähe zur Dame angezeigt scheint, geschieht dabei zum Preis der Selbstbezüglichkeit: Die tatsächliche Interaktion mit der tatsächlichen Dame steht nicht im Fokus, die Formulierung von Nähe beruht auf Vorstellung. Diese ist die Leistung eines Sprechers, der den Rezipientinnen und Rezipienten als Liebender seine Imaginationsfähigkeiten vor Augen führt[217] und als Sänger die Fähigkeiten poetischer Rede demonstriert: Er formuliert eine Nähe, die als Situationsdeskription nicht formulierbar wäre. Der darin begründete transgressive Akt entspricht den beschriebenen inhaltlichen Überschreitungen und macht die Strophe zum Exemplum dafür, dass der *furor amoris* im Minnesang dann artikulierbar ist, wenn gleichsam die Grenzen des Situativen hinter sich gelassen werden.[218] Erneut gilt: Die imaginierte Nähe ist keine Suspension von Distanz. Dass der Liebende in dieser Strophe *von liebe mag ertoben*, überschreitet die Grenzen der *klage* über *leit*, weist aber zuallererst auf diese Grenze hin. Wer sie hinter sich lässt, kann genau das nicht mehr

---

216 Vgl. zur häufigen Verwendung des Herzens im Sinne einer Lokalisierung der Geliebten von Ertzdorff 1965, die mit einer Fülle an Beispielen zeigt, dass in der höfischen Liebeslyrik des 11. und 12. Jhs. neben seiner aus der geistlichen Literatur stammenden „Grundbedeutung" als „geistiges Innen des Menschen in der Welt" sowie „der Verbindung des Herzens mit der Liebe" jene „ekstatische Liebesergriffenheit" tritt (S. 45), die sich auch in der vorliegenden Strophe, auf die von Ertzdorff jedoch nicht eingeht, nachvollziehen lässt.
217 Vgl. konzeptionell ausführlich zur Imagination im Minnesang Kellner 2018, insb. S. 187–189 und 296–299, sowie die Diskussion von 5 B im folgenden Kapitel.
218 Dies ist Kasten 1986, S. 285, entgegenzuhalten, die postuliert, dass „die übersteigerten Ausdrucksformen der Affektivität und ihre physischen Effekte" (vgl. zu Letzterem die folgende Anmerkung) nur bei Morungen „konstituierende Funktion bei der Darstellung der Liebe" hätten. Gleichwohl – darin ist Kasten zuzustimmen – nehmen solche Deskriptionen von Erregung eine sichtlich untergeordnete Funktion im Minnesang ein und treten zudem gleichsam vermittelt auf; vgl. bspw. die Verwendung von *toben* bei Bernger von Horheim 5 B/9 C (MF 113,9), wo es im Laufe der Strophe qua *revocatio* als unwahr gekennzeichnet wird, und bei Heinrich von Veldeke 29 BC (MF 63,28), wo es Aussage anderer über das liebende Ich ist.

thematisieren, was innerhalb von ihr der topische Mangel ist: eine konkrete Interaktion mit der Geliebten. Die Strophe unterscheidet sich von einer Rede, die sich aus diesem Mangel speist, nicht grundlegend, sondern sie variiert sie, indem an die Stelle von Deskription und Reflexion der Situation Imagination gesetzt wird.

Nachdem am Beginn der Strophe das starke Postulat, der Liebende könne *ertoben*,[219] zunächst als Setzung erscheint, zeigt sich im weiteren Verlauf des Aufgesangs, dass dieser Zustand Bedingungen unterliegt. Sie kommen innerhalb einer Gegenüberstellung von Innen und Außen zum Ausdruck. Der Liebende gibt an, dann *ertoben* zu können, wenn er hört, dass die *güete* derjenigen gelobt wird (V. 3), die einerseits die *aller beste* ist (V. 2) und andererseits häufig, verborgen und tief in seinem Herzen *lît* (V. 4 f.).[220] Nicht nur die schiere Vielzahl an Aspekten, die in dieser Aussage artikuliert werden, sondern auch ihre intrikate Relationierung komplizieren die einfache Äußerung der Gefühlsregung im ersten Vers. Folgende Punkte sind zu beachten:

– Dass die Exzeptionalität der Dame sich im Zentrum des Satzes wiederholt (V. 2), ist vor dem Hintergrund der tongleichen Vorstrophen nicht weiter bemerkenswert, wohl aber der Modus ihrer Wiederholung. Anders als zuvor erscheint das Exzeptionelle noch vor seiner Legitimierung von außen als gesetzt, wenn das *wîb* quasi als Epitheton durch den Superlativ *das aller beste* gekennzeichnet ist. Das berichtete Lob von außen im Vers danach wiederholt folglich auch dieses textimmanente Lob der Dame; nicht nur ihre Qualität wird dadurch bestätigt, sondern auch die Einschätzung des Sängers.[221] Die Bewegung ist zyklisch: Der Sang besagt, dass andere etwas gesagt haben, das das zuvor von ihm selbst Gesagte affirmiert. Was sich situativ als Fremdbestätigung inszeniert, ist rhetorisch Selbstbestätigung.
– Zu beachten ist ebenfalls der Anlasscharakter des Lobs. Der Liebende vermag nicht etwa deshalb von Ektase zu berichten, weil seine Geliebte seiner Einschätzung nach die allerbeste Frau ist oder gar seine Minne erwidert, sondern weil er ihre Exzeptionalität von außen bestätigt weiß. Die Position der Dritten, die jener der Freunde in 13 C und jener des Lobs in 14 C entspricht, erweist sich insofern als

---

219 Das Verb *ertoben* bezeichnet primär seelische Erregung; vgl. die Belegstellen im Lexer, Bd. 1, Sp. 684, sowie im BMZ, Bd. III, Sp. 47b. Vgl. zur Stelle Brinkmann 1948, S. 500. Da das Subjekt hier aber *Mîn lîp* ist, ist eine physische Konnotation nicht gänzlich auszuschließen.
220 Hier liegt ein unreiner Reim vor (*wîb* – *lît*). Überzeugend hat Cramer 1997, S. 159 f., dafür argumentiert, der unreine Reim sei „bewußt eingesetzt, und der Grund ist nicht schwer zu ahnen: die Strophe spricht von der Verwirrung durch die Liebe, vom Außersichsein des Poeten, das sich formal im unreinen Reim andeutet." Vgl. zustimmend Henkes-Zin 2004, S. 139. Grundsätzlich lässt sich sagen: Die formale Strenge, mit der von Kraus in noch radikalerer Weise als die Forschung vor ihm die Texteingriffe in seinen Editionen u. a. begründet, ist zwar schon von Moser und Tervooren in der Darlegung ihrer Editionsprinzipien für MF(MT) kritisiert worden (vgl. MFE, S. 13), dennoch gibt es in der Minnesang-Forschung nach wie vor kaum Ansätze, die formale Abweichungen als Interpretament begreifen.
221 Vgl. in diesem Sinne auch Hübner 1996, S. 92 f., der ebenfalls eine Doppeldeutigkeit in der Bezüglichkeit des Lobs angezeigt sieht.

konstitutiv, als dass die eigentliche Gefühlsäußerung im *ertoben* von außen initiiert ist. Was sich nach außen hin zeigt, ist von außen her begründet. Es ist soziale Interaktion, die der Minne-Relation aus Sicht des Sprechers Intensität verleiht.

– Der Aspekt des Äußeren wiederum steht in forciertem Gegensatz zur Internalisierung der Dame, die in ihrer Feststellung dadurch gesteigert wird, dass die Geliebte nicht nur im Herzen des Liebenden *lît*, sondern das auch noch *nâhe* (V. 4) und *verholne* (V. 5). Das ist in mehrfacher Hinsicht ein Kategorienwechsel. Rhetorisch sucht der Satz diesen zu unterschlagen, indem der relative Anschluss suggeriert, der Kern des Herzens sei die Referenz des Lobs. Inhaltlich ist die internalisierte Dame aber das imaginäre Doppel der Gelobten. Zwar suggeriert die Syntax durch das Relativpronomen (*swenne ich das aller beste wîb* | [...] *hœre loben,* | *diu nâhe in mînem herzen lît*; V. 2–4), dass das Lob sich gleichsam auf die Disposition des Liebenden beziehen lässt. Doch markiert die Bewegung vom Hören, also dem Eindringen von Äußerem, hin zum Innersten die Grenze zwischen Interaktion und Imagination. Eindeutiger Indikator dafür ist das am Anfang des Abgesangs stehende *verholne* (V. 5).[222] Dass die Dame explizit verborgen im Herz liegt, unterstreicht, dass der interne Vorgang für Äußere nicht wahrnehmbar ist, die vorgestellte Nähe also nicht nur unsichtbar ist, sondern auch uneinsehbar bleiben muss. So sehr das Lob Dritter den Liebenden stimuliert, so sehr muss die gleichzeitig evozierte Nähe zur Geliebten unter Verschluss bleiben. *liebe* (V. 1) meint hier folglich nicht die Interaktion, sondern einen Zustand, der die Transgression der Situation in Gang setzt, sich der Geliebten imaginär zu bemächtigen.

– Was diesen Vorgang unterstützt, ist seine zeitliche Relationierung. Dass die Dame sich verborgen im Herz des Liebenden befindet, wird im fünften Vers mit *nu vil manigen tac* temporalisiert. Diese Angabe ist gleichzeitig punktuell (*nu*) und durativ (*vil manigen tac*). Wichtig ist ihre Reihenfolge: Die aktuelle Situation wird noch in derselben Wendung in einen Zustand überführt. Es liegt nahe, diese Bewegung auf den Inhalt des Vorgangs zu beziehen: Während im Hören des Lobs ein spezifischer Anlass für das *ertoben* des Liebenden vorliegt, ist gleichsam grundsätzlich die Möglichkeit zur Vorstellung von Nähe mobilisiert. In der Grenze von der Situation zur Imagination liegt folglich auch der Unterschied zwischen der zeitlichen Spezifizität des Situativen und ihrer Entgrenzung in der Vorstellung begründet.

– Zuletzt ist hervorzuheben, dass der Liebende die Dame *ze guote* loben hört (V. 3). Diese Wendung steht im paradigmatischen Bezug zu beiden Vorstrophen. War die *güete* in der ersten Strophe des Tons das Mittel der Geliebten gewesen, sich vor übler Nachrede zu bewahren (13 C, V. 5 f.), hieß es in der zweiten Strophe, dass der

---

[222] Den Aspekt der Imagination thematisiert Hübner 1996, S. 93, im Hinblick auf die vorliegende Strophe nicht und kommt stattdessen zum trivialisierenden Schluss, das *verholne* bedeute, „daß sich die Affäre nicht ganz im Rahmen des Erlaubten abspielt".

Liebende ihr *an guoten dingen* das Feld überlassen müsse (14 C, V. 7 f.). Das strophenübergreifende Polyptoton hat zur Folge, dass die *güete* der Dame gleichzeitig als immer schon gegeben und immer neu modulierbar erscheint. Es entsteht die reziproke Relationierung zwischen ihrer Feststellung vom Liebenden (14 C), ihrem Ausdruck als Referenz des Lobs von Seiten Dritter (15 C) sowie in inverser Formulierung als Protektion vor übler Nachrede (13 C).

Auf diesen vielschichtigen ersten Satz folgen zwei kurze Feststellungen am Schluss der Strophe, die sich konsekutiv auf das Gesagte beziehen lassen. Zunächst hält der Liebende fest, dass ihm eine Aufwertung von Seiten der allerbesten Frau widerfährt: *si tiuret gar die sinne mîn* (V. 6). Logisch gefolgert scheint hier, dass die exzeptionelle Geliebte die *sinne* des Liebenden ihrerseits exzeptionalisiert.[223] Da dieser Aussage die Internalisierung der Dame und damit die Imagination von Nähe unmittelbar vorausgegangen waren, ist die Behauptung jedoch auch selbstbezüglich. Dass die Dame im *tiuren* aktiv zu sein scheint, ist eine spielerische Inversion der Tatsache, dass die Wahrnehmung des Liebenden zumindest partiell selbst Subjekt dessen ist, was ihr hier als Objekt zu widerfahren attestiert wird: Weil es die Leistung der Imagination darstellt, eine Nähe zur Geliebten zu postulieren, im Zuge derer dann die Aufwertung seiner *sinne* festgehalten werden kann,[224] setzt die Wahrnehmung selbst in Gang, wodurch sie im Folgenden geadelt wird.

Die Strophe schließt mit einer Versicherung von *stæte*, die der Sprecher ebenso seit jeher zu realisieren angibt (V. 7), wie das auch in Zukunft durchgängig und *gerne* der Fall sein soll (V. 8). Anders als in Ton Ia, wo die Legitimationsgrundlagen von *stæte* zumindest hypothetisch in Frage standen,[225] scheint ihre Bedingtheit hier geklärt. Ihre Entzeitlichung verhält sich äquivalent zur entzeitlichten Lokalisierung der Dame im Herzen des Liebenden (*vil manigen tac*, V. 5). Dadurch aber, dass dieser Umstand einen entscheidenden selbstbezüglichen Anteil hat, dürfte deutlich sein, dass die Basis dieser *stæte* ebenfalls maßgeblich Eigenkonstruktion ist. Die *stæte*-Versicherung ist weniger Fluchtpunkt der Aussagen als vielmehr Effekt davon, dass hier eine literari-

---

223 Hübners These, dass die Strophe „auf die Bemerkung hinaus[läuft], daß uns die verbotene Liebe besser macht", geht – wie seine gesamte knappe Lektüre von Ton VI – zu sehr davon aus, dass hier eine intakte Liebesbeziehung zugrunde läge, deren Deskription und Legitimation die Strophen leisteten. Die Internalisierung der Dame im Modus der Imagination ist jedoch, wie argumentiert, in Differenz zu einer tatsächlichen Interaktion, die ihrerseits ‚zu verbergen' wäre, zu sehen. Die Strophe spricht nicht davon, dass Liebender und Geliebte gemeinsam etwas ‚Verbotenes' verhüllen müssen, sondern dass die Geliebte eine Aufwertung der *sinne* des Liebenden herbeiführt. Das ist selbstredend auch eine allgemeine Aufwertung der Minne, nicht aber eine spezifische Präferierung „verbotene[r] Liebe". Vgl. zur Kritik an Hübner auch Boll 2007, S. 322, Anm. 48, die bemerkt, Hübner schieße „über das Ziel hinaus". Auch Köhler 1997, S. 134, spricht von einer „Heimlichkeit der Beziehung", was ebenfalls gegen die Formulierung in V. 4 f. suggeriert, das Verborgene sei eine Interaktion von Mann und Frau.
224 Vgl. auch Boll 2007, S. 322: „Liebe [...] wird hier als Tätigkeit des Verstandes begriffen, die der inneren Vervollkommnung des Werbers dient."
225 Vgl. die Diskussionen zu 2 und 3 C.

sche Strategie am Werk ist, die es vermag, an anderer Stelle der Reflexion Ausgesetztes vor dem Hintergrund der Imagination als stabile Setzung erscheinen zu lassen. Die Verfügbarkeit der Dame in der Vorstellung liefert den Nährboden für ein funktionierendes Ineinander von Aufwertung seitens der Geliebten und Beständigkeit seitens des Liebenden.

16 C

,Vil wunneklîchen hôhe stât
mîn herze ûf menge frôide guot.
mir tout ein ritter sorgen rât,
an den ich allen mînen mout
5 ze guote gar gewendet hân.
das ist uns beiden guot gewin:
das er mir wol gedienen kan
und ich sîn friunt dar umbe bin.'

(„Auf eine sehr erfreuliche Weise ist | mein Herz hochgestimmt[, was sich ausdrückt] in einer großen und guten Freude. | Mir steht ein Ritter bei Sorgen beiseite, | dem ich meine ganze Gesinnung | zum Guten zugewendet habe. | Das kommt uns beiden zugute: | dass er mir dienen kann | und ich deshalb seine Geliebte bin.")

Die vierte und letzte Strophe des sechsten Tons ist die erste von vier eindeutig identifizierbaren Frauenstrophen im Rugge-Korpus von C.[226] Sie überführt den Umstand, dass die Geliebte in einer ‚öffentlich' besungenen ‚intimen' Nähe[227] imaginiert wurde, in eine Kommunikation, im Zuge derer die Frau ebenfalls Nähe formuliert. Zum Ausdruck kommt die Interaktion zwischen einem *ritter* und einer freudigen Dame, die angibt, weil davon beide profitieren, seine Geliebte zu sein. Dabei weist ihre Formulierung eine große Dichte an lexikalischen Wiederaufnahmen der vorausgehenden tongleichen Strophen auf. Die Frauenrede changiert dazwischen, inhaltlich eine Reaktion auf die Männerstrophen zu sein, sich also in einem konsekutiven Sinne auf sie zu beziehen, und eine Reformulierung der in ihnen zum Ausdruck gekommenen Positivität von Minne aus variierender Perspektivierung darzustellen. Dies verleiht der Strophe im Sinne einer Projektion nicht zuletzt auch den Charakter einer ‚Realisie-

---

[226] 16 C, 21 C, 29 C, 33 C. Als potenzielle Frauenstrophen sind 12 und 17 C einzustufen; vgl. zur Bestimmung von Frauenstrophen Anm. 171 und S. 125 f.
[227] Vgl. konzeptionell zu diesem Aspekt J.-D. Müller 2007, S. 298, der die „Paradoxie des Minnesangs" darin bestimmt, dass er „‚öffentlich' ‚Intimes' verhandelt".

rung' männlichen Wunschdenkens und lässt sie in dieser Hinsicht weniger als konsekutive Reaktion, sondern als rekursive Konfirmation der Männerrede erscheinen.[228]

Wiederholt und gleichsam variiert werden folgende zentrale Aspekte:

1. *fröide*. Die Frauenrede beginnt mit einer Selbstthematisierung, die die Freude des sprechenden Ich maximal zum Ausdruck zu bringen sucht. In vielfacher Betonung wird besagt, dass das Herz der Frau erstens auf erfreuliche Weise zweitens hochgestimmt ist,[229] und das drittens mit dem Resultat einer *fröide*, die viertens groß ist und fünftens gut (V. 1f.). War in den Männerstrophen formuliert worden, dass der Liebende von der Geliebten große Freude empfange (14 C, V. 6) und diese durch sie ‚vermehrt' werde (13 C, V. 4), so wird dies nun dadurch gespiegelt, dass die Dame ihre Disposition äquivalent bestimmt und ihr Freude spendender Charakter rekursiv dadurch begründet scheint, dass sie selbst in exorbitanter Weise über Freude verfügt. Dass die Dame sich solcherart als Inbegriff freudiger Gestimmtheit inszeniert, legitimiert ihre Stilisierung von Männerseite und indiziert – was der entscheidende Aspekt sein dürfte –, dass Selbst- und Fremdwahrnehmung komplementär sind. Folglich konstituiert sich die Selbstthematisierung der Frau nicht darin, eine ‚eigene' Position zu entwickeln. Frauen- und Männerrede sind kein Austausch von Standpunkten und mitnichten im Sinne eines Dialogs zu begreifen, sondern im fokussierten Aspekt sich ergänzende Thematisierung desselben.

2. *herze*. Nachdem dem Liebenden ein ‚kluges Herz' den Rat gegeben hatte, eine Frau zur Geliebten zu erwählen (14 C, V. 1f.), mit dem Resultat, dass sie ebendort lokalisiert werden konnte (15 C, V. 4), spricht die Dame im ersten Stollen ebenfalls von ihrem Herzen. Die Variation, dass das Herz einmal als Ratgeber auftritt, einmal Ort ist, indem etwas *lît*, und nun *stât*, also ausgerichtet ist auf etwas, arbeitet in der differierenden Akzentuierung der stets gleichen Tatsache, einen freudvollen Zustand auszudrücken, zum einen einer multiperspektivischen Plausibilisierung von Minne als positiver Emotionalität zu. Dass der Liebende gesagt hatte, die Geliebte befinde sich in seinem Herzen, und sie nun sagt, dass ihr Herz *hôhe stât*, zeigt in der jeweiligen Thematisierung von *mînem herzen* zum anderen, dass das ‚Eigene' nicht different, sondern äquivalent konstituiert ist. Auch das lässt die argumentative Strategie erkennen, dass in Männer- und Frauenrede nicht zwei Positionen, sondern eine gemeinsame zum Ausdruck kommen soll.

---

228 Vgl. J.-D. Müller 2001b, S. 233: „ Natürlich gibt es Gegengesänge gegen die Ethik des Verzichts, doch in ihnen ist die Stimme der Frau erst recht Sprachrohr männlicher Projektionen, indem sie es ist, die ihr erotisches Begehren artikuliert, das dem des Mannes immer schon entgegenkommt." Männliches Wunschdenken beobachtet in ihren knappen Bemerkungen zur Strophe auch Boll 2007, S. 323. Sie spricht dementsprechend von einem „Hoffnungsschimmer für den Sprecher". Vgl. dazu auch die kurze Äußerung bei Hübner 1996, S. 93, zu dieser Strophe, der feststellt, dass „der Männermonolog beglaubigt und gerechtfertigt" wird; sowie Köhler 1997, S. 135. Vgl. auch Anm. 195.

229 Zu erinnern ist hier daran, dass ‚Hochgestimmtheit' im Minnesang in Korrespondenz damit zu sehen ist, dass die Relationierung zwischen Liebendem und Geliebter häufig eine Semantik der Höhe zum Ausdruck kenntlich werden lässt; vgl. konzeptionell dazu Fuchs-Jolie 2007.

3. *rât.* Im zweiten Stollen wird die Freude der Sprecherin anhand der Aussage, dass *mir tuot ein ritter sorgen rât* (V. 3), begründet, was sowohl eine Reaktion auf bestehende als auch eine Prophylaxe vor künftigen Sorgen bedeuten kann. Dass die Freude nun situiert wird und in Abhängigkeit zu einem männlichen Gegenüber[230] relationiert ist, stellt in offensiver Weise die Inversion der topischen Position eines leidenden Liebenden dar, der deshalb Sorgen empfindet, weil ihm von Seiten der Geliebten gerade keine Abhilfe geleistet wird.[231] Anstelle dessen wird in Folge der Strophen eine bemerkenswerte Reziprozität der Positionen deutlich, indem sich männlicher und weiblicher Part jeweils für die Freude des anderen verantwortlich zeichnen. Ihre Dispositionen werden nicht nur als äquivalent, sondern als deckungsgleich inszeniert. In der variierenden Verwendung des *rât*-Begriffs – einmal als Beratschlagung des Liebenden durch sich selbst (14 C, V. 1), einmal im Sinne von Abhilfe – wird dabei gleichsam das Bestreben kenntlich, die männliche Position als aktive zu kennzeichnen. Die Frauenrede stellt somit in doppelter Hinsicht die Inversion topischen Liebesleids dar, was schon an diesem Punkt der Strophe deutlich macht, dass durch den Wechsel der Sprechposition all das formulierbar wird, was im Munde eines männlichen Liebenden für gewöhnlich als *wân* bezeichnet würde.[232]

4. *guot.* Dreimal wurde in der Männerrede das Lexem *guot* verwendet, um Makellosigkeit und Reputation der Dame zu exponieren (13 C, V. 5; 14 C, V. 8; 15 C, V. 3), dreimal wird es in der Frauenrede verwendet, um die Interaktion mit dem *ritter* positiv zu bewerten (V. 2, 5 und 6). Die Aussage der Frau, sie habe all ihr Denken[233] *ze guote* auf den Mann ausgerichtet (V. 4 f.), kennzeichnet diese Zuwendung gleichsam als eine Hinwendung ,zum Guten' an sich, während das darauf folgende Postulat, es sei *beiden guot gewin* (V. 6), die Qualität der Interaktion als einer so funktionierenden wie funktionalen ausdrückt. Dieses Insistieren auf der Positivität der Relationierung von Frau und Mann spiegelt auf lexikalischer Ebene den konfirmativen Charakter der Frauenrede besonders deutlich.

Wenn am Strophenende der *gewin* darin ausgeführt wird, dass der Mann *wol gedienen kan* (V. 7) und die Frau deshalb seine Geliebte[234] ist (V. 8), so lässt sich dies als Ursache, Folge und Referenz der Aussage vom Strophenanfang sehen, dass er ihre

---

230 Zu beachten gilt es gleichwohl, dass der Ritter hier indefinit bestimmt wird. Auch das vermindert, dass die Frauenstrophe den Charakter einer konsekutiven Reaktion auf die Männerstrophen hat. Vgl. dazu auch die aufschlussreichen Ausführungen von Schweikle 1994, S. 9, über die Unspezifizität des *ritter*-Begriffs, mit direktem Bezug auf die vorliegende Strophe als Beispiel.
231 Vgl. im Rugge-Korpus etwa Ton Ia (2–3 C), Ton III, Ton IV (9 C), Ton VIII (19–20 C), Ton XI (31 C), Ton VIIc.
232 Vgl. exemplarisch dafür die Diskussion von 8 C, insb. S. 107 f.
233 Nahezu in jedem Vers werden die Substantive und Verben mit intensivierenden Adjektiven und Adverbien stilistisch in ihrer Gültigkeit unterstrichen: <u>Vil wunneklîchen</u> *hôhe stât* (V. 1), <u>manige</u> *fröide guot* (V. 2), <u>allen</u> *mînen muot* (V. 4), <u>gar</u> *gewendet* (V. 5), *guot gewin* (V. 6), <u>wol</u> *gedienen kan* (V. 7).
234 Die variierende Verwendung des Begriffs *friunt* umrahmt folglich die vier Strophen des sechsten Tons. Die Fremdwahrnehmung der Frau als eine, der man Glück wünscht (13 C, V. 1.f), mündet in eine Selbstwahrnehmung als Geliebte.

Sorgen verhindert. Beide Feststellungen scheinen sich wechselseitig zu bedingen. Die Frauenstrophe schließt damit, dass das Bestehen einer Liebesbeziehung explizit und der *dienst* – was sich nicht zuletzt auch poetologisch auf den Sang beziehen lässt – maximal funktional bestimmt wird. Sie realisiert, was in Männerstrophen für gewöhnlich Wunschdenken bleibt, und beschreibt als gegeben, was im Rahmen des konventionalisierten Minnekonzepts undenkbar scheint: eine nicht-monodirektionale Liebe, deren Zustandekommen ebenso unproblematisch erscheint wie ihr Fortbestand. All jene Instanzen, die dies andernorts verhindern, kommen nicht zur Sprache, weder die *êre* der Dame noch die äußeren Instanzen der *huote* bzw. *merkære*.[235] Das aber verdeutlicht, wie eingangs bereits ausgeführt, wie umfassend das Soziale, das in der Männerrede noch maßgeblich dazu beigetragen hatte, die Exzeptionalisierung der Dame allgemeingültig zu formulieren, in der Frauenrede ausgeblendet wird, um als ungefährdet erscheinen lassen zu können, was ansonsten hochgradig gefährdet wäre.[236]

In der Frauenstrophe gipfelt das Verfahren des sechsten Tones, Minne einseitig positiv darstellen zu können, indem all jene Paradigmen, deren Aktualisierung das einschränken oder verunmöglichen würde, ausgeklammert bleiben. So kann *stæte* funktional erscheinen, *güete* wie *tugent* Positives implizieren, *fröide* herrschen. Die Pointe liegt dabei darin, erwiesen zu haben, dass Minne nicht an sich immer schon negative Implikationen hat. Verantwortlich dafür wären soziale Faktoren, die sich aus der Kontextualisierung der Relationierung von Liebendem und Geliebter speisen. Dadurch dass das Soziale hier in der Männerrede jedoch ausschließlich über Freunde und ‚hörbares Lob' markiert wird und in der Frauenrede gänzlich außen vor bleibt, wird es möglich, Minne positiv zu thematisieren, ohne dass das im Widerspruch zu ihrer negativen Thematisierung andernorts stünde, wo darüber gesprochen wird, was hier verschwiegen bleibt.

---

[235] Vgl. dafür die Belege in Anm. 198.
[236] Vgl. die Belege in Anm. 192f. oben. Vgl. auch die Bemerkungen von Schnell 1999, S. 143–152, dass sich das weibliche Ich häufig in einem privaten Raum kontextualisiert. Schnell zieht aus dieser richtigen Beobachtung m. E. allerdings den zweifelhaften Schluss, deshalb dürfe „die Darstellung von Mann und Frau nicht auf derselben Ebene miteinander verrechnet" werden (S. 143). Statt einen wesentlichen Unterschied angezeigt zu sehen, der bei Schnell zu sehr von Fragen der Geschlechterkonzeption und zu wenig von den literarischen Verfahrensweisen her gedacht ist, sind die variierenden Kontextualisierungen als Mittel zum Zweck zu sehen, anders über Äquivalentes zu sprechen, was in der vorliegenden Strophe in evidenter Weise einer Plausibilisierung der männlichen Position zuarbeitet.

8 Lob des anderen. Referenzialitäten *gender*-unspezifischer Rede

Ton VII: Überlieferung und Editionsgeschichte

17 C ist die einzige Strophe eines insgesamt elf Strophen umfassenden Tons,[237] die im Rugge-Korpus der Großen Heidelberger Liederhandschrift überliefert ist. Der Ton ist symptomatisch für die Unklarheiten der Rugge-Überlieferung: Zwar finden sich alle elf Strophen am Stück und mit derselben Initialenfarbe im Reinmar-Korpus von C (Rei 163–173 C), doch sind sie in MF(MT), wo wie schon in MF(LH) und MF(V) sämtliche Strophen Heinrich von Rugge zuschreiben werden,[238] aufgrund inhaltlicher Inkompatibilität[239] gleich vier Mal mit Sternchen getrennt, was einen Rekord für die Edition darstellt.[240] In den Rugge-Korpora der Kleinen Heidelberger und der Weingartner Liederhandschrift finden sich die ersten drei Strophen ebenfalls und in selber Reihung, in B die siebte und die achte, die 17 C entspricht, wiederum an anderer, früherer Position (15–17 und 5–6 B).[241]

Diese diffuse Überlieferungslage hat Haupt in der ersten Auflage von *Des Minnesangs Frühling* zum radikalen Schritt bewogen, keine der Strophen in direktem Verbund mit einer anderen abzudrucken.[242] Alle elf erscheinen isoliert, es wird durchgehende Einstrophigkeit postuliert.[243] Seither hat es verschiedene formale und inhaltliche Argumente gegeben, einzelne Strophen zu verbinden,[244] deren Resultat ihr aktuelles, kaum weniger diffuses Druckbild in MF(MT) ist.[245] Überzeugend ist ange-

---

[237] Der Ton begegnet zu dem in einer Niune-Strophe (46 A), die MF in allen Ausgaben zu den „Namenlosen Liedern" zählt; vgl. MF 6,5. Vgl. zu dieser Strophe als Argument, den Ton insgesamt Reinmar zuzuschreiben, Becker 1882, S. 39 f.
[238] Über diese Zuschreibung herrscht seit jeher Uneinigkeit. Hauptargument der Zuschreibung zu Rugge ist, dass B als älterer Handschrift in der Autorenfrage mehr Glauben zu schenken ist. In diesem Sinne: Schmidt 1874, S. 25; Burdach 1928², S. 190 f.; H. Schneider 1923, S. 242 f. Für Reinmar plädieren aufgrund der Überlieferungslage und gegen das B-Argument: Paul 1876, S. 494, 527 f.; Wilmanns 1876, S. 158; Becker 1882, S. 21 f., S. 27 f.; Plenio 1919, S. 90. Von Kraus 1919, Bd. I, S. 66 f., hat die Strophen einem „Reimarschüler" zugeschrieben; ihm folgt mit vehementer Argumentation Halbach 1928, S. 149 (vgl. auch MFU, S. 245–247). Paus 1965, S. 113, schreibt den Ton aufgrund von formalen Gründen erneut Reinmar zu; ebenso Maurer 1966, S. 116 f.; zustimmend Brem 2003, S. 152.
[239] Die inhaltliche Inkompatibilität der Strophen ist Forschungskonsens; vgl. Paus 1965, S. 90: „Der erste Eindruck dieser elf Strophen ist der einer Mannigfaltigkeit von Themen und Aussageweisen, und sie sind wohl auch noch von niemandem zu einem Lied zusammengefaßt worden."
[240] Außerhalb des Rugge-Korpus wird an keiner anderen Stelle mehr als einmal pro Lied mit Sternchen operiert, im Rugge-Korpus noch bei Ton IX zwei Mal.
[241] Vgl. die Überlieferungsübersicht auf S. 272–274 sowie die Besprechung der anderen Strophen im folgenden Kapitel.
[242] Vgl. MF(LH), S. 103–106.
[243] So auch Schmidt 1874, S. 25.
[244] Vgl. Paul 1876, S. 533; Angermann 1910, S. 19 f.; Halbach 1928, S. 149, 161; MFA, S. 439 f.; Paus 1965, S. 90–96, Maurer 1966, S. 116–120.
[245] Vgl. dazu MFE, S. 91, 93.

sichts der Überlieferungslage einzig der Vorschlag, die ersten drei Strophen (MF VII, 1–3) als eine Einheit zu betrachten.[246] Alle weiteren Kompilierungen und Trennungen haben keinen Rückhalt im Handschriftenbefund.

Im Hinblick auf die hier zur Diskussion stehende, nach MF achte Strophe des Tons zeigen sich die Diskrepanzen zwischen der handschriftlichen Überlieferung und den Herausgeberentscheidungen am deutlichsten. Während sie in B im Verbund mit der nach MF siebten Strophe niedergeschrieben ist (5–6 B), trennt MF(MT) die Strophen und sieht stattdessen eine Einheit mit den beiden Strophen gegeben, die im Reinmar-Korpus in C darauf folgen[247] – eine Entscheidung, die in offensichtlichem Widerspruch dazu steht, die Strophen Heinrich von Rugge zuzuschreiben. Im gegebenen Zusammenhang ist sie entsprechend der Überlieferung im Rugge-Korpus in C als Einzelstrophe zu besprechen, die andernorts in andere Zusammenhänge gesetzt worden ist. Ob dies auf variierende Verwendungen in differenten Aufführungskontexten zurückzuführen ist oder beim Verfassen der Handschriften etwaige Unklarheiten in der Zuordnung bestanden haben, lässt sich nicht abschließend klären.[248]

Ton VIIa

Was im Rugge-Korpus in C aus dem komplexen Tongefüge überliefert ist, ist erneut eine Strophe rein positiven Inhalts. Hochgestimmtheit wird demonstriert, *rehte fröide* gepriesen. Dem liegt eine Bewegung zugrunde, die von der eigenen Disposition zur Einschätzung anderer übergeht: Freude gilt es, allen zu gönnen; wer ethisch handelt, für den will das Ich eigenhändig einstehen. Angesichts dieses allgemeinen Inhalts und seiner unspezifischen Sprechposition, die nirgends eindeutig im Hinblick auf ein Geschlecht markiert wird, ist es in der Forschung umstritten, ob es sich bei der Strophe um Männer- oder Frauenrede handelt. Anders als bei den weiteren Strophen im Rugge-Korpus, bei denen im Text keine eindeutige Zuordnung des Ich zu einem Geschlecht vorliegt, hat dabei bemerkenswerterweise nicht erst Cramers Aufsatz zu „androgynen Strophen"[249] zur Folge gehabt, sie nicht pauschal als Männerrede auf-

---

246 Vgl. dazu im folgenden Kapitel S. 242 und 249–259.
247 Das geht auf einen Vorschlag von Kraus' zurück; vgl. MFA, S. 440. Andere Konstellationen, in denen 5 und 6 B ebenfalls getrennt werden und in Verbund mit den Folgestrophen in Rei C (sowie weiteren) gesehen werden, finden sich bei Paus 1965, S. 92f., und Maurer 1966, S. 116–120.
248 Letzteres ließe sich am ehesten für das Reinmar-Korpus in C postulieren. Da elf aufeinanderfolgende Strophen desselben Tons, die zudem große inhaltliche Diskrepanzen aufweisen, keine Häufigkeit in der Minnesang-Überlieferung darstellen, scheint es zumindest nicht abwegig anzunehmen, dass hier im Sinne einer Sammlung sämtliche bekannte Strophen desselben Tons Aufnahme gefunden haben. Dieses Argument findet sich bereits bei Paul 1876, S. 489f., 492; Hausmann 1999, S. 282, und Boll 2007, S. 312, Anm. 11, stützen es (ohne Bezugnahme auf Paul).
249 Cramer 2000, Zitat S. 24. Vgl. dazu Anm. 171 oben.

zufassen. Bereits 1966 hat Maurer sie als Frauenstrophe markiert,[250] ohne dies jedoch zu begründen, ebenso Heinen in seiner Textausgabe „Mutabilität im Minnesang", die 1989 erschien.[251] In MF(MT) ist sie hingegen wie in allen vorausgehenden Ausgaben als Männerrede gekennzeichnet.[252]

Auch in der jüngeren Forschung herrscht Uneinigkeit. Köhler bemerkt, „daß hier ein Sänger in der „Spruchdichter"-Rolle spricht" und deshalb männlich sei,[253] Brem geht ohne weitere Begründung ebenfalls von einem männlichen Ich aus.[254] Boll hingegen hält die Strophe aufgrund der Formulierungsparallelen zur nach MF fünften Strophe des elften Tons, die nur bei Reinmar überliefert und eindeutig eine Frauenstrophe ist,[255] ebenfalls für eine Frauenstrophe.[256] Im vorliegenden Zusammenhang wurde bereits im Hinblick auf Ton V eingehend diskutiert, dass je nach Rezeptionseinstellung beide Optionen dort als mögliche anzusehen sind, wo sich in einer Strophe, deren Ich nicht als weiblich oder männlich determiniert ist, im Text Signale finden lassen, die eine weibliche Sprechposition nicht nur nicht auszuschließen, sondern auch zu plausibilisieren vermögen.[257] Ein solches Signal lässt sich in 17 C in der Thematisierung eines männlichen Gegenübers im Abgesang sehen, dessen Bemühungen honoriert werden sollen. Das lässt sich unschwer auf Minnethematik beziehen und hat, wie Boll gezeigt hat, Parallelen in anderen Frauenstrophen.[258] Es kann deshalb mit Recht davon ausgegangen werden, dass die Strophe insbesondere rekursiv auch als Frauenrede aufgefasst werden kann.

Die Variabilität der Sprechposition geht mit einer variablen Referenzialität des Gesagten einher. Versteht man das Ich als männlich, kommt in der Strophe das Gegenteil von Gesellschaftskritik zum Ausdruck. Der Sprecher folgert aus einem eigenen Zustand der Hochgestimmtheit, Freude allgemein als lobenswert zu erachten, und gibt an, sich für denjenigen, dessen Handeln auf *das beste* ausgerichtet ist, persönlich einsetzen zu wollen. *fröide* und Moral werden im Sinne gleichwertiger Konstituenten des Höfischen[259] kurzgeschlossen und ein Kleinst-Verhaltenskodex für das Gelingen sozialer Interaktion formuliert. Aus der ‚eigenen' positiven Gestimmtheit wird der Schluss gezogen, bei ‚anderen' Selbiges bezwecken zu wollen. Das Ich spricht hier so

---

250 Maurer 1966, S. 120. Nur vermuten lässt sich, dass er die Überlegungen von Paus 1965, S. 87–96, aus den elf Strophen des Tons einzelne Wechsel zu extrapolieren, weiterdenkt.
251 Heinen 1989, S. 25f.
252 Als Männerrede haben sie ebenso verstanden: Schmidt 1874, S. 17; Paus 1965, S. 93. Auch Ludwig 1940 bespricht sie in ihrem knappen Überblick über die Frauenstrophen im Rugge-Korpus nicht.
253 Köhler 1997, S. 137, Anm. 269.
254 Brem 2003, S. 250–253.
255 Rei 193 C/283 E (MF 110,8).
256 Boll 2007, S. 323f.
257 Vgl. Anm. 171 und S. 125f.
258 Vgl. Boll 2007, S. 324, und die dort thematisierte evidente Formulierungsnähe von V. 5f. und Rei 193 C/283 E (MF 110,8), V. 5–7.
259 Vgl. zur Verschränktheit von ethischer und ästhetischer Dimension bei der Thematisierung von *fröide* Kellner 2015, S. 187f.

suggestiv wie normativ, thematisiert sich über andere und verleiht seiner Selbstthematisierung dadurch exemplarischen Charakter. Dass in der prägnanten Wendung, andere auf Händen tragen zu wollen, wenn sie *das beste gerne* tun, gleichsam formuliert ist, was jedem Minnen zugrunde liegt, steht als allgemeingültige Aussage nicht zuletzt in paradigmatischer Bezüglichkeit zu Strophen, in denen Minnen sich über seine Ausrichtung an höfischer Normativität bestimmt.[260]

Deutlicher noch wird der Bezug zur Minne, wenn man das Ich weiblich versteht. In dieser Lesart sind ebenfalls in allgemeiner Hinsicht die Bedingungen dafür formuliert, sich einem Gegenüber, das grammatikalisch männlich bestimmt ist und somit als potenzieller Geliebter kenntlich wird, zuzuwenden. Eine möglichst ethische Ausrichtung erweist sich als Grundlage für Minne, und ihre Gegebenheit bietet die Möglichkeit, dem Gegenüber Freude zu gönnen. Der potenzielle Liebende erhält somit in Variation zur Lesart als Männerrede nicht als Subjekt, sondern als Objekt der Rede exemplarischen Charakter. Was im Rahmen der Polyvalenz der Sprechposition variiert wird, sind die Konnotationen der Interaktion. Wer wen lobt, ist modifizierbar, der Grund dafür konstant. Minne erscheint nicht als spezifische Relationierung, sondern als logische Folge moralischer Handlungsmaximen. Sie wird in der variierenden Perspektivierung des Ethischen mit je funktionalen Implikationen erneut so entworfen, dass jegliche Leid generierenden Faktoren ausgeklammert bleiben. Der stark abstrahierende Charakter der Aussagen bezweckt insbesondere in der Lesart als Frauenrede eine Darstellung der Möglichkeitsbedingungen von Minne im Allgemeinen, ohne auf etwaige Komplikationen im Besonderen einzugehen.

17 C

(‚)Man sol ein herze erkennen hie,
das zallen zîten hôhe stât.
rehte fröide lobt ich ie
und nîde niemen, der si hât.
5   der sô gewendet sînen muot,
das er das beste gerne tuot –
ich wil iu mînen willen sagen:
ê das er unsanfte müese gên,
ûf mîner hant wolt ich in tragen.(')

(Man soll hier ein Herz erkennen [können]/anerkennen, | das jederzeit hochgestimmt ist. | Seit jeher habe ich rechte Freude gelobt | und beneide niemanden, der sie sein eigen nennt. | Wer seine Gesinnung so ausrichtet, | dass er das Beste gerne tut – | ich will euch meinen Willen sagen: | Ehe er unbequem gehen müsste, | wollte ich ihn auf meiner Hand tragen.)

---

260 Vgl. im Rugge-Korpus insb. Ton II.

Zu Beginn der Strophe – deren Ich zunächst als männliches aufgefasst werden soll – könnte man versucht sein, in ihr eine Reaktion auf die vorausgehende, dem *ritter* zugewandte Frauenstrophe 16 C zu sehen und den Anlass für die eingangs postulierte Hochgestimmtheit in der Frauenrede begründet, besteht doch zudem eine augenscheinliche Formulierungsnähe zwischen den ersten zwei Versen der beiden Strophen, wo jeweils das *herze hôhe stât*. Allerdings treten solche evidenten Formulierungsparallelen in der Folge nicht-tongleicher Strophen in C insgesamt zu unregelmäßig auf, um von einer systematischen In-Bezug-Setzung der Handschiften-Redaktoren auszugehen.[261] Zwar ist es auffällig, dass keine andere der elf tongleichen Strophen ein ähnlich evidentes Responsionspotenzial zur Frauenstrophe aufweist.[262] Ob das aber der Ansatz einer Erklärung dafür sein kann, warum im Rugge-Korpus nur diese eine Strophe des Tons an genau dieser Stelle überliefert ist, wird unbeantwortet bleiben müssen und führt in der Analyse der Strophe selbst ohnehin kaum zu ergiebigeren Ergebnissen.[263]

Ertragreicher scheint es, den Umstand, dass beide Strophen eine Bekundung von Hochgestimmtheit als Ausgangspunkt haben, zum Anlass zu nehmen, die Unterschiede im Modus des Bekundens präziser beobachten zu können. Während in der Frauenstrophe die Hochgestimmtheit unmittelbar von der Existenz eines Ritters abhängt, der *sorgen rât* [*tuot*] (V. 3), wird ihre Begründung in der vorliegenden Strophe nicht auf ein spezifisches Gegenüber bezogen. Das stellt auch eine markante Differenz zu den beobachteten Artikulationen von *fröide* von Seiten des Liebenden in 13 und 14 C dar, die beide in unmittelbarer Relation zur Dame standen.[264] Stattdessen rücken hier zwei andere Aspekte in den Blick. Zum einen ist dies die Tatsache, dass das im ersten Vers genannte Herz *zallen zîten hôhe stât* (V. 2), was eine Entzeitlichung formuliert. Zum anderen wird nicht einfach festgestellt, dass das Herz *hôhe stât*, sondern dazu aufgefordert, dass *man* das *erkennen* soll (V. 1). Das Gegenüber des Ich, das sich erst in Vers 3 selbst benennt, ist nicht eine Geliebte, sondern ein unspezifisches Außen, das die Öffentlichkeit der Sprechsituierung anzeigt. Durch das am Schluss des ersten Verses positionierte *hie* kontextualisiert sich die Strophe zudem in einer möglichen Performanz. Es markiert einen präsentischen Gestus, der das Ich zur Schau stellt, sein Inneres (*herze*) nach außen kehrt. Das hat demonstrativen Charakter. Das *erkennen* bekommt durch die Möglichkeit der Kontextualisierung in einer Performanz

---

261 Vgl. Anm. 199.
262 Responsionspotenzial ließe sich auch in Rei 172 C, der zehnten Strophe des Tons, sehen. Auch hier ist von *fröide* die Rede, davon, dass sie von der Dame abhängt, und das, ohne dass kontrastierende negative Aspekte im Vordergrund stünden, wenngleich sie angedeutet werden. Eine so deutliche Äquivalenz wie zwischen den jeweils ersten zwei Versen von 16 und 17 C besteht jedoch nicht.
263 Ließe sich die Bedingtheit der Hochstimmung in der entsprechenden Zuneigung der Dame referenzialisieren, wäre das kaum spezifisch, da die Dame als Freude spendendes Prinzip ohnehin topisch ist (vgl. Ton VI sowie die Belege in Anm. 202), und stünde zudem in Spannung dazu, dass das Lob der Freude im Folgenden ein Allgemeines ist (V. 3 f.), primär Tugend und nicht Minne im Fokus steht.
264 Das ist auch andernorts bei *fröide*-Bekundungen der Regelfall; vgl. die Beispiele in Anm. 202.

neben seiner allgemein-rationalen auch eine konkret-situative Dimension verliehen.[265]

Die Kontextualisierung weist des Weiteren auf eine poetologische Ebene der Eingangsverse. Dass *hie*, d.h. in der Sprechsituation, Hochstimmung erkennbar werden soll, lässt sich, auch im Hinblick auf den weiteren Verlauf der Strophe, in Bezug zur im Minnesang immer wieder zur Diskussion stehenden Funktion des Sangs im Sinne einer Vermehrung von Freude der höfischen Gesellschaft setzen.[266] Es ließe sich ein Idealzustand veranschlagt sehen: Wo Sang stattfindet, sollte *ein herze* kenntlich werden, das Hochgestimmtheit ausdrückt. Mit einer solchen Verallgemeinerung wäre gleichsam die Begründung für das indefinite *ein* gegeben, und die Feststellung könnte auch als Aufforderung des Sänger-Ich an sich selbst verstanden werden, dem zu entsprechen. Im Unterschied zur vorausgegangenen Frauenstrophe verortet sich die Selbstthematisierung des Sprechers durch seine Kontextualisierung in einer Performanzsituation in einem nicht-privaten Raum.

Auch im Folgenden verbleibt die Strophe bei diesem allgemeinen Gestus; sie verhandelt das Lob und seine Bedingungen. Wenn das Sänger-Ich im dritten Vers angibt, *rehte fröide lobt ich ie*, dann betont die erneut unterstrichene Entzeitlichung des Vorgangs einerseits die Allgemeingültigkeit der Aussagen, während andererseits die Wendung *rehte* einer Differenzierung des *fröide*-Begriffs zuarbeitet. Hier steht weniger als bei seinen sonstigen Thematisierungen zur Diskussion, wann überhaupt *fröide* herrschen kann.[267] Vielmehr wird kenntlich, dass sie nicht immer schon lobenswert ist. Die Tatsache, dass *fröide* in der Lesart als Männerrede nicht mit Blick auf das Ich selbst, sondern auf andere diskutiert wird, verschiebt auch den Modus ihrer Thematisierung: Nicht *fröide* an sich ist schon bemerkenswert, sondern nur *rehte fröide*. Entscheidend ist, dass der Sprecher sich hier als verlässliche Instanz inszeniert, das herauszustellen, und somit als Instanz der Begutachtung und Affirmation höfischer Werte.[268] Es entsteht eine Reziprozität zwischen der Behauptung, dass *man*

---

265 Vgl. zur Polyvalenz von *erkennen* auch Brem 2003, S. 250 f.
266 Auch Brem 2003, S. 250, deutet das *hie* als Verortung „in der höfischen Gesellschaft", vernachlässigt aber den performativen Aspekt. Vgl. zur sozialen Dimension des *fröide*-Begriffs im Minnesang Kellner 2015, S. 187: „Ästhetisch gesehen ist Freude Wirkung und Funktion des höfischen Sanges zugleich, sie ist daher auch auf das Publikum bezogen. Diese Freude bleibt verbunden mit den Affekten des Liebenden, sie leitet sich aus ihnen jedoch nur sehr vermittelt ab. Die höfische Gesellschaft soll durch den Sang in die Stimmung der Freude versetzt werden, sie soll auf diese Weise den Zustand *hôhen muotes* erreichen. Diese Hochgestimmtheit wiederum, die semantisch durch Freude nur sehr abstrakt gekennzeichnet ist, zielt auf eine Idealität, die etisch und ästhetisch zugleich zu verstehen ist."
267 Siehe zum Vergleich die Belege in Anm. 202.
268 Brem 2003, S. 251, sieht hier „einen möglicherweise heiklen Anspruch" in der „Option" formuliert, „bei *loben* handle es sich um Minnesang", da „*loben* [...] Aufgabe des Spruchdichters war". Während ihre Beobachtungen, inwiefern Minne- und Gesellschaftsthematik im Minnesang häufig interferieren, darauf zielen, die Kopplung der Thematiken an die ‚Gattungen' Minnesang und Sangspruch in ihrer Polarität zu relativieren, liegt diesem Argument genau jene Polarität zugrunde. *rehte fröide* zu loben,

bei ihm *ein herze erkennen* soll, *das zallen zîten hôhe stât*, und der Behauptung, selbst stets *rehte fröide* gelobt zu haben. Das Lob anderer ist auch ein Selbstlob.

Vor dem Hintergrund, dass der Sprecher sich nun zur Instanz erhoben hat, andere zu beurteilen, erscheint das eingeforderte *erkennen* der eigenen Hochgestimmtheit in den Eingangsversen als Legitimationsstrategie. Als jemand, der *fröide* kenntlich werden lässt und *rehte fröide* stets gelobt hat, gibt der Sänger im vierten Vers konsekutiv an, niemanden mit Missgunst zu betrachten, *der si hât*. Das Postulat bestätigt die Aussage des dritten Verses *ex negativo* und verdeutlicht dabei auch, in der Begutachtung höfischer Werte nicht von eigenen Interessen geleitet zu sein, sondern im Sinne der Sache zu handeln. Deutlich wird die argumentative Stoßrichtung der Strophe, die Einschätzung anderer einzig von Tugendkriterien und nicht von persönlichen Interessen abhängig zu machen.

Der Abgesang besteht aus einem einzigen Satz. Der Sprecher gibt an, denjenigen, dessen Einstellung so ausgerichtet ist (V. 5), dass seine Handlungen *gerne* nach dem Optimum des Tugendhaften streben (V. 6), auf Händen tragen zu wollen (V. 9), ehe er *unsanfte müese gên* (V. 8). Das geschieht in direkter Rezipientinnen- und Rezipientenansprache (*ich wil iu* [...] *sagen*, V. 7), was die Kontextualisierung einer Performanz und die Beobachtung einer Auseinandersetzung zwischen Ich und Öffentlichkeit noch verdeutlicht. Der Sänger stilisiert sich in der ausdrucksstarken Metapher des Tragens *ûf mîner hant* als Verfechter des in Vers 6 benannten ‚Besten' und damit seinen Sang performativ als Ort der Verfechtung. Sein Wille (V. 7) besteht darin, Ordnung zu bewahren. Anders als in den zahlreichen Stellen im Minnesang, wo sich der Sänger der Kritik von außen ausgesetzt sieht und argumentativ um die Rechtfertigung seiner eigenen Position kämpft,[269] kann er hier, wo die Paradigmen *klage* und *leit* nicht den Ausgangspunkt der Rede bilden, dort für andere einstehen, wo ihnen ein – man wird implizieren dürfen: sozialer – Umgang droht, der *unsanfte* ist. Bedingung dafür ist Makellosigkeit, und ihren Wert herauszustellen, Fluchtpunkt der Argumentation. Der Sänger bestimmt sich als Garant für das Höfische.[270] Die Ich-Position verhält sich somit am Ende der Strophe äquivalent zu jenen Strophen, in denen das Ich kenntlich macht, Liebender zu sein, weil ihn die Makellosigkeit der Geliebten dazu verpflichtet.[271]

Fasst man das sprechende Ich weiblich auf, lässt sich der Strophenschluss, da das Gegenüber grammatikalisch männlich bestimmt ist, auch konkret auf einen allerdings nur potenziellen Geliebten beziehen, sodass die Strophe rekursiv als Verhandlung der

---

stellt angesichts der ubiquitären Affirmation höfischer Werte im Minnesang sicherlich kein Differenzmerkmal unterschiedlich konnotierter Ichs (Spruch- vs. Minnesänger-Ich) dar.

269 Vgl. als prominente Beispiele dafür etwa Heinrich von Morungen 47 C (= Dietmar von Aist 17 B; MF 133,21); Reinmar der Alte 34 A/32 B/56 C/306 E und 36 A/33 B/57 C/307 E (MF 165,10).

270 Vgl. dazu auch Brem 2003, S. 253, die jedoch, obwohl sie zuvor im Hinblick auf den Begriff *loben* für einen Bezug auf die Tätigkeit eines Minnesängers plädiert hatte, die Schlussverse nicht noch einmal auf Minnethematik hin deutet.

271 Vgl. erneut Ton II.

Möglichkeitsbedingungen von Minne erscheint. In äquivalenter Weise zur vorangehenden Frauenstrophe des sechsten Tons bildet dabei die Hochgestimmtheit der Frau den Ausgangspunkt ihrer Rede. Sie demonstriert, dass ihre Disposition grundsätzlich als positive ‚erkennbar' ist (V. 1f.), also ohne eine Begründung auskommt, wie sie in der Vorstrophe formuliert worden war. In der Folge differenziert sie, dass dieser Idealzustand in ebenso grundsätzlicher Weise nicht nur für sie selbst wünschenswert ist (V. 3f.), was als im ‚öffentlichen' Raum kontextualisierte Äußerung (*hie*, V. 1) einen weiteren zentralen Unterschied zur Vorstrophe markiert.[272] Wenn die Geliebte in Männerstrophen in metonymischer Funktion als „höchste[r] gesellschaftliche[r] Wert"[273] erscheint, so entspricht dieser Idealität in dieser Strophe ihr Lob eines gesellschaftlichen Idealzustands. Das sprechende Ich verhält sich in signifikanter Weise äquivalent zur Position der Geliebten als *summum bonum*, die zuallererst eine Inkorporation höfischer Werte impliziert. Das markiert die Frauenrede in variierender Weise deshalb erneut als „Kehrseite der männlichen Projektion"[274], da hier genau jene ideale Dame spricht, die dort geliebt wird. Dass diese in der Folge angibt, sich für den einzusetzen, der *das beste gerne tuot* (V. 6), folgt daraus und zeigt an, dass der potenzielle Geliebte ebenso dem Ideal ethischer Vervollkommnung verpflichtet zu sein hat wie sie selbst.

Dass Minne hier in einer höchst abstrahierten Darstellung geradezu als kausale Folge moralisch einwandfreien Handelns zweier Interaktionspartner erscheint, ist die Pointe der Frauenrede und stellt den zentralen Aspekt der Variation der Formulierung und Verhandlung ‚höfischer Liebe' in dieser Strophe dar, die durch die differierende Sprechposition herbeigeführt wird. Möglichkeitsbedingung der Minne ist nichts Geringeres als das höfische Ideal selbst, ihre als potenziell perspektivierte Realisierung nachgerade indexikalisches Zeichen dafür, *das beste gerne* zu tun. Dass eine solche Realisierung – obwohl mitnichten von einer konkreten Interaktion und einem spezifischen Gegenüber die Rede ist – gleichsam nicht unmöglich zu sein scheint, verdankt sich die Strophe wie schon im sechsten Ton dem Umstand, dass situationsbedingte Implikationen von *êre* und die Instanzen der Sozialaufsicht nicht thematisiert werden. Das widerspräche ihrem allgemeinen Charakter und dem grundlegende Handlungsmaximen äußernden Redegestus, der weniger eine konkrete Situation als vielmehr die normativen Grundlagen jeglicher Situiertheit in sozialer Rahmung zum Ausdruck bringt. Von Minne ist auch in der Lesart als Frauenstrophe nicht spezifisch die Rede; sie steht exemplarisch für eine allgemeingültige Wertorientiertheit.

Das Lob des anderen, das in dieser Strophe in polyvalenter Bezüglichkeit geäußert wird, ist deshalb in erster Linie ein Lob des Allgemeinen. Wo höfische Ideale in Handlung umgesetzt werden, scheint die Möglichkeit einer solidarischen Interaktion gegeben, die als Signum für Kultiviertheit gelten kann. Moralisch einwandfreies

---

272 Vgl. in diesem Sinne auch Boll 2007, S. 326.
273 Warning 1997 [1979], S. 84.
274 So die Formulierung von Kellner 2018, S. 129. Vgl. dazu Anm. 195 und in diesem Sinne mit Blick auf die vorliegende Strophe Boll 2007, S. 325.

Handeln obligiert höfische Anerkennung, und dass Minne genau in diesem Sinne in den Blick gerät, fokussiert sie als Medium, der Geltung von Ethik Ausdruck zu verleihen. In dieser Strophe markiert sich nicht – wie etwa in Ton III – die Transgression des Höfischen als emotionale *actio*, sondern in variierender Umkehrung deren Gegenteil als ethisch konstituierte *reactio*.

9 Zeit und Wandelbarkeit. Paradigmatisierung der Syntagmatik

Ton VIII

Die Diskussion der bis anhin in den Blick genommenen Töne des Rugge-Korpus in C hat deutlich gemacht, dass sich Schwerpunkte und Ausprägungen der Variationskunst in ihnen insbesondere im Hinblick darauf ermitteln lassen, auf welche Weise das iterative Verfahren einer Exzeptionalisierung von Minne zur Anwendung kommt. Es wiederholt sich, dass Minne sich dort, wo sie explizit zur Verhandlung steht, im Rahmen der entworfenen Sprechsituation stets als das Besondere erweist; es changiert, ob sich dies in dezidiert negativer Hinsicht (wie etwa in den Tönen III und IV) oder in dezidiert positiver Hinsicht vollzieht (wie etwa in den Tönen VI und VIIa). Um ihrer Exzeptionalisierung dabei stets aufs Neue Plausibilität zu verleihen, werden – vielfach auch anhand differierender Sprechpositionen – variierende Perspektivierungen auf das Wiederholte eingenommen. Es erscheint somit dadurch je ‚anders' formuliert, dass einzelne zentrale Paradigmen der Formulierung und Verhandlung von Minne aktualisiert werden bei gleichzeitiger Ausklammerung anderer.

Immer wieder spielt im Zuge dessen – auch das hat sich bereits mehrfach gezeigt[275] – der Faktor Zeit eine wichtige Rolle.[276] Neben der gesonderten Thematisierung einzelner Zeitabschnitte hat insbesondere der allgemeine Aspekt ihres Fortschreitens, der im Sinne einer Progression konstitutiv die Semantik von ‚Veränderung' birgt, eine kontrastive Funktion zur Zeitlichkeit der Minne. Sie erscheint als ‚Eigenzeit',[277] der im Gegensatz dazu zeitliche Indifferenz innewohnt. Eigenheiten und Problematiken der Minne haben ubiquitären Charakter und erweisen sich als kontinuierlich beziehungsweise nicht-progredierend. Das kann entweder mit Blick auf eine negativ konnotierte Stagnation zum Ausdruck kommen, der eine zumeist trügerische Hoffnung auf ‚bessere Zeiten' gegenübersteht, oder mit Blick auf eine positiv konnotierte Beständigkeit, der der Wechsel äußerer Umstände im Sinne einer Unverlässlichkeit entgegengesetzt wird.

---

275 Vgl. v. a. die Diskussionen von Ton Ia, Ton III (dort insb. zu 8 C), Ton VI (dort insb. zu 14 und 15 C) sowie Ton VIIa; vgl. im Weiteren v. a. die Diskussionen von Ton IX, Ic und VIIc (dort insb. zu 16 B).
276 Vgl. konzeptionell zu Zeit im Minnesang insb. Baumgartner/Kellner 2013 und Kellner 2018, S. 301–392.
277 Vgl. zum Begriff Lieb 2001.

9 Zeit und Wandelbarkeit. Paradigmatisierung der Syntagmatik — 157

Die große Beliebtheit des Jahreszeitentopos im Minnesang dürfte sich nicht zuletzt daraus gespeist haben, dass er – je nachdem, ob Sommer oder Winter kontextualisiert werden – beide Möglichkeiten bereitstellt.[278] Die Zeitlichkeit des Externen („Natur") bildet als Ausgangspunkt die Kontrastfolie für eine Zeitlichkeit des Internen (Minne), das dadurch strukturell exzeptionellen Charakter gewinnt. Was als hoch konventionalisierte Praxis, deren Variation zumeist im Rahmen feiner Nuancierungen kenntlich wird, bereits mit Blick auf Ton Ia eingehend diskutiert wurde,[279] findet im achten Ton[280] auf durchaus ungewöhnliche Weise Anwendung. Er ist bei gleichbleibender Strophenanzahl und -folge[281] unter drei Autornamen insgesamt viermal überliefert[282] und beinhaltet nicht nur einen Natureingang mit Winterbezug in der ersten, sondern auch einen Jahreszeiten*wandel* in der dritten Strophe, wo es – noch dazu an ihrem Ende – heißt, die Zeit habe sich *verwandelôt* und es herrsche nun Sommer.[283]

---

278 Neben dieser kontrastiven Funktion bietet der Natureingang auch eine komplementäre; vgl. S. 74 f. oben und konzeptionell zur Unterscheidung Eder 2016, S. 169–196.
279 Vgl. insb. S. 73–79 oben.
280 Vgl. zu seiner von der Kanzone abweichenden Form Paus 1965, S. 52 f.
281 Cramer 1997, S. 161, vermutet, die stabile Strophenreihenfolge habe einen formalen Grund: Die einsilbige Waise im vorletzten Vers werde qua Assonanzreim im ersten Vers der Folgestrophe aufgenommen, was allerdings beim Übergang zur letzten Strophe abweicht. Cramer interpretiert dies wiederum als Markierung des Sprecherwechsels. Die Überlegung ist durchaus reizvoll, bleibt aber, aufgrund der Tatsache, dass die klangliche Bezugnahme nur eine lockere ist und zudem ihr nicht durchgängiges Auftreten auch gerade nicht als Prinzip gesehen werden kann, ebenso wie ihre Schlussfolgerung, die Redaktoren der Handschrift hätten das Formprinzip erkannt und deshalb die Strophenreihenfolge nicht geändert, spekulativ.
282 In B unter Rugge, in C unter Rugge und Reinmar und in A unter dem Namen „Heinrich der Rîche", der ansonsten nirgends belegt ist. Die vier Strophen sind hier unmittelbar neben den vier Strophen des neunten Tons von Rugge, die auch in A unter seinem Namen erscheinen, angeordnet; vgl. dazu Schweikle 1977, S. 15 f. Die vier Versionen zeigen teils erhebliche Abweichungen, wobei die beiden unter Rugge überlieferten sich bezeichnenderweise am ähnlichsten sind. Sie werden, wo dies semantisch von Relevanz ist in den jeweiligen Strophendiskussionen besprochen. MF(MT), S. 213–215, legt A als Leithandschrift zugrunde und druckt aufgrund der vielen Abweichungen insb. in A entgegen der sonstigen Praxis von mehreren Strophen mehrere Versionen (vgl. MFE, S. 93). Vgl. zu den Abweichungen auch Paus 1965, S. 48–52. Hausmann 1999, S. 312–315, sucht anhand der Textabweichungen zu zeigen, dass der sog. ‚C-Schreiber A_s' „recht genaue Vorstellungen von den differenten Autorenprofilen Reinmars und Heinrichs von Rugge gehabt zu haben" scheint (S. 314), was jedoch damit konfligiert, dass es, wie auch Hausmann feststellt (S. 312), in den anderen parallel überlieferten Tönen weitgehende Übereinstimmung gibt. Die formale Glättung, die Hausmann anhand der zweiten und vierten Strophen des Tons *en détail* in der Rei-C-Variante beobachtet, muss mitnichten ihre Ursache in einem vorgefassten Autorbild des Schreibers haben; vgl. in diesem Sinne auch Henkes-Zin 2004, S. 140 f.
283 MF(LH), MF(V) und MF(K) trennen die Strophen aus diesem Grund und präsentieren Ton VIII in zwei zweistrophigen Einheiten; vgl. in diesem Sinne auch Angermann 1910, S. 20. Von Kraus erklärt ihn – Halbach 1928, S. 152–155, folgend – für unecht; vgl. MFU, S. 247–249. Auch Paus 1965, S. 124 f., schreibt ihn Rugge ab und zieht hingegen die Zuschreibung von A zu Heinrich dem Rîchen vor. Gleichzeitig argumentiert er aber dafür, dass die vier Strophen als Einheit betrachtet werden können,

Eingebettet ist diese prägnante Variation des Topos in das übergeordnete Verfahren, in allen Strophen unterschiedliche Aktualitäten der stets gleichen Feststellung nicht realisierter Liebe für relevant zu erklären. In der ersten Strophe ist das Gegenwärtige dadurch konstituiert, dass die lange Dauer des Winters der Geliebten zusetzt und ihr der Liebende mit seiner treuen Liebe deshalb zeigt, was er bösen Leuten verbirgt. In der zweiten Strophe ist bei gleichwertiger Akzentuierung von *zît* in einer sehr viel allgemeineren Hinsicht von einem aktuellen Gesellschaftszustand die Rede, der dafür sorgt, dass es für *guot gedinge* [...] *ein teil zu spæte* wird. Er verursacht einen betrübten Zustand des Liebenden, den nur noch die Geliebte abzuwenden imstande wäre. Dies setzt sich in der dritten Strophe zunächst fort, wenn angesichts dieser Notlage sogar der Tod und damit Endlichkeit als Option aufscheinen, bevor dann der Jahreszeitenwandel benannt wird und die Hoffnung auf ein Zeichen der Geliebten unter gänzlich veränderten Bedingungen reformuliert werden kann. In der vierten Strophe schließlich kommt die Frau selbst zur Sprache. Auch sie spricht von einer Aktualität, die ganz im Gegenteil zu den Aussagen der Männerstrophen dadurch bestimmt wird, nicht *an fröiden* zu verzagen. Gleichwohl wird eine Klage über das Fernbleiben des Geliebten formuliert, der schließlich der Botenauftrag folgt, dem Mann möge ausgerichtet werden, sie würde ihn gern sehen und seine Freude vernehmen.

Auf intrikate Weise überführt der achte Ton die durch den Natureingang aufgerufene Zeitlichkeit in ein Verfahren, einerseits das Fortschreiten von Zeit offensiv zu demonstrieren, um es sich argumentativ zunutze zu machen, und andererseits seine Implikationen zu unterlaufen. Der toninterne Jahreszeitenwandel suggeriert ein syntagmatisches Progredieren des Verhandelten. Ihm arbeitet der rhetorische Effekt zu, am Anfang über das Leid der Dame zu sprechen und sie am Ende sagen zu lassen, sie würde gerne die Freude des Werbers hören. Das beständige Variieren differierender Aktualitäten, das einen paradigmatischen Zusammenhang herstellt, korrespondiert hingegen damit, dass in Männer- wie Frauenrede realiter keinerlei Form von Veränderung eintritt und ein innerer Wandel, der zum äußeren Jahreszeitenwechsel äquivalent wäre, stets nur im Potentialis optiert wird. Progression und Variation operieren folglich gegenläufig und vermögen es in ihrem Wechselspiel, die Aktualität des Liebesleids gleichermaßen als durchgängig gegeben und als potenziell aufhebbar zu bestimmen. Die Syntagmatik ist eingelassen in ein Paradigma, indem das Fortdauern des Mangels anhand variierender Kontextualisierungen beständig dynamisiert wird. Es ist als zeitlich spezifisch inszeniert, was überzeitlich Gültigkeit hat. Dass das An-

---

wenn man sie in der Reihenfolge 1, 3, 4, 2 wiedergibt, v. a., da Strophe 2 eine Antwort auf die Frauenstrophe darstelle (S. 53–58). Er sucht mit diesem Vorschlag, der sich gegen die Überlieferung richtet, künstlich syntagmatischen Zusammenhang herzustellen, und behauptet, es handle sich „bei diesem Lied [...] um die lyrische Ausbreitung eines kleinen Liebesromans" (S. 56). Maurer 1966, S. 121–123, folgt der Zuschreibung zu Heinrich dem Rîchen, nicht aber der geänderten Strophenfolge, ohne dies gesondert zu thematisieren. In MF(MT) erscheinen sie wieder unter dem Namen Rugges und in der Strophenfolge 1–4 ohne Abtrennung.

liegen, die Eigenzeit der Minne durch die Progression der Jahreszeiten und die scheinbare Responsion zwischen Männer- und Frauenrede zu unterwandern, seinerseits unterwandert wird, macht sie genauso kenntlich wie im Zuge dessen die Exzeptionalität der Minne vielfach hervorgehoben wird: Nur Minne wäre es, die der negativ konnotierten Aktualität, die nicht zuletzt auch sozialer Natur ist, Abhilfe zu leisten vermag; einzig die Minne wäre imstande, das, was der Jahreszeitenwandel nur implizieren kann, zu realisieren: eine Veränderung, die die Klage aufhöbe.

18 C

Nu lange stât diu heide val,
si hât der snê gemachet bluomen eine.
die vogel trûrent über al.
das tuo(t) ir wê, der ich es gerne scheine:
5 mîn lîp ie vor den bœsen hal,
das ich si mê mit rehten triuwen meine,
danne ieman vinden kunde zal.
het ich von heile wunsches [ ] wal
über elliu wîb,
10 verleitet mich ab dirre stæte deheine.

_{8 wunfches wunfches}

(Jetzt steht die Heide seit langem fahl da, | der Schnee hat ihr die Blumen genommen. | Überall trauern die Vögel. | Das schmerzt sie, der ich es gerne zu erkennen gebe: | Ich habe immer vor den Bösen verborgen, | dass ich sie mehr mit rechter Treue liebe, | als es jemand beziffern könnte. | Hätte ich durch eine glückliche Fügung die Wahl eines Wunsches | gegenüber allen Frauen, | würde keine mich von dieser Beständigkeit abbringen können.)

Zum zweiten Mal begegnet im Rugge-Korpus in C zu Beginn des achten Tons ein Natureingang. In Äquivalenz zu Ton Ia kontextualisiert sich das Gesagte im Winter, in Differenz dazu erscheint, dass der Zustand der Natur zunächst nicht wie für gewöhnlich in Relation zur Disposition des Sängers gesetzt wird,[284] sondern in Relation zur Dame: Es herrscht Winter, *das tuot ir wê* (V. 4).[285] Dass die Naturerscheinungen primär in Bezug zur Dame gesetzt werden, ist im Minnesang, wie auch Daniel Eder in

---

284 Vgl. dazu die Bemerkungen auf S. 74 f. oben sowie die Belege in Anm. 30, 32 und 33.
285 Für von Kraus äußert sich in dieser Abweichung vom „Natürliche[n]" „die Ungeschicklichkeit und Unklarheit des Ausdrucks sowie die lose Verbindung der Gedanken" (MFU, S. 248). Dabei ließe sich, seiner Argumentation folgend, gerade hier ein Beispiel für jene „Originalität" sehen, die er bei jenen Strophen, die er Rugge abschreibt, vermisst. Von Kraus' Abwertung des Textes hat auch in jüngerer Zeit noch Anhänger gefunden; vgl. Köhler 1997, S. 141.

seiner Studie zum Natureingang festhält, nicht nur „sehr selten"[286], sondern hat in dieser Form keine Parallele, stellt also eine unikal überlieferte Variation des Jahreszeitentopos dar.[287] Erst danach spricht das Ich von sich selbst, indem es in einem Spiel von Verdecken (V. 5) und Offenbaren (V. 4) seine Liebe zum Ausdruck bringt. Die Strophe schließt mit einer Beteuerung von *stæte* (V. 10), was mit einer Exzeptionalisierung der Dame einhergeht (V. 8–10).

In die topische Spannung zwischen der Zyklik der Jahreszeiten und dem entzeitlichten Dienst des Liebenden wird der Schmerz der Dame als Zwischenschritt eingeschaltet. *stæte* konstituiert sich in der vorliegenden Strophe folglich nicht primär darüber, in direkter Absetzung vom Zustand der Natur an Profil zu gewinnen, sondern wird grammatikalisch als Reaktion auf den Schmerz der Dame inszeniert. Den Unannehmlichkeiten des Äußeren wird innere Verlässlichkeit entgegengesetzt. Dadurch gelingt es der Strophe, eine Kausallogik zu suggerieren: Wenn die Unbeständigkeit der Natur der Dame weh tut, müsste die Beständigkeit des Liebenden ihr folglich gut tun, was jedoch – entsprechend der Paradoxie der Minne – Leerstelle bleibt. Im Rahmen einer makrostrukturell topischen Formulierung und Reflexion der Liebe lässt sich dabei mikrostrukturell eine komplexe Verschachtelung von Äquivalenzen und Differenzen mit den Ausprägungen Zustand und Dauer, Qualität und Quantität, Innen und Außen, Sichtbarmachen und Verhüllen erkennen, die der Strophe in hohem Maße den Charakter einer kunstvollen Nuancierung vorgeprägter Elemente verleiht.

Schon die ersten beiden Worte der Strophe variieren die Feststellung, dass Winter ist. Das einleitende *nu* zeigt eine Gegenwart an, die mit dem darauf folgenden *lange* unmittelbar in Dauer überführt wird.[288] Der Aspekt des Zyklischen wird somit sowohl aufgerufen als auch zurückgenommen; im Fokus steht die Anwesenheit des Winters, nicht sein Kommen und Gehen.[289] Die Anwesenheit äußert sich, wie das für Natureingänge üblich ist, in topischen Bildern. Die Feststellung des ersten Verses, dass *diu heide val [stât]* (V. 1),[290] impliziert, dass man nicht sie, sondern den sie verbergenden, im zweiten Vers benannten Schnee sieht. Er hat ihr, so das zweite Bild, die Blumen genommen,[291] was gleichfalls ein Verhüllen ausdrückt. Darauf folgt im dritten Vers die

---

286 Eder 2016, S. 87, Anm. 250.
287 Vgl. Eder 2016, S. 193: „Für die Anknüpfung eines Natureingangs an die Dame begegnet fast nur der komplementäre Einbau [...]", demgegenüber sei der vorliegende Fall „wohl singulär".
288 Vgl. dazu auch Lieb 2001, S. 201: „Das *Nu lange* der ersten Strophe fixiert die Länge des Winters am aktuellen Augenblick und konnotiert damit die Wechselhaftigkeit der Jahreszeiten."
289 Das ist einer der zentralen Unterschiede zwischen Sommer- und Wintereingängen: Während im Hinblick auf die angenehme Jahreszeit häufig ihr Beginnen und dessen Dynamik im Fokus steht, wird der Winter statisch dargestellt, und nicht sein Einbruch, sondern seine Anwesenheit wird thematisiert.
290 Vgl. dafür, dass der Winter Naturerscheinungen *val* macht, 1 C sowie Heinrich von Veldeke 33 BC (MF 64,26) und Walther von der Vogelweide 40 B/126 C (L 39,1). Bei Sängern im 13. Jh. finden sich über ein Dutzend Belege; vgl. stellvertretend Gottfried von Neifen 96 C (KLD XXIII,1).
291 Beispiele, dass der Schnee Heide und/oder Blumen zusetzt, finden sich v. a. bei Sängern im 13. Jh., dort jedoch zahlreich; vgl. stellvertretend Bruno von Hornberg 1 C (KLD I,1) und Brunwart von Augheim

Wendung, dass die Vögel überall trauern.[292] Auch das drückt Abwesenheit aus, und zwar diejenige ihres Gesangs. Die Anwesenheit des Winters bedeutet also die Abwesenheit von Aufgerufenem; sie produziert Mangel.

Während sich in zahlreichen Natureingängen das Ich dem Schweigen der Vögel unmittelbar als Sänger kontrastiv gegenüberstellt[293] – etwa, indem er sein Dienen oder Singen explizit thematisiert[294] – liegt in dieser Strophe eine Variation davon vor, indem zunächst vom Schmerz der Dame die Rede ist.[295] Die Tatsache, dass ihr das Beschriebene *wê* tut, bezeichnet einerseits ein Äquivalenzverhältnis zwischen dem Zustand der Natur und dem Zustand der Dame, lässt sich andererseits aber auch noch direkter auf das letzte Glied der Naturbeschreibung beziehen: Resultiert ihr Schmerz vor allem daraus, dass die Vögel nicht singen, forciert das umso mehr die poetologische Dimension des Sangs als potenziell geradezu heilsame Gegenreaktion. Auf Deskriptionsebene wird der Schmerz der Dame nur festgehalten, auf performativer Ebene lässt sich bereits darin das Bestreben erkennen, ihn abzuwenden.

Es folgt, grammatikalisch direkt angeschlossen, das Spiel von Enthüllen und Verhüllen: Der Liebende macht der Dame mit Vergnügen (*gerne*, V. 4) offenbar, dass er *den bœsen* (V. 5) seine *triuwe* (V. 6) verbirgt. Er kontrastiert sich dadurch nicht nur qua Sang zur Natur, sondern auch, indem sein Verhalten der Dame gegenüber das Gegenteil dessen ausdrückt, was am Schnee zu beklagen ist. Er deckt seine Treue auf (*ich [...] scheine*, V. 4), während der Schnee Heide und Blumen verdeckt.[296] Zugleich sind mit den *bœsen* Dritte benannt, deren negatives Potenzial sich äquivalent zum Winter verhält.[297] Das führt umgekehrt dazu, dass die Treue paradigmatisch in Verbindung zu

---

4 C (KLD II,1). Die Beispiele, dass der Winter im Allgemeinen Heide und/oder Blumen Schaden zufügt, sind selbstredend noch zahlreicher; vgl. pointiert etwa Goesli von Ehenhein 4 C (KLD II,1).
292 Vgl. zum Verstummen von Vögeln die Belege in Anm. 37 sowie zum expliziten ‚Trauern' von Vögeln bspw. Gottfried von Neifen 45 C (KLD X,1); Steinmar 37 C (SM 11,1).
293 Vgl. dazu S. 77f.
294 Vgl. bspw. Dietmar von Aist 25 C (MF 37,30) sowie die Belege bei Sängern im 13. Jh., bspw. Der Graf von Anhalt 1 C (KLD I,1; in C: *Der Herzoge von Anhalte*), Der Püller 9 C (KLD IV,1). Ebenfalls häufige Folgeaussagen sind: die Schönheit der Dame als Kontrast zum Winter (z. B. Der Dürner 1 C, KLD I,1) oder eine sich in Äquivalenz zum Winter befindende *klage* (z. B. Bruno von Hornberg 1 C, KLD I,1, oder selbstkritisch Gottfried von Neifen 1 C, KLD I,1 u.v.m.). Siehe dazu auch die Belege in der nächsten Anmerkung.
295 Wird nicht unmittelbar auf kontrastiv angelegte Handlungen des Sängers eingegangen, ist häufiger davon die Rede, dass er selbst Schmerz empfindet; vgl. folgende Beispiele, in denen ebenfalls zuvor vom Verstummen der Vögel im Winter die Rede ist: Heinrich von Veldeke 2 A/11 BC (MF 59,11), Rudolf von Fenis 13 BC (MF 82,26) sowie bei Sängern im 13. Jh. bspw. Konrad von Kirchberg 5 C (KLD II,1), Kraft von Toggenburg 11 C (SM 3,1). In struktureller Nähe zu diesen Beispielen steht ein Muster, das insb. bei Sängern im 13. Jh. begegnet: Der Winter setzt der Natur zu, dem Sänger aber die Dame; vgl. exemplarisch etwa Gottfried von Neifen 45 C (KLD X,1), Steinmar 37 C (SM 11,1).
296 Vgl. in diesem Sinne auch Lieb 2001, S. 200.
297 Vgl. des Weiteren Lieb 2001, S. 201, der postuliert: „Diese Kontrastierung entdeckt die ‚Öffentlichkeit' der Jahreszeiten [...]." Lieb führt die Strophe grundsätzlich als Beispiel für Kontrastierung im Natureingang an; vgl. dazu in kritischer Differenzierung Eder 2016, S. 87, Anm. 250.

einer nicht-fahlen, blumenreichen Heide gesetzt und somit ins Licht des Erfreulichen gerückt wird. Während das Unerfreuliche aber für die Dame in einem zeitlich determinierten Außen liegt, befindet es sich für den Liebenden innerhalb der höfischen Gesellschaft. Die Interaktion mit der Geliebten erweist sich als prekär, und es scheint auch die Möglichkeit auf, das Sichtbarmachen der Treue konjunktivisch aufzufassen: Er würde zur Schmerzlinderung gerne offenbaren, was er geheim halten muss. Gesellschaftskritik und Gefährdung der Minne durch das Soziale gehen in eins. Während die Aktion gegenüber den Dritten gefährdet ist, kann der Liebende im Sang handeln, d. h. seine *triuwe*, das andernorts zu verheimlichende, äußern.[298] Auch dies geschieht anhand einer stilistischen Finesse, indem die Qualität der ‚zahllosen' Treue (V. 6 f.) durch eine quantitative Überbietung herauszustellen gesucht wird, und dient der maximalen Absetzung des Sprechers von den *bœsen*.

Die Beteuerung unendlicher Treue wird abschließend argumentativ gedoppelt: Es folgt bildlich korrespondierend die Imagination eines Wunsches, unter allen Frauen die Wahl zu haben (V. 8 f.),[299] was in die Behauptung mündet, keine von ihnen könne seine *stæte* brechen (V. 10), ihn also verführen. Die Geliebte wird exzeptionalisiert, was in Korrespondenz dazu steht, dass sich der Liebende in seiner Beständigkeit selbst als exzeptionell erweist. Damit bestimmt der Sänger und Liebende seine Eigenheiten in dieser ersten Strophe des achten Tons als ein Bestehen gegenüber vielfältigen Widrigkeiten: Er singt, obwohl die Natur schweigt; er liebt, obwohl Missgunst droht. Die *lange* Dauer des Winters (V. 1) wird durch zeitlose Beständigkeit überboten. *triuwe* und *stæte*, deren Demonstration Fluchtpunkt der Strophe ist, werden nicht nur inhaltlich postuliert, sondern auch performativ vorgeführt. Während die Präsenz des Winters die Absenz des Schönen im Äußeren bedeutet, ‚präsentiert' der Sänger die Evidenz seiner treuen und verlässlichen Haltung, die durch die Abgrenzung von *den bœsen* gleichsam die Präsenz des Guten im Inneren impliziert.

19 C

    Si vindet mich nu lange zît
    an dem sinne, der ist iemer stæte.
    nâch rehte liesse ich mînen strît,
    das mir ir minne lônes genâde tæte.
5   nu machet valscher werlte nît,
    das guot gedinge wirt ein teil ze spæte.
    dâ von mîn herze swære lît.
    betwungen was es iemer sît,

---

[298] Vgl. dazu auch 15 C, wo der Liebende die Geliebte *verholne* im Herzen trägt (V. 5).
[299] Diese topische Formulierung steht insb. in Korrespondenz mit dem in 5 C, V. 3 (vgl. S. 92), 13 C, V. 3 (vgl. S. 134) und 14 C, V. 2 (vgl. S. 136–138) Beobachteten.

noch wurde es frô,
10 leiste diu guote, des ich bæte.

> 3 liefffe
>
> (Sie findet mich jetzt seit langer Zeit | so eingestellt, immer beständig zu sein. | Zurecht würde ich meine Bemühungen sein lassen, | [gesetzt den Fall,] dass mir ihre Minne | die Gnade eines Lohnes gewähren würde. | Nun führt die Boshaftigkeit der schlechten Welt dazu, | dass es für gute Hoffnung etwas zu spät wird. | Davon ist mein Herz beschwert. | Seitdem war es immer bedrängt | und könnte auch nicht froh werden, | es sei denn, dass die Gute leisten würde, worum ich bitte.)

Die zweite Strophe des achten Tons ist die erste im Rugge-Korpus in C, die zu ihren Parallelüberlieferungen in anderen Korpora auf der Ebene des Wortmaterials teils markante Unterschiede aufweist.[300] Am semantisch relevantesten ist dies bereits zu Beginn: Während die Strophe in A, wo sie wie der Rest des Tons unter dem sonst nirgends bezeugten Namen Heinrich dem Rîchen überliefert ist,[301] mit den Worten *Die vindent mich* anfängt,[302] ist das Subjekt hier – ebenso wie im Rugge-Korpus in B und im Reinmar-Korpus in C – die Dame selbst. Die personale Konstellation bleibt somit zunächst zweistellig. Die Geliebte findet den Liebenden, wohl eher potenziell als real (im Sinne von: ‚kann mich finden'), bei *stæter* Gesinnung. Diese Wiederholung der finalen Beteuerung der Vorstrophe bereitet argumentativ vor, was der *stæte*-Begriff – wie in Ton Ia ausgeführt[303] – stets impliziert: eine Beständigkeit trotz des Ausbleibens von Lohn. Fokus und Verhandlungsgegenstand der Strophe sind im Folgenden das Postulat, dass die Absenz des Erhofften, nicht der Dame selbst angelastet, sondern auf den allgemeinen schlechten Zustand der Welt zurückgeführt wird. Die strophenabschließende Formulierung einer erwünschten *reactio* der Dame mit der Aussage, nur sie könne Abhilfe leisten, erhält dadurch universellen Charakter: Die Erwiderung der Minne behöbe nicht nur den konkreten Mangel der Interaktion zwischen Liebendem und Geliebter, sondern erscheint nachgerade als einzige Option, in *valscher werlte* (V. 5) überhaupt *frô* sein zu können (V. 9). Fokus der Strophe ist folglich, Minne gleichermaßen in ihrer Abwesenheit und ihrer Notwendigkeit kenntlich zu machen. Sie zeigt sich als potenziell heilsam und real absent.

---

300 MF(MT) druckt sie in drei Versionen. Über das in der Folge Diskutierte hinaus liegen folgende semantisch relevante Abweichungen vor: A hat in V. 4 *ie minne* statt *ir minne*, verallgemeinert also, und in V. 6 *guote gewinne* statt *guot gedinge*, hebt somit den funktionalen Aspekt deutlicher hervor. Die Version im Reinmar-Korpus in C hat in V. 2 *an der gir* statt *an dem sinne*, fokussiert also sehr viel expliziter die emotionale Komponente des Minnens, und spinnt im Folgenden das Spiel mit dem Verhüllen fort, wenn es in V. 6 heißt: *das ich verbir gedinge*.
301 MF(MT) folgt dieser Version.
302 Boll 2007, S. 327, schlägt vor, dies im Sinne von „die anderen Frauen" zu verstehen, was sich als Anschluss zum Schluss der Vorstrophe plausibilisieren lässt. Es ließe sich aber auch noch unspezifischer auffassen.
303 Vgl. die Diskussion von 3 C.

Wirft man einen detaillierteren Blick auf die Aussagen, fällt zunächst auf, dass der Wiederholung der *stæte*-Beteuerung zu Strophenbeginn ebenfalls eine lexikalische Wiederholung der Zeitlichkeit eingeschrieben ist. Wie die Heide im Winter *nu lange* fahl ist (18 C, V. 1), kann die Dame den Sänger *nu lange* in beständiger Gesinnung antreffen. In Äquivalenz zu den ersten beiden Strophen des ersten Tons, der ebenfalls einen Wintereingang beinhaltet, wird, nachdem Haltung und Handlung des Liebenden in einem ersten Schritt in Abweichung zum Winter dargestellt wurden, in einem zweiten offensiv Äquivalenz hergestellt.[304] Das geschieht auf intrikate Weise. Lexikalisch wird eine Deckungsgleichheit der Zeitebenen nahegelegt, die jedoch semantisch unterlaufen wird. Es darf vorausgesetzt werden, dass die Beständigkeit des Liebenden schon länger als den aktuellen Winter Bestand hat und dass somit *nu lange* strukturell das gleiche ausdrückt, ohne inhaltlich das gleiche zu bezeichnen. In 18 C ist es zeitlich begrenzt, hier ist es zeitlich entgrenzt, die Beständigkeit genau so aktuell (*nu*) wie seit jeher vorhanden (*lange*). Die eigentliche Äquivalenz ergibt sich auf anderer Ebene: Der Zustand der Natur im Winter ist ähnlich bedauernswert wie der Zustand des Liebenden im Allgemeinen. Beide repräsentieren einen Mangel, dessen spezifische Bedeutung für den Liebenden im folgenden Satz expliziert wird: *das mir ir minne lônes genâde tæte* (V. 4). Die Aussage, in diesem Fall *mînen strît* (V. 3), die Bemühungen der Werbung also, ‚lassen' zu können, ist tautologisch, da diese genau darauf ausgerichtet sind. Die Argumentation scheint an einem Nullpunkt angekommen, und es erscheint deshalb naheliegend, dass es nun externer Faktoren bedarf, um nicht in Aporie wie die Vögel im Winter zu verstummen. Sie folgen im fünften Vers und werden erneut zeitlich eingeleitet. Der Behauptung, für die beschriebene Misslage sei die Boshaftigkeit einer ‚falschen Welt' verantwortlich zu machen, wird durch ein erneutes *nu*, dem diesmal bezeichnenderweise kein *lange* folgt, der Charakter von Aktualität verliehen. Dadurch verlagert sich der Blick von der Negativität der Jahreszeit Winter auf eine gesellschaftliche Zeitkritik. Es herrscht *nît*,[305] und dieser erscheint gleichsam als Basis für die pauschale Aussage, dass die Welt im Ganzen ‚falsch' ist. Unter diesen Umständen, so heißt es in den folgenden beiden Versen, wird es für *guot gedinge* [...] *ein teil ze spæte* (V. 6). Dreierlei ist an dieser Kernaussage der Strophe bemerkenswert:

1. Es scheint angezeigt, in der Formulierung *guot gedinge* Eigenschaft und Referenz der Hoffnung in eins geschaltet zu sehen: Sowohl ist die Hoffnung als eine gute qualifiziert, als auch wird man sie, nicht zuletzt auch mit Blick auf den Schluss der

---

304 Vgl. die Diskussion von 2 C.
305 Diese Verwendung des Begriffs *nît* verhält sich different zu seinem Gebrauch in 7 C, wo der Sprecher angegeben hatte, sein *strît* verleite ihn *ze vaste in den nît* (V. 3). In der vorliegenden Strophe bezeichnet er die allgemeine Boshaftigkeit der Welt, dort bezeichnet er den Verdruss über die nicht vorhandene Interaktion mit der Geliebten, da die Minne den Liebenden so sehr gebunden hat, dass er das richtige Maß verloren hat. Während der *strît* dort also kausal zum eigenen *nît* führt, steht er hier kontrastiv zum *nît* anderer. Aus der variierenden Kontextualisierung folgt eine variierende Konnotierung des Begriffs.

Strophe, wo die Dame als *guote* bezeichnet wird, auch im Sinne einer Hoffnung ‚auf Gutes' verstehen können. Der Sprecher, dem diese Hoffnung eigen ist, parallelisiert sein Hoffen somit qualitativ mit dem Erhofften und grenzt beides gleichsam diametral vom Zustand *valscher werlte* ab.

2. Dass die Hoffnung sich konkret auf eine *reactio* der Dame bezieht, scheint nicht nur allgemein erwartbar, sondern ist auch textimmanent durch die in Vers 4 imaginierte Minne, die *lônes genâde tæte*, bereits benannt.[306] Das festzuhalten, ist deshalb wichtig, weil die Allgemeinheit der Formulierung gleichermaßen impliziert, dass es um gute Hoffnung aktuell grundsätzlich schlecht steht. Die Unwahrscheinlichkeit der Minne wird somit als Teileffekt dessen dargestellt, dass *de facto* Gutes in einer falschen Welt in seiner Existenz bedroht ist, wenn selbst die Hoffnung darauf kaum noch angebracht scheint. Statt die Geliebte dafür verantwortlich zu machen, dass ihre Minne nur konjunktivisch zu fassen ist, gilt die Kritik der Verkommenheit der Gesellschaft, für die die Welt im Sinne eines *totum pro parte* fungiert. Wie in der Vorstrophe inszeniert sich der Sänger kontrastiv dazu. Minne wird einerseits als gefährdet und ihre Realisation als unwahrscheinlich beschrieben. Andererseits wird ihr in derselben Wendung das Potenzial zugeschrieben, ein Gegenentwurf zur Falschheit zu sein. Sie wird als etwas Richtiges stilisiert und damit die Positivität ihres Zustandekommens weitaus grundsätzlicher bestimmt, als dass es nur darum ginge, den Bestrebungen des Liebenden, seinem *strît*, Genüge zu tun. Minne wäre nicht nur für ihn erfreulich, sondern auch Hort des Guten gegenüber einer falschen Welt.[307] Die Argumentation irrealisiert Minne auf der expliziten Ebene, indem sie herausstellt, dass ihre Möglichkeitsbedingungen kaum gegeben sind, und impliziert gleichsam persuasiv, dass ihr Zustandekommen potenziell genau das ist, was der Weltverkommenheit entgegengesetzt werden könnte.[308]

3. All dies geschieht mit einer erneuten Differenzierung von Zeitlichkeit: Für die *guot gedinge* wird es *ein teil ze spæte* (V. 6). Die Formulierung *ze spæte* verleiht der zuvor markierten Gegenwart (*nu*, V. 5) einen endzeitlichen Charakter, wie man ihn etwa in Alterstönen findet.[309] Durch die gleichzeitige Relativierung (*ein teil*) lässt sie aber ein kleines Fenster für eine potenzielle Veränderung der Zustände offen, was die erneute Emphase, nur die Dame könne Abhilfe leisten (V. 10), am Strophenende in ihrer Plausibilität argumentativ vorbereitet. Deutlich ist, dass die spezifische Zeit-

---

306 Sowie im letzten Vers der Strophe: *leiste diu guote, des ich bæte* (V. 10).
307 Vgl. die äquivalente Figur in der Lesart von 12 C, der zweiten Strophe des fünften Tons, als Frauenrede, S. 127 f.
308 Hier wird deutlich, dass in diesem Punkt die vorliegende Strophe, die Negatives fokussiert, und Ton VIIa, der rein Positives fokussiert hatte, Variationen desselben sind: 19 C kritisiert aus der Position des leidenden Liebenden die Falschheit der Welt und formuliert Hoffnung auf das Gute, 17 C lobt aus der Position des oder der Hochgestimmten denjenigen, dessen Handlungsmaximen ethische sind (vgl. dazu S. 151–156). Beide Male schreibt sich der Sang die im Kern soziale Dimension zu, moralisch einwandfreies Handeln gleichsam einzufordern und zu repräsentieren.
309 Vgl. Kellner 2018, S. 355–390.

lichkeit des Winters nicht mehr im Fokus steht und stattdessen ihre negativen Konnotationen ausgebeutet werden, um eine grundsätzliche Negativität der Zeit festzuhalten. Man könnte auch sagen: Während der Dame in der ersten Strophe des Tons die Gegenwart des Winters weh tut, beklagt der Sänger die Gegenwart an sich. Auch auf der Zeitebene zeigt sich also sein Bestreben, die Problematiken der konkreten Minne-Relation in der Problematik des Allgemeinen aufzuheben und somit nicht das Nicht-Zustandekommen der Minne real als Problem, sondern ihr Zustandekommen potenziell als Lösung auszuzeichnen.

Es folgt im sechsten Vers die Feststellung, dass das Herz des Sprechers *swære lît*. Das topische Konstatieren von *swære* eines sich als Liebender determinierenden Ich[310] wird dabei insofern variiert, als dass es durch den syntaktischen Anschluss *dâ von* am Beginn des Satzes direkt an die misslichen gesellschaftlichen Umstände gekoppelt wird. Die Last des Liebenden ist eine genauso spezifische wie allgemeine, und das liegt auf einer Linie mit der beobachteten Argumentationsstrategie der vorausgehenden Verse. Es führt auch dazu, dass das Herz anders als in seinen bisherigen Verwendungen perspektiviert wird: Weder steht es als Movens, das Minnen zu beginnen, im Fokus (vgl. 8 und 14 C), noch kann von Hochgestimmtheit die Rede sein (vgl. 16 und 17 C). Die hier vorliegende Variation eines ‚bedrückt Liegens' unterstreicht die aktuelle Immobilität des Liebenden und impliziert, dass ein Ausweg aus dieser Misslage ebenso nur von extern herbeigeführt werden kann, wie sie durch externe Faktoren bedingt ist.

Dies wird in erneuter Komplexisierung der Zeitebenen noch einmal zugespitzt, wenn im achten Vers die Rede davon ist, dass das Herz *iemer sît betwungen was*. Es fragt sich, auf welchen Zeitpunkt sich die Aussage bezieht.[311] Da sie syntaktisch im Grunde nur auf die im fünften Vers apostrophierte Gegenwart (*nu*) referieren kann,[312] verleiht sie dieser Gegenwart Dauer und untermauert ihre Grundsätzlichkeit. *iemer* und *nu* stehen dadurch, dass sie geradezu parallelisiert werden, in einer semantischen Spannung zueinander, die der Misslichkeit der Situation Dinglichkeit verleiht und der eingangs postulierten *stæte* Nachdruck. Alles läuft darauf hinaus, die Rele-

---

310 Unter den Autoren, die in *Des Minnesangs Frühling* versammelt sind, ist der Begriff am prominentesten bei Reinmar; nahezu die Hälfte der Nennungen (substantivische und adjektivische Verwendung zusammen gerechnet) finden sich bei ihm. Im Reinmar-Korpus wie aber auch bei den anderen Minnesängern richtet sich der Begriff in einer erschlagenden Mehrheit der Fälle direkt auf die prekäre Interaktion mit der Geliebten. Beispielhaft hierfür kann man den Beginn einer Strophe des nach MF fünften Tons bei Reinmar nennen: *Mîn herze ist swære zaller zît, / swenne ich der schœnen niht ensihe* (31 A/16 C; MF 154,5; Text nach C). Vgl. auch die weiteren Verwendungen des Begriffs im Korpus Heinrichs von Rugge: 20 C, 25 C, 30 C und 33 C. Auch im späteren Sang bleibt *swære* eine zentrale Kategorie. Bei den Autoren, die im KLD abgedruckt sind, fällt der Begriff nahezu 200 Mal, im Korpus der sog. ‚Schweizer Minnesänger' ca. 80 Mal. Zum Vergleich: Das entspricht in allen drei Editionen ziemlich genau der jeweiligen Häufigkeit des Begriffs *stæte*.
311 Vgl. dazu auch MFU, S. 248. Von Kraus sieht hier einen Grund für die seiner Meinung nach mindere Qualität von Ton VIII.
312 In diesem Sinne versteht es auch Köhler 1997, S. 142, Anm. 290.

vanz des final fokussierten Auswegs zu steigern, und dementsprechend ist die letzte der vielen Zeitpartikel der Strophe, die die beiden abschließenden Verse 9 und 10 einleitet, ein *noch:* Noch könnte das Herz *frô* werden, noch gäbe es die Gelegenheit, den Bitten des Liebenden zu entsprechen.

Der Konjunktiv der Aussage, „würde die Gute leisten, worum ich bitte", oszilliert dabei zwischen einem Irrealis und einem Potentialis. Irreal erscheint die hier ausformulierte Hoffnung aufgrund der vorgenommenen Kontextualisierung der Minne in *valscher werlte* und ihrer endzeitlichen Konnotierung. Potenziell erscheint sie in erster Linie deshalb, weil die Geliebte hier nicht zufällig als *diu guote* bezeichnet wird: Das steht in forciertem Gegensatz zur falschen Welt und in forcierter Parallele zu den guten Hoffnungen bzw. Hoffnungen auf Gutes des Liebenden (V. 6). Es ist die finale Pointe der Strophe, unter den topischen Bezeichnungen für die Dame jene zu wählen, die plausibilisiert, dass Hoffnung ‚noch' angebracht scheint. Sie verleiht der Argumentation abschließend verstärkt persuasiven Charakter.[313] Letztlich wird nahegelegt, die Dame müsse als Gute nur ihr Wesen realisieren, um qua Minne der Verkommenheit der Welt etwas entgegensetzen zu können. Intrikat ist die Paradoxie der Minne zum Ausdruck gebracht, dringlich auch die Problematik der Verschränkung von Minne und Gesellschaft. Sie speist sich in dieser Strophe aus einer Kontrastierung von Möglichkeit und Wirklichkeit mit dem Anliegen, das Gegebene mit dem Blick auf das Nicht-Gegebene kritisch zu kommentieren und Minne als Ort der Bewahrung des Guten, ideal Höfischen auszuzeichnen.

20 C

    Mir wære starkes herzen nôt:
    ich hân sô vil der kumberlichen swære.
    noch sanfter tæte mir der tôt,
    danne ich es hil, das ich alsus gevangen wære.
5   ich leiste ie, swas si mir gebôt,
    und iemer wil. wie ungerne ich si verbære!
    diu zît hât sich verwandelôt,

---

313 Vgl. in diesem Sinne auch Kaplowitt 1986, S. 45: „Although the knight does not state specifically that his loyalty entitles him to a reward, he certainly implies that this is the case." Kaplowitts knappe und zumeist rein deskriptive Anmerkungen zu einzelnen Rugge-Strophen sind allerdings ansonsten kaum je weiterführend für die Interpretation, da er die Texte ausschließlich hinsichtlich der Frage liest, ob die Liebe beim Liebenden „an improvement of his character" (ebd.) darstelle, der Liebe, so auch der Titel seiner Monographie, „ennobling power" zugeschrieben werden könne; vgl. etwa seine Anmerkungen zu den Tönen VI, XI und XII (S. 47 f.), die bemerkenswerter Weise ausschließlich darin bestehen zu konstatieren, dass das so sei. Scharfe Kritik an einer solchen Sicht auf Minnesang, die sein „erzieherisches Vermögen" zu zeigen sucht, samt ihrer Herleitung aus der Forschungsgeschichte übt Willms 1990, S. 1–34 (Zitat S. 34), allerdings ohne direkte Bezugnahme auf Sayce.

> der sumer bringet bluomen rôt.
> mîn wurde rât,
> 10 wolte si mir künden liebiu mære.

(Ich bräuchte dringend ein starkes Herz, | denn ich trage so viel an kummervoller Last. | Der Tod käme mir angenehmer vor, | als dass ich es verheimliche, dass ich so gefangen bin. | Ich leiste schon immer, was sie mir aufgetragen hat, | und will das auch immer tun. Wie ungern ich auf sie verzichten würde! | Die Zeit hat sich gewandelt, | der Sommer bringt rote Blumen. | Mir würde geholfen, | wenn sie mir gute Nachrichten mitteilen wollen würde.)

Nach einer Reihe expliziter Wiederaufnahmen und Variationen von Aussagen und Begriffen der beiden Vorstrophen ist das zentrale Moment der dritten Strophe ein überaus bemerkenswerter Jahreszeitenwandel, der in dieser Form keine Parallelen im Minnesang hat.[314] Das betrifft nicht nur die Tatsache, dass innerhalb desselben Tons unterschiedliche Jahreszeiten in den Blick kommen, sondern auch die an sich schon unerwartbare und durch den zuvor repetierenden Modus der Strophe umso überraschendere Positionierung der Aussage kurz vor ihrem Ende, die Zeit habe sich gewandelt. Plötzlich herrscht Sommer, plötzlich sind die in der ersten Strophe verdrängten Blumen in voller Farbe sichtbar. Da die vier Strophen des achten Tons in allen vier Überlieferungen in gleicher Anzahl und Reihung festgehalten sind, wird man diesen toninternen Jahreszeitenwandel als Interpretament ernst nehmen müssen – insbesondere in zweierlei Hinsicht: Zum einen stellt er in evidenter Weise ein Fiktionalitätssignal dar. Die Zeit des Singens und die Zeit des Besungenen sind unvereinbar, wenn innerhalb von drei Strophen Monate vergangen sind. Dieser offensive performative Selbstwiderspruch forciert eine Lektüre, die die Inszeniertheit der Zeitlichkeit deutlich macht und auf ihren Anlass und Effekt hin befragt. Zum anderen stellt sich im beschriebenen Wandel der Jahreszeiten ein syntagmatischer Zusammenhang unter den Strophen des achten Tons ein.[315] Diese Syntagmatik ist genauso in ihren Implikationen herauszustellen, wie es zu beobachten gilt, inwiefern sie in Spannung zur Zeitlichkeit der Vorstrophe steht. Diese gewann ganz im Gegenteil dazu an Profil, da dort die grundsätzliche Aktualität der Zeitkritik von der determinierten Zeitlichkeit der Jahreszeit abgehoben wurde. Zeit erlangt Bedeutung auf paradigmatischer wie auf syntagmatischer Ebene, und es ist herauszustellen, ob und inwiefern sich diese ergänzen und unterlaufen. Deutlich ist, dass das komplex angelegte Spiel mit den Zeitebenen im Dienste des Anliegens steht, der Reflexion von Minne Dynamik zu verleihen. Dabei ist eine argumentative Strategie am Werk, die dem immer Glei-

---

[314] Ein Beispiel dafür, dass im selben Ton verschiedene Jahreszeiten kontextualisiert werden, ist der folgende Ton IX. Alle weiteren Formulierungen davon, dass sich die *zît* gewandelt hat, finden sich in Natureingängen zu Beginn von Tönen; vgl. bspw. Der Burggraf von Rietenburg 4 B/5 C (MF 19,7), Dietmar von Aist 25 C (MF 37,30).

[315] Vgl. demgegenüber die nur scheinbare Syntagmatik im dritten Ton (7 C; vgl. S. 100 f.), sowie die tatsächlich eingelöste Syntagmatik im zehnten Ton.

chen, der letztlich zeitlosen Paradoxie der Minne, mit der Dringlichkeit evident differenter Aktualitäten zu begegnen sucht. Sie zielt darauf, die Immobilität der unerfüllten Minne mit der genuin prozessualen Struktur von Zeit aufzubrechen. Folglich gilt es ebenso, *en détail* in den Blick zu nehmen, inwiefern die variierende Semantisierung von Zeit auch auf eine Variation der Perspektivierung von Minne ausgerichtet ist.

Am Beginn der vorliegenden Strophe steht erneut die Wiederholung eines zentralen Aspekts der vorausgehenden. 19 C hatte die *stæte*-Beteuerung von 18 C einleitend wieder aufgenommen, 20 C tut Selbiges nun mit dem Konstatieren von *swære*, was in Vers 7 von 19 C bereits begegnet ist. Dort hieß es, dass das Herz des Sängers *swære lît*, hier nun ist variierend die Rede davon, dass er eines starken Herzens bedürfte, da er *swære* trägt (V. 2). In der pointierten Gegenüberstellung von Konjunktiv (V. 1) und Indikativ (V. 2) wiederholt sich darin das Moment, dass der Sprecher bräuchte, was es nicht hat. Wie schon in anderen Strophen mehrfach beobachtet,[316] nutzt er den ohnehin insistierenden Gestus der Repetition, um auch lexikalisch eine Emphase auf das Repetierte zu legen: Er gibt an, *sô vil* Last zu tragen und qualifiziert sie zudem als *kumberliche* (V. 2). Hatte er in der Vorstrophe herausgestellt, im sozial konnotierten Außen eher die Ursache als die Lösung seiner Klage zu sehen, wird dies nun auch explizit davon flankiert, dass er aufgrund der Drastik seiner emotionalen Disposition auch selbst nicht dazu in der Lage ist, die Aporie seiner Lage abzuwenden. Die ersten drei Verse dienen somit sowohl in ihrer formalen Wiederholung als auch in ihrer inhaltlichen Zuspitzung nichts anderem als dem Herausstellen maximaler Passivität und Passion des Sprechers. Das wirft letztlich die Frage auf, wie nun überhaupt noch Handlungsoptionen aufgezeigt werden können, die jenseits der bloßen Wiederholung davon liegen, nur die Dame könne Abhilfe leisten (19 C, V. 9 f.).

Die potenzielle Antwort darauf bis zum Strophenende aufzusparen, lässt sich als Retardation mit spannungssteigernder Funktion begreifen. Denn auch in ihrem zweiten Satz verbleibt die Strophe zunächst beim Modus intensivierender Wiederholung. Wenn der Sänger behauptet, lieber tot zu sein, als die Artikulation der eigenen Gefangenschaft zu unterdrücken (V. 3 f.), ist das Bild des Verbergens aus der ersten Strophe des Tons (18 C, V. 5) genauso direkt wieder aufgegriffen wie seine poetologischen Implikationen. Während der Sänger dort der Dame zu zeigen bereit war, was er *den bœsen* verbarg, bleiben die personalen Referenzen hier aus. Die Aussage erscheint grundsätzlicher: Unabhängig davon, warum und wem er seine Klage verbergen müsste, steht die Artikulation der eigenen Immobilität (*alsus gevangen*, V. 4) im Sinne seiner einzigen Handlungsoption im Fokus. Nicht einmal das tun zu können, hieße, nichts mehr tun zu können, und genau darauf zielt der existenzielle Vergleich, in einem solchen Fall lieber gar nicht mehr zu leben – sprich: dem Leben und damit der Minne ein absolutes Ende gesetzt zu sehen. Dem Sang wird hier auf poetologischer Ebene, um im Bild zu bleiben, die Funktion einer Überlebensstrategie zugeschrieben;

---

[316] Vgl. zur intensivierenden Variation etwa auch 7, 9, 14 und 16 C sowie Anm. 100.

das Klagen erscheint als genauso prekär wie unabdingbar. So sehr dadurch ein lexikalischer und semantischer Zusammenhang unter den Strophen des Tons kenntlich wird, so deutlich ist dies in den ersten sechs Versen der vorliegenden Strophe mitnichten ein syntagmatischer: Inhaltliche Progression ist das Gegenteil dessen, was der Sänger zum Ausdruck bringt; die einzelnen Glieder der Argumentation folgen nicht kausal aufeinander, sondern ergänzen und differenzieren sich.

Im dritten Satz folgt – kaum überraschend und dadurch den Überraschungseffekt des Jahreszeitenwandels im übernächsten Vers umso mehr steigernd – die dritte Variation. Der Sänger wiederholt als Liebender seine *stæte*-Beteuerung, verleiht ihr allerdings durch seine Wortwahl zusätzliche Brisanz. Indem er sagt: *ich leiste ie, swas si mir gebôt, | und iemer wil* (V. 5f.), nimmt er direkten Bezug auf den Schlussvers der Vorstrophe, wo es in Inversion hieß, er könnte noch *frô* werden, *leiste diu guote, des ich bæte* (19 C, V. 10). Die Beständigkeit des Liebenden bedeutet somit, genau das zu tun, was die Geliebte nicht oder, gemäß der Formulierung in der Vorstrophe, noch nicht tut. Das Ich ergänzt seine dort artikulierte Hoffnung im Sinne einer Hoffnung auf Äquivalenz: Was es von der Dame erbittet, ist keine eigenständige Handlung, sondern explizit Response. Hier setzt sich das persuasive Moment der Vorstrophe insofern fort, als dass die Aussage, die verlangte Leistung selbst zu erbringen, auf die Darstellung der eigenen Glaubwürdigkeit zielt.

Des Weiteren erscheint die Dame in der Formulierung *swas si mir gebôt* bemerkenswert in Subjektposition. War sie in der ersten Strophe des Tons noch als Patiens der Unannehmlichkeiten des Winters dargestellt worden (18 C, V. 4), hieß es in der darauffolgenden Strophe zu Beginn, *Si vindet* den Liebenden bei beständiger Gesinnung, was weniger den Charakter einer konkreten Begegnung als vielmehr einer generellen Überprüfbarkeit hatte (19 C, V. 1f.). Hier nun ist von einem Gebieten die Rede, das einerseits Handlung suggeriert, andererseits inhaltlich auffällig leer bleibt. Vom Text einzig nahe gelegt erscheint, exakt das leisten zu sollen, was erneut beteuert wird: dass der Liebende *ie* tut, was er *iemer wil*, nämlich beständig zu sein. Das wiederum ist zunächst nur sekundär als konkretes Gebot der Dame und primär als allgemeine Verpflichtung aufzufassen, woraus logisch folgt, dass die Dame auch hier nicht mit etwas in Erscheinung tritt, was ihrer topischen Aktionslosigkeit widerspräche. Der Formulierung gelingt es, sowohl das Ausbleiben einer Response der Dame aufrecht zu halten als auch die in der nächsten Strophe folgende Frauenrede, deren zentraler Bestandteil es sein wird, Forderungen aufzustellen, im bereits Gesagten zu verankern.

Der letzte Satz vor dem plötzlichen Jahreszeitenwechsel besteht aus dem Ausruf des Sprechers, wie *ungerne* er auf die Dame verzichten würde (V. 6).[317] Er korrespondiert mit der Aussage des Liebenden in der ersten Strophe, ihr *gerne* seine andernorts zu verbergende Treue zu offenbaren (18 C, V. 4–7), und mit der Aussage der vorlie-

---

317 In den Versionen in A und im Reinmar-Korpus in C ist die Referenz eine andere, es steht *ichz* bzw. *ich das*; das Ich gibt also an, ungern auf seinen Dienst zu verzichten.

genden Strophe, lieber zu sterben, als seine Gefangenschaft zu verheimlichen (20 C, V. 3f.). Der Liebende ergänzt die Leidimplikationen seiner *stæte* mit der emphatischen Äußerung, dass ein Abrücken davon ebenso Leid implizieren würde. Überhaupt versichern zu müssen, auf das Minnen nicht verzichten zu wollen, verdeutlicht auch, dass die vorausgehende Behauptung, immer zu tun, was die Dame gebietet, angesichts der bisherigen Dysfunktionalität keine Selbstverständlichkeit darstellt. Der Liebende befindet sich in einer Sackgasse: Er will nicht darauf verzichten, sich beständig auf das zu fokussieren, worauf er verzichten muss.[318]

Es ist diese Paradoxie, die die Verse 7 und 8, in denen festgestellt wird, dass sich die Zeit gewandelt habe und der Sommer rote Blumen zum Vorschein bringe, zu dynamisieren suchen.[319] Ihrem Überraschungseffekt arbeitet eine Vielzahl an semantischen Spannungen zu. Zunächst fällt die Vergangenheitsform des Verbs *verwandeln* auf. Sie signalisiert, dass der Wandel der *zît* bereits vollzogen ist, ohne dass es zuvor jeglichen Hinweis darauf gegeben hätte. Das zeigt einen Perspektivwechsel an: Während die Argumentation sich den externen Unannehmlichkeiten des Winters abgewandt und der internen Problematik der Minne sowie ihrer Verortung in einer problematischen sozialen Umgebung zugewandt hat, ist das Progredieren der Zeit im Außen, das Dinge verändert, aus dem Blick geraten. Seine so deutliche Rückkehr und Vergegenwärtigung macht umgekehrt die scheinbare zeitliche Indifferenz der Minne, ihre Immobilität, kenntlich, aber auch performativ die Kontinuität der *stæte* im bisher Beschriebenen.

Des Weiteren setzt die Positionierung des Sommerbeginns in der dritten Strophe eines Tons, der mit einem Wintereingang begonnen hatte, die Referenzialität der Zeitangabe unmittelbar in Klammern: Sie fungiert als eine Kontextualisierung, die ihren Realitätsstatus zugunsten einer rekursiven Neuperspektivierung des Beschriebenen aufgibt. Die Strophe distanziert sich davon, temporal anlassgebunden zu sein. Stattdessen verdeutlicht der performative Selbstwiderspruch, dass nach langem Winter nun bereits Sommer herrscht, das argumentative Anliegen, die Jahreszeiten gänzlich als eine strukturelle Folie zu nutzen. Das ermöglicht, die inhaltlichen Bestrebungen des Liebenden unter gewandelten Umständen zu reformulieren. Indem sie ihre Fiktionalität entblößt, verschiebt die Strophe den Blick weg von der Deskription des Wirklichen hin zu einem Möglichkeitsraum, der Wandel beinhaltet. In Inversion

---

318 Boll 2007, S. 328, sieht hierin einen „rhetorischen Kunstgriff [...]: Das Publikum – das die Dame miteinschließt – soll Mitleid mit ihm empfinden und zu einer bestimmten Reaktion (Lohn schenken) veranlasst werden (*movere*)". So sehr dies – wenngleich ein Fragezeichen dahinter gesetzt werden muss, ob das Publikum die Dame zwingend miteinschließt – in und bis Vers 6 der Fall sein mag: Dass schon im Folgevers von einem bereits vollzogenen Wandel die Rede ist, der Positives impliziert, kompliziert den Sachverhalt insofern, als dass die Situation des Ich nicht mehr nur aporetisch erscheint.
319 Von Kraus hingegen sieht auch in dieser Besonderheit ein Beispiel für das mangelnde Können des Dichters: „Die Notwendigkeit, noch zwei Reime auf *-ôt* zu beschaffen, erzwang hierauf den Gedankensprung auf die Jahreszeit [...]" (MFU, S. 248).

zur ersten Strophe ist dies ein Wandel von Abwesendem ([...] *diu heide* [...], | *si hât der snê gemachet blumen eine*; 18 C, V. 1 f.) zu Anwesendem (*der sumer bringet bluomen rôt*; 20 C, V. 8).

Dieses Potenzial ist es, was dem Schlusssatz der Strophe den Weg bereitet. Einerseits wiederholt der Liebende nun bereits zum dritten Mal,[320] ihm wäre dann geholfen, wenn sich die Dame ihm zuwenden würde (V. 10), doch geschieht dies andererseits unter gänzlich neuen Vorzeichen. Die Behauptung des Sängers, dass die Zeichen der Zeit ohnehin auf Wandel stehen, arbeitet der Potenzialität einer Erfüllung seines Wunsches zu, die abwesende Zuneigung der Dame anwesend zu machen. Der letzte Vers ist somit keine bloße Wiederholung der Formulierung aus der Vorstrophe, nur die Dame könne Abhilfe leisten (19 C, V. 10), an selber Stelle. Während sie dort, aufgrund der Verortung in *valscher werlte* (V. 5), auch irrealen Charakter hatte, bezweckt die temporale Verortung im Blumen bringenden Sommer hier das Gegenteil. Angezeigt wird das nicht zuletzt auch dadurch, dass von der Dame nun gute Neuigkeiten (*liebiu mære*) erhofft werden,[321] was in forciertem Äquivalenzverhältnis zum Sommer steht.[322] In aller Deutlichkeit bringt die Variation des Gesagten gleichermaßen beständige Wiederkehr und spezifische Aktualität zum Ausdruck. Dabei wird auch die semantische Spannung in Kauf genommen, sich auf der einen Seite gegenüber der Zeitlichkeit des Winters indifferent gezeigt zu haben und auf der anderen die Zeitlichkeit des Sommers nun zum Argument zu machen. Das verdeutlicht die Funktionalität der temporalen Relationierung: Die Strophe begegnet der Dysfunktionalität des Minnens mit der Funktionalisierung von Zeit.

Es ist diese Beobachtung, die es abschließend erlaubt, die sicherlich umfassendste semantische Spannung in den Blick zu nehmen: jene zwischen der generellen Aktualität von Boshaftigkeit im Bereich des Sozialen (19 C) und der konkreten, positiven ‚Verwandlung' im Bereich der Natur (20 C). Im Zentrum steht dabei die Frage, ob das Progredieren von Zeit, das in der vorliegenden Strophe effektvoll eingesetzt wird, im Widerspruch zur Zeitlichkeit der Minne steht. Sie war noch in der Vorstrophe dadurch perspektiviert worden, dass der Aktualität des Bösen in der Welt die Beständigkeit des Liebenden als etwas Gutes gegenüberstand. Oberflächlich ließe sich die Antwort darin sehen, der in der Vorstrophe offen gelassene Ausweg, *noch* (19 C, V. 9) könne das Erwünschte eintreten, werde hier nun aufgezeigt, etwa im Sinne von: Da sich die Zeit gewandelt hat, ist weiterer Wandel angezeigt. Doch gilt es gleichsam zu berücksichtigen, dass der Realitätsstatus des Jahreszeitenwechsels selbst, wie beschrieben, fraglich ist. Dementsprechend ist das Ende der Strophe vielmehr als eine Reformulierung des *noch* verstehen: Gerade weil sich die Zeit wandelt, scheint äquivalent dazu Hoffnung auf Gutes (19 C, V. 6) noch angebracht, erscheint die Hoffnung darauf, dass sich auch die Gesinnung der Dame noch wandelt, vermehrt im Bereich

---

320 Vgl. 19 C, V. 3 f. und V. 9 f.
321 Deshalb „eine Abwesenheit Rugges" zu postulieren (Schmidt 1874, S. 18), der „sich zurückzog", ist nicht überzeugend.
322 Vgl. in diesem Sinne auch Köhler 1997, S. 143, der von einer „aufkeimende[n] Hoffnung" spricht.

des Möglichen. Das Syntagma wird ins Paradigma überführt: Das Fortschreiten der Zeit bringt keine inhaltliche Weiterentwicklung mit sich, sondern ist eine andere Weise, das Gleiche zu formulieren und seine Aktualität zu demonstrieren. Die verschiedenen und vielfältigen Zeitebenen, die die ersten drei Strophen des achten Tons beinhalten, dienen allesamt der multiperspektivischen Diskussion von Minne, deren Problematik unter wechselnden Umständen differenziert, nicht aber behoben wird. Dabei geht es nicht darum, die unterschiedlichen Zeitebenen zu harmonisieren. Ihre Inszeniertheit offenzulegen, ist gar in bemerkenswerter Weise Teil einer Strategie, die Dringlichkeit der Minne-Diskussion dadurch plausibel zu machen, das Gleiche anzusprechen, ohne das Gleiche zu sagen.

21 C

,Solt ich an fröiden nu verzagen,
das wære ein sin, der nieman guotem zæme.
er müese ein stætes herze tragen,
als ich ⟨nu⟩ bin, der mich dâ von benæme.
5 der müese zouberliste hân[323],
wan mîn gewin sich hüebe, als er mir *kæ*me.
sîn langes frömden mous ich klagen.
du solt im, lieber botte, sagen,
⟨...⟩[324]
10 wie gerne ich in sæhe und sîne fröide vernæme.'

4 enbin   6 zeme

(„Sollte ich jetzt an Freude verzagen, | wäre das eine Einstellung, | die für niemanden, der gut ist, angebracht wäre. | Er müsste ein beständiges Herz [in sich] tragen, der mich davon, | wie ich {jetzt} bin, | abbringen würde. | Er müsste Zauberfähigkeiten besitzen, | weil mein Gewinn | sich [dann] steigern würde, | wenn er zu mir käme. | Sein langes Fernbleiben muss ich beklagen. | Du sollst ihm, lieber Bote, sagen, | [...] | wie gerne ich ihn sehen und seine Freude vernehmen würde.")

Wie im sechsten Ton ist im achten die letzte der vier überlieferten Strophen eine Frauenstrophe. Auch sie fordert durch diverse lexikalische und semantische Bezugnahmen zu einer Reperspektivierung ihrer Vorstrophen auf. Das in der ersten Strophe des Tons postulierte Leid der Dame (18 C, V. 4) wird ebenso kontrastiert durch ihre

---

[323] MF konjiziert aus Reimgründen zu *haben*. Es bleibt das Problem, dass *haben* in diesem Fall der einzige unreine Reim des Tons wäre.
[324] In A und B folgt hier der Vers: *den willen mîn*, der in C sowohl bei Reinmar als auch bei Rugge fehlt. Die Annahme einer Lücke ist jedoch aufgrund der grammatikalischen Korrektheit des Satzes nicht zwingend.

einleitende Aussage, niemand Gutes dürfe *an fröiden nu verzagen*,[325] wie die Gegenüberstellung von Gutem und Falschem in der zweiten (19 C, V. 5 f. und V. 10). Die Dame fordert *stæte* ein, die der Sänger in der ersten und zweiten Strophe selbst beteuert hatte (18 C, V. 10; 19 C, V. 1 f.), und fokussiert Dauer im Gegensatz zum in der Vorstrophe apostrophierten Wandel (20 C, V. 7). Der mehrfachen Forderung des Liebenden, die Dame möge ihm entgegen kommen (19 C, V. 3 f. und 9 f.; 20 C, V. 9 f.), begegnet sie mit einer komplexe Schilderung der (Un-)Möglichkeit, an ihrem Ist-Zustand etwas zu ändern. Nicht ihre zuvor nahegelegte Immobilität steht im Vordergrund, sondern deren Umkehrung: sein *langes frœmden*. Der Liebende hatte sich am Ende seiner Rede *liebiu mære* gewünscht (20 C, V. 10), sie nun lässt ausrichten, was sie von ihm vernehmen möchte. In Äquivalenz zu ihm bringt auch sie ihre Klage zum Ausdruck, in Differenz dazu würde sie aber *gerne* seine *fröide* zu Gehör bekommen.

Statt also, wie in 16 C, der Frauenstrophe des sechsten Tons, eine Interaktion vorauszusetzen, variiert 21 C die Haltung der sprechenden Dame und ihre Begründung: Ihr geht es um das Konstatieren von und den Umgang mit Distanz. Weibliche und männliche Position werden anders als in der Männerrede perspektiviert, doch verharrt ihre Begegnung auch hier im Status des ‚Noch-nicht'. Minne scheint weiterhin weder gegeben noch auszuschließen. Hinzu kommt, dass diese Problematik am Ende der Strophe selbst Gegenstand einer textinternen Kommunikation wird. Die Rede richtet sich an einen Boten, der sie dem Liebenden ausrichten soll. Während der Sänger im Bisherigen nur allgemein über die Dame gesprochen hatte, adressiert sie nun also eine konkrete Botschaft an ihn. Dadurch wird, wie in 16 C, eine Interaktion greifbar, aber nicht wie dort deskriptiv, sondern pragmatisch. Die Handlung ist die Kommunikation selbst, zum Gegenstand hat sie ebenfalls Handlung, bezeichnenderweise aber ausgehend von ihrem Gegenteil: Die Dame beklagt das Fernbleiben des Liebenden, perspektiviert ein potenzielles Ende dieses Ausbleibens seiner Präsenz und formuliert somit eine herausfordernde, die Aussagen des Sängers am deutlichsten reperspektivierende Umdeutung der Minne-Problematik. Sowohl, dass sie aktiv wird, als auch, wie sie aktiv wird, markieren die Eigenständigkeit einer weiblichen Position, die sich im Unterschied befindet zu den Aussagen des Liebenden über die Dame, die ihre Aktionslosigkeit zum Ausdruck gebracht haben. Form und Inhalt der medialisierten Kommunikation mit dem Liebenden verschränken sich dabei auf intrikate Weise. Einen Boten zu beauftragen, bedeutet, die räumliche Distanz zwischen ihr und ihm zwar aufrecht zu erhalten, sich aber gleichfalls vermittelt in seine Nähe zu bringen. Der Bote ist als Übermittler nicht nur Träger der Botschaft, sondern auch

---

325 Auch in der Frauenstrophe des sechsten Tons (16 C) war im ersten Satz *fröide* verhandelt worden. Während in der vorliegenden Strophe die Notwendigkeit verhandelt wird, nicht von ihr abzurücken, wird die *fröide* in 16 C ausführlich und bruchlos festgestellt. Schon hieran lässt sich die unterschiedliche Stoßrichtung der beiden Strophen ablesen: auf der einen Seite Interdependenz, auf der anderen Reflexion ihrer Möglichkeitsbedingungen. Der vergleichende Blick von 16 und 21 C verdeutlicht gerade aufgrund der evidenten Äquivalenzen, wie different Frauenstrophen fungieren können.

indexikalisches Zeichen für die Geliebte.[326] Die Botschaft selbst beinhaltet ihren Wunsch, ihn realiter in ihrer Nähe zu sehen, fordert ihn also auf, die Distanz abzubauen, und stellt, was man als Pointe begreifen muss, ihn als Ursache dafür heraus. Das impliziert zum einen, dass die Botschaft den Boten überflüssig machen soll, Vermittlung in Präsenz überführen. Zum anderen steht es in Spannung zur zuvor durchaus distanzierenden Haltung der Dame: Sie besagt, man müsse schon *zouberliste* vorweisen (V. 5), um ihren *gewin* mehren zu können (V. 6). Dieses Spiel mit Nähe und Distanz, Statik und Dynamik ist das Mittel der Frauenstrophe, die Andersartigkeit ihrer Sprechposition dazu zu nutzen, den Ist-Zustand – das Ausbleiben von Minne – einerseits zu bestätigen, andererseits aber sowohl seine Ursachen als auch potenzielle Auswege anders zu fassen.

Ein solches Vorgehen zielt mitnichten auf eine Revision der männlichen Position. Vielmehr trägt die weibliche Perspektive – deren Projektions-Charakter es auch hier zu bedenken gilt[327] – dazu bei, die Leitfrage der Vorstrophen nach den Bedingungen der Möglichkeit und Unmöglichkeit von Minne umso deutlicher in ihrer Legitimität und Relevanz herauszustellen. Ihre finale Pointe ist es, dass die Mitteilung an den Liebenden dazwischen oszilliert, die Unabschließbarkeit der Problematik zu signalisieren und als ihre Lösung zu fungieren. Für Ersteres spricht der rhetorische Effekt: Den Ton mit dem Beginn einer Kommunikation enden zu lassen, ist nicht Schließung, sondern Öffnung des Verhandelten. Für Letzteres spricht, dass der Auftrag an den Boten einen direkten Bezug dazu herstellt, dass die Männerrede in ihrem letzten Vers mit dem Wunsch nach dem *künden* guter Nachrichten seitens der Dame geendet hatte (20 C, V. 10). Das lässt ihren Sprechakt auf den ersten Blick als Response *par excellence* erscheinen. Leitfrage für eine Detailanalyse der komplexen Strophe muss also sein, in welchem Verhältnis die Offenheit des Verhandelten und der responsive Charakter der Verhandlung stehen.

Das erneut beobachtbare Verfahren der Frauenrede, ihre Semantik einerseits aus den Vorstrophen zu beziehen und sie andererseits zu modifizieren, ist von Strophenbeginn an für sie prägend. Dort heißt es: *Solt ich an fröiden nu verzagen, | das wære ein sin, der niemen guotem zæme* (V. 1f.). Selbstbewusst exponiert die Dame ihre Qualität. Dass der Liebende sie als *guote* bezeichnet hatte (19 C, V. 10), spiegelt sich in ihrer Behauptung, wie sich Gute zu verhalten haben, zu denen sie sich selbst zählt.[328]

---

326 Vgl. auch Egidi 2011, S. 117: „Wie im Wechsel des Kürenbergers wird auch hier ein Nahverhältnis zwischen Frau und Boten angedeutet, nicht nur mit der vertraulichen Anrede, sondern auch mit der Art des Auftrags: der Bote als Sprachrohr ihrer Wünsche."
327 Vgl. dazu die Ausführungen auf S. 129–132.
328 Bezeichnend ist, dass an der Stelle von *nieman guotem*, das in den Rugge-Korpora von B und C steht, in den Korpora unter anderem Autoren-Namen, in denen der Ton ebenfalls überliefert ist, *nieman wol* (Heinrich der Rîche 4 A) bzw. *mir niht wol* (Reinmar der Alte 201 C) steht. Die offensive Thematisierung der eigenen Qualität wird hier zurückgenommen, keine Korrespondenz zur zweiten Strophe des Tons hergestellt und dadurch auch der temporale Bezug zur Vorstrophe ernst zu nehmender.

Damit wird zwar eine Responsion zur Männerrede hergestellt, doch steht die Feststellung, sie als Gute dürfe nicht an Freude verzagen, auch im Kontrast zur ersten Strophe des Tons, wo sie als Leidende dargestellt worden war (18 C, V. 4). Anders als der Liebende empfindet sie keine Beschwernis; ihre Selbstthematisierung konstituiert sich nachgerade inversiv dazu. Das beinhaltet mehrere Implikationen:

– Wenn, wer gut ist, keine Einstellung an den Tag legen soll, die die Unfähigkeit, freudvoll zu sein, zur Folge hat, lässt sich das als Kritik am Liebenden verstehen. Sein Anspruch, höfische Werte zu repräsentieren – *valscher werlte* (19 C, V. 5) *guot gedinge* (V. 6) entgegen zu setzen –, und seine *kumberliche swære* (20 C, V. 2) werden als unvereinbar beschrieben. In einem höfischen Sinne gut zu sein, bedeutet, an Freude nicht verzagen zu dürfen, so die Dame. Sie entzieht der persuasiven Strategie des Liebenden, ihn von seinem Leid zu erlösen, somit gleich zu Beginn den argumentativen Boden. *swære* wird von ihr rekursiv als tendenziell unhöfisch stilisiert.

– Auch der benannte Widerspruch zwischen einer so grundsätzlichen, wesenhaften Verpflichtung zu *fröide* und der Setzung der ersten Strophe, die Dame habe unter dem Winter gelitten, relativiert den Status der Aussagen des Liebenden. Es klafft eine Lücke zwischen Fremd- und Selbstwahrnehmung, die die Tatsache, dass der Liebende das behauptete Leid der Dame zur eigenen Profilierung genutzt hatte, als Selbstzweck zu entlarven vermag. Die Dame stellt dem Versuch des Sängers, ihr die Offenbarung seiner Treue und seinen Sang als Kompensation für die Unannehmlichkeiten des Winters nahezulegen, Unabhängigkeit entgegen – das Gegenteil der vom Liebenden angestrebten Interdependenz.

– Zu beachten gilt es jedoch, dass die Dame differenziert, die Gesinnung, die sich für Gute nicht gehört, sei, *nu* zu verzagen. Das suggeriert als Fortsetzung der vielen temporalen Verortungen auf den ersten Blick eine direkte Bezugnahme auf die pointierte Beschreibung des Sommerbeginns in der Vorstrophe (20 C, V. 7 f.).[329] Das würde zwar an der impliziten Kritik der Freudlosigkeit des Liebenden nichts ändern, den Widerspruch zu ihrem Leiden am Winter aber sichtlich lockern. Doch schließt die Frage, wie Gute sich zu verhalten haben, inhaltlich sehr viel deutlicher an das in der zweiten Strophe Diskutierte an, wo die Aktualität nicht über die Jahreszeit, sondern über den verkommenen Zustand der Welt definiert worden war. Auch finden sich in der gesamten Frauenrede keine eindeutigen Verweise auf eine spezifische Jahreszeit. Allein deshalb eine Gleichsetzung des *nu* mit dem *sumer* der Vorstrophe gänzlich auszuschließen, wäre nicht gerechtfertigt. Ausschlaggebender ist dafür der Begriff *guot* selbst. Zwar ist das Verhältnis Sommer/Freude vs. Winter/Leid topisch, doch zeigt die Nennung von Güte einen Kategorienwechsel an. Was *nieman guotem zæme*, kann nicht jahreszeitlich differieren,

---

[329] Einen solchen Bezug sieht in seiner Lektüre, die durch Strophenumstellung syntagmatischen Zusammenhang herzustellen sucht, Paus 1965, S. 55. Ebenso Boll 2007, S. 332f. Angermann 1910, S. 20, vermutet Selbiges, ist sich aber unsicher.

sondern zielt auf Allgemeingültigkeit. Die Verortung der Frauenrede im Jetzt ist demnach vielmehr als Kontrast zur Männerrede zu verstehen. Sie erklärt eine andere Aktualität für gültig: keine, die aus dem Wandel der Jahreszeit Hoffnung auf weiteren Wandel bezieht, sondern eine, die sich über die Verbindlichkeit von höfischen Werten definiert. Folgt man dem, liegt auch hier kein syntagmatischer Zusammenhang, sondern eine Variation der Diskussion dessen vor, was *nu* gilt.

Inhaltlich grenzt sich die Selbstthematisierung der Dame folglich deutlich von ihrer Perspektivierung durch den Liebenden ab. In ihrer Orientierung am Ethisch-Moralischen zeigt sie sich indifferent gegenüber äußeren Einflüssen und in einem Zustand der *fröide*, aus dessen Normativität eine implizite Kritik am leidenden Liebenden ableitbar ist. Modal schließt die Aussage an das Verfahren der Vorstrophen an, bereits Verhandeltes durch Rekontextualisierung zu reperspektivieren, die Verhandlung also nicht zu progredieren, sondern zu variieren.

Das setzt sich im schwierigen nächsten Satz fort, der eines textkritischen Eingriffs bedarf, um verständlich zu sein. Eindeutig ist das erste Glied des Satzes, die Forderung nach der *stæte* eines zunächst indefiniten Gegenübers (V. 3). Eine Herausforderung stellt der vierte Vers dar. Die im Rugge-Korpus von C ebenso wie im Rugge-Korpus von B überlieferte Variante, derjenige müsse über ein beständiges Herz verfügen, der sie davon, wie sie *nicht* ist, abbringen könnte, lässt sich kaum als sinnvolle Aussage deuten. Das verdeutlicht auch ein Blick auf die Variante im Reinmar-Korpus in C, wo in Vers 4 zwar dieselbe Formulierung steht, der Vers zuvor aber *ich müese unstætes herze jagen* statt *er muos ein stætes herze tragen* lautet. Vorzuziehen ist deshalb, trotz der zahlreichen Abweichungen unter den Versionen in nahezu allen Strophen, das in A unter dem Namen Heinrich der Rîche überlieferte *alse ich nu bin*,[330] wenngleich man das zu emendierende *nu* interpretatorisch nicht belasten sollte. Daraus resultiert die inverse Aussage, dass derjenige, der sie davon abbringen könnte, so zu sein, wie sie jetzt ist, über ein beständiges Herz verfügen müsse. Sie ist so zu deuten, dass der aktuelle Zustand der Dame einer ist, der nicht nur durch *fröide* definiert ist, sondern auch durch eine Abweisung von Minne. Von diesem Ist-Zustand abzurücken, hieße, sich auf Minne einzulassen, und das Subjekt des Satzes wird somit als potenzieller Liebender kenntlich, dessen *conditio sine qua non* Beständigkeit zu sein hat.[331] Dies

---

330 Die A-Version ist Rei C deshalb vorzuziehen, da dort, wie zitiert, der gesamte Satz anders formuliert ist, was auch für den Rest der Strophe gilt. MF(MT) druckt sie aus diesem Grund gesondert ab.
331 Köhler 1997, S. 143 f., versteht die Stelle anders (die hier vorgeschlagenen Texteingriffe setzt er gleichermaßen voraus) und setzt zwei unterschiedliche Referenzen für das Personalpronomen *er* an. Seiner Meinung nach bezeichnet es in den Versen 3–5 einen „imaginäre[n] Dritten", der „den Liebenden feindlich gesinnt" ist, während in V. 7 der Geliebte gemeint sei. Trotz der von Köhler herbeigezogenen Parallelen dafür, dass dasselbe Personalpronomen zwei unterschiedliche „Referenzträger" innerhalb einer Strophe haben kann, ist eine solch kontraintuitive Bezugnahme, für die es auch textimmanent kein Signal gibt, für das Verständnis der vorliegenden Strophe nicht notwendig, wie die folgenden Überlegungen zu zeigen suchen. Insbesondere in einer sukzessiven Rezeption ihrer Aussagen und erst Recht in der Folge der Strophen, wird man das *er* in Vers 3 und 5 auf den zuvor zu Wort

rückt es zum einen, nach der impliziten Kritik an der Haltung des Subjekts der Männerrede, dennoch ins Licht des Möglichen, dass der Liebende aus Sicht der Dame für eine Minne-Relation infrage kommt, hatte er doch zuvor mehrfach nachdrücklich seine *stæte* betont (18 C, V. 10; 19 C, V. 2). Zum anderen kontrastiert die Formulierung, der potenzielle Liebende müsse *ein stætes herze* haben, aber auch die Aussage des Sängers am Beginn der Vorstrophe, wo es hieß: *Mir wære starkes herzen nôt* (20 C, V. 1). Trotz der Bestätigung, dass *stæte* die zentrale Kategorie für Minne ist, äußert sich hier im Abgleich erneut das Anliegen der Dame, man möge sich auf die positiven, idealhöfischen Werte besinnen, statt über seine *swære* zu klagen, was der Sänger bei der Thematisierung seines eigenen Herzens unmittelbar getan hatte (20 C, V. 2). Zudem lenkt die Einforderung von Beständigkeit, wie eingangs bereits betont, den Blick zeitlich weg vom in der Vorstrophe apostrophierten Wandel und hin zu Dauer – ein weiteres Argument dafür, das *nu* des ersten Verses nicht konkret auf den Sommerbeginn zu beziehen.

Im dritten Satz der Strophe fokussiert die Dame anhand des prägnanten Begriffs *zouberliste* in pointiertem Irrealis das Desiderat des Liebenden: Interdependenz und physische Begegnung. Indem sie sagt, ihr Gewinn würde sich steigern, wenn sie von ihrem Ist-Zustand abrücken und der potenzielle Liebende zu ihr kommen würde (V. 6), bekundet sie nach ihrer starken Abgrenzung von *swære* nun einerseits doch auch selbst ein Bedürfnis nach Minne. Sie lässt kenntlich werden, dass, *fröide* ihr eigen zu nennen, nicht bedeutet, sich Minne nicht zu wünschen. Trotz abweichender emotionaler Disposition verhält sich ihre Bedürfnislage äquivalent zum Ich der Vorstrophen. Andererseits lässt sie das Zustandekommen von Minne aber maximal unwahrscheinlich erscheinen, indem sie bemerkt, derjenige, der dazu in der Lage sei, müsste über Zauberfähigkeiten verfügen (V. 5).[332] Um diesen Satz so verstehen zu können, bedarf es allerdings eines erneuten Texteingriffs in die Version, die im Rugge-Korpus in C wie auch in B überliefert ist. Sie lautet: *er muose zouberliste hân, / wan mîn gewin sich hüebe, als er mir zæme.* Ihr Wortlaut produziert nicht nur einen identischen Reim auf *zæme* in Vers 2, sondern bereitet auch inhaltlich größere Schwierigkeiten. Da das *er* im sechsten Vers in diesem Fall der *gewin* ist, müsste man sie, je nach Interpretation der Konjunktion *wan*, entweder übersetzen im Sinne von: „Er müsste über Zauberfähigkeiten verfügen, weil mein Gewinn sich steigern würde, wie er mir zustände", oder im Sinne von: „ausgenommen, mein Gewinn würde sich steigern, wie er mir zustände". Die zweite, exzeptive Variante lässt sich unschwer als unverständlich verwerfen, und auch die kausale Variante ist semantisch kaum zu halten: Zwar scheint es, wie im Folgenden weiter ausgeführt werden soll, plausibel, das im vorausgehenden Satz beschriebene Abrücken vom Ist-Zustand als ein Mehr an Gewinn für die Dame zu verstehen, doch wirkt es unplausibel, dieses Mehr als etwas zu bestimmen, das der

---

gekommenen männlichen Sprecher beziehen, zumal es sich bei der Einforderung von *stæte* um die konstitutive Eigenschaft eines Liebenden handelt.
[332] Nicht nachzuvollziehen ist dementsprechend die Lektüre der Stelle von Mergell 1940, S. 36. Sie behauptet: „Die Frau betont, daß nur *zouberliste* sie von ihrer Liebe [...] abbringen können [...]."

Dame ‚gebührt'. Da ihr Ist-Zustand, wie der Strophenbeginn deutlich gemacht hat, einer ist, der eine *fröide* beinhaltet, an der zu verzagen niemand Gutem *zæme*, wäre es abwegig, auch dasjenige, das darüber hinaus geht, gleichermaßen als etwas aufzufassen, was ihr *zæme*. Zu bevorzugen ist deshalb erneut die A-Version, die *kæme* bietet.[333] Sie ist inhaltlich schlüssig und formuliert die beschriebene Irrealisierung potenziell gewinnbringender Minne: Schon im vorausgehenden Satz hatte die Dame denjenigen, der sie davon abbrächte, so zu sein, wie sie aktuell ist, anhand der positiven Eigenschaft *stæte* bestimmt, und wenn sie nun sagt, dass in einem solchen Fall ihr *gewin sich hüebe, als er* [= der Liebende] *kæme* (V. 6), impliziert das, dass auch sie Minne für erstrebenswert hält. Dass der potenzielle Liebende dafür aber nicht nur *ein stætes herze tragen* müsste (V. 3), sondern auch *zouberliste hân* (V. 5),[334] verdeutlicht, dass es ihrer Ansicht nach keinen natürlichen Kontext für die Minne geben kann. Ein solches Beharren auf Distanz im Realen ist Ausdruck der Minneparadoxie: Obwohl es männliche wie weibliche Seite für erstrebenswert halten, gibt es keinen Raum für Begegnung. Die nicht explizit gemachte Ursache dafür wird man in jenem höfischen Wertesystem sehen, dessen normative Geltung die Frauenrede mehrfach unterstreicht. Zwischen das Private stellt sich das Soziale; mit differenter Herleitung verhalten sich die Aussagen der Dame auch in diesem Punkt äquivalent zu jenen des Mannes in den Vorstrophen.

Doch verläuft die Frauenstrophe nicht in Aporie. Im siebten Vers nimmt die Dame einen folgenreichen Perspektivwechsel vor. Sie bekennt: *sîn langes frömden muos ich klagen.* Erstens wechselt damit ihre Haltung von einer fordernden zu einer klagenden, wobei die Parallelität des Verbs zu den vorausgehenden Sätzen beachtenswert ist: Hatte sie ihre Forderungen an den potenziellen Liebenden jeweils mit *er müese* (V. 3) beziehungsweise *der müese* (V. 5) eingeleitet, fokussiert sie nun ihr eigenes *müesen*. Die Wiederholung des Verbs macht die Differenz des Subjekts umso deutlicher. Zweitens hat das männliche Personalpronomen im siebten Vers einen sehr viel konkreteren Charakter als das allgemein gehaltene männliche Subjekt der Verse 3 und 5.[335] Nach dem Auflisten grundsätzlicher Bedingtheiten eines potenziellen Liebenden legt die Klage der Dame nun nahe, was spätestens im folgenden Botenauftrag eindeutig zu sein scheint: *er* ist der Sprecher der Vorstrophen; die allgemeinen Forderungen der Dame fallen im Hinblick auf einen konkreten Liebenden. Drittens stehen

---

333 Vgl. übereinstimmend Boll 2007, S. 329. Rei C hat erneut eine noch abweichendere Textgestalt: *der müese zouberliste tragen, / wan solh gewin sich hüebe, der mir niht zæme.*
334 Wie Köhler 1997 (vgl. Anm. 331) setzt auch Boll 2007, S. 330, einen Subjektwechsel an und postuliert, es sei „angespielt auf einen neidischen Vertreter der Gesellschaft". Auch sie vereindeutigt die Frauenrede im Sinne davon, dass sie die Möglichkeit von Minne für gegeben hält und nimmt dafür ebenso ein plötzliches Changieren in der Referenz von *er* in Kauf. Tut man dies, wie hier vorgeschlagen, nicht und sieht gleichsam die Unmöglichkeit von Minne geschildert, relativiert sich auch „Stimmungsumschwung der Dame" (Boll 2007, S. 329), da das im Folgenden monierte Fernbleiben des Mannes gleichsam erklärt ist.
335 In diesem Punkte übereinstimmend Köhler 1997, S. 143.

die Irrealisierung einer Begegnung im Vorausgehenden und die nachdrückliche Klage über sein reales Fernbleiben in harter Fügung zueinander. Die Aussage intensiviert das schon zuvor aufscheinende Minneparadox, wenn die Dame genau das als Mangel darstellt, was sie realiter selbst ausgeschlossen hat. Doch reichen die Implikationen noch weiter: Als Klagende nimmt die Dame genau jene Haltung ein, die zuvor die des Liebenden war, der unter Last litt und Abhilfe von der Geliebten erbat. Indem sie nun selbst klagt, verfährt sie in Inversion: Nicht ihre Aktionslosigkeit sei zu beklagen, sondern sein Fernbleiben. Bedauernswert ist nicht ihre, sondern seine ausbleibende *actio*, auch wenn er, was nun vermehrt im Lichte des Wünschenswerten erscheint, dafür *zouberliste* benötigen würde. Der Wunsch der Dame nach der Präsenz des Liebenden, den sie im folgenden Botenauftrag auch direkt ausrichten lässt, ist die Spiegelung seines entsprechenden Wunsches vor dem Hintergrund des Irrealen. Beide verlangen voneinander Handlung, beide bieten einander nur Kommunikation, was auf performativer Ebene bedeutet, dass der einzige reale Ort für die Minne der Sang selbst ist.

Im Botenauftrag schließlich, der mit seiner Ansprache *lieber botte* (V. 8) eine Privatheit der Kommunikation anzeigt, wird die Dame selbst aktiv.[336] Das steht in bemerkenswertem Kontrast zu den vielen Aussagen der vier Strophen des Tons sowohl in Männer- wie auch Frauenrede, die Immobilität und Statik konstatiert und begründet hatten. Der Sprechakt im Sprechakt steht schon als solcher in Spannung zur zuvor irrealisierten Möglichkeit zu handeln und löst somit selbst bereits partiell ein, was gewünscht wird: eine Handlung, die dadurch im Falle des Liebenden den Charakter einer Reaktion hätte und letztlich Interaktion realisierte. Die Pointe der Aussage, dass die Dame den Liebenden *gerne [...] sæhe und sîne fröide vernæme* (V. 10), besteht gleichwohl darin, dass der Konjunktiv der indirekten Rede offen lässt, ob sie primär im Sinne einer eigenen Wunschvorstellung, deren Erfüllung nach wie vor im Bereich des Irrealen zu verorten ist, oder im Sinne einer konkreten Aufforderung an ihn, die nur noch realisiert werden muss, aufzufassen ist. Beides zugleich scheint angelegt. Strophe und Ton enden damit, dass Handlung genauso möglich wie unmöglich erscheint. Die Kommunikation inszeniert sich genauso als Schritt in Richtung Begegnung, wie sie ihr Nicht-Vorhandensein zum Ausdruck bringt und mitnichten auszuschließen vermag, dass es realiter je enden könnte.

Inhaltlich nimmt auch der Botenauftrag Aspekte des zuvor Gesagten wieder auf. Der erste Teil des Auszurichtenden, dass die Dame den Liebenden gerne zu Gesicht bekommen würde, steht in Bezug zur Imagination, *als er mir kæme*, in Vers 6. Die dortige Bemerkung, der Liebende müsse dafür über Zauberfähigkeiten verfügen (V. 5), ließ sich – unter dem Vorbehalt, dass dem Wortlaut *kæme* eine Emendation zugrunde

---

[336] Boten werden im Minnesang nicht häufig, aber regelmäßig als Kommunikationsmedien eingesetzt; vgl. die Belege bei Göhler 1997, S. 77 (sie wären zu ergänzen um Nennung bei Minnesängern im 13. Jh.; dort fällt der Begriff etwa ein Dutzend Mal, vgl. stellvertretend Gottfried von Neifen 17 C [KLD IV,2]). Auch kann in Variation ihre Abwesenheit beklagt werden; vgl. Friedrich von Hausen 42 B/44 C (MF 51,23).

liegt – so interpretieren, dass einer realen Begegnung die Werte des Sozialen im Wege stehen. Die durch den Boten angezeigte Privatheit der Kommunikation wird diese zwar nicht außer Kraft setzen können, bietet aber gleichsam die Möglichkeit, der Klage des Mannes über die Aktionslosigkeit der Frau entgegenzusetzen, dass eine Begegnung nicht an in ihrem Willen scheitert. Der zweite Teil des Auszurichtenden spannt einen Bogen zum Beginn der Frauenstrophe. Die Aussage, dass sie gerne *sîne fröide vernæme*, bedeutet zum einen, dass sie sich nicht nur Nähe, sondern auch eine Entsprechung der emotionalen Disposition wünscht: Wie sie an Freude nicht verzagen will (V. 1), möchte sie auch bei ihm Freude registrieren. Zum anderen hat die Wahl des Verbs *vernemen* eine poetologische Dimension. Sie entspricht der auch bei anderen Sängern begegnenden, sozialen Forderung, der Sang habe im Dienste der *fröide* zu stehen.[337]

Der prägnanteste Bezug zum zuvor Gesagten besteht jedoch, wie bereits eingangs thematisiert, zur finalen Aussage der Männerrede, die Dame möge *liebiu mære* [künden] (20 C, V. 10). Deutet man den Botenauftrag, wie vorgeschlagen, als gleichzeitigen Ausdruck für die Möglichkeit und Unmöglichkeit einer Begegnung, wird man auch seinen Inhalt gleichermaßen als *liebiu mære*[338] und ihr Gegenteil auffassen müssen. Dass der Wunsch des männlichen und die Botschaft des weiblichen Ich jeweils am Ende ihrer Rede positioniert sind, ist eine evidente rhetorische Markierung potenzieller Responsion. Allein, dass die Dame sich dem Liebenden zuwendet und dafür ihre Aktionslosigkeit aufgibt, ließe sich aus männlicher Perspektive als gute Nachricht begreifen. Dass sie gerne seine Freude vernehmen würde, heißt jedoch auch, dass sie sich etwas wünscht, was nicht der Fall ist. Der Liebende hatte seine eigene Position als eine leidende bestimmt, deren Abwendung nur eine Zuwendung der Dame zustande brächte. Liegt eine reale Begegnung im Bereich des Möglichen, wäre genau das jetzt der Fall, und der Ton beinhaltete final Progression. Liegt sie im Bereich des Unmöglichen, was vielfach angezeigt scheint, fordert die Dame vom Liebenden, sich so zu verhalten, wie er sich gerade nicht verhalten kann. Dann wären, was der Bote ausrichten soll, mitnichten *liebiu mære*. Zudem liegt es innerhalb der Männerrede nahe, das *künden* guter Nachrichten damit gleichzusetzen, dass der Liebende in der zweiten Strophe – ebenfalls am Ende – gesagt hatte, er könne nur froh werden, *leiste diu guote, des ich bæte* (19 C, V. 10). Dass die nicht ausgeführte Bitte dem Wunsch entspricht, sie zu sehen, ist evident, nicht aber, schon vorab die Artikulation von Freude zu verlangen. Indem die Dame zuvor Freude als etwas bestimmt hatte, woran zu verzagen niemand Gutem zustände, macht sie geradezu zur Bedingung einer Begegnung, was der Liebende realiter laut eigenen Angaben nicht leisten kann. Der Botenauftrag ist hierin auch Ausdruck der Paradoxie, dass das Erwünschte nur unter Umständen eintreten kann, die nicht gegeben sind.

---

337 Vgl. dazu auch 17 C sowie konzeptionell Kellner 2015, insb. S. 187 f.
338 So Boll 2007, S. 330.

Die Frauenstrophe 21 C treibt die Problematik der Realisierung von Minne an ihre Grenzen. Auf der einen Seite liegen *zouberliste*, deren es für Minne bedürfte, ist das Gesagte Variation der Reflexion, dass und warum Minne nicht vorhanden ist und sein kann. Auf der anderen Seite liegt der Wunsch, den Liebenden zu sehen, der Beginn einer Kommunikation mit ihm, scheint die Statik dynamisiert und Progression angelegt. Ihre Umsetzung, die Überführung der Kommunikation in die Interaktion, wie sie etwa in Ton VI zum Ausdruck kam, bleibt in diesem Ton unartikulierbar. Wirklich ‚passiert' ist nichts, deutlich geworden ist einzig der Wunsch danach. Darin ergänzen Frauen- und Männerrede sich und beide werfen, durchaus in Responsion, offensiv die Frage nach dem Warum auf. Potenzielle Antworten sind dabei in mehrfacher Hinsicht angelegt: Differente Selbst- und Fremdwahrnehmung, Kontextualisierung der Relation in einem sozial konnotierten Außen, dessen Werte der Minne im Wege stehen. Syntagmatik, im Sinne einer Korrelation von linearem zeitlichem und inhaltlichem Fortschritt, scheint so häufig angezeigt, wie sie in der Relationierung der Liebenden nie tatsächlich eingelöst wird. Eine Veränderung ihres Ist-Zustands verbleibt bis zum Schluss im Modus des Konjunktivs. Die Frauenstrophe ergänzt und relativiert das vom Mann Gesagte, bereichert die Reflexion, regt sie aber dadurch eher an, statt sie ihrem Ende entgegen zu führen. Sie arbeitet der Paradoxie zu. Anders als die Frauenstrophe 16 C ist sie weniger Möglichkeitsraum, eine Wunschvorstellung zu artikulieren, als vielmehr Möglichkeitsbedingung eines Perspektivenwechsels, der die Evidenz der Problematik unterstreicht. Ungeachtet dessen, ob Winter (18 C), falsche Welt (19 C), Sommer (20 C) oder Verpflichtung zur und Wunsch nach *fröide* (21 C): Alle veranschlagten Aktualitäten, die der achte Ton in komplexer Weise nach- und nebeneinander stellt, bieten variierende Reflexionsrahmen dafür, dass Minne vermisst und Interaktion optiert wird. Umstände und Bedingtheit scheinen sich zu wandeln und sich wandelnde Gültigkeit zu haben, das Problem bleibt das gleiche.

10 Grenzen der Kohärenz. Vier Strophen, vier Sprechsituationen

Ton IX

Der neunte Ton ist der dritte im Rugge-Korpus, dessen Strophen MF(MT) nicht als Liedeinheit versteht, und das, obwohl sie in den vier überlieferten Versionen jeweils in gleicher Anzahl und Reihung erscheinen.[339] Grund dafür ist, dass wie schon im achten Ton in unterschiedlichen Strophen unterschiedliche Jahreszeiten beschrieben werden, sich dies aber auf noch unüblichere Weise gestaltet: Nachdem Natur in den ersten beiden Strophen keine Rolle gespielt hat, begegnet in der dritten plötzlich eine Kontextualisierung im Sommer, auf die in der vierten eine Kontextualisierung im

---

[339] Neben Ton IV und Ton VII. Ton IX ist überliefert in den Rugge-Korpora von A, B und C sowie im Reinmar-Korpus in C.

Winter folgt. Beide Strophen werden deshalb von MF(MT) gesondert mit Sternchen abgetrennt.[340] Obwohl es keinesfalls abzustreiten ist, dass in den Strophen des neunten Tons höchst Unterschiedliches aus zudem abweichenden Sprechhaltungen heraus verhandelt wird, überrascht jedoch der aus dieser Maßnahme resultierende Effekt, dass die ersten beiden Strophen einzig als Einheit übrig bleiben.[341] Denn gerade sie weisen eine sehr viel evidentere inhaltliche Diskrepanz zueinander auf, als dies die beiden darauf folgenden Strophen tun, deren jahreszeitliche Differenz zwei Facetten der Verhandlung von durchaus Ähnlichem darstellt.[342] In der ersten Strophe fehlt die Benennung der Sprechposition durch ein Personalpronomen gänzlich, sie betont in einem allgemeinen Gestus die Vorrangstellung innerer Werte gegenüber Äußerlichkeiten. In der zweiten Strophe kontextualisiert sich ein liebendes Ich in einer Situation des Abschieds, die sein gesteigertes Leiden zur Folge hat. Die dritte Strophe nutzt die positiven Implikationen des Sommerbeginns um das liebende Ich an ihrem Ende als freudiges erscheinen lassen zu können. In der vierten Strophe erinnert sich ein Ich, ohne explizit von Liebe zu sprechen, an schöne vergangene Tage, denen die widrigen Bedingungen des nun kontextualisierten Winters gegenübergestellt werden. Dabei zeigt sich das Erinnerte und erneut Erhoffte äquivalent zu jener positiven Gestimmtheit, die in der Vorstrophe zum Ausdruck kommt. Aufgrund des hohen Allgemeinheitsgrades des Verhandelten lässt sich dies aber auch als allgemeine Bezüglichkeit der Topoi von Sommerdeskriptionen beschreiben und ist nicht zwingend als konkrete Bezugnahme zu deuten.

Erstmals tritt somit im Rugge-Korpus der eindeutige Fall ein, dass sich zwischen einzelnen tongleichen und im Verbund überlieferten Strophen auch in paradigmatischer Hinsicht kaum eine Bezüglichkeit nachvollziehen lässt. Die in einem solchen Fall von der Forschung immer wieder wahrgenommene Möglichkeit, einzelne Ver-

---

340 Vgl. zur mehrfachen Abtrennung auch Ton VIIa–c. Schmidt 1874, S. 14, erwägt eine Umstellung der Strophen, um inhaltliche Kohärenz herzustellen. MF(LH), MF(V), MF(K) und Kasten 2005 [1995] postulieren Einstrophigkeit und trennen alle vier Strophen (vgl. in diesem Sinne auch Moser 1984 [1961], S. 96). Kraus spricht von „Variationen" und erwägt die Reihenfolge 1, 4, 3, 2; vgl. MFU, S. 249. Aarburg (in einer Anmerkung bei Spanke 1972⁵ [1961/1929], S. 309, Anm. a), und Paus 1965, S. 65–69, schlagen vor, die Töne IX und II, die formal nur geringfügig voneinander abweichen, zu verbinden, favorisieren dabei aber unterschiedliche Strophenreihenfolgen. Das hat keinerlei Rückhalt in den Handschriften und nimmt bei Paus einen so spekulativen Charakter an, dass er vermutet, der von ihm postulierte Zusammenhang der Strophen „liegt eigentlich außerhalb des Gedichtes", um dann spezifische Vorkenntnisse „der Gesellschaft" zu unterstellen (S. 68). Bartsch hat, dem Postulat der Einstrophigkeit folgend, in seiner Auswahl „Deutsche[r] Liederdichter" (1864) nur die erste Strophe abgedruckt (neben Ton V und X). Maurer folgt in seiner Auswahl „Frühester deutscher Minnesang" (1969) dem Vorschlag seines Schülers Paus. Sayce 1982, S. 135 f., sieht in der Eigenständigkeit der vier Strophen, die er als „extremely loosely connected" bezeichnet, eine Parallele zum Sangspruch und frühem Sang.
341 Vgl. dazu auch Brem 2003, S. 140, die hervorhebt, dass sich die erste Strophe von den anderen „markant abhebt".
342 Die Bezüglichkeit der beiden Strophen stellen auch Paus 1965, S. 66 f., und Kasten 2005 [1995], S. 706, heraus, wobei Kasten postuliert, die Strophen müssten dann umgestellt werden.

sionen gegenüber anderen zu präferieren, ist ebenfalls nicht gegeben, da sich alle vier überlieferten Versionen, die zudem auch lexikalisch nur geringfügig voneinander abweichen,[343] in der Strophenkonstellation entsprechen. Es scheint deshalb fraglich, ihnen wie die Editionen insofern Liedcharakter abzusprechen, als dass damit impliziert wäre, dass sie nicht im Verbund zum Vortrag gekommen sein können.[344] Das wäre angesichts des Handschriftenbefunds eine Spekulation, die überdies zum Verständnis der Strophen selbst wenig beitragen würde, da sie eher begründete, warum man sich nicht mit ihnen beschäftigen sollte, als dass sie Instrumente zu ihrer Analyse bereitstellte. Ebenso evident ist es jedoch, dass die formale Äquivalenz im neunten Ton dezidiert nicht mit inhaltlicher Kohärenz einhergeht. Nachdem in den vorausgegangenen Tönen höchst unterschiedliche Formen strophenübergreifender Bezüglichkeit nachvollzogen werden konnten, die vom gleichzeitigen Evozieren und Unterwandern eines syntagmatischen Zusammenhangs in Ton VIII bis hin zu einer nur lockeren Bezüglichkeit zwischen Strophen mit stark differierender Sprechposition in Ton IV reichten, liegt nun ein Ton vor, in dem die ersten beiden Strophen in keinerlei Bezug zueinander sowie den folgenden stehen und die dritte und vierte Strophe eine Bezüglichkeit zueinander aufweisen, die sich lediglich aus der allgemeinen Topik speist. Dies und der ungewöhnliche Umstand eines Auftretens des Jahreszeitentopos am Ende eines Tons vermitteln den Eindruck einer losen Folge der Strophen, die im Gegensatz zu ihrer stabilen Überlieferung kontingent erscheint. Statt daraus aber den spekulativen Schluss zu ziehen, es mit einem Überlieferungsunglück zu tun haben, lässt der Ton sich im Abgleich mit den anderen Tönen des Rugge-Korpus als ein Pol des breiten Spektrums an variierenden Graden und Formen strophenübergreifender Bezüglichkeit beschreiben. Überblickt man es, wird deutlich, dass strophenübergreifende Kohärenzen einerseits auf unterschieliche Weise dazu genutzt werden *können*, das Einzelne gleichsam als Bezugnahme und Bezugspunkt auf und für anderes kenntlich zu machen, andererseits aber nicht genutzt werden *müssen*. Zwar lässt sich das Verfahren, die tonübergreifende paradigmatische Bezüglichkeit des Verhandelten tonintern durch spezifischere Bezüglichkeiten – etwa lexikalische Responsionen – zu spiegeln, durchaus als konventionalisierte Option der Relationierung tongleicher Strophen beschreiben. Dass dies im neunten Ton wie auch andernorts[345] so gut wie gar nicht zur Anwendung kommt, lässt jedoch auch den Schluss zu, dass diese Option nicht zwingend wahrgenommen werden muss. Stattdessen lässt sich hier eine beständige Variation der Sprechpositionen beobachten. So werden zur je konzentrierten Verhandlung unterschiedlicher Aspekte – einer kritischen Orientierung an Äußerlichkeiten (22 C), der Distanz zur Geliebten (23 C) und der mal erfüllten (24 C), mal durch Erinnerung bedingten Hoffnung auf bessere Tage (25 C) – stets unterschiedliche Kontextualisierungen entworfen. In einer Performanzsituation würde dies zwar eine

---

343 Vgl. dafür den Apparat in MF(MT), S. 216f.
344 Vgl. in diesem Sinne auch Brem 2003, S. 141.
345 Auch Kasten 2005 [1995], S. 705, stellt fest: „[...] inhaltlich besteht jedoch, wie nicht selten in der zeitgenössischen Lyrik, kaum eine Verbindung." Vgl. als weiteres Bsp. dafür im Rugge-Korpus Ton VIIb.

prägnante Inszeniertheit der Sprechposition bedeuten, indem der Sänger sich in stets changierenden Rollen äußerte und offensiv markiert wäre, dass „es sich um ein imaginäres und nicht um das biographische Selbst handelt"[346]. Doch ist dies Resultat sämtlicher toninternen Wechsel von Sprechpositionen, wie sie bereits in den Tönen IV, VI und VIII beobachtet werden konnten.

Nimmt man diese Punkte zusammen, können die Grenzen inhaltlicher Kohärenz, die im neunten Ton deutlich werden, nicht als ausschlaggebendes Kriterium dafür gelten, ihm die durch die Überlieferung zugeschriebene Textualität abzusprechen. Was im Verbund überliefert ist, ist die unterschiedliche Perspektivierung von Unterschiedlichem. Das ist als solches ebenso herauszustellen, wie daraus nicht geschlossen werden kann, dass die vier Strophen nur deshalb in dieser Konstellation realiter nicht zur Performanz gekommen sein können.[347]

22 C

> Nâch frowen schœne nieman sol
> ze vil gefrâgen. sint sie guot,
> er lâsse si im gevallen wol
> und wisse, das er rehte tuot.
> 5 was ob ein varwe wandel hât,
> der doch der muot vil hôhe stât?
> er ist ein ungefuoge man,
> der des an wîben niht erkennen kan.

7 ungefůge

(Niemand soll zu viel nach der Schönheit | der Damen fragen. Wenn sie gut sind, | lasse er sie sich gut gefallen | und wisse, das er richtig handelt. | Was, wenn das Aussehen sich wandelt bei einer, | die aber eine hochgestimmte Gesinnung hat? | Es ist ein unhöfischer Mann, | wer das an Frauen nicht erkennen kann.)

Die erste Strophe des neunten Tons bietet eine Sprechposition, die sich von jener des von Affekten betroffenen Liebenden ebenso unterscheidet wie von expliziter Frauenrede; sie verfährt im Modus allgemeiner Gesellschaftskritik. Kein einziges Personalpronomen der ersten Person Singular findet sich in ihr, was sie schon äußerlich signifikant von den anderen Strophen des Tons abgrenzt, die allesamt mit einem *Ich* einsteigen. Dieser Umstand unterscheidet sie zudem von den beiden spruchhaften Strophen des fünften Tons, in denen ebenfalls eine gesellschaftskritische Haltung

---

346 J.-D. Müller 2010 [2004], S. 81. Das Zitierte wird mit Blick darauf geäußert, dass im Minnesang „der männliche Sänger in der Rolle einer Frau sprechen kann" (ebd.).
347 Vgl. dafür noch einmal das in der Einleitung auf S. 23 wiedergegebene und auf S. 62 weiter diskutierte Argument von Paul 1876, S. 510.

eingenommen wurde, da auch sie über eine Ich-Position verfügen und auch das jeweils schon an erster Stelle.[348] 22 C hingegen reflektiert aus einer sich objektivierenden Position heraus höfische Wertvorstellungen[349] und diskutiert dabei die für die höfische Literatur so zentrale Korrespondenz von Innen und Außen: Kalokagathie. Dabei geht die im Rahmen der Reflexion höfischer Werte nicht seltene Figur, dass die Bewertung des Inneren einer Bewertung des Äußeren vorzuziehen ist,[350] einher mit einer Thematisierung des Alterns, das im Minnesang immer wieder im Hinblick auf den Liebenden selbst zur Verhandlung steht,[351] kaum je aber im Hinblick auf die Geliebte oder, wie hier, die *frowen*[352] im Allgemeinen.[353] Ihnen wird im Modus der rhetorischen

---

348 Vgl. S. 126 f.
349 Es ist deshalb auch *prima vista* nicht unplausibel, dass Cramer 2000, S. 24–26, vorschlägt, dass die vorliegende Strophe auch als Frauenstrophe aufgefasst werden könne. Dennoch liegt hier insb. im Aufgesang – ähnlich, wie sich dies im Folgenden in Ton X beobachten lässt (vgl. dazu Anm. 423) – ein Sprechen *über* höfische Damen vor, das nicht im Sinne einer Identifikation verstanden werden kann. Die Strophe ist vielmehr konzeptuell geschlechtsneutral: Da sie kein Ich beinhaltet und ebenso *über* Männer spricht, nimmt sie eine gesellschaftskritische Position ein, die nicht aus einer spezifischen *gender*-Perspektive formuliert ist und deshalb aufgrund der diskursiven Dominanz der männlichen Sprechposition auch primär als Männerrede aufgefasst sein worden dürfte (vgl. dazu Anm. 171 und S. 125 f.).
350 Vgl. dazu auch Brem 2003, S. 141, die herausstellt, dass sich die Bevorzugung von Tugend gegenüber Schönheit auch im Bereich der Metrik spiegelt. Inhaltlich äquivalente Belege finden sich bei Schnell 1985, S. 139, Anm. 593, sowie konzeptionelle Bemerkungen dazu insb. auf S. 250.
351 Vgl. in der jüngeren Forschung insb. Mertens 2006, Kern 2012 und zuletzt Kellner 2018, S. 355–390.
352 Beachtenswert ist, dass dies die einzige Stelle im Rugge-Korpus in C ist, an der der Begriff *frowe* fällt. Das illustriert eindrücklich, dass die begriffliche Differenzierung zwischen *wîp* und *frowe*, wie sie bekanntlich prominent bei Walther von der Vogelweide begegnet und davon ausgehend immer wieder von der Forschung veranschlagt worden ist (vgl. den Forschungsbericht bei Salem 1980, S. 5–51, sowie im Hinblick auf Rugge insb. Stamer 1976, S. 184–188), als ein Spezifikum zu begreifen ist und nicht als grundsätzlich kennzeichnend für den Minnesang gelten kann. Zu beachten ist darüber hinaus, dass auch in der zweiten Nennung des Begriffs *frowe* im Rugge-Korpus – in der B-Version der ersten Strophe von Ton XII (22 B; vgl. Anm. 493) – von *frowen* im Plural die Rede ist und somit die Geliebte selbst bei Rugge nie mit *frowe* bezeichnet wird. Den Gebrauch von *wîp* und *frowe* bei Rugge bespricht ausführlich Salem 1980, S. 100–109. Ihre von der vorliegenden Strophe abgeleitete These, dass der Gebrauch von *frowe* „nicht nur auf adlige, vornehme Damen beschränkt bleibt" (S. 104), ist jedoch problematisch, da die hier vollzogene konstitutive Kopplung von Tugendhaftigkeit und *frowen* als Konstituens höfischen Selbstverständnisses verstanden werden muss. Dass Äußerlichkeit dabei marginalisiert wird, scheint kein Anlass für eine Nivellierung der sozialen Konnotation des Begriffes zu sein, sondern ganz im Gegenteil dazu eine Reflexion der sozialen Implikationen von Kalokagathie. Als zu pauschal zurückzuweisen, ist deshalb auch ihre Hauptthese, dass „‚wîp' und ‚frouwe' inhaltlich austauschbar sind" (S. 109) und jeweils aus „formale[n] Kriterien" den Verzug erhalten (S. 107). Entscheidend scheint vielmehr zu sein, dass die soziale Konnotation des *frowe*-Begriffs je nach Zusammenhang eine differierende Gewichtung erhalten kann.
353 Wird über das Alter der Geliebten gesprochen, dann, wie Kern 2012, S. 306–309, festhält, zumeist im Sinne einer „Demetaphorisierung" des Alterstopos (S. 306), das Liebe jung macht. Thematisierungen des Alterns von Frauen begegnen zudem auch in Frauenstrophen, dort ohne Bezugnahme auf Äußerlichkeit; vgl. etwa Reinmar der Alte 8 B/10 C/337 E (MF 152,15); Hartmann von Aue 37 C

Frage attestiert, dass ein Wandel im Aussehen bei kontinuierlicher Hochgestimmtheit vernachlässigbar ist. Darauf folgt am Ende der Strophe, anhand des zentralen Begriffs der *fuoge*, eine Kritik an Männern, die nicht imstande sind, die beschriebene Differenzierung zu erkennen. Sie erweitert die wertorientierte Gesellschaftskritik abschließend sowohl um eine erkenntniskritische als auch um eine *gender*-bezogene Dimension.

Schon zu Beginn gestaltet sich die Haltung, aus der gesprochen wird, normativ. Im Aufgesang werden in pauschaler Weise alle verurteilt, die sich *ze vil* (V. 2) auf die Schönheit von Damen fixieren. Schönheit an sich ist damit als Wert nicht in Frage gestellt, vielmehr gibt das apostrophierte Übermaß Interpretationsraum für zweierlei Implikationen: Zum einen betrifft es den Modus der Fixierung, dessen *ze vil* ein Abweichen vom höfischen Wert der *mâsse* signalisiert.[354] Zum anderen macht es deutlich, dass Schönheit nicht der bedeutsamste Faktor einer Orientierung auf *frowen* sein sollte.[355] Dass der Einstiegssatz in diesem Sinne programmatischer Ausgangspunkt einer diskursiven Versuchsanordnung ist, wird zudem stilistisch unterstrichen, indem das zu unterlassende Fixieren auf die Schönheit mit einem *verbum dicendi*, *gefrâgen* (V. 2), ausgedrückt ist.[356] Es zeigt hier weniger eine konkrete Kommunikationssituation an, sondern indiziert und inszeniert, so könnte man sagen, was am Hof ‚Gesprächsstoff' ist.

Den Grund für seine Forderung formuliert der Sprecher im Folgenden in aller Deutlichkeit: Wenn die Damen gut sind, kann und muss das genügen.[357] Pointe dieser durchaus erwartbaren Schlussfolgerung[358] dürfte sein, dass zudem ausgesagt wird, dass, wer dazu imstande sei, wissen solle, dass er richtig handelt (V. 4). Fluchtpunkt der Argumentation ist also weniger das Wesen höfischer Damen, sondern die Handlungen der männlichen Seite. Wird die textuell geschlechtsneutrale Sprechposition in einer Performanzsituation durch einen aller Wahrscheinlichkeit nach männlichen Sänger dementsprechend männlich konnotiert, thematisiert sich dieser gleichsam

---

(MF 213,19); 57 C (MF 217,34). Vgl. zu den ‚Tabubrüchen', die das Altern der Dame polemisch zum Argument für die eigene Werbung machen und als pointierte Ausnahmen, die die Regel bestätigen, gelten können (bspw. Walthers *sumerlaten*-Lied, L 72,31), Kern 2012, S. 306–309, Kellner 2018, S. 355–390.
354 Vgl. die Verwendung *ze vil* im dritten Ton (6 C), das dort ansonsten aber in einem anderen Verhandlungszusammenhang steht.
355 Willms 1990, S. 94 f., S. 102 f., zeigt in tabellarischer Auflistung, dass bei Rugge auch andernorts das Lob der Tugend gegenüber dem Lob der Schönheit überwiegt. Festzuhalten ist, dass der *schœne* hier ein sekundärer Wert beigemessen wird, nicht aber, dass sie als Wert gänzlich nivelliert wird oder „radikal abqualifiziert" wird (so Brem 2003, S. 141). Entscheidend ist das *ze vil*, das Übermaß der Orientierung auf Schönheit.
356 Die Wendung hat keine Parallele im Minnesang.
357 Vgl. zu thematischen Parallelen im Korpus Walthers von der Vogelweide Brem 2003, S. 141 f.
358 Vgl. dazu auch Kasten 1986, S. 255–257, die, u. a. mit Verweis auf vorliegende Strophe, eine „ethisierende Tendenz" (S. 257) im Minnesang seit Friedrich von Hausen postuliert und darüber hinaus umgekehrt feststellt, dass sich „ein Preis der körperlichen Schönheit der Frau [...] im Minnesang kaum" findet (S. 269).

selbst. Als Teil und im Umfeld des Minnesangs liegt hier implizit die Forderung an sich und seinesgleichen begründet, sich im Handeln primär von inneren Werten leiten zu lassen.

Das zentrale Moment der Strophe folgt nun zu Beginn des Abgesangs in Form einer rhetorischen Frage. Sie spitzt die Gegenüberstellung von Schönheit und Tugend zu: Auf der einen Seite steht ein potenzieller *wandel* des Aussehens (V. 5), auf der anderen Seite der *hôhe muot* (V. 6),[359] der jede Aussehensveränderung irrelevant erscheinen zu lassen vermag.[360] Interessant an dieser Formulierung, die auch eine erhöhte Performativität kenntlich werden lässt, ist, dass im Hinblick auf Damen überhaupt gefragt wird, *ob ein varwe wandel hât* (V. 5). Die Statik der weiblichen Position im Minnesang sowie die *stæte* der männlichen als ihr Gegenpart implizieren das Gegenteil von Wandel, der, wenn überhaupt, nur durch äußere Faktoren anzeigbar zu sein scheint. Würde ein sich als Liebender determinierendes Ich eine potenzielle Aussehensveränderung bei der Dame auch nur ansprechen, stünde dies im Verdacht, ihre Vollkommenheit zu hinterfragen. Was für das liebende Ich qua Selbstdefinition unsagbar ist, kann diese ich-lose Strophe zum Ausdruck bringen, um es jedoch freilich als vernachlässigbar herauszustellen und erneut jene zu kritisieren, die dies nicht tun. Man kann in der rhetorischen Frage ein Bemühen um erhöhte Referenzialität erkennen: Auch wenn man eine andere Position einnimmt als die des durch Minne befangenen Werbers, gilt die Präferenz der inneren Werte und gilt es jene zu kritisieren, die sich nicht primär der Tugend verpflichtet sehen. Die Strophe stützt Maximen des Liebenden aus einer variierten Sprechposition. Letztlich impliziert sie aber ebenso, dass auch jeglicher Liebender, der sich *ze vil* an Äußerlichkeiten orientieren würde, nicht *rehte tuot*.

Am Ende der Strophe steht die Bemerkung, wer *des an wîben niht erkennen kan* (V. 8), sei ein *ungefuoge man* (V. 7).[361] Hier liegt die Pointe der Wortwahl darin, dass das

---

359 Spekulativ ist die Deutung der Stelle von August Arnold und Erika Ludwig, die postulieren, „daß zum ersten Mal hier bei Rugge der „hôhe muot" eine moralische Qualität bedeute" (Ludwig 1937, S. 19), und daraus schließen, erst durch Rugge „wird der Hohe Mut an die Spitze der höfischen Werthierarchie gerückt" (ebd.; Arnold 1930, S. 10). Zwar indiziert bspw. die einzige Verwendung des Begriffs beim Kürenberger (15 C, MF 7,19) primär eine emotionale Disposition, doch ist dies auch im späteren Sang die dominierende Art und Weise seiner Verwendung (vgl. dazu Anm. 109).
360 Brem 2003, S. 142, postuliert hier, es handle sich „um ein Argument, welches ‚Alltagsgesetze' an das doch zeitenthobene Ideal der Minnedame heranträgt", wobei eine genauere Bestimmung dessen, was „Alltagsgesetze" bezeichnen sollen, ausbleibt.
361 Angesichts der zahlreichen und variierenden Verwendungen des Begriffs *wîb* im Rugge-Korpus (Töne Ia, Ic, III, IV, VI, VIIa, VIII, in IX noch 24 C, XI und XII) ist kritisch zu sehen, ob sich mit Stamer 1976, S. 187, postulieren lässt, dass es hier, während zuvor noch von *frowen* die Rede war, in bewusster Kontrastierung nun um „natürliche Bezugspersonen, in dem So-sein ihrer Menschlichkeit" geht und damit um eine „Einsicht in die Künstlichkeit der höfischen Moral". Vielmehr wird genau diese höfische Moral hier offensiv eingefordert. Stamer, der sich darum bemüht, an einzelnen Rugge-Versen gedankliche Vorlagen für Walther von der Vogelweide nachzuweisen, geht hier in einer Differenzierung der Begriffe *frowe* und *wîp*, die aus Walther-Strophen gewonnen ist, deduktiv vor. Vgl. ausführlich zur Problematik dieser Begriffsdifferenzierung in der älteren Forschung samt Herleitung aus der For-

erkennen gerade nicht die äußere Wahrnehmung bezeichnet, sondern auf die Kenntnis und Beachtung der *fuoge*, des höfischen Ordo,[362] abzielt. Daraus folgt: Nur, wer die Vorrangstellung der hohen Gesinnung, im Sinne eines *pars pro toto* für die höfischen Werte, anerkennt, trägt zu ihrer Stabilität und Stabilisierung bei. Damen, die *hôhen muot* haben, werden als Exempel für das sozial Wünschenswerte stilisiert, Männer, die das nicht anzuerkennen vermögen, als seine Gefährdung. Die Strophe nutzt die Kontrastierung von Schönheit und Tugend für eine Kontrastierung der männlichen und weiblichen Position, die die im Minnesang topische Idealisierung der weiblichen Position prägnant variiert: Zum einen wird die Tatsache, dass die Sprechposition nicht die eines Liebenden ist, dazu genutzt, die Position der Damen ‚realistischer' zu zeichnen, indem auch für sie die Gesetze der Natur Gültigkeit haben und *ein varwe wandel* haben kann. Zum anderen wird die Vorrangstellung der Damen im Hinblick auf eine ideale Repräsentation höfischer Werte umso mehr unterstrichen, wenn sie auch dieser Hinsicht gilt[363] und demgegenüber die männliche Seite unter dem Verdacht steht, zu oberflächlich orientiert zu sein. Die gesellschaftskritische Sprechposition ermöglicht es somit, das Lob der Tugendhaftigkeit höfischer Damen, das in zahlreichen Minne-Strophen zum Ausdruck kommt, aus einer als ‚objektiv' inszenierten Perspektivierung zu legitimieren.

23 C

> Ich tuon ein scheiden, das mir nie
> von deheinen dinge(n) wart sô wê.
> vil guote friunde lâsse ich hie.
> nu wil ich trûren iemer mê,
> 5   die wîle [ ] ich frömden muos,
> von der mir tæte ein gruos
> noch sanfter an dem herzen mîn,
> danne ob ich ze Rôme keiser solte sîn.

---

schungsgeschichte Salem 1980, mit allerdings nicht immer unproblematischen Schlussfolgerungen, da sie bspw. in ihrer Beweisführung, dass auch im Hohen Sang die Gegenseitigkeit der Liebe gegeben sein kann (S. 181–223), den Projektionscharakter von Frauenstrophen missachtet. Vgl. zu Salem 1980 auch Anm. 352.

362 Prominent ist der Begriff bekanntlich insb. bei Walther von der Vogelweide, vgl. dazu Kellner 2018, S. 436–458. Er findet aber auch bei anderen Minnesängern des 12. Jahrhunderts Verwendung, vgl. *vuoge* bei Albrecht von Johansdorf 8 B/9 C (MF 89,15), Heinrich von Morungen 19 B/40 C (MF 132,11), 76 C (MF 140,1) und Reinmar dem Alten 210 C (MF 191,34), sowie die Kritik von etwas, das *ungevuoge* ist, bei Heinrich von Veldeke 17 A/7 BC (MF 58,3) und Reinmar dem Alten 228 E (MF 175,36), 244 C/255 E (MF 197,9).

363 Deutlich wird dies insb. im Hinblick darauf, dass das Alter der weiblichen Position andernorts für Polemik nutzbar gemacht wird; vgl. dazu Kern 2012, S. 306–309, sowie Kellner 2018, S. 360–365.

5 wile uñ ich

(Ich begehe einen Abschied, [der dazu führt,] dass mir nie | von allen Sachen etwas so wehgetan hat. | Viele gute Freunde lasse ich hier. | Ich will jetzt immer mehr trauern, | solang ich von derjenigen fern sein muss, | deren Gruß mir | noch besser für mein Herz täte, | als wenn ich Kaiser in Rom wäre.)

Die zweite Strophe des neunten Tons lässt kaum einen Bezug zu ihrer Vorstrophe erkennen. Von Beginn an spricht ein Ich, das eindeutig als Liebender einzuordnen sein wird. Der weibliche Part ist ebenfalls konkret, erscheint im Singular, als Geliebte. Dritte treten erneut auf, doch sind sie nicht unspezifisch und der Kritik ausgesetzt, sondern *friunt*. Das Personal ist ein differentes und auch inhaltlich könnte die Ausrichtung kaum unterschiedlicher sein: Die Rede kontextualisiert sich präsentisch in einer Situation des Abschieds, die ein Maximum an Leid produziert. Das Zurücklassen guter Freunde erscheint zwar als bedauernswert; sehr viel mehr Raum nimmt aber die Relationierung zur Dame ein: Ihr fern sein zu müssen, führt zu einer Klimax des Trauerns (*iemer mê*, V. 4), was als neue Verortung der darauf folgenden, altbekannten Aussage aufzufassen ist, dass eine *actio* ihrerseits entscheidend zur Aufwertung der Situation beitrüge – hier prägnant ausgedrückt als eine Überbietung maximaler weltlicher Macht (V. 6–8). Kernpunkt der Strophe ist folglich eine Reflexion, die ihre Vielschichtigkeit aus der Gegenüberstellung einer bisherigen Aktionslosigkeit der Dame auf der einen Seite und einem zukünftigen Fern-Sein, das Interaktion absolut zu verunmöglichen scheint, auf der anderen bezieht.

Das stropheneinleitende *scheiden* macht dabei einen Bezug zu Kreuzzugsthematik möglich, ohne dass sich eine eindeutige Zuordnung treffen ließe.[364] Weitere Signalwörter bleiben ebenso aus wie der gesamte religiöse Kontext; eine konfliktuöse Spannung zwischen Frauen- und Gottesdienst kommt nicht zur Entfaltung. Auch wenn nicht auszuschließen ist, dass der Hinweis auf eine Abschiedssituation je nach Rezeptionseinstellung schon genügt haben mag, um religiöse Motive auszumachen, wird man doch konzedieren müssen, dass die Strophe eine Begründung für den Abschied gänzlich ausspart. Stattdessen konzentriert sie sich ausschließlich auf seine Konsequenzen im Hinblick auf die Relation zu den bisherigen Bezugspersonen des Sprechers.

Der Abschied, der am Strophenbeginn steht, ist ein aktiver, etwas, das der Sprecher *tuot*. Diese Handlung wird als ein Vorgang mit drastischen Folgen beschrieben,

---

[364] Vgl. schon Schmidt 1874, S. 18: „Irgend wahrscheinliche Vermuthungen über diese Abwesenheit lassen sich nicht aufstellen"; sowie Hölzle 1980, S. 165–168. Auch Reichlin 2012, S. 15, zählt die Strophe zu den Texten, „die den Abschied oder die räumliche Trennung von der Geliebten thematisieren" und allein deshalb „allzu schnell auf den Kreuzzugskontext bezogen" wurden. Anders Brinkmann 1948, S. 513, der in seiner biographistischen Lektüre den Vergleich des letzten Verses buchstäblich versteht und eine „Romfahrt" angezeigt sieht (vgl. auch Brinkmann 1972⁵ [1952], S. 105). Einen Kreuzzugsbezug sehen Spiewok 1963, S. 677; Böhmer 1968, S. 27; Wisniewski 1984, S. 90. Wentzlaff-Eggebert 1960 erwähnt die Strophe im Abschnitt zu Heinrich von Rugge in seinem Buch zur Kreuzzugsdichtung nicht.

da aus ihm ein Leid hervorgeht, das das Ich noch *nie von deheinen dingen* (V. 1f.) empfunden hat. Als selbtinduziertes resultiert es aus einer *actio*, die nicht wie andernorts um *reactio* buhlt, sondern diese verhindert. Deutlich wird ein Kappen von Relation, das im Folgenden eine Reflexion evoziert, die genau jene Relationierung des Ich zu anderen im Moment ihres drohenden Verschwindens zu fassen sucht. Strukturell gesprochen stellt das *scheiden* somit einen transgressiven Akt dar, dessen diskursive Konsequenz und damit letztlich argumentative Funktion die Markierung des Transgredierten ist. Der Abschied hat Anlasscharakter; nicht das Wohin interessiert, sondern das Woher.

Im dritten Vers tritt dementsprechend zur zeitlichen eine räumliche Dimension hinzu. *vil guote friunde*, die der Sprecher verlässt, befinden sich in einem *hie*, das der Überschreitung preisgegeben ist. Es steht in produktiver Spannung zum darauf folgenden Wort *nu* im vierten Vers, das bereits von Absenz ausgeht. Der Sprecher positioniert sich genau auf der Grenze: Der Abschied findet am Ort des Bisherigen statt, seine Aktualität verleiht diesem aber unmittelbar Vergangenheitsstatus. Dazu passt, dass der vierte Vers, *nu wil ich trûren iemer mê*, mit der – wie andernorts schon beobachtet[365] – im Minnesang häufig verwendeten Figur der *constructio apokoinu* spielt. Insbesondere im mündlichen Vortrag wird man die Aussage zunächst als Variation der beiden Eingangsverse auffassen, die aus dem außergewöhnlichen Leid einen aktiven Willen nach Trauer ableiten. Diese Trauer soll ihrerseits klimaktisch verlaufen und setzt dem *nie* ein *iemer* entgegen, was besagt, dass ein Fortdauern der Trennung sich additiv auf das Leiden auswirkt und ein Verweilen im Außerhalb des *hie* dem Willen des Sprechers nach immer darauf bezogen bleiben wird.

Mit dem Beginn des Abgesangs wird der Wille nach sich steigerndem Trauern rekursiv konkretisiert. Er bezieht sich jetzt auf einen Zeitraum (*die wîle*), der durch das *frömden* der Dame definiert ist. In der Distanzierung von der Geliebten liegt die zentrale Problematik des Abschieds, denn nun ist sie es, die die Klimax der Trauer zu verantworten hat. Die beiden Räume, der, von dem sich verabschiedet wird, und sein Außerhalb, erscheinen nun nicht mehr in ihrer Positivität beziehungsweise Negativität einfach gegeben, sondern unterscheiden sich dadurch, dass im Innen die Möglichkeit einer Nähe zur Dame bestünde, die im Außen nicht mehr bestehen kann. Nimmt man, was die Schlussverse der Strophe vermehrt nahe legen, an, dass auch im *hie* wie gewohnt keine physische Nähe bestanden hat, liegt die Differenz der Räume letztlich im Unterschied von einer relativen zu einer absoluten Distanz begründet.

Die Strophe schließt mit der doppeldeutigen Behauptung, ein Gruß der Dame wäre für das Herz des Liebenden eine größere Wohltat, als Kaiser in Rom zu sein (V. 6–8). In ihr ist die topische Wendung angelegt, dass für einen Liebenden schon ein Gruß allein Genugtuung bürge, weil er eine Überschreitung des Nicht-Handelns der Geliebten darstellt, die zudem mit der Überwindung von Distanz konnotiert

---

[365] Vgl. in den Diskussionen von 8, 13 und 14 C S. 107, 134f. und 139.

ist.³⁶⁶ Dabei zeigt der Konjunktiv an, dass das Ich sich nicht etwa von einer bestehenden Interaktion mit der Dame verabschieden muss, sondern von der Möglichkeit ihres Zustandekommens. Doch lässt sich der Wunsch nach einem Gruß aber auch situationaler verstehen. Dadurch, dass die Alternative, Kaiser in Rom sein zu dürfen, forciert in einem entfernten Außenbereich lokalisiert ist, zielt der Kaiser-Topos³⁶⁷ hier auch auf die Aussage, dass dem Sprecher ein Bezug zum Herkunftsraum lieber ist als maximales Reüssieren jenseits davon. Seinem Herz gilt die aktuell Ohnmacht verursachende Minne mehr als jederlei Macht in der Welt. Der durch den Abschied produzierte Wandel widerspricht dem Wesen eines Ich, dessen emotionale Disposition als Liebender für gewöhnlich auf Dauer ausgerichtet ist. Wenn sich der Scheidende einen Gruß wünscht, ist er auf eine Bestätigung der Annahme aus, dass das Erwünschte im Verabschiedeten liegt, optiert er, affirmiert zu wissen, dass das, was er *tuot*, falsch ist.

Die Tatsache, dass eine Begründung für den Abschied über den gesamten Verlauf der Strophe keine Rolle spielt, ist Beleg dafür, dass das *scheiden* in erster Linie die strukturelle Folie dafür bildet, die Dependenz des Herzens von der Dame in aller Drastik herauszustellen.³⁶⁸ Die Trennung bietet den Nährboden zu reflektieren, dass für das Ich die Minne ohne Alternative ist, wenn es darum geht, nicht zu trauern. Die Strophe konstruiert zunächst eine Dichotomie zwischen innen und außen mit den Konnotationen gut und böse, die im Hinblick auf Minne dann differenziert werden kann im Sinne von Möglichkeitsgegebenheiten. Sie stellt eine Variation der für den Minnesang zentralen Modulation von Nähe und Distanz dar, die jener des Kreuzliedes insofern entspricht, als dass die Manifestation der Distanz mitnichten eine Emanzipation von der Minne mit sich bringen muss.³⁶⁹ Die spezifische Kontextualisierung der Kreuzzugsthematik wird dafür nicht bemüht; die Strophe verbleibt im Allgemeinen: Auf das *tuon* (V. 1) des Abschieds folgt ein fern sein *müessen* (V. 5), dem nur etwas *sanfter tæte* (V. 6 f.), das es schon vorher getan hätte. Die neue Situation bringt die alten Probleme nur noch deutlicher zum Vorschein; ihre Reflexion ist die einzige Möglichkeit, den Bezug zu einer Dame herzustellen, die unnahbar war und unerreichbar sein wird.

24 C

>Ich gerte ie wunneklicher tage.
>uns wil ein schœner sumer komen,

---

366 Vgl. etwa die Belege in Anm. 137. Anders die Rolle des Grußes in 11 C.
367 Ein Kaiservergleich („Kaiser-Topos') begegnet im Minnesang immer wieder; vgl. die Belege bei Kasten 2005 [1995], S. 1088; Peil 1996, S. 194; für spätere Texte Roethe 1887, S. 584–586.
368 Vgl. zu den zahlreichen variierenden Verwendungen von *herze* im Rugge-Korpus auch 5, 8, 14–17, 19–21, 28, 30 C.
369 Vgl. die Auflistung der „Kreuzlieder mit Minnethematik" bei Schweikle 1995², S. 144.

al deste senfter ist mîn klage.
der vogele hân ich vil vernomen.
5 der grüene walt mit loube stât.
ein wîb mich des getrœstet hât,
das ich der zît geniessen sol.
nu bin ich hôhes muotes, das ist wol.

(Ich habe mich immer nach freudenreichen Tagen gesehnt. | Ein schöner Sommer für uns steht an, | umso besänftigter ist meine Klage. | Ich habe viele Vögel gehört. | Der grüne Wald steht voll Laub. | Eine Frau hat mich dahingehend getröstet, | dass ich von der Zeit profitieren soll. | Nun bin ich hochgestimmt, das ist gut.)

Auch die dritte Strophe des neunten Tons beinhaltet erneut eine differente Sprechposition gegenüber ihrer Vorstrophe. Zeit, in der Vorstrophe einzig relational präsent durch die Unterscheidung von bisher und jetzt, wird nun spezifisch bestimmt. Die stropheneinleitende, pointiert zeitlose Begierde (*ie*) nach glückbringenden Tagen scheint unmittelbar im zweiten Vers durch die Ankunft des Sommers eingelöst. Sie gibt den prospektiven Ton der Rede vor. Im Einklang zwischen erfreulichen Naturerscheinungen und erfreulichen Nachrichten von ‚einer Frau' steuert sie auf die zentrale Aussage im Schlussvers zu, dass der Liebende *nu* bester Stimmung ist. Anders als in den bisher diskutierten Natureingängen[370] liegt ein komplementäres Verhältnis zwischen dem Liebendem und der Jahreszeit vor:[371] Die topischen positiven Konnotationen des Sommers weiten sich auf den Gesamtzustand – Interaktion und emotionale Disposition – aus; das Äußere reicht ins Innere hinein. Was in anderen Strophen strukturelle Folie ist, aus der sich Hoffnung auf positiven Wandel bezieht,[372] der kaum je eintritt, scheint hier in Reinform vorzuliegen: Ein Sommer, der Gutes bringt, das *ie* ersehnte, das *nu* vorliegt. 24 C suggeriert, Komplexität zu vermeiden, nicht die Arbeit am Muster, sondern das Muster selbst zu präsentieren. Die fünf aufeinander abgestimmten Schritte, in denen sich das gestaltet, sind jedoch, wie im Folgenden gezeigt werden soll, nicht frei davon, das Postulierte gleichsam zu relativieren.

Schritt 1: Vergangener Zustand des Sprechers ist ein Mangel, der *klage* produziert (V. 3). Ihm haftet der Makel der Dauer an, der durch das *ie* markiert wird. Die bisherige Lage des Ich verhält sich also äquivalent zur topischen eines Liebenden, der seinem Klagen im Sang Ausdruck verleiht. Offen gelassen ist die Begründung für den Mangel. Erwartungsgemäß wird man das Liebesleid dafür veranschlagen, doch dass dies nicht explizit wird, ist Teil der Strategie, im weiteren Verlauf der Strophe eine Lösung für den Mangel zu perspektivieren.

---

370 Vgl. 1 C und 18 C.
371 Vgl. zur Unterscheidung zwischen komplementärem und kontrastivem Verhältnis S. 74 f. mit Anm. 31.
372 Vgl. im Rugge-Korpus den Jahreszeitenwandel in 20 C, dazu insb. S. 171–173.

Schritt 2: Dass der Anbruch des Sommers ansteht (V. 2), bezieht sich nun, erneut exponiert am Satzbeginn, auf ein Kollektiv, dem sich das Ich zuordnet. Dieses performative Moment, das Sänger und Publikum als Einheit erscheinen lässt, zielt auf Äquivalenz: Es besteht Reziprozität dazwischen, dass der Sommer sowohl für die Natur als auch für die Gesellschaft in toto erfreulich ist. Wenn der Sänger im dritten Vers angibt, deshalb könne seine Klage besänftigter sein, versteht er sich spezifisch als Teil dieser Dynamik der Jahreszeit. Doch schließt der *klage*-Begriff gleichsam an den ersten Vers und seine Setzung andauernden Mangels an. Postulierte man aufgrund seiner Referenzlosigkeit, dass er sich nicht zwingend auf das Minneleid beziehen muss, sondern auch sehr viel konkreter auf den scheidenden Winter beziehen kann, während dessen Verlauf sich das Ich *ie* freudvollere Tage gewünscht hat – was ihn rhetorisch als quasi endlos stilisiert –, wäre der Sommer tatsächlich die Einlösung des Begehrens. Dagegen spricht, dass der Sommer die Klage mitnichten aufhebt, sondern lediglich mildert. Ihre Referenz scheint über den Jahreszeitenbezug hinauszugehen. Das Ich ordnet sich der Dynamik des Kollektivs folglich genauso zu, wie gleichsam Differenz angezeigt scheint. Versteht man nämlich das *ie* im Sinne einer Markierung des zeitlosen Minneleids, erscheint es durchaus fraglich, auf welcher Grundlage die offensiv inszenierte Einlösung des Wunsches durch den Sommerbeginn steht, wenn dieser Wunsch seit jeher Geltung hat. Die *wunneklichen tage* scheinen rekursiv vermehrt eine Interaktion mit der Dame zu implizieren, der Sommer vor allem ein Potenzial zu sein, das die Hoffnung auf Aktualisierung sät.

Schritt 3: Die Illustration des Sommers durch Beschreibung von Naturerscheinungen ist konstitutiver Bestandteil des Jahreszeitentopos, und dabei sind der Gesang der Vögel und der Pleonasmus, dass *der grüne walt mit loube stât*, Standardinventar (V. 4 f.). Beachtenswert sind die Tempora. Stand der Beginn des Sommers in Vers 2 erst an, hat der Sänger in Vers 4 den Vogelgesang bereits vernommen. Die Zeit progrediert, sein Sang folgt, so soll es nun erscheinen, darauf. Die Naturbeschreibung kaschiert die zuvor aufscheinende Differenz zwischen dem Ich und den Jahreszeit-Implikationen und stellt erneut Äquivalenz in den Vordergrund.

Schritt 4: In der Fluchtlinie dieser Äquivalenzen steht das nun im sechsten und siebten Vers thematisierte Auftreten einer Frau. Erneut ist die Zeit fortgeschritten, wenn der Satz die Aussage, dass sie ihn *getrœstet hât* (V. 6), wiederum im Präteritum formuliert. Dieser Trost steht in evidenter Response zur Klage, vereindeutigt deren Minne-Bezug, scheint das bereits besänftigte Klagen gänzlich zu nivellieren und vermittelt Interaktion. Er ist in diesem Sinne eine ebenso überraschend unkomplizierte Abwendung der Klage, wie die Argumentation bemüht ist, ihn als kausallogischen Effekt des eingetretenen Sommers auszuweisen. Es ist dabei nicht abzustreiten, dass die Strophe sowohl mit dem mit Veränderung einhergehenden Fortschreiten von Zeit als auch mit dem Inhalt der Veränderung das Liebesleid hinter sich lässt und den Sommer als eine so positive Kraft darzustellen vermag, dass die in anderen Tönen verhandelten Hindernisse der Minne keine Geltung zu haben scheinen. Gleichwohl gilt es festzuhalten, dass diese Variation der konventionalisierten Leidensposition des Liebenden auch hier relativiert wird. Die Minnedame erscheint im Terminus *ein wîb* auffällig unspezifisch, wird nicht wie in der Mehrzahl jener Strophen, in denen die Klage Geltung hat, exzeptionalisiert.[373] Der vorliegenden Strophe scheint es weniger darum zu gehen, aufeinander bezogenes Handeln konkreter Interaktionspartner kenntlich zu machen, als vielmehr das Allumfassende der positiven Implikationen des Sommers herauszustellen. Des Weiteren besteht der Trost lediglich darin, dass das Ich von *der zît* profitieren soll. Diese ebenfalls reichlich unspezifische Aussage zeigt das Bestreben der Frau, die aufgeschienene Differenz zwischen dem *Ich* des ersten und dem *uns* des dritten Verses gänzlich zu kitten und ihm zu signalisieren, dass der Sommer für ihn wie für alle anderen auch ein Gewinn sein *sol* (V. 7). Dass das auch Minne impliziert, wird suggeriert, ist aber, gerade weil es von *der zît* des Sommers initiiert wird, zeitlich determiniert. Der Grundsätzlichkeit des Mangels in V. 1 (*ie*) wird gerade keine ebenso grundsätzliche Kompensation entgegengestellt, sondern eine, die Klage und Trost in die Zyklik der Jahreszeiten integriert. Ob sich ihn dieser Strophe also tatsächlich eine interdependente Liebesbeziehung, deren Gültigkeit die sozialen Schranken ihrer sonstigen Verhinderung grundsätzlich überwunden hat, artikuliert, kann kritisch hinterfragt werden. Es bedarf ihrer Ausblendung, einer Nicht-Thematisierung der Dame als *summum bonum* und eines Schweigens über die konkreten Ursachen der besänftigten Klage, damit der Sommer eine so progredierende Dynamik erhalten kann, dass Minne – in zeitlich begrenztem Maße – realistisch erscheint.

Schritt 5: Resultat des Trosts ist die Aktualität *hôhes muotes* (V. 8). Es ist gleichsam der erste Bezug überhaupt auf etwas im neunten Ton bisher Gesagtes. In 22 C, der ersten Strophe, war der *muot*, der *vil hôhe stât*, im Hinblick auf *frowen* (V. 1) zu einem so hohen Wert erklärt worden, dass eine Aussehensveränderung im Vergleich keine Relevanz haben darf (V. 5–8). Wenn das Ich hier nun besagt, dass es aufgrund eines Trosts genau diesen Wert sein eigen nennen kann, demonstriert es den maximalen positiven Effekt einer Aktivität der weiblichen Position.

Nimmt man die fünf Stationen vom Wunsch nach freudenreichen Tagen zur Aktualität eines Idealzustandes zusammen, gewinnen sie Modellcharakter. 24 C spielt durch, was eintreten kann, wenn die Positivität des Sommers widerstandsfrei entfaltet wird, wenn die explizit benannte Zeit Geltung hat, ihr Fortschreiten nicht nur scheinbar, sondern tatsächlich Veränderung mit sich bringt. Sie präsentiert ein Ich, dessen kontrastive Disposition zur Zyklik der Jahreszeiten zunächst nicht ausgeblendet wird, das dann aber qua Frau darin integriert wird und somit nicht mehr klagen muss.

25 C

Ich hôrte gerne ein vogellîn,

---

[373] Vgl. etwa den Kontrast zwischen *ein wîb* und *das aller beste wîb* (15 C, V. 2).

das huob³⁷⁴ vil wunneklichen schal.
der winter kan niht anders sîn
wan swære und âne mâsse lanc.
5   mir wære lieb, wolt er zergân.
was guoter fröide ich ûf den sumer hân!
dar gestuont nie hôher mir der muot.
das ist ein zît, diu mînen ougen sanfte tuot.

(Ich hörte gerne ein Vöglein, | das einen sehr freudenreichen Gesang anstimmte. | Der Winter kann nicht anders sein | als belastend und maßlos lang. | Es wäre mir recht, würde er vorbeigehen. | Wie sehr ich mich auf den Sommer freue! | Nie war ich hochgestimmter als dann. | Das ist eine Zeit, die meinen Augen gut tut.)

Die letzte Strophe des neunten Tons setzt zwar, indem sie sich im Winter verortet, erneut mit gänzlich differenter Kontextualisierung der Rede ein, enthält aber signifikant mehr potenzielle Bezugnahmen auf ihre Vorstrophe, als das bis anhin der Fall war. Sie sind über die Begrifflichkeit des Natureingangs organisiert: Vogelgesang, in der Vorstrophe als Signum des Sommers zur Kenntnis genommen, wird in der Vergangenheit verortet (V. 1f.); die Beschreibung der Last und maßlosen Dauer des Winters (V. 3f.) mündet in eine Vorfreude auf den Sommer, dem genau jenes positive Potenzial zugeschrieben wird, das in der Vorstrophe zum Ausdruck kam (V. 5–9). Auffällig ist die Formulierung des siebten Verses und das erneute Auftreten *hôhes muotes* (24 C, V. 8), das dem Sommer zugeordnet wird und in der Folge der Strophen geradezu suggeriert, der Abgesang sei eine Art Rückschau auf die vorausgegangene Sommerbeschreibung.³⁷⁵

Auffällig abweichend gegenüber der Vorstrophe ist der Umstand, dass ein weibliches Gegenüber in dieser Strophe keine Rolle spielt.³⁷⁶ Hatte sich schon die Vorstrophe in der Hauptsache als Herausstellung der Implikationen der Jahreszeit rezipieren lassen, gilt dies für 25 C nun exklusiv. Der Sprecher gibt eingangs an, gerne Hörer gewesen zu sein (V. 1), präferiert also in einem performativem Selbstwiderspruch des Gehörte gegenüber dem zu Sagenden. Hatte er zu Beginn der Vorstrophe ausgesagt, er habe stets *wunnekliche tage* begehrt (24 C, V. 1), heißt es nun in umge-

---

374 Die Konjektur in MF(MT) zu *hüep* (V. 2), um eine konjunktivische Lesart des ersten Satzes herzustellen, ist nicht zwingend; vgl. Kasten 2005 [1995], S. 706.
375 Vgl. dazu auch Cramer 2000, S. 26, der feststellt, die Strophen seien „antithetisch aufeinander bezogen", führten eine „artistische Variationskunst vor" und stünden „unverbunden als zwei Möglichkeiten nebeneinander".
376 Cramer 2000, S. 24–26, hat deshalb vorgeschlagen, dass sich diese Strophe auch als Frauenrede rezipieren lasse. Auch hier gelten die bereits vorgebrachten Argumente (vgl. Anm. 171 und S. 128f.), dass sich dies zwar nicht gänzlich ausschließen lässt, aber dennoch deutlich unplausibler ist als in Strophen, in denen im Hinblick auf *gender* polyvalent deutbare Signale kenntlich werden, die in dieser Strophe durchgängig fehlen. Der von ihm vorgeschlagene Sprecherrollenwechsel (S. 26) steht zudem in harter Fügung zur differierenden Zeitlichkeit.

kehrter zeitlicher Perspektive, er habe früher den *wunneklichen schal* eines Vögleins vernommen (V. 2).[377] Gegenwärtig herrsche jedoch Winter (V. 3), der diesmal nicht über Naturbeschreibung, sondern über Eigenschaften gefasst wird: *swære* und eine Länge *âne mâsse* (V. 4), was nicht zufällig Begriffe sind, die andernorts bei Selbstthematisierungen eines Liebenden ebenfalls zur Konstitution des Negativen dienen.[378] Der Zerdehnung der Zeit durch den Winter wird nun die Hoffnung auf jenen Wandel gegenüber gestellt (V. 5), den die Vorstrophe vorgeführt hat. *fröide* – erneut ein zentraler Begriff der Minne, der hier gerade nicht explizit auf sie bezogen wird und dadurch ihre Nicht-Thematisierung umso mehr markiert[379] – bezieht sich für den Sprecher auf den Sommer, wie er ausruft (V. 6). Grund dafür ist nicht nur die allgemeine Tatsache, dass dieser *ein zît* ist, die ihm *sanfte tuot* (V. 8), sondern auch die im Präteritum gehaltene Feststellung, dass das deshalb der Fall ist, weil sich sein *muot*, wie auch die Vorstrophe schloss, zu dieser Zeit *nie hôher* befand (V. 7). Das Ich zeigt sich in seiner Gemütslage erneut dependent von äußeren Umständen. Nicht die Kontinuität der *stæte* steht im Fokus, sondern topische Implikationen der Jahreszeitenyklik, was das Ich weniger als spezifisches denn als Teil einer Gesellschaft auszeichnet, deren Lebensqualität in signifikanter Abhängigkeit von Jahreszeiten steht. Es erscheint als inkludierendes Ich, nicht als eines, das qua Minne eine exklusive emotionale Disposition aufweist. So sehr es sich folglich als äquivalent zur Vorstrophe erweist, dass die positiven Implikationen des Sommers in kontrastiver Kontextualisierung jeweils herausgestellt werden, so different verhält es sich, dass dies einmal dezidiert mit Blick auf Minne geschieht und einmal, ohne Minne zu thematisieren.

Obwohl die variierende Perspektivierung von Äquivalentem in den beiden letzten Strophen des neunten Tones eine zumindest prinzipielle paradigmatische Bezüglichkeit zwischen ihnen kenntlich macht, vermag dies auch an seinem Ende nicht darüber hinwegzutäuschen, dass die beständig differierende Kontextualisierung der Sprechposition in den vier Strophen, die mal als Liebender kenntlich wird und mal nicht, in weiten Teilen die Absenz strophenübergreifender Bezüglichkeit zur Folge hat. Statt dass eine variierende Kohärenz des Verhandelten gegeben scheint, liegt eine so weitreichende Variation in Inhalt und Modus der Verhandlung vor, dass die einzelnen Strophen in erster Linie autonom von den anderen tongleichen zu fungieren scheinen. Was formal als Einheit erscheint, ist inhaltlich uneinheitlich. Der neunte Ton führt vor, dass, was hinsichtlich des Text-Ton-Verhältnisses als Charakteristikum der Sang-

---

[377] In A und B steht hier, dem Reim entsprechend, *sanc* statt *schal* und bezeichnenderweise ist in Rei C das ursprünglich hingeschriebene *schal* zu *sanc* korrigiert, was es wahrscheinlich macht, dass hier in Rug C ein Verschreiber vorliegt; vgl. auch Schweikle 1994, S. 143. Die Vermutung von Henkes-Zin 2004, S. 141, der C-Schreiber habe womöglich „durch die formale Schwäche die Zugehörigkeit der Strophe zu Rugge anzeigen" wollen, ist abwegig. Da die Textfassung von Rug C aber keine semantischen Probleme bietet, kann auf eine Konjektur verzichtet werden.
[378] Vgl. zur *swære* exemplarisch 19 und 20 C sowie zur fehlenden *mâsse* exemplarisch 6 und 7 C.
[379] Vgl. die variierende Verhandlung von *fröide* (in substantivischer Verwendung) im Rugge-Korpus in 2, 11, 13, 14, 16, 17, 21, 22, 26, 27, 29, 31 und 34 C.

spruchdichtung gilt,[380] auch in Minnesang-Korpora begegnet: eine thematische Abwechslung, die es, sofern man inhaltliche Kohärenz als Kriterium für Textualität ansetzt, verunmöglichen würde, vom Verhältnis ein Text/ein Ton zu sprechen. Nicht entscheiden lässt sich dabei, ob dies im Falle des vorliegenden Tones Resultat eines Sammlungsprinzips in der Schriftlichkeit ist – was in Spannung mit der stabilen Überlieferung der Strophenkonstellation stünde[381] – oder ob nicht bereits in der Mündlichkeit „auch solche eines inneren zusammenhang entbehrende strophen doch äusserlich zu einem liede aneinandergereiht waren d. h. zusammen vorgetragen wurden"[382] und als zusammengehörig präsentiert wurde, was gemäß moderner Kohärenzerwartungen kaum als zusammengehörig wahrnehmbar zu sein scheint.

11 Gute Frauen in böser Welt. Soziale Funktionen des Singens

Ton X

Überblickt man die thematische Ausrichtung der männlich determinierten Sprechpositionen in den bisher diskutierten Tönen des Rugge-Korpus, so kamen, vielfach als variierende Perspektivierung von Ähnlichem, neben Minne auch Gesellschaftskritik (Ton V und 22 C) sowie religiöse Orientierung (10 C) prominent zum Ausdruck. Der drei Strophen umfassende zehnte Ton[383] beinhaltet nun alle drei Aspekte gemeinsam. Die Ich-Position, die im Gegensatz zum vorausgegangenen neunten Ton durchweg kohärent erscheint, ist gesellschaftskritischer Natur. Sie entwickelt ihre kritische Haltung in der ersten Strophe mit Blick auf eine verkommene Welt, die von Spott geprägt ist und in der *fröide* keine Gültigkeit mehr hat. Begründet wird dies in der zweiten Strophe in Aktualisierung religiöser Semantik mit Habsucht, die zunächst als hinfällig markiert und dann in pointierten Kontrast zum Frauendienst gestellt wird, indem über die Frauen selbst gesagt wird, sie hätten zu beklagen, dass er aktuell nicht richtig ausgeübt werde. Diese markante Zuspitzung allgemeiner Gesellschaftskritik auf das

---

380 Vgl. dazu die Überlegungen und Forschungshinweise in der Einleitung, S. 30 f. und 60 – 66
381 Vgl. in Abgleich dazu etwa Ton VII, wo ein solches Sammlungsprinzip etwa bei der elfstrophigen Version im Reinmar-Korpus in C nicht an Plausibilität entbehrt (vgl. dazu Anm. 248 oben), die aber nachgerade aufgrund ihres Umfangs stark abweicht von den anderen überlieferten Versionen.
382 Paul 1876, S. 510.
383 Ton X ist dreifach überliefert: in den Rugge-Korpora von B und C und im Reinmar-Korpus in A. Die semantisch relevanten lexikalischen Abweichungen, die insb. die A-Version betreffen, werden in den folgenden Anmerkungen diskutiert. Im Reinmar-Korpus in C, das ansonsten die größten Überschneidungen mit dem Rugge-Korpus in C aufweist, fehlt der Ton. Hausmann 1999, S. 310 f., vermutet, dass dies deshalb der Fall sei, da „die Einschätzung des C-Schreibers" (S. 311) darin bestanden haben müsse, dass „die Herstellung eines Zusammenhangs zwischen Minnethematik und Gesellschaftskritik [...] eher an Walther von der Vogelweide als an Reinmar" erinnern (ebd.). Es ist jedoch fraglich, ob das von Hausmann selbst so benannte „akkumulierende Verfahren" von C (S. 310) mit einem solchen Œuvre-Begriff zu vereinen ist.

Kerngeschäft des Minnesangs findet in der dritten Strophe Fortsetzung, wenn konsekutiv geschlossen wird, wer sich unhöfisch gegenüber den Frauen verhalte, sei zu verurteilen, da sie ganz im Gegensatz zu den Männern *hübesch und guot* seien. Zwei Aspekte dieser Variation der Thematisierung von Frauendienst sind in allgemeiner Hinsicht festzuhalten:

1. Der zehnte Ton ist ein eindrucksvolles Beispiel dafür, dass im Minnesang Minnethematik und Gesellschaftskritik nicht nur getrennt voneinander, sondern auch verschränkt miteinander zum Ausdruck kommen können. Er nutzt eine Sprechposition, die sich dezidiert nicht als die eines Liebenden determiniert und somit nicht von, sondern über Liebe spricht, um den in der Vielzahl der Töne von einem liebenden Ich ausgeübten Frauendienst diskursiv legitimieren zu können als eine Praxis, die der Verkommenheit der Welt, die *von fröiden gescheiden* ist, kontrastiv gegenüberzustellen ist. Sie ist ebenso auf das Gute hin ausgerichtet, wie sie dadurch selbst als Repräsentation des Guten erscheint. In tonübergreifender Perspektive lässt sich dies wiederum als Legitimation dafür sehen, die gesellschaftskritischen Positionen in Tönen, die Minne nicht explizit thematisieren, dort, wo sie äquivalente thematische Schwerpunkte wie die Verhandlung von Minne zum Gegenstand haben, paradigmatisch zu dieser in Bezug zu setzen.

2. Die Argumentation des zehnten Tons ist auffällig syntagmatisch organisiert. Dies äußert sich nicht nur darin, dass etwa zu Beginn der zweiten Strophe offensichtlich vorausgesetzt ist, was in der ersten zur Diskussion stand, und ihre Positionierung anders als in vielen Tönen nicht variabel erscheint.[384] Es wird auch dadurch deutlich, dass die Bewegung von der Feststellung der Verkommenheit der *werlt* bis hin zur Legitimierung des Frauendienstes eine teleologische ist, die durch den Kontrast zwischen dem *zergân* der Welt im ersten Vers und der Aussage, dass die Mehrzahl der Frauen *hübesch und guot* ist, im letzten Vers des Tones auch rhetorisch pointiert markiert wird. Es kann deshalb nur verwundern, dass die Forschung ausgerechnet diesem Ton wiederholt attestiert hat, inkohärent zu sein. So wurde postuliert, ihm sei „eine bruchlose Folgerichtigkeit in der Aussage nicht gelungen"[385], er weise „merkwürdig schroff[e]"[386] Übergänge auf und man habe es mit einem „scheinbar inkonsequent lapidare[n] Text" zu tun, sofern man nicht erhellende Intertexte herbeiziehe.[387] Doch statt dass „zeitkritische Themen scheinbar willkürlich gegeneinander"[388]

---

[384] Cramer 1997, S. 161, sieht dafür primär einen formalen Grund: Da „jeweils der erste Strophenvers ein Stichwort auf[nimmt], das im letzten Vers der vorhergehenden Strophe genannt wird (*vröide – vreuden* Str. 1–2; *rehte – reht* Str. 2–3)", sei die Strophenreihenfolge nicht variabel. Dieses Verfahren scheint die inhaltliche Konsekution, die ohnehin gegeben ist, zusätzlich zu unterstreichen, nicht aber überhaupt erst herbeizuführen.

[385] Paus 1965, S. 43.

[386] Ashcroft 1996, S. 129. Anders Brem 2003, S. 144, die ebenfalls den Zusammenhalt der Strophen betont.

[387] Ebd. Vgl. zur kritischen Auseinandersetzung mit Ashcrofts intertextuellem Ansatz Anm. 398.

[388] Ashcroft 1996, S. 129.

ausgespielt werden, erweist sich der diese Forschungsbeiträge offenbar nachhaltig irritierende Umstand, dass auf eine ‚Zeitkritik' die Thematisierung des Frauendienstes folgt, nicht als „völlig unvermittelte[r] Übergang"[389], sondern als eine vom Allgemeinen ins Spezifische fortschreitende, sukzessive Argumentation. Sie gewinnt aus grundsätzlicher Kritik eine Legitimation des Konkreten, das als höfische Werbung um höfische Damen den zentralen Inhalt minnesängerischer Praxis darstellt. Bemerkenswert sind nicht die „Diskrepanzen und die abrupten Umschwünge in der Gedankenführung"[390], sondern ganz im Gegenteil dazu Stringenz und Kohärenz der Argumentation. Sie stellen den im Rugge-Korpus singulären Fall dar, dass ein syntagmatischer Zusammenhang nicht nur suggeriert,[391] sondern auch durchgeführt wird, und machen den zehnten Ton als das andere Extrem dessen kenntlich, was zuvor im neunten zu beobachten war.

Ermöglicht wird dies durch eine Sprechposition, die nicht vom Liebesleid ausgeht, dessen Reflexion seinem Wesen nach ateleologisch verlaufen muss, sondern die zentrale Paradigmen höfischer Liebe als positive Repräsentation von Werten in Anschlag bringt, deren Unhintergehbarkeit zu artikulieren sich der Sprecher zur Aufgabe gemacht hat. Die Ordnung der Rede korrespondiert mit der von ihr repräsentierten höfischen Ordnung, sie sind der Unordnung der kontextualisierten Welt entgegengestellt. Dass sich dabei am Ende der ersten Strophe gleichsam eine Selbstthematisierung des Singens vollzieht, bei der textimmanent reflektiert wird, warum im kontextualisierten Außen nicht mehr gesungen wird, macht den Sang in metapoetischer Hinsicht schließlich in seiner Funktionalität kenntlich, durch Bemängeln von Unordnung selbst ordnungsstiftend zu fungieren.

26 C

> Diu werlt mit grimme wil zergân nu vil schiere.
> es ist an den liuten vil grôs wunder geschehen:
> fröwent sich zwêne, sô spottet ir viere.
> wæren si wîse, si möhten wol sehen,
> 5 das ich durch jâmer die fröide verbir.
> nu sprechent genuoge, war umbe ich tumbe niht singe,
> den fröide noch geswîchet ê danne mir.

(Die Welt scheint jetzt mit Wut nahezu unterzugehen. | Es ist bei den Leuten ein großes Wunder geschehen: | Freuen sich einige, spotten viele über sie. | Wären sie verständig, dann könnten sie sehen, | dass ich aus Kummer die Freude verberge. | Viele sprechen jetzt darüber, warum ich Unbesonnener nicht singe, | denen die Freude noch eher abhandenkommt als mir.)

---

389 Paus 1965, S. 45.
390 Ashcroft 1996, S. 129.
391 Vgl. dafür die Diskussionen von Ton III (7 C) und Ton VIII (20 C).

Ausgangspunkt der ersten Strophe ist eine liminale Situation: Aufgrund der Verkommenheit der Gesellschaft scheint die Welt dem Untergang geweiht, und dieses Grenzmoment produziert Reflexion. Ihr Gegenstand sind die Ursachen und Konsequenzen einer Sachlage, die anhand des prominenten Begriffs der *fröide* mit einer komplexen Relationierung zwischen dem Ich und mehreren Gruppen numerisch differenzierter anderer (*zwêne, viere*, V. 3; *genuoge*, V. 6) einhergeht. Es herrscht *grim*, und dieser wird bestimmt als ein Zustand, in dem die hypothetische *fröide* einer Minderheit konsekutiv den Spott einer Mehrheit[392] nach sich zieht. Daraus folgt eine Gemengelage an Vorwürfen: Das zu Beginn des Abgesangs erstmals auftretende Ich hält dieser spottenden Mehrheit vor, nicht *wîse* zu sein (V. 4), was unter anderem als Reaktion auf den Vorwurf zu verstehen ist, es selbst sei *tumbe* (V. 6).[393] Die Kritik beider Parteien korreliert dabei mit der gegenseitigen Zuschreibung einer Abwesenheit von Freude. Beim Sänger wird ein explizit an *jâmer* gekoppeltes Ausbleiben von *singen* bemängelt (V. 5f.); er hingegen sucht den ‚Vielen'[394] im Gegenzug mit der Aussage, gar noch mehr an Freude zu kranken als er (V. 7), den Spiegel vorzuhalten. Signifikat und Signifikant treten hier sichtlich auseinander: Der Sänger singt über den Gesprächsgegenstand seines Nicht-Singens und damit auf einer Meta-Ebene, die Singen und Sang, aktuelles Tun und grundsätzliche Praxis, differenziert. Das evoziert die Frage nach Produktions- wie Rezeptionsbedingungen von beidem und demonstriert gleichsam ihre konstitutive Einbettung in ein immer schon sozial definiertes Umfeld. Deutlich wird dabei, dass die im Rugge-Korpus rekurrent beggegnenden allgemeinen Reflexionen über *fröide*[395] stets in paradigmatischem Bezug zur im Minnesang immer wieder artikulierten Frage nach seiner Funktionalität zu sehen sind.[396] Sie wird hier explizit gestellt. Es geht um die Verhandlung von Machbarkeit: Da es gegenwärtig nicht möglich ist, *fröide* unbeschadet zu repräsentieren, sieht sich der Sänger mit einer Wirklichkeit des Negativen konfrontiert, die ihrerseits die Möglichkeit eines textextern verorteten Sanges, der *fröide* artikulieren würde, negiert. Es fordert Reziprozität ein: Wo keine Freude herrscht, kann auch qua Sang keine Freude evoziert werden, das Singen selbst sich aktualiter nur als Reflexion der Unmöglichkeit seiner selbst ausgestalten. Die dadurch produzierte Paradoxie verhält sich äquivalent dazu, dass jene Stimmen, die Freude einfordern, selbst am wenigsten über sie verfügen.

---

392 Die Zahl *vier* wird häufig auch unspezifisch gebraucht; vgl. Lexer, Bd. 3, Sp. 338: „oft nur formelhaft eine unbestimmte zahl ausdrückend, ähnlich wie nhd. „ein paar"". Vgl. bspw. Bligger von Steinach 2 BC (MF 118,10), V. 2f.: *dûhtes ir einen guot, | dâ bî sint viere, den mîn leit sanfte tuot* (Text nach C); Burkhard von Hohenfels 54 C (KLD XIII, 1), V. 6: *das ir doch viere hæten einen willen!*
393 Anders B und Rei A: *war umbe ich niht singe.* Während sich für den C-Text überlegen ließe, ob die metrische Abweichung nicht eine poetologische Funktion hat – anhand des Begriffs *tumbe* auch formal aus dem Schema zu fallen (metrische Abweichung plus neuer Binnenreim) – bieten B und A den glatteren Text, der die Nachfrage an das Ich zudem weniger wertend erscheinen lässt.
394 Vgl. Lexers Eintrag zu *genuoc:* „[...] viel (oft mit leiser ironie: sehr viel, viel zu viel)" (Bd. 1, Sp. 866).
395 Vgl. die Auflistung in Anm. 379 oben.
396 Gemeint ist die soziale Funktion des Sangs, *fröide* zu evozieren; vgl. dazu Kellner 2015, S. 187 f.

Ordnung ist destabilisiert, das *zergân* der Welt wird nicht nur postuliert, sondern auch demonstriert.

Dass die vorliegende ebenso wie ihre Folgestrophe *Diu werlt* an ihren Anfang setzt, entwirft einen Bezugsrahmen für die fragile Ordnung, der maximal ist. Das Soziale, als das das *totum* Welt im Weiteren ausdifferenziert wird,[397] ist der Ort dieser Ordnung, sein Gefüge labil, und dass dies *nu vil schiere* (V. 1) zu verheerenden Konsequenzen zu führen droht, verleiht der Reflexion der entfalteten Situation von vornherein maximale Dringlichkeit. Diese wird noch dadurch gesteigert, dass das Phänomen der Häme (V. 3) als Explikation des Ingrimms, der die Welt nahezu *zergân* lässt,[398] als ein *vil grôs wunder* bezeichnet wird (V. 2). Diese Formulierung, die wie-

---

[397] Diese soziale Konnotierung des Begriffs *werlt* hier ernst zu nehmen, ist entscheidend, da die insb. in der Folgestrophe apostrophierte religiöse Thematik dezidiert zur Begründung der Gesellschaftskritik herangezogen wird und nicht umgekehrt. Dementsprechend lässt sich auch nicht von einer „schreckenerregende[n] Verkündung des Weltgerichts" sprechen (Ashcroft 1996, S. 128), sondern von moraltheologisch fundierter Gesellschaftskritik.

[398] Ashcroft 1996, S. 131–133, versucht hier ausgehend vom Begriff *grimme* zu zeigen, dass ein intertextueller Bezug zu Walther-Texten vorliege, deren Kenntnis überhaupt erst zu einem Verstehen-Können des Rugge-Textes beitrage (vgl. zustimmend Cramer 1998, S. 17; kritisch Hausmann 1999, S. 310, Anm. 69). Das ist nicht nur aufgrund der völlig unklaren Datierungsfrage hochspekulativ, sondern verwechselt auch die Rezeptionssituation des Forschers, der den Wortlaut der Texte vorliegen hat, mit der in einer semi-oralen Kultur, „in der die Lage der Dinge", wie Gert Hübner in anderem Zusammenhang zurecht betont hat, „erheblich unübersichtlicher, lokaler und deshalb auch pluraler" war: „Es war nicht so, dass, wer Minnelieder produzierte, sämtliche Werke sämtlicher Vorgänger im Regal stehen hatte und sich dann überlegte, wie er die Gattungsgeschichte voranbringen konnte" (Hübner 2008, S. 13). Auch dass Ashcroft weitere Elemente des zehnten Tons ausmacht, die ebenfalls im großen Œuvre dessen, was unter Walthers Namen überliefert ist, Parallelen haben (S. 133–136), ist eher Ausdruck von allgemeiner Variation als von spezifischer intertextueller Bezugnahme. Ashcroft reflektiert dieses Problem zwar in Teilen (S. 137), um dann aber noch grundsätzlicher zu postulieren, in Ton X stecke „eine Befragung des Gültigkeitsanspruchs der höfischen Lyrik in Walthers erweiterter Auffassung" (S. 138), und schließlich zu wissen: „Die ersten Rezipienten von MF 108,22 müssen Walthers Lied [L 110,13; Anm. d. Vf.] und die mit ihm assoziierbaren Texte gekannt haben. Sie mußten Anspielungen auf Strophen des Wiener Hoftons, wohl auch auf das Kreuzlied L.13,5 erkennen. Walthers Enumerationstrope und einige seiner selbstreflexiven Debatten über die Rolle des höfischen Sängers waren ihnen geläufig" (S. 148). Davon ableitend, kommt Ashcroft aufgrund der Tatsache, dass Rugge zeitlich wohl vor Walther anzusetzen ist, anders als die gesamte Forschungs- und Editionsgeschichte zum Schluss, dass Ton X nicht von Rugge stammen könne, sondern wie in A Reinmar zuzuschreiben sei. Um die Kritik an einem solchen Verfahren zugespitzt zu formulieren: Würde man überall dort, wo sich im Minnesang auf inhaltlicher und/oder formaler Ebene Bezüge herstellen lassen, aufgrund dessen über ihre Autorschaft entscheiden, würde sich ein Großteil der Texte einem Großteil der Autoren zuschreiben lassen. Vgl. zur Kritik an Ashcrofts Ansatz auch ausführlich Brem 2003, S. 149–152, die eine „verhängnisvoll determinierende Wirkung eines Walther-Bildes, das diesem eine absolute Sonderstellung in puncto Gattungsinterferenz zuschreibt" (S. 150), am Werk sieht. Ihre inverse Vermutung, dass „Rugge von Walther ,zitiert' worden ist" (S. 151), ist jedoch ihrerseits zu determinierend – zu allgemein sind die Bezüge, zu grundsätzlich die Thematik, als dass es nicht ebenso wahrscheinlich wäre, dass sie zu differenten Zeitpunkten an unterschiedlichen Orten in variierender Weise mit äquivalenten Aspekten in Gegenstand und Modus verhandelt worden ist.

derum maximale Extraordinarität benennt, verweist darauf, dass Spott und Häme nicht etwa nur den Leumund einzelner *liute* angreifen, sondern viel grundsätzlicher den Wert der *fröide* an sich – und damit metonymisch die Stabilität der höfischen Werte im Allgemeinen. Dass *fröide* gegenwärtig nicht zur Geltung kommen kann, hat Ereignischarakter, und zwar zunächst noch nicht deshalb, weil sie nicht mehr zustande kommen könnte – zumindest scheint sie hypothetisch noch denkbar –, sondern weil sie als Ausdruck von Positivem der Bekundung von Negativem quantitativ unterlegen ist, von ihr überlagert wird. Offen bleibt, ob es dabei um ein spezifisches Nicht-Gönnen (im Sinne von Neid) oder ein grundsätzliches Nicht-Schätzen von Freude (im Sinne von Boshaftigkeit) geht.[399] Deutlich ist, dass die Problematik schon allein darin liegt, dass Freude als solcher kein Eigenwert zugeschrieben wird. Denn wenn die Welt an *grim* beinahe zugrunde geht, ist es umgekehrt *fröide*, die ihr Bestehen garantiert. Dabei ist sie weniger Ausdruck von, als vielmehr Funktion für etwas; sie steht im Fokus nicht als anlassbedingte Emotionsäußerung, sondern als ein Zustand, der Ordnung impliziert.

Hinzu kommt eine weitere Störung. Dass auf die Freude weniger der Spott vieler folgt, ist nicht nur ein quantitatives Missverhältnis, sondern auch Zuspitzung der zugrunde liegenden Problematik, dass *actio* und *reactio* hier kontraintuitiv verlaufen. Positives ruft Negatives hervor, dementsprechendes Handeln erscheint destabilisiert. Daraus folgt, dass der *jâmer*, den der Sprecher im nächsten Satz sein eigen nennt (V. 5), sich spezifizieren lässt. Zwar könnte man ihn grundsätzlich durchaus äquivalent zum erwartbaren Zustand eines sich als Liebenden determinierenden Ich verstehen, der dauerhaft Geltung hat, was indizierte, dass sich das Ich von beiden Gruppen, Freudigen und Spottenden, unterschiede. Doch liegt es textimmanent zunächst näher, ihn als Reaktion zweiten Grades aufzufassen, als Kummer über den Spott über Freude. Das bedeutet, dass sich das Ich zu den sich potenziell Freuenden zählen würde, wüsste es nicht um die Gefahr des Spotts. Primäre Freude wird von sekundärem Jammer überlagert und muss verborgen werden (V. 5). Es herrscht ein Zustand der Uneigentlichkeit, der auch und vor allem das Ich immobilisiert.

Die Komplexität im Übergang von Aufgesang zu Abgesang besteht dabei darin, dass die Anklage des Ich – *wæren si wîse*, könnten sie einsehen, dass es aus Kummer seine Freude verbirgt (V. 4f.) – sich syntaktisch direkt anschließt an die Aussage, eine Mehrheit verlache die Freude anderer (V. 3), inhaltlich aber die Referenzebene wechselt. Denn während die *viere* sich zunächst über das Aufkommen von Freude mokieren, scheinen sie beim Ich – das wird man hier bereits implizieren dürfen und sich im Weiteren konkretisieren – genau diese zu bemängeln. Dem Sprecher geht es ganz offensichtlich darum, eine Widersprüchlichkeit im Handeln der Missgünstigen aufzudecken, die vorhandenes *fröwen* genauso disqualifizieren wie abhandenes. Sie

---

399 Beides würde mhd. mit *nît* bezeichnet, überlagert sich also schon begrifflich, was es möglicherweise auch plausibel macht, warum die Motivation für den Spott nicht ausdifferenziert werden muss.

als unverständig zu verurteilen, hat dadurch drei Bezugsdimensionen: Erstens ist ihr Spott ordnungsgefährdend, zweitens sind ihre Aussagen kontradiktorisch, und drittens verwechseln sie Ursache und Wirkung, wenn der Sprecher postuliert, dass man bei ihm nicht die Abwesenheit von *fröide*, sondern die Anwesenheit von *jâmer* zu registrieren habe.[400] Beklagt wird ein Zustand von Welt, in dem unangebrachte Missgunst zu mangelnder Differenzierungsleistung führt. Der Klagende hingegen stilisiert sich nach dem Feststellen der Ordnungsstörung als der einzige, dessen Reaktion auf das Gegebene angebracht zu sein scheint. Doch während die Spottenden unangemessen auf *fröide* reagieren, wird seine angemessene Reaktion darauf wiederum verkannt.

Der letzte Satz der Strophe (V. 6f.), der das Gesagte nun auf das Singen selbst bezieht, erscheint gleichsam als Fluchtpunkt und Anlass der Reflexion. Die Wiederholung des *nu* an seinem Beginn parallelisiert die wiedergegebene Frage, *war umbe ich tumbe niht singe*, mit der Aussage des Eingangsverses, dass die Welt *nu vil schiere* zugrunde geht. Das impliziert nicht nur eine zeitliche Gleichsetzung gegebener Aktualität, sondern weist zudem das Nicht-Singen offensiv und selbstbewusst als Teilaspekt des Zugrundegehens aus. Die erneute numerische Differenzierung, dass *genuoge* – viele, gar viel zu viele – darüber sprechen, lässt sich als hyperbolische Steigerung verstehen: Eine Mehrzahl spottet über potenzielle Freude, eine Überzahl kritisiert den Sänger. Im Gegenstand der kritischen Nachfrage, dem bemängelten Ausbleiben seiner Praxis, kulminieren schließlich die beiden zentralen Aspekte, auf die die Argumentation der Rede abzielt: die soziale Dimension der *fröide*, in deren Dienst der Sang steht, auf der einen Seite und die poetologische Dimension des darüber Singens auf der anderen.

Zum *fröide*-Aspekt: Es ist konstitutiver Bestandteil der Minneparadoxie, dass nicht nur Bedingung und Verunmöglichung von Minne in der Vollkommenheit der Dame zusammenfallen, sondern dass die daraus resultierende *klage* der rekurrent begegnenden Forderung zuwiderläuft, der Sang habe zur *fröide* der höfischen Gesellschaft beizutragen.[401] Andernorts evoziert dieser Tatbestand etwa Diskussion und Affirmation von Authentizität,[402] in der vorliegenden Strophe sind Gegenstand und Fokus andere. Nicht Minne ist der Anlass für *jâmer*, sondern Missgunst, nicht die Aktionslosigkeit der Dame, sondern die Aktionen Dritter. Wenn der Sänger im Hinblick darauf seinen Sang verweigert, geht es folglich auch nicht darum, dass der Inhalt seines Sangs wenig erfreulich sei, sondern viel grundsätzlicher um das Postulat, dass er die Rezeptionsbedingungen für seine Praxis für nicht gegeben hält und deshalb seiner-

---

[400] Wie häufig in der älteren Forschung wird diese argumentative Komplikation nicht als Komplexitätssteigerung, sondern als mangelnde Kompetenz des Dichters ausgelegt. Vgl. Paus 1965, S. 44, der damit zu belegen sucht, „daß dem Dichter eine bruchlose Folgerichtigkeit in der Aussage nicht gelungen sei" (S. 43).
[401] Vgl. dazu auch 31 C und konzeptionell Kellner 2015, S. 187f.
[402] Vgl. exemplarisch Reinmar der Alte 34 A/32 B/56 C/306 E (MF 165,10).

seits die Produktion eingestellt hat.[403] Wo Freude zurückgehalten, aufgegeben werden muss, ist kein Ort für Sang, und das heißt bezogen auf den Anfang der Strophe, dass der Sänger sein Tun nicht etwa von innen bedingt sieht, im Sinne von Ausdruck, sondern von außen motiviert: Wenn die Ordnung, das höfische Wertesystem, gestört ist, kann Sang nicht stattfinden, denn er versteht sich als Repräsentation dessen. Was das Singen unterbindet, ist die fehlende Möglichkeitsbedingung für Reziprozität. Soll der Sang als Repräsentation von *fröide* wiederum *fröide* reproduzieren, muss die Möglichkeit der Anerkennung davon gegeben sein. Da dies von denjenigen verunmöglicht wird, die gleichsam das Resultat dessen bemängeln, gerät der Sang in den Blick als Handlung im sozialen Raum, die funktional wäre, bei aktueller Misslage aber nicht funktionieren kann.

Zum poetologischen Aspekt: Es ist sicherlich die Pointe der Strophe, dass das inhaltlich Verhandelte performativ unterlaufen wird. Dass der Sänger über sein Nicht-Singen singt, überführt Aktion in Reflexion und bezeichnet auch eine Verschiebung in der Funktionalität des Singens selbst. Als *fröide*-repräsentierendes fungierte es als Affirmation einer Ordnung, die gegenwärtig zu *zergân* droht und damit an eine Grenze getrieben ist, die zu markieren das Singen über das Nicht-Singen, der Meta-Sang, sich zur Aufgabe gemacht hat. *fröide* wird dadurch als Ordnungsgarant zuallererst kenntlich, und von hier aus auch verständlich, dass der *jâmer* nicht ihr Gegenteil ist, sondern die Markierung ihrer Abwesenheit. Wo die Absenz von *fröide* ubiquitär ist, lässt sich ihre Funktionalität *ex negativo* umso deutlicher fassen, und ebenso kann das Singen über das Nicht-Singen seine Funktionalität umso deutlicher zur Schau stellen.[404]

Die finale Volte der Strophe besteht darin, den Kritikern jegliche argumentative Basis zu entziehen. Wenn der Sänger aussagt, sie würden noch eher an Freude kranken als er selbst (V. 7), der zuvor *jâmer* sein eigen genannt hat, erscheinen sie als solche, die nicht nur in kontradiktorischer Weise *fröide*-repräsentierenden Sang einfordern, sondern auch keine Verfügungsgewalt über sie haben. Ihre Position ist eine der Schwäche, die unhöfisch konnotiert ist und dementsprechend disqualifiziert werden kann. Da durch die syntaktischen Bezüge die Kritiker des Sängers in enger Korrelation mit den Spottenden im Aufgesang stehen und, wenn nicht deckungsgleich, so doch äquivalent fungieren, scheint es rekursiv zwar durchaus logisch, dass diejenigen, denen Freude *geswîchet*, sie bei anderen missbilligen. Doch reicht der Vorwurf weiter: Während der Sänger seine Freude in Reaktion auf die beobachtete Misslage begründet aufgibt, bleibt die Ursache ihrer Freudlosigkeit Leerstelle. Als solche ist sie letztlich analoger Ausdruck davon, dass die Tatsache, dass die Missgünstigen die soziale Ordnung ins Wanken bringen, unbegründbar bleibt und nicht gerechtfertigt werden kann.

---

403 Vgl. in diesem Sinne auch Brem 2003, S. 145.
404 Ob „Minne und Minnesang" deshalb „weltbewegende [...] Bedeutung [...] beigemessen wurde" (Brem 2003, S. 146), muss jedoch mit einem Fragezeichen versehen werden, exponiert das Singen hier doch gerade die Labilität seiner sozialen Funktionalität.

Gegenstand und Sprechposition dieser ersten Strophe des zehnten Tons sind nicht Minne und Liebender. Auch wäre es, wie gezeigt werden konnte, wenig überzeugend, den *jâmer* des Sängers mit dem Leid eines Liebenden in eins zu setzen. Dennoch sind die Problematik der *fröide* und der Legitimation des Singens Aspekte, die im Hinblick auf Minne von zentraler Bedeutung sind.[405] Indem sie hier in einer wiederum problematischen sozialen Kontextualisierung verhandelt werden, bezieht die vorliegende Strophe zugleich im Variationsspektrum des Minnesangs eine Position, die explizit macht, was in der Diskussion von Minne oft implizit bleibt: die so konstitutive wie labile soziale Funktionalität des Sangs, als Repräsentation von *fröide* Ordnung zu stabilisieren. Hier ist sie mit mangelnder Wertschätzung für *fröide* konfrontiert, dort konfligiert sie mit einem mangelnden Anlass zu *fröide*, der *klage* generiert. Gesellschaftskritik und Minne stehen im Rugge-Korpus auf eine für den Minnesang bezeichnende Weise nicht lose nebeneinander, sondern bleiben qua Begrifflichkeit aufeinander beziehbar. Sie bereichern sich dadurch in ihren Reflexionsdimensionen reziprok, was in den folgenden Strophen des zehnten Tons auch explizit geschieht.

27 C

>   Diu werlt hât sich von fröiden gescheiden,
>   das ir der vierde niht rehte tuot.
>   juden und kristen – in weis umb die heiden –,
>   die denkent alze verre an das guot,
> 5 wie si es vil gewinnen. doch wil ich in sagen:
>   es muos alles hie belîben. den wîben
>   nu nieman dienet rehte, als hœre ich si klagen.

>   (Die Welt hat sich derart von der Freude abgesondert, | dass/weil ihr der x-Beliebige unrecht tut. | Juden und Christen – bei die Heiden weiß ich nicht Bescheid – | denken viel zu sehr an Besitz, | und wie sie viel davon erwerben können. Doch will ich ihnen sagen: | Er muss in Gänze hier bleiben. Dass den Frauen | jetzt niemand rechtmäßig dient, höre ich sie beklagen.)

Die zweite Strophe des zehnten Tons schließt in evidenter Weise an ihre Vorstrophe an. Auf die anaphorische Wiederholung der *werlt* an ihrem Beginn folgt eine zusammenfassende Zuspitzung des in 26 C Gesagten, wenn es im ersten Vers resultativ heißt, ihr sei die *fröide* abhandengekommen. In Relation gestellt wird das zum unangemessenen Handeln eines *vierden*, der wiederum in einem direkten lexikalischen Bezug zu den Spottenden in der Vorstrophe (*viere*; 26 C, V. 3) zu sehen ist.[406] Hier liegt

---

[405] Diesen Aspekt berücksichtigt Schmidt 1874, S. 14, nicht, wenn er für die Strophen des zehnten Tons postuliert: „Ernste Satire, welche mit der Liebeslyrik nichts zu thun hat."
[406] Brem 2003, S. 146, sieht eine weitere Parallele zur Vorstrophe darin, dass „sie sich erneut vom Sangspruch- zum Minnekontext ,hinübermanövriert'", wobei es jedoch zu differenzieren gilt, dass dies

ein für das Rugge-Korpus außergewöhnlicher Fall davon vor, dass Argumentation und Semantik einer Strophe nicht auch und primär für sich, strophenimmanent nachvollzogen werden können. Vielmehr wird neben der Übereinstimmung von Thematik und Sprechposition eine strophenübergreifende Thema-Rhema-Struktur kenntlich. Sie lässt sich mikrostrukturell nicht, wie das etwa am Beispiel von 6 und 7 C zu beobachten war,[407] als rhetorischer Effekt auffassen, der Konsekution vorgibt, wo Variation vorliegt. Im Gegenteil: Insbesondere der zweite Vers bliebe ohne die Rezeption der vorausgegangenen Strophe referenzlos. Zwar ist die Wendung *der vierde* ebenso allgemein und unbestimmt verständlich wie die Zahl *vier* selbst,[408] im Sinne von: der So-und-so-Vielte, dieser und jener.[409] Doch bezieht sich der ausgesparte und somit vorausgesetzte Inhalt seines Unrecht-Tuns in der Folge der Strophen eindeutig auch auf die Handlungen der kritisierten Mehrheit in 26 C, die dort nicht zufällig[410] unter anderem mit der äquivalenten Formulierung *viere* bestimmt worden waren. Der *vierde* ist demnach als x-Beliebiger der schon benannten Vielen zu verstehen. Er wird hier von Rhema zum Thema, mit der für den Minnesang unselbstverständlichen Folge, dass 27 C argumentativ als ein Sprechzusammenhang einsetzt, der, schon Bedachtes voraussetzend, kontiguitär darauf aufbauend zusätzlich zu Bedenkendes zum Gegenstand hat. Dieses besteht im Pauschalurteil, die dem Sprecher bekannten Menschen seien, unabhängig von ihrer Religion, dem Streben nach Besitz verfallen (V. 3–5). Der Sprecher entlarvt dies nach der zunächst durchaus beachtenswerten Parallelisierung von Juden und Christen in dann formelhafter und wiederum christlich konnotierter Weise als Diesseitsverfallenheit.[411] Das fügt dem in der Vorstrophe kritisierten Unhöfischen durch den explizit religiösen Bezug eine neue Dimension der Kritik hinzu. Die syntaktisch angekündigte Progression des Gedankens wird inhaltlich eingeholt.

Die entscheidende Wendung der Strophe besteht schließlich darin, den weiter spezifizierten verkommenen Zustand der Welt auf den bisher noch nicht explizit thematisierten Frauendienst hin zu perspektivieren, wenn eine *klage* der Frauen, die sie von den benannten *juden und kristen* differenziert, über seine ungenügende Ausübung referiert wird (V. 6f.). Indem derart eine weitere Instanz zu Wort kommt und erstmals im zehnten Ton *gender* eine Rolle spielt, werden Minne und Gesellschaftskritik abschließend explizit in einen direkten Bezug zueinander gesetzt. Zentrales Interpretament ist dabei eine Engführung von Minne und religiöser Moral, die andernorts – prominent etwa in Strophen mit Kreuzzugthematik – gerade in Frage

---

in der vorliegenden Strophe ungleich expliziter geschieht und in der Vorstrophe in der Diskussion des Singens Minnethematik nur vermittelt verhandelt wird.
407 Vgl. S. 100 f.
408 Vgl. dazu Anm. 392 oben.
409 Vgl. bspw. Rubin 22 C (KLD VIII A, 1), V. 1–3: *Swie gar diu welt an fröiden sî verkêret, / ich wær doch eteswenne vrô, / ob eht es den vierden dûhte guot.*
410 Vgl. auch die Wendung *drî oder viere* in der Folgestrophe (28 C, V. 6).
411 Vgl. die äquivalente Figur in 10 C sowie die Diskussion dazu auf S. 117 f. oben.

steht.⁴¹² Sie gilt es, ebenso auf ihre Funktionalität hin zu befragen wie auf formaler Ebene Art und Effekt der kenntlich werdenden Syntagmatik.

Syntaktisch hat die Syntagmatik ihren Ausgangspunkt in der So-dass-Struktur des ersten Satzes. Hier wird zunächst mit dem Postulat, der Welt sei die Freude abhandengekommen (V. 1), die Feststellung der Vorstrophe, dass die Freude Weniger dem Spott Vieler ausgesetzt ist (26 C, V. 3), insofern modifiziert, als dass von Freude nicht einmal mehr hypothetisch die Rede zu sein können scheint. Ihre Abhandenheit, zentrales Thema des Abgesangs der Vorstrophe, wird universalisiert. Der erste Vers progrediert das im ersten Vers der Vorstrophe Besagte, indem die Tatsache, dass die Welt *nu vil schiere* zugrunde geht (26 C, V. 1), an Absolutheit gewinnt. Wenn im zweiten Vers dann ausgesagt wird, *das ir der vierde niht rehte tuot*, kommt im *das* eine Koinzidenz von Ursache und Wirkung zum Ausdruck. Fasst man es kausal auf und übersetzt mit „weil", liegt in diesem Nebensatz eine Wiederholung des Postulats vor, dass der missliche Zustand der Welt auf die Aktionen einer kritisierten Mehrheit der Gesellschaft zurückzuführen ist. Versteht man es gleichsam konsekutiv, im Sinne von „so dass", heißt das zusätzlich: Weil der Welt nun⁴¹³ die Freude abhandenkommen ist, entbehrt das Handeln der Mehrheit erst recht der Legitimation. Was die Vielen verursacht haben, verursacht wiederum eine Exponenzierung ihres Unrechts. Der erste Satz der vorliegenden Strophe bildet solcherart ein argumentatives Scharnier, das im selben Atemzug die Wiederholung des Gesagten und daraus zu Folgerndes zum Ausdruck bringt.

Die darauf aufbauende Kritik der Besitzorientiertheit von *juden und kristen* begründet und differenziert die Freudlosigkeit der Welt weiter. Sie gewinnt ihre Prägnanz weniger durch den Inhalt ihrer Aussage als durch die Art und Weise ihrer Formulierung. Nachdem das Ich durch die Benennung der religiösen Gruppierungen als Zielgruppe seiner Kritik erneut ihr universelles Geltungsbedürfnis unterstrichen hat, verdeutlicht sich durch den syntaktischen Einschub, bei den Heiden wisse es nicht Bescheid (V. 3), einmal mehr die Eingrenzung der *werlt* auf den sozialen Kontext des Sprechers.⁴¹⁴ Dieser ist ubiquitär geprägt von einer Maßlosigkeit (*alze verre*, V. 4), die nun allerdings nicht mehr nur als Missachtung höfischer Werte, sondern auch als Missachtung religiöser Moral gekennzeichnet ist. Der Satz macht deutlich: Wo Sünde

---

412 Vgl. zur Spannung zwischen Minne und religiöser Ausrichtung auch die Diskussion zu 10 C (hier insb. S. 118 f.) sowie die Auflistung der „Kreuzlieder mit Minnethematik" bei Schweikle 1995², S. 144. Einen konzisen Überblick zum Spannungsfeld ‚Frauendienst – Gottendienst – Herrendienst' bietet Kasten 1986, S. 284–306.

413 Die erneute Betonung von Aktualität kommt in der Fassung der Handschrift A, wo der Ton im Reinmar-Korpus überliefert ist, noch deutlicher zum Ausdruck. Hier heißt es im zweiten Vers: *daz ir der vierde niht rehte nu tuot*.

414 Vgl. auch Brem 2003, S. 146, die betont, die Wendung *in weis umb die heiden* werde auch „zur Etablierung der ‚Ich'-Perspektive genutzt", worin der Aufgesang von 27 C gegenüber dem Aufgesang der Vorstrophe differiert. Sie deutet das plausibel als Fortsetzung der „‚Ich'-Rolle" als Minnesänger aus dem Abgesang der Vorstrophe. Zur Problematik des Begriffs „Rolle" im Hinblick auf die Selbstthematisierung eines Ich im Minnesang vgl. die Forschungshinweise in der Einleitung, S. 56 f.

am Werk ist, ist religiöse Differenz nivellierbar; im Hinblick auf eine Orientierung am Materiellen statt am Ideellen kann und muss Kritik pauschal ausfallen.

Nachdem der Aufgesang somit postuliert hat, dass eine freudlose Welt auch eine Welt der Distinktionslosigkeit ist, führt der Abgesang kontrastiv Instanzen des Distinguierens ein. Es ist dies in markiertem Sprechakt (*doch wil ich in sagen*, V. 5) zunächst der Sprecher selbst. Indem er auf prägnante Weise aussagt, der von Juden und Christen angestrebte Besitz müsse vollumfänglich *hie belīben* (V. 6), formuliert er eine Kürzest-Begründung der Verurteilung von Habsucht.[415] So erwartbar sie ist,[416] so deutlich hat sich an diesem Punkt der Rede die Kritik unhöfischen Verhaltens auf die Feststellung der generellen Sündhaftigkeit des Menschen verlegt. Im Modus der Belehrung und Warnung inszeniert sich der Sänger performativ als Instanz der Exposition von Moral. Es wäre kaum überraschend, wenn sich das Ich in der Folge in resignativer Abkehr von der Welt jenseitsorientiert Gott zuwendete, wie es in anderen Zusammenhängen, etwa Alterstönen, begegnet.[417] Doch ist das Gegenteil der Fall. Mit *den wîben* tritt final eine weitere Instanz auf (V. 6),[418] und die religiösen Aspekte erweisen sich rekursiv primär als Reflexionshorizont dafür, dass der zehnte Ton sich die Gesellschaftskritik für eine variierende Thematisierung des Frauendiensts zunutze macht.[419] Dabei ist es der vielleicht wichtigste Effekt des syntagmatischen Fortschreitens der Argumentation, dass die referierte Klage der Frauen, ihnen werde nicht richtig gedient (V. 7), resultativen Charakter gewinnt. Indem das Monitum, dass Anerkennung für höfische Frauen unangemessen ausgeübt wird, in der additiven Kette

---

415 Das *hie* ist dementsprechend im Sinne von ‚auf Erden' zu deuten; vgl. Paul 1876, S. 534; MFU, S. 251; Stamer 1976, S. 185.
416 Ashcroft 1996, S. 129, nennt sie noch zugespitzter „klischeehaft".
417 Vgl. dazu die Belege in Anm. 351.
418 Brem 2003, S. 147, stellt heraus, dass dem inhaltlichen Themawechsel hier auf formaler Ebene der Binnenreim *belīben/wîben* gegenübersteht, der einen Konnex darstellt.
419 Das lässt sich durchaus als ein Spiel mit Erwartungshaltungen auf Rezeptionsseite verstehen. Dass sich „der Rezipient" aber „mit einer Reihe unstimmiger gattungsmäßiger, formaler und thematischer Signale zurechtfinden muß", seine „Kompetenz" und sein „aktives Mitschaffen" gefragt sind und der Text dementsprechend „auf die mitwissende Entschlüsselung rechnet" (Ashcroft 1996, S. 129), geht von einem äußerst engen Erwartungshorizont aus und legt dafür einen ebenso engen Gattungsbegriff zugrunde. Die ineinander greifende Verhandlung von religiöser und Minne-Thematik begegnet im Rugge-Korpus wie andernorts im Minnesang in vielfacher Weise und mit variierenden Foki; man wird sie auch im vorliegenden Fall daher kaum als „gewollte Unstimmigkeit" (S. 129f.) bezeichnen können (vgl. in diesem Sinne auch die kritischen Positionen von von Bloh, Eikelmann und Schilling im Diskussionsbericht, S. 150). Im Minnesang ist kein Thema, das zur Reperspektivierung der vollzogenen Gesellschaftskritik beiträgt, naheliegender als der Frauendienst. Hier eine „anomale Inkongruenz des Sängerauftritts" zu sehen (Ashcroft 1996, S. 128), blendet zudem aus, dass allein im Rugge-Korpus immer wieder inkongruente Ich-Positionen in verschiedenen Strophen desselben Tons nebeneinander stehen (vgl. Töne IV, IX, XI und VIIb). Ashcrofts daran gekoppelte These, dass das in der Strophe Verhandelte mit der Thematisierung der Frauen „ins Banale ab[gleitet]" (ebd.), ist eine qualitative Priorisierung religiöser Thematik, die außerhalb des Textes liegt, dessen Argumentationsverlauf ganz im Gegenteil dazu gestaltet ist.

jener Aspekte, die den verkommenen Zustand der Welt exemplifizieren und spezifizieren, am Schluss steht, wird dieser Missstand gleichsam zum argumentativen Fluchtpunkt und als Folgeerscheinung einer unrecht handelnden, besitzorientierten Gesellschaft inszeniert.[420]

Dass es die Frauen selbst sind, die die Klage äußern, steht in Kontrast zum topischen Gebrauch des *klage*-Begriffs im Minnesang.[421] Anders als das liebende Ich, das seine *klage* über die Ignoranz der Dame zum Ausdruck bringt, und anders auch das Sänger-Ich der Vorstrophe, das aus *jâmer* (26 C, V. 5) sein Singen aufgibt, inszeniert sich das Ich hier als Rezipient wie Referent des Klagens der andernorts Klage Verursachenden und macht sich zu ihrem Anwalt.[422] Während die zweistellige Relation vom Liebenden zu einer Geliebten im Singular in der Regel gestört ist, erweisen sich das Ich und der Plural der Frauen im Herausstellen der Defizienz Dritter als Einheit.[423] Denn in der gegebenen sozialen Kontextualisierung stehen Minne und Frauendienst nicht als Emotion und Handlung zur Disposition, sondern als Realisationsort und -form von höfischen Idealen, die der stigmatisierten Orientierung am Materiellen ebenso entgegenstehen wie die religiöse Moral selbst. Dabei wiederholt sich zum einen auf poetologischer Ebene die Selbstthematisierung des Sangs als Repräsentation höfischer Norm: In der Verallgemeinerung der Werbung, ihrer Meta-Thematisierung, adressiert das Singen die Frauen nicht mehr als *summum bonum*, sondern repräsentiert sie und wird ihr Sprachrohr. Zum anderen impliziert die strukturelle Parallelisierung von Frauendienst und Frömmigkeit im jeweiligen Gegensatz zu Habsucht, wie eingangs bereits angesprochen, eine Nähe der Bereiche, die im Minnesang nicht selten in Frage steht.[424] So wird auch im Rugge-Korpus Religion andernorts als Bezugsfeld themati-

---

[420] Das übersieht Paus 1965, S. 45, der hier von einem „völlig unvermittelte[n] Übergang" spricht.
[421] Vgl. exemplarisch für die zahlreichen Belege prägnant Kaiser Heinrich 3 BC (MF 5,30), Bernger von Horheim 2 C (MF 115,11), Bligger von Steinach 1 BC (MF 118,1), Heinrich von Morungen 26 CC[a] (MF 128,15), 46 C (MF 133,13), 3 A/59 C (MF 136,17), 79 C (MF 140,25), Reinmar der Alte 16 A/32 C/302 E (MF 158,11), 34 A/32 B/56 C/306 E (MF 165,10), 37 b/80 C/243 E (MF 170,22), 43 b/86 C (MF 171,25), 53 b/96 C (MF 173,13), 59 A/177 C/353 e (MF 189,5), Walther von der Vogelweide 16 C (L 13,33). Vgl. zur *klage* in Frauenstrophen Albrecht von Johansdorf 38 C (MF 94,35); Reinmar der Alte 45 a (MF 168,18).
[422] Brems Frage, ob sich das Ich hier als „verhinderter, doch prinzipiell fähiger Minnediener" stilisiere (Brem 2003, S. 147), lässt sich anhand des Texts nicht bejahen.
[423] Hierin dürfte auch der Grund liegen, weshalb Cramer 2000, S. 32, diese und die folgende Strophe in die Liste jener Strophen in MF aufnimmt, die seines Erachtens keine eindeutige Zuschreibung der Sprechposition zu einem spezifischen Geschlecht zulassen. So bedenkenswert seine Überlegungen im Allgemeinen sind, so scheinen sie im vorliegenden Beispiel doch unplausibel zu sein. Auch weil die Ich-Verortung in allen Strophen von Ton X eine einheitliche ist, kommt in der Thematisierung der Frauen in 27 und 28 C ein Sprechen *über* Frauen zum Ausdruck (vgl. insb. 28 C, V. 3: *ich wil ir leides von herzen niemer gelachen*), in dem die Sprecher-Instanz nicht deckungsgleich mit dem Besprochenen ist. Die Verknüpfung von Gesellschaftskritik und Minnethematik macht nachgerade eine Differenzierung des Ich von der Gruppe an Kritisierten kenntlich als ‚Minnesänger' (vgl. dazu auch Hausmann 1999, S. 311).
[424] Vgl. etwa 10 C sowie die Spannung zwischen Frauen- und Gottesdienst in zahlreichen Kreuzliedern (dazu Anm. 412).

siert, das kontrastiven Charakter zur Minne hat. Das Ich in 6 C, der ersten Strophe des dritten Tons, wirft etwa gar Gott vor, er hätte *ein wîb* zu seinem Leide erschaffen (V. 1f.),[425] und das Ich in 10 C, der zweiten Strophe des vierten Tons, begründet seine Jenseitsorientierung explizit als Abwendung von einer habsüchtigen Welt und Hinwendung zu Gott, der – und das impliziert auch: im Gegensatz zur Geliebten – *lônen kan*.[426] Thematisiert das Ich seine eigene Disposition in Relation zur Dame, scheint labil, was als Positionierung gegenüber einem negativ stigmatisierten sozialen Umfeld an Stabilität gewinnt: ein Ineinandergreifen von höfischer Tugend und religiöser Moral als jeweils ordnungsstiftender Wertesysteme. Da der Frauendienst hier offensiv als Hort des Höfischen in den Blick gerät,[427] vollzieht sich darin eine entscheidende Variation der Reflexion von Minne sowie der Funktionalität des Sangs als dessen Artikulation. Daraus folgt: Das syntagmatische Vorgehen von 27 C steht mikrostrukturell im Dienst einer makrostrukturellen Variationsleistung, die den zehnten Ton diskursiv eine Position einnehmen lässt, die die Notwendigkeit des Singens über Minne über die emotionale Disposition eines Liebenden hinaus in der Verwaltung von Werten bestimmt, ohne die die *werlt* instabil ist. *rehte* dienen (V. 7) ist – das verdeutlicht die Strophe schon auf lexikalischer Ebene – das Gegenteil davon, dass *der vierde niht rehte* handelt (V. 2).

28 C

> Swer nu den wîben ir reht wil verswachen,
> dem wil ich verteilen ir minne und ir gruos.
> ich wil ir leides von herzen niemer gelachen,
> swer nu welle, der lasse oder tuos.
> 5 wan ist ir eine niht rehte gemuot,
> dâ bî vinde ich schiere drîe oder viere,
> die zallen zîten sint hübesch und guot.

(Wer den Frauen jetzt ihr Recht herabsetzen will, | dem will ich ihre Minne und ihren Gruß absprechen. | Ich will niemals über ihr Leid von Herzen lachen – | wer das jetzt tun will, der lasse oder tue es. | Auch wenn von ihnen eine nicht rechtmäßig gesinnt ist, | finde ich leicht drei- oder viermal so viele, | die jederzeit höfisch und gut sind.)

Auch die dritte Strophe des zehnten Tons schließt markant an das bisher Gesagte an. In ihrer Konzentration auf den Umgang verschiedener Instanzen mit den Frauen sowie auf ihre höfische Tugend fokussiert sie den finalen Aspekt der Vorstrophe – die Ein-

---

425 Vgl. dazu S. 95f.
426 Vgl. dazu S. 118–121.
427 Auch Brem 2003, S. 147, kommt zum Schluss: „Die gesamtgesellschaftliche Substanz von Frauenminne ist damit faßbar geworden."

führung der Frauen als ein Teil der Gesellschaft, der besonders unter der aktuellen Misslage zu leiden hat (27 C, V. 6 f.) – in ausdifferenzierender Art und Weise. Der zehnte Ton erscheint somit im Gesamten als ein solcher, in dem die Reihenfolge der Strophen anders als in großen Teilen des Minnesangs kaum variabel erscheint. Die stabile Überlieferung in drei Handschriftenkorpora korrespondiert hier mit einer inhaltlichen Kohärenz, die nicht nur über thematische Korrespondenzen organisiert ist, sondern weiterhin syntagmatischen Charakter hat.[428] Zwar lässt sich die Strophe auch in sich geschlossen rezipieren, da sie von der Kritik derjenigen, die die Frauen missachten (V. 1 f.), zum Herausstellen der Tatsache, dass eine große Mehrheit der Frauen *hübesch und guot* sei (V. 7), einen argumentativen Bogen mit erkennbarem Ausgangs- und Endpunkt spannt. Doch geht dieser in der Zusammenschau der Strophen evident aus einer rhetorischen Strategie hervor, die die Gesellschaftskritik am Ende der Vorstrophe resultativ auf die *klage* der Frauen hatte zulaufen lassen.

Schon im ersten Satz nimmt der Sprecher erneut mit besonderer Deutlichkeit die Position des Ordo-Verwalters ein. Er greift dabei zahlreiche Aspekte des am Ende der Vorstrophe Gesagten auf: In der Betonung gleichbleibender Aktualität (*nu*, V. 1; vgl. 27 C, V. 7) spezifiziert er die Dreieckskonstellation von den Frauen, sich als Sänger und Dritten anhand des *reht*-Begriffs: Er schließt direkt daran an, dass es in den Schlussversen der Vorstrophe geheißen hatte, man höre die Frauen klagen, dass ihnen *nu nieman dienet rehte* (27 C, V. 6 f.). *ir reht* (V. 1) lässt sich unschwer als ein Recht auf Anerkennung von männlicher Seite aufgrund ihrer Tugendhaftigkeit verstehen, deren Ausübung das ist, was der *dienst*-Begriff bezeichnet. Nachdem dieser Gemeinplatz der *gender*-Aufteilung im Minnesang in 27 C forciert als Indikator für Ordnung inszeniert worden war, geht die vorliegende Strophe in der Fokussierung der daraus zu schließenden Konsequenzen einen Schritt weiter, der vor allem die Rolle des Ich selber in den Vordergrund stellt. Inhaltlich vollzieht sich eine dreischrittige Argumentation: Der Sprecher markiert das *reht* der Frauen als ein vorauszusetzendes und formuliert auf der Basis dessen seinen Willen einzufordern, dass dort, wo auch immer diesem Recht von männlicher Seite nicht Genüge getan wird, von weiblicher Seite keine entsprechende höfische Reaktion erfolgen darf (V. 2).[429] Sie beinhaltete mit *minne* und *gruos* maximal Positives, das den zentralen Desideraten eines *dienst*-ausübenden Liebenden entspräche. *Ex negativo* artikuliert das gesellschaftskritische Ich hier eine Praxis des Minnens, deren Ordnung die Reziprozität von *dienst* und *minne* ist. Dass gerade sie für ein Ich, das sich als Liebender determinierte, in Frage stünde, ist als Pointe zu verstehen: Das gesellschaftskritische Ich kann als Norm inszenieren, was das liebende Ich zu bemängeln hätte.[430] Damit ist nicht nur zum Ausdruck gebracht,

---

[428] Vgl. auch Paus 1965, S. 44, der aber zugleich anmerkt, die „praktische Ausführung" des „wohlüberlegten Gedankengang[s]" sei „ungeschickt, indem die in der Grundidee liegende Antithese allzu sprunghaft dargeboten wird". Vgl. kritisch dazu S. 199 f. oben.
[429] Vgl. dazu auch die äquivalente Position bei Heinrich von Veldeke 51 C (MF XXXV); vgl. Brem 2003, S. 148.
[430] Vgl. dazu auch Hausmann 1999, S. 311.

dass, wer keinen oder ungenügenden *dienst* an den Frauen leistet, nicht mit *minne* rechnen darf. Es ist auch impliziert, dass ein *dienst* ausübender Liebender umgekehrt ein ‚Recht' auf Gegenminne hätte.

Das Nicht-Zustandekommen der Minne als eine Ordnung, die der Unordnung der kontextualisierten Welt hier entgegengestellt wird, thematisiert die Leerstelle, die andernorts über die Paradoxie der Minne in den Blick gerät, aus anderer Perspektive. Grundlage dafür ist die Variation der Ich-Position. Ihre inhaltlich gesellschaftskritische Haltung geht performativ mit einem Singen einher, das sich dezidiert dort als Handlung markiert, wo es Normativität einfordert. So wählt die Rede im zweiten Vers zum wiederholten Male die Formulierung *ich wil* (vgl. 27 C, V. 5), unterstreicht damit zum einen das Geltungsbedürfnis des Gesagten und zum anderen die gesonderte Positionierung des Sänger-Ich. Es spricht nicht als Dienender, sondern als Dienst Definierender und versetzt sich dadurch in die Position, nicht zuletzt auch den Frauen selbst zu signalisieren, was sie zu tun und lassen haben. Sein Handeln besteht darin, das Handeln anderer einzuordnen und auf seine situative Angemessenheit hin zu bewerten.

In inverser Weise setzt sich dies unmittelbar im zweiten Satz der Strophe fort, wo der Sänger bekundet, was er explizit nicht will: über das Leid der Frauen zu lachen. Das gelte es jederzeit zu vermeiden (V. 3).[431] Der Vers spitzt das schon Gesagte zu: Die negative Haltung gegenüber den Frauen wird im Verlachen auf hypothetische Weise noch drastischer gefasst, und auch, ihren Zustand, der in der Vorstrophe als *klage* zum Ausdruck gekommen war (27 C, V. 7), mit dem Begriff des Leides zu fassen, stellt eine nun komplette Äquivalenz mit dem Zustand der kontextualisierten Welt her, die von Freude getrennt ist (27 C, V. 1). Die Verfassung der Frauen spiegelt sich in der Verfassung der Welt, *et vice versa*, und der Frauendienst wird folglich metonymisch als Dienst an der Welt gefasst.

Geradezu lapidar bemerkt der Sänger im Folgenden, wer das Verlachen angesichts dieser Lage noch praktizieren wolle, *der lasse oder tuos* (V. 4), was impliziert: ‚Dem ist nicht mehr zu helfen', ‚der ist ohnehin nicht mehr ernst zu nehmen'. Während der Sänger eine mögliche Reaktion der Frauen einem Dritten also noch *verteilen* will (V. 2), verhält er sich gegenüber jedem, dessen Wille (*swer nu welle*, V. 4) hierin dem seinigen maximal entgegengesetzt ist, offensiv ignorant. Die Argumentation ist an einen Punkt der Selbstevidenz gelangt. Die Drastik ihrer Formulierungen zielt darauf ab herauszustellen, dass, was richtig und was falsch ist, dem Gesagten eindeutig zu entnehmen ist. Sie setzt persuasiv auf eine Konspiration mit den Rezipientinnen und Rezipienten. Dementsprechend liest sich der letzte Satz der Strophe wie die Lösung einer aufgestellten Gleichung: Sei auch nur eine Frau *niht rehte gemuot* (V. 5), so fände der Sänger problemlos *drîe oder viere* (V. 6), die genau das sind, was von vornherein anzunehmen war: *hübesch und guot* (V. 7). Argumentativ nicht zu sehr belasten ist dabei die Be-

---

[431] Das *niemer* in Rug B und C verstärkt hier die Formulierung von Rei A noch, wo es an entsprechender Stelle heißt: *ich enwil ir leides von herzen niht lachen.*

merkung, dass überhaupt *einiu* nicht die *rehte*, höfische Einstellung haben, also selbst *ir reht* (vgl. V. 1) missachten könnte.[432] Denn einerseits spricht der Sänger sichtlich im Modus der Hypothese, und andererseits zielt diese Hypothese geradezu teleologisch darauf, anhand der Wiederaufnahme der numerischen Lexik die Kritik an den Männern zu spiegeln: Während *der vierde* unrecht handelt (27 C) und *viere* als zu kritisierende Spötter auftreten (26 C), ist es bei den Frauen eine relational noch größere Mehrheit, die exzeptionell und damit für sie repräsentativ ist.[433] Das Ich hingegen ist derjenige, der das, wie es pointiert indikativisch heißt,[434] problemlos aufzeigen kann.[435] Während die männliche Seite situativ falsch handelt, verkörpert die Vielzahl der Frauen *zallen zîten* (V. 7) das Richtige.[436] Dass Strophe und Ton auf die Feststellung ihrer Exzeptionalität hinauslaufen, steht in kalkuliertem Gegensatz zum Beginn des Tons: Dort hatte eine situative Misslage die Rede in Gang gesetzt (*Diu werlt mit grimme wil zergân nu vil schiere*; 26 C, V. 1), hier endet sie mit allgemein Gültigem, dass das

---

432 Vgl. in diesem Sinne auch Brem 2003, S. 149, die die Stelle so interpretiert, „daß eine vereinzelte Abweichung von der Norm kaum ins Gewicht fällt".
433 Ingebrand 1966, S. 142, bezieht Rugges „Mahnungen" hier trotz des hypothetischen Modus der Formulierung auch auf die Frauen, denen er „einen Vorwurf nicht erspart". Das liegt in seiner argumentativen Fluchtlinie, die „Ernsthaftigkeit von Rugges Religiosität" (S. 143) als grundsätzliches Kennzeichen seines Werks herauszuarbeiten und zielt auf die Beobachtung der Einheitlichkeit seiner Haltung als „Lehrmeister und Mahner" (ebd.). Gerade im Hinblick darauf, dass Ingebrand in seinen knappen Bemerkungen zurecht die *mâsse* als eine zentrale Kategorie im Rugge-Korpus ausmacht, kann man dies jedoch nur als perspektivische Verengung bezeichnen, denn jenes liebende Ich, das im dritten Ton nachgerade seine eigene Maßlosigkeit darlegt (6 – 8 C), ist nicht deckungsgleich mit jenem Ich, das hier im zehnten Ton Habsucht kritisiert (27 C, V. 4). Was sich im Abgleich dieser Töne beobachten ließe, ist nicht eine einheitliche Positionierung (Einforderung von „Selbstzucht und maßvoller Besonnenheit", ebd.), sondern, unter anderem, die variierende Perspektivierung der Exzeptionalität der Frauen (vgl. 6 C, V. 2, und 28 C, V. 7). Ihre Thematisierung als Geliebte hat eine gänzlich andere Ich-Position zur Folge als in der vorliegenden Strophe, wo dies nicht der Fall ist.
434 So auch Rug B, anders Rei A: *vund*.
435 Ashcroft 1996, S. 129, vertritt – anders als Brem 2003 (vgl. Anm. 432) und Ingebrand 1966 (vgl. Anm. 433) – die These, das liebende Ich vollziehe „ein Geständnis der eigenen Leichtfertigkeit [...]: Wenn ihm eine Dame nicht gewogen ist, rechnet er darauf, genügend andere zu finden, bei denen er besser ankommt." Diese Interpretation lässt sich jedoch nicht am Text belegen, denn die Wendung *rehte gemuot* (V. 5) bezieht sich mitnichten auf den Liebenden selbst (im Sinne von ‚ihm gegenüber richtig eingestellt'), sondern fungiert als Kontrast zur Gruppe der zuvor verurteilten Spötter, die nicht richtig eingestellt sind.
436 Hier eine „Nonchalance des Tones", die „durchaus eine innere Distanz zum höfischen Minnedienst erkennen" lässt (Stamer 1976, S. 185), zu postulieren, scheint insb. deswegen unangebracht, da sich das Ich als Anwalt von Frauen inszeniert, von denen es noch in der Vorstrophe hieß, sie würden unrechten Dienst beklagen (27 C, V. 7). Auch Ashcroft 1996, S. 129, beobachtet hier erneut eine „satirisch selbstentlarvende[ ] Inkonsistenz" des Ich, die sich nicht erschließt, wenn man die Kontrastierung der *gender* ernst nimmt. Dass der Sprecher Stellung für die Frauen bezieht, ist nicht eine banalisierende „Pose des Advokaten beleidigter Minnedamen" (ebd.), sondern in der Verteidigung des Höfischen eine weder nonchalante, noch satirische Aufwertung von Minne als sozialem Wert. Siehe dazu auch die Kritik an Ashcrofts Parodiebegriff von Wolf und Draesner im Diskussionsbericht (S. 151).

Gegenteil ausdrückt (*dâ bî vinde ich schiere drîe oder viere, | die zallen zîten sint hübesch und guot*; 28 C, V. 6 f.).⁴³⁷

Es lässt sich schließen: Die sich über den gesamten zehnten Ton fortsetzende, forcierte Gegenüberstellung von unrecht Handeln und gut Sein, Freude Verspotten und Leid Ausdrücken, zu sehr nach Besitz Streben und sich an ideellen Werten Orientieren, Männern und Frauen dient letztlich in erster Linie der Profilierung des Sänger-Ich.⁴³⁸ Es tut sich als Ordnung einfordernde Instanz selbst ordnend hervor und stellt dem inhaltlich Beanstandeten einen eigenen Formwillen entgegen. Dabei verhält es sich zwar variierend zu einem liebenden Ich, arbeitet ihm aber gerade deshalb argumentativ zu. Denn die Minne, die hier als notwendiger Gegenentwurf zur verkommenen Welt in den Blick gerät, ist jene, die dort nottut.

12 Diskursivierungsstrategien. Frauenrede als Medium der Legitimierung von Leid

Ton Ic

Die im Rugge-Korpus in C folgende 29. Strophe ist im selben Ton verfasst wie die Strophen, die am Beginn des Abschnitts stehen, der Heinrich von Rugge zugeordnet ist.⁴³⁹ Sie ist die einzige Strophe des Korpus, die nicht im Verbund mit anderen Strophen des gleichen Tons niedergeschrieben wurde. Das entspricht ihrer gesonderten Überlieferung in anderen Korpora.⁴⁴⁰ Wie eingangs des Kapitels eingehend diskutiert wurde,⁴⁴¹ ist sie aufgrund dieser eindeutigen Überlieferungslage als Einzelstrophe aufzufassen.⁴⁴² Inhaltlich bietet die Frauenstrophe eine Sprechposition, die

---

437 Vgl. dazu auch Brinkmann 1948, S. 523, und Brem 2003, S. 149.
438 Vgl. übereinstimmend Brem 2003, S. 149.
439 Vgl. zu den Abweichungen von 4 C S. 69.
440 Ebenfalls in C steht sie im Korpus Reinmars des Alten (206 C), auch dort allerdings mit Abstand zu den Strophen 188 bis 191 C, die Rug 1 bis 4 C entsprechen. Dabei gilt es zu beachten, dass im Reinmar-Korpus in C bei Strophen, die parallel unter dem Namen Rugges stehen, im Fall von Ton XI zwei Strophen (Rei 186–187 C) durch ein Verweiszeichen mit tongleichen Strophen verbunden worden sind, die ebenfalls an anderer Stelle stehen (Rei 160–162 C), was bei der vorliegenden Strophe hingegen ausbleibt und dadurch an Signifikanz gewinnt. Im Rugge-Korpus der Handschrift B ist sie die einzige überlieferte Strophe des ersten Tons. Ihre Positionierung an 22. Stelle verhält sich analog zu Rug C; auch hier folgt sie im Anschluss an den zehnten Ton.
441 Vgl. S. 69 f.
442 Als Argumente einer Zusammengehörigkeit mit 3 C wurden in der Forschung in formaler Hinsicht der jeweilige Binnenreim im Aufgesang (vgl. S. 69–71) und in inhaltlicher Hinsicht die in beiden Strophen vorliegende Diskussion der Tatsache genannt, was der Fall wäre, wenn der Liebende zur Geliebten *komen* würde (3 C, V. 2; 29 C, V. 1; vgl. Anm. 15). Beim inhaltlichen Argument gilt es zu beachten, dass diese evidente Parallele gänzlich unterschiedlich fokussiert wird. Die Aussagen des männlichen Ich, die Frau verhalte sich gegenüber seinem *komen* ignorant (3 C), und die Aussage des weiblichen Ich, *Friundes komen wære alles guot* (29 C, V. 1), widersprechen sich diametral. Aufzufassen

sich wesentlich unterscheidet von dem, was bis anhin in sowohl eindeutiger (16 C, 21 C) als auch potenzieller Frauenrede (12 C, 17 C) beobachtet werden konnte. Aus einer einem Liebenden prinzipiell aufgeschlossenen Haltung kommen anstelle von *fröide* konkrete *sorge* und potenzielles *leit* zum Ausdruck.[443] Dabei wird nicht die spezifische Disposition des weiblichen Ich beschrieben, sondern die allgemeine Gefährdetheit von Minne. Reflektiert wird eine Situation, die sich im Spannungsfeld zwischen der möglichen Ankunft eines Geliebten, die Sorglosigkeit zur Folge hätte, und dem Abschied bewegt, der einen Schmerz bedeutete, vor dem sich beide nicht bewahren könnten.[444]

An Komplexität gewinnt dies dadurch, dass das weibliche Ich zwar eingangs eine Interaktion mit dem Geliebten in den Blick nimmt, in der Folge aber nicht von eigenen Erfahrungen spricht, sondern erst in Erfahrung Gebrachtes und dann Allgemeinwissen wiedergibt. Indem die Frauenrede solcherart sukzessive zum Sprachrohr für grundsätzliche Erkenntnisse über die Liebe wird, vollzieht sich eine Diskursivierung von Minne. Worüber konkret gesprochen wird, ist, was allgemein zu sagen ist; die entworfene Situation konkreter Interaktion wird überschritten zum Zwecke einer Reflexion über das Wesen der Liebe, die als Expertenanalyse stilisiert ist und somit Allgemeingültigkeit beansprucht.[445] Die Spezifizität der Perspektive, die eine Frauenstrophe *eo ipso* suggeriert, ist hier folglich nur eine scheinbare. Genutzt wird sie für eine Variation der Verhandlung von Minne, die nicht die Konstituiertheit einer spezifischen Leidenssituation – wie dies für gewöhnlich in entsprechenden Männerstrophen der Fall ist[446] – zum Gegenstand hat, sondern die allgemeine Begründetheit von Leid. Da dies im Gegensatz zu solchen Strophen steht, in denen ein männlicher Liebender sich dem nicht selten sozialen Druck ausgesetzt sieht, sein Leid zu rechtfertigen,[447] lässt sich einmal mehr der Projektionscharakter von Frauenrede erkennen:[448] Dass aus dem Munde der Frau das allgemeine Leidenspotenzial des Liebens nicht nur artikuliert, sondern auch beglaubigt wird, stellt paradigmatisch eine argumentative Stütze für zentrale Anliegen der Männerrede im Minnesang dar.

---

wären sie im Sinne einer *revocatio* (vgl. dazu auch Boll 2007, S. 316, die postuliert, die Frauenrede sei „konflikthaft zur Mannesrede korreliert").
443 Mergell 1940, S. 35, verweist zurecht darauf, dass auch diese Perspektivierung in Frauenstrophen häufiger ist; vgl. die dort angeführten Beispiele: Heinrich von Veltkilchen 7 A (in MF 35,32 unter Dietmar), Albrecht von Johansdorf 21 C (MF 91,22), Reinmar der Alte 76 b/119 C/232 E (MF 178,29).
444 Boll 2007, S. 315, spricht vom „assertive[n] Sprachstil der Frauenstrophe" und sieht darin Parallelen zu Frauenstrophen des Kürenbergers.
445 Vgl. auch Köhler 1997, S. 132: „Ein Bezug zu einem speziellen Mann wird überhaupt nicht hergestellt." Seine Überlegungen zur Strophe sind darüber hinaus allerdings zu undifferenziert, da er das in V. 5f. thematisierte negative Potenzial der Minne als Beurteilung der Frau begreift und nicht darauf eingeht, dass sie Vernommenes wiedergibt.
446 Vgl. im Rugge-Korpus die Töne Ia, III, IV (9 C), VIII, IX (23 C), XI (31 C), VIIb und VIIc.
447 Vgl. die Beispiele in Anm. 269.
448 Vgl. dazu S. 130f. mit Anm. 195.

29 C

,Friundes komen wære alles guot,
das sunder angest möhte sîn.[449]
diu sorge diu dâ bî gestât:
ich hân vernomen, das stæter muot
5   des trûric wirt, das ist wol schîn,
swenne es an ein scheiden gât.
sô müessen solhiu dinc geschehen,
das wîse liute müessent jehen,
das grôssiu liebe wunder tuot.
10 dâ vallet fröide in sendiu leit,
des sint si beidiu unbehuot.'

7 muͤſſen   8 muͤſent   11 umbehuot

(„Mit dem Kommen des Geliebten wäre alles gut, | [insofern, als dass es dann] keinen Grund zur Furcht mehr gäbe. | Die Sorge, die dabei besteht: | Ich habe gehört, dass eine beständige Gesinnung | betrübt wird – das ist offensichtlich –, | wenn ein Abschied ansteht. | Solche Dinge laufen zwangsläufig so ab, | dass verständige Menschen sagen werden, | dass große Liebe Wunder wirkt. | Da kippt Freude in sehnsuchtsvollen Schmerz, | davor sind sie beide nicht geschützt.")

Von Beginn der Strophe an thematisiert sich das weibliche Ich nicht als jene Minnedame, die aufgrund ihrer Makellosigkeit, ihrer *êre* und *fröide*, eine herausfordernde bis abweisende Haltung gegenüber einem Liebenden einnimmt.[450] Durch die Nennung des Geliebten gleich zu Beginn setzt sich die Sprecherin selbst als Liebende in Szene und verhält sich im Wunsch nach seinem *komen* (V. 1) invers analog zum weiblichen Ich eines Tagelieds. Die konjunktivisch entworfene Nähe[451] wird bestimmt als eine Situation, in der alles *sunder angest* sein könnte (V. 2). Das impliziert nicht nur, dass Distanz negativ konnotiert ist, sondern indiziert hier auch bereits den grundsätzlich prekären Status von Liebenden: Prinzipiell gäbe es Anlass zu Angst, erst in der Zweisamkeit *wære alles guot* (V. 1). Indem die Nähe als potenzielles Patentrezept gegen alles Negative inszeniert wird, formuliert das Ich eine konstitutive Dependenz von Minne und gewinnt exemplarischen Charakter: Seine Selbstthematisierung ist keine spezifische, sondern fungiert inklusiv für jene, deren emotionale Disposition sich über Liebe definiert.

Die folgende Einschränkung, dass eine solche Nähe ihre Kehrseite darin hat, dass ihr Ende Trauer evoziert, verschiebt die im Potentialis formulierte Praxis in Richtung Theorie. Zwar sagt die Frau nämlich, es sei offensichtlich (V. 5) – im Sinne von: allseits

---

[449] MF(LH) verzichtet hier auf Interpunktion, für den seither verwendeten Punkt hat zuerst Paul 1876, S. 532, plädiert.
[450] Vgl. dafür die Belege in Anm. 192.
[451] Sie verbleibt dadurch, wie auch Köhler 1997, S. 132, herausstellt, „ganz im Bereich der Hypothese".

bekannt –, *das stæter muot / des trûric wirt* (V. 4 f.), *swenne es an ein scheiden gât* (V. 6), doch sagt sie auch, das nur *vernomen* zu haben (V. 4). Sie rekurriert auf ein Allgemeinwissen, dessen Inhalt nicht als eigene Erfahrung dargestellt wird, und ihre *sorge* (V. 3) erscheint somit als prospektive. Faktisch hat die Diskursivierung der Minne hier zum Effekt, dass das Optieren positiver Implikationen von Nähe in ein verallgemeinertes Fokussieren negativer Konsequenzen mündet. Die argumentative Logik des Aufgesangs besteht darin, von *Friundes komen* an seinem Beginn und dem *scheiden* an seinem Ende eine negative Teleologie zu entfalten, der die Bewegung von persönlicher Hoffnung zu allgemein bekanntem Wissen entspricht.

Hinzu kommt die zeitliche Ebene. Ankunft und Abschied rahmen eine zeitlich begrenzte Einheit, der die Wendung *stæter muot* als Ausdruck von Dauer entgegengestellt ist. Kenntlich wird der topische Sachverhalt, dass die innere Einstellung einer und eines Liebenden, die durch Beständigkeit geprägt ist,[452] schon ihrem Wesen nach mit einer Situation temporaler Begrenztheit konfligieren muss. Da der ausgesparte Grund für den Abschied nur in einem sozialen Kontext gesehen werden kann,[453] in dem die Begegnung der Liebenden verborgen gehalten werden muss, lässt sich hier genau eine grundsätzliche Gefährdetheit der Minne festmachen. Sie findet im Begriff *angest* (V. 2) ebenso ihren Ausdruck wie in der Tatsache, dass die eigentliche Begegnung mit einem Geliebten offensichtlich noch nie stattgefunden hat und nur über ihre Möglichkeit nachgedacht wird. Kenntlich wird darüber hinaus aber auch, dass jene externe Instanz, von der die Dame die Aussage zu Gehör bekommen hat, dass *scheiden* Trauer generiert, nicht deckungsgleich mit der sozialen Instanz der *huote* sein kann. Das unterstreicht ihren diskursiven, kontextübergreifenden Charakter mit der Funktion der Verallgemeinerung des Redens über Minne.

Dem arbeitet der Abgesang noch deutlicher zu. Mit der Formulierung an seinem Beginn, *sô müessen solhiu dinc geschehen* (V. 7), beansprucht er von vornherein eine Regelhaftigkeit. Sie gipfelt in der Aussage, verständige Leute könnten gar nicht anders, als die Analyse aufzustellen, *das grôssiu liebe* deshalb *wunder tuot* (V. 9), weil sich in der entworfenen Situation *fröide* in ihr Gegenteil verkehrt (V. 10). Die hier nachvollzogene Bewegung ist eine der Pauschalisierung. Der Leid generierende Abschied wird perspektiviert hin auf die allgemeine Eigenart ‚großer' Liebe, in der auf Freude *sendiu leit* (V. 10) folgen. Der soziale Rahmen wird also insofern überschritten, als dass die Rede auf die Bestimmung eines prinzipiellen Wesens der Liebe zielt, die Gift und Gegengift zugleich ist, Krankheit und Heilung, konstitutiv bipolar, und derart *wunder tuot*.[454] Die Variationsleistung der Strophe besteht darin, dass sie die Leiden einer und analog eines Minne Empfindenden dekontextualisiert und über Minne als wechselhaftes Prinzip erklärbar macht. Ermöglicht ist das durch ein Sprechen, das als

---

452 Vgl. hierzu auch die Diskussion der *stæte* ersten und zweiten Grades oben auf S. 85.
453 So auch Boll 2007, S. 316. Explizit wird dieser andernorts bekanntlich durch die Instanzen der Sozialaufsicht (vgl. dazu Anm. 198) sowie im Tagelied.
454 Vgl. dazu auch Köhler 1997, S. 132, Anm. 255: „*wunder* ist nicht wertend, weder positiv noch negativ [...]."

Frauenrede von vornherein die personalisierbare Verknüpfung Liebender-Sänger kappt. Beglaubigt ist es durch diskursive Macht, die Wiedergabe von Aussagen, die *wîse liute* nicht nur treffen würden, sondern faktisch gezwungen sind zu treffen. Sie beanspruchen eine Geltung, die nicht mehr subjektgebunden ist.

Der Fokus der Strophe liegt dabei eindeutig auf der negativen Seite. Indem sie abschließend besagt, *si beidiu* (V. 11), also Geliebter und Geliebte, könnten sich vor dem Kippen der Liebe von Freude in Leid nicht in Schutz nehmen, endet der Abgesang wie der Aufgesang mit dem Gegenteil der positiv imaginierten Ankunft eines Geliebten, die am Anfang der Strophe stand.[455] Die Negativität des Abschieds erhält dadurch einen noch endgültigeren und verallgemeinerbareren Charakter: Sie steht beispielhaft für die Konsequenzen davon, dass man die Minne zur Konstitution der eigenen Disposition erklärt hat. Somit ist die Frauenstrophe nicht ein Perspektivwechsel, bei dem ‚anderes' als die topische Unerfüllbarkeit der Liebe zum Ausdruck kommt. Vielmehr arbeitet sie der allgemeinen Gültigkeit ihres Leid generierenden Charakters in doppelter Hinsicht zu: Zum einen zeigt sie in der entworfenen Situation von Ankunft und Abschied eine dem Mann prinzipiell zugetane Position, was jegliche Verursachung von Schmerz jenseits der Liebenden verortet. Zum anderen beglaubigt sie im Rahmen dessen die negativen Implikationen von Distanz, die in Männerstrophen, in denen ein leidender Liebender spricht, grundsätzlich gilt. Was die Frau also mit Referenz auf verständige Leute zum Ausdruck bringt, vermag als *wunder* zu stilisieren, was der konventionalisierten Position des männlichen Liebenden entspricht, die zwischen potenzieller *fröide* und gegebenem *leit* oszilliert. Die Exzeptionalität der Minne ist folglich gleichermaßen Feststellung der einzelnen Rede und des allgemeinen Sprechens; sie erscheint nicht nur als spezifische Wahrnehmung der emotional von Minne Betroffenen, sondern auch als von Verständigkeit induziertes Wissen.

13 Stabile Haltung, wechselnde Stimmung. Minnen unter differenten Bedingungen

Ton XI

Überlieferung und Editionsgeschichte

Die Überlieferung des elften Tones ist die komplexeste der Strophen, die Heinrich von Rugge zugeschrieben wurden. Strophen dieses Tons sind in allen vier großen Liederhandschriften sowie im 1985 entdeckten und seit der 38. Auflage im Anhang von MF abgedruckten Budapester Fragment[456] verzeichnet, und das unter vier verschie-

---

455 Von einem „versöhnlichen Abschluß" zu sprechen (Paus 1965, S. 86), verbietet sich daher. Paus verallgemeinert hier die „prinzipielle Zusage an den Ritter" und nivelliert damit den modalen Unterschied zwischen dem konjunktivisch perspektivierten positiven Zustand am Strophenbeginn und dem indikativisch formulierten negativen Zustand am Strophenende.
456 Vgl. MF(MT), S. 460–468.

denen Autorennamen. Am breitesten belegt ist die Überlieferung unter dem Namen Reinmars des Alten.[457] Hier finden sich drei von insgesamt sechs tongleichen Strophen in A (nach MF 1–2, 4), fünf in E (1–5) und alle sechs in C[458], an allerdings gleich drei unterschiedlichen Stellen (1–3; 6, 4; 5), wobei die Strophen 6 und 4 – was in MF(MT) nicht gekennzeichnet ist – durch ein Verweiszeichen mit den ersten drei verbunden werden. In B sind drei Strophen im Korpus Friedrichs von Hausen verzeichnet (1–3). Im Budapester Fragment stehen dieselben Strophen unter dem Namen „Der vogt von Rotenburch", womit Rudolf von Rotenburg bezeichnet ist.[459] Unter dem Namen Heinrichs von Rugge selbst sind hingegen nur zwei Strophen in C belegt (6, 4). Zu den Übereinstimmungen: Die Strophen, die MF an erster bis dritter Stelle führt, finden sich in vier Korpora (Hau B, Rei C, Rei E, Rot Bu) in dieser Reihung; sie sind in Rei C durch Verweiszeichen und Rei E differierend um weitere Strophen ergänzt. Die Strophen 6 und 4 finden sich in dieser Reihenfolge im Rugge- und Reinmar-Korpus von C.

MF orientiert sich in allen Ausgaben in der Anordnung der Strophen am Reinmar-Korpus in E und hängt die in der Würzburger Liederhandschrift nicht verzeichnete Strophe (Rug 30 C/Rei 186 C) als sechste an. Das Resultat ist ein Konstrukt, das in keiner der Handschriften einen Rückhalt hat.[460] Während Haupt die Liedeinheit noch in Frage gestellt hat, hat von Kraus sie in seinen Reinmar-Untersuchungen zum ersten Mal behauptet und Vogt dem Vorschlag wenig später seiner dritten MF-Ausgabe Folge geleistet.[461] Beide sprechen den Ton Rugge ab, erst Moser und Tervooren führen ihn wieder unter seinem Namen.[462] Auch sie folgen von Kraus' Einheitspostulat und präsentieren die Strophen weiterhin in derselben Reihenfolge. Dem Umstand, dass Rugges Korpus an keiner anderen Stelle Überschneidungen mit dem Reinmar-Korpus in E aufweist, wird somit bis heute editorisch weder in der Anzahl noch in der Rei-

---

457 Mit diesem Argument zieht auch Paul 1876, S. 493f, in Kritik an Schmidt 1874 als erster die Zuschreibung aller fünf Strophen zu Rugge in Frage.
458 Wobei es zu beachten gilt, dass die Strophe Rei 193 C über einen Vers weniger verfügt.
459 Vgl. dazu ausführlich Hausmann 1999, S. 331–338, sowie zuerst Janota 1994.
460 Vgl. dazu auch Köhler 1997, S. 145–147. Köhler schlägt vor, von E auszugehen und 30 C nur unter Vorbehalt anzufügen.
461 Von Kraus 1919, Bd. I, S. 67–69; MF(V^3), S. 374. Vgl. auch Halbach 1935, S. 12; MFU, S. 251. MF(LH) trennt die Strophen des Tons zweimal (1–3, 4, 5–6), auch MF(V) entspricht dem noch. Giske 1886, S. 213, postuliert aufgrund der Reimstruktur zwei Subeinheiten (1–3, 4–6).
462 Schon Haupt vermochte sich „nicht mit sicherheit zu entscheiden"; vgl. MF(LH), S. 273. Vogt schreibt sie seit seiner ersten Ausgabe aus Überlieferungsgründen Reinmar zu; vgl. MF(V), S. 368. Er stimmt damit mit dem Großteil der älteren Forschung überein (siehe die Übersicht in MFU, S. 253f.). Von Kraus 1919, Bd. I, S. 69, hat sich für einen Ps.-Reinmar ausgesprochen und Zustimmung erhalten; vgl. auch Halbach (1928), S. 148–155, 176. Paus 1965, S. 99–112 schreibt ihn mit aufwändiger Argumentation im Hinblick auf die Form erneut Reinmar zu, Maurer 1966, S. 128–130, folgt dem. MF(MT) ordnet den Ton wie alle anderen Rugge zuvor abgesprochenen Töne ihm wieder zu. Hausmann 1999, S. 55, Anm. 111, hält diese Zuweisung für wenig plausibel, da er den Ton zur ersten Überlieferungsreihe an Tönen, die Reinmar zugewiesen wurden, zählt.

henfolge der Strophen Rechnung getragen.[463] Zudem ist festzuhalten, dass die Textgestalt der Strophen in E so häufig von den anderen Überlieferungsträgern abweicht, dass daraus die mit Abstand größten Differenzen resultieren, die zwischen den Strophen des Rugge-Korpus und ihren Parallelüberlieferungen in anderen Korpora zu verzeichnen sind.[464] Auch das spricht gegen eine Orientierung an E.[465]

So deutlich der editorische Vorschlag von MF abzulehnen ist, so problematisch wird auch jeder Alternativvorschlag bleiben, der die differierenden Überlieferungsvarianten zu harmonisieren sucht. Abgesehen von der nach MF fünften Strophe, die nur bei Reinmar belegt ist, finden sich alle weiteren Strophen in den Korpora von mindestens zwei unterschiedlichen Autoren: 1–3 bei Reinmar, Friedrich von Hausen[466] und Rudolf von Rotenburg[467], 4 und 6 bei Reinmar und Heinrich von Rugge. Diese Uneindeutigkeit in der Autorenzuschreibung bei gleichzeitig variierender Strophenanzahl und -folge wird sich insbesondere im Hinblick auf die hier zur Diskussion stehenden, Rugge zugewiesenen Strophen nicht beheben lassen. Denn auch die Tatsache, dass die Strophen des Tons unter dem Namen Reinmars des Alten am häufigsten zu finden sind, ermöglicht keine eindeutige Zuordnung der Strophen 4 und 6 zu ihm. Zwar sucht Hausmann zu zeigen, dass der Ton zu einer Überlieferungsreihe gehört, die mit höherer Wahrscheinlichkeit jene Töne beinhaltet, die als erste Reinmar

---

463 Neben der Missachtung der Überlieferungslage ist die Verbindung der nach MF fünften und sechsten Strophe, ähnlich wie im Hinblick auf Lied I in MF(MT) kritisiert (vgl. oben S. 71), auch inhaltlich nicht leicht zu begründen: In der nach MF letzten Strophe (Rug 30 C/Rei 186 C) berichtet der Sprecher gleich zu Beginn, *sô liebiu mære* vernommen zu haben (V. 2), was in Widerspruch dazu steht, dass in der in MF vorausgehenden Frauenstrophe (Rei 193 C/Rei 283 E) eine den Liebenden ablehnende und herausfordernde Haltung zum Ausdruck gekommen war (*sîn wille mac sô lîhte niht ergân*, V. 5). Zwar gibt es gemäß MF eine evidente Parallele in der Formulierung der Schlusszeile, wo es jeweils um ein ‚frei Lassen' geht, doch besteht sie in den Handschriften gerade nicht: In Strophe 5 steht sie nur in E und fehlt in C; Strophe 6 wiederum ist in E nicht überliefert. Das übergeht Schönbach 1899, S. 97, der damit den Zusammenhang der Strophen zu plausibilisieren sucht. Paus 1965, S. 82, der den plausibleren Bezug über die Einforderung von *stæte* in der Frauenstrophe und ihre Versicherung in der Männerstrophe herstellt, übergeht allerdings die Frage, wie angesichts der Aussagen der Frau von „guten Nachrichten" die Rede sein kann. Köhler 1997, S. 149, der ebenfalls einen Bezug über die *stæte* herstellt, sieht dieses Problem und muss dementsprechend postulieren, „daß der Mann die Äußerungen der Frau [...] in seinem Sinne deutet".

464 Da die Textfassung in E für die folgenden Überlegungen nicht von Relevanz ist, wird auf einen Nachweis der zahllosen kleineren und größeren Abweichungen verzichtet; vgl. dafür den Apparat in MF(MT), S. 219–221.

465 Auch Schmidt 1874, S. 28, spricht bereits davon, dass E „von secundärer Bedeutung" ist, weshalb es fraglich ist, warum er der Strophenfolge von MF(LH) dann Folge leistet.

466 Vgl. zur Zuweisung zu Friedrich von Hausen in B Hausmann 1999, S. 333.

467 Vgl. zur Zuweisung zu Rudolf von Rotenburg in Bu Hausmann 1999, S. 335f. Seine Überlegungen entbehren nicht der Nachvollziehbarkeit, weisen aber in ihrer Spekulation darüber, auf welcher Seite eines verlorenen Blattes, das den jeweiligen Schreibern womöglich vorlag, welche Strophen gestanden haben müssen, durchaus Ähnlichkeiten zu den zurecht scharf kritisierten Vorstufenrekonstruktionen bei Halbach 1928 auf (vgl. zur Kritik an Halbach insb. Paus 1965, S. 4).

zugewiesen wurden,[468] doch betrifft seine voraussetzungsreiche Hypothese nur die Strophen 1–3,[469] nicht aber die auch bei Rugge überlieferten Strophen 4 und 6.[470] Festzuhalten ist deshalb, dass die sechs tongleichen Strophen nicht in *einem* Zusammenhang gesehen werden können. Die Vielzahl an Varianten, in denen sie erscheinen, verunmöglicht in ihrer Komplexität die Reduktion auf eine allen gemeinsame Ursprungsversion. Ihre Einzelanalyse kann nur korpusbasiert erfolgen. Liegt der Fokus auf Heinrich von Rugge, ist vom Befund auszugehen, dass unter seinem Namen zwei tongleiche Strophen belegt sind, die wie viele andere Parallelüberlieferungen aufweisen, und ihnen darin kein Sonderstatus zukommt. Spricht man, gezählt in Orientierung an C, von ihnen als dem elften Ton, darf damit jedoch nicht impliziert sein, dass es sich um einen ‚Ton Heinrichs von Rugge' handelt.[471] Nur diese Autorschafts-Implikation würde begründen, wie MF auch die andernorts tradierten tongleichen Strophen gleichwertig zu berücksichtigen. Dem ihr zugrunde liegenden Anliegen, eine bestimmte Textform (‚Ton') einem bestimmten Urheber zuzuordnen, ist vorzuziehen, die Kategorie des Tons in Orientierung am entsprechenden Initialenfarbenwechsel in der Handschrift primär als korpusgliedernde aufzufassen. In dieser Hinsicht erscheinen die Strophen Rug 30 und 31 C als eine Subeinheit (‚Ton XI'), die als eine von verschiedenen Verwendungen derselben Form verstanden wurde. Für ihre Analyse als Teil des Rugge-Korpus ist entscheidend, die Strophen nicht als Bruchstück eines größeren Gesamtzusammenhangs zu verstehen, sondern als eigenständige Variante innerhalb einer komplexen Parallelüberlieferung.

Die C-Version
Der elfte Ton im Rugge-Korpus in C vereint zwei Strophen, deren augenscheinliche Differenz zwischen den jeweiligen Sprechpositionen genauso bemerkenswert ist wie die Tatsache, dass ihr eine ebenso deutliche Äquivalenz in der Haltung dieser Positionen zugrunde liegt. Die erste Strophe bringt *fröide* zum Ausdruck: Das liebende Ich hat gute Nachrichten erhalten und spricht darüber, dass sich von *stæte* profitieren lässt. Es beteuert seine *triuwe* zur Geliebten und gibt an, bei jeglicher Falschheit vom Dienst entbunden werden zu wollen. In der zweiten Strophe spricht ein Sänger-Ich über seine Tätigkeit: Frauenlob bietet er seinen Freunden zur Maximierung ihrer *fröide*

---

468 Vgl. Hausmann 1999, S. 55–57.
469 Vgl. mit aufwändiger Argumentation in kritischer Beurteilung des Budapester Fragments Hausmann 1999, S. 332–338.
470 Vgl. mit dem Entwurf verschiedener Überlieferungsszenarien Hausmann 1999, S. 341. Er kommt zum Schluss, dass für die nach MF vierte und sechste Strophe „eine endgültige Entscheidung [...] nicht möglich" ist und versieht sie dementsprechend auch in seiner tabellarischen Übersicht mit einem Fragezeichen (S. 71, 342).
471 Wie oben bereits thematisiert, besteht neben den Parallelüberlieferungen im Korpus Rugge auch mehrfach Tongleichheit bei differierendem Inhalt: Ton I entspricht Walther L 71,35; Ton VI entspricht Dietmar von Aist MF 35,16 und Heinrich von Veldeke MF 67,9; Ton VII Niune 46 A (MF 6,5).

dar, ohne jedoch selbst davon zu profitieren. Wer so eingestellt sei wie das Ich, habe *menege sorge ûf êre*. Trotz dieser abweichenden Situierung kommt in beiden Strophen eine Selbstthematisierung zum Ausdruck, für die die Orientierung an höfischen Werten konstitutiv ist. In der zweiten Strophe äußert sie sich primär im beständigen Lob tugendhafter Frauen und einer Ausrichtung auf *êre*, in der ersten in *stæte* und *triuwe*. Erst die unterschiedliche Resonanz auf diese äquivalente Haltung – *liebiu mære* vs. ausstehender *rât* – hat die unterschiedlichen Stimmungen des Ich zur Folge. Der elfte Ton beinhaltet somit zwei opponierende Varianten davon, in welcher Lage sich ein an Minne und höfischen Werten orientierendes Ich befinden kann, und demonstriert dabei einmal mehr seine Dependenz von äußeren Umständen. Die Stabilität der eigenen Haltung geht in dieser Kontextabhängigkeit mit einer Labilität der eigenen emotionalen Lage einher. So sehr sich die Ich-Verortung also unterscheidet, so sehr ergänzt sich das in den Strophen Gesagte im Sinne von Differenzierung: Ihr Ich ist kein grundsätzlich anderes, sondern sieht sich anderem ausgeliefert.

Was sich aufgrund dieser kontrastiven Gegenüberstellung als besonders prägnante Variation der Ich-Position beschreiben lässt, die gerade aufgrund ihrer Differenzen das Äquivalente umso kenntlicher macht, ist eine Form von paradigmatischer Bezüglichkeit, die gleichwohl in Spannung zu einer spezifischen strophenübergreifenden Kohärenz steht. In den beiden Strophen des elften Tons ist – darin vergleichbar dem vierten Ton[472] – kein Zusammenhang ersichtlich, der in der Bezugnahme des einen auf das andere bestünde. Ihre Bezüglichkeit speist sich primär daraus, dass das zur Verhandlung Stehende sich jeweils in Aktualisierung zentraler Paradigmen des Minnesangs konstituiert. Sie ist kaum spezifischer als beispielsweise jene, die sich zwischen der ersten Strophe des elften Tons und anderen Strophen beobachten ließe, in denen sich ebenfalls ein liebendes Ich zur Freude veranlasst sieht. Die lockere paradigmatische Kohärenz der Strophen, die als kontrastive Perspektivierung von Äquivalentem durchaus Ähnlichkeiten zur Variation der Sprechpositionen in Wechseln aufweist, erscheint somit als eine akzidentielle.

Es verwundert deshalb nicht, dass insbesondere die zweite Strophe, die vom Leiden an der Liebe spricht, in mehreren anderen Überlieferungszusammenhängen begegnet, ohne dabei an Bezüglichkeit einzubüßen. Statt dass dies aber, wie schon diskutiert,[473] ein Urteil darüber zuließe, dass die C-Version des elften Tons eher ein Produkt der Überlieferung sei, als dass sie in dieser Form mündlich vorgetragen worden sein könnte, erweist sich das Vorliegen spezifischer strophenübergreifender Bezugnahmen einmal mehr als optional. Dass die kohärente höfische Haltung des Ich in den beiden Strophen mit einer inkohärenten emotionalen Disposition einhergeht, könnte gemäß moderner Kohärenzerwartungen ebenso als zu kontradiktorisch empfunden worden sein, um die Strophen als Texteinheit zu begreifen, wie es umgekehrt der Fall gewesen sein könnte, dass, was als formale Einheit präsentiert wurde,

---

472 Vgl. die Überlegungen dazu insb. auf S. 109 f. und 120 f.
473 Vgl. dafür noch einmal die Argumente auf S. 183–185 und in der Einleitung, S. 65 f.

inhaltlich nicht einheitlich zu sein hatte. Statt die eine Spekulation der anderen vorzuziehen, scheint es deshalb gewinnbringender, die durch die Überlieferung nahegelegte Bezüglichkeit insofern als exemplarische Ausprägung der Variationskunst des Minnesangs zu beschreiben, als dass das konkret Bezügliche einen Effekt der allgemeinen Bezüglichkeit des Variierten darstellt. Was relationiert werden kann, gilt es folglich nicht herauszustellen als Argument für oder wider Textualität, sondern um der vielschichtigen Semantizität der Strophen gerecht zu werden. Denn im elften Ton zeigt sich in besonders prägnanter Weise, was in der Einleitung eingehend diskutiert wurde:[474] Die Strophen sind zwar zuallererst in sich geschlossen rezipierbar, die Spezifizität des Verhandelten wird aber nachgerade in Gegenüberstellung mit variierenden Verhandlungen desselben kenntlich. Dass sich das Ich in der ersten Strophe als freudig erweist, weil es von *stæte* profitiert, und in der zweiten Strophe in wiederum beständiger Weise die *fröide* anderer mehrt, ohne jedoch selbst davon zu profitieren, macht erst im Abgleich der Strophen deutlich, dass nicht eine freudvolle oder -lose Disposition das Differenzmerkmal der Sprechposition ist, sondern die differente Anerkennung für äquivalentes Handeln. Während sich somit die emotionalen Lagen des Ich widersprechen, arbeitet ihre jeweilige Begründung gleichsam der Begründung der jeweils anderen zu.

30 C

    Mich fröit âne alle swære wol,
    das ich sô liebiu mære hân vernomen,
    der ich mich gerne trœsten sol.
    mir ist der muot von grôssen sorgen komen.
5   sît man der stæte mac geniessen,
    sô ensol ir niemer mich verdriessen.
    mîn herze ist ir mit triuwen bî.
    freisch aber es diu schœne, das es mit valsche sî,
    sô lâsse si mich iemer mêre frî.

(Es erfreut mich ohne jede Beschwernis, | dass ich so gute Nachrichten vernommen habe, | anhand derer ich mich gerne trösten will. | Mein Gemüt war von großen Sorgen geprägt. | Weil/Seit man auf Beständigkeit setzen kann, | soll keine von ihnen mir mehr zur Last fallen. | Mein Herz hält mit Treue zu ihr. | Erfährt die Schöne aber, dass das auf falsche Weise geschieht, | soll sie mich für immer [aus ihrem Dienst] entlassen.)

---

[474] Vgl. das Teilkapitel *Kohärenz*, S. 60–67.

Am Beginn der ersten Strophe steht ein Ereignis. Die pointierte Aussage, gute Nachrichten erhalten zu haben,[475] steht ebenso im Gegensatz zur Sprechposition eines leidenden Lieben wie zum Nicht-Handeln der Geliebten, und überschreitet damit jene Norm, die im vierten bis sechsten Vers zum Ausdruck kommt: Indem es heißt, angesichts der Gegebenheiten könne man *stæte* [...] *geniessen* (V. 5) und müsse nicht mehr *verdriessen* (V. 6), ist eine Funktionalität von Beständigkeit benannt, die deshalb nicht als selbstverständlich gelten kann, da das Ich sich bisher *grôssen sorgen* ausgesetzt sah (V. 4). Zugleich wird deutlich, dass die Strophe die Auswirkungen, nicht aber die Referenz des Ereignisses zum Gegenstand hat: Diskutiert wird nicht, worin die guten Nachrichten bestehen, sondern, welche Konsequenzen sie für das liebende Ich bergen und wodurch sie ermöglicht wurden. Dass dabei *stæte* im Mittelpunkt steht und folglich in ihrem ‚Funktionieren' demonstriert wird, stellt eine prägnante Variation ihrer schon mehrfach diskutierten Reflexion dar:[476] Wenn *stæte* richtig ausgeübt und das entsprechend registriert und honoriert wird, dann resultiert daraus eine Freude *âne alle swære* (V. 1), aus der wiederum die Versicherung von Treue hervorgehen kann, die am Strophenende formuliert wird. Gefüllt ist jene Leerstelle, die andernorts die Paradoxie der Minne generiert und eine Reflexion von *stæte* zur Folge hat, die darin besteht, trotz ausbleibender *reactio* der Geliebten erst recht beständig bleiben zu wollen.[477] Die Strophe macht diesen Regelfall vom Standpunkt seiner Überschreitung her kenntlich und demonstriert so den prinzipiellen Wert der *stæte* und ihrer Legitimation als Konstituens des Diensts. Dabei geht es ihr weniger um eine Deskription der Interaktion mit der Geliebten als dem eigentlich Ereignishaften, sondern vielmehr um eine Perspektivierung von Beständigkeit und Treue als deren Möglichkeitsbedingung. Ihre Wertigkeit wird, am Beispiel einer spezifischen Situation, situationsübergreifend gezeigt.

Die Situation selbst ist eine der vermittelten Kommunikation. In der Gegenüberstellung von aktueller *fröide* (V. 1) und bisherigen *sorgen* (V. 4) berichtet der Sprecher am Eingang der Strophe, gute Neuigkeiten erfahren zu haben (V. 2). Er indiziert damit eine kommunikative Überwindung einer Distanz, die eine Trennung des eigenen

---

475 Es ist nicht ohne Pointe, dass diese Strophe im Rugge-Korpus der Manessischen Liederhandschrift auf eine Frauenstrophe folgt. Die Aussage des liebenden Ich, *sô liebiu mære* vernommen zu haben, suggeriert in der Lektüre der Handschrift unvermeidlich Responsion. Das kann, wie in der Diskussion des siebten Tons bereits ausgeführt (vgl. S. 152), genauso kontingent sein wie von den Handschriftkompilatoren möglicherweise nahegelegt. Doch sollte es wie dort eher als Beispiel dafür aufgefasst werden, wie bezugsaffin das im Minnesang Verhandelte ist, als dass man von einer direkten Bezugnahme ausgehen sollte. Das wäre zum einen grundsätzlich zu spekulativ und würde zum anderen hier zusätzlich dadurch erschwert, dass man die Aussagen der Frauenstrophe, in denen das Leiden an der Liebe im Vordergrund steht, inhaltlich nur partiell als *liebiu mære* auffassen kann. Es wäre eine eindimensionale Reduktion auf die Tatsache, dass sich die Dame eingangs prinzipiell einem Geliebten zugeneigt zeigt.
476 Vgl. die Überlegungen zu den Tönen Ia, VI (insb. 15 C) und VIII.
477 Vgl. dazu die Diskussion von 3 C, insb. S. 85.

Raumes vom Raum der Senderin,[478] die den bisherigen Zustand geprägt hat, impliziert. Bemerkenswert ist dabei, dass der rezipierte Sprechakt nicht an sich schon als Akt des Tröstens beschrieben wird, sondern als Anlass für das Ich in den Blick gerät, sich selbst zu trösten (V. 3). Das lässt den Schluss zu, dass die faktische Trennung der Räume mitnichten mittels einer etwaigen direkten Interaktion aufgehoben wäre. Es zeigt lediglich eine ‚neue' Durchlässigkeit für eine Kommunikation an. Sie zielt textimmanent darauf ab, dass das Ich sich konkret darin bestätigt sehen kann, was das Wesen eines Liebenden ohnehin im Allgemeinen ausmacht: beständig treu zu sein. Denn dass sich von *stæte* profitieren lässt (V. 5), ist das Einzige, was inhaltlich zu den guten Nachrichten in Bezug steht. Die Veränderung der Lage des Ich, die durch den polaren Wechsel von großen Sorgen zu einer dezidiert unbeschwerten Freude offensiv angezeigt ist, besteht folglich auch einzig darin, dass seine Beständigkeit einen funktionalen Charakter gewonnen hat. Nicht sein Handeln hat sich geändert, sondern dessen Auffassung. Das heißt: Das Einzige, was ein beständiger Liebender, der sich in einer Situation des Leids befindet, zur Verbesserung seiner Lage tun kann, ist darauf zu hoffen, dass seine Haltung externe Anerkennung findet. Er erscheint davon genauso dependent, wie umgekehrt allein schon die Rezeption der guten Nachrichten als Akt der In-Bezug-Setzung von Innen und Außen genügt, um seine emotionale Disposition als maximal positive zu kennzeichnen – und nicht etwa eine tatsächliche Nähe zur Geliebten.[479]

In der Folge kann das liebende Ich postulieren, die Sorgen mögen ihm *niemer* zur Last fallen (V. 6), und damit seine entzeitlichte Haltung der *stæte* durch eine dementsprechende Entzeitlichung der Unabhängigkeit von Kummer unterstreichen. Dabei spielt die Rede mit der Doppeldeutigkeit der Konjunktion *sît* (V. 5). Einerseits begründet die Tatsache, dass man von Beständigkeit profitieren kann, die Absage an künftige Sorgen, was sicherlich die vorrangige Bedeutungsdimension ist. Doch findet auch die zeitliche Ebene, das tun zu können, „seitdem" es der Fall ist, Rückhalt im Text, da sich die Feststellung evident auf die Rezeption der guten Nachrichten bezieht. Diese Lesart ist deshalb reizvoll, weil sie den Fokus darauf legt, dass die zeitindifferente Beständigkeit ab dem spezifischen Zeitpunkt, an dem sie sich als funktional erweist, weitere Entzeitlichung produziert, indem nun eine ebenso zeitindifferente Unabhängigkeit von Sorgen postuliert werden kann. Dass das Spezifische zu Verall-

---

478 Zwar wird erst am Ende der Strophe eindeutig bestimmt, dass das thematisierte Gegenüber die Minnedame ist, doch dürfte es auch an ihrem Beginn qua Lexik und Sprechhaltung unschwer zu ermitteln sein, dass der Sprecher sich als Liebender thematisiert und als solcher *liebiu mære* nur von der Geliebten erhalten kann.

479 Im rückblickenden Vergleich mit dem zehnten Ton zeigt sich hier noch einmal deutlich die polyvalente Semantik des *fröide*-Begriffs: Stand er dort überindividuell im Hinblick auf seine soziale Funktion zur Diskussion (vgl. 26 und 27 C), bezeichnet er hier als Ausdruck der emotionalen Disposition des Ich einen Affekt. Diese kontextualisierungsabhängige Polysemie ist es, die auch spielerisch gegeneinander ausgespielt werden kann, wenn vom Sänger *fröide* evozierender Sang verlangt wird, wo er selbst *leit* zum Ausdruck bringt. Sie ist auch in der Folgestrophe, 31 C, von entscheidender Bedeutung.

gemeinerung führt, lässt sich also auch auf dieser Mikroebene nachvollziehen. Es spiegelt sich noch in einem dritten Aspekt: Just an dem Punkt, an dem gesagt wird, dass sich von Beständigkeit profitieren lässt, ist nicht das *ich* das Subjekt, das schon im nächsten Vers wieder verkündet, die Sorgen könnten ihn nun nie mehr *verdriessen*, sondern das überindividuelle *man*. Dass *stæte* Anerkennung finden kann, wird folglich von vornherein verallgemeinert; der spezifische Anlass, gute Nachrichten vernommen zu haben, wird zum Exemplum dafür erklärt, dass die zentrale Eigenschaft eines Liebenden sich auch als funktional erweisen kann. Das zeigt die Stoßrichtung der Rede an, nicht eine spezifische Interaktion mit einer spezifischen Dame darstellen zu wollen, sondern Aussagen über den grundsätzlichen Nutzen und die Legitimation der *stæte* zu machen.

Dass der Sprecher im Folgenden der Dame seine *triuwe* versichert (V. 7) ist somit in reziproker Weise Ursache und Wirkung seiner *fröide*. Es mündet in die abschließende Aussage, würde *diu schœne* erfahren, *das es mit valsche sî* (V. 8), solle sie ihm den Dienst für immer aufkündigen (V. 9). Hier bündeln sich zahlreiche Aspekte des Gesagten. Erstens ist die Vorstellung von der Geliebten als Rezipierende die Entsprechung der stropheneinleitenden Selbstthematisierung des Liebenden als Rezipient guter Nachrichten. Da er diese vernehmen durfte, zielt die inverse Behauptung, die Dame dürfe dementsprechend auch keine schlechten Nachrichten von ihm erfahren, auf Äquivalenz: Genauso wie sie tugendhaft ist, was ihre Bezeichnung als *schœne* bezeichnet, will auch er sich als makellos erweisen und dadurch der Legitimation seines freudvollen Zustands zuarbeiten. Zweitens wiederholt die Formulierung, die Dame möge ihn im gegenteiligen Fall *iemer mêre* seinen Dienst aufkündigen, die Figur der Entzeitlichung und spitzt sie final zu. Gleichsam impliziert sie – und darauf dürfte es ankommen –, dass bei sich richtig äußernder *triuwe* das Dienst-Verhältnis zur Dame ein ebenso zeitloses ist, und die *stæte* als Haltung ihr ebenso allgemeingültiges Pendant im Dienen als Handlung hat. Drittens lässt sich an der Hypothese, die Geliebte könnte Dinge über den Liebenden zu Gehör bekommen und darauf aktiv reagieren, bei gleichzeitiger Feststellung, sich explizit in ihrem Dienst zu befinden, eine Relationierung der beiden Parteien ablesen, die durch die positive Ausgangssituation der Strophe sichtlich an Dynamik gewonnen hat. Zwar geht es auch hier nicht um eine Interaktion von Frau und Mann, die Interdependenz ausdrückt, denn das Verb *freischen* drückt eine weiterhin gegebene räumliche Trennung aus. Doch hat die Funktionalisierung der *stæte* eine Relationierung zwischen Liebendem und Geliebter in Gang gesetzt, die nicht mehr auf Kummer generierende Weise monodirektional verläuft, sondern als gegenseitige Freude verursacht und die Imagination weiterer Gegenseitigkeit möglich macht. Ziel des Liebenden ist es dabei, auf Basis der erfahreneren Funktionalität von *stæte* den ihr eigenen Aspekt zeitlicher Indifferenz auf die situationsbedingt erfahrene Freude zu transponieren. Die Aussagen der Strophe zielen darauf, einen solchen Effekt als ein Potenzial in den Bereich des Möglichen zu rücken, das *triuwe* und *stæte* inhärent ist.

31 C

    Ich hân nâch wâne dike wol
    gesungen, des mich anders niene bestuont,
    und lobe iedoch, als ich dâ sol,
    swâ guotiu wîb bescheidenlîche tuont.
5   das biute ich mînen friunden ze êren
    und wil in iemer frôide mêren.
    mîn eines wurde lîhte rât.
    swes muot iedoch ze der werlte als der mîne stât,
    ich wæne, er menege sorge ûf êre hât.

(Ich habe oft auf ungewisse Hoffnung hin | gesungen; etwas anderes kam mir nie zu. | Und dennoch lobe ich, meiner Pflicht entsprechend, | wo gute Frauen sich nach Gebühr verhalten. | Das biete ich meinen Freunden für die Ehre dar | und will [damit] ihre Freude stets vermehren. | Mir allein könnte vielleicht [noch] geholfen werden. | Wessen Gesinnung der Welt gegenüber jedoch wie die meine ausgerichtet ist, | der nimmt manche Sorge für die Ehre auf sich, glaube ich.)

Während sich das Ich zu Beginn der Vorstrophe als Rezipient von Kommunikation inszeniert hatte, thematisiert sich das Ich zu Beginn dieser Strophe genau umgekehrt als Produzent: Es ist ein Sänger-Ich,[480] dessen Tätigkeit bestimmt ist von Regelmäßigkeit (*Ich hân [...] dike wol | gesungen*, V. 1 f.), geprägt durch einen ungewissen Ausgang (*nâch wâne*, V. 1) und somit zielgerichtet auf etwas, das in den Folgeversen sogleich impliziert wird. Als Lob guter Frauen (V. 3 f.) ist sein Sang jene *actio*, die als umgesetzte Werbung eines Liebenden auf eine *reactio* aus ist, die fraglich bleibt. Des Weiteren differenziert der aus einem Satz bestehende Aufgesang dieses bisherige (*hân [...] gesungen*, V. 1 f.) und trotz Responsionslosigkeit nach wie vor aktuelle Handeln (*lobe iedoch*, V. 3) als Ausdruck jeweiliger Verpflichtung. Dass sich die Qualität der Frauen darüber definiert, dass sie *bescheidenlîche tuont* (V. 4), sich also ethisch-moralisch korrekt verhalten, ist Anlass und Gegenstand ihres Lobs. Zu ihm sieht sich der Sänger, wie er gleich doppelt betont, grundsätzlich aufgefordert. So sagt er über sein Handeln selbst, dass ihm nie etwas anderes zustand (V. 2), und über den Modus seiner Ausübung, dass er, obwohl die Hoffnung bisher unerfüllt geblieben ist, so sei, *als ich [...] sol* (V. 3). Während die Frauen in ihren Handlungen das Gute repräsentieren, liegt die unverkennbar soziale Funktion des Singens als Ausdruck von Lob in einer gebührenden Artikulation dessen. Sie konfligiert damit, dass die persönlichen Hoffnungen des Sängers, von ihnen Anerkennung zu bekommen, anders als in der Vorstrophe unerfüllt sind.[481]

---

[480] Vgl. in diesem Sinne auch Köhler 1997, S. 148.
[481] Dass das gleichsam impliziere, dass der Sänger seiner Pflicht „ohne große innere Beteiligung" nachkomme (Köhler 1997, S. 148), lässt sich am Text nicht belegen.

Der Abgesang erweitert die zweistellige Konstellation des Aufgesangs von Sänger und *wîb* um die Kategorie der Freunde, die als Rezipienten des Sangs in den Blick geraten.[482] Indem von *mînen friunden* und nicht etwa von *iuch* die Rede ist,[483] treten hier performative und referenzielle Ebene auseinander. Der Sang, von dem berichtet wird, ist nicht deckungsgleich mit dem Singen, in dem berichtet wird. Während dem Sang die Funktion zugeschrieben wird, das Lob *ze êren* darzubieten (V. 5) und die positive Gestimmtheit der Freunde *ze mêren* (V. 6), ist das Singen Deskription und in der Folge Reflexion dessen. Anstatt Werbung zu artikulieren, bringt es ihre Paradoxie zum Ausdruck, und das in einer für den Minnesang exemplarischen Weise. Stabil ist die Setzung, die Tugendhaftigkeit der Frauen als Verpflichtung ihnen gegenüber und orientiert auf die Tugendhaftigkeit der Rezipienten hin zu loben. Dabei ist die Affirmation des Höfischen als Sprechakt sukzessive in seine Einzelakte zergliedert: Propositional findet sie im Festhalten weiblicher Tugend statt, illokutionär im Lob dessen und perlokutionär dadurch, dass dies mit Blick auf die Ehre und *fröide* der Freunde geschieht.[484] Der Sang ist somit zuallererst als Dienstleistung für das Soziale gekennzeichnet und solcherart sowohl funktional als auch kontraproduktiv, ist doch der *wân* des Sängers gerade nicht darauf ausgerichtet. Die Paradoxie entsteht dadurch, dass das Sänger-Ich mit der Freude bei anderen in sozialer Hinsicht das zu steigern sucht, was es in privater Hinsicht bei sich selbst mindert. Unverhohlen bekennt es: *mîn eines wurde lîhte rât* (V. 7).[485] Es allein, das stets handelt, wie es sich gebührt (V. 3), sei es also, dem noch Abhilfe zu leisten sei.[486] Denn wessen Einstellung der Welt gegenüber so wie die seine beschaffen sei, der nehme manche Sorge im Dienste der Ehre auf sich (V. 8 f.).[487] Die Schlussverse der Strophe zielen auf Persuasion: Zwar ist der *wân* des Sängers (V. 1) unerwidert, nicht aber unbegründet, und eine auf seine

---

482 Vgl. zu anders gearteten Thematisierungen der „Freunde" Ton V (12 C), Ton VI (13 C) und Ton IX (23 C). Nicht nachzuvollziehen ist angesichts der begrifflichen Differenzierung von ‚guten Frauen' und ‚Freunden' in der vorliegenden Strophe die Ansicht von Paus 1965, S. 81, mit den *friunden* sei vor allem die Geliebte gemeint. Vgl. auch MFU, S. 254.
483 Vgl. bspw. Heinrich von Morungen 24 A/21 CCᵃ (MF 127,1), V. 1 f.: *West ich, ob es verswiget möhte sîn, / ich liese iuch sehen mîne schœne frouwen* (Text nach C). Sprechakte wie das *Ich* [...] *lobe* in der vorliegenden Rugge-Strophe und Deiktika sind allerdings deutlich häufigere Performanzsignale im Minnesang als direkte Publikumsansprachen.
484 Vgl. zur Begrifflichkeit Searle 1983 [1969].
485 Was Paus 1965, S. 81, dazu veranlasst, dennoch zu behaupten, die „Hoffnung auf Minnelohn ist wieder gestiegen", muss fraglich bleiben. Eine Begründung dafür liefert er nicht. Nicht ersichtlich ist auch, weshalb Paus die *sorge* im letzten Vers auf die Freunde bezieht.
486 Die Abhilfe bezieht sich m. E. eindeutig auf eine Gegenleistung für das Singen und damit an erster Stelle auf ein Entgegenkommen der Besungenen, war doch im ersten Vers vom *wân* und im zweiten Stollen von Frauenlob die Rede. Eine schlechte Behandlung durch die Gesellschaft (vgl. von Kraus, 1919, Bd. I, S. 86 f.; MFU, S. 254) steht in harter Fügung zum Begriff *friunde*, weshalb auch die Frage von Moser und Tervooren („Abhilfe durch Gesang oder Verstummen?", MFE, S. 93) abwegig erscheint.
487 Vgl. zur Differenzierung die Thematisierung von *êre* im Hinblick auf die Geliebte, deren Makellosigkeit einzig positive Folgen zeitigt, in 5 C (Ton II).

Dienstleistung reagierende Gegenleistung kann dadurch offensiv als Kummer generierende Leerstelle ausgewiesen werden.

Beachtenswert ist im Zuge dessen die relativierende Thematisierung von êre. Indem der Sänger besagt, er glaube, sich so an ihr zu orientieren wie er, bereite Sorgen, vollzieht er eine verallgemeinernde Dysfunktionalisierung der êre, die zuvor noch als elementarer Bestandteil der Funktionalität des Sangs beschrieben worden war (V. 5). Den *muot* an Ehre zu orientieren, hat, so lässt sich schließen, nicht umstandslos positive Implikationen. Dies zielt jedoch weniger auf die Infragestellung ihrer Gültigkeit als vielmehr auf den Wert ihrer Anerkennung – genau das, was das Sänger-Ich selbst leistet. Es fordert, einmal mehr, Reziprozität ein.

Handlung wird in dieser Strophe folglich als etwas fokussiert, dass Tugendhaftigkeit repräsentiert und ihr Resonanz verleiht, sie ausdrückt und potenziert. Die Selbstthematisierung des Sangs als eines wesentlich darauf ausgelegten Sprechakts zielt gleichsam darauf, das Ausbleiben von Handlung – die Unerfülltheit der Hoffnung (V. 1), das Ausstehen der Hilfe (V. 7) – als Desiderat zu legitimieren. Hervorgehoben wird die Paradoxie, daran zu leiden, Gutes zu tun, und sie spiegelt sich darin, dass das Singen, das darauf ausgelegt ist, Freude zu erzeugen, in Klage mündet. Gerade weil die Strophe *fröide* und *êre* affirmiert, wird das Ich, das sich als freudloses und nicht von Ehre profitierendes von seinem sozialen Umfeld unterscheidet, dabei zur Instanz ihrer Reflexion. Das kann es, weil sein Handeln mit der Geste des ‚Trotzdem' (*und lobe iedoch*, V. 3) keinen Abbruch kennt und damit Beständigkeit ausdrückt. Seine Haltung ist so independent von den spezifischen äußeren Umständen, wie seine Stimmung dependent von ihnen.

In diesem Aspekt schließlich verhält sich die Strophe hochgradig äquivalent zur Vorstrophe, zu der sie ansonsten das exakte Gegenstück darstellt: Die hier ausstehende Gegenleistung scheint dort eingelöst, und daraus resultiert hier *menege sorge*, während das Ich dort angibt, sein *muot* sei zwar *von grôssen sorgen komen* (30 C, V. 4), es sei nun aber unbeschwert freudvoll. Der zentrale Unterschied, dass sich dort seine beständige Haltung als funktional erweist, während das beständige Singen sich hier nur als funktional für andere, nicht aber für sich selbst herausstellt, macht umso deutlicher, dass die Funktionalität zwar Ziel, nicht aber Movens der Werbung ist. Sich im Minnen treu auf eine Dame zu orientieren sowie bei Falschheit den Dienst quittieren zu wollen (30 C) und im Singen dazu verpflichtet zu sein, das tugendhafte Verhalten von Frauen zu loben (31 C), ist der äquivalente Ausdruck davon, dass Liebe höfisch zu sein hat – unabhängig davon, ob sich von ihr profitieren lässt oder nicht. In variierender Sprechposition macht der elfte Ton deutlich, dass die Hoffnung auf eine Gegenleistung von Frauenseite ebenso begründet ist, wie dies nicht ausschlaggebend dafür sein kann, sie zu loben und ihr treu zugewandt zu sein. Nicht der spezifische Zustand des Ich hat Geltung, sondern seine allgemeine Haltung.

14 Unselbstverständliche Freude. Wege der Plausibilisierung von Minne

Ton XII

Ein zentrales Kennzeichen davon, dass der Minnesang Variationskunst ist, stellt die Tatsache dar, das es nicht zwei unterschiedliche konzeptionelle Entwürfe von Minne impliziert, positiv und negativ über Liebe zu sprechen. Zu differenzieren sind nicht eine ‚Hohe Minne', die aufgrund der Unverfügbarkeit der Dame, deren Vollkommenheit in paradoxer Fügung sowohl Anlass des Minnens als auch Verunmöglichung seiner Entsprechung ist, Leid zur Folge hat und eine ‚einfache' Liebe, in der die Dame als Anlass zur Freude gleichsam Freude spendet und Gegenseitigkeit fallweise möglich scheint. Zu differenzieren ist, welche der konventionalisierten und gleichermaßen konstitutiven Paradigmen der Verhandlung von Minne aus welcher Sprechposition heraus aktualisiert werden, welche nicht und was in Folge dessen sagbar ist. So steht die Tatsache, dass dort positiv über Liebe gesprochen wird, wo die konventionalisierten Paradigmen ihrer Verunmöglichung (die êre der Geliebten, die personalisierte oder abstrahierte soziale Normativität etc.) ausgeklammert bleiben, nicht im Widerspruch dazu, dass andernorts von der Zeitlosigkeit des Leidens gesprochen wird, wo jene im Zentrum stehen. Variation „schließt die Möglichkeit der Verkehrung ein"[488], und so wird etwa – wie im sechsten Ton beobachtet – anhand einer Männerrede, die Leid generierende Faktoren ausblendet, und einer Frauenrede, in der durch den Wechsel der Sprechposition sagbar ist, was männliches Wunschdenken darstellt, eine Perspektivierung von Minne möglich, die sich konträr zur topischen Unerfüllbarkeit der Liebe verhält, ohne deren Bedingtheit zu suspendieren.

Der zwölfte Ton des Rugge-Korpus in C[489] variiert die Verhandlung von Minne, indem er ihre positiven Implikationen zwar als aktuell gegeben, aber gleichsam grundsätzlich gefährdet darstellt. In der ersten Strophe ist die Beschreibung der Geliebten als einer, die fröide ihr eigen nennt und sorgen vertreiben kann, eingebettet in die Formulierung des Anliegens, dass, was als positiv erfahren wurde, in Dauer überführt werden soll. Zum Ausdruck kommt eine Dependenz, die den momentanen Zustand des Glücks gleichsam als Besorgnis darum kenntlich macht, wie dieser zu konservieren sei, da der Liebende grundsätzlich zu Sorgen veranlasst ist. Das Positive der Liebe erscheint als Erfahrung von Differenz; das Differente – Leid – wird als

---

488 J.-D. Müller 2010 [2004], S. 65.
489 Die ersten beiden Strophen von Ton XII sind auch im Rugge-Korpus in B überliefert. Dort fehlt die abschließende Frauenstrophe. Sie ist zwar um eine Reimeinheit verkürzt und hat fragmentarischen Charakter, lässt sich aber über die Initialenfarbe demselben Ton zuordnen. Trotz der eindeutigen Zuschreibung der Handschriften dieser Strophen zu Heinrich von Rugge haben Halbach 1928, S. 151 f., und von Kraus (MFU, S. 255) sie Rugge abgesprochen. Die These der älteren Forschung, B biete „durchweg die bessere Version", hat formale Gründe; vgl. Paus 1965, S. 45 f., Zitat S. 45. Die semantisch relevanten Abweichungen sind in den folgenden Anmerkungen besprochen.

ebenso wahrscheinliches Potenzial des gleichen Umstands, sich auf die Geliebte auszurichten, kenntlich. Die zweite Strophe berichtet von Anlass und Bedingung des Minnens. Der Sprecher gibt an, die Exzeptionalität der Dame vernommen und daraufhin überprüft zu haben, *ob an ir lîbe diu gefuoge wære*, um schließlich zu reformulieren, dass sie Schmerz und Kummer vertreiben kann. Erneut kommt in der Artikulation, deshalb *frô* zu sein, eine Besorgnis um Kontinuität zum Ausdruck, und ihre Iteration unterstreicht, dass, was als allgemeiner Zustand erhofft wird, vielmehr spezifischen Charakter hat. Dass die Makellosigkeit der Geliebten wie andernorts auch die gegenteiligen Folgen für die Disposition des Liebenden haben kann, wird hier nicht ausgeblendet, sondern präsent gehalten, indem die Freude *ex negativo* an Plausibilität gewinnt. Das Anliegen, sie zu entspezifizieren und in Dauer zu überführen, wird von der Formulierung ihrer Spezifizität gleichsam unterwandert.

Diesen beiden Männerstrophen, die das Gleiche variierend formulieren, folgt in C abschließend eine Frauenstrophe, in der das weibliche Ich in exakter Spiegelung der männlichen Position angibt, sie wolle dafür sorgen, dass er freudig sei, weil seine Güte sie dazu obligiere. Die Frauenrede affirmiert, dass Minne positive Effekte zeitigen kann, und sucht somit das zu plausibilisieren, dessen Unselbstverständlichkeit im zwölften Ton gleichwohl mitgedacht ist. Seine Pointe besteht darin, die Potenzialität von Leid nachgerade aufgrund der Präsenz von Freude herauszustellen, ohne das zu benennen, was es verursachen würde. Dadurch dass die Markierung seiner Abwesenheit mit einer Ausklammerung seiner Bedingtheit einhergeht, wird es auch hier möglich, variierend darzustellen, inwiefern Minne positive Implikationen haben kann.

32 C

    Ich suochte wîser liute rât,
    das sî mich lêren, wie ich die behalde,
    diu wandelbæres niene begât
    und ie nâch êren fröiden prîs bezalde.
5   mîn heil in ir genâden stât.
    sie kan vertrîben sorge, der ich walde.
    ir güete mich gehœhet hât.
    das ⟨sol⟩ si mêren nâh ir êren manicvalde.

(Ich habe den Rat verständiger Leute gesucht, | damit sie mich belehren, wie ich diejenige nicht verliere, | die nichts Falsches tut | und stets für die Ehre die Vorzüge der Freude erworben hat. | Mein Wohlergehen hängt von ihrer Gunst ab. | Sie kann die Sorge abwenden, die mich umtreibt. | Ihre Güte hat mich erhöht. | Das soll sie, ihrer Ehre entsprechend, noch in vielfacher Hinsicht ausweiten.)

Wie schon der achte hat auch der zwölfte Ton des Rugge-Korpus in C keine Kanzonenform.[490] Seine Strophen sind aufgebaut aus vier metrisch äquivalenten Einheiten, die in der vorliegenden wie auch in der Folgestrophe ebenfalls syntaktische und semantische Einheiten darstellen. Die erste berichtet von der in der Vergangenheit[491] situierten Ratsuche bei verständigen Leuten[492] darum, wie der Liebende seine Geliebte ‚behalten' kann. Ersucht wird um ein subjektübergreifendes Wissen, Dauer in der Liebe herbeizuführen. Da ein solches Wissen bezeichnenderweise nicht wiedergegeben wird und das Folgende die Ratsuche rekursiv begründet, statt konsekutiv aus ihr hervorzugehen, liegt der Fokus der Rede weniger darauf, das ‚Funktionieren' von Minne darzulegen, als vielmehr ihre Unselbstverständlichkeit kenntlich zu machen. Die Situation des Verbunden-Seins mit der Dame gerät hier nicht als Zustand der *fröide* in den Blick, sondern als Anlass für eine Sorge um ihren Fortbestand. Ihre dadurch unterstrichene Besonderheit verhält sich äquivalent zur Exzeptionalität der Dame, die als Anlass zur Minne und Grund für ihre Bewahrung Gegenstand der zweiten Einheit ist (V. 3 f.). Statt zu spezifizieren, wie die Relation zwischen Liebendem und Dame zustande gekommen ist, rücken die allgemeine Eigenschaften des weiblichen Gegenübers in den Fokus: Ihr Handeln ist uneingeschränkt makellos (V. 3), und ihre immer währende Orientierung an Ehre (V. 4) führt dazu, dass sie *fröide* im Sinne einer Errungenschaft ihr eigen nennen kann.[493] Indem die Dame solcherart zur Metonymie für die Ideale des Höfischen wird, erhalten ihr Handeln und ihr Wesen in topischer Weise einen so abstrahierten und typisierten Charakter, dass sich die vorausgegangene Formulierung, der Liebende wolle sie nicht verlieren (V. 2), rekursiv relativieren lässt. Fraglich ist, ob und inwiefern man sich tatsächlich eine konkrete, etwa auch Interaktion implizierende Relation zwischen Mann und Frau vorzustellen hat. Denkbar scheint an dieser Stelle auch, dass das Ich in einer ebenso abstrahierten Weise von der Dame als Objekt seiner Liebe und seines Singens spricht und sie sich primär dafür zu konservieren sucht – sprich: darauf aus ist, die Praxis selbst zu prolongieren und eine Äquivalenz zwischen der zeitindifferenten Exzeptionalität der Dame (*niene, ie*; V. 3, 4) und einer Entzeitlichung der positiven Relationierung zu ihr zu optieren.

Die folgende, dritte Einheit der Strophe ist ihre komplexeste. Auf die topische Aussage, dass das allgemeine Wohlbefinden des Liebenden von der Gunst der Dame

---

490 Vgl. zur Form Paus 1965, S. 46, und, vergleichend zur Form von Ton VIII, S. 52 f.
491 In B steht die Aussage im Präsens: *Ich suoche wîser liute rât*. In C besteht dadurch syntaktisch eine noch größere Parallelität zwischen den Eingangsversen der ersten beiden Strophen, da in der zweiten Strophe der erste Vers ebenfalls im Präteritum steht.
492 Vgl. auch die variierende Thematisierung *wîser liute* in 29 C und die Aussage des Liebenden, nicht *wîse* zu sein, in 15 B.
493 Anders B: *vrowen prîs*, was die Geliebte zum Exemplum der *vrowen* erklärt. Vgl. zur B-Version in überzeugender Kritik an der Lektüre von Ludwig 1940, S. 20, die hier deduktiv von einer nicht nachvollziehbaren Entkopplung des Begriffs *frowe* von „ethische[r] Qualität" ausgeht, Salem 1980, S. 104–106.

abhängig ist (V. 5),⁴⁹⁴ folgt das Postulat, sie vermöge die *sorge*, die ihn umtreibt, abzuwenden (V. 6). Sie lässt sich in doppeltem Sinne verstehen – je nachdem, worauf man die Besorgnis bezieht. Sieht man sie in direktem Bezug zum Beginn der Strophe, wäre hier die Einsicht formuliert, dass die letztgültige Instanz dafür, wie das Ich die Dame nicht verlieren kann, niemand anderes sein kann als sie selbst.⁴⁹⁵ Die Ratschläge verständiger Leute gesucht zu haben, würde dementsprechend als valides Vorgehen revidiert, da der Liebende in seiner allumfassenden Dependenz die Dame gleichzeitig als Ursache und Lösung seiner *sorge* aufzufassen hat. Diese besteht in dieser Lesart referenziell eindeutig darin, die Relation zu ihr zu verlieren. Macht man demgegenüber den abstrakten Charakter der Relation stark, ließe sich der Kummer auch als jene topische Besorgtheit des Liebenden verstehen, dass seine Minne nicht erwidert wird. In diesem Sinne folgte kausal, dass nur die Geliebte sie beheben kann. Als eine, die *fröiden prîs bezalde* (V. 4), personifiziert sie das Gegenteil von *sorge*, und der Liebende glorifiziert die Möglichkeit, Anteil daran zu haben.

Die vierte und letzte Einheit ist Rückblick und Ausblick zugleich. Zunächst hält der Liebende fest, dass die in ihren Einzelheiten zuvor beschriebene Güte der Dame ihn *gehœhet* hat (V. 7). Auch hier bleibt in der Schwebe, ob sich diese Aussage auf ein tatsächliches Ereignis bezieht, oder ob nicht vielmehr in allgemeinerer Hinsicht die *güete* als wesenhafte Eigenschaft der Dame erbauenden Charakter hat.⁴⁹⁶ Sich zu ihr in Bezug zu setzen, hieße dementsprechend an sich schon, durch sie als Freude spendendes Prinzip jene ‚Erhöhung' zu erfahren, die konstitutiver Bestandteil der Metaphorik von *fröide* ist.⁴⁹⁷ Der Sprecher leitet daraus die Forderung ab, die Dame möge ein solches Heben seiner Stimmung *mêren* (V. 8). Wie eingangs bereits bemerkt, lässt sich hierin das Bestreben ablesen, die Potenzialität positiver Auswirkungen der Minne insofern vermehrt zu aktualisieren und in Kontinuität zu überführen, als dass ihre potenzielle Gefährdetheit dadurch minimiert und ihre Unselbstverständlichkeit sukzessive aufgehoben würde. Dabei appelliert der Liebende an die zuvor gelobte *êre* der Dame. Er impliziert, eine Zuwendung würde ihrer Tugendhaftigkeit entsprechen, und legt damit den Umkehrschluss nahe, selbst in äquivalenter Weise tugendhaft zu sein.

Im Gesamten betrachtet, erscheint die Relationierung zwischen Mann und Frau in dieser Strophe in gleichwertiger Weise als positiv und fragil. Indem sich aus der ausführlich thematisierten Vollkommenheit der Dame eine Exzeptionalität der Ausrichtung auf sie ableitet, werden die Umstände, denen ein stets am höfischen Wer-

---

494 Typisch ist, dass diese Aussage mit religiös konnotiertem Vokabular getroffen wird. Indem von seinem *heil* und ihrer *genâde* die Rede ist, wird die Dame wie oft im Minnesang in die Nähe einer Erlöserfigur gerückt; vgl. Kasten 1986, S. 287–289.
495 In diesem Sinne versteht auch Köhler 1997, S. 151, die Stelle.
496 Vgl. die äquivalente Argumentation bei Köhler 1997, S. 151: „Über die wirkliche Relation zur Dame ist damit aber noch nichts Greifbares ausgesagt, denn schon ihre bloße Existenz kann die geschilderten Wirkungen haben."
497 Vgl. Fuchs-Jolie 2007.

tekanon orientierter Liebender ausgesetzt sein kann, in positiver Weise variiert. Da er sich als solcher mitnichten anders verhält als ein Ich, das sich Leid ausgesetzt sieht, trifft die Strophe keine Aussagen darüber, wie Minne gelingen kann. Sie perspektiviert die Relation zur Dame als eine, die *sorge* okkasionell aufheben kann, und hält gerade dadurch aber auch die Kategorie des Leids als etwas zu bewältigendes präsent.[498] Beides arbeitet der Exzeptionalisierung der Situation zu und stellt sie als eine Besonderheit heraus, die sich kontrastiv verhält zu einem zeitindifferenten Zustand, in dem Minne selbstverständlich und *sorge* kein Thema wäre. Auch hier, wo die *güete* der Dame den Liebenden *gehœhet hât*, zielt seine Rede auf eine Veränderung des Aktuellen. Sie zielt als *mêren* davon auf einen Zustand ab, in dem die *rât*-Suche, die am Strophenanfang stand und Ausdruck von Besorgnis war, obsolet wäre.

33 C

> Ich hôrte wîse liute jehen
> eime wîbe wunneklicher mære.
> mîn ouge si begunde spehen,
> ob an ir lîbe diu gefuoge wære.
> 5 nu hân ichs wol an ir gesehen,
> si kan vertrîben seneliche swære,
> und ist mir sô von ir geschehen,
> das ich belîbe frô, des ich unsanfte enbære.

3 sa begüden

(Ich hörte verständige Leute | einer Frau erfreulich Dinge zusprechen. | Mein Auge begann sie [im Hinblick darauf] zu beobachten, | ob sich bei ihr schickliches Verhalten feststellen ließe. | Jetzt habe ich es bei ihr gesehen: | Sie kann schmerzlichen Kummer vertreiben. | Und so ist es mir durch sie passiert, | dass ich froh bleiben kann aufgrund dessen, | worauf ich ungern verzichten würde.)

In der Folge der Strophen ist die zweite Strophe des zehnten Tons, die über die wiederholte Nennung verständiger Leute im ersten Vers rhetorisch die variierende Wiederaufnahme des Verhandelten signalisiert, zeitlich vor dem dort Diskutierten zu verorten.[499] Rekapituliert werden die Situationen, in denen das Ich auf die künftige Geliebte aufmerksam geworden ist und ihre Tugend registriert hat, sowie die darauf

---

[498] Vgl. in diesem Sinne auch Köhler 1997, S. 151, der gegen Paus 1965, S. 48, herausstellt, dass „in keiner der beiden Männerstrophen [...] dem Mann Minneglück zuteil geworden ist".
[499] Dass Paus 1965, S. 48, deshalb postuliert, sie sei an den Anfang der Strophenfolge zu setzen, hat die irrige, der Variationskunst des Minnesangs widersprechende Prämisse, das Thematisierte könne nur in chronologischer Abfolge verfasst worden sein. Dasselbe Argument findet sich bereits bei Angermann 1910, S. 21, und Wilmanns/Michels 1916, S. 402, Anm. 58. Vgl. zur Kritik daran auch Köhler 1997, S. 151.

aufbauende positive Erfahrung der Relationiertheit zu ihr als Geliebter. Als Variation der Verschränkung von Minne und Sorge demonstriert sie dabei in Ergänzung zur Vorstrophe das *frô*-Sein wesentlich als Erfahrung von Differenz. Die Dame als Freude spendendes Prinzip kann ein Leid *vertrîben* (32 C, V. 6 und 33 C, V. 6), das dadurch gleichsam präsent gehalten wird. Da das *vertrîben* zudem als situational ausgewiesen wird (*nu hân ichs* [...] *gesehen*, V. 5), zeigt sich das potenziell Negative als das Allgemeine und das aktuell Positive als das Besondere. Wenn das Ich am Strophenende postuliert, ihm sei *sô von ir geschehen, | das ich belîbe frô* (V. 7 f.), ist das dementsprechend konjunktivisch aufzufassen: Momentan ist ihm dank der Geliebten etwas widerfahren, worin es das Potenzial sieht, dass es froh bleiben kann. Die Strophe lässt ihre Perspektivierung positiver Aspekte der Minne somit erneut in den Wunsch münden, die Situation in einen Zustand zu überführen, da ein Verzicht auf Freude schmerzlich wäre (V. 8). Die Darstellung des Positiven ist zugleich Reflexion seiner Bedingtheit, nicht selbstverständlich zu sein.

Die makrostrukturelle Äquivalenz von 32 und 33 C spiegelt sich in auffälliger Weise in ihrer Mikrostruktur:

– V. 1 f.: Wieder setzt sich das Ich eingangs zu „verständigen Leuten" in Bezug, diesmal als Rezipient davon, dass sie Wunderbares über eine Frau berichtet haben.[500] Die Exzeptionalität der Geliebten erscheint somit von vornherein autorisiert.[501] Seine Relationierung zu ihr vollzieht sich auf der Grundlage einer Vermittlung von Wonnevollem durch Kundige als Partizipation an doppelt positiv Konnotiertem.[502] Indem der Sänger davon berichtet, vollzieht er seinerseits einen Akt der Vermittlung: Die Frau zum Gegenstand seines Singens zu machen, in dem er seinerseits von ihren Qualitäten berichten wird, ist nicht nur durch Verständigkeit bedingt, sondern zeigt auch an, sie zu reproduzieren, autorisiert also zugleich sich selbst.

– V. 3 f.: An selber Stelle wie in der Vorstrophe geraten die Vorzüge der Frau in den Blick, nun aber vom Standpunkt ihrer Überprüfung aus. Dass das Ich sagt, *mîn ouge si begunde spehen*, stellt dabei weder die Kompetenz der verständigen Leute

---

[500] Die ebenfalls mögliche Übersetzung: „Ich hörte verständige Leute einer Frau erfreuliche Geschichten erzählen", scheint insb. mit Blick auf V. 5–8 deutlich weniger plausibel, da das Ich dort berichtet, ‚nun selbst' Erfreuliches von ihr erfahren zu haben. Das macht wahrscheinlich, dass die verständigen Leute über sie, nicht mit ihr gesprochen haben.

[501] Das ist der entscheidende Aspekt. Köhler 1997, S. 152, verweist zwar zurecht auf den prominent in Erzähltexten beggnenden Topos der „Minne vom Hörensagen". Dass dieser auch im Minnesang mehrfach begegnet, weist etwa Schnell 1985, S. 284, Anm. 347, nach. Hier und insb. im Hinblick auf die vorliegende Strophe gilt es jedoch zu differenzieren, dass damit, anders als in den Erzähltexten, nicht unmittelbar das Fernliebe-Motiv in äquivalenter Weise aufgerufen ist, wie es Schnell postuliert. Anders als bei Meinloh von Sevelingen 1 BC (MF 11,1), der gemäß Köhler einzigen „ungefähre[n] Parallele" (ebd.) des Fernliebe-Motivs im Minnesang, ist die Überwindung größerer räumlicher Distanz in der vorliegenden Strophe mitnichten von Belang.

[502] Umgekehrt lässt es sich auch so verstehen, dass die *liute* (V. 1), da sie *wunnekliche mære* berichten (V. 2), gleichsam gerade deshalb als *wîse* bezeichnet werden können.

noch die Qualitäten der Dame infrage, sondern dient wiederum seiner Autorisierung als eigenständiger Instanz, die sich in ein spezifisches Verhältnis zur Frau zu setzen sucht. Des Weiteren signalisiert der kritische Blick Distanz. Er zielt darauf, *diu gefuoge* zu registrieren, also ein Handeln, dass den höfischen Werten verpflichtet ist,[503] und demonstriert damit in erster Linie deren unhintergehbare Relevanz für das Ich und den Sang. Das Ethisch-Moralische wird zur Möglichkeitsbedingung für Minne erklärt; die Relationierung zur Geliebten vollzieht sich einmal mehr in einem sozial bestimmten Rahmen, in dem ihre Unselbstverständlichkeit immer schon mitzudenken ist.

- V. 5 f.: In diesem Sinne geht die folgende Feststellung, der Liebende habe *nu* [...] *gesehen*, dass die Frau Leid vertreiben kann, zwar kausal-logisch aus ihrer Exzeptionalität hervor, stellt aber gleichsam ein Ereignis dar. Impliziert wird: Selbstverständlich ließ sich *diu gefuoge* (V. 4) bei der Frau feststellen, weshalb sich das Ich nun als Liebender versteht, der seinerseits *wunnekliche mære* von ihr berichten kann. Beachtenswert ist, dass dies jedoch nicht als Interaktion gefasst wird, sondern wiederum als ein Akt des Sehens beschrieben ist. Die zuvor markierte Distanz ist auf expliziter Ebene gerade nicht aufgehoben.[504] Wenngleich suggeriert sein mag, der Liebende profitiere in durchaus konkretem Sinne von seiner Relationierung zur Frau, verbleibt die Feststellung im Allgemeinen: Der Frau wird – an der exakt selben Stelle wie in der Vorstrophe (vgl. 32 C, V. 6) – qua Beobachtung *an ir* die Fähigkeit zugeschrieben, dass sie Negatives, *seneliche swære*, *vertrîben* [*kan*].[505] Weil der Begriff *seneliche swære* nicht zuletzt auch Liebeskummer bezeichnet, bedeutet dies aber auch, dass sie zu lindern vermag, was nur sie auslösen kann. Beschrieben ist die aktuell gewordene Dependenz des Liebenden von der Geliebten. Dass diese auch positive Implikationen haben kann, hat Ereignischarakter, keine allgemeine, sondern spezifische Gültigkeit.
- V. 7 f.: Die Schlussverse sind – auch hierin äquivalent zur Vorstrophe – prospektiv. Der Liebende berichtet, dank der Geliebten etwas erfahren zu haben, das die Hoffnung speist, „froh bleiben" zu können – eine Hoffnung, deren Kehrseite darin bestimmt wird, dass der Verzicht darauf *unsanfte* wäre. In dieser Aussage wiederholt sich nicht nur der Wunsch nach einer Kontinuität des Positiven. Ihre Pointe besteht auch darin, dass die optierte Verstetigung der Sorglosigkeit sich in der Folge der Strophen relativieren lässt: Da das in der vorliegenden Strophe Artikulierte zeitlich vor den Inhalten der Vorstrophe zu situieren ist, wo der Liebende ebenfalls präsentisch seine potenzielle *sorge* zum Ausdruck gebracht hatte (32 C, V. 6), zeigt sich die Hoffnung auf eine Dauer der Freude verschränkt mit einer

---

503 Vgl. auch die Verwendung des *fuoge*-Begriffs in 22 C oben sowie die Belege in Anm. 362.
504 Diesen Aspekt übersieht Schmidt 1874. Er postuliert: „Er erkennt ihre Vorzüge und findet, als er sich ihr nähert, freundliche Aufnahme" (S. 15).
505 Boll 2007, S. 332, bemerkt hierzu: „Im Kontext der Mannesrede ist [...] an eine spirituelle Befriedigung zu denken, da die Frau in seiner Schilderung relativ schemenhaft bleibt." Das ließe sich, wie ausgeführt, auch aufgrund des Verbs *sehen* postulieren.

Besorgtheit um ihr Ende. Minne, die Kummer vertreiben kann, ist hier zugleich gekennzeichnet durch die permanente Sorge darum, dass auch das Gegenteil der Fall sein könnte.

Wenn die Männerstrophen des zwölften Tons in dieser Modulierung von der Erbauung und Freude des Liebenden sprechen, vollzieht sich dabei keine Revision seines Leidens, das in anderen Strophen zum Ausdruck kommt. Dessen Rahmenbedingungen – die zentrale Orientierung an höfischen Werten, die Kontextualisierung im Sozialen, die Vollkommenheit der Geliebten und die Dependenz von ihr – haben die identische Gültigkeit. Wo die Verortung in und die Bezugnahme zu ihnen hier positiv variiert werden, ist die Spezifizität dessen stets mitgedacht. Der *wân* des leidenden Liebenden auf eine Besserung seiner Lage, der andernorts aporetisch erscheint, wird hier als Hoffnung dargestellt, die okkasionell Berechtigung haben kann. Bezeichnend ist, dass dabei eine konkrete Interaktion zwar suggeriert, nie aber explizit gemacht wird. Es ist das Prinzip selbst, dessen Positivität in den Fokus rückt, nichts aber, das die Makellosigkeit der Geliebten antasten würde.

34 C

,Mîn lîp in ein gemüete swert,
sît er sô ringet, das ich behüete,
das er ist fröiden unbehert.
des er betwinget mich mit sîner güete.
5 an mir er niemer missevert.
wan dem gelinget ⟨...
...
...⟩ ob uns niemer bo*u*m geblüete.'

8 bon

(„Ich versichere ihnen eine Haltung | – weil er sich so abmüht –, dass ich mich darum kümmere, | dass er nicht beraubt von Freude ist. | Dazu bewegt er mich mit seiner Güte. | Bei mir ist er niemals auf dem falschen Weg. | Außer/Weil dem gelingt [...] wenn uns nie ein Baum blühen würde.")

Die letzte Strophe des Rugge-Korpus in C ist fragmentarisch. In der Handschrift selbst ist sie zwar nicht als unvollständig gekennzeichnet, doch geht die Tatsache, dass sie sich gegenüber ihren Vorstrophen um eine Reimeinheit verkürzt zeigt, damit einher, dass vor dem letzten Vers ein syntaktischer Bruch vorliegt. Eine Unachtsamkeit des Schreibers lässt sich auch darin sehen, dass in der handschriftlichen Fassung des Schlussverses, *ob uns niemer bon geblüete*, offensichtlich ein Fehler vorliegt. Was überliefert ist, zeigt sich zudem inhaltlich als unvollständig. Zwischen dem Reden im Hinblick auf und über den Mann, das die ersten Verse bestimmt, und der Metaphorik

14 Unselbstverständliche Freude. Wege der Plausibilisierung von Minne — 239

des Blühens am Schluss tut sich eine argumentative Leerstelle auf. Die Frage, auf welche Weise die Strophe in ihrem Personal vom Reden über ein Ich und ein Er zur finalen Zusammenführung in der ersten Person Plural gelangt, muss offen bleiben.

In den fünf syntaktisch zusammengehörigen Anfangsversen wird eine bruchlos positive Haltung gegenüber dem Liebenden deutlich.[506] Vier Aspekte stehen im Vordergrund: Erstens die Versicherung, um die *fröide* des Mannes sorgen zu wollen (V. 1–3). Zweitens die Feststellung, dass *er sô ringet* (V. 2). Drittens die Feststellung seiner *güete* als einer Verpflichtung zu Zuwendung (V. 4). Und viertens das Postulat, dass er in seiner Ausrichtung auf sie alles richtig macht (V. 5). Nimmt man diese Aspekte zusammen, stellen sie in nahezu frappierender Weise eine Spiegelung und Affirmation des in den Männerstrophen Artikulierten dar.[507] Der Projektionscharakter, der in Strophen, in denen ein weibliches Ich inszeniert wird, häufig begegnet, ist evident.[508] In ihren Aussagen entwickelt die Sprecherin keine eigenständige, unabhängige Position, sondern macht das zuvor über sie Gesagte zur Selbstthematisierung. Dieses Verfahren zielt inhaltlich und performativ auf Äquivalenz, eine Reziprozität in Haltung und Handeln von Männer- und Frauenseite,[509] die einer Legitimation der Minne gleichkommt. Dabei wird der Liebende in genau jenen zentralen Komponenten seiner Praxis bestätigt, die in vielen anderen Strophen sein Leid zur Folge haben.

Am Beginn der Strophe steht ein *swern*, das sich an ein unspezifisches Gegenüber richtet. Die einzige Gruppe Dritter, die die Vorstrophen für die Formulierung, dass die Frau „ihnen" etwas versichert, als Referenz bereit halten, sind *wîse liute* (32 und 33 C, V. 1). Da ein solcher Bezug aber weder syntaktisch zwingend ist, noch für den weiteren Verlauf der Strophe zum Argument wird, muss er fraglich bleiben. Nimmt man das handschriftlich Überlieferte ernst, kann lediglich festgehalten werden, dass die Frauenstrophe zu Beginn etwas aussagt, dass sie auch andernorts, gegenüber anderen Leuten, zum Ausdruck bringt und das dadurch die grundsätzliche Haltung der Sprecherin artikuliert. Zumindest angedacht werden könnte angesichts der Tatsache, dass die Strophe insgesamt fehlerhaft überliefert zu sein scheint, aber auch, ob in einer etwaigen Vorlage nicht *im* statt *in* gestanden haben könnte. Das *swern* würde sich dann von Beginn an auf das männliche Gegenüber beziehen, das im weiteren Verlauf der Strophe der einzige personelle Bezugspunkt bleibt.

---

506 Auch hier lässt sich, wie bei 16 C, mit Köhler 1997, S. 60 und 153, von einer konfirmativen Funktion der Frauenrede sprechen, wie sie in Wechseln häufig begegnet.
507 Vgl. schon Schmidt 1874, S. 15.
508 Vgl. dazu S. 130 f. mit Anm. 195.
509 Vgl. dazu auch die allgemeinenen Bemerkungen zum Wechsel bei Eikelmann 1999, S. 91: „Es geht nicht um eine detaillierte Darstellung der Minnebeziehung oder der gesellschaftlichen Anfeindungen; entscheidend sind allein die Reaktionen von Mann und Frau, in den Mittelpunkt rücken nur die Emotionalität und die Zeichenhaftigkeit ihrer Redegebärden [...]. Charakteristisch für diesen Stil ist nicht so sehr die Entfaltung einer elaborierten Argumentations- oder Gesprächstechnik, als vielmehr die Verdichtung der Liedaussage in eine symbolträchtige Redegestik und Bildlichkeit."

Inhalt der Versicherung ist die Aussage, die Frau wolle *behüeten* (V. 2), dass der Mann nicht von Freude beraubt ist. Sie stellt einen eindeutigen Bezug zur Männerrede her. Da der Liebende dort gesagt hatte, *fröide* sei der Geliebten im Sinne einer Errungenschaft eigen (32 C, V. 4), sie solle auf Grundlage dessen seine Hochstimmung *mêren* (32 C, V. 8) und sei die Instanz, dass er *belîbe frô* (33 C, V. 8), ist ihre Aussage als rekursive Affirmation all dessen zu verstehen. Die Frau bestimmt ihr Anliegen, dass dem Mann Freude widerfährt, als Konstituens ihrer Gemütseinstellung, und begründet dies in der Folge mit seiner *güete* (V. 4). Diese Spiegelung der topischen Feststellung weiblicher Makellosigkeit ist deshalb bemerkenswert, weil sie füllt, was so häufig Leerstelle ist: In 31 C etwa hatte der Liebende ausgehend vom Herausstellen seiner Orientierung an höfischen Werten postuliert, davon als einziger nicht zu profitieren (vgl. 31 C, V. 7). Hier nun geschieht genau das: Was das Handeln von Seite des Liebenden bestimmt, erscheint als Handlungsimplikation von Frauenseite;[510] was seine Hoffnung ist, zeigt sich realisiert. Die Frauenrede ist das Explizit-Werden seines Wunschdenkens.[511]

Ausgespart bleibt dabei, auf welche Weise die Frau *behüeten* will, *das er ist fröiden unbehert* (V. 3). Wieder ist mitnichten von einer konkreten Interaktion die Rede: Zwar kommt zum Ausdruck, dass Güte ein Wert ist, der handlungsleitend ist, doch ist damit lediglich eine Aussage über ihren Wert getroffen, keine aber über das Handeln selbst. Die Paradoxie, dass *êre* und *güete* gleichermaßen die Realisierung von Minne verhindern würden, bleibt unausgesprochen. Als weitere Begründung für ihr Anliegen nennt die Frau die Tatsache, dass der Liebende *sô ringet* (V. 2).[512] Das bringt zum einen zum Ausdruck, dass sie sein Handeln registriert und honoriert. Zum anderen lässt sich im Begriff des ,Bemühens' aber auch dessen Kehrseite, sein Leidpotenzial, angelegt sehen, das in beiden Vorstrophen thematisiert wurde (*sorge*, 32 C, V. 6; *swære*, 33 C, V. 6). Die Frau will verhindern, dass dieses Potenzial aktualisiert wird, und gibt an, dass auch sie sich nicht als Instanz sieht, die einer *fröide* des Liebenden im Wege steht. Hierin lässt sich ein letztes Mal das Postulat impliziert sehen, dass dort, wo Minne nicht zustande kommt, die Ursache nicht bei den Liebenden selbst zu suchen ist. Dementsprechend kann die Frau im fünften Vers behaupten, die Ausrichtung des Liebenden auf sie sei zeitindifferent die richtige. Im Modus der Selbstthematisierung definiert sie ihre Haltung zu ihm als Zuwendung und Response. Was sie aussagt, ist,

---

510 Vgl. dazu auch Boll 2007, S. 332, mit Nachweis der wenigen Stellen im Minnesang, wo *güete* in Frauenrede auf den Mann bezogen wird in Anm. 87.
511 Vgl. auch Boll 2007, S. 333: „Zumeist entfaltet die abschließende Frauenrede mehr oder weniger deutlich eine männliche Wunschperspektive. Damit wird das Ziel verfolgt, einen Wertekanon für die Mannesrolle zu etablieren."
512 Wobei die Konjunktion in der Formulierung, *sît er sô ringet*, angesichts der Tatsache, dass der Liebende in der Vorstrophe den Beginn seiner Orientiertheit auf die Frau thematisiert hatte (33 C, V. 1–6), auch temporal aufgefasst werden kann. Tut man dies, hat ihre Aussage noch gesteigert responsiven Charakter.

dass der Liebende in grundsätzlicher Weise ein richtiges Bild von ihr hat.[513] Keine Aussage ist damit getroffen über die Kontextualisierung dieser Orientierung. Über das soziale Wertesystem und seine Aufsichtsinstanzen, die die Realisierung von Minne verhindern würden, wird bis zum Schluss geschwiegen.[514]

Zu den beiden abschließenden Versen lässt sich aufgrund ihrer syntaktischen Unvollständigkeit wenig sagen, das nicht spekulativ wäre. Der Begriff des Gelingens (V. 6) und die Metapher des Blühens, die Positives symbolisiert, lassen vermuten, dass das Ende der Strophe in einer etwaigen Vorlage in klimaktischer Weise die Herausstellung positiver Aspekte der Minne fortgesetzt haben mag.

Um das Besprochene zu bündeln: Es ist deutlich geworden, dass das Rugge-Korpus in C mit einem Ton endet, dessen Strophen, ganz im Gegensatz zum vorausgegangenen elften Ton, in engem Zusammenhang zueinander stehen. Ihre Aussagen sind in der Reziprozität von Männer- und Frauenrede darauf ausgelegt, sich gegenseitig zu plausibilisieren. Das macht nicht zuletzt die Notwendigkeit einer solchen Plausibilisierung deutlich. Denn wo der zwölfte Ton positive Aspekte des Minnens, seine Legitimation und Realisierbarkeit aufgrund der responsiven Wahrnehmung von Liebendem und Geliebter, in den Vordergrund stellt, ist die Unselbstverständlichkeit der Realisierung immer mitgedacht.

---

513 Vgl. auch Boll 2007, S. 332: „Dies kann zum einen heißen, dass er in ihr genau diejenige findet, die ihm prophezeit wurde und die er für gut befunden hat; zum anderen könnte auch gemeint sein, dass sie ihm immer lohnen und Freude schenken werde." Die Pointe dürfte hier, wie vorgeschlagen, sein, dass Letzteres gerade nicht explizit wird.
514 Vgl. zur Ausklammerung des Sozialen in Frauenstrophen Anm. 236.

III Das Rugge-Korpus in B

Unter dem Namen *HAINRICH VON RUCHE* sind in der kleinformatigen Weingartner Liederhandschrift auf den Seiten 45–50 der handschrifteneigenen Zählung insgesamt 23 Strophen überliefert, elf weniger als im Codex Manesse. 19 davon haben Entsprechungen in C, vier sind nur in B tradiert. Die Töne Ia bis V finden sich in B nicht; ab Ton VI, dem die ersten vier Strophen des Rugge-Korpus in B angehören, gibt es weitgehende Übereinstimmungen mit C:[1] Die Töne VI, VIII, IX, X und Ic finden sich in dieser Reihung mit der je selben Folge und Anzahl an Strophen in beiden Handschriften. Auch die beiden ersten Strophen des abschließenden Tons XII sind in B an letzter Stelle des Korpus überliefert; die dritte, zuletzt besprochene Strophe (34 C) fehlt.[2] Größere Unterschiede gibt es hinsichtlich des siebten Tons. Während von Ton VII in C nur eine einzelne Strophe überliefert ist (17 C), bietet B fünf Strophen des Tons an zwei unterschiedlichen Stellen. Die Strophen 5 und 6 B stehen in Entsprechung zur Tonreihenfolge in C zwischen den Strophen von Ton VI und VIII, dabei stimmt 6 B mit 17 C überein. Drei weitere Strophen des Tons, die keine Parallele in C haben (15–17 B), stehen zwischen den Strophen des neunten und zehnten Tons. Vom komplex überlieferten elften Ton liegen im Rugge-Korpus in B keine Strophen vor.

Da beim lexikalischen Bestand der in beiden Handschriften überlieferten Strophen kaum je wesentliche Unterschiede bestehen,[3] kann hier darauf verzichtet werden, noch einmal eigens auf sie einzugehen. Im Fokus sollen die vier nicht in C tradierten Strophen des siebten Tons sowie dessen einzige in beiden Handschriften geführte Strophe stehen. Während die Strophen 15–17 B nach anfänglicher Isolierung seit Langem sowohl in der Edition als auch in der Sekundärliteratur als zusammengehörig angesehen werden,[4] steht die Einheit von 5 und 6 B bis heute in Frage.[5] So wurden sie in MF in sämtlichen Auflagen voneinander abgetrennt. Grund dafür ist die

---

[1] Vgl. zur Überlieferungsfrage mit detaillierter Thematisierung der Abweichungen zuletzt Henkes-Zin 2004, S. 138–145.
[2] Die ältere Forschung hat spekuliert, dass dies aufgrund ihres fragmentarischen Charakters der Fall sei; vgl. Scherer 1874, S. 574, Anm. 1; Schmidt 1874, S. 15; Paul 1876, S. 492.
[3] Vgl. im vorangegangenen Kapitel zu den semantisch relevanten Unterschieden in 2 B/14 C, V. 7, Anm. 215; 10 B/21 C, V. 9, Anm. 324; 14 B/25 C, V. 2, Anm. 377; 18 B/26 C, V. 6, Anm. 393; 22 B/32 C, V. 1, Anm. 491, und V. 4, Anm. 352 und 493.
[4] Vgl. zuerst Paul 1876, S. 533. MF(V) verbindet zunächst nur 16 und 17 B, MF(V³) dann alle drei, was seither nicht mehr in Frage gestellt worden ist; vgl. dazu auch Köhler 1997, S. 136. MF(K) erklärt sie für unecht; vgl. MFU, S. 245–247.
[5] Köhler 1997, S. 137, postuliert „eine Gemeinsamkeit in ihrer Orientierung auf das Publikum" (vgl. kritisch dazu Anm. 8), stellt aber ebenso fest: „Ansonsten verbindet die Strophen inhaltlich wenig", und kommt wie der Rest der Forschung zum Schluss, man habe es wohl mit zwei Einzelstrophen zu tun. Boll 2007, S. 325, sieht Ton VIIb als einen Wechsel an, hält aber ebenfalls fest, 6 B, die sie als Frauenstrophe liest, sei „derart allgemein gehalten, dass sie zu vielen Mannesstrophen den Abschluss hätte bilden können. Ein inhaltlicher Zusammenhang, im Sinne einer logisch stringenten Gedankenführung, ist nicht erkennbar."

evidente und im Folgenden zu diskutierende Diskrepanz in Thematik wie Sprechhaltung, die vergleichbar mit dem ist, was im vorausgehenden Kapitel in den Tönen IV, IX und XI beobachtet werden konnte. Beide Strophen stehen inhaltlich wiederum in keinem ersichtlichen Zusammenhang mit den tongleichen Strophen 15–17 B. Wie bereits im Hinblick auf Ton Ia–c eingehend diskutiert wurde,[6] sind die jeweiligen Strophengruppen gemäß dem Handschriftenbefund getrennt voneinander zu betrachten.

1 Umkodierung von Leid. Strategien der Imagination

Ton VIIb

Vor der bereits im vorangegangenen Kapitel diskutierten Strophe des siebten Tons, die sich sowohl als Männer- als auch als Frauenrede auffassen lässt und ausgehend von einer Demonstration von *fröide* ein Lob eines indefiniten Gegenübers formuliert,[7] steht im Rugge-Korpus in B eine tongleiche Strophe, die in keinerlei konkretem Bezug dazu zu stehen scheint. Ihr Ich ist ein männliches, es spricht von einer Abschiedssituation, die scheinbar Leid auf beiden Seiten verursacht, und endet damit, die Exzeptionalität der Geliebten herauszustellen. Einzige evidente Parallele zwischen den Strophen ist die Akzentuierung eines *hie*, das aber jeweils eine gänzlich andere Referenzialität aufweist.[8] Kontextualisierung, Personal, Thematik, Gemütslage des sprechenden Ich und Minne-Bezug differieren, und das unabhängig davon, ob man die zweite Strophe als Männer- oder Frauenstrophe rezipiert.[9] Neben den ersten drei Strophen des neunten Tons in C liegt hier folglich der zweite Fall davon vor, dass im Verbund überlieferte tongleiche Strophen über ihre formale Äquivalenz hinaus kaum Bezüglichkeit kenntlich werden lassen. Da diese Problematik insbesondere im Hinblick auf Ton IX bereits eingehend diskutiert wurde,[10] soll hier der Fokus zunächst auf der noch nicht diskutierten Strophe von Ton VIIb liegen.

---

6 Vgl. S. 69–71.
7 Vgl. die Diskussion von 17 C, hier S. 155 f. Semantisch relevante Abweichungen zwischen 17 C und 6 B bestehen keine; vgl. dafür den Apparat in MF(MT), S. 211.
8 In 5 B bezieht das Ich das *hie* auf eine Situation der Distanz, in 6 B bezieht es das *hie* auf sich selbst (*Man sol ein herze erkennen hie*). Das als eine Gemeinsamkeit hinsichtlich einer jeweiligen „Orientierung auf das Publikum" aufzufassen (Köhler 1997, S. 137), scheint mir aufgrund der sichtlich differierenden Kontextualisierung nur in einem unspezifischen Sinne möglich, da das *hie* einmal Absenz und einmal Präsenz markiert.
9 Dementsprechend konstatiert auch Boll 2007, S. 325, die die zweite Strophe als Frauenrede auffasst: „Es ist durchaus vorstellbar, dass hier gar nicht die Dame spricht, von der der Mann in 5B berichtet, sondern dass eine andere Frau eine abschließende Stellungnahme gibt." Bei dieser Überlegung Bolls stellt sich allerdings gleichwohl die Frage, wozu die „Stellungnahme" gegeben wird, da keinerlei Bezug zur Vorstrophe besteht.
10 Vgl. S. 182–185 sowie den Abschnitt *Kohärenz* in der Einleitung, S. 60–67.

Mit der Beschreibung davon, dass die Geliebte, die der Liebende *senende* zurückließ,[11] wütend auf ihn sei und seinetwegen leide, beinhaltet 5 B Aspekte, die zunächst im Widerspruch zur topischen Thematisierung der Geliebten im Minnesang zu stehen scheinen. Doch kommt dabei ein Verfahren der Variationskunst zur Anwendung, das in modifizierter Form bereits im sechsten Ton des Rugge-Korpus in C beobachtet werden konnte.[12] Ließ sich bis anhin mit Blick auf Frauenstrophen wiederholt die Strategie nachvollziehen, Äußerungen zu tätigen, die aus dem Munde eines männlichen Liebenden für gewöhnlich nicht sagbar wären,[13] so wird dies hier nun dadurch möglich, dass der Liebende von seiner Vorstellung spricht: Nicht die Deskription einer Situation bringt er, wo er von der Geliebten redet, zum Ausdruck, sondern eine Imagination.[14] Indem in der vorliegenden Strophe die Kontextualisierung eines Abschieds im Sinne einer Konsolidierung von Distanz den Ausgangspunkt der Reflexion bildet, wird ein *wænen* des Liebenden in Gang gesetzt. Sein Inhalt changiert in pointierter Weise dazwischen, negative Gefühle der Geliebten zu imaginieren und ihr eine aktive Gefühlsregung zu attestieren, ein Umstand, der für gewöhnlich Leerstelle bleibt. Während im sechsten Ton durch eine imaginative Verinnerlichung der Geliebten im Herzen Nähe angezeigt schien, erweist sich hier in variierender Umkehrung die Gegebenheit von Distanz als Möglichkeitsbedingung dafür, eine Interdependenz der emotionalen Dispositionen behaupten zu können. Was scheinbar maximal negativen Charakter hat – die Trennung von der Geliebten und ihr daraus resultierender Zorn –, lässt dadurch, dass sich der Liebende hier explizit für das *leit* der Geliebten verantwortlich erklärt, eine Strategie der Inversion erkennen: Als derjenige, von dem die emotionale Disposition des Gegenübers abhängt, rückt er an jene Machtposition, die ein leidender Liebender andernorts der Dame zuschreibt; er kodiert die Bedingtheit des Leids um. Die Variation der Kontextualisierung ermöglicht es, die Relation der Liebenden im Modus der Imagination variierend zu bestimmen und das eigene, hier selbstverschuldete Leid auf das geliebte Gegenüber zu projizieren. Der Trennungsschmerz mobilisiert ein *wænen*, das die vielfach reflektierte Figur,

---

11 Die Tatsache, dass – außerhalb von Tageliedern – in einer Männerstrophe die Frau als *senende* beschrieben wird, ist äußerst selten. Neben der vorliegenden Strophe findet sie sich bei den Autoren bis und mit Walther noch bei Dietmar von Aist: 4 BC (MF 32,13), V. 1. Bemerkenswert ist die (sich allerdings höchstwahrscheinlich auf die Tagelied-Situation beziehende) Variation der Formulierung bei Reinmar dem Alten 15 B/21 C/289 E (MF 155,5), V. 1 f.: *Ime ist wol, der mac gesagen, / das er sîn lieb in senenden sorgen lie* (Text nach C). Vgl. zum *senen* als Komponente einer Selbstthematisierung in Frauenstrophen im Korpus Rugge 29 C, V. 10, sowie die Belege in Anm. 193 des vorangegangenen Kapitels. Vgl. schließlich für Aussagen eines Boten über das *senen* des Mannes Dietmar von Aist 27 C (MF 38,14), V. 4.
12 Vgl. die Diskussion zu 15 C. Die Strophe steht im Rugge-Korpus in B an dritter Stelle und somit kurz vor der hier zur Diskussion stehenden.
13 Vgl. 16 C (= 4 B), 21 C (= 10 B), 29 C (= 21 B), 34 C.
14 Vgl. konzeptionell zur Imagination als vielfach begegnendes Verfahren im Minnesang, sich verfügbar zu machen, was unverfügbar scheint, Kellner 2018, S. 187–189.

dass die Handlungen des Mannes folgenlos bleiben,[15] zu suspendieren vermag. Kenntlich wird das Verfahren, durch eine Variation der kontextualisierten Situation eine Imagination zum Ausdruck zu bringen, die wiederum eine Variation der Relationierung zwischen Liebendem und Geliebter darstellt.

5 B

> Wan das ich friunden volgen sol,
> ich bin mir schedelichen hie.
> si zürnet sêre, wæne ich wol,
> diu guote, die ich dâ senende lie,
> 5 und hât von mînen schulden lait.
> das ich durch iemen si vermait,
> des wirde ich selten wol gemuot.
> ich enwais, ob ieman schœner sî,
> es lebet niht wîbes alse guot.

3 wenne   8 fchoner

(Abgesehen davon, dass ich Freunden folgen soll, | bin ich zu meinem Schaden hier. | Sie zürnt sehr, so nehme ich an, | die Gute, die ich dort sehnsuchtsvoll zurückließ, | und sie empfindet meinetwegen Leid. | Darüber, dass ich mich wegen jemand anderem von ihr fernhalte, | kann ich mich wohl kaum freuen. | Ich weiß nicht, ob jemand schöner ist, | es lebt keine so gute Frau [wie sie].)

Im Aufgesang vollzieht sich die Kontextualisierung der Rede in kontrastiver Gegenüberstellung von *hie* (V. 2) im ersten Stollen und *dâ* (V. 4) im zweiten. Das *hie* erscheint über das Verb *volgen* als ein mobiles und ist für das Ich geprägt durch ein Dilemma: Zwar scheint es positiv, dass die Personen, mit denen es unterwegs ist, *friunde* sind, doch vermag dieser nicht näher ausgeführte Umstand die negativen Implikationen seines Unterwegs-Seins nicht zu kompensieren. Das *dâ* als Ort, an dem sich die Geliebte befindet, ist statisch und erscheint über ihre Beschreibung als Zurückgelassene als jener Raum, von dem sich der Liebende wegbewegen *sol*, was folglich nicht seiner eigenen Intention entspricht. Inhaltlich bleiben die Räume, die voneinander abgesetzt werden, unterbestimmt. Entscheidender als ihre jeweilige Eigenheit ist ihre Relation. Sie dient zur Ausdifferenzierung einer Distanz, die dem Mann schadet (V. 2) und die Frau, wie er annimmt, erzürnt (V. 3).

Zwar mag man in der Fortbewegung mit Freunden lockere Anklänge an Kreuzzugsthematik und im Zurücklassen der sehnsüchtigen Frau eine Wendung aus dem Tagelied erkennen, die beide ebenfalls eine Leid generierende Situation des Abschieds

---

15 Vgl. dafür im Rugge-Korpus die Töne Ia, III, VIII, XI (31 C).

zum Gegenstand haben. Doch verdeutlicht die Tatsache, dass eine konkrete Kontextualisierung dezidiert ausbleibt,[16] dass es hier weniger um die Umstände der Trennung als vielmehr um das Getrennt-Sein selbst geht. Nichts wird über die Freunde, nichts über die Gründe, ihnen zu folgen, gesagt; beides dient als externes Movens einzig dazu, die im *hie* bestehende Trennung von der Geliebten als eine nicht beabsichtigte fassen zu können, die dem Ich Schaden zufügt. Dieser Schaden, hinter dem man im Minnesang zunächst die Verabsolutierung einer ohnehin schon bestehenden Distanz zur Geliebten vermuten würde,[17] wird im zweiten Stollen insofern überraschend variiert, als dass nun von ihrem heftigen Zorn die Rede ist (*si zürnet sêre*, V. 3). Diese prägnante Beschreibung davon, dass sich die Geliebte dem Liebenden gegenüber nicht indifferent verhält, ja sein Fern-Sein gar als Übertreten einer Ordnung markiert,[18] wird jedoch sogleich relativiert, denn es handelt sich um eine Annahme des Ich.[19] Da diese in einer Situation formuliert wird, in der der Mann bezeichnenderweise keinen räumlichen Kontakt zur Frau hat, gewinnt sie spekulativen Charakter. Statt dass man zwingend von der Deskription einer tatsächlich empörten Geliebten auszugehen hat, sind die Aussagen des Liebenden primär als Akt des Imaginierens zu verstehen.[20] Zum Ausdruck kommen die Folgen einer Ungewissheit, keine Einsicht haben zu können in das Verhalten der Geliebten. Sie äußern sich in den Vermutungen, die Frau sei nicht nur erzürnt über seine Abwesenheit, sondern empfinde auch Sehnsucht (V. 4).[21] Was rhetorisch als Befürchtung formuliert wird, birgt letztlich

---

16 Im Gegensatz zu 10 C und 23 C (= 2 A/12 B), und obwohl sie sonst selten zögert, bei Abschiedssituationen Kreuzzugsthematik angezeigt zu sehen (vgl. Reichlin 2012, S. 15, mit Beispielen), hat auch der Großteil Forschung in dieser Strophe keine Kreuzlied-Anklänge gesehen – mit einer Ausnahme: Henrici 1876, S. 48, zählt sie zu den „minneliedern [...] welche zum kreuzzug ermant haben". Auch er versieht sie jedoch in seiner Aufzählung aber mit einem Fragezeichen. Vgl. demgegenüber bereits Schmidt 1874, S. 16: „An den Kreuzzug darf man nicht denken [...]." Sein Argument, dass dies mit der Haltung der Frauen im Leich Heinrichs von Rugge begründet werden kann (S. 16 f.), ist allerdings abwegig. Kaplowitt 1986, S. 44, vermutet als Hintergrund des Abschieds allgemeiner „the fulfillment of a feudal obligation". Vgl. zur Problematik vorschneller Zuschreibung von Strophen zu Kreuzzugsthematik im vorangegangenen Kapitel Anm. 144 und 148.
17 Vgl. dazu im Rugge-Korpus 23 C (= 12 B).
18 Dies insbesondere, da hier die Gleichzeitigkeit von Zorn und Sehnsucht postuliert wird.
19 Die Konjektur des handschriftlich sowohl in B als auch in Rei C überlieferten *wenne* zu *wæne* ist syntaktisch zwingend. Sie kann als Minimaleingriff auch deshalb bedenkenlos vollzogen werden, da dieser Verschreiber kein Einzelfall ist und sich an mehreren anderen Stellen in den Handschriften ebenso findet; vgl. bspw. Walther von der Vogelweide 188 C, V. 4: *ich wenne ich nie beschouwet han* (L 54,17).
20 Dem von Paus 1965, S. 94 f., aufgestellten Postulat, die Strophe streiche „ostentativ heraus, daß auch die Dame unter der Abwesenheit des Geliebten leidet" sowie „daß ihre Gefühle als Sehnsucht und Zorn ganz konkrete Gestalt annehmen", ist dementsprechend entgegenzuhalten, dass die Aussagen über sie explizit den Charakter einer aus der Ferne formulierten Annahme haben (*wæne ich wol*, V. 3). Auch Schmidt 1874, S. 17, behauptet, dies unzulässig nicht gewichtend, die Strophe zeige, „wie treu ihm die Geliebte anhing".
21 Andernorts gehört es zum lexikalischen Inventar, die Stimmung des männlichen Liebenden selbst als sehnsuchtsvoll zu beschreiben; vgl. exemplarisch dafür Bernger von Horheim 1 C (MF 115,3),

zugleich eine Hoffnung. Denn, heftige Regungen bei der Geliebten auszulösen, bezeichnet das Wunschdenken eines jeden Liebenden, der hier – zugespitzt formuliert – seine Sehnsucht auf die Dame projiziert.

Wenn zu Beginn des Abgesangs dann postuliert wird, sie *hât von mînen schulden lait* (V. 5), lässt sich rekursiv im zuvor Gesagten die Strategie erkennen, diese radikale Inversion der topischen Relationierung von Liebendem und Geliebter zu plausibilisieren. Nimmt man die Aussage ernst, ist hier die emotionale Interdependenz der Geliebten formuliert. Sieht man hingegen weiterhin das *wænen* am Werk – was auch syntaktisch über die Parataxe nahegelegt wird –, bezeichnet die Aussage als *conclusio* seiner Vermutungen über den Zustand der Hinterbliebenen den Zielpunkt seines Imaginierens: in der neuen Situation räumlicher Trennung das Leid genau umgekehrt denken zu können, als es in der konventionalisierten Relationierung von Liebendem und Geliebter der Fall ist. Argumentativ zielt die Aussage darauf ab, den ‚Schaden' des Liebenden im Sinne eines Verschuldens zu begründen und bringt erneut eine Befürchtung zum Ausdruck. Indem er sich dabei das Leid der Geliebten vor Augen führt, stellt sie in letzter Konsequenz jedoch auch eine Gewaltphantasie dar, denn der Sprecher nutzt seine Kontextualisierung nachgerade dazu, ein durch ihn bedingtes Leid formulieren zu können.[22]

Inszeniert als Reaktion auf die insinuierte Misslage der Geliebten, gibt das Ich in den folgenden beiden Versen an, selbst *selten wol gemuot* (V. 7) zu sein. Sie wegen jemand anderem missen zu müssen (V. 6), stelle seinerseits eine Misslage dar. Dadurch, dass die anderen entweder unspezifisch zu verstehen oder auf die im ersten Vers benannten *friunde* beziehbar sind, wird das Soziale gegenüber dem Privaten offensiv abgewertet. Die Geliebte erscheint als einzig relevanter Faktor für die emotionale Disposition des Liebenden, und dass diese negativ ist, lässt sich auf zwei Ebenen verstehen. In der Folge der gefallenen Äußerungen stellt es zum einen rhetorisch eine Entschuldigung dafür dar, dass die Zurückgelassene *von mînen schulden* (V. 5) zu leiden habe. Der Satz ist darauf aus zu akzentuieren, dass das ohne Intention geschehe und für den Liebenden in äquivalenter Weise negative Implikationen habe. Er sucht also, die zuvor suggerierte Interdependenz der emotionalen Dispositionen zu unterstreichen: Beide leiden durch Fremdverschulden. Zum anderen lässt die Aussage sich inhaltlich aber auch deutlich allgemeiner verstehen. Als Formulierung der basalen Kopplung von Leid und Distanz führt sie nicht nur die Folgen davon vor Augen, dass das Ich *diu guote* als Leidende wahrnimmt, sondern auch dessen Bedingungen. Gerade weil die räumliche Trennung zuallererst eine Konsolidierung des topischen Leids des Liebenden ist, lässt sich in der Vorstellung davon, dass sich die Geliebte nun in einer äquivalenten negativen Situation befände, auch ein Umgang genau damit

---

Heinrich von Morungen 13 A/24 B/43 C (MF 132,35), Reinmar der Alte 39 – 43 b/82 – 86 C (MF 170,36), Walther von der Vogelweide 139 C (L 42,7).
22 Vgl. zu Gewaltphantasien im Minnesang am Beispiel Heinrichs von Morungen Kellner 1997.

sehen. Er sucht der Differenz der Positionen mit der imaginierten Äquivalenz der Gemütslagen zu begegnen.

Die finale Herausstellung der Kalokagathie der Geliebten ist somit auch ein Selbstlob. Wenn der Liebende aussagt, er wisse um niemand Schöneren (V. 8), und noch allgemeiner feststellt, es gebe keine so gute Frau wie sie (V. 9), exzeptionalisieren die benannten Qualitäten der Frau auch ihn selbst. Es ist die Beste und Schönste, die sich nach ihm sehnt. Am Schluss der Strophe hat der Liebende somit aus einer Situation, die Leid generiert, die Möglichkeit gewonnen, die Vorzüglichkeit der beiden Leidenden herauszustellen. Geschildert wird die Drastik des Leids als eines extern herbeigeführten, das die Falschen, weil im höfischen Sinne Schönsten und Besten, trifft. Dabei nutzt der Sprecher die entworfene Situation einer räumlichen Trennung, die durch seine Mobilisierung herbeigeführt wurde, um im *wænen* wiederum seine Imagination zu mobilisieren, die in changierender Weise als Ausdruck, Reflexion und Kompensation des Leids gelten kann. So sehr die Strophe die emotionale Interdependenz der Geliebten zu exponieren sucht: Von einer Interaktion kann gerade nicht die Rede sein. Nicht die Realisierung einer Liebesbeziehung lässt sich nachvollziehen, sondern die Variation des Liebesleids.

6 B

Dass zu Beginn von 6 B, der folgenden Strophe, sich ein Ich als hochgestimmtes thematisiert, dies in performativer Wendung demonstriert[23] und daraufhin angibt, stets Freude gelobt zu haben,[24] steht in größtmöglichem Kontrast zur Sprechposition in 5 B. Versteht man das Ich von 6 B als männliches, verhielten sich Kontextualisierung und emotionale Disposition kontradiktorisch zur Vorstrophe. Einzig die Formulierung im Abgesang, denjenigen, der ethisch motiviert handelt, auf Händen tragen zu wollen – was, wie mit Blick auf 17 C diskutiert wurde,[25] eine Äquivalenz zum Minnen aufweist –, würde durch die Exzeptionalität des Gegenübers, die es zu wertschätzen gilt, eine sehr allgemeine Parallele zum Strophenende von 5 B darstellen. Plausibler scheint es in der Strophenreihung in B folglich, die Strophe als Frauenrede aufzufassen.[26] Zwar enthält sie auch in dieser Lesart keine konkrete Bezugnahme auf die Vorstrophe,[27] doch lässt sie sich, sofern man die Strophen im Verbund rezipiert, als *revocatio* der Männerrede verstehen. Indem das weibliche Ich aussagt, mitnichten zu leiden und sich in grundsätzlicher Weise im Handeln auf maximale Tugendhaftigkeit auszurichten, steht die Selbstthematisierung der Frau in evidentem Kontrast zu ihrer Dar-

---

23 Vgl. 17 C, V. 1 f.
24 V. 3.
25 Vgl. S. 151 und 154.
26 So Boll 2007, S. 323–326, mit allerdings differenter Argumentation. Sie postuliert dies aufgrund inhaltlicher Parallelen mit einer Frauenstrophe des elften Tons, die nur unter Reinmar überliefert ist; vgl. in der Diskussion von Ton VIIa S. 154.
27 Vgl. in diesem Sinne auch Boll 2007, S. 325.

stellung in der Männerrede. Der imaginäre Charakter der Vorstellung des Mannes scheint unterstrichen, ihrem Inhalt widersprochen, die Differenz zwischen Selbst- und Fremdwahrnehmung deutlich markiert.

Die strophenabschließende Aussage, sich eigenhändig für einen potenziellen Liebenden, der *das beste gerne tuot* (V. 6), einsetzen zu wollen, lässt in Folge trotz der Benennung eines männlichen Gegenübers keinerlei erkennbarem Bezug zu den Selbstaussagen der Männerrede erkennen. Seine Fortbewegung und ihr potenzieller Einsatz weisen vielmehr eine Diskrepanz auf, die ein mögliches Zustandekommen von Interaktion weitestgehend irrealisiert. Auch dass die Thematisierung von Dritten, die in der Männerrede den Abschied des Liebenden zu verantworten haben, in der Frauenrede gänzlich ausbleibt, demonstriert, wie locker die Bezüglichkeit zwischen 5 und 6 B auch in der Lesart letzterer als Frauenrede verbleibt. Beide nutzen gänzlich unterschiedliche Verfahren der Variationskunst: In der ersten Strophe kann qua Imagination eine interdependente emotionale Disposition formuliert werden, die zwei spezifische Liebende durch Sehnsucht werden lässt. In der zweiten wird in Variation der Sprechposition durch eine Affirmation ethischer Verbindlichkeit eine nur potenzielle Relationierung zu einem indefiniten Gegenüber zum Ausdruck gebracht, die Minne nachgerade als logische Folge moralischer Handlungsmaximen perspektiviert.

2 Selbstkritik, Frauenlob, Selbstlob, Frauenkritik. Mittel und Funktionen differenter Perspektivierungen des Äquivalenten

Ton VIIc

Im zuletzt zu diskutierenden Strophenverbund des Rugge-Korpus, der durchgängig Männerrede darstellt, lassen sich in dichter Verknüpfung zwei unterschiedliche Effekte von Variation beobachten. Das verleiht Ton VIIc als Abschluss der Textarbeit in noch einmal herauszuhebender Weise exemplarischen Charakter dafür, die Semantizität von Minnesangstrophen mit Blick auf Schwerpunkte und Ausprägungen der Variationskunst zu analysieren. Zum einen erweisen sich die drei Strophen durch zahlreiche paradigmatische Bezugnahmen solcherart als eng miteinander verbunden, als dass sie eine je variierende Relationierung zwischen liebendem Ich und Geliebter, in der Minne *ungelônet* bleibt, kenntlich werden lassen: Mal steht die Erfolglosigkeit der Werbung im Vordergrund (15 B), mal die Exzeptionalität der Geliebten als Obligation zu Lob (16 B), mal die Beteuerung, als jemand, der ausschließlich gut über die Geliebte spricht, prinzipiell Gegenleistung zu verdienen (17 B). Nimmt man die Aspekte zusammen, scheinen gleichsam Notwendigkeit und Aporie des Frauendiensts betont, wird die Paradoxie des Minnens kenntlich, indem in der Relationierung zwischen Mann und Frau Ursache und Wirkung der Werbung in harter und nicht zu harmonisierender Fügung einander gegenüber stehen. Zum anderen scheint im Rahmen dieser variierenden Perspektivierung des Gleichen bemerkenswert Differentes Äquivalentes auszudrücken: So diffamiert sich der Liebende in der ersten Strophe auf offensive Weise selbst, wenn er sich als *ein tumber* und *von gouches art* bezeichnet, während er sich in der dritten *unschuldig* nennt und deshalb soziale Normativität einfordert, weil er sich selbst in Gänze nach ihr richtet. Umgekehrt heißt es von der thematisierten Frau, sie sei schlau, frei von Makeln und verdiene Lob, während der Mann in der ersten Strophe angibt, er liebe eine Frau, die ihn nicht wolle, und in der dritten unverhohlen postuliert, Frauen, die ohne Gegenleistung Dienst annehmen, mögen auf sich selbst achten beziehungsweise sich ‚besinnen'. Selbstkritik steht Selbstlob gegenüber, Frauenlob Frauenkritik.

Was sich in Ton VIIc in einer so prägnanten wie für den Minnesang paradigmatischen Weise nachvollziehen lässt, ist ein Textverfahren, das in der jeweils spezifischen Akzentuierung variierender Aspekte des Minnens gänzlich unterschiedliche Einschätzungen der beteiligten Personen ermöglicht, die dennoch gleichermaßen zur Darstellung und Reflexion desselben Phänomens – unerfüllte Liebe – beitragen. Im Gesamten führt es die Unabschließbarkeit der Verhandlung von Minne vor Augen und exponiert die Notwendigkeit einer beständigen Fortführung dieser Praxis. Dabei markiert die Äquivalenz des Variierten die kontinuierliche Relevanz seiner Thematisierung, während seine variierende Perspektivierung mit dem Effekt durchaus differenter – teils gar scheinbar konträrer[28] – Einschätzungen desselben seine Reflexion in Gang hält. So hat auch die implizite Drohung an die Frauen am Ende von Ton VIIc, sie mögen sich besinnen, sollte *dienst ungelônet* bleiben, nicht den Charakter eines abschließenden Fazits, sondern zielt im Sinne einer Persuasion dazu, weiterhin veranlasst zu sein, Dienst auszuüben, auf die Fortsetzung der Praxis, deren Aporie gleichsam ebenso schon festzustehen scheint.

15 B

> Ain wîse(r) man vil dike tuot,
> des ain tumber niht enkan.
> alse im das hœhet sînen muot,
> sô muos ich laider trûrig stân.
> 5 ich mag wol sîn von tôren art
> und jage ain üppecliche vart.
> tôren sinne hân ich vil,
> das ich des wîbes ger,
> diu mich niht enwil.

---

[28] Auf textinterner Ebene lässt sich hier somit in äquivalenter Weise beobachten, was in textübergreifender Hinsicht bereits insb. mit Blick auf die Töne VI und XII diskutiert wurde: Dass konträren Einschätzungen desselben – in diesem Falle einer positiven Bewertung von Minne, die andernorts negative Implikationen aufweist – keine differierenden Entwürfe des Verhandelten zugrunde liegen. Vgl. im vorangegangenen Kapitel die Überlegungen auf S. 129–132 und 231 f.

(Ein verständiger Mann[29] macht häufig das, | was ein unverständiger nicht zu tun vermag. | Während ihm das seine Stimmung hebt, | muss ich zu meinem Leidwesen traurig bleiben. | Ich habe bestimmt die Natur eines Narren | und verfolge einen nichtsnutzigen Weg. | Ich habe in hohem Maße die Klugheit eines Narren, | dass ich die Frau begehre, | die mich nicht will.)

Die erste Strophe, die ebenso schlicht wie dringlich das aporetische Moment des Minnens zum Ausdruck bringt, formuliert die topische *klage* des Liebenden im Stile einer Selbstanklage. Ausgegangen wird von einem kontrastierenden Vergleich: Während in aphoristischer Weise besagt wird, dass Klugheit in einem kausalen Bezug zu positiver Gestimmtheit gesehen werden kann, interpretiert der Sprecher seine Traurigkeit dementsprechend als etwas, das durch *tôrheit* verursacht sein muss. Die Dysfunktionalität des Minnens einer Frau, die sich nicht auf eine Minne-Relation einlassen will, wird offensiv ausgestellt. Pointe der Strophe ist, dass die Ich-Position als eine mangelhafte gekennzeichnet wird, die unter einem Mangel zu leiden hat, und dabei letztlich offen gehalten wird, ob der Mangel an Klugheit den Mangel an Erfolg in der Minne verursacht oder ob diese Selbstzuschreibung aus dem erfolglosen Minnen resultiert.

Die Verwendung der Kategorie *wîsheit* zu Beginn der Strophe ist eine von fünf im Rugge-Korpus. In der ersten Strophe des zehnten Tons wird sie einer kritisierten Gruppe an Spöttern abgesprochen,[30] in den Tönen Ic und XII ist insgesamt drei Mal von *wîsen liuten* die Rede, deren Aussagen imaginiert (29 C/21 B), erbeten (32 C/22 B) oder wiedergegeben (33 C/23 B) werden und jeweils zur Plausibilisierung beziehungsweise Legitimierung der Aussagen des jeweiligen Ich in Frauen- und Männerrede dienen. Hier nun nutzt sie der Sprecher ganz im Gegenteil dazu zur Selbstdiffamierung.[31] Wenn im ersten Stollen besagt wird, Verständige täten häufig das, was Unverständige nicht tun (V. 1f.), und im zweiten, das Ich befinde sich kontrastiv zu ihnen in einer negativen Gemütslage (V. 3f.), arbeitet die Banalität der Ausgangsaussage dem Überraschungseffekt der Ableitung zu, Traurigkeit impliziere Unverständigkeit (V. 5). Konstruiert wird eine Norm, in der Positives Positives herbeiführt. Von ihr weicht das Ich aufgrund der Negativität seiner Lage ab und erscheint als desintegriert. Ausgespart wird zunächst – was sich als Retardation des Erwartbaren verstehen lässt – die Ursache dafür. Stattdessen stilisiert sich das Ich zu Beginn des Abgesangs solcherart als *tôr*,[32] als dass er *ain üppecliche vart* (V. 6) verfolgt, einen Weg

---

[29] Die Formulierung ließe sich auch noch allgemeiner verstehen („ein verständiger [Mensch]"). Die Übersetzung geschieht hier bereits im Hinblick auf die Wendung *alle man* in der Folgestrophe (16 B, V. 6).

[30] Vgl. die Diskussion von 26 C, V. 4. Die Strophe entspricht 18 B, die sich unmittelbar an Ton VIIc anschließt.

[31] Formulierungen davon, dass sich der Liebende aufgrund seines Minnens als nicht *wîse* bezeichnet, finden sich häufiger, vgl. bspw. Heinrich von Veldeke 3 BC (MF 56,19), Reinmar der Alte 11 A/18 B/26 C/ 317 E (MF 157,1), prägnant 260 E (MF 201,33).

[32] In Rei C steht an dieser Stelle nicht *von tôren art*, sondern *von gouches art* (Rei A: *goiches*), was insofern reizvoll ist, als dass der Begriff *gouch* über seine ursprüngliche Bedeutung „Kuckuck" se-

also, der genau eines solchen funktionalen Zusammenhangs entbehrt, wie er zuvor zwischen *wîsheit* und *hôhem muot* postuliert worden ist. Dass es dabei gleichsam relativierend aussagt, es sei <u>wol</u> [...] *von tôren* <u>art</u> (V. 5), und folglich weiterhin im Modus des Vergleichs spricht, macht bereits deutlich, dass die Selbstthematisierung als *tôr* ihrerseits funktional ist. Sie stellt weniger eine Aussage über die eigene Intelligenz dar, sondern arbeitet der sich anschließenden Darstellung des Minnens als etwas zu, das aporetisch ist. In noch gesteigerter Selbstanklage, *tôren sinne* [...] *vil* (V. 7) zu haben, besagt das Ich am Strophenschluss, dass das Minnen dort, wo es erfolglos bleibt – sprich: ihm das Monodirektionale der Minne eigen ist –, einer *tôrheit* entspricht. Da das unnütze Begehren einer Frau (V. 8) als Explikation für das Postulat, über die Klugheit eines Unklugen zu verfügen, angeführt wird, oszillieren Minne und Unverständigkeit hier dazwischen, je einander zu bedingen: Es wird ununterscheidbar, ob *tôrheit* zu Minne führt oder Minne zu *tôrheit*. Verdeutlicht ist die Dysfunktionalität des Unterfangens, exponiert eine Eigenheit der Minne und damit nicht die eines spezifischen Liebenden, sondern des Liebenden im Allgemeinen.[33]

Auch wenn am Strophenende expliziert worden ist, inwiefern von der Traurigkeit des Ich auf seine defizitäre *wîsheit* geschlossen werden kann, gilt es festzuhalten, dass die Ursache für die Erfolglosigkeit des Minnens zunächst Leerstelle bleibt. Den andernorts dafür veranschlagten sozialen Faktor – die Makellosigkeit der Dame – hier noch nicht zur Sprache zu bringen, erweist sich rekursiv auch als Strategie, die Aporie der Minne so umfassend und erklärungsbedürftig darzustellen, dass der Liebende sie nur mit seiner eigenen Mangelhaftigkeit begründen kann. Nicht ihre Bedingtheit wird in dieser Strophe der Reflexion ausgesetzt, sondern ihre Unverständlichkeit, die der Liebende mittels der Behauptung eigener Unverständigkeit auszustellen sucht. Sich als einer darzustellen, der nicht begreift, dient dazu, das Nicht-Zustandekommen der Minne als etwas Unbegreifliches zu perspektivieren.

16 B

>Solte ich leben tûsent jâr
>und müese ich in ir gnâden sîn,
>sô gewunne ich niemer grâwes hâr,
>wan si ist alles wandels vrî.
>5 lop si wol verdienen kan
>und wais doch wol, das alle man
>ir niht gar ze mâsse sint.
>swer ir dehaines velsches giht,

---

mantisch mit dem Bildfeld des Folgeverses korrespondiert (*jage ain üppecliche vart*, V. 6). Vgl. dazu mit Verweis auf Heinrich von Rugge Heyne 1903, S. 145 f.

33 Vgl. dazu auch die Überlegungen auf S. 91 f. mit Anm. 75.

an dem hât has bî nîde ain kint.

9 den

(Sollte ich tausend Jahre leben | und könnte ich ihre Gnade erhalten, | bekäme ich niemals graues Haar, | denn sie ist frei von allen Makeln. | Sicher hat sie Lob verdient, | und weiß doch [ebenso] sicher, dass alle Männer | nicht angemessen für sie sind. | Wer etwas Falsches über sie sagt, | in dem hat Hass mit Feindseligkeit ein Kind.)

Die zweite Strophe ist Frauenlob. Sie fokussiert die Vollkommenheit der Geliebten in einer Weise, die sich in der Folge der Strophen als implizite Explikation des in der Vorstrophe final akzentuierten Umstands verstehen lässt, dass sie den Liebenden *niht enwil* (15 B, V. 9). Niemand ist ihr angemessen, heißt es, und das aufgrund einer Makellosigkeit (V. 4), die in scharfem Kontrast zur Selbstaussage des Liebenden in der Vorstrophe steht, er sei *von tôren art* (15 B, V. 5). Indem gesagt wird, es gelte, sie zu loben (V. 5), und umgekehrt verhalte sich, wer Falsches über sie sage, verachtenswert (V. 8 f.), stellt der Sprecher der Klage über sich selbst in der Vorstrophe insistierend die Einforderung und damit gleichsam den Vollzug des Lobs der Geliebten in dieser gegenüber. Die Selbstanklage erscheint somit rekursiv auch als Option, das Nicht-Zustandekommen der Minne nicht der Dame anzulasten, da über sie, wie es nun heißt, nichts Negatives gesagt werden kann und darf.[34]

Am Beginn der Strophe steht in hyperbolischer Rede eine doppelte Hypothese. Für den Fall, dass a) ein 1000-jähriges Leben möglich wäre und b) eine *reactio* der Geliebten im Bereich des Möglichen läge, imaginiert der Liebende anhand der Metonymie seines Haars, nicht zu altern (V. 3).[35] Demonstriert wird in variierender Weise das Transgressions-Potenzial der Minne. War das erfolglose Minnen in der Vorstrophe als *üppecliche vart* (15 B, V. 6) bestimmt worden, die das Ich von jener höfischen Ordnung, in der *wîsheit* zu *hôhem muot* führt, ausnimmt, werden hier nun in direktem Gegensatz dazu die positiven Folgen erfolgreichen Minnens als solche perspektiviert, die das Ich wiederum von der natürlichen Ordnung des Alterns ausnehmen würden. Diese inverse Betrachtung des selben Umstands[36] im Konjunktiv mag als Legitimation

---

[34] Ein andere, häufiger genutzte Möglichkeit, der Kritik der Dame auszuweichen, ist der Konflikt mit der *minne* als Prinzip (vgl. z. B. im Rugge-Korpus 6 C) oder, seltener, als Personifikation; vgl. dazu jüngst Kellner 2018, S. 459–469.

[35] Leicht modifiziert Rei A und Rei C, V. 1 f.: *Sol ich leben tûsent jâr, | sô das ich in genâden* (A: *gnâden*) *sî*, wo die Hypothese darin besteht, dass das Ich, wenn eine noch so geringe Aussicht auf Gnade bestünde, nicht altern würde, also Hoffnung und Beständigkeitswillen zum Ausdruck kommen.

[36] Anders Schmidt 1874, S. 26, der von einem „plötzlichen Umschlag der Stimmung" spricht. Hier lässt sich beispielhaft zeigen, wie in der älteren Forschung, wo sie um originäre Autorenzuweisung qua inhaltlicher Charakteristika bemüht ist, immer wieder ein argumentativer Zirkelschluss zugrunde liegt: Schmidt sieht im „Umschlag der Stimmung" ein „Zeugniss für Rugges sanguinischen Charakter" und bezeichnet gleichzeitig die auch unter Reinmar überlieferte Strophe als „ganz unreinmarisch" (ebd.). Die postulierte Eigenheit Rugges, die Schmidt dazu bewegt, sie Rugge zuzuschreiben, entstammt der Strophe selbst. Auch Paul 1876, S. 497, hat dies bereits kritisch angemerkt: „Er beurteilt das zweifelhafte

dafür in den Blick geraten, das in der Vorstrophe indikativisch als nutzlos markierte Unterfangen fortzuführen. Dabei wird auch der der Minne eigene Aspekt zeitlicher Indifferenz, der zumeist über *stæte*-Bekundungen zum Ausdruck kommt, in Aktualisierung des Topos von der verjüngenden Wirkung der Liebe[37] variiert: Nicht nur das Minnen und die Vollkommenheit der Geliebten scheinen zeitindifferent, sondern der Minne wird zudem das Potenzial zugesprochen, eine physische Resistenz gegenüber dem Progredieren der Zeit herbeiführen zu können. Emphatisch imaginiert der Liebende ewige Jugend, rückt damit jedoch auch die erhoffte *gnâde* ins Licht des maximal Unwahrscheinlichen.

Am Ende des Aufgesangs nennt er als Grundlage seines Wunschdenkens nun jene Makellosigkeit der Geliebten, die in diametralem Gegensatz zu seiner Selbstthematisierung in der Vorstrophe steht: *si ist alles wandels vrî* (V. 4). Was hier als Begründung des der Minne zugeschriebenen Potenzials in den Blick gerät (*wan* [...], ebd.[38]), kann zudem als implizite Begründung dafür gelten, warum die Frau den Liebenden *niht enwil* (15 B, V. 9). Zum Ausdruck kommt das Minneparadox, denn die Bedingtheit davon, sich indikativisch als *von tôren art* (15 B, V. 5) und konjunktivisch als alterslos stilisieren zu können, ist dieselbe. Ob sich der Liebende als makelbehaftet oder gewissermaßen an der Makellosigkeit der Geliebten partizipierend darstellt, erscheint somit als Frage der Perspektivierung: Einmal steht die Realität, einmal die Potenzialität des Minnens im Fokus. Initiiert durch dieselbe Sachlage – die Orientierung auf eine exzeptionelle Frau –, implizieren sie das Gegenteil. Hierbei lässt sich die Re-Perspektivierung auch als Option des Sängers verstehen, der Aporie des Minnens, die in der Vorstrophe aus der dargestellten Realität hervorgeht, nicht mit einer Aporie des Singens im Sinne einer Aposiopese zu entsprechen, sondern weiterzusingen qua Variation.

Auf die Feststellung der Makellosigkeit der Geliebten folgt am Beginn des Abgesangs programmatisch der Begriff des Lobs. Er macht den poetologischen Charakter der Strophe deutlich. Indem besagt wird, die Frau habe mit Sicherheit Lob verdient (V. 5), ist dies als Sprechakt, wie eingangs bereits betont, zugleich dessen Einforderung und Vollzug. Kompliziert wird dies dadurch, dass der Liebende in weiterer Ausführung der Paradoxie sogleich hinzugefügt, dass diejenige, die gelobt werden muss, gar nicht angemessen gelobt werden kann (V. 6 f.). Drei Aspekte fallen bei dieser Herausstellung ihrer Exzeptionalität ins Auge:

– Erstens wählt der Text als Subjekt der Aussage, dass niemand der Geliebten *ze mâsse* ist (V. 7), die Wendung *alle man* (V. 6). Auf performativer Ebene bringt der

---

nach der vorstellung, die er sich von der eigentümlichkeit beider dichter gebildet hat." Vgl. auch die ausführliche und harsche Kritik ebd. auf S. 501–509. Paus 1965, S. 6, hat solche Zirkelschlüsse bei der Autorenzuweisung als das Hauptproblem seiner Vorgänger ausgemacht; vgl. dazu in der Einleitung Anm. 122.

37 Vgl. dazu in konzeptioneller Einordnung der Thematisierung des Alterns im Minnesang Kern 2012, S. 305–312, hier S. 306.

38 So explizit nur in B. Rei A und C: *si ist aller wandelunge frî* (Text nach C).

Sänger damit zum Ausdruck, dass kein Sänger das eingeforderte *lop* der Minnedame angemessen einlösen kann. Das impliziert im Sinne einer Unabschließbarkeit die Notwendigkeit seiner beständigen Wiederaufnahme im Sang. Des Weiteren relativiert die Formulierung die in der Vorstrophe exponierte Defizität des Liebenden: Angesichts der Vollkommenheit der Geliebten ist Unvollkommenheit nicht das Besondere, sondern das Normale; sie hat Gültigkeit für *alle man*. Relativiert ist damit insbesondere der scharfe Kontrast, den das Ich in der Vorstrophe zwischen sich und dem indefiniten *wîsen man* (15 B, V. 1) postuliert hatte. Auch *wîsheit* erscheint, sobald man sich qua Minne in Relation zu einer makellosen Frau setzt, nicht als relevante Kategorie, um ihr *ze mâsse* zu sein, und die in der Vorstrophe als ‚klug' dargestellte Option, nicht zu minnen, erscheint im Hinblick auf die vollkommene Minnedame gleichsam nivelliert. Die Thematisierung ihrer Makellosigkeit legitimiert die *tôrheit* des Minnens.
- Zweitens arbeitet auch die Tatsache, dass es als Wissen der Geliebten beschreiben wird, dass alle Männer ihr nicht angemessen sind (*wais doch wol*, V. 6), dieser Legitimierung zu. Das ihr zugeschriebene Bewusstsein über ihre Überlegenheit lässt sich als nun auch explizite Begründung dafür verstehen, warum sie den Liebenden *niht enwil* (15 B, V. 9). Der Unbestimmtheit, ob dem Minnen *gnâde* beschieden ist,[39] steht die Bestimmtheit ihrer Unnahbarkeit gegenüber.
- Drittens variiert die hier vorliegende Verwendung des Begriffs *mâsse* die topische Figur, dass die Kategorie der ‚Angemessenheit' in einem konfliktuösen Verhältnis zur Minne steht.[40] Die Orientierung auf die Minnedame wird ebenso eingefordert wie sie als Anmaßung zu gelten hat. In der verbalen Ausrichtung auf sie qua *lop* erscheint es als ebenso unmöglich, ihrer Vorzüglichkeit zu entsprechen, wie im *gern* (15 B, V. 8) als Liebender Entsprechung zu finden.

Der Schlusssatz akzentuiert mit seiner bildstarken Aussage, derjenige, der unzutreffend über die Minnedame spreche, inkorporiere die Kreuzung von Hass und Boshaftigkeit, ihr *kint* (V. 8 f.), die Notwendigkeit, Positives über sie zu sagen. *Ex negativo* bedeutet dies, dass, wer die Positivität ihres Wesens zum Ausdruck zu bringt, gleichsam selbst positive Eigenschaften unter Beweis stellt. Auf die Selbstdiffamierung in der Vorstrophe folgt am Strophenschluss somit auf performativer Ebene ein Selbstlob. Der dort exponierten Unvollkommenheit der eigenen Position steht hier die Vollkommenheit der Geliebten gegenüber, die der Sang kontinuierlich zu thematisieren hat und damit dauerhaft dem Gegenteil von *has* und *nît* Ausdruck verleiht.

---

39 Hierfür wird andernorts in Negation ebenfalls der Begriff des Wissens verwendet. Vgl. 1 C, V. 10: *ich enweis, ob ichs iht geniessen muge*, sowie die entsprechenden Belege bei anderen Sängern in Anm. 44.
40 Vgl. dazu ausführlich die Besprechung von Ton III, insb. S. 93 f. und 99–104.

17 B

> Es ist ain spæhes wîbes sin,
> diu sich vor valsche hât behuot,
> swie unschuldig ich des bin:
> swâ ich die wais, dar sprich ich guot.
> 5 doch ist ain sitte, der niht zimit,
> der dienst ungelônet nimit,
> doch sîn laider vil geschehe.
> hât mir dehainiu sô getân,
> der rât ich, das si zuo ir sehe.

1 fpeher   2 von   4 der

(Es entspricht dem Verstand einer klugen Frau, | dass sie sich vor Falschheit geschützt hat, | wobei mir [im Hinblick darauf] nichts angelastet werden kann:[41] | Wo ich um sie weiß, dort spreche ich gut [über sie]. | Doch gibt es eine Gewohnheit, die sich nicht gehört, | dass Dienst unbelohnt angenommen wird, | allerdings passiert das leider häufig. | Wenn mir eine so etwas angetan hat, | rate ich ihr, dass sie auf sich selbst sehen möge.[42])

Die dritte und letzte Strophe ist thematisch zweigeteilt. Während der syntaktisch komplex strukturierte Aufgesang auf die Versicherung hinarbeitet, stets gut über die Geliebte zu sprechen, stellt der Abgesang in offensiver Weise eine Einforderung davon dar, dass auf *dienst* als Leistung *lôn* als Gegenleistung zu folgen hat. Beide Teile stellen dabei sichtlich Bezüge zum in den beiden Vorstrophen Ausgeführten her. Im Aufgesang mündet die Aufforderung aus der Vorstrophe, nichts *valsches* (16 B, V. 8) über die Minnedame zu sagen, in die Feststellung, dass sie sich *vor valsche* zu schützen wusste (V. 2), sowie die Beteuerung, dass dem Ich nichts angelastet werden kann (V. 3), da es nur *guot* über sie spricht (V. 4). Der Abgesang wiederum lässt sich in seinem Beharren auf einer *reactio* auf den Dienst in direkten Bezug zur finalen Aussage der ersten Strophe setzen, dass das Minnen folgenlos geblieben ist. Rhetorisch stellt 17 B folglich eine Synthese dar: Der Sprecher gibt an, im Bewusstsein der Exzeptionalität der Geliebten ihr Lob zu proliferieren und damit einen *dienst* zu leisten, der eine Anerkennung verdient, die sich konträr verhält zur am Beginn der Strophengruppe postulierten Ignoranz der Geliebten. Inhaltlich hingegen setzt sich ihre in der Vorstrophe gleichsam begründete Aktionslosigkeit auch hier bruchlos fort. Dass der Liebende im Progredieren seiner Reflexion eine Veränderung seiner Situation angezeigt sieht, macht ganz im Gegenteil dazu deren Stagnation deutlich. Angereichert ist das Para-

---

41 Vgl. zum Verständnis dieses Verses übereinstimmend auch MF(V), S. 376, und Paus 1965, S. 91. Paus schlägt vor, nach *behuot* einen Punkt zu setzen, was aber semantisch höchstens eine Nuance darstellt, die der Aussage des vierten Verses noch mehr Gewicht zu verleihen sucht.
42 MF(MT), S. 212, schlägt überzeugend vor, die abschließende Wendung könne womöglich auch im Sinne von „sich besinnen" verstanden werden.

digma der Perspektivierungen seines Minnens, unverändert auch am Schluss der Strophengruppe dessen Bedingtheit, die ihn an ihrem Beginn veranlasst hatte, sich *tôren sinne* zuzuschreiben.

In seiner Kontrastierung von falschem und richtigem Verhalten greift der Aufgesang zunächst die in 15 B ausführlich diskutierte Kategorie der Klugheit auf und reperspektiviert sie im Hinblick auf das weibliche Gegenüber.[43] Indem in erneut verallgemeinernder Weise ausgesagt wird, eine kluge Frau wisse sich vor Falschheit zu schützen, wird sie einerseits paradigmatisch in Bezug gesetzt zum indefiniten Mann/Mensch am Beginn der ersten Strophe, über den es hieß, seine Verständigkeit *hœhet sînen muot* (15 B, V. 1 f.). Andererseits stellt die Aussage in der Folge der Strophen auch eine Responsion auf das Postulat am Schluss der Vorstrophe dar, man dürfe *dehaines valsches* über die Minnedame sagen (16 B, V. 8). Während jene, die solches tun, als Inkorporation von Boshaftigkeit beschrieben worden sind (16 B, V. 9), erscheint die Frau in Umkehrung dazu autonom als Inkorporation des Guten. In Abweichung zu seiner bisherigen Selbstthematisierung nutzt dies der Liebende im zweiten Stollen dazu, das zuvor implizite Selbstlob nun auch explizit zu machen: Seine Aussage, ihn treffe keine Schuld (V. 3), bezieht sich monokausal darauf, nicht Teil jener *valsche* zu sein, vor der sich die Frau zu schützen hat, und mündet in die Beteuerung, in umfassender Weise das exakte Gegenteil zu tun, also *guot* über sie zu sprechen (V. 4). Nach der Exzeptionalisierung der Geliebten ist das Ich folglich darauf aus, seine eigene Makellosigkeit zu behaupten und verleiht seinem Frauenlob damit rekursiv funktionalen Charakter. Denn wie der Abgesang in der Folge pointiert herausstellt, fasst der Liebende dieses als einen *dienst* auf (V. 6), der gerade keinen Selbstzweck zu erfüllen sucht.

In erneut verallgemeinernder Art und Weise, die es ermöglicht, einem direkten Affront gegenüber einer konkretisierten Geliebten auszuweichen, thematisiert der Liebende im Abgesang seinen *dienst* im Hinblick auf eine *sitte* (V. 5), eine Verhaltensweise also, die als ritualisierte nicht nur ihn selbst betrifft. Zwar ist ihr Inhalt nichts Geringeres als die zentrale Leerstelle der Minne – das Ausbleiben des *lônes* –, doch wird diesem Umstand durch seine Charakterisierung als normverletzende Gewohnheit eine grundlegende soziale Dimension verliehen. Während der *dienst* im Minnesang zumeist in abstrahierender Weise verwendet wird und die Subordination des Liebenden zum Ausdruck bringt,[44] beharrt dieser hier auf der Funktionalität, die dem *dienst* in sozialer Rahmung genuin eigen ist. Indem er unter Verwendung eines Konjunktivs der indirekten Rede, der das Gesagte als Allgemeinwissen inszeniert, wiedergibt, Dienst nicht zu belohnen, geschehe *laider vil* (V. 7), stellt er das Ausbleiben von Gegenleistung als eine habitualisierte Unordnung dar. Impliziert ist damit selbstredend ein Widerspruch zwischen der benannten Normverletzung und der zuvor

---

43 Brem 2003, S. 153, spricht im Hinblick darauf von „Frauenlehre", was insofern missverständlich ist, als dass die Attribuierung von Klugheit an das *wîb* im Strophenverlauf sichtlich funktionalisiert wird für die Zwecke des männlichen Sprechers.
44 Vgl. dazu auch die Diskussion des Begriffs im Hinblick auf 7 und 8 C, insb. S. 103 f. und 107 f.

thematisierten Normbewahrung *spæhes wîbes*, die im Falle eines äquivalenten Verhaltens einer zur *sitte* gewordenen Unart entsprechen und damit ihrer Makellosigkeit zuwider handeln würde. Gerade weil der Sprecher seine Beschwerde auf einen überindividuellen Zustand bezieht, erhält sie persuasiven Charakter. Sein in dieser Strophe zwecks der Verallgemeinerung nie explizit benanntes Minnen zu ‚belohnen', gerät als Handlung in den Blick, die genau das beinhaltet, was die Frau wesenhaft kennzeichnet: das Gegenteil von *valsche* zu tun.

In den beiden Schlussversen bezieht der Sprecher die kritisierte *sitte* nun direkt auf sich und konkretisiert den Minne-Bezug, ohne ihn aber explizit zu machen. In einem Konditionalsatz und damit im Sinne einer Hypothese postuliert er: Sollte ihm gegenüber irgendeine Frau *sô getân* haben, sei es sein Ratschlag, dass sie sich ihrer selbst gewahr werden solle (V. 8 f.), was impliziert, dass ein solches Verhalten nicht in Einklang damit zu bringen ist, sich von ‚Falschheit' abzugrenzen. In der polyvalenten Formulierung, *das si zuo ir sehe* (V. 9), lässt sich zwar eine Drohung angelegt sehen, doch ist es wichtig festzuhalten, dass der Ratschlag als sich fortsetzende Persuasion explizit nur auf eine Selbstvergewisserung der Frau aus ist. Dass diese in der Formulierung *dehainiu* erneut indefinit perspektiviert wird, ist merklich rhetorische Strategie. Zum einen ermöglicht es das Indefinitpronomen zu vermeiden, dass sich der offensive Ratschlag konkret auf das weibliche Gegenüber der Vorstrophe beziehen lässt, von der gesagt wurde, dass *alle man* ihr unangemessen sind (16 B, V. 6 f.). Zum anderen ist es evident, dass das defensive weibliche Gegenüber der ersten Strophe mit der ihr zugeschriebenen Haltung, den Liebenden nicht zu wollen (15 B, V. 9), sich äquivalent verhält zu jemandem, *der dienst ungelônet nimit* (V. 6).[45] Ohne dass der Ratschlag die Geliebte also direkt der Kritik aussetzt, scheint er perlokutionär gleichsam einzig darauf aus zu sein, ihre Ignoranz ihm gegenüber negativ zu stigmatisieren.[46]

Was die soziale Einbettung der *dienst*-Thematisierung letztlich ermöglicht, ist eine erneute Reperspektivierung des Minnens, die dessen Responsionslosigkeit ganz anders, als dies in der ersten Strophe geschehen war, nicht als selbstverschuldet erscheinen lässt. Vielmehr wird im Hinblick auf soziale Verhaltensnormen der sie genuin repräsentierenden Frau die eigentliche Bringschuld zugeschrieben.[47] Ohne sie konkret kritisiert zu haben, erscheint sie dennoch angreifbar. Die daraus resultierende, bemerkenswerte Tatsache, dass in Ton VIIc a) prinzipielle Frauenkritik auf konkretes Frauenlob folgt, ohne die Geliebte direkt zu attackieren, b) das Leidpotenzial des Minnens für den Liebenden ebenso herausgestellt wie das Minnen selbst nicht in Frage gestellt wird und c) die *üppecliche vart* des Liebenden (15 B, V. 6), die ihn als Narren erscheinen lässt, sich gleichsam als das Gegenteil davon erweist, Falsches

---

45 Vgl. in diesem Sinne auch Brem 2003, S. 154.
46 Paus 1965, S. 91f., versteht die Stelle, insb. im Hinblick auf das Indefinitpronomen, ähnlich, sieht hier allerdings „eine geschickte Ironie" am Werk (S. 92). Diese Wertung trivialisiert die in 15–17 B zum Ausdruck gebrachte Aporie des Minnens m. E. zu sehr.
47 Vgl. in diesem Sinne auch die äußerst knappen Anmerkungen bei Kaplowitt 1986, S. 43.

zu tun, lässt sich als wesentliches Ergebnis des Textverfahrens der Variation begreifen: Das Minnen wird in diesen Strophen affirmiert und hinterfragt, plausibilisiert und dekonstruiert und somit als so unhintergehbar wie aporetisch dargestellt. Es wird unterschiedlich perspektiviert, um seiner Statik – dem Stagnieren der unerfüllten Liebe –reflexive Dynamik gegenüberstellen zu können. Modus der Reflexion ist eine Variation, die zugleich zum Mittel und Ausdruck der Unabschließbarkeit dieses Unterfangens wird.

IV Die Verfahren der Variation. Zusammenfassung

Wenn in der bisherigen Forschung dem Minnesang Heinrichs von Rugge implizit oder explizit mangelnde Originalität attestiert wurde, so lag den vorangegangenen Überlegungen nicht das Anliegen zugrunde, diese Beobachtung als solche zu widerlegen. Entgegenzutreten galt es einer an modernen Texten entwickelten Orginalitätserwartung, die impliziert, dass sich über literarische Texte im Allgemeinen umso mehr sagen lässt, desto exzeptionellerer Charakter ihnen beigemessen werden kann. Ihr zufolge wären jene weiten Teile des Minnesangs, die im hohen Maße durch Konventionalität geprägt sind, kaum der Analyse wert, und es ist nicht zuletzt die mitunter einengende Fokussierung der Forschung auf einzelne prominente Vertreter der Gattung, die einer solchen Einschätzung zugearbeitet hat. Zwar herrscht in der Sekundärliteratur weitgehend Übereinstimmung, dass der Minnesang als eine Variationskunst aufzufassen ist, die sich als Kunst der Wiederholung und Abweichung, in der das ‚Neue' kaum je den Status einer tatsächlichen Überwindung des ‚Alten' hat, konstitutiv unterscheidet von einem modern gedachten Originalitätsbestreben. Doch bildet dies zumeist nur die Basis dafür, die Spezifizität eines zu besprechenden Textes oder Korpus gleichwohl darüber hinaus zu bestimmen. Ziel des vorangegangenen *close reading* des Rugge-Korpus war es demgegenüber zu zeigen, dass auch ‚konventionelle', ‚nicht-exzeptionelle' oder als vermeintlich ‚unoriginell' eingeordnete Texte im Minnesang hochgradig an Aussagekraft gewinnen, wenn die Verfahren der Variation, ihre Funktionsweisen und Funktionalitäten, selbst zum Gegenstand der Textarbeit werden. So haben die Analysen der 38 Rugge-Strophen herausgearbeitet, dass sich ihre Artifizialität und Semantizität wesentlich innerhalb der konventionalisierten Praxis des Variierens konstituiert – sie ihre Ästhetik und Sinnangebote also primär nicht dadurch entfalten, sich von Vorgeprägtem zu unterscheiden, sondern es modal modifizierend zu reformulieren. Im Sinne einer ‚Ästhetik der Identität' lag der Blick dabei gleichermaßen auf ihrem Wiederholungscharakter, der im Rahmen einer semi-oralen Kultur nicht zuletzt der Identifizierbarkeit der literarischen Praxis selbst dient, und ihrer Spezifizität, die zum einen in Nuancierung, Modifizierung, Abweichung oder auch Umkehrung von Konventionalisiertem kenntlich wird und deren rezeptionsbedingter Charakter zum anderen stets mitzubedenken ist. Exemplarisch zu zeigen galt es, dass die Variation von Konventionalisiertem im Minnesang nicht als Mangel an Originalität zu werten ist, sondern in induktiver Herangehensweise vielschichtige Verfahren nachvollziehbar macht, die nachgerade anhand ihrer Iterativität die Notwendigkeit und Unabschließbarkeit deutlich machen, Minne pluriperspektivisch zu artikulieren und reflektieren.

In den untersuchten Tönen des Rugge-Korpus konnten die Verfahren der Variation insbesondere in dreierlei Hinsicht beschrieben und analysiert werden: erstens textintern, zweitens in text- und korpusübergreifender sowie drittens in pragmatischer Perspektive. Sie gilt es, im Folgenden zusammenfassend zu differenzieren. Gleichsam ist zwingend zu bedenken, dass die einzelnen Verfahren zuallermeist im Verbund und in Verschränkung mit anderen begegnen, sich teils gegenseitig bedingen und auseinander hervorgehen, und dementsprechend kaum je isoliert voneinander zu betrachten sind.

Bei **textinterner Variation** konstituiert sich das Variierte qua paradigmatischer Bezugnahme aus dem in einer Folge tongleicher Strophen bereits Formulierten. Wird ein zentraler inhaltlicher Aspekt in unterschiedlichen Strophen eines Tons wiederholt, lässt sich seine variierende Formulierung, die sich zuweilen auch aus variierenden Sprechpositionen vollzieht, häufig im Sinne einer Differenzierung auffassen. So wird in Ton V anhand der Nennung des *valsches muotes* an exakt selber Stelle (11 und 12 C, V. 6) die Missgunst einer Gruppe an Kritisierten als Folge von Scheinheiligkeit deduziert, während in Ton IV die Artikulation von Selbstlosigkeit aus gänzlich unterschiedlichen Sprechpositionen Minne und Religion in Absetzung voneinander gleichwohl punktuell parallelisiert.

Häufig komplementär dazu lassen sich lexikalische Variationen beobachten: In Ton III beispielsweise wird das transgressive Moment des Minnens nachdrücklich durch Formulierungen des *ze vil*, *ze verre* und *ze vaste* beschrieben. In Ton VI geht die im Fokus stehende Positivität des Minnens mit zahlreichen variierenden Verwendungen des Lexems *guot* einher. Umgekehrt kann eine grammatikalische Variation desselben Lexems zur Illustration von Differenz beitragen, wenn etwa in 1 C die Nachtigall *schône sanc*, während der Liebende treu *an ein schœne wîb* denkt und dabei die Vergänglichkeit des Schönen im Außen im Gegensatz zur Beständigkeit des Schönen und Guten im Innen kenntlich gemacht wird. Als besonders signifikant erweisen sich variierende Formulierungen desselben dort, wo die Wiederholung ganzer Wendungen oder Teilsätze mit minimalen Abweichungen begegnet wie im Falle des Kehrverses von Ton III, anhand dessen Maßlosigkeit und *dienst* auf prägnante Weise parallelisiert werden (6 vs. 7 C). Ein hoher Aussagewert ist schließlich auch der lexikalischen Variation in Frauenstrophen beizumessen, und zwar insbesondere dort, wo sie, wie im Rugge-Korpus mehrfach, auf mehrere Männerstrophen folgen: Indem etwa die Frauenrede in Ton VI (16 C) vornehmlich aus variierenden Wiederaufnahmen von Formulierungen der Männerrede besteht, wird deutlich, dass das weibliche Ich keine eigene Position artikuliert und somit weniger eine konsekutive Reaktion auf die Männerrede darstellt als vielmehr rekursive Konfirmation.

Vollzieht sich eine textinterne paradigmatische Bezugnahme zum Zwecke des Insistierens auf der Virulenz des Verhandelten, lässt sich auf lexikalischer Ebene vielfach das Verfahren intensivierender beziehungsweise steigernder Variation beobachten. So wird im sechsten Ton die Formulierung, für die Geliebte auf alle anderen Frauen zu verzichten (13 C), intensivierend variiert, indem es in der Folge heißt, der Liebende habe sie *ûs al der werlte* erwählt (14 C), oder im dritten Ton der leidende Liebende erst als *arme* (6 C) und dann als *vil arme* (7 C) bezeichnet. Eine gegenläufige Wirkung hat das in der Wortspielstrophe 4 C angewendete Verfahren: Anhand einer exorbitanten lexikalischen Häufung büßt der Begriff *minne* an Referenzialität ein, hat die Artifizialität einer primär rhetorischen *variatio* die Selbstbezüglichkeit des Minnens zur Folge.

Wie vielfach beobachtet werden konnte, fungieren die unterschiedlichen Ausprägungen textinterner Variation auf mikrostruktureller Ebene zumeist komplementär zu übergeordneten Variationen, die insbesondere in textübergreifender Perspektive kenntlich werden. Als ein zentrales Verfahren können dabei die Variationen von Sprechhaltung und Sprechposition bestimmt werden, von denen das Rugge-Korpus ein breites Spektrum aufweist. Dieses Verfahren als wesentlichen Bestandteil der Variationskunst aufzufassen, bedeutet zum einen eine wichtige Ergänzung der in der jüngeren Forschung breit geführten Diskussion um die Referenzialität und Fiktionalität von Ich-Aussagen. Deren zentrales Ergebnis, die Pragmatizität der Ich-Instanz im Minnesang zu beachten, ist zwingend ins Verhältnis dazu zu setzen, dass das Ich der Texte nicht nur die Instanz der Formulierung von Inhalten im Modus der Variation darstellt, sondern die Sprechinstanz auch ihrerseits der Variation unterworfen ist. Dass im Zuge dessen die Einnahme anderer Sprechhaltungen als der eines leidenden Liebenden – wie dies im Rugge-Korpus mehrfach der Fall ist – auch in ‚spruchhafter' Rede resultieren kann, ermöglicht zum anderen eine Reperspektivierung der Diskussion um Gattungsinterferenzen in der mittelhochdeutschen Lyrik. Innerhalb von Männerrede lässt die Einnahme einer gesellschaftskritischen Haltung etwa eine affirmierende Thematisierung von Aspekten erkennen, die aus der Perspektive eines liebenden Ich nicht selten in Frage stehen. So betont Ton V die sozialisierende Funktion von *stæte* (12 C), während in Ton X der Frauendienst als Hort des Guten im Rahmen einer verkommenen Welt in den Blick gerät. Des Weiteren lässt sich in 22 C, einer Strophe ohne Ich-Position, die Strategie nachvollziehen, aus einer sich objektivieren Haltung heraus eine Kritik an Männern zu üben, die die Tugendhaftigkeit von Damen nicht – wie das liebende Ich in zahlreichen Strophen – als höchsten Wert ansehen. Mit Blick auf solche Beispiele lässt sich kritisch hinterfragen, ob im Falle einer ‚spruchhaften' Sprechposition zwingend die Integration von Registerkonstituenten der Sangspruchdichtung als gattungsexternes Element vorliegt oder ob die Artikulation von ‚Spruchhaftem' nicht auch eine gattungsinterne Funktion darstellt, konventionalisierte Inhalte in modifizierter Perspektivierung zu reformulieren.

Hinzu kommt, dass das Verfahren, zentrale Inhalte der Minne-Reflexion aus unterschiedlichen Sprechpositionen variierend und differenzierend in den Blick zu nehmen, in durchaus äquivalenter Funktionsweise auch jenseits einer spruchhaften Sprechhaltung begegnet. So liegt in Ton IV die bereits benannte textinterne Variation vor, den Aspekt der Selbstlosigkeit einmal aus der Persepktive eines auf Liebe ausgerichteten und einmal aus der Perspektive eines auf Gott ausgerichteten Ich zu thematisieren. Dass dort neben der Spannung von Minne und Religion auch eine signifikante Äquivalenz in der Selbstthematisierung des Ich aufscheint, lässt sich wiederum durch eine paradigmatische Bezüglichkeit zu Ton X stützen, wo der Frauendienst als Gegenmodell zu Habsucht profiliert wird. Das religiös ausgerichtete Ich der zweiten Strophe von Ton IV (10 C) und das gesellschaftskritische Ich von Ton X werten die selbstlose Haltung des liebenden Ich in anderen Strophen somit implizit auf.

Die mehrfach am Ende eines Tons begegnende Frauenrede erweist sich demgegenüber als Medium der Re-Perspektivierung von Inhalten der Männerrede. Sie kann, wo etwa *fröide* im Vordergrund steht, konfirmative Funktion haben, Interaktion thematisieren und so der Darstellung positiver Aspekte der Minne – im Sinne eines Wunschdenkens – plausibilisierend zuarbeiten (16 C, 34 C). Sie kann in variierender Weise aber auch eine ausstehende Interaktion mit dem Gegenüber konstatieren, diese plausibilisieren und gleichsam monieren (21 C) oder aber von ihrem Leidenspotenzial berichten (29 C). Zudem liegen im Rugge-Korpus zwei Strophen vor, die sich sowohl als Männer- als auch als Frauenrede auffassen lassen, und somit bereits in sich die variierende Perspektivierung von Gleichem beinhalten (12 C, 17 C).

Überblickt man die Vielfalt an Sprechhaltungen und -positionen, die auf performativer Ebene gleichsam variierende Sprechgesten nahelegt, erweist sich der Effekt ihrer Variation weniger als eine Darstellung von Differentem, sondern vielmehr als eine Differenzierung von Äquivalentem. Hierbei verdeutlicht auf der einen Seite die Unterschiedlichkeit der Ich-Positionen, wie sehr Vorsicht dabei geboten ist, die Ich-Aussagen eines Korpus – etwa zum Zwecke der Eruierung eines Autor-Profils – zu homogenisieren. Auf der anderen Seite macht die paradigmatische Bezüglichkeit dessen, was aus unterschiedlichen Ich-Positionen zur Verhandlung steht, kenntlich, dass etwa Strophen mit spruchhaftem, religiös ausgerichtetem und Minne thematisierendem Ich nicht allein deshalb gänzlich getrennt voneinander zu betrachten sind (etwa aus gattungstheoretischem Interesse). Vielmehr sind sie gleichermaßen als Teil der Variationskunst des Minnesangs aufzufassen, und ihre Differenzierungsleistung ist als einander bedingend in den Blick zu nehmen.

Mitunter verschränkt mit einer Variation der Sprechposition, ist die Kontextualisierung des männlichen oder weiblichen Ich als ein zentrales Verfahren der Variation zu beschreiben. Sie betrifft unterschiedliche Ebenen der Rede und begegnet dort in unterschiedlichen Ausprägungen:

1. Im Sinne einer Spezifizierung des allgemeinen Liebesleids erweist sich in zwei Strophen die Kontextualisierung einer Abschiedssituation als Möglichkeit, die Relationierung zwischen Liebendem und Geliebter variierend zu bestimmen, ihr Virulenz zu verleihen und dabei gleichsam Form und Ausmaß des Leids umzukodieren (23 C, 5 B). Ähnliches kann mit Blick auf zwei Natureingänge mit Winterbezug festgehalten werden, wo die Leidimplikationen der Jahreszeit zum Zwecke einer modifizierenden Perspektivierung des Liebesleids erscheinen, dessen allgemeine Gegebenheit anhand der spezifischen Umstände neu der Reflexion ausgesetzt werden kann (1 C, 18 C).[1]

---

[1] Innerhalb der Kontextualisierung mit Jahreszeitenbezug äußert sich die variierende Aktualisierung von Topik häufig nur in unscheinbarer Nuancierung einzelner Topoi. So fällt in 1 C etwa die Aussage ins Auge, dass die Vögel im Winter nicht nur aufhören zu singen, sondern dass die Nachtigall gar ‚ver-

Umgekehrt zeigt sich, dass eine Entspezifizierung der Sprechsituierung sowohl in Frauenrede (16 C, 34 C) als auch in Frauenlob (14 C), die einer Ausklammerung sozialer Faktoren gleichkommt, es ermöglicht, potenziell Leid generierende Aspekte unausgesprochen lassen und in der Ausblendung des Besonderen die Positivität des Gegenübers im Allgemeinen akzentuieren zu können. Wiederum invers dazu kann in der Universalisierung des Liebesleids als Resultat göttlicher Schöpfung die Strategie nachvollzogen werden, die durch Maßlosigkeit geprägte Misslage des Liebenden nicht als Selbstverschulden, sondern als wesenhafte Implikation von Liebe an sich darzustellen (Ton III).

2. Kontextualisierungen, die weniger die Situiertheit des Ich betreffen als vielmehr seine Disposition, sind in Thematisierung eines unmittelbar vorausgehenden Ereignisses nachzuvollziehen. So findet sich im Rugge-Korpus sowohl ein Beispiel dafür, dass die Geliebte dem Liebenden einstmalige Zuneigung anhand eines ‚unfreundlichen Grußes' *verkêrt* hat (9 C, V. 9), als auch ein Beispiel dafür, dass das Ich ‚gute Nachrichten' vernommen hat und deshalb seine Sorgen als vergangene bezeichnen kann (30 C). Kenntlich wird hier jeweils, dass sich die beständige Haltung des Liebenden unterschiedlichen Umständen ausgeliefert sieht, was im Falle von Ton XI besonders deutlich wird, indem in der Folgestrophe (31 C) das explizite Fehlen von Abhilfe zur neuerlichen Aktualität von *sorge* führt (V. 9). Die sich situativ unterscheidende Anerkennung dient dabei zuallererst einer Demonstration von *triuwe*, der situationsunabhängig Gültigkeit zugeschrieben wird.

3. Vielschichtig zur Anwendung kommt die variierende Funktionalisierung von Zeitlichkeit. Neben den zahlreichen Nuancierungen des Gesagten anhand der persistenten Verwendung von Zeitadverbien (*nu, nu lange, noch, ie, niemer* etc.), die teils intrikate Relationierungen der Aussagen auf textinterner Ebene zur Folge haben (vgl. etwa 9 C, 19 C), fallen insbesondere fünf Aspekte ins Auge: Erstens steht in Natureingängen – was konstitutiver Bestandteil der Topik ist – die Spezifizität der Jahreszeit in kontrastiver Setzung zur entzeitlichten Minne als einer Kontinuität von Dienst und Leid (1 C, 18 C). Dabei wird die jeweils akzentuierte Beständigkeit des Liebenden zum Argument für erhoffte Veränderung, was als paradoxe Fügung gleichsam die Aporie des Unterfangens kenntlich macht. Umgekehrt kann die ‚Eigenzeit' der Minne durch die spezifischen Implikationen der Jahreszeit außer Kraft gesetzt, von *zît* profitiert werden (24 C). Zweitens nutzt insbesondere der achte Ton den Jahreszeitentopos, um in der sukzessiven Kontextualisierung variierender Aktualitäten – Winter (18 C), falsche Welt (19 C), Sommer (20 C), Verpflichtung zur und Wunsch nach *fröide* (21 C) – Progression und Stagnation gegeneinander auszuspielen und das syntagmatische Moment eines äußeren Jahreszeitenwandels als Teil eines Paradigmas, Wandel im Inneren zu erhoffen, auszuweisen. Drittens wird ein einzelner Moment wie das ‚Auswählen' der Geliebten zu einem Zeitabschnitt eigenen Rechts er-

---

gessen' hat, dass sie sang (V. 7), was das kontrastiv dazu angelegte Singen des Sängers umso positiver markiert.

klärt, um ihm Gültigkeit zu verleihen und anhand von ihm das Aktuelle zu fundieren (14 C). Viertens wird das in Spannung zur entzeitlichten Minne stehende Altern variierend funktionalisiert: In 22 C wird die Vorrangstellung tugendhafter Gesinnung im Hinblick auf Damen dadurch bestimmt, dass die Relevanz einer Veränderung im Aussehen nivelliert wird, während in 16 B im Gegensatz dazu der Topos ewiger Jugend durch Liebe Ausgangspunkt von Frauenlob ist. Und fünftens ist es, wie beim ersten Punkt schon angeklungen, nachgerade das Progredieren von Zeit, das den *wân* des Liebenden, dass die bisherige Stagnation nicht in künftige Resignation übergehen wird, anhand des Optierens von in der Zukunft liegendem Erhofftem am Laufen hält (Ton Ia, 19 C, 20 C, 31 C).[2] Zeit zeigt sich somit in sowohl relativer als auch absoluter Hinsicht als Bezugssystem, dessen variierende Funktionalisierung den Zweck einer Dynamisierung des Statischen erfüllt. Das immer Gleiche wird in Relation zu variierenden Aktualitäten, Erinnerungen und Hoffnungen gesetzt, was die Deskription der Situation zumeist in eine Reflexion der Lage überführt.[3]

Zusammengenommen dienen die variierenden zeitlichen, räumlichen und situativen Verortungen des Ich in erster Linie der je neuen Exzeptionalisierung von Minne. Ihre allgemeine Gegebenheit erweist sich anhand des Kontextualisierten als das Besondere, dass es akut zu diskutieren gilt. Nachvollziehen lässt sich hierbei die Strategie, die Statik des Liebesleids anhand unterschiedlicher Umstände zu dynamisieren. Als Vorgang, der der beständigen Reformulierung der allgemeinen Verhandlung von Minne spezifische Geltung verleiht, lassen sich solche Strategien der Exzeptionalisierung gleichsam als Strategien der Legitimierung einer literarischen Praxis sehen, die das Vorgeprägte stets aufs Neue perspektiviert. In der beständigen Exzeptionalisierung seines Verhandlungsgegenstands erweist sich die Iterativität des Minnesangs konstitutiv als Wiederholung eines Besonderen, das seine Besonderheit zuallererst aus den Verfahren des Variierens bezieht.

Teils ebenfalls als Kontextualisierung, teils gleichsam als Strategie der Diskursivierung lässt sich die variierende Thematisierung von Dritten beschreiben, die ihrerseits zur Variation zentraler Paradigmen der Verhandlung von Minne beiträgt. Neben unspezifischen ‚Vielen' beziehungsweise Männern im Allgemeinen, die der Kritik ausgesetzt werden und als Negativfolie für höfisches Verhalten fungieren (Ton V, 19 C, 22 C, Ton X), sind es insbesondere zwei Gruppen, die wiederholt thematisiert werden: *friunt* und *wîse liute*. Die Thematisierung und Funktionalisierung der Freunde ist vielfach der Variation ausgesetzt. Die Möglichkeit, jemanden als Freund anzuerkennen, dient zur Affirmation von *stæte* (12 C in der Lesart als Männerrede); Freunde bestätigen die Exzeptionalität der Geliebten und legitimieren dadurch die Praxis des Minnens (13 C); sie erscheinen als Rezipienten des Sangs, der ihnen zur Ehre darge-

---

[2] Auch dies kann seinerseits variiert werden; so heißt es etwa in 2 C, dass Glück schon dann gegeben sei, wenn die Geliebte den Liebenden *lônes dûhte wert* (V. 2).
[3] Vgl. des Weiteren zur Kontextualisierung in der Performanzsituation die folgenden Ausführungen auf S. 268.

boten wird und ihre Freude mehren soll, was gleichsam die Freudlosigkeit des Sängers exponiert (31 C). Dass sie zudem in den Situationen des Abschieds sowohl als Grund, fort zu müssen, fungieren (5 B), als auch ihr Zurücklassen als Grund für gesteigertes Leid erscheint (23 C), verdeutlicht, wie flexibel sie zur Legitimation der Anliegen des Sprechers eingesetzt werden können. Ihre Thematisierung dient nicht der Ausführung einer ‚anderen' Position, sondern der Affirmation der Ich-Position – entweder, indem ihre Haltung als komplementäre erscheint oder ihre Positionierung als kontrastive die spezifische Disposition des Liebenden plausibilisiert.

Auch die Instanz der ‚verständigen Leute' vermag in diesem Sinne etwa die Exzeptionalisierung der Geliebten zu bestätigen (33 C). Doch begegnet sie gleichsam in der Funktion von Verallgemeinerung: So stellt, was sie sagen, ein diskursiviertes Wissen dar, das entweder wiedergegeben (29 C) oder gesucht werden kann (32 C), solcherart etwa das Leidpotenzial der Liebe als ihre wesenhafte Eigenheit ausweist und somit die nicht selten prekäre Situation des leidenden Liebenden zu legitimieren vermag (29 C). Wenn es in Umkehrung davon in 15 B heißt, dass ein Verständiger im Gegensatz zum Ich hochgestimmt sei, so erweist sich auch hier die Position des Dritten nicht um seiner selbst willen aufgerufen, sondern als in variierender Weise wahrgenommene Möglichkeit, die Selbstthematisierung des Ich zu spezifizieren.

Ein Verfahren, das es in äquivalenter Weise zur Frauenrede ermöglicht, aus Perspektive des männlichen Liebenden zu formulieren, was für ihn für gewöhnlich außerhalb des Bereichs des Sagbaren liegt, ist die Imagination. Es findet im Rugge-Korpus zweifach Anwendung. Zum einen nutzt der Liebende die topische Verinnerlichung der Geliebten im Herzen, um eine Nähe postulieren zu können, aus der dann eine Aufwertung seiner *sinne* hervorgehen kann (15 C). Zum anderen nutzt er die nach einem Abschied absolute Trennung von ihr, um sich vorzustellen, dass sie ihm gegenüber intensive Gefühle empfindet und er für ihr Leid verantwortlich ist, statt, wie sonst, umgekehrt (5 B). Indem die Rede im Modus der Imagination verfährt, vermag sie einerseits Distanz zu überwinden und andererseits in der Verabsolutierung von Distanz die Machtverhältnisse zu invertieren. Somit stellt das Imaginieren je eine Variation der Unverfügbarkeit der Dame dar.

Die textintern wie textübergreifend kenntlich werdende Variation der Paradigmen, die den Ausdruck und die Reflexion von Minne konstituieren, stellt in pragmatischer Hinsicht zugleich wesentlich eine Variation der Semantik dar, die ihnen außerhalb der literarischen Rede zuzuschreiben ist. Das betrifft in erster Linie die höfischen Werte, die Minne einerseits hervorrufen und legitimieren (*fröide, tugent, êre*), andererseits die Ausübung des Minnedienstes charakterisieren (*stæte, triuwe*) und schließlich aber auch in konfliktuösem Verhältnis zu Minne erscheinen können (*mâsse/mâze*). Sowohl die Tatsache, dass diese zentralen Begriffe höfischen Selbstverständnisses im Zuge der Verhandlung von Minne teils unterschiedliche Funktionalisierungen erfahren, als auch der Umstand, dass ihre je persistente Verwendung im Rahmen dieser Verhandlung mit zahlreichen variierenden Perspektivierungen einhergeht, haben zur

Folge, dass die höfischen Werte nicht selten selbst zur Verhandlung stehen. Dementsprechend lässt es sich als einer der wesentlichen Effekte der Variationskunst beschreiben, dass die sozio-kulturellen Komponenten, die das Reden über Minne fundieren und kontextualisieren, ihrerseits der Reflexion ausgesetzt sind. Dies ist zum Beispiel in prägnanter Weise der Fall, wo die im literarischen Diskurs konventionalisierte Variation der Semantik von *stæte*, als konstitutive Eigenschaft des Liebenden zumeist dysfunktionalen Charakter zu haben (3 C, 18 C, 19 C, 23 C), ihrerseits variiert wird: So kann ihre Funktionalität eingefordert werden (2 C), sie sich in ereignishafter Weise tatsächlich als funktional erweisen (30 C) oder in differierender Sprechposition ihre allgemeine sozialisierende Funktion betont werden (12 C). Die in sozialer Hinsicht positive Konnotation des Werts und das Ausbleiben positiver Folgen für den Liebenden, der sich ihm verschrieben hat, werden gegeneinander ausgespielt und mobilisieren eine Reflexion, die bis hin zu seiner Absolutierung reichen kann: Wenn in Ton Ia etwa *stæte* als Eigenschaft beschrieben wird, die darin besteht, nicht nur beständig zu sein, sondern auch dann, wenn dies kontinuierlich nicht belohnt wird, dennoch beständig zu bleiben (3 C), so wird eine minne-spezifische Definition von *stæte* kenntlich, die den höfischen Wert und damit metonymisch höfisches Handeln an sich zum Eigenwert erklärt.

In Ergänzung, aber auch Spannung zum höfischen Diskurs, an dem die literarische Rede solcherart partizipiert, erweist sich der Rückgriff auf religiöse Semantik im Rahmen der Verhandlung von Minne nicht selten als wechselseitige Überschreitung der jeweiligen Diskursordnungen. Wenn es etwa in Ton III heißt, Gott habe es dem Liebenden zuleide so eingerichtet, dass er je eine gute Frau geschaffen hat, und darauf das Postulat folgt, hätte er Erbarmen mit ihm, hätte er es unterlassen (6 C), so werden sowohl das Schöpfungsverständnis und Gottes Barmherzigkeit als auch das Liebesleid prägnant variiert. Doch zielt dies nicht darauf, in blasphemischer Weise die diskursiven Beschränkungen religiöser Semantik zu überwinden, sondern dient anhand der Integration des Religiösen vielmehr dazu, die Gültigkeit des literarischen Topos zu steigern. Auch die ausbleibende *reactio* der Geliebten erst als Sünde und dann als Versuchung zu beschreiben (3 C), fungiert als variierende Formulierung des Liebesleids zur Dynamisierung seiner Verhandlung. Während aus der Position eines religiös ausgerichteten Ich zentrale Inhalte des Minnens different perspektiviert werden können (vgl. 10 C), ist die Variation religiöser Semantik im Zuge des Sprechens über Minne hier umgekehrt aufzufassen: Nicht das Religiöse selbst wird der Reflexion ausgesetzt, sondern es dient dazu, der Reflexion von Minne gesteigerte Relevanz zu verschaffen. In pragmatischer Hinsicht verdeutlichen somit sowohl die Partizipation am höfischen Diskurs als auch der Rückgriff auf religiöse Semantik zum einen, wie konstitutiv die literarische Rede auf die gesellschaftlichen Wertesysteme bezogen ist. Doch weist ihre Integration in die Variationskunst des Minnesangs zum anderen auch ernst zu nehmende Differenzen auf: Während das Höfische selbst zur Verhandlung steht, stellen die Bezüge auf Religiöses primär Mittel und Modi einer Verhandlung von Minne dar, die durch sie an Prägnanz gewinnt.

Der kontextualisierte Ort dieser Verhandlung – die Performanzsituation – erweist sich schließlich in einigen Strophen auch selbst als Mittel, das Diskutierte in Ergänzung und Variation der Sprechposition eines Minner-Ich zu perspektivieren. So wird die Performativität des in einer Strophe Verhandelten wiederholt als Möglichkeit seiner variierenden Beurteilung genutzt. Während das Ich sich in 11 C etwa auf textinterner Ebene als Leidtragender einer habitualisierten sozialen Praxis der Scheinheiligkeit darstellt, erscheinen auf der performativen Ebene der Kritik die Kritisierten ihrerseits als exkludiert vom Konsens des Produzenten sowie der Rezipientinnen und Rezipienten des Sangs. Des Weiteren lässt sich die textinterne Demonstration von Hochgestimmtheit in Ton VIIa (in der Lesart als Männerrede) performativ als Selbstaufforderung verstehen, dem als Sänger zu entsprechen. In 26 C macht wiederum die Thematisierung davon, warum nicht gesungen wird, in metapoetischer Hinsicht die ordnungsstiftende Funktion des Sangs kenntlich. Dass die Pragmatik des Singens hier als solche thematisch wird, unterstreicht ein weiteres Mal die Notwendigkeit, den Ausdruck und die Reflexion von Minne auch andernorts sozio-kulturell zu kontextualisieren. Denn was in den Texten der Praxis des Variierens unterzogen wird, bezieht sich nie nur aus ihnen selbst. Es variiert gleichsam seine außertextuelle Semantizität, indem es sie etwa zuspitzt, unterläuft, erweitert oder umkodiert. Die kontextualisierten Komponenten der Diskussion von Minne erweisen sich in pragmatischer Hinsicht ebenso als Mittel ihrer Variation, wie sie dabei selbst der Variation ausgesetzt sind.

Dadurch dass sich die unterschiedlichen Verfahren der Variation auf den unterschiedlichen Ebenen des Textes und seiner Kontextualisierung je die Funktion erfüllen, die *prima vista* statische Konstellation der Minne diskursiv zu dynamisieren, ihre allgemeine Gegebenheit stets aufs Neue als das besonders Diskussionswürdige in den Blick zu rücken und dabei zugleich die Unabschließbarkeit ihrer Verhandlung zu exponieren, erscheinen die Darstellungen von Minne in den Tönen zusammengenommen durchaus vielfältiger, als es die Rede von der topischen Unerfüllbarkeit der Liebe vermuten ließe. So kann es schließlich als übergeordnetes Verfahren der Variation bestimmt werden, dass in der Konzentration auf einzelne zentrale Paradigmen der Verhandlung von Minne bei gleichzeitiger Ausblendung anderer variierende Formulierungen und Reflexionen von Liebe kenntlich werden, die von ihrer rein negativen bis zu ihrer rein positiven Darstellung reichen können, ohne dass eine Ausprägung die Konstituiertheit der anderen suspendieren würde. Es verhält sich komplementär, dass etwa bei Thematisierung der ausstehenden Gegenleistung für den *dienst* der Leid generierende Charakter der Minne betont wird (Ton Ia, III, VIII, 31 C, VIIc), während das Herausstellen der Makellosigkeit der Geliebten bei Ausklammerung des *lôn*-Aspekts Minne als Quell von *fröide* perspektiviert (Töne VI und XII).[4]

---

[4] Dabei kann die aktuelle Ausklammerung potenziell zu befürchtenden Leids auch explizit gemacht werden; vgl. dafür 13 C, 32 C, 33 C.

Die Thematisierung von *êre* oder ethischen Handlungsmaximen des geliebten Gegenübers können Minne ebenso hochgradig repräsentativen Charakter für höfisches Handeln verleihen (Töne II und VIIa in der Lesart als Frauenrede), wie eine Fokussierung der Emotionalität und Intensität von Minne als transgressives Moment, das *mâsse* außer Kraft setzt, sie unhöfisch erscheinen lassen kann (Ton III). Auch vermag die exklusive Fokussierung einzelner Aspekte – etwa der positiven Implikationen eines Sommerbeginns (24 C) – ein Ich als zeitweilig getröstetes und hochgestimmtes zeigen, ohne dass das im Widerspruch zur Disposition eines leidenden Liebenden stünde, wenn deren Konstituenten ausgeblendet erscheinen. Weder bedeutet die Topik des Liebesleids, dass zu lieben immer schon Leid verursacht, da dessen topische Bedingtheit auch verschwiegen werden kann, wenn von der Bedingtheit des Liebens selbst die Rede ist. Noch liegt dort, wo von Freude durch Liebe die Rede ist, ein Gegenentwurf zur unerfüllten Liebe vor. Vielmehr differenzieren sich variierende Fokussierung von Movens und Aporie des Minnens gegenseitig und machen nachgerade in ihrer Zusammenschau die Notwendigkeit und Unabschließbarkeit seiner Thematisierung und Reformulierung kenntlich.

Deutlich werden kann dies, wie beobachtet, im Tonabgleich, es begegnet aber auch als toninternes Verfahren: So steht etwa in Ton VIIc das Frauenlob, das sich durch die Makellosigkeit der Geliebten begründet (16 B), neben einer Frauenkritik, wenn moniert wird, dass der *dienst* auf habitualisierte Weise *ungelônet* bleibt (17 B); steht Selbstdiffamierung, die sich aus der Aporie des Werbens speist (15 B), neben Selbstlob aufgrund des beständigen Frauenlobs (16 B) – und das jeweils, ohne dass der eine Aspekt den anderen ausschließen würde.

Nimmt man diese Beobachtungen zusammen, folgt daraus auch, dass die variierenden Darstellungen von Minne nicht als Variationen eines wie auch immer gearteten prototypischen Minnemodells aufzufassen sind, das sie teils reproduzieren, teils differenzieren, teils transgredieren. Vielmehr erscheint der einzelne Entwurf von Minne immer schon als Variation anderer, konstituiert er die Paradigmen, aus denen er sich bezieht, gleichsam mit. Die Iterativität der Variationskunst ist auch deshalb mitnichten als Ausdruck einer literarischen Praxis zu deuten, der es an Progressivität mangelt, sondern als eigentliche Grundlage der nachvollzogenen Vielfalt an Möglichkeiten, die unterschiedlichen Facetten der Minne – zum einen ihr positiv zu bewertendes Movens und zum anderen ihre negativ zu bewertende Aporie – stets aufs Neue verhandeln zu können.

Es entspricht dieser Vielfalt an Varianten der Minne-Verhandlung im Rugge-Korpus, dass die Texte ein breites Spektrum an Graden und Formen inhaltlicher Kohärenz tongleicher Strophen aufweisen. Sie lassen sich mitunter als Effekt der Variationskunst beschreiben. Wo textinterne Variationen vorliegen, die mit einer gleichbleibenden Sprechposition einhergehen, ergibt sich eine paradigmatische Bezüglichkeit, die die tongleichen Strophen zwar teils eng miteinander verknüpft, nicht aber den kontiguitären Charakter eines Syntagmas aufweist (Töne Ia, III, V und VIIc). Gleiches gilt im Falle der paradigmatisch dicht aufeinander bezogenen Männerstrophen der

Töne VI und XII, auf die jeweils eine Frauenstrophe mit zahlreichen lexikalischen Wiederaufnahmen aus der Männerrede folgt. Eine nur sehr lockere paradigmatische Bezüglichkeit ist dort zu beobachten, wo tonintern innerhalb von Männerrede ein markanter Wechsel der Sprechposition erfolgt (Töne IV und XI). Hier lässt sich die differente Perspektivierung äquivalenter Aspekte zwar komparativ durchaus im Sinne einer Differenzierung beschreiben. Doch weisen die Strophen jenseits ihrer formalen Äquivalenz kaum eine höhere Bezüglichkeit zueinander auf als zu Strophen anderer Töne, in denen Ähnliches zur Verhandlung steht. In noch zugespitzterer Weise kann das beständige Variieren von Sprechposition und Kontextualisierung, wie es in den Tönen IX und VIIb vorliegt, auch das gänzliche Fehlen strophenübergreifender Bezüglichkeit zur Folge haben. In solchen Fällen wird es offen bleiben müssen, ob die überlieferte Konstellation der Strophen sekundäres Resultat handschriftlicher Sammeltätigkeit ist oder ob auch Strophen, die einen inhaltlichen Zusammenhang vermissen lassen, aufgrund ihrer Tongleichheit gleichwohl im Verbund vorgetragen werden konnten.

Invers dazu lässt es sich als komplexitätssteigerndes Verfahren deuten, dass in Ton VIII strophenübergreifende zeitliche Bezüge die Gegebenheit eines Syntagmas suggerieren, das auf paradigmatischer Ebene anhand einer Variation der Zeitlichkeit zugleich unterwandert wird. Des Weiteren liegt im Fall von Ton X schließlich ein Beispiel dafür vor, dass eine makrostrukturell angelegte Variation – hier die Aufwertung des Frauendiensts aus gesellschaftskritischer Perspektive – auch mit einer ungebrochenen syntagmatischen Bezüglichkeit der Strophen einhergehen kann.

Überblickt man die Töne des Rugge-Korpus, machen sie exemplarisch deutlich, dass sich die unterschiedlichen Grade und Ausprägungen inhaltlicher Kohärenz tongleicher Strophen im Minnesang *auch* als eine Folge der unterschiedlichen Variationsverfahren, die in ihnen zur Anwendung kommen, erklären lassen. Impliziert sein soll damit umgekehrt nicht, dass sämtliche Fälle in Frage stehender Kohärenz auf die Variationskunst zurückzuführen sind. Die von der Forschung insbesondere mit Blick auf die *variance* der Texte entwickelten Überlegungen zur Autorvarianz, handschriftlicher Zuschreibungsmutanz sowie den Unwägbarkeiten der Überlieferungsgeschichte behalten auch aus dieser Perspektive ihre Gültigkeit. Wichtig erscheint es in ihrer Ergänzung jedoch herauszustellen, dass die verschiedenen Verfahren der Variation gleichwohl eine Bandbreite inhaltlicher Kohärenzen zur Folge haben kann, die es kaum erlaubt, für die Textualität im Minnesang eine spezifische Form gegebener Kohärenz für normativ zu erklären, von der abzuweichen dementsprechend erklärungsbedürftig wäre. Dass die Texteinheit im Minnesang als eine dynamische und nicht statische Größe erscheint, bei der Strophenanzahl und -folge in unterschiedlichen Fassungen variieren können, verhält sich im Rahmen der Variationskunst komplementär zur variierenden Bezüglichkeit der Strophen selbst.

Viele der Fragestellungen, die in dieser Studie am Beispiel des Rugge-Korpus erörtert wurden, betreffen den Minnesang im Allgemeinen. Fokussiert man in der Textarbeit die zur Anwendung kommenden Verfahren der Variation – von denen das Rugge-

Korpus selbstredend nur eine Auswahl beinhaltet – gerät komparativ in den Blick, was aus einer gattungsgeschichtlichen Perspektive, die die Entwicklung des Minnesangs in einem transformatorischen Sinne modelliert, Gefahr läuft, allzu getrennt voneinander betrachtet zu werden. Da sich die beachtliche Kontinuität, mit der die konventionalisierten Aufbauelemente des Minnesangs in seinem Verlauf Verwendung finden, als ein wesentlicher Effekt seiner Variationskunst auffassen lässt, gilt es mit Blick auf ihre unterschiedlichen Ausprägungen und Schwerpunkte nicht nur ihr sukzessives Nacheinander, sondern auch ihr plurales Nebeneinander zu betonen. Das steht nicht im Widerspruch zu einer Unterteilung der Gattung etwa in einen frühen, Hohen und späteren Sang, vermag demgegenüber aber zu verdeutlichen, dass die unterschiedliche Ausübung des Minnesangs an verschiedenen Orten und zu verschiedenen Zeitpunkten gleichwohl deshalb vielfach aufeinander beziehbar bleibt, da sie sich nahezu ausnahmslos innerhalb der Variationskunst ausgestaltet und kaum je jenseits davon. In diesem Sinne ist die rezeptionsbedingt wahrnehmbare Spezifizität eines einzelnen Textes auch zuallermeist nicht im Unterschied zu, sondern als Folge von ihrer Iterativität zu begreifen, die gleichsam die Identifizibarkeit der literarischen Praxis gewährleistet.

Insofern, als dass den vorangegangenen Ausführungen das Anliegen zugrunde lag nachzuweisen, wie ergiebig eine Auseinandersetzung mit den vielen tendenziell ‚konventionelleren' Ausprägungen des Minnesangs sein kann, wenn die Funktionsweisen und möglichen Funktionalitäten ihrer Variationskunst zur Diskussion stehen, ging es dabei schließlich nicht um eine ‚Aufwertung' solcher Korpora gegenüber den prominenten und viel untersuchten Vertretern der Gattung. Zu zeigen galt es vielmehr, dass im Rahmen von Variationskunst Iterativität und Vielfältigkeit als zwei Seiten einer Medaille aufzugreifen sind. Dementsprechend scheint die – zusätzlich zur gattungsgeschichtlichen Perspektive ebenfalls begegnende – Unterteilung in einen ‚durchschnittlichen' und einen ‚ambitionierten' Minnesang ebenfalls nur dann angebracht zu sein, wenn damit unterschiedliche Ausformungen und Ausmaße des Variierens bezeichnet werden. Erklärt man die Verfahren der Variation zum Gegenstand der Textarbeit, sind die Nuancierungen und Modifizierungen von Vorgeprägtem, denen tendenziell konventioneller Charakter zugeschrieben werden kann, und seine Umkehrungen, Parodien oder probeweisen Überschreitungen, die als tendenziell exzeptionell beschrieben werden können, gleichermaßen als Resultat der Variationskunst aufzufassen und ihre Analyse gleichermaßen ergiebig als Beitrag zu einer umfassenden Auseinandersetzung mit dem Minnesang.

Anhang: Überlieferungsübersicht

Ton Ia

Rug C	Rug B	Rug A	Rei C	Rei A	Rei E	Sev A	Rîc A	Hau A	Rot Bu
1			188						
2			189						
3			190						

Ton Ib

Rug C	Rug B	Rug A	Rei C	Rei A	Rei E	Sev A	Rîc A	Hau A	Rot Bu
4			191						

Ton II

Rug C	Rug B	Rug A	Rei C	Rei A	Rei E	Sev A	Rîc A	Hau A	Rot Bu
5			192						

Ton III

Rug C	Rug B	Rug A	Rei C	Rei A	Rei E	Sev A	Rîc A	Hau A	Rot Bu
6									
7									
8									

Ton IV

Rug C	Rug B	Rug A	Rei C	Rei A	Rei E	Sev A	Rîc A	Hau A	Rot Bu
9									
10									

Ton V

Rug C	Rug B	Rug A	Rei C	Rei A	Rei E	Sev A	Rîc A	Hau A	Rot Bu
11									
12									

Ton VI

Rug C	Rug B	Rug A	Rei C	Rei A	Rei E	Sev A	Rîc A	Hau A	Rot Bu
13	1		194			14			

14	2		195			12			
15	3		196			13			
16	4		197						

Ton VII

Rug C	Rug B	Rug A	Rei C	Rei A	Rei E	Sev A	Rîc A	Hau A	Rot Bu
	15		163	49					
	16		164	50					
	17		165	51					
			166						
			167						
			168						
	5		169						
17	6		170						
			171						
			172						
			173						

Ton VIII

Rug C	Rug B	Rug A	Rei C	Rei A	Rei E	Sev A	Rîc A	Hau A	Rot Bu
18	7		198				1		
19	8		199				2		
20	9		200				3		
21	10		201				4		

Ton IX

Rug C	Rug B	Rug A	Rei C	Rei A	Rei E	Sev A	Rîc A	Hau A	Rot Bu
22	11	1	202						
23	12	2	203						
24	13	3	204						
25	14	4	205						

Ton X

Rug C	Rug B	Rug A	Rei C	Rei A	Rei E	Sev A	Rîc A	Hau A	Rot Bu
26	18			56					
27	19			57					
28	20			58					

Ton Ic

Rug C	Rug B	Rug A	Rei C	Rei A	Rei E	Sev A	Rîc A	Hau A	Rot Bu
29	21		206						

Ton XI

Rug C	Rug B	Rug A	Rei C	Rei A	Rei E	Sev A	Rîc A	Hau A	Rot Bu
			160	46	279			12	3ᵛ (1)
			161	47	280			13	3ᵛ (2)
			162		281			14	3ᵛ (3)
30			186						
31			187	48	282				
			193		283				

Ton XII

Rug C	Rug B	Rug A	Rei C	Rei A	Rei E	Sev A	Rîc A	Hau A	Rot Bu
32	22								
33	23								
34									

Literaturverzeichnis

1 Handschriften

A = *Kleine Heidelberger Liederhandschrift*. Heidelberg, Universitätsbibliothek, Cpg 357.
a = Bezeichnung Karl Lachmanns für die von einer zweiten Hand auf Bl. 40–43 geschriebenen Strophen der Hs. A.
B = *Weingartner Liederhandschrift*. Stuttgart, Landesbibliothek, Cod. HB XIII 1.
b = Bezeichnung Karl Lachmanns für eine zweite Gruppe von Liedern Reinmars des Alten, die auf S. 86–103 der Hs. B ohne zeitgenössische Überschrift hinter Heinrich von Morungen folgt.
Bu = *Das Budapester Fragment*. Budapest, Nationalbibliothek, Cod. Germ. 92.
C = *Große Heidelberger Liederhandschrift, Codex Manesse*. Heidelberg, Universitätsbibliothek, Cpg 848.
C^a = *Troßsches Fragment*. Krakau, Biblioteka Jagiellońska, Berol. mgq 519.
D = Heidelberg, Universitätsbibliothek, Cpg 350.
E = *Würzburger Liederhandschrift*. München, Universitätsbibliothek, 2° Cod. ms. 731.
e = Bezeichnung Karl Lachmanns für die Walther- und Reinmar-Strophen 342–376 der Hs. E.
m = *Mösersche Bruchstücke*. Berlin, Staatsbibliothek, mgq 795.
N = Kremsmünster, Stiftsbibliothek, Cod. 127.
N^{Rug} = München Staatsbibliothek, Clm 4570.[1]
O = Krakau, Biblioteka Jagiellońska, Berol. mgo 682.
p = Bern, Burgerbibliothek, Cod. 260.
w^x = Wolfenbüttel, Landeskirchliches Archiv, Depositum Predigerseminar H 1a.

2 Textausgaben

Bartsch 1864 = Deutsche Liederdichter des zwölften bis vierzehnten Jahrhunderts. Eine Auswahl von Karl Bartsch. Leipzig 1864.
Bauschke-Hartung/Schweikle 2011 = Walther von der Vogelweide: Werke. Gesamtausgabe. Bd. 2: Liedlyrik. Mittelhochdeutsch/Neuhochdeutsch. Hg., übers. und kommentiert von Günther Schweikle. Zweite, verbesserte und erweiterte Auflage hg. von Ricarda Bauschke-Hartung. Stuttgart 2011 (RUB 820).
von der Hagen = Minnesinger. Deutsche Liederdichter des zwölften, dreizehnten und vierzehnten Jahrhunderts, aus allen bekannten Handschriften und früheren Drucken gesammelt und berichtigt, mit den Lesarten derselben, Geschichte des Lebens der Dichter und ihrer Werke, Sangweisen der Lieder, Reimverzeichnis der Anfänge, und Abbildungen sämmtlicher Handschriften, hg. von Friedrich Heinrich von der Hagen. 4 Bde. Leipzig 1838.
Heinen 1989 = Mutabilität im Minnesang. Mehrfach überlieferte Lieder 12. und frühen 13. Jahrhunderts. Hg. von Hubert Heinen. Göppingen 1989 (GAG 515).
Kasten 2005 [1995] = Deutsche Lyrik des frühen und hohen Mittelalters. Edition der Texte und Kommentare von Ingrid Kasten. Übersetzungen von Margherita Kuhn. Frankfurt a. M. 2005 (Deutscher Klassiker Verlag im Taschenbuch 6) [zuerst 1995].

---

[1] In MF trägt diese Hs., die den Kreuzleich Heinrichs von Rugge als Nachtrag enthält, die Sigle N, da sich dort keine Überschneidung ergibt mit der Kremsmünsterer Hs. N, die Strophen Walthers von der Vogelweide enthält (Bezeichnung nach der Walther-Ausgabe L).

KLD = Deutsche Liederdichter des 13. Jahrhunderts. Hg. von Carl von Kraus. Band I: Text. Tübingen 1952.
Klein 2010 = Minnesang. Mittelhochdeutsche Liebeslieder. Eine Auswahl. Mittelhochdeutsch/Neuhochdeutsch. Hg., übers. und kommentiert von Dorothea Klein. Stuttgart 2010 (RUB 18781).
L = Walther von Vogelweide: Leich, Lieder, Sangsprüche. 15., veränderte und um Fassungseditionen erweiterte Auflage der Ausgabe Karl Lachmanns. Aufgrund der 14., von Christoph Cormeau bearbeiteten Ausgabe neu hg., mit Erschließungshilfen und textkritischen Kommentaren versehen von Thomas Bein. Edition der Melodien von Horst Brunner. Berlin/Boston 2013.
Maurer 1969 = Frühester deutscher Minnesang. In Auswahl hg. von Friedrich Maurer. Berlin 1969 (Sammlung Göschen 1242).
MF(LH) = Des Minnesangs Frühling. Hg. von Karl Lachmann und Moriz Haupt. Leipzig 1857.
MF(V) = Des Minnesangs Frühling. Mit Bezeichnung der Abweichungen von Lachmann und Haupt und unter Beifügung ihrer Anmerkungen neu bearbeitet von Friedrich Vogt. Leipzig 1911.
MF(V^3) = Des Minnesangs Frühling. Mit Bezeichnung der Abweichungen von Lachmann und Haupt und unter Beifügung ihrer Anmerkungen neu bearbeitet von Friedrich Vogt. 3. Ausgabe. Leipzig 1920.
MF(K) = Des Minnesangs Frühling. Nach Karl Lachmann, Moriz Haupt und Friedrich Vogt neu bearbeitet von Carl von Kraus. Leipzig 1940.
MF(MT) = Des Minnesangs Frühling. Unter Benutzung der Ausgaben von Karl Lachmann und Moriz Haupt, Friedrich Vogt und Carl von Kraus bearbeitet von Hugo Moser und Helmut Tervooren. Bd. I: Texte. 38., erneut revidierte Auflage. Mit einem Anhang: Das Budapester und Kremsmünsterer Fragment. Stuttgart 1988.
Schröder 1959[2] = Kleinere Dichtungen Konrads von Würzburg. Hg. von Edward Schröder. Mit einem Nachwort von Ludwig Wolff. Band III: Die Klage der Kunst. Leiche, Lieder und Sprüche. 2. Auflage. Berlin 1959.
Schweikle 1970 = Dichter über Dichter in mittelhochdeutscher Literatur. Hg. von Günther Schweikle. Tübingen 1970 (Deutsche Texte 12).
SM = Die Schweizer Minnesänger. Nach der Ausgabe von Karl Bartsch neu bearbeitet und hg. von Max Schiendorfer. Band I: Texte. Tübingen 1990.

3 Nachschlagewerke

BMZ = Mittelhochdeutsches Wörterbuch. Mit Benutzung des Nachlasses von Georg Friedrich Benecke ausgearbeitet von Wilhelm Müller und Friedrich Zarncke. 3 Bde. Leipzig 1854–1866.
Lexer = Lexer, Matthias: Mittelhochdeutsches Handwörterbuch. 3 Bde. Leipzig 1872–1878.

4 Sekundärliteratur

Angermann 1910 = Angermann, Adolar: Der Wechsel in der mhd. Lyrik. Marburg 1910.
Apfelböck 1991 = Apfelböck, Hermann: Tradition und Gattungsbewußtsein im deutschen Leich. Ein Beitrag zur Gattungsgeschichte mittelalterlicher musikalischer „discordia". Tübingen 1991 (Hermaea N.F. 62).
Arnold 1930 = Arnold, August: Studien über den Hohen Mut. Leipzig 1930 (Von deutscher Poeterey 1930).
Ashcroft 1996 = Ashcroft, Jeffrey: *Wenn unde wie man singen solte*. Sängerpersona und Gattungsbewußtsein (Zu Rugge/Reinmar MF 108,22, Walther L.110,13 und Hartmann

MF 215,14). In: Michael Schilling und Peter Strohschneider (Hg.): Wechselspiele. Kommunikationsformen und Gattungsinterferenzen mittelhochdeutscher Lyrik. Heidelberg 1996 (GRM. Beiheft 13), S. 123–152.

Audehm/Velten (Hg.) 2007 = Audehm, Kathrin und Hans Rudolf Velten (Hg.): Transgression – Hybridisierung – Differenzierung. Zur Performativität von Grenzen in Sprache, Kultur und Gesellschaft. Freiburg i. Br. 2007 (Rombach Wissenschaften. Reihe Scenae 4).

Auer 1986 = Auer, Peter: Kontextualisierung. In: Studium Linguistik 19 (1986), S. 22–47.

Barthes 1966 = Barthes, Roland: Introduction à l'analyse structurale des récits. In: Communications 8 (1966), S. 1–27.

Baumgartner/Kellner 2013 = Baumgartner, Susanne und Beate Kellner: Zeit im Hohen Sang. Exemplarische Überlegungen zu Walther von der Vogelweide. In: Udo Friedrich, Andreas Hammer und Christiane Witthöft (Hg.): Anfang und Ende. Formen narrativer Zeitmodellierung in der Vormoderne. Berlin 2013 (Literatur – Theorie – Geschichte 3), S. 201–223.

Bauschke-Hartung 1999 = Bauschke-Hartung, Ricarda: Die „Reinmar-Lieder" Walthers von der Vogelweide. Literarische Kommunikation als Form der Selbstinszenierung. Heidelberg 1999 (GRM. Beiheft 15).

Becker 1882 = Becker, Reinhold: Der altheimische Minnesang. Halle a. d. S. 1882.

Becker/Mohr 2012 = Becker, Anja und Jan Mohr: Alterität. Geschichte und Perspektiven eines Konzepts. Eine Einleitung. In: dies. (Hg.): Alterität als Leitkonzept für historisches Interpretieren. Berlin 2012 (Deutsche Literatur. Studien und Quellen 8), S. 1–58.

Bein 1998 = Bein, Thomas: „Mit fremden Pegasusen pflügen". Untersuchungen zu Authentizitätsproblemen in mittelhochdeutscher Lyrik und Lyrikphilologie. Berlin 1998 (Philologische Studien und Quellen 150).

Benz 2014 = Benz, Maximilian: Minnesang diesseits des Frauendienstes und der Kanzonenstrophe. In: PBB 136 (2014), S. 569–600.

Böhmer 1968 = Böhmer, Maria: Untersuchungen zur mittelhochdeutschen Kreuzzugslyrik. Rom 1968 (Studi di filologia tedesca 1).

Bohn/Hahn 1999 = Bohn, Cornelia und Alois Hahn: Selbstbeschreibung und Selbstthematisierung. Facetten der Identität in der modernen Gesellschaft. In: Herbert Willems und Alois Hahn (Hg.): Identität und Moderne. Frankfurt a. M. 1999 (STW 1439), S. 33–61.

Bolduan 1982 = Bolduan, Viola: Minne zwischen Ideal und Wirklichkeit. Studien zum späten Schweizer Minnesang. Frankfurt a. M. 1982.

Boll 2007 = Boll, Katharina. Alsô redete ein vrowe schoene. Untersuchungen zu Konstitution und Funktion der Frauenrede im Minnesang des 12. Jahrhunderts. Würzburg 2007 (Würzburger Beiträge zur Deutschen Philologie 31).

Braun 2005 = Braun, Manuel: Autonomisierungstendenzen im Minnesang vor 1200. Das Beispiel der Kreuzlieder. In: Beate Kellner, Peter Strohschneider und Franziska Wenzel (Hg.): Geltung der Literatur. Formen ihrer Autorisierung und Legitimierung im Mittelalter. Berlin 2005 (Philologische Studien und Quellen 190), S. 1–28.

Braun 2010 = Braun, Manuel: Typus und Variation im Minnesang des 13. Jahrhunderts. In: Sandra Linden und Christopher Young (Hg.): Ulrich von Liechtenstein. Leben – Zeit – Werk – Forschung. Berlin/New York 2010, S. 398–441.

Braun 2013 = Braun, Manuel: Aufmerksamkeitsverschiebung. Zum Minnesang des 13. Jahrhunderts als Form- und Klangkunst. In: Susanne Köbele in Verbindung mit Eckart Conrad Lutz und Klaus Ridder (Hg.): Transformationen der Lyrik im 13. Jahrhundert. Wildbader Kolloquium 2008. Berlin 2013 (Wolfram-Studien 21), S. 203–230.

Brem 2003 = Brem, Karin: Gattungsinterferenzen im Bereich von Minnesang und Sangspruchdichtung des 12. und beginnenden 13. Jahrhunderts. Berlin 2003 (Studium Litterarum 5).

Brinkmann 1925 = Brinkmann, Hennig: Zur geistesgeschichtlichen Stellung des deutschen Minnesangs. In: DVjS 3 (1925), S. 615–641.

Brinkmann 1948 = Brinkmann, Hennig: Rugge und die Anfänge Reimars. In: Festschrift für Paul Kluckhohn und Hermann Schneider. Gewidment zu ihrem 60. Geburtstag. Hg. von ihren Tübinger Schülern. Tübingen 1948, S. 498–527.

Brinkmann 1972[5] [1952] = Brinkmann, Hennig: Der deutsche Minnesang. In: Hans Fromm (Hg.): Der deutsche Minnesang. Aufsätze zu seiner Erforschung. 5., unveränderte Auflage. Darmstadt 1972 (Wege der Forschung 15), S. 85–166 [zum Teil zuerst 1952].

Brunner 2010 = Brunner, Horst: Geschichte der deutschen Literatur des Mittelalters und der Frühen Neuzeit im Überblick. Erweiterte und bibliographisch ergänzte Ausgabe. Stuttgart 2010 (RUB 17680).

Bulang/Kellner 2009 = Bulang, Tobias und Beate Kellner: Wolframs *Willehalm*: Poetische Verfahren als Reflexion des Heidenkriegs. In: Peter Strohschneider (Hg.): Literarische und religiöse Kommunikation in Mittelalter und Früher Neuzeit. DFG-Symposion 2006. Berlin/New York 2009, S. 124–160.

Bumke 1976 = Bumke, Joachim: Ministerialität und Ritterdichtung. Umrisse der Forschung. München 1976.

Bumke 2004[5] = Bumke, Joachim: Geschichte der deutschen Literatur im hohen Mittelalter. 5. Auflage. München 2004 (Geschichte der deutschen Literatur im Mittelalter 2).

Burdach 1928[2] = Burdach, Konrad: Reinmar der Alte und Walther von der Vogelweide. Zweite, berichtigte Auflage mit ergänzenden Aufsätzen über die altdeutsche Lyrik. Halle a. d. S. 1928.

Cerquiglini 1989 = Cerquiglini, Bernard: Éloge de la variante. Histoire critique de la philologie. Paris 1989 (Des travaux).

Colleville 1936 = Colleville, Maurice: Les chansons allemandes de croisade en moyen haut-allemand. Paris 1936.

Cook-Gumperz/Gumperz 1976 = Cook-Gumperz Jenny und John Gumperz: Papers on Language and Context. Berkeley 1976 (Working Paper 46).

Cramer 1997 = Cramer, Thomas: Mouvance. In: Helmut Tervooren und Horst Wenzel (Hg.): Philologie als Textwissenschaft. Alte und neue Horizonte. Berlin u. a. 1997 (ZfdPh 116, Sonderheft), S. 150–181.

Cramer 1998 = Cramer, Thomas: Waz hilfet âne sinne kunst? Lyrik im 13. Jahrhundert. Studien zu ihrer Ästhetik. Berlin 1998 (Philologische Studien und Quellen 148).

Cramer 2000 = Cramer, Thomas: Was ist und woran erkennt man eine Frauenstrophe? In: ders. u. a. (Hg.): Frauenlieder. *Cantigas de amigo*. Internationale Kolloquien des Centro de Estudos Humanísticos (Universidade do Minho), der Faculdade de Letras (Universidade do Porto) und des Fachbereichs Germanistik (Freie Universität Berlin). Berlin 6.11.1998. Apúlia 28.–30.3.1999. Stuttgart/Leipzig 2000, S. 19–32.

de Boor 1964[2] = de Boor, Helmut: Die deutsche Literatur im späten Mittelalter. Zerfall und Neubeginn. Erster Teil. 1250–1350. Zweite Auflage. München 1964 (Geschichte der deutschen Literatur. Von den Anfängen bis zur Gegenwart. Begründet von Helmut de Boor und Richard Newald, Bd. 3,1).

de Boor 1964[6] = de Boor, Helmut: Die höfische Literatur. Vorbereitung, Blüte, Ausklang. 1170–1250. Mit einem bibliographischen Anhang von Dr. Dieter Haacke. Sechste Auflage. München 1964 (Geschichte der deutschen Literatur. Von den Anfängen bis zur Gegenwart. Begründet von Helmut de Boor und Richard Newald, Bd. 2).

Dietze 1873 = Dietze, Ludwig: Die lyrischen Kreuzgedichte des deutschen Mittelalters. Wittenberg 1873 (Programm des Gymnasiums zu Wittenberg).

Docen 1809 = Docen, Bernhard Joseph: Versuch einer vollständigen Literatur der älteren Deutschen Poesie, von den frühesten Zeiten bis zu Anfange des XVI. Jahrhunderts. Erste Abtheilung, das alphabetische Verzeichniß sämmtlicher Dichter vom J. 800 bis 1500 enthaltend. In: Friedrich

Heinrich von der Hagen, ders. und Johann Gustav Gottlieb Büsching (Hg.): Museum für Altdeutsche Literatur und Kunst. Bd. 1. Berlin 1809, S. 126–237.

Eder 2016 = Eder, Daniel: Der Natureingang im Minnesang. Studien zur Register- und Kulturpoetik der höfischen Liebeskanzone. Tübingen 2016 (Bibliotheca Germanica 66).

Egidi 2002 = Egidi, Margreth: Höfische Liebe: Entwürfe der Sangspruchdichtung. Literarische Verfahrensweisen von Reinmar von Zweter bis Frauenlob. Heidelberg 2002 (GRM. Beiheft 17).

Egidi 2006 = Egidi, Margreth: Minnelied und Sangspruch im Kontext der Überlieferung. Gattungen als Zuschreibungsphänomene. In: Eckart Conrad Lutz in Verbindung mit Wolfgang Haubrichs und Klaus Ridder (Hg.): Text und Text in lateinischer und volkssprachiger Überlieferung des Mittelalters. Freiburger Kolloquium 2004. Berlin 2006 (Wolfram-Studien 19), S. 253–267.

Egidi 2011 = Egidi, Margreth: Der schwierige Dritte: Zur Logik der Botenlieder vom frühen Minnesang bis Reinmar. In: Marina Münkler (Hg.): Aspekte einer Sprache der Liebe. Formen des Dialogischen im Minnesang. Bern u. a. 2011, S. 107–125 (Publikationen zur Zeitschrift für Germanistik N.F. 21).

Ehrismann 1901 = Ehrismann, Gustav: Rez. zu „A. Schönbach, Beiträge zur erklärung altdeutscher dichtwerke. I. Die älteren minnesänger". In: ZfdPh 33 (1901), S. 393–406.

Ehrismann 1966 [1918] = Ehrismann, Gustav: Geschichte der deutschen Literatur bis zum Ausgang des Mittelalters. Zweiter Teil: Die mittelhochdeutsche Literatur. Schlussband. München 1966 (Handbuch des deutschen Unterrichts an höheren Schulen, Bd. 6, Teil 2, Abschnitt 2, Hälfte 2) [zuerst 1918].

Eikelmann 1988 = Eikelmann, Manfred: Denkformen im Minnesang. Untersuchungen zu Aufbau, Erkenntnisleistung und Anwendungsgeschichte konditionaler Strukturmuster des Minnesangs bis um 1300. Tübingen 1988 (Hermaea N.F. 54).

Eikelmann 1993 = Eikelmann, Manfred: Sprechweisen und Denkstrukturen des Minneliedes. Sprachanalytische Ansätze zur Minnesang-Interpretation. In: Johannes Janota (Hg.): Methodenkonkurrenz in der germanistischen Praxis. Tübingen 1993 (Kultureller Wandel und die Germanistik in der Bundesrepublik 3), S. 22–36.

Eikelmann 1999 = Eikelmann, Manfred: Dialogische Poetik. Zur Kontinuität älterer poetologischer Traditionen des Minnesangs am Beispiel des Wechsels. In: Thomas Cramer und Ingrid Kasten (Hg.): Mittelalterliche Lyrik: Probleme der Poetik. Berlin 1999 (Philologische Studien und Quellen 154), S. 85–106.

von Ertzdorff 1965 = von Ertzdorff, Xenja: Die Dame im Herzen und das Herz bei der Dame. Zur Verwendung des Begriffs „Herz" in der höfischen Liebeslyrik des 11. und 12. Jahrhunderts. In: ZfdPh 84 (1965), S. 6–46.

Foucault 2001 [1963] = Foucault, Michel: Vorrede zur Überschreitung. In: ders.: Schriften in vier Bänden. Dits et Ecrits, Band I: 1954–1969. Hg. von Daniel Defert und François Ewald unter Mitarbeit von Jacques Lagrange. Aus dem Französischen von Michael Bischoff, Hans-Dieter Gondek und Hermann Kocyba. Frankfurt a. M. 2001, S. 320–342 [zuerst 1963].

Fuchs-Jolie 2007 = Fuchs-Jolie, Stephan: *ungeheuer oben*. Semantisierte Räume und Raummetaphorik im Minnesang. In: Nikolaus Staubach und Vera Johanterwage (Hg.): Außen und Innen. Räume und ihre Symbolik im Mittelalter. Frankfurt a. M. u. a. 2007, S. 25–42 (Tradition – Reform – Innovation 14)..

Giske 1886 = Giske, Heinrich: Über Körner und verwante erscheinungen in der mittelhochdeutschen lyrik. In: ZfdPh 18 (1886), S. 57–80, 210–249, 329–341.

Glauche 1994 = Glauche, Günter: Katalog der lateinischen Handschriften der Bayerischen Staatsbibliothek München. Die Pergamenthandschriften aus Benediktbeuern: Clm 4501–4663. Wiesbaden 1994 (Catalogus codicum manu scriptorum Bibliothecae Monacensis III,1).

Göhler 1997 = Göhler, Peter: Zum Boten in der Liebeslyrik um 1200. In: Horst Wenzel in Zusammenarbeit mit dems. u. a. (Hg.): Gespräche – Boten – Briefe. Körpergedächtnis und

Schriftgedächtnis im Mittelalter. Berlin 1997 (Philologische Studien und Quellen 143), S. 77–85.
Grubmüller 1986 = Grubmüller, Klaus: Ich als Rolle. ‚Subjektivität' als höfische Kategorie im Minnesang?. In: Gert Kaiser und Jan-Dirk Müller (Hg.): Höfische Literatur, Hofgesellschaft, Höfische Lebensformen um 1200. Kolloquium am Zentrum für Interdisziplinäre Forschung der Universität Bielefeld (3. bis 5. November 1983). Düsseldorf 1986 (Studia humaniora 6), S. 387–406.
Grubmüller 1999 = Grubmüller, Klaus: Gattungskonstitution im Mittelalter. In: Nigel F. Palmer und Hans-Jochen Schiewer (Hg.): Mittelalterliche Literatur und Kunst im Spannungsfeld von Hof und Kloster. Ergebnisse der Berliner Tagung, 9.–11. Oktober 1997. Tübingen 1999, S. 193–210.
Grubmüller 2009 = Grubmüller, Klaus: Was bedeutet Fiktionalität im Minnesang?. In: Ursula Peters und Rainer Warning (Hg.): Fiktion und Fiktionalität in den Literaturen des Mittelalters. Jan-Dirk Müller zum 65. Geburtstag. Paderborn/München 2009, S. 269–287.
Guiette 1978 [1949] = Guiette, Robert: D'une poésie formelle en France au Moyen Age. In: ders.: Forme et senefiance. Études médiévales receuillies. Hg. von J. Dufournet, M. De Grève und H. Braet. Genf 1978 (Publications romanes et françaises 148), S. 9–32 [zuerst 1949].
Haferland 2000 = Haferland, Harald: Hohe Minne. Zur Beschreibung der Minnekanzone. Berlin 2000 (ZfdPh. Beihefte 10).
Haferland/Schulz 2010 = Haferland, Harald und Armin Schulz: Metonymisches Erzählen. In: DVjS 84 (2010), S. 3–43.
Halbach 1928 = Halbach, Kurt Herbert: Walther von der Vogelweide, Heinrich v. Rugge und ‚Pseudo-Reimar'. In: ZfdA 65 (1928), S. 145–176.
Halbach 1935 = Halbach, Kurt Herbert: Formbeobachtungen an staufischer Lyrik. In: ZfdPh 60 (1935), S. 11–22.
Hausmann 1999 = Hausmann, Albrecht: Reinmar der Alte als Autor. Untersuchungen zur Überlieferung und zur programmatischen Identität. Tübingen/Basel 1999 (Bibliotheca Germanica 40).
Hausmann 2004 = Hausmann, Albrecht: Wer spricht? Strategien der Sprecherkonstituierung im Spannungsfeld zwischen Sangspruchdichtung und Minnesang. In: Margreth Egidi, Volker Mertens und Nine Miedema (Hg.): Sangspruchtradition. Aufführung – Geltungsstrategien – Spannungsfelder. Frankfurt a. M. u. a. 2004 (Kultur, Wissenschaft, Literatur 5), S. 25–43.
Henkes-Zin 2004 = Henkes-Zin, Christiane: Überlieferung und Rezeption in der Großen Heidelberger Liederhandschrift (Codex Manesse). Diss. 2004. URL: http://darwin.bth.rwth-aachen.de/opus3/volltexte/2008/2161/pdf/Henkes _Zin_Christiane.pdf (18.08.2016).
Henrici 1876 = Henrici, Emil: Zur Geschichte der mittelhochdeutschen Lyrik. Berlin 1876.
Heyne 1903 = Heyne, Moriz: Körperpflege und Kleidung bei den Deutschen von den ältesten geschichtlichen Zeiten bis zum 16. Jahrhundert. Leipzig 1903.
Hochkirchen 2015 = Hochkirchen, Eva-Maria: Präsenz des Singvogels im Minnesang und in der Trouvèrepoesie. Heidelberg 2015 (Beiträge zur älteren Literaturgeschichte).
Hölzle 1980 = Hölzle, Peter: Die Kreuzzüge in der okzitanischen und deutschen Lyrik des 12. Jahrhunderts. Das Gattungsproblem ‚Kreuzlied' im historischen Kontext. Bd. 1: Untersuchungen. Göppingen 1980 (GAG 278/I).
Huber 2012 = Huber, Christoph: Normproblematik im frühen Minnesang bis Heinrich von Morungen. In: Elke Brüggen u. a. (Hg.): Text und Normativität im deutschen Mittelalter. XX. Anglo-German Colloquium. Berlin/Boston 2012, S. 371–384.
Hübner 1996 = Hübner, Gert: Frauenpreis. Studien zur Funktion der laudativen Rede in der mittelhochdeutschen Minnekanzone. Zwei Bände. Baden-Baden 1996 (Saecula Spiritalia 34).
Hübner 2008 = Hübner, Gert: Minnesang im 13. Jahrhundert. Eine Einführung. Tübingen 2008 (Narr Studienbücher).

Hübner 2013 = Hübner, Gert: Konzentration aufs Kerngeschäft. Späte Korpora der Manessischen Liederhandschrift und die Gattungsgeschichte des Minnesangs im 13. Jahrhundert. In: Susanne Köbele in Verbindung mit Eckart Conrad Lutz und Klaus Ridder (Hg.): Transformationen der Lyrik im 13. Jahrhundert. Wildbader Kolloquium 2008. Berlin 2013 (Wolfram-Studien 21), S. 387–411.

Hundt 1970 = Hundt, Dietmar: Anklage-Motive im mittelhochdeutschen Minnelied. Landshut 1970.

Ingebrand 1966 = Ingebrand, Hermann: Interpretationen zur Kreuzzugslyrik Friedrichs von Hausen, Albrechts von Johansdorf, Heinrichs von Rugge, Hartmanns von Aue und Walthers von der Vogelweide. Frankfurt a. M. 1966.

Irler 2001 = Irler, Hans: Minnerollen – Rollenspiele. Fiktion und Funktion im Minnesang Heinrichs von Morungen. Frankfurt a. M. u. a. 2001 (Mikrokosmos 62).

Iser 1993 = Iser, Wolfgang: Das Fiktive und das Imaginäre. Perspektiven literarischer Anthropologie. Frankfurt a. M. 1993 (STW 1101).

Janota 1994 = Janota, Johannes: Der *vogt von Rotenburch* im Budapester Fragment. In: ABäG 38/39 (1994), S. 213–222.

Jakobson 1979 [1960] = Jakobson, Roman: Linguistik und Poetik. In: ders.: Poetik. Ausgewählte Aufsätze 1921–1971. Hg. von Elmar Holenstein und Tarcisius Schelbert. Frankfurt a. M. 1979 (STW 262), S. 83–121 [zuerst 1960].

Jauß 1984[4] = Jauß, Hans Robert: Ästhetische Erfahrung und literarische Hermeneutik. Vierte Auflage. Frankfurt a. M. 1984 (STW 955).

Johnson 1999 = Johnson, L. Peter: Die höfische Literatur der Blütezeit (1160/70–1220/30). Tübingen 1999 (Joachim Heinzle [Hg.]: Geschichte der deutschen Literatur von den Anfängen bis zum Beginn der Neuzeit. Bd. II: Vom hohen zum späten Mittelalter. Teil 1).

Kaplowitt 1986 = Kaplowitt, Stephen J.: The Ennobling Power of Love in the Medieval German Lyric. Chapel Hill/London 1986.

Kasten 1986 = Kasten, Ingrid: Frauendienst bei Trobadors und Minnesängern im 12. Jahrhundert. Zur Entwicklung und Adaption eines literarischen Konzepts. Heidelberg 1986 (GRM. Beiheft 5).

Kasten 2000 = Kasten, Ingrid: Zur Poetologie der ‚weiblichen' Stimme. Anmerkungen zum ‚Frauenlied'. In: Thomas Cramer u. a. (Hg.): Frauenlieder. *Cantigas de amigo*. Internationale Kolloquien des Centro de Estudos Humanísticos (Universidade do Minho), der Faculdade de Letras (Universidade do Porto) und des Fachbereichs Germanistik (Freie Universität Berlin). Berlin 6. 11. 1998. Apúlia 28.–30. 3. 1999. Stuttgart/Leipzig 2000, S. 3–18.

Kasten 2005 [1995] = Kasten, Ingrid: Kommentar. In: Deutsche Lyrik des frühen und hohen Mittelalters. Edition der Texte und Kommentare von ders. Übersetzungen von Margherita Kuhn. Frankfurt a. M. 2005 (Deutscher Klassiker Verlag im Taschenbuch 6), S. 551–1071 [zuerst 1995].

Kellner 1997 = Kellner, Beate: Gewalt und Minne. Zu Wahrnehmung, Körperkonzept und Ich-Rolle im Liedcorpus Heinrichs von Morungen. In: PBB 119 (1997), S. 33–66.

Kellner 2002 = Kellner, Beate: Rez. zu Hausmann 1999. In: PBB 124, S. 517–522.

Kellner 2004 = Kellner, Beate: *Ich grüeze mit gesange* – Mediale Formen und Inszenierungen der Überwindung von Distanz im Minnesang. In: Albrecht Hausmann (Hg.): Text und Handeln. Zum kommunikativen Ort von Minnesang und antiker Lyrik. Heidelberg 2004 (Beihefte zum Euphorion 46), S. 107–137.

Kellner 2013 = Kellner, Beate: ‚Nemet, frowe, disen cranz'. Zum Hohen Sang Walthers von der Vogelweide. In: PBB 135 (2013), S. 184–205.

Kellner 2015 = Kellner, Beate: Hohe Lieder der Freude. In: dies., Ludger Lieb und Stephan Müller unter Mitarbeit von Jan Hon und Pia Selmayr (Hg.): Höfische Textualität. Festschrift für Peter Strohschneider. Heidelberg 2015 (GRM. Beiheft 69), S. 163–188.

Kellner 2018 = Kellner, Beate: Spiel der Liebe im Minnesang. Heidelberg 2018.

Kern 2012 = Kern, Manfred: Schere, Stein, Papier. Alterszäsuren, Autorschaft und Werk in der mittelalterlichen Liebeslyrik. In: Thorsten Fitzon u. a. (Hg.): Alterszäsuren. Zeit und Lebensalter in Literatur, Theologie und Geschichte. Berlin/Boston 2012, S. 299–322.

Kiening 1996 = Kiening, Christian: Anthropologische Zugänge zur mittelalterlichen Literatur. Konzepte, Ansätze, Perspektiven. In: Hans-Jochen Schiewer (Hg.): Forschungsberichte zur Germanistischen Mediävistik. Bern u. a. 1996 (Jahrbuch für Internationale Germanistik. Reihe C, Bd. 5,1), S. 11–129.

Klein 2006 = Klein, Dorothea: Mittelalter. Lehrbuch Germanistik, mit 17 Abbildungen. Stuttgart/Weimar 2006.

Klein 2007 = Klein, Dorothea: Ritter zwischen militia Christi und Frauendienst. Männlichkeitskonzepte in den mittelhochdeutschen Kreuzliedern. In: Michael Dallapiazza, Federica Anichini und Francesca Bravi (Hg.): Krieg, Helden und Antihelden in der Literatur des Mittelalters. Beiträge des II. Internationalen Giornata di Studio sul Medioevo in Urbino. Göppingen 2007 (GAG 739), S. 28–45.

Köhler 1997 = Köhler, Jens: Der Wechsel. Textstruktur und Funktion einer mittelhochdeutschen Liedgattung. Heidelberg 1997 (Beiträge zur älteren Literaturgeschichte).

von Kraus 1919 = von Kraus, Carl: Die Lieder Reimars des Alten. Teil I: Die einzelnen Lieder. Teil II: Die Reihenfolge der Lieder. Teil III: Reimar und Walther. München 1919 (Abhandlungen der Königlich Bayerischen Akademie der Wissenschaften. Philosophisch-philologische und historische Klasse 30).

Kuhn 1967^2 = Kuhn, Hugo: Minnesangs Wende. 2., verm. Auflage. Tübingen 1967 (Hermaea N.F. 1).

Kuhn 1969 [1968] = Kuhn, Hugo: Minnesang als Aufführungsform. In: ders.: Text und Theorie. Stuttgart 1969 (Kleine Schriften 2), S. 182–190 [zuerst 1968].

Kuhn 1980 [1977] = Kuhn, Hugo: Determinanten der Liebe. In: ders.: Liebe und Gesellschaft. Hg. von Wolfgang Walliczek. Stuttgart 1980 (Kleine Schriften 3), S. 52–59 [zuerst 1977].

Kuhn 1980 [1978] = Kuhn, Hugo: Liebe und Gesellschaft in der Literatur. In: ders.: Liebe und Gesellschaft. Hg. von Wolfgang Walliczek. Stuttgart 1980 (Kleine Schriften 3), S. 60–68 [zuerst 1978].

Küpper 2001 = Küpper, Joachim: Was ist Literatur? In: Zeitschrift für Ästhetik und Allgemeine Kunstwissenschaft 45 (2001), S. 187–215.

Lieb 2000 = Lieb, Ludger: Modulationen. Sangspruch und Minnesang bei Heinrich von Veldeke. In: Horst Brunner und Helmut Tervooren (Hg.): Neue Forschungen zur mittelhochdeutschen Sangspruchdichtung. Berlin u. a. 2000 (ZfdPh 119, Sonderheft), S. 38–49.

Lieb 2001 = Lieb, Ludger: Die Eigenzeit der Minne. Zur Funktion des Jahreszeitentopos im Hohen Minnesang. In: Beate Kellner, ders. und Peter Strohschneider (Hg.): Literarische Kommunikation und soziale Interaktion. Studien zur Institutionalität mittelalterlicher Literatur. Frankfurt a. M. u. a. 2001 (Mikrokosmos 64), S. 183–206.

Lotman 1993^4 [1972] = Lotman, Jurij M.: Die Struktur literarischer Texte. Übers. von Rolf-Dietrich Keil. 4., unveränderte Auflage. München 1993 (UTB 103) [zuerst 1972].

Ludwig 1937 = Ludwig, Erika: Wîp und frouwe. Geschichte der Worte und Begriffe in der Lyrik des 12. und 13. Jahrhunderts. Stuttgart/Berlin 1937 (Tübinger germanistische Arbeiten 24).

Luff 2002 = Luff, Robert: *Philomena – roussignol – nahtigal.* Anmerkungen zum Umgang mit der Nachtigall in mittelalterlicher Lyrik und Naturkunde. In: ders. und Rudolf Kilian Weigand (Hg.): Mystik – Überlieferung – Naturkunde. Gegenstände und Methoden mediävistischer Forschungspraxis. Tagung in Eichstätt am 16. und 17. April 1999, anlässlich der Begründung der „Forschungsstelle für Geistliche Literatur des Mittelalters" an der Katholischen Universität Eichstätt. Hildesheim u. a. 2002 (Germanistische Texte und Studien 70), S. 37–76.

Marold 1891 = Marold, Karl: Über die poetische Verwertung der Natur und ihrer Erscheinungen in den Vagantenliedern und im deutschen Minnesang. In: ZfdPh 23 (1891), S. 1–26.

Maurer 1966 = Maurer, Friedrich: Die „Pseudoreimare". Fragen der Echtheit der Chronologie und des „Zyklus" im Liedercorpus Reinmars des Alten. Heidelberg 1966.
Mergell 1940 = Mergell, Erika: Die Frauenrede im deutschen Minnesang. Limburg a. d. Lahn 1940.
Mertens 2006 = Mertens, Volker: Alter als Rolle. Zur Verzeitlichung des Körpers im Minnesang. In: PBB 128 (2006) S. 409–430.
Meves (Hg.) 2005 = Meves, Uwe u. a. (Hg.): Regesten deutscher Minnesänger des 12. und 13. Jahrhunderts. Berlin/New York 2005.
MFA = Des Minnesangs Frühling. Anmerkungen. Nach Karl Lachmann, Moriz Haupt und Friedrich Vogt. Neu bearbeitet von Carl von Kraus. 30. Auflage. Zürich 1950. Durch Register erschlossen und um einen Literaturschlüssel ergänzt. Hg. von Helmut Tervooren und Hugo Moser. Stuttgart 1981 (Des Minnesangs Frühling, Bd. III/2).
MFE = Des Minnesangs Frühling. Unter Benutzung der Ausgaben von Karl Lachmann und Moriz Haupt, Friedrich Vogt und Carl von Kraus bearbeitet von Hugo Moser und Helmut Tervooren. Band II: Editionsprinzipien, Melodien, Handschriften, Erläuterungen. 36., neugestaltete und erweiterte Auflage. Mit 4 Notenbeispielen und 28 Faksimiles. Stuttgart 1977.
MFU = von Kraus, Carl: Des Minnesangs Frühling. Untersuchungen. Leipzig 1939. Durch Register erschlossen und um einen Literaturschlüssel ergänzt. Hg. von Helmut Tervooren und Hugo Moser. Stuttgart 1981 (Des Minnesangs Frühling, Bd. III/1).
Moser (Hg.) 1972 = Moser, Hugo (Hg.): Mittelhochdeutsche Sangspruchdichtung. Darmstadt 1972 (Wege der Forschung 154).
Moser 1984 [1956] = Moser, Hugo: Minnesang und Spruchdichtung? Über die Arten der hochmittelalterlichen deutschen Lyrik. In: ders.: Studien zur deutschen Dichtung des Mittelalters und der Romantik. Berlin 1984 (Kleine Schriften 2), S. 54–70 [zuerst 1956].
Moser 1984 [1961] = Moser, Hugo: „Lied" und „Spruch" in der hochmittelalterlichen deutschen Dichtung. In: ders.: Studien zur deutschen Dichtung des Mittelalters und der Romantik. Berlin 1984 (Kleine Schriften 2), S. 89–106 [zuerst 1961].
J.-D. Müller 1986 = Müller, Jan-Dirk: Aporien und Perspektiven einer Sozialgeschichte mittelalterlicher Literatur. Zu einigen neueren Forschungsansätzen. In: Wilhelm Voßkamp und Eberhard Lämmert (Hg.): Historische und aktuelle Konzepte der Literaturgeschichtsschreibung – Zwei Königskinder? Zum Verhältnis von Literatur und Literaturwissenschaft. Tübingen 1986 (Kontroversen, alte und neue. Akten des VII. IVG-Kongresses Göttingen 1985, Bd. 11), S. 56–66.
J.-D. Müller (Hg.) 1996 = Müller, Jan-Dirk (Hg.): ,Aufführung' und ,Schrift' in Mittelalter und früher Neuzeit. Stuttgart/Weimar 1996 (Germanistische Symposien. Berichtsbände 17 / DFG-Symposion 1994).
J.-D. Müller 2001 = Müller, Jan-Dirk: Minnesang und Literaturtheorie. Hg. von Ute von Bloh und Armin Schulz, gemeinsam mit Manuel Braun u. a. Tübingen 2001.
J.-D. Müller 2001 [1984] = Müller, Jan-Dirk: Lachen – Spiel – Fiktion. Zum Verhältnis von literarischem Diskurs und historischer Realität im ,Frauendienst' Ulrichs von Lichtenstein. In: J.-D. Müller 2001, S. 1–38 [zuerst 1984].
J.-D. Müller 2001 [1989] = Müller, Jan-Dirk: Die *frouwe* und die anderen. Beobachtungen zur Überlieferung einiger Lieder Walthers. In: J.-D. Müller 2001, S. 81–105 [zuerst 1989].
J.-D. Müller 2001 [1994] = Müller, Jan-Dirk: *Ir sult sprechen willekomen*. Sänger, Sprecherrolle und die Anfänge volkssprachiger Lyrik. In: J.-D. Müller 2001, S. 107–128 [zuerst 1994].
J.-D. Müller 2001 [1995] = Müller, Jan-Dirk: Jahreszeitenrhythmus als Kunstprinzip. In: ders.: J.-D. Müller 2001, S. 129–150 [zuerst 1995].
J.-D. Müller 2001 [1999] = Müller, Jan-Dirk: Performativer Selbstwiderspruch. Zu einer Redefigur bei Reinmar. In: J.-D. Müller 2001, S. 209–231 [zuerst 1999].
J.-D. Müller 2001b = Müller, Jan-Dirk: Männliche Stimme – weibliche Stimme in Neidharts Sommerliedern. In: J.-D. Müller 2001, S. 233–244.

J.-D. Müller 2007 = Müller, Jan-Dirk: ‚Gebrauchszusammenhang' und ästhetische Dimension mittelalterlicher Texte. Nebst Überlegungen zu Walthers *Lindenlied* (L 39,11). In: Manuel Braun und Christopher Young (Hg.): Das fremde Schöne. Dimensionen des Ästhetischen in der Literatur des Mittelalters. Berlin/New York 2007 (Trends in Medieval Philology 12), S. 281–305.

J.-D. Müller 2010 [2004] = Müller, Jan-Dirk: Die Fiktion höfischer Liebe und die Fiktionalität des Minnesangs. Zum Verhältnis von Liedkunst und Lebenskunst. In: ders.: Mediävistische Kulturwissenschaft. Ausgewählte Studien. Berlin/New York 2010, S. 65–81 [zuerst 2004].

J.-D. Müller 2012 = Müller, Jan-Dirk: Einzelstrophen – Florilegien – Autorprinzip. Zur Überlieferung einiger Strophen Walthers von der Vogelweide im Lichte von Überlegungen der New Philology. In: Freimut Löser u. a. (Hg.): Neuere Aspekte germanistischer Spätmittelalterforschung. Wiesbaden 2012 (Imagines Medii aevi 29), S. 49–62.

U. Müller 2002 = Müller, Ulrich: Minnesang – eine mittelalterliche Form der Erlebnislyrik. *Essai* zur Interpretation mittelalterlicher Liebeslyrik. In: Matthias Meyer und Hans-Jochen Schiewer (Hg.): Literarische Leben. Rollenentwürfe in der Literatur des Hoch- und Spätmittelalters. Festschrift für Volker Mertens zum 65. Geburtstag. Tübingen 2002, S. 597–617.

Neumann/Warning (Hg.) 2003 = Neumann, Gerhard und Rainer Warning (Hg.): Transgressionen. Literatur als Ethnographie. Freiburg i. Br. 2003 (Rombach Wissenschaften. Reihe Litterae 98).

Neumann/Warning 2003 = Neumann, Gerhard und Rainer Warning: Transgressionen. Literatur als Ethnographie. In: Neumann/Warning (Hg.) 2003, S. 7–16.

Obermaier 1995 = Obermaier, Sabine: Von Nachtigallen und Handwerkern. ‚Dichtung über Dichtung' in Minnesang und Sangspruchdichtung. Tübingen 1995 (Hermaea N.F. 75).

Obermaier 2000 = Obermaier, Sabine: Der Sänger und seine Rezipientin. Zu Ich-Rolle und Rollen-Ich in den Sänger- und Frauenliedern des Hohen Minnesangs. In: Thomas Cramer u. a. (Hg.): Frauenlieder. *Cantigas de amigo*. Internationale Kolloquien des Centro de Estudos Humanísticos (Universidade do Minho), der Faculdade de Letras (Universidade do Porto) und des Fachbereichs Germanistik (Freie Universität Berlin). Berlin 6.11.1998. Apúlia 28.–30.3.1999. Stuttgart/Leipzig 2000, S. 33–48.

Paul 1876 = Paul, Hermann: Kritische beiträge zu den minnesingern. In: PBB 2 (1876), S. 406–560.

Paus 1965 = Paus, Franz Josef: Das Liedercorpus des Heinrich von Rugge. Freiburg i. Br. 1965.

Paus 1967 = Paus, Franz Josef: Heinrich von Rugge und Reinmar der Alte. In: Der Deutschunterricht 19/2 (1967), S. 17–31.

Peil 1996 = Peil, Dietmar: *Wîbes minne ist rehter hort*. Die Beziehung zwischen den Geschlechtern im Spannungsfeld von Minnesang und Spruchdichtung bei Reinmar von Zweter. In: Michael Schilling und Peter Strohschneider (Hg.): Wechselspiele. Kommunikationsformen und Gattungsinterferenzen mittelhochdeutscher Lyrik. Heidelberg 1996 (GRM. Beiheft 13), S. 179–207.

Peters 1992 = Peters, Ursula: Historische Anthropologie und mittelalterliche Literatur. Schwerpunkte einer interdisziplinären Forschungsdiskussion. In: Johannes Janota u. a. (Hg.): Festschrift Walter Haug und Burghart Wachinger. Bd. 1. Tübingen 1992, S. 63–86.

Peters 2007 = Peters, Ursula: ‚Texte vor der Literatur'? Zur Problematik neuerer Alteritätsparadigmen der Mittelalter-Philologie. In: Poetica 39 (2007), S. 59–88.

Peters 2015 = Peters, Ursula: Das Forschungsproblem der Vasallitätsterminologie in der romanischen und deutschen Liebespoesie des Mittelalters. In: PBB 137 (2015), S. 623–659.

Pfeiffer 1862 = Pfeiffer, Franz: Heinrich von Rucke. In: Germania 7 (1862), S. 110–112.

Plenio 1919 = Plenio, Kurt: Bausteine zur altdeutschen Strophik. In: PBB 43 (1919), S. 56–99.

Pulte 2001 = Pulte, Helmut: Art. „Variation; Varietät; Variabilität". In: Joachim Ritter, Karlfried Gründer und Gottfried Gabriel (Hg.): Historisches Wörterbuch der Philosophie. Bd. 11. Basel 2001, Sp. 548–554.

Ranawake 1996 = Ranawake, Sylvia: „Spruchlieder". Untersuchung zur Frage der lyrischen Gattungen am Beispiel von Walthers Kreuzzugsdichtung. In: Cyril Edwards, Ernst Hellgardt und Norbert H. Ott (Hg.): Lied im deutschen Mittelalter. Überlieferung, Typen, Gebrauch. Chiemsee-Colloquium 1991. Tübingen 1996, S. 67–79.

Regel 1874 = Regel, Eduard: Zu Reinmar von Hagenau. In: Germania 19 (1874), S. 149–182.

Reichlin 2012 = Reichlin, Susanne: Ästhetik der Inklusion. Inklusionsverfahren und Inklusionssemantiken in der mittelhochdeutschen Kreuzzugslyrik. Habilitationsschrift (masch.). Zürich 2012.

Reichlin 2014 = Reichlin, Susanne: Interferenzen und Asymmetrien. Zu einigen Kreuzliedstrophen Hartmanns und Reinmars. In: Susanne Köbele und Bruno Quast (Hg.): Literarische Säkularisierung im Mittelalter. Berlin 2014 (Beiträge zu einer kulturwissenschaftlichen Mediävistik 4), S. 175–195.

Reuvekamp-Felber 2013 = Reuvekamp-Felber, Timo: Zur gegenwärtigen Situation mediävistischer Fiktionalitätsforschung. Eine kritische Bestandsaufnahme. In: ZfdPh 132 (2013), S. 417–444.

Richter 2015 = Richter, Julia: Spiegelungen: Paradigmatisches Erzählen in Wolframs ‚Parzival'. Berlin/Boston 2015 (MTU 144).

Riecken 1967 = Riecken, Otto Peter: Das Motiv des *vogellîns* in der Lyrik Walthers von der Vogelweide verglichen mit dem Minnesang seiner Zeitgenossen. Hamburg 1967.

Roethe 1887 = Roethe, Gustav: Anmerkungen. In: Die Gedichte Reinmars von Zweter, hg. von dems. Leipzig 1887, S. 574–631.

Rücker 1975 = Rücker, Helmut: *Mâze* und ihre Wortfamilie in der deutschen Literatur bis um 1220. Göppingen 1975 (GAG 172).

Runow 2014 = Runow, Holger: Vergessene Lyrik? Zur Wahrnehmung der ‚zweiten' lyrischen Gattung des deutschen Mittelalters. In: Nathanel Busch und Björn Reich (Hg.): Vergessene Texte des Mittelalters. Stuttgart 2014, S. 267–281.

Salem 1980 = Salem, Laila: Die Frau in den Liedern des „Hohen Minnesangs". Forschungskritik und Textanalyse. Frankfurt a. M. u. a. 1980 (Europäische Hochschulschriften, Reihe I: Deutsche Literatur und Germanistik 328).

Sayce 1982 = Sayce, Oliver: The Medieval German Lyric. 1150–1300. The Development of its Themes and Forms in their European Context. Oxford 1982.

Scheer 1990 = Scheer, Eva B.: *daz geschach mir durch ein schouwen*. Wahrnehmung durch Sehen in ausgewählten Texten des deutschen Minnesangs bis Frauenlob. Frankfurt a. M. u. a. 1990 (Europäische Hochschulschriften, Reihe I: Deutsche Sprache und Literatur 1211).

Scherer 1874 = Scherer, Wilhelm: Der Kürenberger. In: ZfdA 17 (1874), S. 561–581.

Schindler 1889 = Schindler, Hermann: Die Kreuzzüge in der altprovenzalischen und mittelhochdeutschen Lyrik. Dresden 1889 (Programm der Annenschule zu Dresden-Altstadt 526).

Schmidt 1874 = Schmidt, Erich: Reinmar von Hagenau und Heinrich von Rugge. Straßburg 1874 (Quellen und Forschungen zur Sprach- und Culturgeschichte der germanischen Völker 4).

H. Schneider 1923 = Schneider, Hermann: Eine mittelhochdeutsche liedersammlung als kunstwerk. In: PBB 47 (1923), S. 225–260.

L. Schneider 1938 = Schneider, Ludwig: Die Naturdichtung des deutschen Minnesangs. Berlin 1938 (Neue deutsche Forschungen 6).

Schnell 1979 = Schnell, Rüdiger: Hohe und niedere Minne. In: ZfdPh 98 (1979), S. 19–52.

Schnell 1985 = Schnell, Rüdiger: Causa amoris. Liebeskonzeption und Liebesdarstellung in der mittelalterlichen Literatur. Bern/München 1985 (Bibliotheca Germanica 27).

Schnell 1990 = Schnell, Rüdiger: Die ‚höfische' Liebe als ‚höfischer' Diskurs über die Liebe. In: Josef Fleckenstein (Hg.): Curialitas. Studien zu Grundfragen der höfisch-ritterlichen Kultur. Göttingen 1990 (Veröffentlichungen des Max-Planck-Instituts für Geschichte 100), S. 231–301.

Schnell 1999 = Schnell, Rüdiger: Frauenlied, Manneslied und Wechsel im deutschen Minnesang. Überlegungen zu ‚gender' und Gattung. In: ZfdA 128 (1999), S. 127–184.

Schnell 2012 = Schnell, Rüdiger: Minnesang II: Der deutsche Minnesang von Friedrich von Hausen bis Heinrich von Morungen (ca. 1170–1190/1200). In: Volker Mertens und Anton Touber (Hg.): Lyrische Werke. GLMF III. Redaktion: Nils Borgmann. Berlin/Boston 2012, S. 83–182.

Schnell 2013 = Schnell, Rüdiger: Minnesang und Sangspruch im 13. Jahrhundert. Gattungsdifferenzen und Gattungsinterferenzen. In: Susanne Köbele in Verbindung mit Eckart Conrad Lutz und Klaus Ridder (Hg.): Transformationen der Lyrik im 13. Jahrhundert. Wildbader Kolloquium 2008. Berlin 2013 (Wolfram-Studien 21), S. 287–347.

Schnyder 2008 = Schnyder, Mireille: Minnesang (um 1200). In: Cornelia Herberichs und Christian Kiening (Hg.): Literarische Performativität. Lektüren vormoderner Texte. Zürich 2008 (Medienwandel – Medienwechsel – Medienwissen 3), S. 121–137.

Scholz 2009 = Scholz, Manfred Günter: Inkompetente Instanzen, defizitäre Tugenden. Lehren von *minne* und *mâze* in der höfischen Lyrik. In: Henrike Lähnemann und Sandra Linden (Hg.): Dichtung und Didaxe. Lehrhaftes Sprechen in der deutschen Literatur des Mittelalters. Berlin/New York 2009, S. 93–105.

Schönbach 1899 = Schönbach, Anton E.: Beiträge zur Erklärung altdeutscher Dichtwerke. Erstes Stück: Die älteren Minnesänger. Wien 1899 (Sitzungsberichte der Kais. Akademie der Wissenschaften in Wien. Philosophisch-historische Classe 141).

Schulz 2012 = Schulz, Armin: Erzähltheorie in mediävistischer Perspektive. Hg. von Manuel Braun, Alexandra Dunkel und Jan-Dirk Müller. Berlin/Boston 2012.

Schweikle 1965 = Schweikle, Günther: Reinmar der Alte. Grenzen und Möglichkeiten einer Minnesangphilologie. Bd. 1: Handschriftliche und überlieferungsgeschichtliche Grundlagen. Habilitationsschrift (masch.). Tübingen 1965.

Schweikle 1977 = Schweikle, Günther: Die mittelhochdeutsche Minnelyrik. Bd. I: Die frühe Minnelyrik. Texte und Übertragungen. Einführung und Kommentar. Darmstadt 1977.

Schweikle 1994 = Schweikle, Günther: Minnesang in neuer Sicht. Stuttgart/Weimar 1994.

Schweikle 1995² = Schweikle, Günther: Minnesang. 2., korrigierte Auflage. Stuttgart/Weimar 1995.

Schweikle 2010² [1981] = Schweikle, Günther: Art. „Heinrich von Rugge". In: VL², Bd. 3, Sp. 869–874 [zuerst 1981].

Schweikle 2010² [1989] = Schweikle, Günther: Art. „Reinmar der Alte". In: VL², Bd. 7, Sp. 1180–1191 [zuerst 1989].

Searle 1983 [1969] = Searle, John R.: Sprechakte. Ein sprachphilosophischer Essay. Aus dem Amerikanischen von Renate und Rolf Wiggershaus. Frankfurt a. M. 1983 (STW 458) [zuerst 1969].

Spanke 1972⁵ [1961/1929] = Spanke, Hans: Romanische und mittellateinische Formen in der Metrik von Minnesangs Frühling [zuerst 1929]. Mit Anmerkungen von Ursula Aarburg und dem Herausgeber [zuerst 1961]. In: Hans Fromm (Hg.): Der deutsche Minnesang. Aufsätze zu seiner Erforschung. 5., unveränderte Auflage. Darmstadt 1972 (Wege der Forschung 15), S. 255–329.

Spiewok 1963 = Spiewok, Wolfgang: Die Bedeutung des Kreuzzugserlebnisses für die Entwicklung der feudalhöfischen Ideologie und die Ausformung der mittelalterlichen Deutschen Literatur. Vom Dogma zur Toleranz. In: Weimarer Beiträge 9 (1963), S. 669–683.

Stackmann 1994 = Stackmann, Karl: Neue Philologie? In: Joachim Heinzle (Hg.): Modernes Mittelalter. Neue Bilder einer populären Epoche. Frankfurt a. M./Leipzig 1994, S. 398–427.

Stackmann 1997 [1964] = Stackmann, Karl: Mittelalterliche Texte als Aufgabe. In: ders.: Mittelalterliche Texte als Aufgabe. Hg. von Jens Haustein. Göttingen 1997 (Kleine Schriften 1), S. 1–25 [zuerst 1964].

Stamer 1976 = Stamer, Uwe: Ebene Minne bei Walther von der Vogelweide. Studien zum gedanklichen Aufbau und zum Einfluß der Tradition. Göppingen 1976 (GAG 194).

Stange 1977 = Stange, Manfred: Reinmars Lyrik. Forschungskritik und Überlegungen zu einem neuen Verständnis Reinmars des Alten. Amsterdam 1977 (Amsterdamer Publikationen zur Sprache und Literatur 32).

Strohschneider 1996 = Strohschneider, Peter: „nu sehent, wie der singet!" Vom Hervortreten des Sängers im Minnesang. In: J.-D. Müller (Hg.) 1996, S. 7–30.

Strohschneider 1997 = Strohschneider, Peter: Situationen des Textes. Okkasionelle Bemerkungen zur ,New Philology'. In: Helmut Tervooren und Horst Wenzel (Hg.): Philologie als Textwissenschaft. Alte und Neue Horizonte. Berlin 1997 (ZfdPh 116, Sonderheft), S. 62–86.

Strohschneider 2001 = Strohschneider, Peter: Der Minnesänger und das Allgemeine. Eine Lektüre der Strophen 240–245 im Walther-Corpus der Großen Heidelberger Liederhandschrift. In: Volker Mertens und Ulrich Müller (Hg.): Walther lesen. Interpretationen und Überlegungen zu Walther von der Vogelweide. Festschrift für Ursula Schulze zum 65. Geburtstag. Göppingen 2001 (GAG 692), S. 59–81.

Tervooren 1972 [1970]= Tervooren, Helmut: „Spruch" und „Lied" . Ein Forschungsbericht. In: Moser (Hg.) 1972, S. 1–25 [zuerst 1970].

Tervooren 1991 = Tervooren, Helmut: Reinmar-Studien. Ein Kommentar zu den „unechten" Liedern Reinmars des Alten. Stuttgart 1991.

Tervooren 1993 = Tervooren, Helmut: Gattungen und Gattungsentwicklung in mittelhochdeutscher Lyrik. In: ders. (Hg.): Gedichte und Interpretationen. Mittelalter. Stuttgart 1993 (RUB 8864), S. 11–39.

Tervooren 1996 = Tervooren, Helmut: Die „Aufführung" als Interpretament mittelhochdeutscher Lyrik. In: Müller (Hg.) 1996, S. 48–66.

Tervooren 2001² = Tervooren, Helmut: Sangspruchdichtung. 2., durchgesehene Auflage. Stuttgart/Weimar 2001.

Theiss 1974 = Theiss, Ulrike: Die Kreuzlieder Albrechts von Johansdorf und die anderen Kreuzlieder aus „Des Minnesangs Frühling". Freiburg i. Br. 1974.

Tomasek 1999 = Tomasek, Tomas: Komik im Minnesang. Möglichkeiten einer Bestandsaufnahme. In: Helga Neumann und Werner Röcke (Hg.): Komische Gegenwelten. Lachen und Literatur in Mittelalter und Früher Neuzeit. Paderborn u. a. 1999, S. 13–28.

Tomasek 2000² = Tomasek, Tomas: Die Kunst der Variation: Neidharts Lyrik am Beispiel von Sommerlied 14. In: Volker Honemann, ders. (Hg.): Germanistische Mediävistik. 2., durchgesehene Auflage. Münster u. a. 2000 (Münsteraner Einführungen. Germanistik 4), S. 205–225.

Tomasek 2016 = Tomasek, Tomas: „Nu sint uns starkiu maere komen" – Heinrichs von Rugge Heiliggrableich und der Tod Friedrichs I. In: Friederike Felicitas Günther und Markus Hien (Hg.): Geschichte in Geschichten. Würzburg 2016 (Würzburger Ringvorlesungen 14), S. 17–34.

Vogt 1974 = Vogt, Gerhard A.: Studien zur Verseingangsgestaltung in der deutschen Lyrik des Hochmittelalters. Göppingen 1974 (GAG 118).

Vollmer 1914 = Vollmer, Vera: Die Begriffe der Triuwe und der Stæte in der höfischen Minnedichtung. Tübingen 1914.

Wachinger 2010 [2006] = Wachinger, Burkhart: Kommentar. In: Deutsche Lyrik des späten Mittelalters. Hg. von dems. Berlin 2010 (Deutscher Klassiker Verlag im Taschenbuch 43), S. 609–1022 [zuerst 2006].

Wachinger 2011 [1989] = Wachinger, Burkhart: Was ist Minne?. In: ders.: Lieder und Liederbücher. Gesammelte Aufsätze zur mittelhochdeutschen Lyrik. Berlin/New York 2011, S. 25–38 [zuerst 1989].

Warning 1983 = Warning, Rainer: Der inszenierte Diskurs. Bemerkungen zur pragmatischen Relation der Fiktion. In: Dieter Henrich und Wolfgang Iser (Hg.): Funktionen des Fiktiven. München 1983 (Poetik und Hermeneutik 10), S. 183–206.

Warning 1997 [1979] = Warning, Rainer: Lyrisches Ich und Öffentlichkeit bei den Trobadors. In: ders.: Lektüren romanischer Lyrik. Von den Trobadors zum Surrealismus. Freiburg i. Br. 1997 (Rombach Wissenschaften. Reihe Litterae 51), S. 45–84 [zuerst 1979].

Warning 1997 = Warning, Rainer: Interpretation, Analyse, Lektüre: Methodologische Erwägungen zum Umgang mit lyrischen Texten. In: ders.: Lektüren romanischer Lyrik, S. 9–43.

Warning 2003 = Warning, Rainer: Die narrative Lust an der List: Norm und Transgression im *Tristan*. In: ders., Gerhard Neumann (Hg.): Transgressionen. Literatur als Ethnographie. Freiburg i. Br. 2003 (Rombach Wissenschaften. Reihe Litterae 98), S. 175–212.

Warning 2009 = Warning, Rainer: Fiktion und Transgression. In: Ursula Peters, ders. (Hg.): Fiktion und Fiktionalität in den Literaturen des Mittelalters. Jan-Dirk Müller zum 65. Geburtstag. Paderborn/München 2009, S. 31–55.

Wechßler 1909 = Wechßler, Eduard: Das Kulturproblem des Minnesangs. Bd. 1: Minnesang und Christentum. Tübingen 1909.

Wentzlaff-Eggebert 1960 = Wentzlaff-Eggebert, Friedrich-Wilhelm: Kreuzzugsdichtung des Mittelalters. Studien zu ihrer geschichtlichen und dichterischen Wirklichkeit. Berlin 1960.

Willms 1990 = Willms, Eva: Liebesleid und Sangeslust. Untersuchungen zur deutschen Liebeslyrik des späten 12. und frühen 13. Jahrhunderts. München/Zürich 1990 (MTU 94).

Wilmanns 1876 = Wilmanns, Wilhelm: Rez. zu „Erich Schmidt: Reinmar von Hagenau und Heinrich von Rugge". In: AfdA 1 (1876), S. 149–158.

Wilmanns/Michels 1916 = Walther von der Vogelweide. Hg. und erklärt von Wilhelm Wilmanns. Zweite, vollständig umgearbeitete Auflage, besorgt von Victor Michels. Bd. 1: Leben und Dichten Walthers von der Vogelweide. Halle a. d. S. 1916 (Germanistische Handbibliothek I,1).

Wisniewski 1984 = Wisniewski, Roswitha: Kreuzzugsdichtung. Idealität in der Wirklichkeit. Darmstadt 1984 (Impulse der Forschung 44).

Wolf 1989 = Wolf, Alois: Überbieten und Umkreisen. Überlegungen zu mittelalterlichen Schaffensweisen am Beispiel des Minnesangs. In: Rüdiger Schnell (Hg.): Gotes und der werlde hulde. Literatur in Mittelalter und Neuzeit. Festschrift für Heinz Rupp zum 70. Geburtstag. Bern/Stuttgart 1989, S. 3–21.

Young 2003 = Young, Christopher: Rez. zu Hausmann 1999. In: Arbitrium 21 (2003), S. 39–42.

Zumthor 1972 = Zumthor, Paul: Essai de poétique médiévale. Paris 1972.

5 Abkürzungsverzeichnis

Die bereits in den vorangegangenen Abschnitten erläuterten Abkürzungen, etwa der Primärtextausgaben, sind hier nicht noch einmal aufgeführt.

ABäG = Amsterdamer Beiträge zur älteren Germanistik
AfdA = Anzeiger für deutsches Alterthum und deutsche Litteratur
ATB = Altdeutsche Textbibliothek
DVjS = Deutsche Vierteljahrsschrift für Literaturwissenschaft und Geistesgeschichte
GAG = Göppinger Arbeiten zur Germanistik
GLMF = Germania Litteraria Mediaevalis Francigena. Handbuch der deutschen und niederländischen mittelalterlichen literarischen Sprache, Formen, Motive, Stoffe und Werke französischer Herkunft (1100–1300). Hg. von Geert H. M. Claassens, Fritz Peter Knapp und René Pérennec. 7 Bde. Berlin u. a. 2010–2015
GRM = Germanisch-Romanische Monatsschrift
Hau = Friedrich von Hausen
LiLi = Zeitschrift für Literaturwissenschaft und Linguistik

MTU = Münchener Texte und Untersuchungen zur deutschen Literatur des Mittelalters
PBB = Beiträge zur Geschichte der deutschen Sprache und Literatur
Rei = Reinmar der Alte
Rîc = Heinrich der Rîche
Rot = Rudolf von Rotenburg
RUB = Reclams Universal-Bibliothek
Rug = Heinrich von Rugge
Sev = Leuthold von Seven
STW = Suhrkamp Taschenbuch Wissenschaft
VL² = Die deutsche Literatur des Mittelalters. Verfasserlexikon. Begründet von Wolfang Stammler, fortgeführt von Karl Langosch. Zweite, völlig neu bearbeitete Auflage, unter Mitarbeit zahlreicher Fachgelehrter hg. von Kurt Ruh zusammen mit Gundolf Keil u. a. Unveränderte Neuausgabe der 2. Auflage. 11 Bde. Berlin/New York 2010
ZfdA = Zeitschrift für deutsches Altertum und deutsche Literatur
ZfdPh = Zeitschrift für deutsche Philologie

Register zentraler Begriffe

Aufgeführt sind hier zum einen die mittelhochdeutschen und zum anderen die literaturwissenschaftlichen Begriffe, die für die Studie von zentraler Bedeutung sind und über die Grenzen eines Teilkapitels hinaus behandelt werden. Davon ausgenommen sind die Begriffe ‚Leid' und ‚Variation', da sie über den gesamten Verlauf der Studie thematisiert werden.

Bote, Botenauftrag   158, 173–175, 179–181, 244 (Anm. 11)
dienen, dienst; Dienst, Frauendienst   28, 52, 60, 79 (Anm. 44), 84–85, 90, 93–108, 110 (Anm. 123), 119–120, 130–131, 144, 146–147, 160–161, 170 (Anm. 317), 190, 198–215, 222, 224–227, 229–230, 249–259, 261, 262, 264, 266, 268–270
Dritte   124–127, 132–134, 141–143, 161–162, 177 (Anm. 331), 190, 204, 210–215, 239, 249, 265–266
êre   90–93, 130–132, 155, 217, 223, 228–230, 232–235, 240, 266, 269
Frauenrede   5, 25, 27 (Anm. 213), 28 (Anm. 216), 31–32, 34, 58, 74 (Anm. 30), 75 (Anm. 33), 122, 125–126, 128, 130–132, 134 (Anm. 200), 144–147, 149–156, 158–159, 165 (Anm. 307), 170, 173–182, 185, 196 (Anm. 376), 215–219, 231–232, 238–241, 243, 248–249, 261, 263–264, 266, 269
fröide/vröide   75, 79–82, 123, 125, 127, 129–139, 144–147, 149–156, 158, 173–182, 196–208, 216–219, 222–230, 231–235, 238–241, 243, 263, 264, 266, 268
fuoge, gefuoge   185, 187–189, 232, 235, 237
Gender   32, 122 (Anm. 171), 125, 147 (Anm. 236), 148–156, 186 (Anm. 349), 187, 196 (Anm. 376), 207, 212, 214 (Anm. 436)
Gesellschaftskritik   8, 30–32, 34, 58–59, 121–129, 150, 162, 185–189, 198–215, 262, 270
gnâde, genâde   162–165, 232–235, 252–255
grouz/gruos, grüezen/grüessen   111–115, 123–124, 189–192, 211–212, 264
güete   89–93, 96–97, 103, 131–132, 135–136, 138–144, 147, 232–235, 238–241
huote   132, 147, 218
Imagination   130–131, 140–144, 162, 180, 227, 243–249, 266
Jahreszeit → Natureingang

Kohärenz   7, 23, 25–26, 34–35, 36, 56, 60–67, 182–185, 197–198, 200, 212, 223, 269–270
klage   90–91, 93, 95, 130–131 (Anm. 194), 135–136, 140, 154, 158–159, 161 (Anm. 294), 169–170, 173–174, 178–181, 193–195, 204, 206–215, 230, 251–253
Kreuzzugslyrik, Kreuzzugsthematik   4, 7, 27, 116–117, 120 (Anm. 161), 190, 192, 207, 245–246
lôn   79–82, 85, 87–88, 107, 110, 115–121, 131, 135, 162–167, 211, 249–250, 256–259, 268–269
lop, loben   129, 135, 139–144, 147, 148–156, 187 (Anm. 355), 189, 222–223, 228–230, 243, 248, 249–250, 252–259, 264–265, 269
mâze/mâsse   93–95, 99–108, 187, 196–197, 214 (Anm. 433), 252–255, 266, 269
Minneparadox   82–83, 88, 92–93, 96, 109, 135 (Anm. 202), 160, 167, 169, 179–180, 204, 213, 225, 229–230, 231, 249, 254
Mouvance → Varianz, *Variance*
muot, gemüete   95, 98, 104–108, 137 (Anm. 209), 144, 146 (Anm. 233), 151, 154, 211, 213–214, 217–218, 224–225, 228, 230, 238–239
– *hôher muot*   105 (Anm. 109), 185, 188–189, 193, 195–198, 252–253, 257
– *valscher muot*   121–127, 261
Natureingang   48, 73–79, 137 (Anm. 207), 157–162, 169 (Anm. 134), 193, 196, 263–264
Paradigma, Paradigmatik   30, 33–34, 48, 50–56, 59 (Anm. 379), 63–66, 72, 73 (Anm. 24), 85, 87 (Anm. 63), 94, 97, 99, 101–103, 107, 109–110, 112, 117–119, 124 (Anm. 175), 127, 136, 142, 151, 156–182, 183–184, 197, 199, 201, 216, 223, 249–250, 257, 261–264, 269–270
Performanz, Performativität, Performanzsituation   34–35, 54 (Anm. 352), 62–64, 67, 73, 78, 92 (Anm. 77), 107, 122

(Anm. 171), 124, 125, 127–128, 139, 152–154, 180, 184–185, 187–188, 194, 205, 213, 229 (Anm. 483), 263, 268
rât 124, 126–127, 134 (Anm. 200), 136–138, 144–146, 152, 168, 223, 228–230, 232–235, 256, 258
Religiöse Semantik, religiöse Thematik 27, 34, 58–59, 73, 84, 92, 95–98, 103, 108–109, 115–121, 190, 198, 202 (Anm. 397), 207–211, 234 (Anm. 494), 261, 262–263, 267
Sangspruch 29–31, 59, 61–62, 64, 66 (Anm. 407), 121–122, 153 (Anm. 268), 183 (Anm. 340), 262
senen, senelich 130, 217–219, 235, 237, 244–249
Sprechposition, Sprechinstanz 30–32, 34, 45, 56–60, 71, 110, 122, 125–129, 131, 146, 149–151, 155, 156, 175, 183–189, 193, 197, 198–200, 206, 207, 210 (Anm. 423), 215, 222–225, 230, 231, 248–249, 261–263, 267–270
Sprechhaltung, Sprechweise 30–32, 34, 56–60, 109, 121, 124, 136, 183, 226 (Anm. 478), 243, 262–263

‚Spruchhaftes' 6, 8, 30–31, 34, 59–60, 121–122, 125–127, 185, 262–263
Syntagma, Syntagmatik 29, 33, 45, 48, 50–51, 63, 65, 110, 119 (Anm. 155), 129 (Anm. 186), 136 (Am. 205), 156–182, 184, 199–200, 208–212, 264, 269–270
stæte 41, 53, 72–85, 87–88, 93, 102, 121–122, 124–129, 130 (Anm. 192), 139, 143–144, 147, 159–167, 169–174, 177–179, 188, 197, 217–218, 221 (Anm. 463), 222–227, 254, 262, 265, 266–267
Tagelied 83, 130 (Anm. 194), 132 (Anm. 197), 217, 218 (Anm. 453), 244 (Anm. 11), 245
Transgression 48, 94, 98–99, 105, 109, 140, 142, 156, 191, 253, 261, 269
triuwe 72–85, 93, 102, 122, 124, 126–127, 159–162, 222–227, 264, 266
Varianz, *Variance* 5, 14–15, 21–22, 32–33 (Anm. 243), 61, 63–65, 270
wân 104–107, 110, 115, 118, 120, 146, 228–230, 238, 265
Wechsel 4, 27–28, 128 (Anm. 185), 129, 131 (Anm. 195), 150 (Anm. 250), 239 (Anm. 206), 242 (Anm. 5)

www.ingramcontent.com/pod-product-compliance
Lightning Source LLC
Chambersburg PA
CBHW081001180426
43192CB00041B/2724